先秦

书写体制研究

孔许友 著

·西南交通大学出版社
·成都·

图书在版编目（ＣＩＰ）数据

先秦书写体制研究 / 孔许友著. —成都：西南交
通大学出版社，2020.7
ISBN 978-7-5643-7448-8

Ⅰ. ①先… Ⅱ. ①孔… Ⅲ. ①汉字－书写规则－研究
－先秦时代②中国文学－古典文学研究－先秦时代 Ⅳ.
①H124.7②I206.2

中国版本图书馆 CIP 数据核字（2020）第 096261 号

Xianqin Shuxie Tizhi Yanjiu
先秦书写体制研究

孔许友　　著

责 任 编 辑	居碧娟
助 理 编 辑	罗俊亮
封 面 设 计	原谋书装
	西南交通大学出版社
出 版 发 行	（四川省成都市金牛区二环路北一段 111 号 西南交通大学创新大厦 21 楼）
发行部电话	028-87600564　028-87600533
邮 政 编 码	610031
网　　　址	http://www.xnjdcbs.com
印　　　刷	成都蜀通印务有限责任公司
成 品 尺 寸	170 mm×230 mm
印　　　张	29.75
字　　　数	582 千
版　　　次	2020 年 7 月第 1 版
印　　　次	2020 年 7 月第 1 次
书　　　号	ISBN 978-7-5643-7448-8
定　　　价	188.00 元

序言
PREFACE

　　大约十年前，在高密度地阅读与钻研了一批书籍之后，我打算在学术方向上做一些转换，将部分精力集中于"早期中国书写"的研究。不久，许友前来叩门，并提交了其博士后入站的一份申请计划，拜阅之下，我发现计划中的一些思路竟然与我重启的想法有诸多叠合之处，遂与之约定一同来商讨、开辟这一新鲜的课题。秋去春来，光阴荏苒，两年时间一晃而过，许友已经撰成了 20 多万字的出站报告，其奋励程度可想而知。离京之后，许友回到了他原来供职的四川省社会科学院文学所，其间也得知他以该课题之名成功申请到一项国家社科基金项目，除对旧稿有较多的修订，在研究的时段上又有所拓展，即从原来报告中截止的春秋末延伸至了战国时期。

　　将"书写"设定为一个新的学术范畴，在我最初的构想中，主要包含有几个方面的取向，一是试图在"文"的界定上有所突围，这与对长期以来占据主导地位的西方现代文学观的深入反省是联系在一起的，因此而冀望在一种新的视野的带动下，从奉行已久的"散文"观念过渡到对"文本"的研究，进而过渡到对"书写"的研究，这个线路图的确立，不仅意味着研究的阈域会被一步步地打开，也意味着我们的工作将会面临大量不确定的因素。其次，尽管从文献研究的角度看，学界已经累积了大量可贵的方法论经验，但"书写"的研究却无法受限于此，这也是因为除了不可掉以轻心的细部考订之外，它还需要去处理大量复杂与深层次上的问题（尤其是在一个较大的区域内运作时），因而适当地强化理论性的分析是很有必要的，这也包括通过史料的梳理去发现一些带有规则性的条理。这一层面上工作做好了，也会相应地提升研究的品质与境界，将思维的活力带入到探索的进程之中。再者，就是要自觉地参与到国际性的对话当中，使目前这一看似十分本土化的研究能够在话语层面上与国际学界普遍关注的一些议题有所衔接，尽管这还仅仅属于一种揣度性的、一厢情愿的愿念。

然而，从一种更大的、泛化的背景上看，学术的进程并不会按照某些预想的方式推演。正如我们所见，无论是于海外还是国内，在前一个时期中，与早期中国书写有所相关的各种研究已经大大超出了我们原先推测的范围，比如国内近期十分热衷的简帛研究、海外汉学中的"写本""物质文化"研究等，都或疏松地，或紧凑地可与书写史的研究串通在了一起。虽以书写为命题的研究定然会有一自身相对的规范性界域，与传统的文字学、句法学、文献学、文章学、版本学等的研究在设论的起点上就很不一样，但这些学科的若干研究似也可通过视角的适当变换与书写研究机缘性地勾连在一起，尤其是像新兴的写本研究、简帛研究，更是有可能在一个侧面上与书写的话题相遇，结成彼此认同的"联姻"关系。不管外界的理解怎样，至少在我看来，业已呈现的多种研究是能够在遴选之后投射到书写的命题上的，为此也将这项研究推至一种潜伏有更多可能性的前景之中。在此情形之下，无论是学者个体还是某个研究团队，都不可能以有限的精力去应对不断繁衍、纷沓而至的诸多议题，只能从某个兴趣点入手，将自己手头的专题做深，做扎实了。

　　许友研究的出发点与我早先的一些想法有些交叉，这在其缘说中已有说明，但却将自己的研究重心明白无误地置放于书写体制与政制的关系这一特定的向度上。关于书写之有"体制"，也见之于传统文论中的若干论述，虽然可以理会，但意思并不十分清晰。以我之见，许友意谓的"体制"首先撇清了其与书写内容或表象的直线关系，也不同于它的一些派生物如文体、语体、文风等，属于超越这些派生物之上，并隐含于各种书写内容与表象之下与之中的带有某种统合性的秩序、规则或系统等，诚如许友已述的，"书写"之所以可以被作为一个整体来观照，正是因其在内部有这样一种可统一称说的"体制"的存在，这也是从书写的文本样式中推导出来的。虽然，它也可视为巴特所说的"形式化的根源"，但又不可看作是我们常说的与内容、表象对立而言的、静态化、凝固化的"形式"（不然又落入到了内容与形式关系的老话题中），而是一种于隐在的书写之力的驱动下可操持的编码方式，因此是一种动能性的机制，这与我曾经讨论过的"体式"有些类似。而它进一步分化的第一个可识别性层面便是"文类"，这也是因为每一次正式的书写都无法离开特定的文类，既然如此，文类也就成了体制得以具形化并可投入具体分析的一个主要单元，在书写体制的研究中占据着相当重要的地位。

许友的下一个概念是"政制"，在我看来，也属一种抽象化后获取的论述范畴，但同样可以通过对其外化的那些组织方式、组织原则等的分析予以确认，完整地看，也应当包含政权所推崇的观念形态（或称为意识形态），二者之间的关系是互嵌式的，譬如"礼法"，既是政权行为的一套组织方式、组织原则，同时也是可与之相配套的观念化系统。对早期书写的研究，虽然也可从口语与写作的关系、书写篇章的构成、物质载体的性质等入手，但仍然可将政制形态视作该项研究中最具枢纽性的环节。这与早期的书写几乎都是由国家权力机构来施行的有密切的关系，王权不仅掌控着书写得以进行的全部依附性条件比如识字系统、物质载体等（民间想要获之当然是十分困难的），而且也是书写行为的差不多唯一的欲求者。正如许友已论述到的，至少在春秋之前，尚未出现带有个体化、私人化色彩的"作者"的角色。就此而言，孔子所谓的"述而不作"也是与这一特定语境的规定或要求相符的。在这种情况下，对政制形态的观察与分析，也就成了对早期书写体制进行完整研究的一个最为重要的社会化前提。

当然，对两者关系的考察也可有所分疏，比如依宏观与微观的角度去切入之。从宏观的角度看，政制形态与书写体制的对应是一种必然的情势，也是一种总体状况。但如果对之的分析仅局限于此，仍然有从抽象到抽象之嫌，因而，在实际的研究中，还需要降落到次一级的，也就在微观的层面上去探察二者是如何建立起这样一种关联的。在此，我认为许友的分析大体上是恰当的，也就是将分工化的"职官"看作是完成从政制形态到书写体制过渡的一个功能项。职官既是政权组织中的一个执行者，也是早期书写行为的一个施动者，他们的职事范围有时也会有交叉，但总起来看，却是可以分类的，譬如前期有巫、祝、乐、史等，这些职官一方面依据政制的一般性原则，另一方面又依据自身的职能来从事文的书写，由是，不同的"职务性书写"也就成了某一特定文类得以确立的主要根据。这里说的当然是最初的情况，后来的职能分配或许要更为复杂与含混一些，比如会存在跨职能书写的情况，因此在对政制与书写体制关系的连续性考讯中也还需要引入其他的观察维度。关于这一点，如果不是完全限于"职能"，而是从"功能"的角度来加以梳理的话，或许会在逻辑上，同时也在事实的对应面上显得更为通达一些，这里所说的"功能"具有更为宽泛一些的意指，可以为职事所限定，也可能超出限定的职事以外，但均属带有某种目标定位的"政治行为方式"，当它以书写的形式表达之后，便依据功能的差异呈现为不同的文类，比如典、谟、训、诰、誓、命等即是，关于这点，刘勰在论述诸如书、碑、论等的缘起时也做过类似的解释。对于"功能"的理解，还可以再做放大式的处理，譬如像许友的这部著述，因为涉及更长的历史时段与更为广泛的书写实践，因而需要对"政治功能"/"书写模式"之对应性关系做更全面一些的概述，为此又梳理出了仪式性（及其书写）、政务性（及其书写）、政教性（及其书写），以及个人/私人性（及其书写）共四组两两对应的模式，这些模式尽管有时也可以覆盖对职事与文类的解说，但却是建立在另一套组合原则上的，同时又都紧扣了功能说的含义。这些例证说明了在研究的过程中，视角的收放也是可以相对灵活的。

　　总起来看，许友的这项研究虽然也涉及多种外部背景，但明显地偏向于对政体与书写内部构成关系的考察，如果我的判断无误，可以说，他最感兴趣的还是两种机制的"内构性"关系。这当然是一个有所创见，并甚具抱负的设想，同时也必然会将自己拖入到十分艰巨的劳作中，不仅需要去阅读无限量的文献，处理诸多不是很容易说清楚的问题，也要求撰者备有跨空间的思维与自觉的理论意识。从其提交的文稿中可以见知，许友的研究已尽其所能地参考了诸多学界前贤的可贵成果，由于学术上的常年积累，这些成果似乎已成为所有试图投身早期中国研究的学者无法绕过的一片大型沼泽，有时候我们刚一湿鞋，就有可能已被其没顶。但并不意味着没有突围的可能，或只能将自己的著述做成一种"修修补补"的尾随之作，因此，在阅读许友的文稿时，我更在意的还是许友设置与处理问题的方式，譬如是否借助"书写"这一业已确定的核心话题，搭建出了一套新的概念与论述框架，并以之去带动对所涉史料的重新编排与解释，进而在多个论证环节上刷新我们既有的，也是多少有些麻木了的认知，等等。如果这些能够得以验证的话，那么他就有可能成为一名重生者，即成功地渡越了这片唬人的沼泽。至于作为一种新的尝试，留下一些遗憾也是在所难免的。

黄卓越

2019 年立冬日，于海淀

目录
CONTENTS

绪　论

一、核心概念解释

（一）关于书写

"书写"（Writing）是近年来颇受国内学界关注的概念，涉及此概念的研究为数不少，如"性别书写""身体书写""城市书写"等。这大抵缘于西方后现代主义理论家，尤其是解构主义理论家，如德里达、巴特、拉康、芭芭拉等人对此概念的运用。解构主义大师德里达在其著名论文《柏拉图的药》（*Plato's Pharmacy*）中曾对柏拉图对话《斐德若》进行了解构性分析，他认为《斐德若》中苏格拉底对斐德若所谈的关于口头言语比文字书写更优越的观点，突出地体现了在后世成为主导思维模式的逻各斯中心主义，或者说语音中心主义。所谓逻各斯中心主义，简而言之，即二元性的理性话语，比如言语和书写被认为是一个二元对立的结构。德里达认为逻各斯中心主义通过推崇二元中的一方——如将其说成是先验的存在（比如实体、灵魂、理念等）——从而建立了一方对另一方的压迫性权威。解构式的解释方式，正是要打破这样一种二元性的话语模式，所谓将中心与边缘的结构关系颠覆掉。德里达意义上的书写自然不再是与口头言语处于二元结构中的书写。运用文字的活动被理解为涂抹"痕迹"的过程，意义在涂抹的过程中不受控制地不断生成，不断消解。换言之，文本是无限开放的，或者说是无限延异的，任何文本都只是充满了互文的游戏，从而没有终极的意义，只有意义的撒播。

本文使用"书写"概念，有两个基本意图。一是试图纠正以现代审美中心主义理解早期中国"文学"，包括前战国时代"文学"的惯性思维。近世以来，学界都习惯性地以现代性审美观念去理解和研究早期中国的"文学"。这至少造成了两个方面的问题，一是"人为地从一个混成的总体中攫取一部分来满足这一新的要求"，[①]从而难以避免许多削足适履的尴尬，或多或少歪曲

[①] 黄卓越：《书写、体式与社会指令》，《北京大学学报》（哲学社会科学版）2010年第2期。

了古人自己的理解；二是有意无意以现代性审美标准评判古典"文学"，从而使古典研究在根本上失去了以古典思想审视现代性危机的可能性。

中国古代文论对"文"的基本认识并不以现代意义上的"审美"为中心。如中国文论代表性著作《文心雕龙》虽然十分注重文采问题，要求情理与文采充分而完美地结合起来，但从"论文叙笔"部分来看，刘勰所首要强调的无疑是各种"文类文体"①的功能，是其"日常化、应用化的效果"，所谓"惟文章之用，实经典枝条"（《文心雕龙·序志》）。正如林杉先生所言：

> 刘勰的"论文叙笔"，不仅是一般地从总体上体现了他重视各体文章社会功能的观点和主张，而且分别具体地阐明了各种不同文体的实际性能和作用，这在各篇的"释名以章义"中，表现得非常明显。②

黄卓越师在谈及中国古典"散文"时曾指出：

> 散文往往被看作是针对实际的写作方式而非虚构性（甚至情感性）的，它是以叙述事实、言论、意见等而非以美感性鉴赏为目的的等，因此也是广义上而言的"叙述"（非当代意义上的文学叙述或小说叙述），书写的核心只是写出一些事和想法，以取得某种日常化、应用化的效果，而不是围绕着某种设定的中心（审美）来构造出特殊的、超于生活之上的意象场景。③

这个论断不仅切合古典文本实际，也切合中国古人论"文"的实际。当我们不再囿于审美中心的局限，我们的研究视野自然也就得以扩大。从新的研究理路出发，那些由于"现代性审美因素"不够突出而被"文学"研究者忽视的上古文体，就可以重新纳入我们的整体考察视野之内，从而避免人为地割裂"文学"作品与其他文本的内在关联。④当然，我们也没有必要刻意否认或回避上古"书写"行为中审美因素的存在，只是应该明确它在大多数时

---

① "文类文体"是从文章类别的角度划分文体得出的概念，以区别于时代文体、作者文体、地域文体、流派文体等其他划分文体的方式。（参见姚爱斌：《中国古代文体论思辨》，北京大学出版社，2012年，第37-38页）

② 林杉：《文心雕龙文体论今疏》，内蒙古教育出版社，2000年，代前言第5页。

③ 黄卓越：《书写、体式与社会指令》，《北京大学学报》（哲学社会科学版）2010年第2期。

④ 二十世纪八九十年代学界一度较为关注的文章史与文学史的区分问题，在一定程度上正是对审美中心主义所造成的研究视野缺失的一种反思。只是当时正处于热情接受现代性思想的过程中，这种反思基本上停留在视野缺失的现象表层，它实际上是传统文章学观念的微弱余响。如贺汪泽先生在强调"文章文体"研究的重要性时指出："文体有两大类型：一是文学文体，一是文章文体。文学文体的研究，一直是文学史关注的热点，研究硕果累累；文章文体除了古（下转）

候是处于"为总体所制约的次状态"，①而不能理解为主导性的中心。

本文使用"书写"概念的第二个意图是为了贴合本文对书写与社会行为，尤其是与政治权力系统之间关系的考察。在后现代理论家看来，书写理论的深层意义在于开拓了"语言的政治学"的研究景观。"书写"概念在后现代理论中突显了"文本"与"作品"的区别。"文本"是"书写"出来的，而"作品"是"创作"出来的。"创作"意味着高度的主体意识、作者意识。这种主体意识或作者意识，被认为是现代政治的产物，因为"资产阶级的意识形态致力于对'作者'的发现"。②于是，解构"作品"和"作者"实际上意味着解构资产阶级意识形态。相对于"创作""作品""书写""文本"则强调写作本身的"自组织性"或"互文性"，强调"文本"是由特定的编码关系组织起来的，因此，通过分析文本的内在编码，包括书写策略，③可以揭示文本与社会、文化、政治等外部因素的关联。

从某种意义上看，后现代理论视域中的"书写"概念对于理解前战国时代书写活动，至少在两个方面是相合的：一是前战国时代的书写更多地体现了集体意识，而不注重作者的个体"创作"意识，所以战国以前的文本很少有明确的作者；二是相比于后代，前战国时代书写活动与政治权力系统有着更为直接的联系，很多书写行为实际上就是职官行为，可以说，中国古代国家职官系统深刻地影响了文体的生成和文类的格局。

不过，本文无意完全以解构的意义使用"书写"概念，④而更愿意采取比

（上接）代几部著名的分类专著之外，以现代理念去清理，至今几乎草莱未辟。"（贺汪泽：《先秦文章史稿》，河南大学出版社，1995年，第11页）后来，文章与文学的区分问题在一种"泛文学观"的名义下得到解释，即郭英德先生所说的："'文'或'文章'广之足以容纳所有的文字写作的文本，狭之也可包含所有文学写作的文本。"郭先生认为，狭义的"文章"观念始于汉代，尤其是东汉以后，狭义的"文章"即东汉人常用的"文辞"。不过，他同时也指出，"即使是狭义的'文章'，其中所包含的文体也仍然相当庞杂。"（参见郭英德：《中国古代文体学论稿》，北京大学出版社，2005年，第50-54页）

① 黄卓越：《书写、体式与社会指令》，《北京大学学报》（哲学社会科学版）2010年第2期。

② 周志强、邵波：《书写：作为文学理论范畴》，《新疆大学学报》（社会科学版）2001年第4期。

③ 书写策略的分析大抵可以归入这一思路，但书写策略着重考虑的是书写者有明确意识的选择，而书写组织活动的范围更为广泛，如就书写者来看，还包括许多潜移默化的、无意识的影响。

④ 由于论题所限，本文不就这个问题详细论述，只是要指出：所谓解构，不仅针对现代观念，也针对古典思想，如在德里达看来，整个西方思想史，从柏拉图开始，经过康德、黑格尔，直到胡塞尔，都一直受逻各斯中心主义模式（下转）

较中性的理解。所谓"中性"的理解，是指不负载过多"解构"或"结构"的意涵，而是从"行为""活动"的角度来理解。简而言之，"书写"就是人类使用文字的现实活动。这与"书写"在汉语中的本义也是相符的。"书写"一词大抵出现于汉代，班固《汉书·艺文志》有孝武帝"建藏书之策，置书写之官"之说，南朝范晔《后汉书·樊宏传》有"宏所上便宜及言得失，辄手自书写，毁削草本"的说法。这里的"书写"大体兼含抄写、记录、写作之意，也是比较中性的说法。把"书写"简单界定为使用文字的现实活动，从后现代书写理论的思路看，或许有点和稀泥之嫌。不过，大抵也有以下几个好处：一是贴近本文上述两个基本意图，尤其是第二个意图，因为考察书写与社会政治的关联，并非一定要与"解构"相关联或者突显"解构"的意涵。二是更适合从多个层面来客观、系统地考察书写活动的历史，不至于将眼光局限于文本层面，而忽视书写者、书写载体以及书写方式等层面。三是避免将"书写"泛化，因为当后现代理论把书写理解为"痕迹"刻画，书写也就不再限于使用"文字"的活动了。而本文论述的一个基本前提是只讨论"文字"这种"痕迹"，而且还不是单个的"文字"刻画，而是基于语篇的书写。

（二）关于书写体制

"书写体制"概念是对本文研究对象的进一步规定。既然"书写"是一种现实活动，那么，"书写体制"便是"书写活动"的"体制"。"体制"一词，一般有两种基本含义，一是指政治体制，二是指文章体制。后者基本相当于"体裁"，"主要表示文体的规范性构成"。[①]这个含义大抵出现于魏晋以后。[②]本

（上接）的支配。但这种解构主义思路未必如一些理论家自己所认为的那样是建立在正确把握古典思想——无论是西方古典思想还是中国古典思想——要义的基础之上。德里达《柏拉图的药》一文对《斐德若》的解构式解读固然精巧，但不是对《斐德若》的通篇疏解，也并未充分顾及《斐德若》的文学特征，更谈不上从整体上把握柏拉图的思想。(参见刘小枫：《〈斐德若〉义疏与解释学意识的克服》，见刘小枫、陈少明主编《赫尔墨斯的计谋》，华夏出版社，2005 年，第 2-27 页)

[①] 姚爱斌对"体裁"和"体制"分别做了辨析考察，其结论仍然认为二者没有明显区别，都是指"文章整体的内部构成"。(参见姚爱斌：《中国古代文体论思辨》，前揭，第 61、64 页)

[②] 如钟嵘《诗品序》："至斯三品升降，方申变裁，请寄知者尔。"嵇康《琴赋序》："然八音之器，歌舞之象，历世才士，并为之赋颂，其体制风流，莫不相袭。"刘勰《文心雕龙·附会》："夫才量学文，宜正体制。"郑玄《诗谱·周颂》孔颖达疏："然《鲁颂》之文，尤类《小雅》，比之《商颂》，体制又异，明三颂之名虽同，精工次之。"……黄庭坚《书王元之竹楼记后》："荆公评文章，常先体制而后文之工拙。"……

文所用"书写体制"，与这两者均有区别。首先，"书写体制"虽然与"政治体制"有密切关系——这也是本文探讨的重点所在——甚至存在一定的结构相似性，但两者并非简单的整体与部分关系；其次，"书写体制"可以理解为是比"文章体制"更高一层次的概念，前者涵摄后者，或者说，后者是前者的一种表征，是前者在文本层面的一种呈现。"书写体制"与"政治体制"以及"文章体制"的共同之处在于同取"体制"的"规范""系统""制度"之意。在本文中，"书写体制"指书写活动的组织方式、规范形式以及观念系统等。书写活动之有"体制"，一是因为书写活动可以被当作一个整体来观照，它与其他社会文化活动的区别在于，它是一种较为特殊的生产并维系"意义"的活动，而几乎不可能是纯粹的随意性行为（如罗兰·巴特所谓"零度写作"之类），二是因为书写活动在内外两个方面获得其规定性，而且，书写活动的内外规定性并非不相关，恰恰相反，考察"书写体制"的关键正在于揭示这些内外规定性之间的复杂关系。

　　书写活动具有外部规定性，是因为它"与外部社会所提供的意义密切相关"，[①]受到政治意识形态和各种"社会指令"[②]或直接或间接的调控。这一点将在下文详细论述，这里先看其内部规定性。

　　书写活动具有内部规定性，是因为书写活动本身是按照一定的"惯则"来组织和开展的，不同的书写"惯则"是界定不同类型书写行为的基本依据。书写行为无非是特定的人用特定的载体工具写下特定的文本，因此，书写活动的内部规定性可以从文本（抽象意义上的）、人（包括书写者和书写的对象）以及物（如书写的载体、工具等）以及方式（如记、作、编）等几个方面来探讨：

　　第一，从文本的角度说，文本是书写活动的产品，因此，作为产品的文本的规定性直接反映了书写活动的规定性。文本的规定性问题在很大程度上可以理解为文体的规范性构成问题，而关于文体的内部构成应如何分析是文体学最基本的问题之一，在这方面学界标准不一，歧见甚多，如郭英德先生认为文体结构包括由外至内的四个层次，即体制、语体、体式和体性，前两

---

① 黄卓越：《书写、体式与社会指令》，《北京大学学报》（哲学社会科学版）2010年第2期。

② "社会指令"与"社会意识形态"相近，是一个比较宽泛也比较丰富的概念，可以指宏观、整体的社会观念趋势，也可以指特定社会群体的观念形态，而且，它侧重于强调各种社会观念形态对社会政治的组织、运作方式的干预。总体而言，社会指令比较激进，而政治意识形态比较保守，社会指令的变更往往先于政制的变革，而政治意识形态一般是在政制变革基本完成后才得以确立。

者属于外在结构，后两者属于内在结构。①童庆炳先生在《文体与文体创造》一书中将文体构成划分为体裁、语体以及风格三个层次。②李士彪先生则分为体裁、篇体和风格。③汪涌豪先生在《范畴论》一书中则从体制体裁、语体语势以及体性风格三个方面理解中国古代丰富的文体范畴。④本文以为，就前战国时代而言，将文体构成分为"内容"和"形式"两个方面来分析仍是大体可行的，"内容"方面，主要指文本的话语策略以及主题和意旨的类型（更确切地说，也包括素材），而"形式"方面则可参考郭英德先生在《中国古代文体学论稿》中的说法细分为形制、体式和语体三个层面。⑤"形制"即郭著所

① 参见郭英德：《中国古代文体学论稿》，前揭，第 1-23 页。
② 参见童庆炳：《文体与文体创造》，云南人民出版社，1994 年，第 103 页。
③ 参见李士彪：《魏晋南北朝文体学》，山东大学 2002 年博士论文。
④ 参见汪涌豪：《范畴论》，复旦大学出版社，1999 年。
⑤ 这里需要特别说明三个问题：一是关于修辞，修辞本是动态概念，杨树达《中国修辞学》引《说文解字》九篇上彡部云：修，饰也。段玉裁注云：修之从彡者，洒刷之也，藻绘之也。（杨树达：《中国修辞学》，上海古籍出版社，2006 年，第 1 页）至于"辞"，即言辞，可以是书面言辞，也可以是口头言辞。这是"修辞"的传统理解，也是比较狭义的理解，这个意义上的"修辞"主要与语体相关。但从现代"篇章修辞学"的角度说，"修辞"是指"语言在篇章中的运用"，而整个篇章修辞学的研究对象就是篇章内部不同构成要素"在篇章中的相互协调关系"。（王凤英：《篇章修辞学》，黑龙江人民出版社，2007 年，第 6 页）这个意义上的"修辞"就比较宽泛了，它同时与这里所说的形制、体式以及语体相关，当然也与内容相关。故而此处不将修辞作为一个单列的结构要素。二是关于风格，风格论的确是中国古代文体论的一个重要组成部分，古人对特定的文体往往有特定的风格要求，这一点从《文心雕龙》的文体论就明显可见。姚爱斌先生认为，目前主流的文体学阐释模式将"体裁"与"风格"二分，这等于人为割裂了中国古代文体论的统一系统。（姚爱斌：《中国古代文体论思辨》，前揭，第 19-23 页）。本文认为，从风格论是中国古代文体论的一个部分这一事实，并不能得出这样的结论，即风格是文体本身的一个组成部分。这是因为风格实质上是一种审美判断（尽管中国古代的风格论大多是具有政治伦理色彩的审美判断），它与这里所说的内容和形式诸要素皆不相同。这里的内容和形式诸要素都是就客体层面而言的，它们无须主体介入即可存在，而审美因素无法仅赖客体自身而成立，必须有主体的参与和建构，所以它是在主客之间的，或者用后实践美学的说法是主体间性的（主体间性理论的基本思想是说主体在审美活动中将作为审美对象的客体"看"作"类"主体，以此消解主客二分）。将风格视为文体本身所自有，其实是汉语语法结构造成的误会。三是关于文本的书体、版式、编排等。这些因素作为"痕迹"刻画的形式，作为抽象符号的具象化方式，必须依托特定的物质载体，与抽象的文本符号不是一个层面的问题，但也与社会政治语境相关，所以也在本文的探讨框架之中，只是由于各种条件限制，本文目前只能约略涉及。

谓"体制"（"体制"在中国古代文体论中是文体构成的总概念，故这里用"形制"代替郭著中的"体制"），指"文体外在的形状、面貌、构架"，①比如，前战国时代文本的基本形制以简短的篇章为主，虽有编订、整理之书写方式，亦是以篇章为基础的编次、整合，尚未有谋求篇章之间逻辑关联，进而结构一"书"的自觉意识；②"体式"，郭英德先生认为指"文体的表现方式"，③如现代文体学所说的议论、抒情、叙事等，就前战国时代而言，诗歌有赋、比、兴的体式之别，散体文则有的以记言为主，有的以记事为主，有的形成论难答述，有的则事言相兼。不过，前战国时代文体的"表现方式"并非出于自觉，基本上只是特定文体规范下的表达惯例；"语体"，指文体所使用的语言系统，如雅言与方言、俗语之别，质言与文言之别等，如在前战国时代，语体最重要的转变完成于春秋时期，即从春秋以前倾向于口语实录的旧体文言转向追求建言修辞的新体文言。④当然，内容和形式的分别是相对的，没有无形式的内容，也没有无内容的形式。⑤

郭英德先生认为，"义例合一"和"体用不二""正是中国古代作为文本方式的文体分类的要义"。⑥本文要强调的是，相比于后世，此二者，尤其是"体用不二"，在前战国时代体现得更为突出，这可以视为前战国时代书写体制的总体特征之一。这一特征可以表述为：特定的文体形式基本上用于表达特定的主题和意旨（即"义例合一"），而"义例合一"的特定文体基本上用于实现特定的社会政治目的（即"体用不二"），换言之，在前战国时代，文体的形式、内容以及功能三者的统一程度明显高于后世，其重要原因在于前

①　郭英德：《中国古代文体学论稿》，前揭，第 5 页。

②　搭建体系、结构全书的自觉意识大抵到晚周秦汉时期始出现，可以《吕氏春秋》为早期代表。（参见刘宁：《汉语思想的文体形式》，华东师范大学出版社，2011年，第 45 页）

③　郭英德：《中国古代文体学论稿》，前揭，第 13 页。姚爱斌先生认为，"体式"是指"符合某种文体规范的文章范式"（《中国古代文体论思辨》，前揭，第 64页），这是就"体式"在中国古代文体论中的涵义而言的，相当于这里说的总的文体构成。

④　详参傅道彬：《春秋时代的"文言"变革与文学繁荣》，《中国社会科学》2007年第 6 期。

⑤　需要指出的是，文体"形式"的这三个层面是从学理上划分的。考虑到前战国时代的文献，除出土的少量原始文献外，或者经后人增益修饰，与本来面目已有所差异，或者已作为原始材料而融入后世文献中，难以明白地分辨出来，或者仅有篇名或只言片语留存，因此，对前战国时代文体形式的分析已不太可能严格按这三个层面来展开，更多的时候只能采取统而论之的方式。

⑥　郭英德：《中国古代文体学论稿》，前揭，第 41 页。

战国时代的政制总体上是政教不分或政教半分的，因而书写活动基本上是服务于特定政治目的的具有高度规范性的职官行为。至于后世文类文体仍然在一定程度上具有这一基本特征，主要是由于前战国时代形成的规范性意识作为传统被继承下来，当然也与后世政制中保留了某些与前战国时代相似的因素有关。但总的来说，从战国时期开始，随着书写活动的社会化和个人性书写的兴起，义例和体用合一的程度呈弱化的趋势，这在诸子论体文书写中体现得尤为明显。

以上是就某一种文类文体的构成而言的，而在特定的历史时期，不同的文类文体就组成了一个文类的格局。应该说，商代、西周、春秋以及战国时期的文类格局是各不相同的，特定的文类格局所呈现出来的特征也是特定时期书写体制的重要特征。

第二，从人的角度说，书写活动总是由特定的人实施的，又总是有特定的书写对象，这两者各有其复杂性。先说书写者，书写者可以有狭义和广义之分，广义的书写者包括观念文本的（制）作者和将观念文本著录于物质载体的人，后者是狭义的书写者，同时也是进行实际书写活动的书写者。①狭义的书写者不等同于（制）作者，（制）作者是观念文本的构想者或文本的责任人（即文本奉其名义而书写的人）。（制）作者和狭义的书写者当然可以是同一人，但在前战国时代，两者往往是不同的人，尽管他们关系密切。狭义的书写者经常只是负责将（制）作者的观念文本记录下来，不过，这个记录的过程也可能使他或多或少参与了观念文本的制作。狭义书写者本身也可以分级，第一级是文本的第一次著录者，第二次著录（如文本的转录、编订）则是第二级狭义书写者，依此类推。书写者相对于书写对象，书写活动既有预设的书写对象，也有实际的文本接受者，此二者可能一致，也可能不一致。不同层次的书写者可能对应于不同的书写对象。书写对象可能是人，也可能是神，也可能两者兼有。不管怎样，书写者与书写对象总是存在密切关联，而他们的话语位置关系及其变迁是本文讨论书写体制问题的重要切入点。

第三，从物的角度说，文本书写总要借助于一定的书写材料，包括书写的载体、书写的工具等。作为文本符号进入视觉空间的媒介，书写的物质材料或者说文本的物质性存在方式对于文本的意义、功能等可以产生重要的影响。在早期中国，书写载体和工具的选择往往是呈现文本符号的基本性质以

---

① 下文中所用的"书写者"概念一般指狭义的书写者，但有时也指广义的书写者，因为有时候，（制）作者与狭义的书写者虽然不一致，但难以区分，或者这种区分对于说明本文的问题意义不大。

及在权力系统中的等级地位的重要方式。不同的文类文体往往要求不同的书写材料，而同样一篇文章，用毛笔写在简策上，与镌刻在青铜器上，其所产生的意义以及所要求于书写对象的阅读态度等都可能是完全不同的。中国很早就形成了关于如何使用书写材料的制度。物质材料可以作为划分书写类型的重要依据，如前战国时代的书写活动，根据书写工具的不同，可分为笔书和刻辞，笔书又可分为墨书和丹书，刻辞又可分为刀刻和铸刻，根据物质载体的不同，可分为甲骨文、金文、简册文、缣帛文、石鼓文等，甲骨文包括龟甲文和兽骨文，金文包括彝器金文和非彝器金文，简册则有竹简、木简、玉册之分等，当然还可进一步细分。此外，上古书写活动有一个从依附于物质载体走向相对独立的过程，这与物质载体的逐步通用化有关。

第四，从方式的角度说，书写活动总有一个基本方式的规定，这其实也可以理解为书写活动本身的性质，如记、作、编、转录等。记与作的区别在于：记是客观记录，不表达书写者的主观倾向，如所谓"左史记言，右史记事"，在先秦时代（特别是在战国以前），书写活动与口头言说活动尤其保持着密切而复杂的关系，书写在相当长时期内主要是对口头言说的记录，[①]作则是在书写中明显融入了主观倾向的书写方式，这种方式无疑是后起的。当然，记与作的区分是相对的，或者说是有过渡地带的，因为记录不可能是纯粹客观的。在书写活动中，当作的因素不断增加，书写就逐渐脱离了对口头言说的依附，（狭义的）书写者与观念文本的制作者合二为一，（狭义的）书写者就获得了对文本编码的更大自主权（尽管仍然受到书写体制中各种惯则的规范）。需要指出的是，孔子所谓"述而不作"的"作"与这里的"作"不完全等同。"述而不作"的"作"是指创立新说、建构新的价值体系，可以理解为"创作"，"述"则是指阐述前人（先贤圣王）的思想，可以部分理解为"解释"，无论是"创作"还是"解释"，都带有书写者的明显倾向，因而都属于本文所说的"作"。从以"记"为主到以"作"为主，以及编订、转录的活跃，是前

---

① 书写是比讲话麻烦得多的事情，书写作为一种记录活动，其意义是逐渐被认识到的。钱存训先生说："古时，人们设想鬼神都是识字的，因此在祭祀时，以文字代替口头祷告。这种广泛的将文字应用于人与鬼神之间的交流，也是使古代文字记录数量增加的主要原因之一。"（钱存训：《书于竹帛：中国古代的文字记录》，上海书店出版社，2004年，第6页）不过，记录式书写的产生并没有代替口头祷告，也不是为了代替口头祷告，而只是为了使仪式显得更神圣、更庄重一些。书写何以有此种功能呢？深层的原因可能在于对时间性的抗拒，口头言说是转瞬即逝的，而一旦用文字著录于彝器或竹帛等物质载体之上，从某种意义上说就摆脱了有限的时间，变成不朽的话语或永久的凭证。

战国时代书写活动演变的重要线索。在前复制时代，文本是不稳定的，文本的转录和编订往往有意无意包含了对文本的加工和改造，其中，编订时的改造可能并非是纯被动的。编作为一种书写方式，大抵包括装订和整理两个方面。装订是以物质手段将分散书写的文本统合为真正意义上的书，①就前战国时代而言就是简册的加工、编缀。整理则指书写者（编纂者）按一定的理念对文本符号的重新策划、组织、调整（如序次篇章）。还需要指出，"记""作"与编订、转录并不是完全并列的概念，而是既有交叉也有性质区别的，"记"和"作"基本上是就文本符号层面说的，而编订、转录不仅涉及文本符号，而且与书写的物质载体直接相关。单就文本符号层面说，转录可以视为一种特殊的"记"，编订则往往兼含"记"和"作"。编订有时是在转录的基础上进行的。

（三）关于政制

本文之所以探讨政制问题，是因为政制与书写体制的外部规定性有密切关系。"政制"一词源于西方，但可以对应于西文中的多种说法。笔者初步查找，发现学界所用英译有"political system""polity""constitution"以及"politeia"等。"political system"即"政治制度"，侧重指国家行政上的组织系统；"polity"侧重指政权的组织方式，即"政体"，与"regime"相近；"constitution"侧重指政府组织的基本原则，即"宪法"；本文较认同用"politeia"，该词是由古希腊语"πολιτεία"转写的单词，其本义是指一个政治共同体（城邦）的基本生活方式，由此引申出"政体""政制"之意。"πολιτεία"源于政治共同体生活方式的观念奠定了西方政体学说的基石。西方政体学说一开始就具有很强的类型意识、"理想"意识和演变意识，如柏拉图的《王制》试图构建言辞中的理想政制（即王政），又区分了四种恶的政体，即荣誉政体、寡头政体、民主政体以及僭主政体；亚里士多德的《政治学》则将各种实际政体归结为六种，即君主政体、贵族政体、共和政体、僭主政体、寡头政体以及平民政体，前三者是正宗政体，后三者是变态政体。他认为正宗政体中"最优良的政体就该是由最优良的人们为之治理的政体"；②柏拉图和亚里士多德都分析了不同政体间递变的内在逻辑。

汉语的"政制"一词可以是"政治制度"的缩写，也可以是"政治体制"

---

① 具有装订形式是图书之为图书的一个构成要件。（参见曹之：《中国古籍编撰史》，武汉大学出版社，2006年，第4页）

② [古希腊]亚里士多德：《政治学》，吴寿彭译，商务印书馆，1965年，第173页。

的缩写，而"政治体制"也可以缩写为"政体"。可见，"政制"是与"政体"密切相关的概念。"政体"有时可以用来指政治共同体本身，但一般指政治共同体的组织方式和组织原则，具有较强的可分类性，而不牵涉具体的制度，而"政制"包含了"政治制度"的含义，因此，本文将"政制"界定为政体及其制度。政体是政制的中心，而政治制度则是以特定政体的原则为基础制定出来的，可以看作政体的衍生物。这里还需要注意以下几点：第一，政制既以政体为中心，而政体基于政治共同体的基本生活方式，因此，政制问题就不仅仅是核心权力系统（政府）的组织问题。政制的性质、原则以及动力等才是界定一种政制类型的基本范畴。对核心权力系统的考察也应从其如何体现政制的性质、原则以及动力着眼。第二，"政制"或"政体"不同于"国体"，正如徐祥民先生所言，"国体，按照通常的理解，要回答的是政权的阶级本质问题"，而政体涉及"能否照顾全城邦人的利益、正义与非正义等"内容，"这些内容不能简单换算为政权掌握在哪个阶级手里"，因此，"国体的内容无法填满政体的整个'空壳'"，以国体为内容，以政体为形式的逻辑是不能成立的。①第三，"制度"不能等同于法律意义上的制度，中国古代尤其是前战国时期的"典章制度"，在很大程度上是礼法意义上的规范。除了正式的礼法规范之外，还有非正式的政治规范，如一些惯例、"潜规则"等。肖宁灿先生曾以"世卿制"为例说明有时习惯、惯例的作用可能更大。他认为，"世卿制"并非西周定制，只是非正式的惯例，"到春秋时又成为一种极不正常的惯例"，所以《春秋公羊传》才说"世卿，非礼也"（见《公羊传·隐公三年》《宣公十年》）。②非正式的政治规范之所以能够存在以及其作用力的大小，推究起来大抵都可找到政制上的原因。第四，肖宁灿从体系、系统的角度理解"体制"之"体"，进而认为政治体制由规范、群体和概念三个子系统构成。③这三个子系统的划分，尤其是将"概念"要素理解为政治体制的子系统，是值得参考的。肖先生所谓"概念"要素大体相当于"政治意识形态"，而政治意

---

① 参见徐祥民、刘惠荣等：《政体学说史》，北京大学出版社，2002年，第18页。

② 参见肖宁灿：《先秦政治体制史稿》，四川人民出版社，2007年，第11页。

③ 他认为，规范要素，指"这种体制系统中的政治群体、政治组织机构以及有关政治角色共同遵守的法律法规（如中国古代的律令和礼等）、道德规范、各种惯例等政治规范或政治行为规则"；群体要素，"既包括政治组织机构（如各级官府），又包括政治性的类别群体（如贵族集团、官僚集团），……都是由一定的政治角色（如卿士、大夫、郡守等）组成的"；概念要素，则"包括了有关的政治性的基本概念，以及在此基础上形成的相应的、具有一定价值倾向的政治思想观念、政治理论和政治学说等"。（参见肖宁灿：《先秦政治体制史稿》，前揭，第11-12页）

识形态确实应该是"政制"的题中之义，比如我们将西周时期的政制形态描述为"义神礼法君主政制"，这里的"义神""礼法"以及"君主"三个概念既表示西周权力结构的组织原则和制度形式（义神神权、君主权、礼法制度），同时也表示西周政治意识形态的构成要素，因为义神神权、君主权以及礼法都可以理解为观念形态的东西。

二、研究主旨和论述框架

（一）研究主旨

本题设计的起意在于试图突破中古和近世以来中国文体论的视野和方法局限。

近世以来的中国文体学研究受西方现代思潮的影响，实际上主要是以文体的审美特征为研究重心。现代思潮对审美独立性的伸张，无形中使文学的"文学性"研究成为文学内部自足的研究，影响延及文体学领域，突出的表现是偏重不同文体的"风格"问题。正如黄卓越师所指出的，对"风格"研究的偏重，实际上"意味着对某种文学观的默认"，"这种文学观更多地会将'创作'作为瞩目的焦点，而创作价值的认定又往往是以个性的表现程度来确认的"。[1]这种观念取向，由于在相当大程度上忽视了文体规范、书写惯则问题，自然也就不会进一步去关注"蕴藏在文本组织中的社会构成原则"，其结果就是"将文体研究、文本研究从社会关系安排中无限制地抽离出来"。[2]

以风格论文体也是中古以来文体论的一条基本线索。这条线索始于曹丕的《典论·论文》的"四科八体"说。"四科八体"说"将风格与文类捆绑在了一'体'之中，从而奠定了以风格界说文类……的论述基础"。另一条基本线索则是以性情论文体，此线索大抵起源于《毛诗序》的"情志发生论"。这两条线索在《文心雕龙》那里开始汇聚在一起。《文心雕龙》除了强调"以功能立体"之外，又同时注重以风格和性情论体，而且将之与儒家伦理的向度接续、整合起来。不过，总的来说，"风格"仍然"被安置于一个基质性（居于各层次的底部）的位置"。[3]风格论对中古以来文体论的强势影响，同样使

---

① 黄卓越：《书写、体式与社会指令》，《北京大学学报》（哲学社会科学版）2010年第2期。

② 黄卓越：《书写、体式与社会指令》，《北京大学学报》（哲学社会科学版）2010年第2期。

③ 参黄卓越：《文类、文体及在话语中书写》，《社会科学家》2014年第1期。

得文体书写惯则问题难以被充分揭示出来。

近年来，已经有部分学者开始关注先秦时期文学的生成方式问题，其中也涉及早期文体的生成问题，并自觉反思审美中心论对于理解先秦文本的缺陷。他们不再仅仅将社会政治、文化观念这些外部因素宽泛地理解和描述为文学作品创作的历史背景，而是注重探讨先秦文学的发生与这些因素的内在关联机制，如赵辉先生的《先秦文学发生研究》(人民出版社，2012 年)提出，先秦文学主要是分布在神坛和礼乐政坛两个基本言说场域的"限定时空言说"，特定的言说场所与特定身份的言说者和言说对象相应。李春青先生的《诗与意识形态——西周至两汉诗歌功能的演变与中国诗歌观念的生成》(北京大学出版社，2005 年)则从意识形态和话语空间的建构为视角探讨了西周至东汉诗歌功能的演变和诗学观念的生成。过常宝先生的《原史文化及文献研究》(北京大学出版社，2008 年)提出了"原史传统"概念，此概念指具有理性精神的礼乐文化制度和相应的精神品格，进而在这个概念框架下梳理了西汉中期以前主要文献的生成过程、文本形态、叙述方法以及所承担的"原史"文化功能。他的《先秦散文研究——早期文体的及话语方式的生成》(人民出版社，2009 年)则进一步分析了先秦时期若干大类文献中次级文体形态的文化功能，尤其注重文献创造者的职事、言说范围和言说方式问题。罗家湘先生的《先秦文学制度研究》(上海古籍出版社，2011 年)则从先秦时期巫、祝、乐、史等王官群体的文学活动规范入手，探讨了先秦文学的生产、传播和消费系统。

一些文体学范围内的专著也较过去更加重视先秦文体与行为方式、文化精神等的关系，如郭英德先生的《中国古代文体学论稿》(北京大学出版社，2005 年)、俞志慧先生的《古"语"有之：先秦思想的一种背景与资源》(华东师范大学出版社，2010 年)、邱渊先生的《"言""语""论""说"与先秦论说文体》(云南人民出版社，2009 年)、董芬芬的《春秋辞令文体研究》(上海古籍出版社，2012 年)、于雪棠的《先秦两汉文体研究》(北京师范大学出版社，2012 年)、段立超的《上古"颂类"文学精神及其文体特征》(吉林大学出版社，2012 年)等。

尤为值得注意的是，郭英德先生认为，中国古代文体分类有三种基本方式，即"作为行为方式的文体分类""作为文本方式的文体分类"以及"文章体系内的文体分类"。"作为行为方式的文体分类"如《周礼·春官·大祝》所记大祝所执掌的"六辞"以及《毛诗诂训传》所谓大夫"九能"之说等；"作为文本方式的文体分类"则如《尚书》"六体"的生成方式以及《诗经》中《风》《雅》《颂》的类别区分；至于典型的"文章体系内的文体分类"，则如《典论·论文》《文章流别论》《文赋》《文心雕龙》等魏晋南北朝时期著作中的文体辨析。①尽管郭先生强调了"文章体系内的文体分类"与前两者的区别，但他仍然指出，"作为行为方式的文体分类"是文体分类最原初的形态，"中国古代的文体分类正是从对不同文体的行为方式及其社会功能的指认中衍生出来的"，②如"作为文本方式的文体分类的生成过程"，是"先有特定的行为方式，次有记录特定行为方式的文本，然后才产生了基于特定文本方式的文体类型"。③黄卓越师认为该理论"将文本形式与人的行为、社会特征的考察连接在一起"，"毫无疑问是一个很有价值的提法"，并进而指出，中国古代文类文体的"内在构制（怎么写，结构与语式怎样等等）""实际上是由不同的政治关系，用今天的话来讲，也就是由不同的权力关系所决定的，以此形成各种文体样式的不同特征及书写惯则"。④这就对文体的"行为方式"和"文本方式"做了更明确的定位，即将"政治关系"看作各种文体样式之形成的支配性因素。

本文的基本意图即沿此思路进一步挖掘：政治关系对文体样式的特征和书写惯则的支配，更宽泛地说，其实也是对整体上的书写活动的支配。⑤其根本原因在于政治关系调控着书写者与接受者在不同政治场域中的话语位置关系，而政治关系及其变迁是由政制（尤其是政体形态）及其演变决定的。因此，本文要论证的基本论点就是，在先秦时代，政制演变是促使书写体制变迁的关键性和根本性因素，或者说，政制是书写体制最重要的外部规定性。⑥

---

① 参见郭英德：《中国古代文体学论稿》，前揭，第 29-43、53-58 页。
② 所谓"文体的行为方式"，是指"与特定场合相关的'言说'这种行为方式"。（参见郭英德：《中国古代文体学论稿》，前揭，第 29 页）
③ 郭英德：《中国古代文体学论稿》，前揭，第 36 页。
④ 黄卓越：《书写、体式与社会指令》，《北京大学学报》（哲学社会科学版）2010 年第 2 期。
⑤ 文体样式的特征实际上是书写活动惯则在文本层面上的体现。
⑥ 需要说明的是，这并不是说政制或者政治关系是书写体制的唯一决定因素或唯一的外部规定，书写活动还受到来自更为宽泛的"社会"层面的影响和规定，尽管本文所理解的政制因素与社会因素并不是可以截然分开的。政制的演变与书写体制的演变也并非完全同步，因为书写活动存在自身的延续性，有的"惯则"一旦形成便不会随政制的改变而马上发生明显变化，比较常见的情况是在延续中逐渐变化。此外，"前战国时代"的时间限定也是有必要的，因为相比较而言，战国以后，随着个体书写的兴起和"社会"层面的扩展，政制与书写体制的关系就显得间接得多。但本文认为，自从文字书写产生以后，无论哪个时代，政制都在根本的层面上提供并限定了言说的基本空间和条件，只是中国在汉代以后政制类型长期变动不大，所以其对书写活动的作用反而不为人重视而已。

上文已从文本、人、物、方式等方面分析了书写体制的内部规定性，因此，本文的核心任务就是论证先秦时代，政制这一最重要的外部规定性与书写体制的内部规定性之间的关系及其演变。必须指出，"关系"是具有相互性的，也就是说，政制不仅作用于书写活动，书写活动对政制也产生了反作用。这是因为，书写活动是制造或维系"意义"的重要活动，因而也是意识形态（可能是官方主导的政治意识形态，也可能是更为广泛的"社会意识形态"）生产的重要活动，经由意识形态的中介，书写活动起到了加速或延缓政制演变的作用。当书写活动所提供的意识形态顺应现实政治斗争的趋势时，它就加速政制的演变，否则就可能延缓政制的演变。不过，需要注意的是，在先秦时代，相比于政制对书写体制的作用而言，书写活动对于政制的影响是比较有限的，这是因为任何现实政制都有其生命周期，而政制的演变主要是由现实的政治和经济矛盾推动的，尽管书写活动也可能成为现实政治斗争的一个方面，但从事书写活动的人一般而言并非现实政治斗争的主角。而且，在先秦时代，书写活动只是意识形态生产的方式之一，尽管其重要性在逐步上升。

（二）论述框架

本文将前战国时代书写活动大致按时间分为先周时期、西周时期、春秋时期和战国时期四大部分展开论述。本文认为，这四个时期的书写活动，就其外部规定性而言，在总体上与四种君主政制存在密切关联，即先周时期（主要是殷商）的族神宗法君主政制、西周时期的义神礼法君主政制、春秋时期的半义神礼法君主政制以及从春秋后期开始萌芽到战国时期初步形成的集权君主政制。由此，本文的基本框架就是论述这四个历史阶段书写活动的内部规定性，即文本、人、物、方式诸方面，与这三种政制形态的关系及其演变逻辑。由于文本、人、物、方式诸方面本身紧密联系，不便于完全分开叙述，考虑到文本的规定性是书写内部规定性最为突出的方面，因此，本文在实际论述中主要以文类文体作为分节的线索，在分析文类文体的规范性构成时兼顾人、物等方面问题。此外，我们的论述重点在于作为外部规定的特定时期政制对于形成书写活动内部规定的作用。至于书写活动对政制的反作用问题，本文也将有所涉及，但不作为重点，因为这种反作用分析毕竟更多依赖于观念推想。

既然文类文体是本文实际论述的基本线索，那么以什么标准划分前战国时代文类文体就是一个不可避免的问题。本文主要是以文本的功能（以及书写者）为标准来划分的。我们认为，先秦时代文本（或书写活动）首先可以分为四个大类，即仪式性文本（书写活动）、政务性文本（书写活动）、政教性文本（书写活动）以及个人/私人性文本（书写活动），每一类都包含若干种次级文类文体。这四大类文本的不同组合大体上可以反映出先秦时代不同时期的文类格局。仪式性文本是指应用于特定政治仪式场合的文本。仪式性文本就其运用方式来讲，又可分为两种情况：一种是一次性使用，即在每一次特定仪式场合发生前都要由特定人员重新书写的文本，这种文本的物质载体因素往往也有比较重要的意义，如盟书、誓师书、起誓书、锡命书等，物质性文书的使用多是这种政治仪式的组成部分；另一种是作为范本，供一些常规性的仪式场合反复使用，如祝嘏辞套语、仪式乐歌辞等，仪式上一般不出现此类文本的物质载体，只是由特定人员以口述或演奏或其他方式使用文本的内容。政务性文本是指服务于行政、外交事务以及作为政治规范的文本，此类文本可再分为三种：一是制度文书，如刑律、法典、礼书等；二是公务文书，如下行的政令、军令，上行的奏议文书，平行的公牍，以及直接记录政事以为检阅和备忘的档案文书等；三是"外交"文书，如国书、赴告文书等。①政务性文本与仪式性文本存在较多的交叉性和过渡性现象。这是因为：一方面，仪式本身可以具有政务功能，如战国以前的策命仪式、会盟仪式等往往也是行政、"外交"方面的政务活动，由此产生的文本也就兼有仪式性和政务性；另一方面，一般而言，越在早期，政务活动的仪式性越强，大抵从春秋时期开始，政务活动的仪式性逐渐减弱，一部分政务活动脱离了仪式性，由此形成了某些仪式性书写向政务性书写的过渡。政教性文本是指特定书写者（如史官）以其职官身份所书写的有明显政教意图的文本。此类文本有时容易与前两类文本相混淆，因为某些仪式性文本和制度性文本也可能具有政教功能，亦由特定职官书写。这里的关键区别在于，仪式性文本和大部分制度性文本在最初形诸文字时都不直接具有政治道德教育的目的，它们的政教功能一般是在后来的再次书写和运用过程中另外发展出来的，而政教性文本一开始就是主要以政教目的被书写下来的。不过，政务性文本中的公务文书有一部分可能具有比较直接的政教目的，如净谏奏议文书，这部分文本与政教性文本的区别在于，政教性文本虽有预设读者，但没有直接具体的书写对象，而净谏奏议文书是就某个具体事件呈递给某个君主（或其他特定人物）看的，其使用是一次性的。政教性文本如西周诰体文、春秋初期的训诫文、编年记事文、以讽谏为主要目的的诗歌以及"语"类文献等。个人/私人性文

---

① 第三类文书，严格地说，也属于公务文书。在东周国家政权完全丧失影响力之前，诸侯国之间的交往就不是真正意义上的外交，故下文一般称为邦交文书。

本实际上是从书写者角度界定的类别。个人/私人性文本与前三类文本相对。前三类文本都属于职务性文本，即书写者是以职官身份进行书写。个人/私人性文本的书写者也可能具有职官身份，关键在于他是以个人（或私人、私家）身份而不是以职官身份进行书写。但个人书写（individual writing）与私人书写（private writing）也存在区别，前者虽然不以职官身份进行，但在功能指向上则可以与职务性书写类似，如存在带有政务功能的个人书写，也有兴起于春秋后期到战国时期的个人性的政教书写。从某种意义上说，个人性书写与前三类职务性书写一样都是有关公共领域的书写。私人书写则是指以表达私人情感或叙述私人事务为目的的书写，它是与公共书写相对的纯私性的书写形态。在战国以前，最主要的私人文本就是贵族的彝器铭文（其中大部分用于私家祭祀仪式），春秋中后期开始出现私人书牍。当然，私人书写与个人书写之间的界限也不是清晰分明的，例如以《离骚》等为代表的政治抒情诗，从抒发诗人自身情怀的角度说，此类作品的创作应归入私人书写的范畴，但由于这种私人情怀始终与公共领域相关联，因而又具有个人书写的特征。战国时期很多高级官僚、贵族之间的书牍书写也存在私人性和个人性的交叉，但总的说已倾向于私人性。

还需要说明的是：第一，这四大类文本的划分实际上不是完全以抽象的文本本身为依据，而是以书写活动为依据。因此，同一个文本经过不同目的的书写，其归属可能发生变化，如某些仪式性文本和政务性文本（尤其是制度文书）可能转变为政教性文本。理解这一点十分重要，它可以解决不少长期令人困扰的文本性质之争，如关于《诗经》中的许多诗到底是否民间歌谣的争论，如果仅就抽象的文本来说，它们当然可以被看作民间歌谣，因为它们最初是作为民间歌谣被创作出来的，但如果从物质性的书写活动来看，当它们被乐官形诸文字，进入诗文本时，其性质就发生转变，成为仪式性文本或政教性文本了。第二，次级文类文体在演变过程中可能发生归属的变化，例如诗文本的文本构成在演变过程中，从以仪式性为主变为以政教性为主，又如诔文，从公诔文发展出私诔文，实际上是从仪式性文本变为私人性文本。铭文也是如此，西周中期以前的铭文是带有政治礼仪性质的私人文本，所以"作器能铭"是大夫"九能"之一，到西周中后期，尤其是春秋以后，铭文的私人性就更显著了。再如锡命书，虽然原本就兼有仪式性文书性质和政务性文书性质，但西周时的锡命书主要是仪式性文本，后来，其仪式性功能逐渐降低，最终演变为政务性文本。

第一章　书写的起源与汉语书写的起源

一、书写的起源与文字、文学的起源

先从书写的起源谈起。学界历来重视对文化起源、文学起源以及文字起源的研究，但少有人提及书写的起源。本文认为书写的起源（包括汉语书写的起源）与文字、文学或者文化的起源既有联系，又有根本区别，应该作为一个独立的问题域被提出来。

书写起源与文化起源的区别比较好理解。文化的起源当然远远早于书写的起源，如叶舒宪先生所言："三、四千年以来的成文历史，……只能相对地还原到十万年之久的口传文化史的末端来认识。"[①]不过，书写的发生以及早期的书写活动对于政治、社会、文化的演进往往有着深远而微妙的影响，这是不能否定的，比如卜甲骨在中国境内不少文明遗址都有出土，但目前只有殷墟和陕西周原一带的甲骨上发现有卜辞书写，而中国主导的政治历史恰恰是沿着商周这一条线索发展的，历史的这一"巧合"似乎已经暗示出早期中国书写活动与政治演变的特别关联。

书写起源与文学起源的不同也比较明显。文学包括口头文学和书面文学两个层面，而且，上文已述，现代以来文学实质上成为一个以审美性为主导原则的概念。由于具有审美性的口头言说远早于具有审美性的书面写作，因此，文学的起源就是有审美性的口头言说的起源。书写的起源既不是以审美性为中心，又只针对书面文本，显然不同于文学的起源。

书写起源与文字起源的关系相对而言比较复杂，因而也容易混淆，两者的区别以及联系可以归纳为以下几方面。

第一，文字起源研究一般是从造字法以及文字的形体与音义的原初关系等角度来研究文字（体系）的起源，它的基本话题是最早的文字呈现出什么样的形态，或者说什么样的符号才能算为文字，而这种文字形态又是如何从更原始的符号演变出来的，其经典的问题表述是：原始的符号如何演变成为能够完整地记录语言的文字体系。比如在汉字起源研究领域，这方面典型的

[①] 叶舒宪：《本土文化自觉与"文学""文学史"观反思——西方知识范式对中国本土的创新与误导》，《文学评论》2008 年第 6 期。

理论有图画文字说、契刻记号说、原始陶符说以及被否定了的八卦说、结绳说等。不过，也有学者指出，传统的文字起源研究忽视了字的产生与联字成句之间的关系，如晏鸿鸣先生认为：

> 文字产生时期是由示意图符到文字的系统转变时期，根本的变化是与语言的结合。语言运用的基本单位是句子。只有句子才能表达一个完整的意思，判断文字是否记言的标准应该是能否书写成句的话。只有在有语序的句子里，语言的语音、词，才能够真正与文字一一对应落实。……因此，在考察汉字——甚至一切文字的起源时，我们应该确立这样的原则，只有能够被确认已经与语言中句子结合的才是文字。①

这一论断的启示意义在于，字的发生与句的发生之间存在内在关联，两者很可能是一体两面的关系，而不是先有字，然后经过长期发展过程才联字成句。换言之，文字起源与书写起源并没有时间上的先后次序。不过，此说并不意味着这两方面的研究可以混为一谈。晏鸿鸣实际上是主张以语句为标准来确定字的起源，从句到字，落脚点仍然在字，其进一步的拓展则是联字成句的语法关系，而书写起源研究的落脚点是语篇，不是字本身，也不是语法、音韵等问题，它首先要考察早期语篇呈现出何种样态，如其文类文体的性质和功能是什么，内容类型和文体形式如何等。

第二，一般而言，文字起源研究的研究对象是静态的文字符号本身，而书写起源研究的对象不仅是静态的文本，而且是作为一种人类活动的书写的起源，所以这种研究要将文字与对文字的使用统一起来考虑，要考察最初使用文字之人的身份以及这些特定身份的人为何使用文字，如何使用文字，考察这种使用文字的活动是在怎样的背景、情境、观念和条件下产生的，调控它的政治机制和社会指令是什么，这种调控的历史逻辑如何等问题。书写起源研究的这些向度也将有助于文字起源问题的深入研究，例如关于汉字到底是经过长期积累逐步产生的，还是在相对较短的时间内突然出现的，此类在汉字起源研究领域中引起热烈争论的问题其实在一定程度上已经超出了汉字起源研究的范围，必须引入书写起源的研究视角才能得到更有效的阐释。

第三，与单纯的文字起源研究相比，书写起源研究更关注书写的物质性问题。书写既然是一种实际的人类活动，书写出来的文本就不仅是观念中的抽象物，而更是可触摸的实体性存在物。实际的书写材料和物质载体一开始就与抽象的文本有着种种内在关联，它们绝不仅仅只是作为纯粹的工具而存

---

① 晏鸿鸣：《文字与汉字起源新探》，《江汉大学学报》1990年第1期。

在，书写材料和物质载体的选择和运用对书写行为以及对书写的传播和接受都有着深刻的影响，这种选择和运用本身应该视为书写活动的重要环节，选择什么样的材料和物质载体进行书写并不完全取决于物质条件。因此，考察书写材料和物质载体最初的选择和运用及其对早期书写的影响当然也在书写起源研究的范围之内。

第四，书写起源研究更关注最初书写的传播和接受。书写行为与书写的传播及接受本来就是不可分割的三个活动环节。文字是语言的异质同构物，所以文字书写天然倾向于传播交流，书写传播和接受对书写行为本身有着内在的限定作用。关于书写起源与书写传播的关系，不能机械地认为先有文字书写，然后才有书写的传播。更可能的情形是先具备了书写传播的条件，然后才产生了书写活动。

第五，由于书写起源研究将书写作为一种实际活动来考察，因而也就比单纯的文字起源研究更注意书写活动与其他文化活动之间的关系，例如需要考察书写活动与口头的交流和传承活动之间的功能差异和联系，考察书写活动是否是在口头表达不能满足需求的时候出现，它满足了什么样的新需求，书写的出现对口耳相传方式又产生了怎样的影响等问题。

第六，在方法方面，文字起源研究主要属于语言学范围内的实证性研究。书写起源研究虽然也要以实证性研究为依托，但需要融入语言学之外更多学科的理论构想，尤其需要社会政治理论方面的构想。

总之，书写起源与文字起源的区别不在于时间的先后，而在于研究视角的不同。书写起源的研究视角是从上文所述书写体制研究的基本视角衍生出来的，即研究起源时期的书写活动的内外部规定性。

二、汉语书写起源阶段的体制推想

先说内部规定性。最早的汉语书写者的问题基本上相当于汉字创制者问题，过去学界在探讨汉字起源时有所涉及。大概有两种相关的理论，一是渐变论，一是突变论。渐变论①以群众史观为背景，一般认为汉字是底层群众在长期劳动实践中创制出来的，因此，劳动人民是文字的创制者。但是，文字的创制是一个复杂的系统编码过程，只有从生产劳动中脱离出来从事精神活

---

① 鲁迅、郭沫若、傅永和等均持渐变论，如郭沫若说："任何民族的文字，都和语言一样，是劳动人民在劳动生活中，从无到有，从少到多，从多头尝试到约定俗成，所逐步孕育、选练、发展出来的。"（郭沫若：《奴隶制时代》，人民出版社，1973 年，第 244 页）

动的智识人才有足够的闲暇和能力去创制文字系统，同时也只有智识人才有使用文字系统的需要，上古农业劳动者不可能具备这种能力，更缺乏从事书写活动的动力机制。汉字起源于劳动人民长期创造的观点在 20 世纪 80 年代以后遭到突变论的挑战。[1]越来越多的学者认同突变论，并提出了一些有力的证据。[2]突变论之不同于渐变论不仅在于认为汉字起源的时间过程较短，也在于认为汉字的创制者与最初使用者不是占人口多数的底层民众，而是巫祝卜史一类的少数神职人员。突变论者基本上都认为汉字出自巫师集团之手。[3]只不过早期的突变论者仍然主张早期汉字是巫师集团在整理和总结了民众中流传的各种图形符号后才创造出来的。新近的突变论者则抛弃了这一群众史观的残余影响。突变论兴起之后，传统的仓颉造字说重新受到重视。重新考虑仓颉造字说，不是为了认同汉字创制于黄帝时期的传说或承认仓颉实有其人，关键在于仓颉的身份。仓颉不仅是巫，而且是巫官。[4]巫在国家出现之前已经存在，巫官却是国家的产物。有学者通过考察少数民族中巫师创制文字的例子（如东巴文、水书、彝文等），试图证明汉字的创制出自巫师。[5]但少数民族中保存的一些巫符或巫文是否真正的文字仍然有争议，一个重要的原因是这些巫符往往不与语言相对应，只是"由巫创，由巫承，记巫事"。真正的文字系统必须和语言相对应，天然就具有传播倾向，虽然不是整个社会范围内的传播，但也不会仅仅局限在一个狭小的集团内部，否则巫符图画便足够使

---

① 主张突变论代表性学者有徐中舒、卢丁等。

② 如有学者通过考古学统计，得出这样的结论："商代晚期 300 年间积累的符号大约是以往 4 600 多年所积累符号的 1 000 倍。……从总数看，甲骨文的增长速度是原始符号的 16 286 倍；从种类看，甲骨文的增长速度是原始符号的 108 倍。……根据统计学原理，后者的数量、种类和增长速度都可以忽略不计，或者说趋于零。"这一结论有力地支持了汉字的突变说。（参见李万福：《突变论——关于汉字起源方式的探索》，《古汉语研究》2000 年第 4 期）

③ 如徐中舒等指出汉字是在殷代晚期"一班巫卜手中，日趋纯熟，以至完备"的。（徐中舒、唐嘉弘：《关于夏代文字的问题》，见《夏史论丛》，齐鲁书社，1985 年，第 126 页）

④ 从汉以后文献对仓颉的描述来看，仓颉实际上被视为巫官，如《淮南子·本经训》说："昔者仓颉作书而天雨粟，鬼夜哭。"纬书《春秋元命苞》说仓颉"龙颜侈侈，四目灵光，实有睿德，生而能书"等。早期的史官与巫官关系密切，或认为巫史不分，或认为史官出于巫官，或认为史官与巫官同出于天官。至于所谓沮诵与仓颉合作造字之说（见《世本·作篇》和西晋卫恒的《四体书势》等）不过是对"左史记言、右史记事"之说的附会。

⑤ 参见李家祥：《远古巫文化与汉字起源》，《贵州民族学院学报》（哲学社会科学版）2001 年第 3 期。

用了，不必大费心思去创制与语言对应的文字编码。

　　不过，这种巫符或巫文对于理解汉语书写的起源仍有重要的启发意义。它提示我们注意汉字在发生学上区别于西方拼音文字的特殊性。虽然文字体系首先要能够记录语言，书面语的独立发展是后来的事情。但汉字最初可能存在某种含混性，因为汉字在完全具备读音之前（如果把记录语言的功能看作文字之为文字的基本界定要素的话，或许也可以说在成为真正的文字之前），可能已经有一套比较复杂的类似于巫符的"示意图符"。（这些符号也不一定是经过漫长历史时期积累下来的，而更可能是某种特定文化的产物）这些"示意图符"原先或许只是比较单纯的标记性符号，但后来已经发展出初级的记事（如记巫事）、说明等体式功能，这样一来，汉字创制的关键环节就很可能是赋予这些"示意图符"与口头语言相对应的读音，而不是完全另起炉灶去重新制造一套符号。（当然，也应该对原有图符进行了整合、改造）这样做会产生一种特别的后果，即示意图符虽然变成了真正的文字体系，具备了可读性，且能表达完整的意思，但与拼音文字体系相比，这种文字体系与口头语言系统始终存在比较大的隔膜，因为它原本就不是迁就语言的产物，反而从某种意义上说是让语言去迁就文字。如果这种初步假设不误，那么汉字的创制从根本动机来说，很可能就不是为了记录语言（虽然由于被赋予了读音，它也就获得了记录语言的基本功能），而是为了传播书写出来的巫符文本。这种传播应该理解为一种政治性需求，因为它有可能使原本被封闭在智识人小群体中的知识转换成具有政治统合功能的意识形态话语。这个过程与智识人（同时也是书写者）的身份演变，即从巫变为巫官，是相伴随的。当巫成为巫官，他就被授予了意识形态话语生产的权力（当然也可以说是承担了这份责任），正是这种权力和责任推动了（真正意义上的）汉字的创制以及汉语书写的发生。因此，虽然从原则上说凡是能够用语言表达的东西都有可能成为文字记录的对象，但汉语书写最早所记录的内容类型（以及其他方面书写样态）应该都是有特定规范的。

　　最早的汉语书面文本的文体性质和内容类型，或许与对图像的说明有关。取象思维是华夏民族早期精神文化生成的关键环节。甲骨文字的象形特征本身就是取象思维的体现，所谓"仰则观象于天，俯则观法于地，观鸟兽之文与地之宜，近取诸身，远取诸物"（《周易·系辞下》），而传世文献也有河图洛书的记载，《吕氏春秋·先识览》也有"夏桀将亡，太史令终古执其图法而出奔于商"的记载，[1]可见，作为一种文献的"图"可能比用文字书写出来的

---

[1]《太平御览》卷六一八将"图法"引作"图书"，这可能是文字书写时代的想当然。

文本更为久远，在文字时代到来之前也许尚有一个图像时代，而最早的文本书写有可能是图像的衍生物或者是对图像的说明。因为抽象的图像在经过长期流传之后可能会出现阐释空间太大的问题，其承载的意义难以显明，而书写恰恰可以通过特定的说明将图像的意义固定并显现出来。甲骨卜辞本身就可以看作是对兆象含义的说明，传说中的卜筮图书《连山》和《归藏》，如果包含文字的话，那么其内容也当与《周易》中的卦爻辞一样是对原始筮象的阐释。联系古人的言象意之辨，"言"不是直接针对"意"，而是直接针对"象"，是通过"象"来间接表"意"。这里的"言"可以是口头之言，也可以是书面之言。两者的一个重要区别是书面之言可以保存，因而具有更强的确定性和排他性，它通过将语言物质化的方式排斥其他理解。

　　再说外部规定性。汉语书写的起源应该有其政制背景。我们知道，国家的产生和运作并不一定需要文字，没有文字的早期国家的例子不胜枚举，有的国家是在政制已经发展到较高水平以后才在他族语言文字的启发下创制了本国的文字。后世由文字承担的许多任务其实可以以非文字的方式（如口耳传承、图符记事等）代替。那么，早期中国的政制条件到底有何特殊性，能够激发汉字编码系统的创制？上文已提及，巫官（或天官）的出现很可能对汉字（及汉语书写）的起源起到了重要作用，而从巫到巫官的演变正是特定政制条件的产物。巫官应该是从原始社会的巫师演变而来的。《国语·楚语下》中关于"绝地天通"的著名记载实际上就是描述巫官（或天官）的形成过程，其中说到"绝地天通"之前曾有过"夫人作享，家为巫史[1]"的阶段。一般认为，这是指人人可以充当巫师的原始阶段，但它也可能意指一个已经得到发展的阶段，即重要的祭祀权被部族首领收归己有，但各个部族祭祀各自的神灵图腾。后来，不同部族组成了部族联盟，这就产生了将分散在各部族的祭祀权统一起来的国家政治需要，因为祭祀权从某种意义上说就是对神意的掌控权，祭祀权的统一意味着政治意识形态的统一。部族联盟的领袖要统一祭祀权，并不适合再由自己包揽巫师角色，更好的办法是由具有专门知识的人员充当巫官。但早期的巫官很可能并非专门的职官，而是部族的首领。[2]部族联盟的领袖将部族首领召集到中央，组成巫官集团，再由自己充当这个巫官集团的首长，这应该视为当时统一祭祀权、确立王政的一种政治策略。尽管这种政治运作方式带有部族"民主"议事的色彩，但联盟领袖作为巫师之长

---

[1] "夫人作享，家为巫史"是指"人人都可以举行祭祀，家家都自己设立巫史"。（参见黄永堂译注：《国语全译》，贵州人民出版社，1995年，第638页）

[2] 这一点可以殷商前中期贞人的身份为据，学界已普遍承认早期贞人多数是方国首领。

的宗教政治权威的确立，是出于实际利害关系而结成的松散联盟演变为统一的"酋邦制国家"的重要标志。部族联盟的形成自然会促进部族间的交往，加上不同部族的首领聚集在中央，语言的接触和磨合必定能够加快，这为文字的创制提供了基本条件。更重要的是，祭祀权的统一应该直接表现为宗教政治仪式的统一，而特定的书写行为能够使宗教政治仪式更具有神圣、庄重的意味，从而强化统一的意识形态话语，突显这样一种多元一体复合型国家的君主的宗教政治权威。上述早期图像及其文字说明也很可能具有宗教仪式方面的功能，从而与这种需要相挂钩。

当然，不是任何需要都能立刻催生出相应的结果，正如学者已经指出的，汉字的创制有很高的技术性，它和历史上其他发明创造一样带有一定的偶然性。①汉字创制和早期书写的功能也不必过分夸大。尽管文字的发明很有利于统治，但并不是早期国家政治运作的必需品。华夏早期文明主要以器物和口传的形式传承，汉语书写出现之后并没有取代这两种传承形式，甚至在很长时期内没有成为主要的传承形式。汉语书写承担的政治功能是经过漫长历史时期才逐步扩大的。国家对文字书写的需求和利用程度与国家政制和社会指令的类型和性质等因素有密切关系。

华夏早期国家的政制类型很可能支持了文字在一定范围内的传播，同时促进了书写活动的世俗政治功能的扩展。文字要在特定范围内传播，需要具备一定的教育条件，汉字创制初期当然不可能有完备的教育体制，但汉字在特定范围内的传播是有可能的，因为早期中国政制治教不分（如殷商王朝），在这种政制中，官僚体系本身主要由巫构成，不仅君主是巫首，大多数高级官僚也保留了巫的身份和能力，②如传说中闻名的一些商朝大臣，如伊尹、巫

---

① 参见李万福：《突变论——关于汉字起源方式的探索》，《古汉语研究》2000 年第 4 期。

② 此外，随着王权的确立，专职的巫官（天官）也开始出现，《国语·楚语下》中所说的"颛顼受之，乃命南正重司天以属神，命火正黎司地以属民"，大抵就反映了专职巫官（天官）的产生。关于《国语·楚语下》中的这句话，以往学者一般据韦昭注将"属神"和"属民"理解为分管神事和民事，这样，重是司神之官，而黎就是治民之官。但许兆昌先生指出，重和黎作为南正和火正，其实都是巫官（天官），"属神"和"属民"只是神职的内部分工，即"由重负责联系神，将神的旨意通过黎传达给民众；由黎负责联系民，将民的祈求通过重上达给神祇"（参见许兆昌：《重、黎绝地天通考辨二则》，《吉林大学社会科学学报》2001 年第 3 期）。神、民分治不合于治教不分的早期政制形态。神、民分治应当出现在专职巫官体系完善而其他高级官僚的巫身份基本消褪之后。当然，专职巫官的产生确实是朝向神、民分治的制度演进中的重要一步。

咸、巫贤、箕子等都是大巫。这种巫师集团与近现代某些少数民族中仍存在的巫师在身份性质上有所不同。后者往往仅仅是巫，而前者既是巫，同时也是统治者。这意味着，文字在这种巫师集团内部使用和流传，实际上就是在整个统治阶层中使用和流传。从功能的角度说，由于治教不分、巫与官一体，文字和书写就不仅只有宗教巫术的意义，同时也发挥重要的政治功能。巫官要运用自己所掌握的知识服务于国家政治运作，这既有助于书写活动在一定范围内的传播，很可能也使得早期汉语书写兼有神圣性和世俗性。总的说，在早期中国，书写活动承担的世俗政治功能逐步扩大，但同时又长期保留了神圣性的一面，这种独特形态对早期中国的政制演变和社会结构产生了深远影响。

需要附带提及的是，林沄先生对于汉字起源有一个特别见解，他在《说"书契"》一文中谈道：

先秦的"书契"既然并不是指甲骨文，而是指既写字又刻齿的用途不一的契券，这种有字契券的主要用途是在处理经济事务和行政管理事务，所以我国文字的产生原因，显然不应仅从宗教用途考虑。[1]

我们知道，世界上有些早期文字，如苏美尔泥版楔形文字，其文本的主要内容类型确实是经济和行政管理事务，但这些文字类型的产生同样有其政治制度和社会组织形式方面的复杂背景，不能仅因为我国也可能存在与经济和行政管理事务有关的早期书写形态就判断汉字的起源一定与这些事务有关。林文的启发意义在于，我们不能简单地将汉字的起源与汉语的早期书写混为一谈。汉字的起源应该是单一的，而汉语的早期书写形态却可能是多元的，这并不矛盾。用于处理经济事务和行政管理事务的早期书契或许是甲骨卜辞之外的早期汉语书写形态之一，其中的关键就是汉语书写在特定政制条件下的传播以及书写活动世俗政治功能的扩展。

三、早期治历授时文献的形成机制、文体特征以及书写影响：以《夏小正》为中心

（一）治历授时与治历授时文献

治历授时在中国古代有极为悠久的历史。上文已述，取象思维是华夏上古精神文化生发的关键环节。最初取象的目的很可能与治历明时有关，所取之象不外乎天上的日月星辰之象和地上的四季物候之象。正是通过观物取象，

---

① 林沄：《说"书契"》，《吉林师范大学学报》（人文社会科学版）2003 年第 1 期。

古人才渐渐摸索出天时运行的一些变化规律，从而获得最早的历法知识，尽管这种历法是天象物候之历，与后世正式的历法有所不同。这些历法知识，对于先民的生产生活，尤其是农业生产，无疑具有无与伦比的意义。由于天文历法知识只被极少数从事精神活动的智识人（天官）所掌握，[①]所以这些知识很容易被赋予原始宗教的神秘色彩。同时，从治历到授时，这些知识又成为王权合法性的重要依据。这样，政治、宗教和生产三者就经由时序而被联系到了一起，这是华夏上古政制的一个重要特征。

传世文献中关于商代以前治历授时的记载很多，[②]其中尽管不免掺杂许多后人想象猜测的因素，但也应该曲折反映了上古的状况。《大戴礼记·五帝德》中记孔子说："黄帝……时播百谷草木，故教化淳鸟兽昆虫，历离日月星辰""颛顼……履时以象天……治气以教民""帝喾……历日月而迎送之""帝尧……四时先民治之""帝舜……敦敏而知时……羲、和掌历，敬授民时""禹……履四时，据四海"。可见，在孔子看来，观天测地、敬授人时原本是帝王自己德行能力的体现，[③]后来才成为一种专门职司，而帝王的工作变成按照规定确保四时节令得以正常履行。这一转变在《五帝德》中始于舜，在《尚书·尧典》中始于尧，在《国语·楚语下》中则始于颛顼。[④]代替帝王执行授时权力的官职即所谓天官（或巫官），羲和重黎等应为早期天官的代表，其职责大体是主管天文历数、祭祀以及敬授人时。这种转变对于王权的确立有十

---

① 与农事有关的一些节令知识最初当是农人在生产实践中自己总结出来的，这些知识是经验性的，天官所掌握的天文知识本是较为抽象的，两者有所不同。治历法的关键是将经验性的知识纳入天文星历的框架之中，使天文知识成为实践性的历法知识。这便是从"历"到"历法"的转变（刘起釪先生曾指出："历字本义为经历、经过，用于天象时，原指日月星辰在天球上的经历运转，所以也叫'步'。……后来的历法是根据这些历象测定的，所以才称'历法'。"参见刘起釪：《尚书研究要论》，齐鲁书社，2007年，第188-189页）。当然，治历法本身也是天官研究天文星历的基本动机。

② 如《尚书·尧典》："（帝尧）乃命羲和，钦若昊天历象——日月星辰，敬授民时。"（此断句从刘起釪先生在《〈尧典·羲和〉章研究》一文中的说法，见刘起釪《尚书研究要论》，前揭，第186-189页）《今本竹书纪年》："禹元年壬子，即位于冀，颁夏时于邦国。"《汲冢周书·周月解》："至于敬授民时，巡狩祭享，犹自夏焉。"《大戴礼记·五帝德》……

③ 这方面记载还有如《后汉书·律历下》："黄帝造历，元起辛卯。"《拾遗记》："轩辕考定历纪。"《竹书纪年》："颛顼十三年而作历象。"《礼记·祭法》："帝喾能序星辰以著众。"……

④ 《国语·楚语下》："（颛顼）命南正重司天以属神，火正黎司地以属民，使复旧常，无相侵渎，是谓绝地天通。"

分重要的意义。敬授人时的作用绝不仅仅在于指导农作，更根本的作用在于规定整个政治共同体的生活方式，包括在有效统治区域内的各邦国部落都要按统一的时序实施统一的祭祀制度，从而将神权收归中央。这个过程当然并不是轻而易举的，其间肯定经历了很多曲折和反复。李炳海先生曾分析《国语·楚语下》中"绝地天通"的记载说："颛顼取代少皞以后，东夷集团在宗教巫术方面依然保持优势，交接神灵是他们的特长。颛顼也就采取顺应的态度，让东夷族血统的重去担当神职。"[1]尽管《楚语下》的记载不必坐实，但它实际上反映出在上述过渡阶段早期国家君主对部族联盟中一些部族的某种妥协和拉拢的策略，而少皞氏之类作为部族联盟盟主的地位未能持久，其失败可能恰恰在于没能统一神权，尽管少皞氏也设置了天官。后来殷商虽然继承了东夷集团近鬼事神的巫术文化传统，但却十分在意祭祀制度的统一性，并非"民神杂糅"，如周人在克殷前作为商王朝的方国也得祭祀商族的神灵。[2]

《五帝德》的记载还透露出这样一个信息，即知天时的上古帝王似乎一开始就自觉地使自己的活动配合天时的运行，如颛顼"履时以象天"、帝喾"历日月而迎送之"等，然后才敬授人时，使天下黎民都依之而行。这些描述自然是后世儒家在政治哲学意义上的有意的历史建构。最初的"授时"应该只是为了指导生产，甚至商王朝的"授时"可能也还是如此。[3]这种"授时"多少有点类似东汉时《四民月令》开创的农家月令传统，显然还不足以充分体

---

① 李炳海：《从少皞的天地相通到楚辞的人神杂糅》，《苏州大学学报》（哲学社会科学版）1993 年第 2 期。

② 许倬云先生认为，周原出土有关于祭祀帝乙和成汤等商先王的甲骨刻辞，可证明这一点。（许倬云：《西周史》，三联书店，2012 年，第 80-81 页）也有学者以为此类卜辞是晚商史官"奔商"时携来之物的可能性更大。（参朱歧祥：《周原甲骨研究》，台湾学生书局，1997 年，第 117 页）但周原甲骨中的许多祭名也是与商族共通的，可见商周在宗教信仰上的联系确实十分紧密。不过，商王朝统一祭祀制度的努力未必是通过敬授人时的方式来运作。此外，商王朝在处理本族与外族祭祀的问题上经历过一些重要转变，即晚商王朝逐渐将祭祀范围缩小在本族祖先神灵之内。

③ 陈梦家先生通过考察甲骨卜辞，指出在商王室祭祀所用的纪时法（即祀周，与天时不相干）与民间耕种所用的农历（以月为单位，配合天时）有所不同，尽管殷末时期两者互相借用。（参见陈梦家：《殷虚卜辞综述》，中华书局，1988 年，第 237 页）由此似乎可以推断，商王朝没有规范政治共同体整体生活方式的授时文献。当然，民间耕种所用的农历，则有可能由商朝王官颁布。但这并不表明商代以前或者与商王朝同时而又不受商王朝直接控制的一些方国中不可能存在规范整体生活方式的授时文献。我们必须考虑到，商王朝的政治生活因其强势的巫术文化传统而具有的独特性。

现王权，其政治意义比较有限。后来，由于发展生产以壮大实力的需要越来越大，政府功能随之日益强化，政府对于民间生产的干预程度也日益加大，于是，授时便由单纯的指导生产变为由王官规范生产，从而也就自然包含了对王官行政活动本身的时序规范。至于对王及王室行为的时序规定在授时文献中反而应该最后出现，它是从官员的时序性行政活动进一步推导出来的。这样的推导最终形成了通过时序建构整体生活方式并进而以此树立王者权威的政制理念。这种理念的出现标志着真正意义上的授时的诞生。

需要特别强调的是，授时文献也促成了对中国文化精神（包括后来的书写观念）影响极其深远的天人合一思想。当然，敬授人时的政制理念本身就是以天人合一的意识为前提，这里所谓"促成"天人合一思想，是说敬授人时使少数人（如天官）的天人合一意识扩展为一种普遍的社会意识形态，因为授时意味着，无论是王官的政治生活，还是民人的日常生活，所有政治、宗教、生产活动都要配合天时运行而展开，天人合一的时序生活规定成为一种政制意义上的法宪。所以，清代学者毕沅这样评价授时文献《夏小正》："于天象、时制、人事、众物之情无不具纪，询为一代巨宪。"①

治历授时既然是天官的执掌，那么，授时文献的书写者理应为天官。不过，天官的历法知识起初应该是以图法的形态呈现出来，这种图法可能是一些天象图，《后汉书·志第十·天文上》有"轩辕始受《河图斗苞授》，规日月星辰之象，故星官之书自黄帝始"之语，似可为旁证，这也与上文所引太史掌图法的记载相符合。这些图法可能在天官集团（以及后来的太史）内部世代传承，并逐步完善。授时的需要以及授时内容的逐步扩展，则促成了授时文献的书写，图法只是为这种书写提供基本的知识依据。

早期天官的地位应该是十分尊崇的。《左传·昭公十七年》有一段郯子关于少皞氏以鸟名官的著名记载。所谓五鸟，即"凤鸟氏，历正也；玄鸟氏，司分者也；伯赵氏，司至者也；青鸟氏，司启者也；丹鸟氏，司闭者也"，所谓五鸠，即"祝鸠氏，司徒；鶅鸠氏，司马也；鸤鸠氏，司空也；爽鸠氏，司寇也；鹘鸠氏，司事也"。此外还有五雉、九扈。这里的五鸟显然都是掌天时的天官，凤鸟氏为天官之长，②其他则为掌人事之官。按此序列，天官不仅

---

① 〔清〕毕沅：《夏小正考注》，《丛书集成初编》第 1335 册，上海商务印书馆，1937年，第 1 页。

② 陈梦家先生认为："凤鸟相当于卜辞中的'帝史凤'。"（见陈梦家：《殷虚卜辞综述》，前揭，第 572 页）但卜辞中的"帝史凤"是帝廷官员，不是现实职官。似乎不妨推测商人想象中的帝廷职官体系是模仿商王朝的现实职官体系，有人据此认为商王朝也"存在着掌天时的以'凤鸟'为号的'史'官"。（参见丁波：《商代的巫与史官》，《中国社会科学院研究生院学报》2004 年第 3 期）

分工细致，而且凤鸟氏的地位应该高于掌人事之官。从其他传世文献对羲和、重黎之类天官的重视程度来看，他们的地位也是极高的，甚至高于卿。天官的地位后来逐步下降，并分化为史官和乐官（主要是太史），这是因为随着治历的巫术神秘性逐步降低，王权对天官的倚重程度也就逐步降低。

授时文献现存最早的就是被收录在《大戴礼记》中的《夏小正》（这里均指其经文①）。《四库全书总目提要》说"大戴礼记书中夏小正篇最古"，这一点没有疑问，但它到底出自何时，古今却一直存在争议，主要有夏代说、殷商说、西周说以及春秋早期说等。②本文认同夏代说，认为《夏小正》很可能是夏代历法之反映。③不过，《夏小正》的渊源仍然有两种可能，一是上古曾有《夏小正》的原始书面文本，只是文本的原有载体湮灭不存，而今本《夏小正》是此原始文本经过字体转换后的遗存；二是原本没有这种书面文本，今本《夏小正》是以口耳相传方式传承下来并被后人形诸文字的。本文不排斥第二种可能性。但即便是由后人形诸文字，其成书时间至迟也当在商代，④或许是由与商王朝同时代的夏族遗民方国的史官书写出来的。况且，《夏小正》即使不是夏代遗书，也仍不失为上古治历授时的代表性文献。事实上，《夏小正》未必是春秋乃至殷商以前唯一一部授时之书，只是其他类似文献湮灭不存而已。

（二）《夏小正》的文体特征及其书写影响

就文类传承而言，《夏小正》对于中国古代月令类文体的书写无疑有着直接的影响。这种影响从功能、写法乃至用词上都可明显见出，正如高明先生所言：

　　《小戴记》有《月令》，大概是沿袭《夏小正》来的。《逸周书》
　　有《月令》篇，已亡佚；《吕氏春秋》有《十二月记》，散在书中；《淮

---

① 需要附带说明的是，《夏小正》在收录于《大戴礼记》之时，其经传已系合写，故而生出诸多误会。今人研究《夏小正》当以严格区分经传为前提，即"以经观经，以传观传"。对于《夏小正》传文既不必定其于一尊，又不须全盘否定，毕竟任何阐释都难以回溯意图意义，误读本身自有其历史意义。关于《夏小正》传文的讨论，可参拙文《〈夏小正〉传文笔法论略》，《中华文化论坛》2012 年第 6 期。

② 前人也曾提出产生于春秋以后的说法，但明显不能成立。关于《夏小正》经文年代的争议，详参王安安《〈夏小正〉经文时代考》，西北大学 2004 年硕士学位论文，该文亦支持夏代说。

③ 关于此说的考证，可参拙文《论〈夏小正〉经文笔法在中国叙述传统中的缘发意义》，见《华夏文化论坛》（第八辑），吉林文史出版社，2012 年，第 58-67 页。

④ 可参王安安：《〈夏小正〉经文时代考》，西北大学 2004 年硕士学位论文，第 36 页。

南子》有《时则》篇，也是月令一类的文章；推究它们的本源，恐
怕都是出于《夏小正》。①

因此，《夏小正》可谓后世月令类著述的滥觞。

但《夏小正》作为上古授时文献，与后世的月令著述在文本构成和功能
上还是有所不同的。在儒家经典意识确立之前，上古授时之书的内容当是随
社会生活的变化而变化的，其主要功能还在于指导生产，所以《夏小正》具
有崇实致用的书写特征，其内容自然也包含对王官活动的规范，但即使是这
些规范，也多与实际的生产活动关系密切。《夏小正》中对星象的关注和记录，
也主要为指导农事，并无占星色彩。②"孔子正夏时，学者多传《夏小正》"（《史
记·夏本纪》）实际上是儒家经典意识的反映。此后，月令类著述层层因袭，
朝规整、系统和程式化方向演化，逐渐脱离生产生活实际，成为以阴阳五行
思想为指导以规范帝王行为为主要目的的制度性文献。而《夏小正》的叙述
风格则简练质朴，不尚修饰。其各月所记之物事多寡严重不一就是明证。据
夏纬瑛校释本，记述最多的是正月，共有二十条经文，而最少的是六月和十
一月，仅有三条。关于后世月令之脱离生产实际，夏纬瑛先生曾举过两个生
动例子，如《夏小正》"三月……摄桑，委扬"是说在养蚕的夏历三月要整理
桑树，伐去多余枝条。而《礼记·月令》却依据春天主生长的阴阳五行理论，
篡改为"命野虞无伐桑柘"。又如《夏小正》"七月……时有霖雨；灌荼"，是
说七月雨季用水灌杀农田的荼草。《礼记·月令》却有"季夏……大雨时行，
烧薙行水，利以杀草，如以热汤，可以粪田畴，可以美土疆"之语，"若是在
农田里杀草或沤粪要用开水，那得需要多少燃料啊？书生之见，显然与事实
相违"。③不过，到了东汉，开农家月令先河的崔寔《四民月令》，又代表了月
令类著述的新变。④从《夏小正》到《礼记·月令》再到《四民月令》，是中
国古代月令类著述演变的三个基本环节。可以说，《礼记·月令》和《四民月

① 高明注译：《大戴礼记今注今译》，台湾商务印书馆，1977 年，第 62-63 页。
② 章启群先生认为，中国古代天文历法之学有一个向占星学转折的阶段，《礼记·月令》正是这一转折时期的代表性文献。（参见章启群：《〈月令〉思想纵议——兼议中国古代天文学向占星学的转折》，《哲学研究》2009 年第 1 期）
③ 参见夏纬瑛：《夏小正经文校释》，农业出版社，1981 年，第 77-78 页。
④ 正如杨雅丽教授所指出的，与《礼记·月令》相对照，《四民月令》的这种变化体现在"行文方式、内容组合和篇章布局的侧重点"等各个方面，其要义在于"月令"之"令"的含义从"政令"转化为"节令"，"发布政令的'王者'及朝廷臣吏等文化符号逐渐淡化和消退，'月令'文献不再专属于'王者'和王朝政治，'月令'体裁的内容逐渐民间化、世俗化"。（参见杨雅丽：《〈礼记〉语言学与文化学阐释》，人民出版社，2011 年，第 74-75 页）

令》分别突显或放大了在《夏小正》中已经具备但又较为原始朴素的两个方面，即指导世俗生产生活和规范王官活动，而这些变化都是不同时代政治体制和社会指令的或直接或间接的产物。

《夏小正》的叙述影响还不仅限于月令著述的文类传承，其简练质朴的叙述风格以及时事相系与物事直陈的写法深刻地影响了后世历史书写的深层思维模式。

时事相系的写法很可能在后代巫史书写活动中延续，并进而促发了先秦历史叙述传统的生成。在殷墟卜辞中，时间表述虽然还未形成后世从大到小的习用纪时规范，但卜辞的时间记述几乎都是明确的。最早起源于中国的编年记事书写正是以时序为中心编排历史事件。叙述学者已注意到《春秋》"秩序鲜明、有条不紊的依时记事"与商周卜事铭事记事方式之间存在渊源关系，[1]但未进一步追溯至上古授时著述。这种以时间为主导的叙述意识从《夏小正》传文对"先言后言"的强调来看已十分自觉。《春秋》中有些地方只有时间而无事件，与《夏小正》传文笔法颇多类似的《公羊传》（隐公六年）竟解释为："春秋虽无事，首时过则书。首时过则何以书？春秋编年，四时具然后为年。"如此解释未必不合《春秋》本意。早期编年记事文在时事相系的写法上显然与授时文献是一致的。"叙事"二字最初也正是"依时序行事"之义，即《周礼·春官》中的"冯相氏掌十有二岁，十有二月，十有二辰，十日，二十有八星之位，辨其叙事，以会天位。冬夏致日，春秋致月，以辨四时之叙"。

《夏小正》的另一个重要的写法特点是物事之间不点明逻辑联系，从而造成了直陈的叙述效果。不点明物事之间的关联并不代表它们之间一定没有关联，例如七月"时有霖雨"之后为"灌荼"，两者显然有因果关系，有如十一月"王狩"之后为"陈筋革"，夏纬瑛先生训解为："在狩猎之时，先开列出来王所要收取的筋革数目，以使从狩者如数交纳。"[2]两者之间亦有逻辑关系。直陈物事，不述关联，应是由于其间的逻辑关系被认为是自明之理、常识之理、自然之理，不需刻意表述出来，如"摄桑"自然要"委杨"，"时有霖雨"自然应"灌荼"，其总根据是人时必须服从天时，人道必须服从天道自然。这对于后世中国文化中常识理性的形成和发展有极其重要的意义。单就叙述之缘发承传而言，物事直陈可能影响了后世记事笔法。《易经》的"不注重叙事的完整性与连续性"与"逻辑线索碎断"，[3]同样是直陈物事的结果。以《春

① 参见傅修延：《先秦叙事研究——关于中国叙事传统的形成》，东方出版社，1999年，第178页；亦可参刘节：《中国史学史》，中州书画社，1982年，第16页。
② 夏纬瑛：《夏小正经文校释》，前揭，第65页。
③ 傅修延：《先秦叙事研究——关于中国叙事传统的形成》，前揭，第77页。

秋》为代表的早期编年体史书仍然采用物事直陈的写法，无怪乎《春秋》被王安石讥为"断烂朝报"。物事直陈对后世历史和小说叙事的更深远影响在于讲求"客观地"叙述事件经过，不过多进行叙述干预和评论，因为因果关系和价值评判都隐含在事件自身之中，所谓事明理自明。只要事件过程清晰明确，则价值判定必定毫无疑义，天理昭然，无须论辩。这种叙述思维与中国古代常识理性发达而思辨理性薄弱的状况实互为表里。

此外，《夏小正》所体现出的取象叙述和感物萌芽对诗性文化的生成也具有一定缘发意义。①

---

① 关于以《夏小正》为代表的上古治历授时文献，对于中国古代史与诗两大叙述传统之生成的影响，详参拙文《论〈夏小正〉经文笔法在中国叙述传统中的缘发意义》，见《华夏文化论坛》（第八辑），吉林文史出版社，2012 年，第 58-67 页。

第二章　殷商时期书写体制与
族神宗法君主政制

一、殷商政制形态及其对书写活动的影响概述

（一）殷商政制述要

本文所说的神权政制是指以宗教神权观念作为现实政权合法性依据的政制形态。殷商时期的神权政制，就其类型来说，是一种族神宗法君主政制。首先，在神权观念方面，商人所信仰的最高神"上帝"，[①]就其神性而言，多数学者认为是一种与具有普遍性的超氏族神相对的氏族神，如许倬云、李宗侗、徐旭生等都指出，"商人的神是族群专有的守护者，而不是对所有族群都一视同仁的超氏族神。"[②]商人的"上帝"具有至高无上的权威，"商人的生产和生活以及安危都要由上帝来决定"，[③]包括主宰商王的祸福，所以卜辞中有大量贞问上帝是否会降祸或降福于商王的记载。更重要的是，这个"上帝"（以及商人的其他神）对商族和商王的护佑并不是无条件的，但条件仅仅在于是否得到满意的奉祀，也就是说，商人的神是功利之神，其赏罚没有什么明确的原则可循。从卜辞来看，"上帝"对商王降祸福、决定其安危，与商王是否行"德政"并无直接关系，"上帝"的意志不因人（包括商王，尽管他拥有群

---

① 常玉芝教授指出："殷墟甲骨卜辞表明，在殷人的心目中，天神上帝（或简称帝）是主宰着天上、人间一切事物的至上神，他有着至高无上的权能。"（常玉芝：《商代宗教祭祀》，中国社会科学出版社，2010年，第61页）除了上帝外，商人还热衷崇拜各种自然神和祖先神。

② 许倬云：《西周史》，前揭，第116页。徐旭生先生认为："凡早期各氏族中所崇拜的神都是属于本氏族的，没有超氏族的。……商、周之交恐怕正是氏族神和超氏族神嬗变的时期。"（徐旭生：《中国古史的传说时代》，文物出版社，1985年，第200页）。李宗侗先生则认为商人的帝出自商族的图腾。禘祭是图腾崇拜的遗迹，图腾即"其祖之所自出"。（参见李宗侗：《中国古代社会史》，中华文化事业出版社，1963年，第266页）因此，商人的帝与祖先神有密切关联。

③ 常玉芝：《商代宗教祭祀》，前揭，第61页。

巫之长的身份）的道义行为或意念而改变。这是殷人之"上帝"与周人之天神的关键区别。商代巫史的基本职责就是通过祭祀活动使神得到满意的奉祀。但对神的奉祀是否总能令神满足，对于祭祀者来说，有很大的不确定性，因为神的意愿终究是难以捉摸的，商人"只能是战战兢兢地揣测着上帝的意志，仅此而已"。①

商人的神是不具普遍性的氏族神，但商王国实际统治的范围包括许多由其他氏族组成的方国，因此，商王朝以这种氏族神的神权观念来建构意识形态，必然出现统治法权上的困难。商王朝的应对方法在于：一方面，用商人的氏族神归化其他方国，即让方国奉祀商人之神，如周国在克殷前作为商王朝的方国也得祭祀商族的神灵；②另一方面，"吸收商人统治下其他族群的守护神，……使多族群的商王国在精神上可以团结和融合"。③有学者认为，商王朝在处理本族与外族祭祀的问题上经历过一些重要转变，晚期的商王朝逐渐将祭祀范围缩小在本族祖先神灵之内，这种排斥性的做法使商王国"丧失了向心的凝聚力"。④不过，商王朝以氏族神的神权观念作为统治的合法性依据，这本身已经决定了商王国的政权结构必定是相对松散的。

其次，从现实治权的角度看，商王国的最高决断权掌握在商王手中，因此，商王国属于君主政体。商代君主政制有两个基本特点，一是它属于典型的重心在于宗教的治教不分的政制，也就是最高的宗教领袖即掌握现实治权的族长和君主，商王本身有群巫之首的身份，商王在现实治权上的最高决断权威实际上源于他与神灵沟通的最高能力；二是商王朝的官僚体系可能主要由巫组成，商王虽然是群巫之首，但大巫并不只有商王一人，传说中闻名的一些商朝大臣，如伊尹、巫咸、巫贤、箕子等都是大巫。商王朝还有让方国首领入朝为官的传统，⑤这些方国首领不仅是方国内的族长，同时也是巫首，因此入朝往往充任贞人。总之，巫、官僚、贵族在殷商时期大抵是合一的。⑥

---

① 常玉芝：《商代宗教祭祀》，前揭，第 61 页。
② 参见许倬云：《西周史》，前揭，第 80-81 页。也有学者以为此类卜辞是晚商史官"奔商"时携来之物的可能性更大。（参朱歧祥：《周原甲骨研究》，前揭，第 117 页）但周原甲骨中的许多祭名也是与商族共通的，可见商周在宗教信仰上的联系确实十分紧密。
③ 许倬云：《西周史》，前揭，第 116 页。日本的林巳奈夫和伊藤道治等学者亦持此看法。
④ 参见许倬云：《西周史》，前揭，第 116 页。许倬云在该处引述的主要是伊藤道治的观点。
⑤ 这显然也延续至周代。
⑥ 当然，也不会所有官僚都是巫。

商王国君主权有一个逐步上升的过程，这个过程伴随着君权与贵族宗法权的磨合和斗争。大抵在盘庚迁殷之前，商王朝有较强势的民主遗存。所谓民主遗存，是指氏族贵族有较高的政治权力，商王不能垄断神意，因而也就不能独掌朝政，这时的政制类型是比较典型的族神宗法君主政制，盘庚迁殷之后，尤其是武丁时期，商王的权威得到很大提升，到商代末期，宗法君主政制向集权君主政制蜕变。当然，这种蜕变并没有完成。宗法君主政制与集权君主政制都有拥有最高位权的君主，关键区别在于，前者以荣宠为原则，君主虽有最高位权，但仍要依据宗法来统治，不能独断专行，为所欲为，而集权政制下的君主则倾向于抛弃宗法约束，试图以个人意志和欲望行事，所以集权政体以畏惧为原则。①商末政制之所以会发生这种转变，一个可能的重要原因在于，作为统治法权正当性依据的商代神权不直接作为宗法的正当性依据。商代的神是功利性的氏族神，而不是维护宗法的神，因此，在商代的政治意识形态中，违背宗法并不意味着就会遭受神的惩罚。这就为君主权的膨胀提供了可能的空间，而当君主权膨胀到专制的程度，不唯宗法遭到破坏，神权本身的权威也势必下降，因为当神意被君主垄断，君主的虔敬之心自然也就渐渐淡化了，真正的专制君主说到底是不信神的。当然，商末政制蜕变尚未完成，商王朝就被周王朝所取代。周灭商，虽然是方国反叛，但也反映了商王朝内部宗法贵族势力对专制君主权的抵抗。

（二）商代书写活动的基本特征

以下从文类格局、书写者、物质载体以及书写方式四个方面来概括描述商代书写活动的基本特征。

第一，从文类格局上看，卜辞无疑是殷商时期最重要的文类之一，但卜辞书写的性质归属却不甚明晰。本文认为，卜辞书写是由占卜活动派生出来的，占卜本身是一种仪式，因此，卜辞书写与仪式确有密切关系，但卜辞书写应该不属于仪式性书写，因为这种书写活动不是占卜仪式的组成部分，占

---

① 此处参考了亚里士多德和孟德斯鸠对君主政体和专制政体的区分。亚里士多德和孟德斯鸠都认为，专制政体是由君主政体因腐败而蜕变成的政体。孟德斯鸠认为君主政体以荣宠为原则，专制政体则以畏惧为原则。他另有宽和政体的说法，认为君主政体是一种宽和政体。当然，孟德斯鸠将包括古代中国在内的东方诸国的政体都视为专制政体，是不正确的。专制政体并非没有君主，所以这里称之为集权君主政体，而亚氏和孟氏所说的君主政体，都是贵族势力占重要地位的君主政体，这里结合中国的实际情况称之为宗法君主政体（或礼法君主政体）。

卜仪式本身也不需要使用卜辞文本。当兆象被占断之时，占卜仪式就已经完成，并不是待刻辞之后才完成。中国境内不少古代文明遗址都出土了大量使用过的卜甲骨，但只有殷墟和周原等极少数地方出土的卜甲骨才有刻辞现象，这说明刻辞对于占卜仪式来说应该不是必要的。卜辞书写至多只是占卜仪式活动的附属活动。占卜活动无疑具有神圣性，但卜辞书写有多高的神圣性，却值得怀疑，因为这种书写很难说具有告神、修祓、祝祷之类的功用。①在占卜仪式中，命龟或具有告神性质，而卜辞书写只是对占卜事件的记录，因此它不是写给神看的。举个例子，如《丙》368～369，在验辞部分，贞人连续十八天记录天气情况，如果是告神，显然没必要如此。当然，卜辞既是刻写在具有神圣性的卜甲骨上，即便不具有神圣性，这种书写行为也应是十分庄重的。本文认为，卜辞书写大体可归入政务性书写。陈梦家先生早就指出："卜辞也应属于王室的文书记录，是殷代的王家档案。……殷代的社会，王与巫史既操政治的大权，又兼为占卜的主持者，所以这些卜辞也可以视作政事的决定记录。"②如果一定要指明这种档案记录的目的，那么应该主要是作为检阅和备忘的凭证。③非卜辞的卜甲骨刻辞，包括卜事刻辞、记事刻辞以及表谱刻辞，实际上是卜辞的附属性书写。如卜事刻辞是记录卜甲骨的来源、整治以及收存情况的刻辞，所谓非卜事的记事刻辞的内容其实也很可能与卜甲骨的来源有关，只不过由于此类卜骨来源相对特殊，所以文本结构与一般卜事刻辞不同，表谱刻辞可分为干支表、祀谱和家谱三种，这些刻辞都是为祭祀或占卜服务的，主要起备忘作用，很难说具有独立的文类意义。祀谱刻辞，记录殷商王朝周祭先王先妣祀典的次序，类似后世的礼书类文本，但在殷商时期，其所发挥的功能与后世礼书有实质差异。家谱刻辞，虽然可以理解为世系类文本，并在西周演变为仪式性文本，但在商代，它可能只是一种依附于卜辞书写的书写形态。既然卜辞属于政务性文本，那么这些非卜辞的卜甲骨刻辞原则上也可以归入政务性文本。除了政务性书写之外，殷商时期另一类书写形态是以铭功旌纪为主要目的的书写，包括彝器铭文、特殊性记事刻辞以及一些书辞等。此类文本大抵属于仪式性文本，但这种仪式性文本又天然具有私人性质。这种双重性的形成原因在于，单从文本功能来看，它们无

---

① 有些学者，如日本的白川静等，认为卜辞有修祓、祝祷的功用，但此说并不为大多数学者所认同。

② 陈梦家：《殷虚卜辞综述》，前揭，第46页。

③ 档案的凭证价值是档案的最基本价值，作为"确凿的原始材料和历史记录，它可以成为查考、研究、争辩和处理问题的依凭"。（参见冯惠玲、张辑哲主编：《档案学概论》，中国人民大学出版社，2001年，第39页）

疑用于贵族的私家祭祀,因此具有私人性书写的性质,但这种书写又可以看作君主赏赐仪式的一个附加部分,文本的制作者可能是王室所派的专职人员,可能是史官(当然,受赐者本人应该也参与了文本的起草),作为书写载体的铜器也是在王室作坊中制造完成并由王室颁赐。①以上所讨论的是有考古实物为证的书写形态,但大多数学者都认为,殷商时期应该还存在相当数量的其他类型的书写。由于没有考古实物,传世文献也仅有零星记载,因此这些书写形态很难确证,只能做一些推测,大抵有锡命文、策祝文以及券契文书等。锡命文和策祝文应属于仪式性文本,但锡命文兼有政务性,券契文书,大抵也是政务性文本,如骨符,应属于军令文书。总的来说,殷商时期的文类格局涵盖仪式性、政务性和私人性三类(后两类基本上也有仪式背景),没有政教性和个人性文本。

第二,殷商时期的书写者大抵以巫祝卜史一类人员为主,但具体情况可能颇为复杂。一是卜辞文本的构想者,主要是命辞的确定者以及占辞的发布者,二是直接的契刻者。前者应为贞人(一般由贞人确定卜问的内容和形式,即命辞)和卜主(一般由商王发布占辞),后者是卜人或占人,一般认为卜人或占人是贞人的助手。作为契刻者的卜人或占人对贞人负责,贞人则对卜主负责。卜事刻辞的书写者同样有不同的层次,一是负责经管卜甲骨的史官,二是契刻者,前者是文本的责任者,后者对其负责。前者与贞人有不少是同名的,所以一般认为这种史官与贞人有时可以兼任。卜事刻辞的契刻者和卜辞的契刻者应是同一职务人员,他们的地位相对较低。彝器铭文一类铭功旌纪文的书写者也有两种。一是王室所派遣的专职人员,可能包括史官(作册)和铸刻者。史官(作册)负责起草文本。这种文本有的可能以锡命文为底本,而锡命文由史官(作册)起草,当然,王室也可能专门派遣史官(作册)起草铭文,毕竟铭文与锡命文有区别。铸刻者应为王室青铜器作坊的专业人员。二是受赐者,铭文铸刻是用于受赐者的私家祭祀,铭文内容反映受赐者的实际情况,体现受赐者的意愿,因此受赐者应参与了铭文的起草(殷商中后期的贵族官僚应该大多是有基本识字能力的,因为有铭彝器用于私家祭祀,不可能设想他们完全看不懂铭文)。至于策祝文,其书写者可能是史官(作册),也可能是祝官。

第三,从物的层面看,殷商时期的书写载体主要是甲骨、青铜器以及玉册之类较贵重的物品。有学者认为此时已经广泛使用竹木简牍,这是值得怀

---

① 参见吕静:《春秋时期盟誓研究:神灵崇拜下的社会秩序再建构》,上海古籍出版社,2007年,第81-82页。

疑的。郑有国先生指出："殷商时的'典册'使用的还是比较贵重的玉质典册，因此使用不普遍。随着文字的普遍推广，这种珍贵的玉质典册，才被各地习见的竹木条取代。"①此说值得注意，我们不必过高估计殷商或殷商之前简牍的使用。考古学界亦有玉器时代之说，认为在青铜彝器流行之前，早期中国有一个以玉器为主要礼器的时代。似可与玉册书写相参证。②如果殷商时期已使用竹木质的简易书写载体，那大抵也只用于一些不太重要的券契文书。在书写工具方面，除了契刻刀具外，殷商时期已经使用毛笔（或软笔），有时还使用红色颜料。

第四，从书写方式来说，殷商时期的书写方式以"记"为主。卜辞是对占卜事件的记录，附属于卜辞书写的卜甲骨刻辞，除了习刻外，亦均属于"记"，因为其中不包含书写者明显的主观倾向。殷商时期的铭文书写，大抵也属于"记"，因为其中较少有西周铭文常见的嘏辞单元，作器目的的表述亦比西周铭文更为简略。至于祝告文，可能有"作"的成分，只是目前还没有切实的文本依据。

殷商时期的卜甲骨和典册，也可能存在编订或类似编订的现象。就甲骨而言，董作宾、姚孝遂等学者曾认为商代的册制是指卜甲（或卜甲和卜骨）的编联，因为出土的卜甲确有一些被凿上小圆孔。但此说并未得到确证，"因为有小孔的卜甲数量很少，卜骨则更为罕见。而且在科学发掘出土的甲骨窖藏中，无论是卜甲还是卜骨，都是层叠或散乱堆放的，并没有贯编成串的现象"。③不过，虽然没有贯编成串，但很多卜甲确实是按序成套收藏的（一般是记录非单贞卜辞的多块卜甲），这种现象不妨理解为一种最初级的编订。至于典册，不管何种材料所制，一般都是需要编联的。④

（三）殷商政制与殷商时期书写活动基本特征的成因

商代文类格局中缺乏政教性文本，这是因为，所谓政教性书写，是关于政治教育的书写，而殷商政制是重心在于宗教的治教不分的族神宗法君主政制，政治的实际运作掌握在巫的手里，指导政治运作的是捉摸不定的功利性神意，这就意味着殷商的政治不可能有明确的指导原则，其唯一的原则只能

① 郑有国：《简牍学综论》，华东师范大学出版社，2008年，引言第2页。
② 关于中国的玉器时代之说，可参吴汝祚、牟永抗：《玉器时代说》，《中华文化论坛》1994年第3期。事实上，玉器时代在世界上很多古代文明中都出现过。
③ 参见冯胜君：《从出土文献看抄手在先秦文献传布过程中所产生的影响》，见《简帛》第四辑，上海古籍出版社，2009年。
④ 当然，有些券契文书可能是单简使用的，但单简就不宜称为"典册"了。

是朴素原始的功利原则，这也是一种上下（神人）一致。政教性书写必须以纯粹功利性之外的政治原则以及对此原则的明确意识和反思为前提，而殷商政制形态不可能提供这一前提。殷商时期甲骨卜辞以及其他附属于卜辞书写的政务性书写形态的发达，也是殷商政制的独特表现，因为卜辞既是政务文书，又附着于宗教占卜仪式，正是治教高度合一的结果。同样的道理，殷商时期虽然有较为发达的政务性书写，但在政务性文本中却很可能缺少制度文书，因为制度书写需要有较强的整饬和维护现实政治秩序（宗法）的自觉意识，但殷商族神并不是宗法的积极维护者，所以殷商只能片面发展出繁杂的祭祀制度以求满足功利神的需要，祭祀制度虽然也是礼制的重要组成部分，但礼法的关键在于等级秩序，而不在祭祀本身。殷商国家既以宗教为重心，必然极重仪式，尤其是祭祀仪式。注重仪式，未必有仪式性书写，仪式性书写需要有一种书写神圣性的意识。结合各种情况来看，这种神圣性的意识在殷商时期应该已经产生（如卜辞虽然不是仪式性文本，但其书写是十分庄重的，彝器铭文就更不用说了），所以策祝文等纯粹的仪式性文本在殷商时期很可能是存在的。至于铭功旌纪性的彝器铭文书写在商代中后期的兴起与商王君主权威的提升有直接关系。铭文书写除了有祭祀崇神的仪式功能外，更重要的在于能够为受赐者带来私人（私家）政治荣耀，这与君主政体的荣宠原则是相适应的。商代末期，宗法君主政体有蜕变为集权君主政体的倾向，这在卜辞的书写中也有所体现，如吉德炜先生所说的"炫耀性卜辞"的出现。

在书写者方面，政教合一的政制也决定了殷商时期书写者主要是巫祝卜史一类神职人员，但书写只是部分神职人员的部分职责，巫祝卜史的主要职责不在于书写。相比于西周时的政教合一以及欧洲历史上的政教合一，殷商王朝的政教合一是一种高度的直接的合一，因此，巫祝卜史就是主要的从政人员。从巫祝卜史内部来看，史官的书写职责可能不像后世那么突出，因为这时的史官与巫官的区别还很模糊，史官还没有从巫官中完全分化出来，如李宗侗先生说：史官的职务，"其初盖与巫祝相近也，其所包括之职务，既烦且广，固不若后世史官之简单"。[1]日本学者内藤湖南则认为殷商时期"史的主要执掌仍是射礼，是负责计算射箭命中次数的职务"，[2]各家基本认同殷商时期史的职责主要不在于书写。一般认为，殷商时期的"作册"很可能有书写职责，策祝文、锡命文以及彝器铭文可能由"作册"起草，但"作册"的职责很广，并不限于文书工作，而且殷商时的"作册"与西周时的"作册内

---

① 李宗侗：《中国史学史》，中华书局，2010年，第2页。

② [日]内藤湖南：《中国史学史》，马彪译，上海古籍出版社，2017年，第4页。

史"是否可以等同，也颇有争议。另外，商代中后期，随着君主政制的确立以及向集权君主制的蜕变，作为书写者的贞人地位下降，这也造成了卜辞书写的变化。

在物质载体方面，由于巫祝卜史是主要的书写群体，文类文体以告神的纯仪式文本和其他泛仪式文本为主，因此书写载体自然主要是比较贵重的具有神圣性的甲骨、青铜礼器以及玉册之类物品。识字群体中职位较低的人员（如卜辞的契刻者、铭文的铸刻匠人，他们可能是低级的巫卜人员，所以应该具有基本的读写能力）在书写一些重要性较低的政务性文本时可能使用一般简易的简牍类载体。

在书写方式方面，之所以以"记"为主，主要的原因在于，殷商时期的神权政制决定了神人关系是政治生活中绝对主导性的关系，神之于人有着至高权威，在这种权威之下，人几乎是无可作为的，所以殷商时期的书写，尤其是卜辞书写，并不突显书写者的情感愿望，而只是对卜事的忠实记录，透露出的是冷静、深沉和神秘的氛围，正如过常宝先生所言，卜辞书写，"反映了宗教思维的特征：神灵无条件地决定一切。人的意志和愿望，以及一切人间的理由，都不重要"。①即便是以铭功旌纪为主要目的的彝器铭文，主要也是对赏赐缘由和赏赐场景的记录，"作"的成分很有限，当然，其中对商王言语的引述，则是出于君主政体下的尊王观念。至于策祝文，大抵要在神灵面前表达意愿，可惜殷商时期策祝文没有流传下来，我们也难以推测其书写方式到底是作还是记。不过，策祝文的内容虽然要表达情感愿望，但恐怕不会像后世策祝文那样注重陈述各种人间的理由，因为神的性质不一样。

二、甲骨卜辞与占卜制度

甲骨卜辞无疑是商代十分重要的书写形态。自从殷墟甲骨被发现以来一百多年，学界对甲骨卜辞的研究可谓汗牛充栋。这些研究大致可以分为两大类：一是语言学的研究，其目标是要弄清卜辞书写的文法、字形、内容等，也即其符号的能指与所指；二是历史学的研究，即借助前者研究的成果，尤其是对卜辞内容的释读，来建构商代历史。②

本文关心的则是殷墟卜辞的书写体制问题。在这方面，前人虽未做过专

---

① 过常宝：《原史文化及文献研究》，北京大学出版社，2008年，第21页。
② 卜辞虽然不是唯一可资借用的材料，但无疑是最重要的材料。近年，由中国社会科学院组织编写并完成的十一卷本《商代史》是此类研究成果的集中体现。

题讨论，但前人的研究成果中有许多是可资借鉴的，如对卜辞辞式和辞序的分析，就是对卜辞文体的形制分析，宽泛一点说，此类分析实际上揭示了卜辞的书写规范，即卜辞是怎么写的。但学界没有充分关注导致这些书写规范的背景和原因，即为什么会这么写。李学勤先生曾转述美国汉学家艾兰教授的研究旨趣"是去了解古代的中国人，为什么会用一种能够流传给我们的方式，记录下他们的所作所为"。①这种旨趣是与本文的思路较接近的，只是本文更侧重于讨论卜辞书写与占卜制度的关系。

（一）卜辞的文体性质

为数众多的甲骨卜辞之所以能够在文类上被归为"卜辞"，根本原因是它的书写从属于占卜活动，或者说是占卜活动的一个环节。因此，商代卜辞作为一种文类在商代文体格局中的位置是由占卜活动及其制度决定的。进一步说，决定卜辞书写的占卜活动在很大程度上又是一种政治活动。事实上，商代占卜活动并不必然要有卜辞书写这样一个环节。陈梦家先生指出，商代的普通人也可进行日常的占卜活动，但普通人占卜所用的甲骨材料，以及对甲骨的整治，都与王室和贵族有所不同，而且，普通人的占卜一般是不刻辞的。②有三种可能的原因，一是普通人不识字，自然无法刻辞；二是商王朝不允许普通人在卜骨上刻辞；③三是对于普通人而言，在卜甲骨上刻辞是多余之事。这三种可能性是同时存在的。进一步的问题是，王室的占卜为何要刻辞？本文认为，刻辞的必要性与王室占卜制度有关。普通人的占卜是由自己操作的，占卜结果自己心知便可，故无须书辞。王室的占卜则不同。它是由商王（或其他高级贵族）所授权的贞人集团来具体操作的，而且商代"已建成以商王为首的元卜和左卜、右卜三大卜官系统"，④有一套复杂的程序，分工明确，商王作为卜主一般只在视占兆坼这一关键环节介入，⑤有时甚至不直接介入，

① 见艾兰：《龟之谜——商代神话、祭祀、艺术和宇宙观研究》，汪涛译，商务印书馆，2010年，《〈艾兰文集〉总序》第2页。

② 参见陈梦家：《殷虚卜辞综述》，中华书局，1988年，第25-28页。

③ 如徐义华先生认为："只有与王室相关的事务可以被契刻于甲骨，严格地说，只有以王的名义进行的占卜，才可以被记录下来。"（参见徐义华：《商代的占卜权》，见《商承祚教授百年诞辰纪念文集》，文物出版社，2003年，第255页）

④ 徐义华：《商代的占卜权》，见《商承祚教授百年诞辰纪念文集》，前揭，第254页。

⑤ 商王偶尔也会贞问，如《京》3454，但此类卜辞在晚商以前很少见。

而由贞人视占兆坼。① "在商代占卜活动中，特别是殷商前期大多数情况下商王并不参与具体的占卜事务，往往委托贞人全权负责。"②贞人实际上是卜主与占卜的中介，这样的制度就决定了贞人有必要通过卜辞的书写来显示其对卜主的负责，说明命占问答等都符合某一次占卜的事实。所以，黄天树先生注意到：

> 即便有些卜辞完全是以贞人的口吻写出来的，从问疑者的角度来看似乎属于贞人自己。但是，从该组（类）卜辞内容等方面作综合考察来看，它们的占卜主体仍是商王。③

由于贞人也不是卜辞的直接契刻者，④因而，卜辞的书写其实体现了两级责任制，即契刻者（卜人）对贞人负责，贞人则对卜主负责，当然，贞人是主要的文本责任人或书写者。这无疑是一种行政文书的书写制度，这种制度使得作为卜主的商王在占卜活动中不必事事躬亲，而占卜程序尽可复杂烦琐以体现占卜的神圣和庄严。我们知道，卜辞的书写有着较为严格的规范，这也是商代文书制度的体现。总之，卜辞的文体性质应是具有泛仪式性的政务文书。有学者认为书写卜辞是与神灵祖先的对话，因此卜辞是神圣的。本文以为，贞人与祖先神灵的问答在命龟和见兆时已经完成了，卜辞不过是将这一神圣之事记录下来，它是应用性书写，本身并没有太大的神圣性，不像祝告辞那样要通过"陌生化"来刻意发挥语言本身的通神魔力。⑤有些学者受审

---

① "'占'者大多数为殷商时王，只有少数几例由'啬''扶''左卜'等从事'占'。"（参巫称喜：《甲骨占卜制度与商代信息传播》，《华南师范大学学报》（社会科学版）2008 年第 5 期）这是就记录占辞的情况说的，而不记录占辞的情况有可能大部分是由贞人视占，详见下文讨论。

② 巫称喜：《商代占卜权与信息传播研究》，《韩山师范学院学报》2010 年第 2 期。

③ 黄天树：《关于"非王卜辞"的一些问题》，《陕西师大学报》（哲学社会科学版）1995 年第 4 期。

④ 一般认为契刻者是卜人或占人，他们是贞人的助手。也有人认为占人是发布占辞的卜主。如王蕴智先生认为契刻者应称为占人（参见王蕴智：《殷商甲骨文研究》，科学出版社，2010 年，第 71 页）；刘学顺先生则认为应称为卜人，卜人同时负责灼龟见兆（参见刘学顺：《关于卜辞贞人的再认识》，见《甲骨学研究》第 1 辑，1987 年）。

⑤ 日本学者白川静先生在《卜辞的本质》一文中认为卜辞具有修祓祝祷性质，吉德炜先生则在《释贞——商代贞卜本质的新假设》一文中提出"卜辞魔力说"，认为卜辞具有魔术咒语性质，此外，还有日本学者高岛谦一的"卜辞综合说"。但张玉金先生对这些说法亦持保留态度。关于白川静、吉德炜以及高岛谦一观点的详细描述，以及张先生的意见，详参张玉金：《甲骨卜辞语法研究》，广东高等教育出版社，2002 年，第 6-16 页。

美性的文学观念影响，过于强调卜辞的感情色彩，如认为"命辞中充满面对神灵的庄严敬畏之情"。①本文对此亦持保留态度。事实上，从许多诸如"旬无祸"之类的简单命辞，根本无法得出这种结论，它们更多的只是体现出卜辞书写的体制性规范。②这不是说贞人对神灵没有庄严敬畏之情，而是说商代的书写者还没有充分意识到要在书写活动中表达或寄托个人的情感和思想。所以，讲求书写的固定格式和固定内容，也即模式化，是商代书写的基本特征之一。即便是具有一定私人书写性质的晚商铭文亦不例外，至多只能说有一点萌芽而已。有人试图在商代卜辞中寻找韵语，以论证其与民歌的关联，自然也难有大的收获。策祝文或许会有比较明显的文学色彩，但策祝文就其性质而言也只是口头祝祷的文书记录。

（二）王卜辞与非王卜辞的书写制度差异

卜辞的书写制度并非一律。从卜辞的不同分类，可以看出卜辞书写的不同规范。卜辞分类的标准很多，这里不详细介绍。就纵向而言，主要是与年代有关的分类，就横向而言，主要是与占卜事类、性质有关的分类。此处特别要提及的是横向上的王卜辞与非王卜辞之分。③非王卜辞的界定标准是，卜主"不是商王，而是与商王有密切血缘关系的一些殷人家族的族长"。④非王卜辞是由这些高级贵族自己的占卜机构负责占卜的，但也不排除这些贵族属下的贞人与商王的贞人集团有一定的人员流动和交叉，这可能是由商王朝统一调配的。⑤尽管王卜辞与非王卜辞没有呈现出明显的等级色彩，但它们的书写制度还是有所不同的，王蕴智先生指出："就甲骨文例、占卜内容和书写风格而言，非王卜辞远不及王卜辞规范。各类非王卜辞都带有自己的一些特点，

①　罗家湘：《先秦文学制度研究》，上海古籍出版社，2011年，第133页。
②　当然，由于某些卜辞记录口语的实录方式，以及某些卜辞对自然物事的描述（如著名的出虹卜辞），可能使卜辞的语言带有初步的审美意味。
③　由于目前发现的非王卜辞基本属于武丁时期，所以非王卜辞也具有年代意义。
④　黄天树：《关于"非王卜辞"的一些问题》，《陕西师大学报》（哲学社会科学版）1995年第4期。
⑤　王蕴智先生指出："非王卜辞与王卜辞、非王卜辞各类之间也有一定的内在联系，如非王无名组与宾组、非王无名组与子组卜辞有共版现象，午组与阜组都有方耳鼎型的贞字，午组与宾组都有尖耳的贞字；其中的一些卜辞在占卜事类和人物称名等方面可互为印证。"（王蕴智：《殷商甲骨文研究》，科学出版社，第409页）关于商王朝统一调配各个占卜机关的人员和材料之说，可参徐义华：《商代的占卜权》，见《商承祚教授百年诞辰纪念文集》，前揭，第255页。

有些还呈现出较强的随意性。"①随意性最大的是被陈梦家先生推测为"嫔妃卜辞"的非王无名组类卜辞,"此类卜辞的行款疏密不均,刻写无定则"。②似乎可以做这样的推断:书写要求最为规范严格的是王卜辞,其次是宗族族长的子卜辞,再次是嫔妃卜辞。这种书写制度的层级差异与后世的礼制等级差异有所区别。礼制意义上的差异是不同等级各有不同的规范,通过这些不同的规范来体现出等级的高低,而不像这里的层级差异表现为等级越高越规范,越低越不规范。这种差异是因为商王朝只重视对王卜辞的书写规范要求,没有充分意识到通过书写规范来区别等级。可以设想,子卜辞和嫔妃卜辞的书写并非不被允许像王卜辞那样规范严谨,只是由于那种"经院风格"在书写非王卜辞的贞人们看来是一种束缚,既然无此要求,自然也就不必受此约束。这也说明商代礼制并没有一些学者所想象的那么成熟。

(三)卜辞的辞式与占卜制度

1. 对卜辞辞式的一般描述

关于卜辞的辞式,③甲骨学界虽然有多种不同说法,但争议并不大,这是因为不同说法往往只是对卜辞的界定不同。最早由唐兰先生提出来的也是最常见的说法是,一条完整的卜辞由前辞(或称叙辞)、命辞、占辞(或称果辞)、验辞四个部分组成。④这个说法虽然将序数、兆辞、决辞(或称用辞)以及署辞排除在卜辞形制之外,但并没有造成多大问题,因为即便如此,它们也仍然是与卜辞关系密切的附属性书写。

这四部分的划分只是就单条卜辞的内在结构而言,只构成单贞卜辞,即只适用于对某一事件只进行一次占卜的情况。卜辞的书写是由占卜活动决定的,因此,它必须对应于对某件事进行占卜的次数和方式。具体而言,由于一事多卜制度的存在,卜辞的书写方式,除了单贞卜辞外,还有重贞卜辞(又分为单列重贞卜辞和多列重贞卜辞)、对贞卜辞、重复对贞卜辞(又分为单列重复对贞卜辞和多列重复对贞卜辞)、选贞卜辞、重复选贞卜辞、对选卜辞、

---

① 王蕴智:《殷商甲骨文研究》,前揭,第 409 页。
② 王蕴智:《殷商甲骨文研究》,前揭,第 442 页。
③ "辞式"是甲骨学界的常用术语,就本文而言,主要指卜辞的文体构成。
④ 王宇信先生等亦沿用此说。其他说法,如王蕴智先生认为完整卜辞包括前辞、命辞、占辞、验辞、用辞五个部分,沈之瑜先生认为包括前辞、命辞、占辞、决辞、验辞、序数、兆辞七个部分,李学勤先生则将"署辞"也纳入卜辞的辞式之中。

三联卜辞以及定型卜辞。①

2. 卜辞命辞的性质及其与占卜制度的关系

在甲骨卜辞前辞、命辞、占辞和验辞四个部分中，争议最大的是命辞的性质问题。争议观点大致可分为三类，一类认为命辞是疑问句，一类认为命辞是祈使句，还有一类认为命辞是陈述句。主张命辞为疑问句的学者一般同时认为命辞是殷商贞人向神灵发问的言辞，这是较传统的观点，也为部分当代学者所认同；主张命辞为祈使句的学者大多认为命辞的内容是具有咒术魔力的祝祷或诅咒；主张命辞为陈述句的学者则多认为命辞是预测之言，是为得到神祇允诺而发表宣言的人们的意向声明，此说最早由美国汉学家吉德炜在《释贞——商代贞卜本质的新假设》一文中提出，并为另一位美国汉学家舒莱所赞同。②张玉金先生《甲骨卜辞语法研究》一书以大量实例较为系统地辨析了有关命辞非问句的说法，坚持了命辞为问句说。本文无意追究卜辞命辞的语言本质问题，而是要指出：从占卜制度的角度分析，无论命辞是否属于疑问句型，它都是因决疑而发，其内容是在灼龟见兆之前就确定了的，不可能是贞人的预测之言。

（1）命辞不是贞人的预测之言。

关于命辞的性质，巫称喜先生在《甲骨卜辞的命辞》《商代占卜权与信息传播研究》等文章中提出了一个比较独特的观点，他认为："'贞'字之后的所谓'命辞'并不是向商人诸神发问之辞，而是贞人根据卜人所获兆象进行推断的预测之言。"③这种预测之言与占辞的区别在于，前者是贞人的初测，后者是一般由商王做出的终测。巫先生的这一观点是在总结了张玉金先生《甲骨卜辞语法研究》一书涉及的各种观点之后提出的，论证颇为细致，因此，这里有必要做如下辨析：

将命辞理解为贞人"预测"之言将会遇到的最大问题是难以解释对贞、选贞、重贞等非单贞卜辞中的命辞。因为表达相反意向或有多种选择内容的命辞很容易使人联想到这是贞人发问之辞。巫先生也意识到这一问题，他在《甲骨卜辞的命辞》一文中用了较大篇幅来论证其观点对于各种非单贞卜辞的

---

① 此处采用沈之瑜先生的说法，参见沈之瑜：《甲骨学基础讲义》，上海古籍出版社，2011年，第67-85页。

② 参见张玉金：《甲骨卜辞语法研究》，前揭，第7-8页。此外，还有些学者，如李学勤、夏含夷、裘锡圭、倪德卫等，主张有的命辞是疑问句，有的则是陈述句或祈使句。

③ 巫称喜：《商代占卜权与信息传播研究》，《韩山师范学院学报》2010年第2期。

适用性。他的基本理由是：兆象意义具有单一性与多样性，因此预测结果也相应具有单一性与多样性。他说：

> 在占卜时，有的兆象只呈现出一种可能性，预测时就只能获得一种预测结果；为了确保预测的正确，有时反复灼龟取兆几次，而这几次的兆象都显现出同一种可能性，预测时只能获得相同的预测结果，这就是单贞卜辞、重贞卜辞产生的主要原因。有的兆象呈现出两种相反的可能性或多种可能性，预测时就会出现两种相反的预测结果或多种不同的预测结果，这大概就是甲骨卜辞出现对贞和选贞卜辞的主要缘由。①

上述理由是不能成立的。关键的反证在于：各种非单贞卜辞的辞序排列一般都极为规则。刻在卜辞兆纹旁边，用以标明占卜次序的序数（或称"兆序"）足以印证这种规则性。重贞卜辞自不用说，哪怕是多列重贞卜辞，也不会有某一条命辞"预测"结果出现例外。就重复对贞卜辞而言，其辞序都是以正反或反正顺序依次排列，其间也没有例外，如《合集》6728：

贞：方允其来于沚。　　一、二告

不其来。　　　　　　　一

方其来于沚。　　　　　二

方不其来。　　　　　　二

其来。　　　　　　　　三

不其来。　　　　　　（三）

又如《丙》338：

（丙寅卜，□贞：父乙）不（宁）于且乙。　　一

丙寅卜，□贞：父乙（宁）于且乙。　　　　一

父乙不宁于且乙。　　　　　　　　　　　　二

贞：父乙宁于且乙。　　　　　　　　　　　二

父乙不宁于且乙。　　　　　　　　　　　　三

（父乙宁于且乙。　　　　　　　　　　　　三）

父乙不宁于且乙。　　　　　　　　　　　　四

父乙宁于且乙。　　　　　　　　　　　　　四

父乙不宁于且乙。　　　　　　　　　　　　五

父乙宁于且乙。　　　　　　　　　　　　　五②

---

① 巫称喜：《甲骨卜辞的命辞》，《汉语学报》2011 年第 3 期。

② 省略部分的补足参照沈之瑜：《甲骨学基础讲义》，前揭，第 72 页。

　　还有很多单列或多列重复对贞卜辞，只列出每列的第一组对贞辞，其余各组只用序数表示，显然是因其内容与第一组相同，故而省略，如《丙》93。就选贞卜辞而言，沈之瑜先生指出："选贞卜辞中的受选对象的顺序是按世系为序，是有规律的。又如用牲选贞卜辞，占卜时择数或递增，或递减，绝无忽大忽小漫无规则的情况，而是由小数至大数，逐渐递增。……殷人为了确定某行动的具体时间，往往采用选贞。选贞的规律是：或自远日至近日，或由近至远，绝无混乱跳跃式的选卜。"①

　　如《掇二》159：

　　庚辰卜，壬雨。　　　　一

　　庚辰卜，辛雨。　　　　二

　　庚辰卜，雨。　　　　　三

　　这是记录庚辰日卜雨之事，"由序数一、二、三可知顺序是第三天壬午，第二天辛巳，当天庚辰，由远及近"。②还有对选卜辞和三联卜辞，前者是"由若干内容并列的对贞卜辞所组成"，③后者是"重贞、对贞、选贞卜辞的结合体"，④所以它们的辞序排列也是非常有规则的。如《合集》29880：

　　戊不雨。

　　其雨。

　　己不雨。

　　其雨。

　　庚不雨。

　　其雨。

　　这是只有命辞部分的对选卜辞，也是记录卜雨之事，由三组对贞卜辞构成，分别选卜戊日、己日以及庚日下雨，顺序是由近及远。至于定型卜辞，更是辞序严格，不容颠倒。⑤

　　显然，无法设想这些非单贞卜辞所依据的兆象会如此凑巧，以至于贞人在兆象呈现出来之后会做出如此规则的"预测"。不难看出，这些非单贞卜辞的命辞其实就是在灼龟见兆之前就确定了的卜问事项，只不过在视兆之后才被记录下来，它们不可能是贞人对兆象的预测之言。既然非单贞卜辞的命辞

　①　沈之瑜：《甲骨学基础讲义》，前揭，第 76 页。

　②　沈之瑜：《甲骨学基础讲义》，前揭，第 76 页。

　③　沈之瑜：《甲骨学基础讲义》，前揭，第 78 页。

　④　沈之瑜：《甲骨学基础讲义》，前揭，第 79 页。

　⑤　关于上述各类非单贞卜辞辞序的规则性，沈之瑜先生在《甲骨学基础讲义》一书第五章列举了大量例证，本文限于篇幅，不便赘举。

不是预测之言，那么，如果把非单贞卜辞看作是由单贞卜辞构成的话，单贞卜辞自然也不会是预测之言。正如张玉金先生所言："我们有一个基本的假设，即'贞'字之后的命辞语言，其本质应该是基本一致的。"①这一假设无疑更适用于命辞内容的性质问题。

巫先生《甲骨卜辞的命辞》一文还从商代占卜制度的角度来论证他关于命辞性质的观点。他说：

> "卜人"在占卜过程中必须完成"命龟"与"灼龟取兆"两道程序，具有"命龟取兆权"。"贞人"主要职责是"占龟"，即根据卜人获得的兆象，认真仔细察看并对未来事物的信息做出初步推断预测，具有"信息初测权"。因此"命辞"应为贞人"占龟"之辞而非"命龟"之辞。贞人从事"贞"（即预测信息）这项工作，主要是为商王进行最后的信息预测提供参考。……商王的预测结果在卜辞中以占辞形式出现。……如果将命辞看成发问，将会发现这种占卜活动缺失一个关键环节，卜辞内容缺少一部分必须具备的内容，那就是占卜预测的结果，这正是占卜目的之所在。如果贞人在整个占卜过程中真的是只发问而不求预测结果，那么占卜又有什么意义呢？贞人在殷商王朝拥有尊贵的地位与显赫的权力，其职责只是发问，无论如何都说不过去。……卜用龟甲如此稀有昂贵，现存的十余万片甲骨卜辞仅仅是为了记录无法提供任何答案的发问之辞，其成本未免过高。②

对此，我们有必要重新理解卜辞书写制度、占卜程序以及占卜权的分配等问题。

第一，不记录预测结果不代表占卜活动有缺失。通常对卜辞有一个"完整语篇"的前提预设，即卜辞的各个语段应该组成一个完整的有内在结构关系的语篇。但这种预设其实是可疑的。卜辞是一种记录性的文书，它的书写目的主要是为了记录某一次占卜的事实，以作为档案文献。什么时候写或不写占辞、验辞，应有一定的规范，我们不能把自己设想的"完整性"想当然地强加给卜辞，卜辞的书写者并没有一种必须四要素都具备才"完整"的观念。只有前辞和命辞的卜辞同样是完整的。为什么记录了卜问事项，就一定要记录预测结果呢？这与卜甲骨的稀有昂贵没有任何关系，因为没有记录占辞、验辞，不等于没有进行占验，而只要进行了占卜，卜甲骨的功能就实现了，何来浪费之说？对于"这种占卜活动缺失一个关键环节"的担忧完全是

---

① 张玉金：《甲骨卜辞语法研究》，前揭，第16页。
② 巫称喜：《甲骨卜辞的命辞》，《汉语学报》2011年第3期。

多余的。如果记录了占辞，就无所谓缺失占卜预测的结果，而如果省略了占辞，只有贞人的"初测"，那么依巫氏的推论，就仍然存在"缺失"。

　　第二，贞人在很多时候也具有占卜的"终测权"。近年来，研究者发现商代贞人（尤其是早期贞人）的地位很高，如李雪山先生指出，很多贞人其实是来朝为官的封国或方国首领。①既然贞人地位显赫，那么他们的确不应该只在占卜中充当发问的角色，如果发问的事项是由商王授意给贞人，那贞人似乎就只是按规则传话命龟而已。如果进而认为"'命龟者'是卜人而非贞人"，②那贞人简直就无事可做了。于是，我们就不得不为贞人找活干。正是从这个思路出发，巫先生提出，贞人负责初步预测，为商王的终测提供参考，如此，"命辞"就似乎不能不是贞人的"预测之言"。

　　形成上述认识的根本原因在于，长期以来学界过于相信商王对视占权力的垄断。事实上，商王虽然具有最高视占权，但并未垄断"终测权"。诚然，"王占曰"的辞例可以说明卜辞所记录的占辞大多数是由商王发布的。然而，这并不表示只有商王才能占断兆象。一者，非王卜辞中的占辞发布者大多不是商王。虽然对于非王卜辞的性质，学界尚有争议，但这类卜辞至少可说明，并非在任何情况下都要由商王亲自占断。二者，也有一些王卜辞中的占辞发布者不是商王，而是贞人。如《明》574：

　　丙寅卜古，王告取若。古占曰：若，往。

《前》4.42.2：

　　贞余勿彳征奠。古曰：吉，其乎奠。

　　这是由贞人古发布占辞的卜辞。③三者，部分没有占辞和验辞的卜辞在命辞后（一般刻在兆象旁）有"兹用""用""吉用""不用""兹不用"等用辞，还有一些卜辞有"吉""大吉""弘吉"等兆辞，④一般认为用辞是表示占卜结果是否被商王取用或施行的专用词，但用辞（以及一些兆辞）往往起到了代

---

　　①　详参李雪山：《商代分封制度研究》，中国社会科学出版社，2004年，第60-75、270页。

　　②　巫称喜：《甲骨卜辞的命辞》，《汉语学报》2011年第3期。

　　③　参见晁福林：《殷代神权和王权》，《社会科学战线》1984年第4期。徐义华先生在《商代的占卜权》一文中也列举了一些并非由商王发布占辞的辞例，如《合集》94反、《合集》11506、《合集》20153、《合集》2896、《合集》21071、《戬》33·15等（见中国文物学会等编：《商承祚教授百年诞辰纪念文集》，前揭，第256页）。

　　④　也有学者将用辞和兆辞统称为兆记或兆辞，如王宇信的《甲骨学通论》（中国社会科学出版社，1999年，第130页）。

替占辞的作用，①如果将部分用辞（以及兆辞）理解为贞人的占断，似乎也未为不可。

此外，相当一部分未记录占辞（或用辞、兆辞）的占卜活动可能也是由贞人负责占断。我们知道，有大量卜辞是不记录占辞或者说省略了占辞的。那么，为什么有的省略，有的却不省略呢？吉德炜先生曾在《中国正史之渊源：商王占卜是否一贯正确？》一文中提出，省略王的占辞以及验辞，是出于维护王者魅力的政治意图，即因为"商王不致让他所任命的史官，在甲骨上刻下自己犯错的记录，留供后世子孙观赏"。②此说的前提预设也是被省略的占辞都由商王发布。但吉德炜也谈到，有些类别的卜辞似乎从不记占辞和验辞，这就不能用为尊者讳来解释。还有些卜辞不记占辞，却记录了验辞，将此类验辞的书写全都理解为是以闪烁其词的方式掩饰商王占辞的错误，恐怕是很可商榷的。应该说，吉德炜所提出的"炫耀性卜辞"的说法很有启发性，但"炫耀性卜辞"多兼具占辞和验辞，③因为只有这样才能突显王占的准确性，而我们无法证明不记占辞的卜辞都是贞人出于维护商王权威而将商王占辞刻意省略。这种现象如果存在，也应主要在殷商后期，因为那时商王基本控制了贞人集团。而殷商前中期不记录占辞的卜辞可能多由贞人来占断。晁福林先生注意到，武丁卜辞中的"古王事"（有的作"载王事"），是指某人代商王行某些军政大事，不是处理殷王委派之事，而"'古王事'都是由贞人卜问的卜辞，尚未见到由王来贞问的辞例，这说明选派某人'古王事'乃是贞人的意愿。'古王事'的卜辞从未有王的占辞，说明王与'古王事'人员的选派无涉"。④也就是说，此类卜辞都是由贞人占断的。贞人的占断之辞大多没有被记录在卜甲骨上，可能是卜辞书写制度的规定。从商代卜辞文本和刻写的种种规范性可知，作为档案文献，卜辞书写必定有一套制度。由于商王具有最高视占权以及出于对这种最高权力的尊崇，卜辞书写制度很可能规定，由商王所做的占辞一般要记录下来，而贞人的占断一般不记录在甲骨上。准此，不仅大量不记占辞的卜辞可以得到解释，而且关于贞人无事可做的困惑

---

① 陈梦家先生明确指出："康丁卜辞往往在兆旁记吉、大吉、弘吉等，乃是简化了占辞。"（陈梦家：《殷虚卜辞综述》，前揭，第 43 页）

② [美]吉德炜：《中国正史之渊源：商王占卜是否一贯正确？》，见《古文字研究》第 13 辑，前揭，第 117 页。

③ "炫耀性卜辞"的书写特征是使用大而夸张的书体；占辞与验辞连为一句，通常就写在命辞旁边；验辞内容详细地证实占辞的准确等。（详参吉德炜：《中国正史之渊源：商王占卜是否一贯正确？》，见《古文字研究》第 13 辑，前揭，第 117 页）。

④ 晁福林：《试论殷代的神权和王权》，《社会科学战线》1984 年第 4 期。

也迎刃而解。不过，这一假设可能遇到以下问题：如果贞人的占断之辞没有被记录下来，那么占卜事务繁忙的贞人们岂不是要很费劲地去记住自己对各种兆象的判断？对此，可用吉德炜在《贞人笔记：论商代甲骨刻辞属于二次性资料》一文中的基本推断来解释。该文通过大量卜辞实例分析指出，商代的贞人们应该有另外用来记录和备忘的"笔记本"，这些"笔记本"可能主要是竹帛之类容易腐烂的材料，甚至有些笔记可能就写在甲骨上。如果此说不误，那这些"笔记本"当也可用来记录贞人的占断之辞。事实上，吉德炜先生也指出："笔记是用来保存口头的命辞和最初所作占辞的原始记录"，[①]只是没有推断这些"最初所作占辞"可能是贞人做出的。

诚然，没有保存下来的东西是难以证实的。但我们可以设想，商王不可能有那么多时间和精力对每一次卜问进行占断，巫称喜先生自己也认为："在商代占卜活动中，特别是殷商前期大多数情况下商王并不参与具体的占卜事务，往往委托贞人全权负责。"[②]既然"全权负责"，自然应该包括视占权。在商王没有直接介入和干预的情况下，贞人的判断就是"终测"。正是因为贞人有视占权，所以，占卜活动是贞人参与政治的重要途径。不过，在殷商前期，这种权力严格说来并非源于商王的"委托"，而是宗法君主政制所赋予的。也正因此，当殷商后期政制形态转向集权君主制时，就出现了商王设法限制贞人占卜权的情况。如果贞人原本就没有视占权，或者只有"信息初测权"，那么商王就没有必要千方百计限制贞人权力了。巫先生的意图是既要确保商王对占断权的垄断，又要为贞人寻找占断权之外的视占权，于是才有所谓初测与终测之分。

第三，在商代（尤其是殷商前期）的占卜活动中，贞人除了有时可以占断兆象外，还有责任拟定卜问形式，在划定卜问事项和拟定验辞方面也有较大自主权。

贞人划定卜问事项的自主权在殷商前期较为明显。贞人甚至可以贞问商王占辞是否正确，如武丁时的卜辞《前》4.33.1："贞：王占曰：遘勿执。"验辞书写方面也是如此，殷商前期有些卜辞的验辞与王的占辞相矛盾，如《丙》368-369、《合集》641、《合集》13399 等，这说明贞人有时并不讳言商王占辞的失误。[③]

划定卜问事项和拟定卜问形式是关系密切的两个环节。卜问事项是指问题的大致范围，卜问形式则是指怎么问，包括采用何种贞卜方式（用单贞、

① [美]吉德炜：《贞人笔记：论商代甲骨刻辞属于二次性资料》，见《商承祚教授百年诞辰纪念文集》，前揭，第 243 页。

② 巫称喜：《商代占卜权与信息传播研究》，《韩山师范学院学报》2010 年第 2 期。

③ 晁福林：《夏商西周的社会变迁》，中国人民大学出版社，2010 年，第 324-325 页。

重贞，抑或对贞、选贞等）以及命辞如何拟定。举个简单的例子，如《拾》662：

　　其一小宰。

　　二小宰。

　　三小宰。大吉

　　这里的卜问事项是想知道举行祭祀时究竟用几只小宰为牺牲才合适，卜问的具体形式则是采用选贞，分别贞问是一只合适，两只合适，还是三只合适。当这两个环节均为贞人所掌握的时候，实际上很难分清，也没有必要分清。但此二者与命龟是不同步骤。巫称喜先生认为命龟者是卜人，而非贞人。这应该是对的，因为命龟是告龟以所卜之事，与灼龟取兆这一环节关系密切，可能是在灼龟取兆之前或与灼龟取兆同时进行。但卜人地位较低，而划定卜问事项是一项重要权力，卜人不应该有此权力。命辞由贞人发布，卜人也没有这项权力。贞人应在命龟之前将命辞告诉卜人，然后由卜人命龟。巫先生认为卜人具有"发布问辞权"，[1]是混淆了划定卜问事项（以及拟定卜问形式）与命龟的差别。对此，也许可以援引《仪礼·士丧礼》关于如何卜葬日的记载作为旁证：

　　　　卜日，……占者三人在其南，北上……宗人受卜人龟，示高。
　　莅卜受视，反之。宗人还，少退，受命。命曰："哀子某，来日某，
　　卜葬其父某甫。考降，无有近悔。"许诺，不述命，还即席，西面坐，
　　命龟，兴，授卜人龟，负东扉。卜人坐，作龟，兴。宗人受龟，示
　　莅卜。莅卜受视，反之。宗人退，东面。乃旅占。卒，不释龟，告
　　于莅卜与主人："占曰：'某日从。'"授卜人龟。

　　按此说法，卜问事项（即卜问葬日）当然是早已确定的，命辞的拟定者是莅卜，即掌族人亲疏的族长，命龟者是宗人，占兆者另有其人，卜人只负责灼龟见兆和一些筹备事宜。虽然不能完全用《仪礼·士丧礼》的记载来附会殷人的占卜程序，但卜人没有决定卜问事项和拟定命辞的权力，大抵应是相同的，换言之，卜人的工作一直是"纯技术活"。

　　（2）命辞是为了决吉凶之疑的卜问。

　　既然命辞不是预测之言，而是一种为了决疑的卜问，那么它是否有普遍适用的目的呢？本文以为这种普遍适用的目的是存在的，那就是趋吉避凶。在这方面，过常宝和艾兰的相关论述尤其值得参考。过常宝先生认为："命辞就是将人心中的疑问转变为一种可能性，陈述出来。而这种陈述大部分应该反映人的意愿，所以容易被看成是祈使句。可它确实是为决疑而发""命辞就

-----

① 巫称喜：《商代占卜权与信息传播研究》，《韩山师范学院学报》2010年第2期。

是不带任何条件地向神陈述一个或者几个可能性，然后等待神的判断，而不要求任何解释"。①贞人为何要向神灵陈述"可能性"呢？答案是为了知道神灵对这些"可能性"的好恶，从而知道这些"可能性"的吉凶。过常宝还认为命辞的这种呈告叙述方式与后来《春秋》一类史官编年记事书写存在渊源关系，因为《春秋》中的叙述"不包含任何来自人间的情感和判断，所以它没有原因、发展过程和结果，史官期望由神灵对此做出评判。这样的叙述，就如同命辞一样，等待着神的吉凶判断"。②不过，这个论断很值得商榷，因为，很显然，编年记事书写是呈告事实，而不是陈述"可能性"。

过常宝先生关于命辞性质的观点与美国汉学家艾兰教授有一致之处。艾兰在《龟之谜——商代神话、祭祀、艺术和宇宙观研究》一书中对此有细致的论述，这里不妨摘录几处：

当商王或贞人记下"雨"或"不雨"的命辞时，他的目的不是想发现将来会不会下雨，……他希望发现的是神灵的好恶，年成是否得到保佑，还是受到了诅咒。

关于征伐的命辞，商王并不是占卜发现他下面的将领是否相从，而是想知道他们相从的结果会不会是吉利的。

关于已经降临了的灾祸，……占卜的目的是想找出灾祸征兆来由，确定是哪位神灵祖先带来了商王和他国土臣民的吉凶。

贞人的职责是保证祭品被受用，……起码预料到那些到处胡乱泄怒降灾的神灵的需要，这样灾难还可以避免。……对什么将会发生的陈述是想得到一个回应，如果祭品不错，那将来就是"亡祸"。③

总的来说，艾兰大抵也认为命辞的书写是在陈述"可能性"，其直接目的是为了发现某件事是否吉利或者哪位神灵带来了福祸之事，而不是为了预测未来，而最终目的是想知道神灵对祭祀是否满意，是否需要更换祭品，从而请神灵降福消灾。

过常宝和艾兰的上述观点都有一定道理，借助他们的论述，我们可以得出以下几个结论：第一，商人没有宿命观念，并不认为福祸之事都是神灵事先预定好了的，而是认为福祸取决于自己的行为和态度，但这种行为和态度只是奉祀的行为和态度，与德行无关，神灵对奉祀满意就会赐福，否则就会

---

① 过常宝：《先秦散文研究——早期文体及话语方式的生成》，人民出版社，2009年，第16-17页。

② 过常宝：《先秦散文研究——早期文体及话语方式的生成》，前揭，第17页。

③ [美]艾兰：《龟之谜——商代神话、祭祀、艺术和宇宙观研究》，前揭，第145、146、147、149页。

降祸；第二，命辞书写虽然不是为了预测未来，但却是为了预测吉凶，换言之，"决疑"是决吉凶之疑，吉凶被判断出来之后，就有可能通过改变奉祀方式来趋吉避凶；第三，命辞既然是为了决吉凶之疑，那么，即便它只是在陈述某一事项，实际上也必定暗含了就该事项向神灵卜问的意向，比如陈述准备送上的祭献，其实是在问：如果送上此种祭献，是否合神意，是否吉利；如果不送上此种祭献，又是否合神意，是否吉利。

（四）殷商后期政制的演变与卜辞书写内在规定性的变化

1. 殷商后期宗法君主政制向集权君主政制的蜕变

殷商政制总体而言是族神宗法君主政制。维持这样一种政制，除了需要族神信仰的稳定外，更重要的是宗族（部族）①权力与君主权力达到某种平衡。当君主权力过大，过度压制了宗族（部族）权力，政制类型就会蜕变为集权君主政制。殷商后期的政制演变正是如此，这一进程大抵始于殷商后期，到帝辛时达到高峰，但最终没有完成。②从文献记载来看，帝辛一系列政治举措

---

① 商王朝未能使其统治下的所有部族都与商人部族充分融合，所以在商代，与君主权相对的，除了商人宗族势力外，还有那些虽臣服于商王朝但未能与商部族充分融合的部族势力。

② 殷商后期商王权力的提升是多方面因素共同作用的结果，可能与商王的个人意识和努力有关，也可能与商王朝面对危机的反应方式有关。殷商后期商王朝可能面临比较严重的政治危机，如周边某些政治实体发展壮大，对商王朝构成了威胁。"在殷墟甲骨卜辞中，商代晚期商王朝由于受到晋陕高原敌对国家或族群的威胁，商王朝的军队和族人在山西南部的活动相当频繁。"（孙华：《商代前期的国家政体——从二里冈文化城址和宫室建筑基址的角度》，见荆志淳、唐际根、高嶋谦一编《多维视域——商王朝与中国早期文明研究》，科学出版社，2009 年，第 194 页）频繁的军事活动并没能巩固商王朝的霸权，据研究，早期商王朝的政治势力范围明显大于晚期，刘莉指出："商代晚期以安阳为中心的政体显示出商王室政治影响力的复苏，但始终无法获得像二里冈时期那样的霸权地位。"（刘莉：《中国早期国家政治格局的变化》，见荆志淳、唐际根、高嶋谦一编《多维视域——商王朝与中国早期文明研究》，前揭，第 152 页）孙华先生也认为："殷墟时期即商代晚期……商文化的分布范围也急剧缩小。……在商文化还没有退出之前的二里冈期的这些地区，商王朝的政治控制力量肯定应当更加强烈。"（孙华：《商代前期的国家政体——从二里冈文化城址和宫室建筑基址的角度》，见荆志淳、唐际根、高嶋谦一编《多维视域——商王朝与中国早期文明研究》，前揭，第 194 页）神意的不确定性与宗族（部族）势力的彼此倾轧和意见分歧越来越不能适应日趋复杂的"国际"局势和日趋严重的现实危机，这些都在无形中突显了商王的最高政治决断权的重要性。

的主要指向就是打击宗族（部族）势力，破坏各种旧有规矩，将之视为对王权的限制，并以个人意志取而代之。最突出的是在用人制度方面，按照宗法传统，朝廷重要职位应由宗族（部族）首领担任，帝辛却大量任用"羞刑暴德""庶习逸德"的亲信，[①]疏远和打压"旧有位人"，即所谓"（纣）昏弃厥遗王父母弟"（《尚书·牧誓》），"匪上帝不时，殷不用旧"（《诗经·大雅·荡》）。这些决策过于激进、草率，严重损害了宗族（部族）集团的切身利益，激化了内外矛盾，从而直接导致商王朝的覆亡。[②]

2. 贞人地位的下降与卜辞书写的变化

晁福林先生指出，殷前后期[③]贞人的地位有显著的不同，体现在以下几个方面：一是前期贞人数量较多，且贞人名一般可考知，后期则数量较少，且贞人名多不可考知；二是前期贞人占卜的范围很广，几乎事无巨细，后期却只剩下卜旬、卜夕和田猎征伐等几项，范围大大缩小，前期的占卜是为整个商王朝负责，后期的占卜则只对商王个人负责；三是前期卜辞多由贞人选定卜问内容，后期卜辞内容由王选定，格式呆板。[④]

贞人地位的下降，伴随着商王权力的提升，其根本原因正是上述殷商后期的政制演变。李雪山先生指出，早期贞人多是封国或方国首领来朝为官者。晁福林先生也认为：

> 贞人集团中，属于已经与商融合的部族的贞人是少数，多数贞人仍属于那些尚未与商融合却又臣属于殷的部族。……这些人在自己部族的属地为部族首领。[⑤]

早期贞人与商王的关系可能相当微妙，他们有的不单作贞人，也同时担任其他一些重要职务（如"小臣"等），但他们不完全是"为王服务"的官僚，因为他们实际上通过占卜活动来参与政治决策。他们在占卜活动中发挥了重要作用，如上文所述，他们不仅拟定命辞，还拥有一定的占断权，甚至有时可以通过占卜选派人员代商王行某些军政大事。贞人在占卜活动中的重要作用，使人联想到上文曾提到的颛顼任命东夷集团首领重为天官的传说，这可

---

① 《尚书·立政》曰："其在受德，惟羞刑暴德之人，同于厥邦，乃惟庶习逸德之人，同于厥政。"

② 关于周人代商具体原因的探讨，详参宫长为、徐义华：《殷遗与殷鉴》，中国社会科学出版社，2011年，第54-94页。

③ 这里是以武丁到廪辛为前期，以康丁到帝辛为后期。

④ 参见晁福林：《试论殷代的神权和王权》，《社会科学战线》1984年第4期。

⑤ 晁福林：《试论殷代的神权和王权》，《社会科学战线》1984年第4期。

能也是商王以及商王朝对于臣服部族的某种妥协或拉拢的策略。我们知道，占卜与祭祀关系密切，大量的占卜都是关于祭祀的。不少学者已经指出："商人神祇系统在早期可以不断扩大"，从而"使多族群的商王国在精神上可以团结与融合"。①这种重要的政治作用，可能正是通过以部族首领为贞人来实现的，而且，事实上，卜辞显示不少贞人也兼做祭祀工作。②虽然商王一直拥有最高的占卜权，一般来说，贞人们也服从这种权威，但在早期的占卜活动中，商王不得不努力"用真正的占卜结果来树立他统治的权威。"③占卜本身的权威（这种权威的实质是神意）偶尔可能与商王的权威构成冲突。某些验辞与商王占辞不相符的卜辞（尤其是武丁时期卜辞），实际上暗示了王占的错误，可见商王也不得不尊重占卜本身的权威，不得不承认自己不是总能猜对神意。对于此类卜辞，晁福林先生用"史官秉笔直书精神的端倪"来解释，④吉德炜先生也说："这种诚实或许是后世史家'微言大义'的始祖。"⑤需要明确的是，"端倪""始祖"这样的用词是很有必要的，这些贞人毕竟不同于后世史官，卜辞书写也很难说与史官笔法有直接的牵连，它们的性质和功能都不相同。贞人的"秉笔直书"或"微言大义"带有一点与商王争夺宗教权威的意味，后世史官的笔法则基于西周时初步形成的净谏讽劝传统，没有哪一个史官试图与诸侯或天子争权。暗示商王占断错误的卜辞至多只是想表明商王没有猜对神意而已，其内容很多只是天气之类无关军国大政的事情，而后世史官并不关心这种事情。所以，晚商时代，由于地位下降，身份改变，越来越专门化、官僚化的贞人完全没有了所谓"史官"的笔法精神，但晚商的贞人在地位、身份和工作性质方面反而更接近后世史官，更称得上是后世史官的"始祖"。不过，武丁时期的贞人地位也不必过高估计，吉德炜在探讨《合集》641时说：

> 这一类例子显示武丁时期的史官偶尔也会刻下一些记录，指出（当然是隐约地）王的占卜能力并不那么高明，在这些例子里，王并

---

① 许倬云：《西周史》，前揭，第 116 页。
② 参见李雪山：《商代分封制度研究》，前揭，第 61 页。
③ [美]吉德炜：《中国正史之渊源：商王占卜是否一贯正确？》，见《古文字研究》第 13 辑，前揭，第 126 页。
④ 晁福林：《夏商西周的社会变迁》，前揭，324-325 页。
⑤ [美]吉德炜：《中国正史之渊源：商王占卜是否一贯正确？》，见《古文字研究》第 13 辑，前揭，第 121 页。吉德炜对于贞人地位变迁的看法与晁福林不太一样，吉德炜没有强调贞人地位由高到低的变化，反而认为龙山文化时代的贞人朝不保夕，武丁时的贞人则"根基初定"，所以他更倾向于把贞人看作"史官"。

没有预测错，但显然也没有预测对。①

这样的说法显得更委婉，也更贴切。正如吉德炜所分析的，有些卜辞的验辞虽然与王占辞不符，但不一定是贞人故意要揭商王的短，如《丙》368-369，贞人连续十八天记录天气情况，可能只是希望商王的预测准确。②通过以上分析，可以得出这样的结论：商王朝保留了部落联盟时代民主议事形式的遗迹，③贞人所控制的神权在商代后期以前对王权有较大制约作用，但至迟武丁时期，贞人的地位已经有所下降，商王的权威得到确立和提升。

为了垄断神意，殷商后期的商王们采取多种方式限制贞人在占卜中的实权，这些方式包括习卜制（即重复占卜）、选卜制（即从已卜中选出符合商王自己心意的占卜结果）、卜筮并用、让几位贞人共贞使之互相牵制、选派王室人员担任贞人以及亲临占卜等，④这些举措使贞人在占断兆象、划定卜问事项、确定贞卜方式以及书写验辞等方面的自主权日益削弱，商王逐渐将占卜权牢牢掌握在自己手里。⑤

政制的演变和贞人地位的下降对晚商时期占卜的功能以及卜辞书写的影响是比较明显的，如吉德炜先生指出：晚商时期的占卜记录已经远不如武丁时代真实，操纵玩弄的痕迹很明显，如占辞总是吉利的，而且总是像兆语一样简单含混；即便是"炫耀性卜辞"，字体也比较小；验辞很少见，而且总是

---

① [美]吉德炜：《中国正史之渊源：商王占卜是否一贯正确？》，见《古文字研究》第 13 辑，前揭，第 120 页。

② 参见[美]吉德炜：《中国正史之渊源：商王占卜是否一贯正确？》，见《古文字研究》第 13 辑，前揭，第 125 页。

③ 参见晁福林：《试论殷代的神权和王权》，《社会科学战线》1984 年第 4 期。张光直先生也认为，商王朝存在正式或非正式的大臣会议协助商王掌政，大臣中的首相一般由宗族长老或首领担任。（参见张光直：《中国青铜时代》，三联书店，1999 年，第 222 页）

④ 参见徐义华：《商代的占卜权》，见《商承祚教授百年诞辰纪念文集》，前揭，第 257-260 页；晁福林：《试论殷代的神权和王权》，《社会科学战线》1984 年第 4 期；巫称喜：《殷商诸王与商代信息传播》，《海南师范大学学报》(社会科学版) 2008 年第 6 期。

⑤ 值得注意的是，学界往往强调殷商后期王权对神权的取代，这个说法过于简单化。神权虽然在整个商王朝的政治运作机制中起了巨大的作用，但是世界上不存在任何一个可以完全依靠不确定的"神意"来进行政治决断的现实政体。关键在于谁具有对神意的合法解释权。所以，真正被王权取代的不是神权，而是宗族（部族）势力的神意解释权。

肯定商王的占卜能力，绝无暗示商王预测有误的记录，从此商王一贯正确。①早期卜辞单贞辞例较少，非单贞（尤其是对贞）较多，而晚商占卜由于流于形式，向鬼神多方探询以确保占卜准确的必要性降低，所以单贞的情形也就大大增加了。不过，必须指出，真正的占卜虽然已经名存实亡，"变成商王日常生活中的一种例行公事"，②但毕竟还是要"例行"的，并非真的消亡。吉德炜说，此时的占卜"不再是肯定商王统治正统性的有力工具"。③恐不尽然。本文以为，晚商时期的占卜以及卜辞的书写不是失去政治功能，而是政治功能发生了变化。晚商之前，商王还在力图通过控制占卜权来保证自己的决策权，并树立最高政治权威，那时的占卜仍是维护商王统治正统性的直接工具。到了晚商时期，商王的最高政治权威已牢不可破，贞人的地位已经接近后世的普通职业官僚，这时的商王不再需要以占卜这种间接的方式来取得决策权，但例行的占卜还有必要存在，这是因为商王统治合法性的根基并没有变化，仍然在于族神宗教信仰，因此，以窥探神意为宗旨的占卜尽管已退出实际政治决策的舞台，但仍有必要作为维护政治意识形态的象征性活动间接地证明商王统治的合法性。

　　当然，这种转变无形中逐渐弱化了政治与宗教的直接合一性，所以，"到了晚商后期，原来卜辞中的许多声威煊赫的神灵几乎销声匿迹，许多卜辞内容已经不是单纯卜问吉凶，而是偏重于记载重大事件"。④从这个意义上说，《礼记·表记》所谓从"殷人尊神，率民以事神"到"（周人）事鬼敬神而远之，近人而忠焉"的演变过程，应该从晚商时期就已开始，只是西周更加彻底一些而已，所谓"远之"，就是使鬼神远离实际的政治决策，"忠"就是忠于垄断了神意解释权的王。

---

① 第一期"炫耀性卜辞"的字体大而夸张，但后来的"炫耀性卜辞"字体就比较小。（参见[美]吉德炜：《中国正史之渊源：商王占卜是否一贯正确？》，见《古文字研究》第13辑，前揭，第126-127页）这大抵是因为占卜活动本身的重要性日益下降，通过占卜来突显商王能力的意义也随之弱化了。

② [美]吉德炜：《中国正史之渊源：商王占卜是否一贯正确？》，见《古文字研究》第13辑，前揭，第127页。

③ [美]吉德炜：《中国正史之渊源：商王占卜是否一贯正确？》，见《古文字研究》第13辑，前揭，第127页。

④ 晁福林：《夏商西周的社会变迁》，前揭，第324页

三、彝器铭文与荣宠原则

（一）商代彝铭的文体构成和性质

就已发现的殷商出土文献而言，除了甲骨卜辞，最重要的当属彝器铭文。商代彝铭的文体构成大致可以分为游离式、主干式和因果式三类。这三类铭文在晚商时期是同时存在的，但从数量分布来看，越复杂的结构越晚出。所谓游离式是以个别名词表示器物的作者者、族氏、受祭者以及器名等信息，显然属于完全依附器物的标记性书写。主干式金文则出现了谓语动词"作"，从而构成一个叙述句式，将游离式的分散信息勾连起来，主干式可以视为游离式与因果式的过渡环节。

晚商因果式彝铭的结构已经与西周彝铭大体相类，可以包括记事、赏赐和作器三大部分，或者进一步细分为干支、记事、赏赐、（赏赐）补充、作器、补叙六个单元。①这三大部分构成两个层次的因果关系，即作器部分与前两个部分构成第一层次因果关系，赏赐部分又与记事部分构成第二层次因果关系。但具体的六个单元一般是不完备的，完全具备六个单元的目前发现只有一例，即《小子𝄍卣》。姚苏杰认为："商代所有因果式铭文都有这样一个深层结构，即任何因果式铭文皆由上述六个单元，通过不同方式的省略，按顺序排列组合而成。"②本文不否认这种不完备的现象可能部分出于省略，但同时也提请注意，这种现象也可能反映出叙事性书写③观念的演进过程。由于第一层因果关系是主干构架，所以赏赐单元和作器单元是必须具备的两个基本要素。④如果可以把因果式铭文看成主干式铭文的发展，那么这个发展过程应该是：先从基本主干，即作器单元，生发出赏赐单元，然后从赏赐单元生发出记事单元。

---

① 关于这三类结构的详细分析，参姚苏杰：《商代青铜器铭文的文本结构及其功能》，《文学遗产》（网络版）2012 年第 5 期。

② 姚苏杰：《商代青铜器铭文的文本结构及其功能》，《文学遗产》（网络版）2012 年第 5 期。

③ 需要注意的是，商代金文只有陈述句一种句式，"甲骨刻辞中另有的疑问句、祈使句、感叹句均不见于商代金文"。（参见严志斌：《商代金文句法研究》，《殷都学刊》2006 年第 1 期）

④ 《商代青铜器铭文的文本结构及其功能》一文中的"商代因果式铭文结构表"可以印证这一点。从该表来看，赏赐单元从未省略，只有两例（即《二祀𨚐其卣》和《四祀𨚐其壶》）省略了作器单元。这两例的作器单元之所以可以看作"省略"，是因为此单元作为潜在结构要素可以暗示出来。事实上，作器单元是铭文之所以为铭文的最基本单元，缺少了这一单元，彝器铭文就彻底脱离了物质载体对它的约束，彝铭也就不再成其为彝铭了。

由于卜辞书写可以证明殷人较早就具有了比较强烈的时间意识，所以干支单元和补叙单元等表示时间的部分也应该随着赏赐单元的出现而出现。干支单元是记日，补叙单元一般是用“隹王某祀”的形式纪年，用“才某月”的形式记月，用举行周祭的日期记日，还有的并用同时发生的特殊事件记日期。补叙单元所表示的时间应该与干支单元的时间相一致，即不是指作器时间，而是指前面的记事单元或赏赐单元的时间。这一点可以从上述特殊性记事刻辞推断出来，因为此类刻辞的补叙单元与晚商金文基本相同，而此类刻辞不存在作器环节。这种将干支日期前置，而将其他时间信息表示后置的写法是殷人的书写习惯，体现了殷人的一些特殊意识，如对干支记日的特殊意识，对周祭日期的重视，“隹王某祀”的纪年形式更是与后世影响久远的帝王年号纪年法一脉相承，是王政观念进入书写体制的一种表现。所谓“大事记”形式的时间表示法可以视为一种相关叙述，客观上是从某个主体事件叙述牵引出对其他事件的叙述，这就具有了分叙的雏形。例如帝乙时期的《肄簋》，此环节为“遘于匕戊武乙奭，豕一”，意为“时值武乙配偶妣戊的祭日，祭祀时用一豕为牺牲”。[①]祭祀妣戊之事与作为该铭文主体的赐贝作簋之事仅只是时间上相关，但记述该事所用字数占该铭总字数（全铭不过 27 字）比例并不小，而且还写出“豕一”这样的事件具体内容。

此外，上引姚文认为赏赐补充单元是“补充赏赐地点、赏赐目的或受赏者的‘感激语’等”，[②]实际上可以理解为对赏赐场景的还原，因此也具有较强的叙述扩展倾向，尤其是“赏赐目的”环节往往使用直接引语记述主赐者（一般是商王，也有的是王室大臣）的庄重言语（如《小子㚤卣》中的“子曰：贝唯蔑汝鵋”、《四祀邲其壶》中的“王曰：尊文武帝乙宜”；特殊性记事刻辞也有类似例子，如《合集》35501）。这种上对下的直接引语叙述不仅在西周铭文中被大大扩展，而且也是西周时期其他载体书写的重要体式，对后世语录体影响深远。

商代彝器铭文的文体性质可以从其功能来判定。铭文的书写对其物质载体有很明显的依附性，铭文的功能应该从属于并突显青铜器的功能。我们知道，商代有铭青铜器大部分是贵族私人所拥有的用于私家祭祀活动的彝器。[③]既然大多数青铜彝器本身是私家祭器，那么，其基本性质自然应该是私人性

① 释文见上海博物馆商周青铜器铭文选编写组：《商周青铜器铭文选》第三卷，文物出版社，1988 年，第 4 页。

② 姚苏杰：《商代青铜器铭文的文本结构及其功能》，《文学遗产》（网络版）2012 年第 5 期。

③ 也有一些是王室彝器，但字数较多的因果式铭文一般是贵族私人彝器。

仪式文本，这一点也可从很多铭文的作器单元见出，因为作器单元一般会点明作器的目的是为了祭祀某位祖先神。不过，商代青铜彝铭的书写又很难说是纯粹的私人性书写，因为它与王室有着密切关联。有比较可靠的证据表明，商王室基本控制了王朝统辖区域内青铜器的原料供给和铸造生产，铸器刻铭的技术也为王室所独占。①因此，殷商贵族们铸器作铭很可能必须通过王室，不存在私自铸器作铭之事。贵族们的青铜器原料要么来自王室的直接赏赐（这种情况似乎不多见），要么是用王室赐赠的其他礼物（如货币）到王室青铜器作坊换购而来，例如帝辛时期的《小臣邑斝》铭文曰："癸子，王易小臣邑贝十朋，用乍母癸尊彝，隹王六祀，彡日才四月。亚矣。"从文脉来看，小臣邑应该是用商王赏赐的钱（"贝十朋"）定做了彝器。类似例子甚多，兹不赘举。

至于商代彝铭的书写过程和书写者问题，目前很难得到确证。如果商代存在由史官（作册）拟写的锡命诏书的话，那么铭文铸刻可能会以锡命诏书为底本。不过，总的来看，商代彝铭文体结构简单，程式化写法显著，又没有西周彝铭中多见的政教训诫，因此，更可能的情形或许是青铜器作坊的工匠根据器主口述来铸刻，其书写方式属于"记"。

（二）铭功旌纪与荣宠政治

殷商彝铭，尤其是记述赏赐事件的晚商因果式彝铭，很显然具有"铭功旌纪"的功能。铭功旌纪功能与私家祭祀功能并不矛盾，因为用这些具有纪念意义的有铭彝器来祭祀无疑更能光耀祖灵，或者也可以这样理解：祭祀功能本身只是一种通常的仪式功能，但对于贵族们而言，因得到王室赏赐而铸器作铭，可以在普通的私家祭祀仪式中加载可资标榜的特殊荣耀。这种特殊荣耀的意义其实远远超过了仪式本身的意义，后者在很大程度上只是一种依托的名目，因此，铸器作铭与现代所理解基于公私分别的私人行为不同，而与作为宗法君主政制之推动力的荣宠原则密不可分。

有必要思考的是，为什么因果式铭文到殷商后期才出现，难道在此之前没有铭功旌纪的观念么？大抵有直接和间接两方面的原因。直接的原因是商代后期书写观念的加强和书写活动的扩展，如董作宾先生所言："（祖甲时代）书契纳入规范，笔画谨饬，文例严整。"②这种发展当然不会仅限于卜辞书

① 详参陈洪波：《商王权政治基础的人类学观察——另一视角下的商代青铜器》，《东南文化》2006 年第 6 期。

② 董作宾：《为书道全集详论卜辞时期之区分》，见《中国现代学术经典·董作宾卷》，河北教育出版社，1996 年，第 526 页。不过，董先生以为武乙文丁时代又出现所谓"旧派"自由风格，这在学术界存在较大争议。

写。①间接的原因或者说更根本原因，应该与殷商中后期君主权威的提升有关。上文已述，有商一代，其政制类型属于族神宗法君主政制，在这种政制中，贵族的权力必须与君主的权力达到某种平衡。平衡不是一成不变，在殷商后期以前，贵族权力相对而言更占优势，商王的政治决断受到宗族（部族）首领的较大干预和约束，这时的政制形态更接近于贵族制，②大抵从殷商中后期开始，宗法贵族的权力有所下降，商王的君主权威则日益上升，以至于使政制类型向集权君主制蜕变，但这种蜕变最终没有完成。这时的政制状况与孟德斯鸠所描述的君主政体有一定相通之处，我们不妨借用孟德斯鸠的说法予以解释，尽管他所说的君主政体是以罗马帝国溃亡后的欧洲国家为典型的。孟德斯鸠在《论法的精神》中划分了三种基本的政体类型，即共和政体、君主政体以及专制政体。他认为君主政体的性质是"由一人依固定和确立的法单独执政的政体"。③这里固定和确立的法可以对应于殷商时代不成文的宗法以及围绕这种宗法的一系列制度（如祭祀制度、器用制度、墓葬制度乃至书写制度等），它们是不以商王的意志为转移的。孟德斯鸠又进一步区分了政体的性质和原则，前者决定政体，后者指"推动政体的人的情感"。④与君主政体相适应的原则是荣宠，他说：

> 君主政体意味着地位优越、门庭显赫，乃至高贵的出身。荣宠的性质是索求优遇和赏赐……荣宠使政治集团的各部分动起来，通过自己的作用使它们连接起来。这样一来，各部分自以为在追求各自的特殊利益，实际上却都向着公共利益会聚。⑤

不难发现，殷商后期彝铭恰恰具有这种君主政体下显著的书写特征，与这种君主政体的性质和原则相适应。第一，大部分晚商因果式铭文中都可见尊王思想，这体现在对商王庄重言语的引用，受赐者对商王的感激颂扬套语以及纪年法等方面，这些都表明了"由一人单独执政的"王政王权观念的强化。第二，铸器作铭作为一种铭功旌纪行为是荣宠原则的突出体现。商王通过赐予贵族们适当的荣宠（包括言语肯定、物质赏赐以及对铸器作铭行为的

---

① 需要说明的是，铭文具有私人性质，与公文档案一类的书写不同，所以铭文的书写体制不是指行政性的书写制度，而是指社会意识形态层面的书写规范。

② 按孟德斯鸠的说法，贵族政体是共和政体的一种，其性质是由一些贵族家族掌握最高政治决断权。宗族（部族）首领民主议事制可以理解为一种原始的贵族政制。

③ [法]孟德斯鸠：《论法的精神》，许明龙译，商务印书馆，2010年，第14页。

④ [法]孟德斯鸠：《论法的精神》，前揭，第26页。

⑤ [法]孟德斯鸠：《论法的精神》，前揭，第32页。

授权和许可等）来建立自己的权威，进而达到维护和巩固统治秩序的政治目的；贵族们则借助他们所获得的荣宠来彰显和标榜自己的地位和身份。铸器作铭正是将荣宠落实到一种可以直观感觉到并能永久保存的物质形式上。因此，荣宠原则才是因果式铭文书写的根本动因。

四、殷商时期其他类型书写活动

（一）非卜辞的卜用甲骨刻辞

殷墟出土的卜用甲骨刻辞并非都是卜辞，虽然卜辞占绝大多数。陈梦家先生将非卜辞的甲骨刻辞分为三类，即卜事刻辞、记事刻辞以及表谱刻辞。①

卜事刻辞是记录卜甲骨的来源、整治以及收存情况的刻辞，②因而也可以视为记事刻辞的一种。其特殊性在于它属于占卜程式的一个环节，与卜辞不可分，③是记录卜甲骨档案的档案。关于卜事刻辞的文体构成甲骨学界多有研究④，简而言之，卜事刻辞的一般体式属于简单的叙事体，其内容包含了时间（干支日期）、地点、甲骨的贡纳者（即被乞者）、经手接收甲骨的人员（即入者、乞者）、整治甲骨的人员（即示者）、所接收甲骨的数量以及经管甲骨的人员（即所谓"签署者"）等信息。⑤但不是所有记事刻辞都完整包含了这些信息，而是或多或少有所省略，有的甚至仅有人名或数量。这些内容对于研究当时的贡纳制度有一定价值。从本文的关注角度出发，记事刻辞不能仅仅看作是贞人或史官个人出于记录和整理卜甲骨的方便而书写，而应视为一种简单的行政文书，也就是说当时已经存在属于档案管理的文书书写制度。这一判断的根据在于，卜事刻辞看似比较随意，没有固定格式，但据甲骨学界研

---

① 参陈梦家《殷虚卜辞综述》，前揭，第 43-44 页。需要说明的是，对非卜辞的甲骨刻辞的分类学界并无统一意见，陈说是按内容性质分类，亦只是一家之言。关于分类的不同意见的梳理详参方稚松：《殷墟甲骨文五种记事刻辞研究》，线装书局，2009 年。

② 此外还有一种表示某人或某日示龟数的卜事刻辞，即所谓"中甲刻辞"。（可参曹锦炎：《中甲刻辞——武丁时代的另一种记事刻辞》，《东南文化》1999 年第 5 期）

③ 因此也有学者将记录甲骨来源的刻辞视为卜辞文体构成的一部分，如李学勤先生提出的"署辞"说。

④ 如方稚松的《殷墟甲骨文五种记事刻辞研究》一书对此考述颇详。

⑤ 关于记事卜辞中"乞""入""示"等动词的含义，甲骨学界有不同意见，尚无定论。这里基本借用了陈梦家先生在《殷虚卜辞综述》中的说法。

究，这些刻辞还是可以做格式分类的，它们在甲骨上的位置也有一定规律。①
格式的不同与所记之事的类型、契刻的部位以及年代等因素都有关系，总之，
并非随意书写。特别值得一提的是，部分卜事刻辞还附有"签署者"，即所谓
"史官署名"，这种署名似乎可以看作公文署名的类似物或萌芽。署名无疑是
责任制的一种体现，②这种责任既是史官对经管收治卜甲骨这一行政事务的责
任，同时也是对记事刻辞这种初级文书书写的责任。

甲骨学界对"史官署名"这一现象有不少讨论，其中一个要点是"签署
者"的名字是不是经管甲骨的人员（一般认为是一种"史官"③）亲自"签署"
上去的，即这种"史官"与契刻者是否同一个人。如朱桢先生认为：

> 纪事刻辞中所谓"史官签名"，我认为只不过是由贞人验示以后
> 点头首肯，而让"太史官"刻下他的名字，表示他对这事负责而已，
> 而不是贞人自书其名。因为从武丁时期纪事刻辞来看，其文字风格同
> 该期卜辞风格一样，卜辞既非贞人契刻，纪事刻辞又不如卜辞重要、
> 神圣，他就更不会去契刻了。④

朱桢虽然有力反驳了董作宾先生关于贞人亲自契刻的观点，但又认为贞
人的地位高于（太）史官，（太）史官是实际的契刻者，虽然签下的名字确实
是贞人的名字。此说遭到方稚松先生的质疑，理由是署同一"史官"名的记事
刻辞存在不同字体，同一字体的又有不同"史官"名，有署两个"史官"名的
现象以及记事刻辞中的"史官"与同版卜辞贞人有名不同而字体相同的情况。⑤

如果方稚松的结论可信，那么，记事刻辞的书写者也有两个层次，一是
经管卜甲骨的史官，一是负责契刻的人员，前者是观念文本的构想者，后者
是契刻者。⑥由于记事刻辞中的"史官"与同版卜辞中的贞人有不少是同名的，
所以一般认为经管卜甲骨的史官与负责占卜的贞人虽然是两种职官，但往往
可以兼任。至于这种史官与契刻人员的关系，似乎尚不明确。如果参照上引
朱桢关于贞人地位高于契刻者的观点，那么可以推测史官的地位也高于契刻

---

① 如胡厚宣先生的《武丁时期五种记事刻辞考》就按照契刻部位将这类刻辞分为
　五种，即甲桥刻辞、甲尾刻辞、背甲刻辞、骨臼刻辞和骨面刻辞。
② 责任制是官僚制度的重要指标，所以，史官署名无疑可以印证当时已建立了一
　定水平的官僚制度。
③ 陈梦家先生认为"史官"属于"卜官"中的一种，以区别于专职命龟的贞人或
　卜人。（参见陈梦家《殷虚卜辞综述》，前揭，第178页）。
④ 朱桢：《贞人非卜辞契刻者》，《殷都学刊》1986年第4期。
⑤ 参见方稚松：《殷墟甲骨文五种记事刻辞研究》，前揭，第214-225页。
⑥ 这种书写现象在古代社会和现代社会都是普遍存在的，如金文亦有专门的铸刻
　者，如口述人与记录整理者之分。

者，而由于地位不同，他们应该也不会互相兼任。准此，在甲骨书写的制度中，契刻者很可能处于书写活动的最底层，他们的名字几乎没有在甲骨刻辞中出现，[①]尽管今日所见甲骨文在书法意义上都出自他们的手笔。

关于非卜事刻辞的记事刻辞，陈梦家先生没有对其内容、体式等做进一步分类考察。这类刻辞目前发现的数量并不多，按照王宇信、魏建震在《甲骨学导论》中的说法，除了极个别例外情况，此类刻辞的内容很可能也与卜骨来源有关，如说明卜骨来源于用作祭祀的牛牲。[②]所以实际上也可算作卜事刻辞，只不过由于此类卜骨来源相对特殊，所以其书写体式与一般的卜事刻辞不同。

第三类是表谱刻辞，陈梦家先生将其细分为三种，即干支表、祀谱和家谱。

干支表与卜事也有一定的间接关系，可以视为卜辞书写的附属性书写。因为卜辞用干支纪日，正如郭沫若先生所言，"欲读卜辞者必自此入手"。[③]祀谱刻辞"所记内容为殷商王朝'周祭'先王先妣祀典之次序，……可能具有备忘的功能"。[④]此外，还包括著名的四方风刻辞（即《合集》14294），因为四方和四方风神也是祭祀对象。[⑤]由于商代周祭制度严格规律，五祀典都要在卜辞中记录下来，所以祀谱刻辞也可以视为卜辞书写的附属性书写。干支表、祀谱刻辞以及习刻和示范刻辞都从侧面体现了商代卜辞书写制度的规范性。

家谱刻辞出土极少，其中最著名的一片当属兒氏家谱（即《库》1506/《英藏》2674），其内容排列出来如下所示：[⑥]

---

① 有学者认为契刻者与灼龟取兆的卜人是同一人，而灼龟取兆的卜人可能偶尔在卜辞中出现。如《合集》94 反（王寻占，光卜曰："不吉，有祟。"），巫称喜先生在"占"与"光"之间不点断，认为这里的"光"就是灼龟取兆的卜人，"光卜"则为卜人光灼龟之后所得的兆象。（参见巫称喜：《甲骨卜辞的命辞》，《汉语学报》2011 年第 3 期）但此类卜辞很少见。

② 参王宇信、魏建震：《甲骨学导论》，中国社会科学出版社，2010 年，第 98-100 页。

③ 郭沫若：《卜辞通纂考释》，见《郭沫若全集·考古编》第二卷，科学出版社，1982 年，第 219 页。

④ 王宇信、魏建震：《甲骨学导论》，前揭，第 100 页。

⑤《甲骨文合集》14295 就记录了这种祭祀。

⑥ 该图引自陈光宇：《兒氏家谱刻辞综述及其确为真品的证据》，该文为美国罗格斯大学孔子学院主办的"商代与上古中国文明国际学术研讨会"会议论文，2011 年 11 月 21 日，http://www.gwz.fudan.edu.cn/SrcShow.asp?Src_ID=1715.

如果该刻辞确为真品，[①]那么如于省吾先生所言："（此刻辞）是我们现在仅此一见的我国三千年前的宝贵谱牒史料。"[②]此片兒氏家谱所记为武丁时期一个非王室的贵族的家族世系。可以推想当时也可能存在商王的世系刻辞。陈光宇先生进一步认为：

> 此片行款可与四方风刻辞呼应。《周礼·春官·瞽矇》中提及瞽矇"讽诵诗，世奠系"表示了古代瞽有"诗史"职能，即以口传诗歌记录帝王世系。家谱刻辞与四方风刻辞，两者皆以"某曰某"的形式表达，一为四言，一为七言，颇类似口头诗歌。所以两版刻辞可能是瞽史之流将讽诵之世系或知识契刻在甲骨之上。[③]

陈光宇注意到家谱刻辞与四方风刻辞在体式上与口头诗歌的类似性，是颇有启发意义的，它说明世系祀谱一类文体的书写体式就其起源而言，可能受到口头诗歌的影响。至于说这两版刻辞能够证明商代已经存在瞽矇"讽诵诗，世奠系"的制度[④]，则并无充分证据，至多只能说，西周继承了商代世系祀谱类文本的书写。商代的这种世系文本很可能与上述祀谱刻辞一样属于卜辞的附属性文本，其功能也只是为了备忘。[⑤]

（二）已证实的非卜甲骨书写类型

殷商时期用其他物质材料（指卜用甲骨和青铜器之外的物质材料）进行书写的出土实物也不少见，这些材料包括兽骨、人头骨、骨器、玉器、石器、陶器等，有刻辞，也有书辞，刻辞指契刻的文字，书辞是用毛笔书写的文字。[⑥]这

---

① 此片刻辞的真伪问题长期争讼未决，胡厚宣等人断定此片为伪，但目前大多数甲骨学者肯定其真实性。

② 于省吾：《甲骨文"家谱刻辞"真伪辨》，见《古文字研究》第四辑，中华书局，1980 年，第 145 页。

③ 陈光宇：《兒氏家谱刻辞综述及其确为真品的证据》，"商代与上古中国文明国际学术研讨会"会议论文，2011 年 11 月 21 日。

④ 还有其他学者作此推断，如李振峰先生明确认为："如果《周礼》所载不误，那么可以肯定，此例卜辞（指兒家谱刻辞）的内容必定是由瞽矇记诵而由贞人契刻于甲骨之上的。"（李振峰：《殷商瞽矇与卜辞的诗体结构》，《文艺评论》2011 年第 2 期）

⑤ 这种现象有点类似近世英国人将历代英国国王女王世系编成顺口溜，以便记忆。值得注意的是晚商彝铭中也有类似家谱的书写，如"大祖诸祖戈""祖诸父戈"和"大兄诸兄戈"，王国维认为"三器之文蝉嫣相承，盖一时所铸"。可参陈梦家的《殷虚卜辞综述》（前揭，第 499-500 页）和上海博物馆商周青铜器铭文选编写组：《商周青铜器铭文选》（前揭，第 12-13 页）。这种铸刻在青铜兵器上的家谱显然具有纪念意义。

⑥ 参陈梦家《殷虚卜辞综述》，前揭，第 44-45 页。

些书写形态一般与占卜活动没有关系。

刻辞除了一些习刻和示范刻辞之外，一般都是叙事体，按照所述之事的性质又可分为两种，即特殊性记事刻辞和一般性记事刻辞。[①]前一种目前发现共 23 件，[②]后一种更为稀少，不过二、三例。

特殊性记事刻辞刻在人头骨或兽骨上，其性质与殷商彝铭（尤其是晚商因果式彝铭）十分相似。其一，此类刻辞"大抵属于铭功旌纪的具有纪念意义的刻辞"，[③]因此，其承担的功能（祭祀祖灵和彰显武功荣耀）以及其促成因素（荣宠原则）与晚商彝铭相似；其二，此类刻辞"大多属于商王帝乙、帝辛时期"，[④]在时间上与晚商彝铭大体同时；其三，其文体构成与晚商彝铭亦多有相通之处，如王蕴智先生以《合集》35673 为例，指出其与同时期"商金文《寝孳方鼎》叙述方式基本相同"；[⑤]第四，尽管使用的工具不同，但此类刻辞在书写上与晚商金文同样讲究，如"所见文字均双刀勾勒线条，粗笔填实，形态雄浑庄重，体现出商末时期的一种官样字相"。[⑥]因此，特殊性记事刻辞可视为与晚商彝铭同属一类的书写形态。

当然，区别也是存在的，最主要的差别是书写的物质载体造成的。此类书写虽然摆脱了单纯的标记功能，但仍然依附于物质载体。有铭彝器本身一般不是赏赐品，大多是因赏赐而另外制作的，所以铭文中多有"作器"的叙述单元，而此类刻辞所契刻于其上的物质载体（一般是较独特或较难捕获的野兽之骨）则往往本身就是赏赐品，自然不需要有"作器"这个叙述单元。[⑦]

商代书辞出土很少，写于玉器、陶器、石器、甲骨以及铜器等载体上。软笔书写显然比铸刻或契刻方便得多，而且如学者所指出的，"甲骨文不仅行款和字形方向等特征来源于简册，就其本身的字体特征而言，最初也应该是脱胎于毛笔字的笔法的。"[⑧]所以，"笔书在殷商时期就已经是主要的书写工具"，[⑨]这

---

① 参王宇信、魏建震：《甲骨学导论》，前揭，第 102-105 页。
② 参宋镇豪、刘源：《甲骨学殷商史研究》，福建人民出版社，2006 年，第 12-13 页。
③ 王宇信、魏建震：《甲骨学导论》，前揭，第 102 页。
④ 王蕴智：《殷商甲骨文研究》，前揭，第 525 页。
⑤ 王蕴智：《殷商甲骨文研究》，前揭，第 525 页。《合集》37848、《合集》37398、《补编》11299 等保存较完整的此类刻辞都与晚商彝铭体式相似。
⑥ 王蕴智：《殷商甲骨文研究》，前揭，第 526 页。
⑦ 《合集》37848、《合集》37398、《补编》11299 等都可以印证这一点，尽管为了突显其意义，这些骨头本身也经过一定的加工。
⑧ 冯胜君：《出土材料所见先秦古书的载体以及构成和传布方式》，见刘钊主编《出土文献与古文字研究》第四辑，上海古籍出版社，2011 年。
⑨ 王蕴智：《殷商甲骨文研究》，前揭，第 526 页。

一判断应该不误。如果汉字在殷商之前已经出现的话，那么从仰韶陶符已有用毛笔绘制的情况来推想，殷商以前的主要书写工具也可能是软笔。目前出土的零星书辞实物，可能分属于多种文类。①

（三）关于殷商时期可能存在的书写类型的讨论

上文所述都是为考古实物所证实了的书写类型，但大多数学者都认为，目前有考古实物为证的文本类型只是殷商时期文献种类的一部分，殷商时期很可能还存在一些其他类型的书写活动。②这些书写类型可从传世文献和一些考古线索中找到直接或间接证据。

上文已述，软笔书写早已存在，不少学者指出，殷商时期，与毛笔对应的物质载体应该主要是简牍，也有学者认为应该是玉册一类。③我们知道，在早期中国，文本的物质载体与文类往往有内在关联，那么，以简牍（或者玉册等）为物质载体的早期书写应该是什么类型呢？

传世文献中关于此类载体书写的最著名也最常被引述的一句话是《尚书·多士》中的："惟尔知，惟殷先人，有册有典，殷革夏命。"伪孔传曰："言汝所亲知，殷先世有册书典籍。说殷改夏王命之意。"由于《尚书·多士》是较为可靠的西周文献，所以这一记载就成为商代有甲金文之外书写活动的重要文献证据。④不过，"有册有典"一语，近世以来有不同说法，一般认为此

---

① 如据《河北博物院月刊》第 30 期载，发现记有"乙亥王锡小臣艅䔽 在太室"的殷商时期玉册，其内容应与晚商彝铭类似。陈梦家先生在《殷虚卜辞综述》（中华书局，1988 年，第 45 页）中也著录了几例，大致属于标记性铭文。书于青铜器上则是因为金文的铸刻需要先用毛笔书写，然后再铸造。此外，郑州小双桥遗址也发现过朱墨两色书辞，殷墟卜甲骨上更是存有 80 余版与卜辞或相关或不相关的朱墨书迹，详参王蕴智：《殷商甲骨文研究》，前揭，第 537-538 页。

② 甚至有学者认为以甲骨和青铜器为载体的书写不是当时的主流，如孔刃非先生以为"'甲骨文'并不是当时的主流文字，而是一种特殊行业使用的'变文'。和当时的主流文化、主流文字相比，甲骨文是落后文化、文字的表现。"（孔刃非：《汉字起源观念的文化审思》，《乌鲁木齐职业大学学报》2004 年第 1 期）

③ 如郑有国先生认为："殷商时的'典册'使用的还是比较贵重的玉质典册，因此使用不普遍。随着文字的普遍推广，这种珍贵的玉质典册，才被各地习见的竹木条取代。"（郑有国：《简牍学综论》，前揭，引言第 2 页）此说值得注意，本文亦主张不必过高估计殷商或殷商之前简牍的使用。考古学界亦有玉器时代之说，认为在青铜礼器流行之前，早期中国有一个以玉器为主要礼器的时代。似可与玉册书写相参证。关于玉器时代之说，可参吴汝祚、牟永抗：《玉器时代说》，《中华文化论坛》1994 年第 3 期。

④ 此外，《逸周书》中的《商誓》中有"今纣弃成汤之典"之语，《世俘》中有"古朕闻文考修商人典"之语。《商誓》《世俘》已被大多数学者公认为可信的周初文献，亦可证明商人早已有典籍。

语表示殷人有自己的文献典籍，但黄德宽先生提出一个新说法，认为：

似乎也可理解为殷先人"有典有册"是因"革夏命"之故。……"殷革夏命"而"有册有典"，是成汤"占有"夏王朝的"典册"，而非殷"先人"自己作典册。①

如果按照这种理解，则夏王朝时代已经有了"典册"。其他不同意见主要在于"典"与"册"的关系。多数学者沿用《说文解字》等文献古训，认为两者的区别在于典是贵重之册，或可引申为法度之文，②如屈万里先生将"惟殷先人有册有典"译为"殷的祖先有大小的书册"。③金兆梓先生则提出："旧解以此语不烦解释，一律以有典册记载训之。我疑'有典'是释文，是所以解释'有册'二字的，后人转录者，误以为正文，故有此重床叠屋之语法。"④按此说法，则"典"与"册"没有实质分别。王蕴智先生通过系统考释甲骨文和金文中"典""册"二字的形音义功能和关系，指出：

卜辞中我们对典册二字总的印象是分而未晰，局部范围内尚存在同辞互见的情况，考察西周铜器铭文，典字出现较少，而典与册字的分化则显见明朗，一般来说，典字的基本含义是指贵重之文册。⑤

结合这个论断，似乎可以这样推论："惟殷先人有册有典"的说法可能是以西周之言度殷商之言。不管怎样，商代存在典册文献是可信的。

接下来的主要问题是殷商之典册属于什么文类。《多士》中"有典有册"与"殷革夏命"前后相连，很容易造成这样的直观印象，即殷人的典册是专门记载重大历史事件的史传类文献，一般的注译也未对此加以细辨。⑥事实上，《多士》所言之殷商典册至多只能视之为史传文献的萌芽，真正比较成形的史传类书写到春秋时期才出现，殷商典册与"殷革夏命"的关系应该是前者反映或包含了有关后者的信息。这种包含了历史事件信息的书写在商代甲金文献中并不鲜见。本文以为，殷商典册就文类而言可能包括锡命诏书、策祝文

---

① 黄德宽：《殷墟甲骨文之前的商代文字》，见荆志淳、唐际根、高嶋谦一编《多维视域——商王朝与中国早期文明研究》，前揭，第137页。

② 如《说文解字》丌部："典，五帝之书也。"并引庄都说："典，大册也。"《孟子·告子》："不足以守宗庙之典籍。"赵注释"典"为"法度之文"等。

③ 屈万里注译：《尚书今注今译》，新世界出版社，2011年，第113页。

④ 金兆梓：《尚书诠译》，中华书局，2010年，第316页。

⑤ 王蕴智：《"典""册"考源》，《殷都学刊》1994年第4期。

⑥ 如屈万里先生对这句话的翻译是："你们知道殷的祖先有大小的书册，（在那书籍里曾记载着）殷国革掉了夏的国运。"（屈万里注译：《尚书今注今译》，前揭，第113页）金兆梓先生的译文为"你们是知道的，殷邦的先王于册典上，明载着殷邦革夏命。"（金兆梓：《尚书诠译》，前揭，第322页）

以及券契文书等，下面分别讨论。

1. 锡命诏书

锡命诏书是以封官授职、赏赐爵禄之事为主要内容的文书。[1]要理解锡命文，需要先从锡命活动谈起。

我们知道，西周彝铭中有大量有关锡命之礼的记载，而且提到了锡命诏书。学界通过对甲骨卜辞和晚商彝铭中"作册""称册"等词语的考证，几乎一致认为迟至殷商时期已经有锡命活动。这就牵涉商代是否存在"封建制"的问题。因为，既然西周锡命活动与西周分封制度有密切关系，那么，从殷商时期的锡命活动是否可以判断当时已有分封制度？[2]这个问题的关键在于如何理解"分封"。如果说商代也存在封建的话，那么商代与西周在此种制度上的基本区别是商王没有像周王那样以"授土"的方式将王畿外的大量土地"分封"给亲戚勋旧，商王的"分封"在更实质的意义上应该是"册封"，这种册封没有西周时那种授土的含义，或者程度较低、数量较少。商代的锡命也可以分为内服和外服两个系统。就内服系统而言，主要是对高级贵族官僚（包括将领[3]）的任命和赏赐，这与西周时期应该差异不大。具有一定"分封"性质的是所谓"作封邑"[4]问题。但这些城邑一般都在商王朝的直接统治区（即

---

[1] 锡命文即学界常用的"册命文"。这里之所以用"锡命"，而不用"册命"，是基于何树环先生的意见。他对学界常用的"册命"一词的涵义提出了不同意见，他认为："所谓'册命'，'册'即为简册。'册命'之意义厥为'以册命之'，其事乃为'宣读书录于简册之命以告受命者'""册书中所载之命，实不以赐爵禄、命官之事为限。举凡命臣工执行某项任务，对百官臣民的告教之语，甚或祝告神祇之事，皆载诸简册。"因此，应将专门记录封官授职、赏赐爵禄之事的铭文称为"锡命铭文"。（参见何树环：《西周锡命铭文新研》，文津出版社，2007年，第27、59页）何树环的意见是针对铭文说的，但也适用于此类诏书，因为锡命文包括锡命诏书和锡命铭文两种关系密切的文体。上文所述晚商因果式彝铭，大抵可归入锡命铭文一类。

[2] 最早提出殷商封建说的应该是胡厚宣先生的《殷代封建制度考》，近年则有李雪山的《商代分封制度研究》系统论述这一问题。

[3] 于省吾先生尤其指出："振旅出征，必有册命。"（于省吾：《双剑誃殷契骈枝 双剑誃殷契骈枝续编 双剑誃殷契骈枝三编》，中华书局，2009年，第168页）实际上是认为册命仪式特别用于征伐大事，这可能是册命出征统帅或将领以及凯旋回朝（即"振旅"）时进行封赏，也可能与下文将讨论的"册祝""册伐"有关。

[4] 目前所知，商代卜辞中有关"作邑"的材料有46条。（详参李雪山：《商代分封制度研究》，中国社会科学出版社，2004年，第32页）

王畿）之内，主要是带有军事性质的据点，①商王对之应有较高的治权，即使赏赐给功臣贵族，也很可能只是作为他们的食邑，不同于西周时期拥有独立行政权的诸侯国，受赏者也不同于诸侯。②李雪山先生将这种城邑看作封国，值得商榷。当然，商王很可能也要举行锡命仪式来任命这些管理者。就外服系统而言，商王要对依附或臣服于商王朝的一部分"方国"首领进行册封。③是否册封取决于该"方国"臣服的程度，臣服度较低的方国可能就没有接受册封，但在一定程度上听从商王的调遣。商王对方国的册封显然与西周时的分封不同，他没有将自己的亲戚勋旧封到这些方国去充当首领，而只是以更高的权威授予方国原有首领统治合法性。如果与清代的情况做简单比较的话，商的"分封"类似于清王朝对准噶尔政权的册封，而西周的分封类似于清王朝的设立三藩。此外，还有一种类似"分封"的情况是卜辞中多次出现的"奠"。裘锡圭先生认为，"奠"是商王"处置服属者的一种方法"，"商王往往将被商人战败的国族或其他臣服国族的一部或全部，奠置在他所控制的地区内。这种人便称为'奠'，奠置他们的地方也可以称奠。"④这种情况大约类似于西周初期对殷民进行分族迁徙，但没有证据表明商王改变了这些被奠置国族的首领。总之，商代的锡命或册封不同于西周的封建。

锡命活动既是重要的政务活动，同时也是具有宗教色彩的仪式活动，在西周时就是如此，在治教不分的殷商时期，其宗教色彩自然更是突出，相关卜辞文献也证明殷商王朝的锡命活动要举行庄重的仪式。⑤宣读和颁授锡命文书很可能是这种仪式的重要环节。如此设想的根据有二：一是这种锡命仪式

---

① 关于这些城邑的军事性质，可参李雪山：《商代分封制度研究》，前揭，第33-36页。

② 如《合集》707 正"呼从臣沚有册三十邑"，是武丁赏赐给沚盛三十座城邑的记载，但没有证据表明沚盛及其后裔成为世袭诸侯。孙华先生通过对商文化中心都城与周边城邑同兴同废的现象判断："二里冈期商文化圈里的那些中心都城周边的城址不是商王朝分封自己亲戚勋旧的相对附属国家的中心城邑，而是商王朝对这一地区实施治权的官僚军队所驻扎的地方城邑。"（参见孙华：《商代前期的国家政体——从二里冈文化城址和官室建筑基址的角度》，见荆志淳、唐际根、高嶋谦一编《多维视域——商王朝与中国早期文明研究》，前揭，第192-194页）。

③ "为了拉拢这些位居偏远的国家，商王采取了封爵的统治方法。卜辞中这类方国众多。"（李雪山：《商代分封制度研究》，前揭，第262页）

④ 裘锡圭：《说殷墟卜辞的"奠"——试论商人处置服属者的一种方法》，见《中央研究院历史语言研究所集刊》1996年第3期，第64页。

⑤ 李雪山先生指出，卜辞中记载，进行册命活动时要伴以音乐演奏，可为证明，如《屯南》4343"奠其奏庸惟旧庸，大京，必丁……"（参见李雪山：《商代分封制度研究》，前揭，第32页）

在卜辞中一般称为"称册"。①于省吾先生在《双剑誃殷契骈枝续编》"释称册"条中说："称谓述说也，册谓锡命也"；②二是卜辞和晚商彝铭中有"作册"这种职官之名。关于该职官的性质、地位和职责范围，学界尚有争议。孙诒让、王国维、丁山等人认为作册相当于西周时的（作册）内史，③是一种史官，这是较为流行的见解。于省吾、李雪山等人则认为其地位高于内史。④但不管"作册"地位怎样，锡命文书的撰写者应该与这种职官有关。值得注意的是，"作册"并非单一的职官，卜辞中同一时期的"作册"有多人，应将之理解为一个机构，大约相当于汉代的尚书台一类，属于内廷辅政机构。所以，"作册"的地位不可一概而论，作为"作册"之首的"作册尹"可能地位很高，如于省吾先生提到的相武丁的沚盛，应该就是这种"作册"之首。一般的"作册"可能类似今天的机要秘书，从商代彝铭记载商王赏赐作册的情况来看，他们可能是商王的身边亲信，官爵未必很高，但地位十分特殊。锡命诏书可能由他们起草，再经过作册尹的审核，然后提交给商王。锡命诏书颁授之后应该

---

① 此类卜辞很多，如《合集》6134、《合集》557、《合集》7408 等。

② 于省吾：《双剑誃殷契骈枝 双剑誃殷契骈枝续编 双剑誃殷契骈枝三编》，前揭，第 167 页。李雪山认为，在一些卜辞中形似双手举书册之状的"册"字，即逐步分化出来的"典"字，表现了受册命者领受册命文书时的敬慎之态。（参见李雪山：《商代分封制度研究》，前揭，第 27 页）

③ 《吕氏春秋·先识览》曰："殷内史向挚，见纣之愈乱迷惑也，于是载其图法，出亡之周。"有学者据此认为"内史当是商代的史官之一"（黄怀信、徐义华：《商代国家与社会》，中国社会科学出版社，2011 年，第 483 页），或据此认为作册即内史，因而作册亦掌图法。（刘桓：《殷代史官及其相关问题》，《殷都学刊》1993 年第 3 期）然《吕氏春秋》之说没有旁证，并不足信，（作册）内史之职很可能始于西周，或为周原之制。有学者认为《尚书·酒诰》中周公提到的"太史友、内史友"是西周所接收的商王朝遗臣（如许兆昌：《先秦史官的制度与文化》，黑龙江人民出版社，2006 年，第 109 页），但从《酒诰》的文脉来看，太史友、内史友也可能是周人依固有之制所设之职官。至于商代掌图法之史官，可能是作册，也可能是大史，甚至是小史、右史之类。如同样记述此事的《淮南子·氾论训》则说："殷之将败也，太史令向艺先归文王，其年而纣乃亡。"这与《吕氏春秋·先识览》和《淮南子·氾论训》同记的夏太史令终古掌图法之说相一致，也与西周之制相合，由此看来，大史掌图法的可能性更大一些。

④ 如于省吾说："余疑沚盛即传说，……载籍屡言传说相武丁，……沚盛主册命，其职事之重要大于周礼内史明矣。"（于省吾：《双剑誃殷契骈枝 双剑誃殷契骈枝续编 双剑誃殷契骈枝三编》，前揭，第 168 页）李雪山将作册的职责归为三类，即助王征伐和安抚诸侯；助王及王后祭祀，并受指派赏赐物品和人民；对功臣贵族进行册命，并且指出："作册地位显然高出史官之上，其职责应是主掌册命并负有武职。"（参见李雪山：《商代分封制度研究》，前揭，第 27 页）

既为受锡命者所珍藏，也作为商王室的重要档案。

锡命诏书就其基本性质而言，应属于政务性文本中的政令文书，但由于它又是应用于锡命仪式的文本，因而也具有泛仪式性。至于其文体构成如何，目前尚不得而知，只能推测它与西周乃至西周之后的锡命文应有一定相通之处，比如有较高的规范性，包含对受锡命者之功勋的褒扬之词等，如果是封赏城邑，那么其内容可能登录所赐城邑名称，乃至四至范围等，使受封者可以之为凭信。①

2. 策祝文

《尚书·洛诰》《史记·周本纪》以及《逸周书》等文献都有西周初期策祝文的明确记载（详见下文讨论）。策祝文书写恐怕不是周人的发明，但关于殷商时期的策祝告神之辞，可资参考的史料甚少。传世文献中有一些古老祝辞的记载，如《礼记·郊特牲》所记相传为神农氏所作的"蜡辞"："土反其宅，水归其壑，昆虫毋作，草木归其泽。"《文心雕龙·祝盟》所记相传为舜所作的"祠田祝"："荷此长耜，耕彼南亩，四海俱有。"《墨子·耕柱》中所记夏启铸鼎，请卜人翁难乙卜祝曰："鼎成三足而方，不炊而自烹，不举而自藏，不迁而自物，以祭于昆吾之墟，上飨！"此外最多的是关于商汤祝祷辞的记载，见于《吕氏春秋·顺民》《吕氏春秋·异用》《荀子·大略》《墨子·兼爱》《论语·尧曰》《尸子·绰子》《淮南子·主术训》《说苑·修文》等文献，其中最常见的是商汤的祷雨辞，颇类似后世皇帝的"罪己诏"。②这些古祝辞多是春秋以后诸子托古言志之作，所依据的至多是口头传说，不太可能是流传下来的典册底本，由于各取所需加以发挥，所以记述往往各不相同。这些记载可能曲折地反映了上古的一些情况，但不能轻易当作可靠史料，而且即使殷商早期甚或殷商以前，祝告之辞已广为流行，我们也无法证明当时已将这些祝告之辞形诸文字并藏为典册。早期的巫祝之辞可能只在巫祝集团内部口头传承。

---

① 参见杨升南：《商代经济史》，贵州人民出版社，1992 年，第 63 页。

② 如《吕氏春秋·顺民》所记："昔者商汤克夏而正天下，天大旱，五年不收。汤乃以身祷于桑林曰：'余一人有罪，无及万夫；万夫有罪，在余一人。无以一人之不敏，使上帝鬼神伤民之命。'"《墨子·兼爱》所记："惟予小子履，敢用玄牡，告于上天后曰：'今天大旱，即当朕身履，未知得罪于上下，有善不敢蔽，有罪不敢赦，简在帝心。万方有罪，即当朕躬。朕躬有罪，无及万方。'"《荀子·大略》所记："汤旱而祷曰：'政不节欤？使民疾欤？何以不雨至斯极也？宫室荣欤？妇谒盛欤？何以不雨至斯极也？苞苴行欤？谗夫兴欤？何以不雨至斯极也？'"

　　不过，从卜辞显示的情况来看，策祝文确实可能是殷商中晚期时已经出现的重要典册文类，可以卜辞中常见的"工册"（或作"工典"，因为这里的"册"字在卜辞中往往写作"典"①）和"册祝"二词为证。关于"工册"（或"工典"），于省吾先生认为，"工应读作贡"，"典犹册也，贡典犹言献册告册也"，"书祝告之辞于典册，祭而献于神"。②饶宗颐先生则认为"工册"是名词，属于官名，"有如'作册'之比""工犹工祝之工"。③关于"册祝"，④屈万里先生认为，"册祝当与金縢册祝同义，谓作册以告于神也"。⑤可见，"工册"与"册祝"二词含义相通，而且都与告神相关。"告"在商代是一种祭祀名，卜辞中多出现"告祭"之名。⑥"告祭并非常祭，而是有事才祭。这些事大多是灾难性的，如日食、疾病、战争等。"⑦正因为告祭是因特殊之事而祭，所以才最有可能在祭祀时向神灵呈献书策以示特别的郑重。从卜辞反映的情况看，似乎可以确定的是商王在征伐敌对方国前一般要在宗庙举行告祭，而卜辞记载这类事件时，往往将"告"与"册"连用，称为"册告某方"或"再（称）册告某方"，如《合集》6160、《合集》6405正。这里的上册下口，《说文》即训为"告"，这里的"某方"不是册封的对象，而是要讨伐的敌对国家。"册告某方"即向祖先神灵报告要讨伐他们，祈求祖先神灵批准并护佑征伐成功。可见，在宗庙册告敌国时应该是要呈献书面祝告文册的。此外，军队振旅归朝时也应告于祖庙，此时也可能有相应的策祝文书写，诸如"殷革夏命"之类的重大历史事件也许就是在此类祝告典册中反映出来。

　　策祝文的书写似乎当是"工祝"⑧之官所为，张光直先生也指出："商卜

---

① 可参王蕴智：《"典""册"考源》，《殷都学刊》1994 年第 4 期。即上文所述形似双手举书册之状的"册"字，这种"册"更可能是表现商代巫祝在祭祀仪式上向神灵献上祝告文册时的敬慎之态。

② 于省吾：《双剑誃殷契骈枝 双剑誃殷契骈枝续编 双剑誃殷契骈枝三编》，前揭，第 165、166 页。

③ 饶宗颐：《册祝考、册伐与地理——论工典及有关问题（殷礼提纲之一）》，《华学》第四辑，紫禁城出版社，2000 年，第 8 页。

④ 见于《合集》30648、《合集》32327、《屯南》2459 等。

⑤ 转自饶宗颐：《册祝考、册伐与地理——论工典及有关问题（殷礼提纲之一）》，《华学》第四辑，紫禁城出版社，2000 年，第 1 页。

⑥ 如《屯》4544、《屯》656、《合集》27168 等，还有不少卜辞中有"告于某"或"告某"的表达法，也是对告祭的记载。

⑦ 罗家湘：《先秦文学制度研究》，前揭，第 161 页。

⑧ 张光直先生引《说文》："工，巧饰也，像人有规矩也，与巫同意。"认为"工巫互解，而工即矩。……古代的巫以矩为基本道具"。（参见张光直：《中国青铜时代》，三联书店，1999 年，第 255 页）

辞中祝宗卜史四种名称是齐全的。"①他们都是由巫分化出来的。但是，商代祝官的身份尚难确考，张光直同时也指出："商代的巫可能有专业兼业之分，但是不是照《楚语》那样分为祝和宗则在已有的材料中难作清楚的分辨。"②王恒余先生也明确提道："祝之成官，在甲骨文内未见，……铜器有大祝禽鼎，据考为周器。"③事实上，作策祝文的"工祝"之官与上文所述的"作册"就很难明确区分。④助王祭祀也是"作册"的职责之一，而且商王在册告敌国的同时很可能也要锡命出征将领，所以，如果商代已有祝官的话，"工祝"与"作册"在特定的祭祀仪式上有可能由同一人兼任，也有可能联官，即联合主持这种祭祀，⑤如祝官负责作口头祝辞，作册负责书写，亦未可知。进一步说，上文所述商代锡命文本身也可能包含祝告的内容，或者在册告敌国（以及班师回朝时向祖先汇报）的策祝辞之中也包含对将领或助伐方国的锡命册封，这些可能性都不能轻易排除。我们可以视之为文体尚未明确分化的体现，其原因在于书写活动依附于祭祀制度，以及职官制度不同于后世。在书写者的身份基本为王官，书写基本为职务书写的时代，职官制度直接影响着书写活动的样态。

商代策祝文的文体构成，同样不能确知。但据后世策祝文，可以大致推断它可能具有的一些特征，如可能是代言体，即以祭主的名义拟写，也以祭主的名义祷祝；策祝文尽管也要存为典册，但首先是为祭祀仪式上的口头祝祷而书写，或者也可能是对口头祝祷的书面记录，因此其语体应该有较明显的口语性；策祝文是代人向鬼神祝告，要发挥语言的"灵性"功能，所以在具有口语性的同时，又要有意背离日常语言的表达方式，包括使用特殊称号，使用韵语，有固定格式，带有赞美、祝愿、祈求等情感因素，这些对于中国古代抒情文体的产生应有深远影响。

此外，商代还可能存在券契文书。林沄先生认为，"书契""最原始的意义，应该是'正面写字、侧面刻齿以便验对的竹木质券契'"，它"既是交易

---

① 张光直：《中国青铜时代》，前揭，第259页。

② 张光直：《中国青铜时代》，前揭，第259页。

③ 王恒余：《说祝》，见中华书局编辑部编《中研院历史语言研究所集刊论文类编》（语言文字编文字卷二），中华书局，2009年，第1200-1201页。

④ 《尚书》有"王命作册逸祝册"（《洛诰》）、"史乃册祝"（《金縢》）等语，作册、史等均可"册祝"，说明到西周初期，祝官的职掌范围也并不明晰。

⑤ 后世祝与史、祝与宗多有联官现象。可参罗家湘：《先秦文学制度研究》，前揭，第157-158页。不过，后世文献中的"祝""史"合称，也可能是因为祝官本身也被视为史职。

的凭证，又是发生纠纷打官司的依据"。准此，"书契"的内容大抵属于经济法律事务。林先生同时认为，这种"书契"可能在商代已经存在。①考虑到考古方面确实零星出土过与上文所述文类均毫无关系的记事刻辞，包括著名的商代军事骨符，②林沄的上述见解是值得注意的。不过，商代的"书契"书写不会过于民间化，毕竟识字群体在商代应该很有限，即便是贵族也未必都有文字书写能力。商代"书契"如果存在的话，很可能还是一些与财务管理事务、军事事务以及宗教事务方面的政务记录。吉德炜先生就做过这方面推测：

> （商代）一部分国家属下的劳动者具有基本的读写能力。以附属于王室的工匠为代表，作坊里具有强烈特殊性的活动肯定需要某些成系统的账目。……被贞人记下的数目应该是和另一半非神谕性的商人政府中保存的相应财目相配的，并以其作为基础。当时复杂的国家经济需要有某种记录制度来进行调整。③

王室工匠具有基本的读写能力，应该是有可能的，这当然不会是因为商代教育已经扩展到底层，而是因为他们经常与文字打交道，比如铸刻彝器铭文的工作需要有基本的读写能力，如果工匠完全没有这种能力，铸刻出来的彝铭必定相当粗糙，而从出土的商代有铭彝器来看，其书写技艺还是比较精致的。

3. 关于商代是否存在训诰文的探讨

这里有必要探讨一下商代是否存在训诰文的问题。《尚书·商书》中只有《盘庚》一篇被较多学者认可为商代文献，④而《盘庚》正是比较典型的训诰文。如果《盘庚》的成文时间确在商代，那么，训诰文便也是殷商时期的一种文类了。然而，关于《盘庚》的成文年代和书写者，学界并没有取得一致意见。此问题在古代主要有三种意见，一是认为盘庚所作，郑玄（《孔疏》引）、马融（《释文》）、王肃（《孔疏》引）以及《书序》等持此说；二是认为由商代史官记录，孔颖达持此说，但他没有言明具体是商代何时的史官所记（《孔疏》）；三是认为作于小辛之时，如《史记·殷本纪》认为是小辛时的"百姓"所作，清末俞樾也认为作于小辛时。近代以来，王国维认为是盘庚时所作（见

---

① 参见林沄：《说"书契"》，《吉林师范大学学报》（人文社会科学版）2003 年第 1 期。
② 即《合集》20505，刻于一矩形骨板上，濮茅左先生判断其为商代骨符。可参濮茅左：《商代的骨符》，见《第三届国际中国古文字学研讨会论文集》，香港中文大学，1997 年。
③ [美]吉德炜：《贞人笔记：论商代甲骨刻辞属于二次性资料》，见《商承祚教授百年诞辰纪念文集》，前揭，第 240 页。此类财务文书如果存在，自然也是编缀成册的"簿籍"。
④ 还有少数学者认可《高宗肜日》为商代文献。

《古史新证》），郭沫若也认为是商代文献（见《古代研究的自我批判》），顾颉刚和刘起釪认为"《盘庚》原文是由史臣记录的盘庚所讲的告诫之词，虽然到后来经过流传有了加工，殷王盘庚总是这《盘庚》诰语的原作者"。①陈梦家则认为"此亦战国宋人之拟作，犹商颂矣"。②屈万里也说："疑为殷末人（甚至宋人）述古之作。"③这些见解自然都有各自的理由，此处不一一罗列。本文大体认同屈万里先生的意见，但有必要指出，问题的关键不在于盘庚迁殷时是否发表过讲话，也不在于商代人是否有能力写出这样长达 1285 字的篇章，而恰恰在于书写体制，即什么样的人出于什么样的动机或者说在什么样的机制推动下才会进行这样的书写。但各家似乎都没有充分注意到书写体制的思路，如刘起釪先生是从思想内容来判断的，他认为《盘庚》（以及《高宗肜日》《洪范》等）主要反映了商代思想，所以它们的底本都是商王室的典册，而这些文献中不合于商代的思想（如"天命"观念、"德"观念）以及词汇（如"王若曰""众""民"）、语法（如一些代词、连词的用法）等，统统都是在后代流传过程中被人累加上去的。④这种说法有些牵强，因为反映某一时代思想观念的文献不一定就是那个时代的人写出的。⑤至于后世累加的问题，我们不否认后人可能做一些字句文法上的调整，但难以设想累加的程度会高到影响全文的思想基调，如果是这样累加的话，那已经属于重新创作，"底本"（或所谓"原文"）也就根本无从考察，而且也是无所谓的事情了。⑥

从书写的角度来考察，首先是书写者的身份问题。显然，《盘庚》作于史官的可能性大于商王或"百姓"。正如屈万里先生所言："（《盘庚》）数言盘庚，

---

① 顾颉刚、刘起釪：《尚书校释译论》，中华书局，2005 年，第 956 页。
② 陈梦家：《尚书通论》，中华书局，2005 年，第 207 页。
③ 屈万里注译：《尚书今注今译》，前揭，第 42 页。
④ 详参顾颉刚、刘起釪：《尚书校释译论》，前揭，第 955-965 页。
⑤ 其实刘先生自己在《〈洪范〉成书年代考》一文中就曾说："年代问题是确定《洪范》究竟代表什么时代思想的先决问题。"（见刘起釪：《尚书研究要论》，前揭，第 402 页）但该文依然是按照与上述相反的逻辑来论证《洪范》的底本成文于商代。至于东汉以前有人将《洪范》列为《商书》，这也并不足怪，因为按篇中所述，该篇主体内容是商人箕子所献，未必是当时所见仅有此主体内容，而无关武王。退一步说，即便当时所见确是如此，也无法因此证明此主体内容就是箕子所作。
⑥ 关于"底本"（或"原文"）的问题，在出土文献研究界争论较多，过去学者多热衷考察某文献传承的源头，即"原文"。近年来，由于受当代西方书写理论中"延异""互文"等思想的影响，不少学者放弃了追寻"原文"的思路。其实关键还在于变异的程度，如果只是个别词语和文法的调整，尚不影响整体文意的话，那么，"底本"（或"原文"）的追索仍然是有意义的。

而盘庚之名，乃其后人所命，非盘庚在世时之称；可知本篇非当时之作。小辛时亦不当有'盘庚'之号，故知亦非作于小辛时也。"①至于司马迁所谓"百姓"思盘庚而作，应视为一种笔法。那么，商代有无史官，商代的史官又是否有记录商王言行的职司呢？一般认为商代确有史官，又认为商代史官的建制有作册、大史以及四方之史三类。②其中，"四方之史"大抵属于武职，是外派的武官或使臣。因此，经常跟文字书写打交道的只有作册和大史。关于作册的职掌，上文已述，在文字方面，他们主要负责起草锡命诏书，也可能参与书写策祝文，但没有证据证明他们有记述商王言行的职责，不能仅仅因为他们作为内廷官员可能经常侍奉商王左右就认为他们有此职责。③至于"大史"，源于天官，掌天文星历，或亦掌图法，但其在现有卜辞中所见职司多为参与祭祀活动，④也没有证据可以证明他们负责记述商王言行。许兆昌先生的《先秦史官的制度与文化》一书在论述先秦史官的史记之学时，亦只是从西周谈起。⑤其次，从推动书写的机制或动机来看，商代史官记商王言行之说殊为可疑。史官记王言行的说法最早见于《礼记·玉藻》，即所谓"动则左史书之，言则右史书之"，后来《汉书·艺文志》中又有"左史记言，右史记事"的记载。⑥西晋时期皇甫谧编撰的《帝王世纪》更是把记王言行的史官上溯到仓颉，⑦似乎黄帝时就有史官，而且史官的主要职能就是记王言行。宁登国先生

①　屈万里注译：《尚书今注今译》，前揭，第42页。

②　可参胡厚宣：《殷代的史为武官说》，见胡厚宣主编《全国商史学术讨论会论文集》，殷都学刊编辑部，1985年，第184-187页。刘桓：《殷代史官及其相关问题》，《殷都学刊》1993年第3期；陈智勇：《试析商代巫、史以及贞卜机构的政治意向》，《史学月刊》1999年第2期；丁波：《商代的巫与史官》，《中国社会科学院研究生院学报》2004年第3期等。

③　如有学者认为："作册、寝经常跟随于王左右，可以奉王命执行诸如赏赐类的事情，这与史官负责记录王的言行，需要经常侍于商王身边相符合。"（黄怀信、徐义华：《商代国家与社会》，前揭，第482页）

④　与大史相关的卜辞主要有：《合集》23064、《合集》25937、《合集》25950、《合集》5634、《合集》36423。其他几例则似与舟船事务有关。参见黄怀信、徐义华：《商代国家与社会》，前揭，第482-483页。

⑤　参见许兆昌：《先秦史官的制度与文化》，前揭，第184-188页。

⑥　有学者认为班固为误记，正确的说法应为"右史记言，左史记事"。参见吴淑玲：《"左史记言，右史记事"考辨》，《沈阳师范大学学报》（社会科学版）2006年第2期。

⑦　"（黄帝）其史仓颉……始作文字。史官之作，盖自此始。记其言行，策而藏之，名曰书契。"见〔晋〕皇甫谧等撰：《帝王世纪 世本 逸周书 古本竹书纪年》，齐鲁书社，2010年，第6页。

《"左史记言，右史记事"考辨》一文认为，左右史之分只是"一种对史官监察天子言行的修辞性说法"，但记言和记事确有分别，前者为内史所掌，后者为太史所掌。

> 在信仰王权神授的商周时代，君王作为"天子"替天行道，故其诰誓命令往往被视为天神意志而由内史载录并加以崇拜遵奉，由此形成了独立于记事的"记言"。

> "记事"是自史官诞生以来一贯的载录内容，……直至"王命"因其独特的代天立言的政治意义需要有专门史官加以专门载录之时，才开始有了"记言""记事"之别。[1]

该文关于左右史为修辞性说法的论断颇有启发意义，[2]但这里有两个问题。一是儒家礼学、史传以及诸子文献，尤其是《周礼》《礼记》等，不能轻易视为可靠的历史记载。[3]西周史官是否严格执行记事记言的职责，应该还有待辨明。二是对商周之际政制、观念的变革应有充分的估计和考量，比如说王命具有独特的代天立言的政治意义，一定程度上适用于西周，但恐怕不能适用于商王朝。天命靡常的天命观是周人在原有天神信仰基础上通过殷鉴总结出来的宗教政治观念，并非出自殷人。在这方面，前贤研究颇多，此不详述，但周人的"天"崇拜与殷人的"帝"崇拜无疑有重要区别。[4]殷人的"帝"确实是最高神，"殷墟甲骨卜辞表明，在殷人的心目中，天神上帝（或简称帝）

---

① 宁登国：《"左史记言，右史记事"考辨》，《古籍整理研究学刊》2011 年第 5 期。

② 不过，该文提到"关于'右史'的记载，几无所闻"。此恐不尽然，甲骨卜辞《花东》373 即有"右史死""右史其死"的记载，可见商代确有"右史"一职，只是职掌范围不详。

③ 关于《周礼》的真实性一直是个聚讼纷纭的话题。近世以来大多数学者都认为《周礼》的成书时间为战国时期，其内容是儒家哲人的理想化政制构建。也有少数学者（如陈汉平、葛志毅等）认为《周礼》原本出自西周晚期人（很可能是史官）之手，但这部分学者也不否认《周礼》经过后人辗转传抄，甚至附益改写。关于《周礼》成书时代的不同意见，可参见陈汉平：《西周册命制度研究》，学林出版社，1986 年，第 173-175 页。关于如何看待《周礼》所描述的图景，或许阎步克先生的以下说法最为妥帖："立足于周秦的漫长时段，首先应承认它有某种背景作为参照，并应视为一个由粗至精的渐进历程；其次，其中理想化成分也体现了治国者和政治家的意向，这意向既有深刻的历史渊源，又为此后的制度进化提供了方向和动力。"（阎步克：《乐师与史官：传统政治文化与政治制度论集》，三联书店，2001 年，第 45 页）

④ 尽管周人后来借用了殷人的上帝，但又使其脱离了祖宗神的性格，变成照临四方的普遍的天帝。傅斯年、徐旭生、许倬云、池田末利等均持此说。（参许倬云：《西周史》，前揭，第 118-122 页）

是主宰着天上、人间一切事物的至上神，他有着至高无上的权能"，①尽管殷人似乎更热衷于祭祀各种祖先神。②上帝的一项重要权能是主宰商王的祸福，卜辞中有大量贞问上帝是否会降祸或降福于商王的记载。③但从卜辞来看，上帝对商王降祸福，决定其安危，与商王是否行"德政"，是否得到人民的支持之类并无直接关系，上帝的意志不因人（包括商王，尽管他拥有群巫之长的身份）的道德行为或意念而改变，正如常玉芝先生所言："商人的生产和生活以及安危都要由上帝来决定，而殷人也只能是战战兢兢地揣测着上帝的意志，仅此而已。"④至于"天"，许倬云先生考证说："卜辞中的'天'没有苍天义，也没有神明义。"自然的天是周人崇拜的对象，古代传说中天与帝的对抗，如帝武乙射天，有可能反映了商人对周人的族群性的仇恨。⑤因此，《尚书·西伯戡黎》中纣王所说的"我生不有命在天"，其实正是该篇出自后人伪托的一个证据。由此推论，商王的王命并不具有后世帝王那种代天立言的政治权威，而认为商代史官因此种政治权威而有职责记述商王言行的推测也就难以成立。此外，史官记述王之言行必定是有目的的，不可能是为了记载而记载，或者仅仅呈现事实，⑥这种目的如果不是为了宣扬王的天命权威，那就可能在于监察、警诫，使当世或后世之王有所戒惧，即宁登国所说的"史官充分凭借其笔削褒贬的载录权力，发挥其劝善惩恶以干预政治的裁判功能"。⑦但无论是秉笔直书，还是笔削褒贬，这些明显带有政教意图的书写观念在商代应该并不存在。今本《尚书·商书》诸篇无一不具有极其鲜明的史官笔法，实在不似出自商代史官之手。事实上，周人天命靡常的天命观以及"将天命归

---

① 常玉芝：《商代宗教祭祀》，前揭，第 61 页。

② 有不少学者指出，殷人的最高神，即"帝"或"上帝"，是"由祖神之一逐渐演变而来"，因而实际上是殷人族群（或殷人统治下的各族群）专有的守护神。（参许倬云：《西周史》，前揭，第 116、121 页）

③ 详参常玉芝：《商代宗教祭祀》，前揭，第 57-60 页。

④ 常玉芝：《商代宗教祭祀》，前揭，第 61 页。

⑤ 参见许倬云：《西周史》，前揭，第 119-122 页。

⑥ 纯粹的事实呈现当然是不可能的，因为呈现本身已经体现了选择，而选择总是受到各种意识或无意识的制约和诱导。而秉笔直书、呈现事实这样的意识本身就具有政治性。我们也无法设想商代史官记述商王言行的书写行为会是无意识的，或者会是罗兰·巴特所说的零度写作。

⑦ 宁登国：《"左史记言，右史记事"考辨》，《古籍整理研究学刊》，2011 年第 5 期。需要指出的是，该文似乎认为，只有负责记事的大史有"'绳当世'、令'乱臣贼子惧'的政治功用"，而负责记言的内史只是载录王的诰誓命令并"加以崇拜遵奉"。这显然不确，以记言为主的《尚书》当然也具有这种功能。

结为人主自己的道德及人民表现的支持程度"①的观念是这种史官书写成为可能的基本前提。商人没有这种观念，原则上讲就不会具备这种书写的驱动机制。很难设想，本来已受贵族势力牵制的商王会设置这种史官来规制自己，这无异于作茧自缚、自寻烦恼。政教合一的政制特征决定了商代王官书写活动整体上都依附于王朝的祭祀活动、占卜活动，也即依附于宗教制度，书写乃至书写文本的保存，说到底都与神灵有关，神灵作为接受者，实际上不是充当见证者，而是作为裁定者或汇报听取者。即便是锡命诏书也不例外，锡命诏书虽然上是商王锡命臣属，但锡命仪式本身应该包含了向神灵汇报并接受神灵裁定的意向。卜甲骨之所以要妥为保存，也不仅仅是为了将来查找历史档案的方便，在很大程度上可能是因为卜甲骨本身是有灵性的神物，不可随意丢弃。②综上所述，像《盘庚》这样的训诰文写于商末以前的可能性很小，至于《高宗肜日》之类臣训诫君的文本，出自商代史官的可能性就更小了。如果说它们有可能作于商末的话，那只能说明商末以德性天命观为主旨的新的社会指令正在悄然兴起，并对一部分商朝贵族官员产生了潜移默化的影响。

不管怎样，《尚书·商书》诸篇的内容必定不是实录，而是经过了后人的较大加工，如果说其内容有所本的话，那么，编订者所依据的材料，除了口头传说之外，还可能是商代遗留下来的策祝文之类典册，正如周成王要派史官作册书将周公留洛之事告神，像迁都这样的大事，盘庚必定会告于宗庙，从而留下一些文献信息，亦未可知。

虽然商末以前没有诰训文的书写体制，但同时期的方国，如克商之前的周方国可能已有此类书写。周公说："惟殷先人有册有典。"③难道周人自己反而没有典册么？如果不是这样，将难以解释《尚书》"八诰"何以在周初突然出现。《诗经·周颂·维清》中的"维清缉熙，文王之典"，似乎也可作为周人早有典册制度的旁证。

关于殷商时期的书写体制，还需要总结或者说补充两点。

第一，殷商时期书写活动总体上应是以仪式性书写为主的，其他类型也多具有泛仪式性（西周时期也是如此）。仪式性或泛仪式性的书写与其他性质的书写相比，有一个基本的特点，就是文本的内容往往不是第一位的，更确切地说，此类书写的根本目的并不是要不断生成和传递新的理念或信息，而

---

① 许倬云：《西周史》，前揭，第 124 页。

② 一般认为，卜甲骨在占卜后要集中储存相当一段时间后才瘗埋处理，瘗埋是为了"不欲人亵"，以免招致祸端。（参宋镇豪：《商代社会生活与礼俗》，中国社会科学出版社，2010 年，第 606 页）

③ "惟"是语气词。

是要不断重复和固化权力的合法性。用布尔迪厄的话说，"这种具有神圣权力的言辞""是一种创造性的言语，它使其所要说的东西得以成立"，它往往具有"形式上的严密性"，而这种"形式上的严密性可以掩盖语义上的任意性"。[①]此类文本往往既不能让很多人去完全地读解其语义所指，因为完全地读解对于此类文本来说有时就意味着权威性和神秘性的消解，但也不能让人完全不知其为何物，否则就失去了表征的意义。所以，此类书写活动需要成为一种由专门人员掌握的特殊技术，并且借助或者依附于特殊的物质载体。成为特殊技术才可以制造"形式上的严密性"，才能避免被完全读解，同时也避免被其他权力集团复制，但并不排斥文字本身的适度传播。借助特殊的物质载体，实际上是借助特殊物质载体本身持久的神秘性和权威性来强化对这种"形式上的严密性"的视觉观感。

　　第二，无论是彝铭，还是典册，抑或甲骨卜辞，它们的出现都奠定了中国古代文献多"散篇杂著""单篇别行"的基本书写特征。[②]彝铭和卜辞自不待言，策祝文、锡命诏书等经过编联的典册文本想必也是以单篇形态存在的。进一步说，如果认可这些文类文体与殷商政制之间的内在关联，那么也就意味着认可殷商政制与古代文献上述书写特征之形成的内在关联。

[①]　参见[法]皮埃尔·布尔迪厄：《言语意味着什么——语言交换的经济》，褚思真、刘晖译，商务印书馆，2005年，第13页。

[②]　余嘉锡先生指出："古之诸子，即后世之文集，……既是因事为文，则其书不作于一时，其先后亦都无次第。随时所作，即以行世。论政之文，则藏之于故府；论学之文，则为学者所传录""秦、汉诸子，惟《吕氏春秋》《淮南子》之类为有统系条理，乃一时所成，且并自定篇名，……其他则多是散篇杂著，其初原无一定之本也"。（余嘉锡：《目录学发微　外一种：古书通例》，岳麓书社，2010年，第233页）

第三章　西周时期书写体制与
义神礼法君主政制

一、义神礼法君主政制的确立与西周书写活动的基本特征

（一）西周政制述要

1. 德性天命观的形成

商周鼎革是中国历史上意义非凡的大事，徐复观曾断言："周初是中国历史的黎明期。"①实不为过。孔子说："周因于殷礼，所损益，可知也。"（《论语·为政》）周人在礼法制度上有继承商人的一面，但周人的"损益"是关键性的，影响深远的，这种"损益"基于新的政治意识形态，其核心就是德性天命观。德性天命观是商周政制差异的根源所在，它是一种有别于族神神权的义神神权观念。

德性天命观的形成应该经历了较长时期的酝酿。有学者认为，商人也存在天命观念，②但《尚书·商书》不足以为据，所谓商人的天命观只能是指商人的上帝观。尽管商人的上帝具有统领各路自然神灵（如雨、雷、雹、风等）的权能，但它本身并不是纯粹的自然神，不是自然之天的化身，从这个角度看，"殷人尊帝不尊天"③的说法大体不差。"商人的帝，既有图腾生祖的性格，其与商人的关系是特定的，专有的，而不能是普遍超然的。商人的神对商人有必须眷顾的理由，不必有道德的标准为给予佑护的要求。"④周人却可能很早就有了对自然之天的崇拜，尽管这种崇拜原本是与祖先崇拜并行的，但不是由后者生发出来的。就信仰的发展逻辑而言，德性天命观的出现可能经历了以下几个步骤：第一步是天上升为周人的最高神，许倬云先生认为，周人

---

① 徐复观：《中国人性论史》，三联书店，2001 年，第 28 页。
② 参见徐义华：《商代的天命思想》，见《古文字研究》第 27 辑，中华书局，2008年，第 34-38 页。
③ 杜勇：《〈尚书〉周初八诰研究》，中国社会科学出版社，1998 年，第 210 页。
④ 许倬云：《西周史》，前揭，第 115-116 页。

崇拜自然的天可能与周人族群身处的晋陕甘高原地理环境有关。[1]第二步是产生王权受命于天的思想，这一将人世政治与鬼神相勾连的神权政治观念在思维结构上与商王自认受命于上帝并无二致，都是"君权神授"模式。在克商之前，作为"西土之人"的周人也自觉地以地处"中国"的商王朝为天命的承受者。由于这种契合，商人自然不会视周人的天命观为"反动"，而个中差异被悄然掩盖了。第三步是产生天命靡常的思想，这种思想未必是克商之后才有的。周人自称是从中原晋南西迁的夏人后裔，周族的领袖很自然地需要为商革夏命寻找解释，天命靡常思想很可能因此而来，因为周人无法用自己族群专有的守护神（如祖先神）来解释商革夏命的历史事实。[2]第四步是从"天命靡常"到"惟德是依"的发挥，最终形成德性天命观。这一关键性的发挥是为天命的转易确立标准和依据。也许在克商之前，周族领袖已经具有这一意识，但克商事成，无疑强化了这一意识。周以蕞尔小邦取代商王朝天下共主的地位，这一似乎带有戏剧性的事件不得不引起杰出的周人领袖的反思，反思正是落实在"德"上面。所以，德性天命观一方面是周人为了获得统治合法性而进行的意识形态宣传，另一方面也确实是周人吸取殷鉴的成果。总的说，周人的德性天命观与商人的神权观念有两点基本区别：一者商人的神是比较狭隘的氏族专属的神，而周人的最高神"天"则是具有普遍性的超氏族的神，这种"外延"的扩大减少了用宗教信仰统合其他氏族的阻力；二者商人的神是功利神，其神意施为全赖对奉祀的满意程度，除此之外没有任何确定的准则，周人的神则是德性神，尽管物质奉祀仍十分重要，但德性道义成为其神意施为的基本准则，即"黍稷非馨，明德惟馨"（《尚书·君陈》），这种"内涵"的转变使宗教神权与现实政治秩序达成了更为理性也更为稳定的结构。

2. 从宗法到礼法

商王朝的政治运作主要依据不确定的神意，在这种治教直接合一的模式中，功利性的神意虽然可以被贵族或君主当作有效的政治工具，但是这种神权观念本身并不能为贵族权力或君主权力的合法性提供充分的逻辑支撑，权力的合法性仅仅在于窥探不确定的神意的能力。这意味着商王朝的政治意识

---

[1] 参见许倬云：《西周史》，前揭，第120-121页。

[2] 当然，这不是说周人忽视自己族群的守护神。周王朝以始祖后稷陪祭天帝，尽管祖先神的地位不如天帝，但这种祭祀方式强调了神权与族权的结合。"在周人的意识中，歌颂后稷、祭祀后稷具有维护统治权的意义"（罗家湘：《〈逸周书〉研究》，上海古籍出版社，2006年，第172页）。

形态与现实等级秩序之间没有达到比较完善的耦合结构。由于缺乏政治意识形态的逻辑支撑，商王朝的宗法制度从某种意义上说只是"礼俗"，还没有上升到"礼法"的高度，作为权力表征的仪式还没有真正成为政治秩序的整合器。德性天命观的确立从根本上改变了政制结构，因为周人的"天"神不再是纯粹功利性的神，而是依循德性原则赏善罚恶的神，这种德性原则与传统的宗法制度存在密切关联，前者实际上为后者提供了意识形态支撑，同时也使后者不再能仅凭其自身获得合法性。

　　这里有必要解释一下西周德性天命观之"德"的内涵。这种"德"还不是后来作为个体修身范畴的伦理美德，而是一种政治美德，所以，并非"一切美好的东西都可包含在德之中"①。"德"的观念本身起源很早，不是西周时才有。最初的"德""具有'姓'或'图腾'的性质"②，相当于氏族内部的共同礼俗（包括风俗习惯、图腾禁忌、祭祀崇拜等）。"德"与族群血亲内在关联的内涵从原始氏族时代一直延续到西周乃至春秋时期，所谓"异姓则异德，异德则异类"（《国语·晋语四》），周人不仅没有淡化"德"的这一内涵，反而通过"亲亲尊尊"的宗法观念强化了这一内涵。周人在制度设计方面与殷商最大的不同之处可能要属"封建亲戚，以藩屏周"，这种新型的政治统治秩序正是基于"亲亲尊尊"的宗法观念，并经由这种宗法观念与"德"联系在一起。总之，在周人那里，维护宗法制度在很大程度上仍然是有美德的标志，尽管这种宗法制度的内容已经与商代有所不同。③不过，周人所倡之"德"的内涵在维护宗法的基点上又有所扩展，这就是对待下民的仁政观念。仁政观念也是周族统治者吸取殷鉴的重要成果，殷商的覆亡使周族统治者强烈地意识到要维护和巩固自身的统治地位，除了要在统治集团内部保持贵族权力与君主权力的平衡之外，还要尽可能地获取民人的拥戴，如果说前者主要靠巩固宗法，那么后者就得依靠整个统治阶层对民人阶层的仁政。只有善待属民，不过分剥削，贵族领主才能长久地保有自己的土地和属民，西周王朝杰出统治者的这一带有"民本主义"萌芽的思想认识无疑具有划时代的重

---

① 刘泽华、葛荃主编：《中国古代政治思想史》，南开大学出版社，2001 年，第 7 页。

② 王瑞杰：《西周礼治文化探论》，花木兰文化出版社，2009 年，第 56 页。李宗侗、斯维至、巴新生等学者均有相关论述。

③ 例如裘锡圭先生认为殷商时期存在区分直系旁系的"帝介之制"。（参见裘锡圭：《关于商代的宗族组织与贵族和平民两个阶级的初步研究》，见氏著《古代文史研究新探》，江苏古籍出版社，1992 年，296-342 页），西周的宗法继承制度则是"立嫡立长"。

要意义。简而言之，宗法和仁政是周人所倡之"德"的两方面基本内涵。

更重要的是，周族统治者将所倡之"德"与天命，也即与义神神权，勾连在一起，让具备赏罚权能的神灵成为"德"的保障。这一点之所以尤其重要，是因为"德"作为一种政治理性——无论是维持宗法还是施行仁政——总是会与统治者眼前的欲望相对立，如果没有宗教神权观念作为意识形态支撑，"德"就难以约制欲望，难以阻挡欲望对政治秩序的破坏。当然，神性的转变也为这种支撑提供了前提，商人的功利神只能支持政治欲望，不能为政治理性提供合法性依据，周人的德性神却恰与这种政治理性相配套。有了广泛而强大的信仰基础，"德"就不再是无根的观念。当然，这样一来，对德性神的崇奉本身也就被吸纳成为"德"的基本内涵。于是，我们看到，周初训诰文的核心思想正是将天命、宗法、仁政三者紧密联系在一起。傅斯年在《性命古训辩证》中曾将"周初八诰"思想归纳为：

> 凡求固守天命者，在敬，在明明德，在保义民，在慎刑，在勤治，在无忘前人艰难，在有贤辅，在远憸人，在秉遗训，在察有司，毋康逸，毋酗于酒。事事托命于天，而无一事舍人事而言天，"祈天永命"，而以为"惟德之用"。[①]

刘泽华先生则归纳为以下十项：

> （1）敬天；（2）敬祖，继承祖业；（3）尊王命；（4）诚心接受先王之遗教，包括商先王先哲的成功经验；（5）怜小民；（6）慎行政，尽心治民；（7）无逸；（8）行教化；（9）"做新民"；（10）慎刑罚。[②]

刘说与傅说大同小异。敬天、敬祖属于信仰方面的"德"，尊王命、有贤辅、远憸人是与宗法有关的"德"，怜小民、慎行政、毋康逸、慎刑罚、行教化等则是仁政之"德"。所谓"无一事舍人事而言天"，正是因为尊神与宗法、仁政有着结构性关联。由于神成为德性神，对神的尊崇在很大程度上就体现在对宗法和仁政的维护上，宗法和仁政也就从一般的政治理性上升为带有神圣性的礼法。因此，周公"制礼作乐"的根本意义不在于另搞一套政治仪式，而在于使与宗法和仁政有关的制度、规范获得神圣性。既然对神的尊崇落实为对礼法的守护，人们关注的重心自然就从缥缈的鬼神信仰转向了现实的政治理性。正是在这个意义上，孔子说，周人"事鬼敬神而远之，近人而忠焉"（《礼记·表记》）。将这句话理解为周人不虔敬，实在是一种误会，远鬼神不

---

① 欧阳哲生主编：《傅斯年全集》（第二卷），湖南教育出版社，2003年，第585页。

② 刘泽华、葛荃主编：《中国古代政治思想史》，南开大学出版社，2001年，第7页。

是不虔敬，而是不像商王朝那样"求神于虚无不可知之域，……茫然不知其所安；畏威于无所措手足之地，……不知礼义之所贵"（朱彬《礼记训纂》引吕大临言）。[1]

3. 君主权的演变

在君主权方面，商周鼎革实际上中止了商末已经出现的专制君权的倾向，使君主权力与贵族权力重新按照礼法达成一种平衡。我们不妨称西周政制为义神礼法君主制。在这种政制中，君主与贵族的权力关系是依靠建立在神权基础上的礼法来维护的，而礼法又被具体化为一套可以实际操作的礼乐制度。这样一来，礼乐制度作为政治等级秩序的可见调控器就受到王室最直接最显在的重视。每当权力关系再度失衡，尤其是当君主权受到贵族权力的冲击而发生动摇的时候，周天子首先想到的应对策略就是重修礼乐。这样一种政治模式表面上有其合理性，实际上也并不稳固，其中的原因是多方面的，简单说，主要有以下几点：第一，礼乐制度虽然是从周"德"衍生出来的，周"德"又以义神神权为依托，但是当礼乐制度的仪式层面被长期过分地强调之后，就会陷于僵化，逐渐失落德性的内涵，从而流于形式，这也就是宋儒吕大临说的"溺于文而不求其实，拘于末而不反其本，故其俗文而不惭，文胜质而不知义也"。[2]第二，西周王朝仍然依赖对外征伐来维持贵族政治的荣宠机制，[3]而当对外征伐难以为继时，[4]不仅王室威信下降，君主与贵族之间以及贵族集团内部的利益冲突也日益突显出来。[5]第三，西周封建制存在先天缺陷，即中央

---

[1] 〔清〕朱彬：《礼记训纂》，中华书局，1996年，第793页。

[2] 〔清〕朱彬：《礼记训纂》，前揭，第793页。

[3] 贵族阶层需要持续增长的荣宠来激发欲望和活力，君主只有通过不断给予贵族们荣宠才能取得他们的拥戴和支持，这种"以荣宠换忠诚"的模式，在殷商和西周都是一样的。日益膨胀的荣宠欲求与日益滋长的贵族社会奢靡之风也构成了恶性循环。

[4] 众所周知，军事是以经济为后盾的。在生产力水平没有明显提高，军事力量没有特别优势的情况下，发动对外战争必然要冒很大的风险，而且穷兵黩武本身内耗巨大，所以，西周王朝的对外征伐难以为继是情理之中的事情。事实上，西周中期以后，周王朝已无力主动扩张。

[5] 贵族官僚不像职业官僚那样有固定的薪俸，他们主要依靠自己的地产获得收入。为了得到贵族的拥戴，周王必须不断向王畿地区的贵族们施与赏赐，尤其是土地赏赐，而周王可控制的土地越来越有限，"只要土地继续流向贵族家庭，那么这种土地赏赐政策就会极大地缩减王室财产的规模，从而破坏西周国家的经济基础"。（详参李峰：《西周的灭亡：中国早期国家的地理和政治危机》，徐峰译，汤惠生校，上海古籍出版社，2007年，第142-145页）

王室与地方诸侯之间的关系过于依赖"亲亲尊尊"的血缘纽带，但随着时间推移，世代更替，血缘纽带不可避免地松弛。当地方诸侯感到与王室保持密切关系已经没有什么利益可言，而且王室也缺乏足够权威和有效措施来管控他们的时候，[1]他们就会把更多的精力放在本封国的发展和扩张上，[2]甚至成为王室的竞争者，"由中心控制向地方自治的过渡便只是时间问题了"。[3]由于上述原因，矛盾不可避免地朝不利于君主权的方向发展，当重修礼乐的政治功能渐显乏力的时候，周天子为了维护自己的统治权力，就试图通过强化君臣等级关系，乃至通过集权，来与贵族集团对抗。西周后期，无论是在王畿内"专利"，[4]还是对地方诸侯事务不合礼制的干涉，[5]都是礼法君主制向集权君主制蜕变的体现。这种以背德来对抗背德的极端方式进一步激化了各种矛盾，使政治秩序更加陷于混乱，最终导致西周王朝崩溃，[6]周天子君主权名实分离，王朝的政制形态转变为半义神礼法君主政制。

（二）西周时期书写活动的基本特征及其成因概述

西周时期书写活动的基本特征大致可归纳为以下几个方面：

第一，在文类格局方面，与殷商时期相比，最大的变化在于出现了政教性书写，主要是训诰文（包括训诰文和谕众文）书写和西周后期的讽谏乐歌书写。纯粹的仪式性书写有所扩展，西周是仪式乐歌书写的鼎盛期，策祝文和世系文献的存在在这个时期得到确认，策祝文可能在西周后期分化出编年

---

① 有证据显示，西周早期王室曾通过"监国"制度来控制地方诸侯，但周王委派的监者本身是世袭贵族，缺乏流动性，经过几代以后，这些监者的利益与所在封国诸侯更一致，自然也就不再能够发挥监督的功能。（参见李峰：《西周的政体：中国早期的官僚制度和国家》，吴敏娜、胡晓军、许景昭、侯昱文译，三联书店，2010年，第135页）

② 不少学者都指出，根据铭文材料，西周中期以后王室与诸侯的互访交流较西周早期少得多。

③ 李峰：《西周的政体：中国早期的官僚制度和国家》，前揭，第134页。

④ 厉王的"专利"之举，是为了加强王室财政以应对王朝内外困境。王室的权威在很大程度上要靠经济实力来支撑。

⑤ 如周宣王违背嫡长子继承制，干预鲁国立储，很可能有控制鲁国、稳定东部的战略意图。（参见蔡先金：《从"宣王伐鲁"看嫡长子继承制》，《人文杂志》2002年第4期）

⑥ 最后导致西周王朝灭亡的原因是周王室的派系斗争、王位继承争端以及与之交织在一起的王室与部分地方诸侯的利益冲突，说到底仍然是由来已久的内外矛盾。

记事文。重要的盟誓之辞也在这个时期开始被形诸书面，但盟誓文兼有仪式性和政务性，体现了仪式性书写向政务性书写的过渡。西周的政务性书写也是在礼乐仪式的框架下进行，其中，制度文书包括礼书、刑书等，公务文书包括锡命诏书、记功文献等，邦交文书则有赴告文。此外，卜辞书写在周初就趋于没落，但卜辞对繇辞的书写和编订有所影响，繇辞之书是巫史的参考工具书，有规范筮占行为的功能，或可归入政务性文本中的制度文本。西周时期是彝铭书写的高峰期。西周彝铭书写大多与王室有关，锡命铭文可能以王室的锡命诏书为底本，西周中期以后彝铭书写的私人意味增强，出现了契约文书性质的铭文，部分铭文脱离了与王室的关联。总的说，西周时期各种类型的书写活动发展显著，与殷商时期相比，具有更浓厚的泛仪礼性背景。

第二，从书写者的角度看，西周时期的主要书写群体仍然是巫祝卜史一类官员，但与殷商时期不同的是，在这一类官员中，史官的重要性突显，史官书写的职能也大大增强，成为最重要的书写职官，巫官书写活动的重要性降低，乐官则可能参与了诗文本的书写活动。西周中后期，某些贵族大夫，除了参与铭文书写之外，也开始介入刑书等文类的书写活动。

第三，从书写材料的角度看，西周书写的物质载体在种类上与殷商时期没有大的差异，但在载体的地位和规格方面已有较大变化。甲骨一类作为巫术工具的材料已经是次要的载体，规格要求也明显下降，青铜彝器的地位进一步上升，一般竹木制的简牍①应该有了一定范围的使用。总的来说，主要的书写载体还是比较贵重或者规格较高的物品，如正式的"典策"（如铜版、玉版）以及青铜彝器等。由于重视仪式规范，西周时期对载体规格的要求总体上可能高于殷商时期。

第四，从书写方式的角度看，西周时期的书写活动，无论是记言还是记事，都是以"记"为主导的。但"作"的成分在西周中后期有所增加，而且出现了编订性质的书写活动。"作"的成分主要体现在铭文、盟书等文类之中，"编"则是整饬礼乐的重要组成部分，如编订诗文本。

上述基本书写特征的形成与西周义神礼法君主政制有密切关联，这里简

---

① 就中国出土的战国秦汉简牍来看，竹简远多于木简。富谷至先生注意到，竹简和木简的功能也是不同的，"竹简是编缀起来以书册的形式使用的书写材料，木简则作为单独简使用，便于进行简侧刻齿、简端修圆、简上开孔等细小刻工"。这种功能差别主要是从实用角度考虑的结果，由于边境地区不生长竹子，所以敦煌、居延等地的汉简才会是木制的。（参见[日]富谷至：《木简竹简述说的古代中国——书写材料的文化史》，刘恒武译，黄留珠校，人民出版社，2007年，第58-62页）战国以前的竹木简牍尚无出土实物，但情况应该是类似的。

述如下:

商人可能已经开始认为在祭祀仪式中使用书面文本可以提高仪式的庄重性或者说可以博得神灵的喜悦，这至少已反映在彝铭的书写活动中。周人与商人一样事鬼敬神，而周人犹重仪式，因此，周人很可能比商人更加重视在祭祀仪式中应用书面文本，将呈献书面文本当作沟通和取悦神灵的重要仪式程序，这大抵是西周纯粹的仪式性书写有所扩展的原因。但西周仪式活动与商代仪式活动有一个基本区别。由于政制的差异，商王朝把处理人神关系放在最主要的位置，因而仪式活动最大限度地集中在单纯的祭祀仪式方面。周人关注的重心则从神事转向人事，制定了一套涉及面广泛的礼乐仪式制度，虽然《礼记·祭统》说："礼有五经，莫重于祭。"但西周礼乐制度主要承担了规范现实政治生活的功能，其实质主要是针对人的，尽管仍与神灵有密切关联，但不是每种仪式都直接对神说话，与神沟通，神灵在许多仪式中是作为见证者和监督者，而不是文本的直接接受者。因此，这种扩展了的仪式活动①就可以将纯仪式性之外的书写类型纳入其中，使书写活动带有泛仪式性。

德性天命观的确立为政教性书写的出现提供了基本条件。殷商时期的政治指导原则是朴素功利性的，因而无须德性政教，西周时期天命、宗法、仁政一体的德性政治原则与朴素功利性的欲望形成张力，这时，以德性教育为中心的政教就成为必要。不过，西周的政制设计以仪式性的礼乐制度来维护政治秩序，德性天命观直接落实为礼乐制度，德性之理缺乏表达的空间，这使得政教性书写只能在泛仪礼的框架下进行，从而制约了政教性书写的发展。

西周的政务性书写有所扩展，这是因为关注人事的新的社会政治指令要求统治阶层重视对现实政务活动运作机制的建构，政务性书写正是政务活动规范化的一种体现，但与政教活动一样，西周的政务活动也是以仪式为依托，或者说政务活动被一般性地纳入礼乐制度的规范之中，政务活动与仪式活动往往合二而一，因而政务性书写大多也带有仪式性。

卜辞等巫术色彩较浓的文类文体趋于衰微，这是神权观念变化的结果。神灵施予赏罚既然有了一定的准则，神意既然落实在礼乐制度上，以占卜手段窥探神意的重要性自然就大大降低了。占卜（以及占筮）活动的长期存在固然是神性转变不彻底的表现，但卜辞书写的迅速没落直接说明占卜在王朝政治运作机制中的边缘化。

---

① 例如锡命仪式就与祭祀仪式有所不同，前者有明确的行政目的，后者则以沟通神灵为目的。"虽然这两个程序有时候可能会接续进行，甚至互相增强，但它们的本质是不同的。"（参见李峰：《西周的政体：中国早期的官僚制度和国家》，前揭，第 110 页）

　　与殷商时期一样，君主与贵族的关系仍是西周王朝政治运转的主导关系，虽然这种关系被纳入礼法的规范之中，但仍然不可避免地需要荣宠原则来激发其活力。因此，西周彝器铭文书写的发达在很大程度上仍是宗法（礼法）君主政制下荣宠原则的体现。

　　在西周时期，刑法是作为礼法的组成部分而存在的，西周中后期刑书书写得到王朝重视，实际上是为了应对礼乐制度的松动和社会秩序的不安定。一般来说，礼法只针对贵族，不针对庶民，而且只规定人应该如何做，却没有规定违背这些做法的具体惩罚措施，因此，礼乐制度本身无法迅速有效地应对自身的松动和由这种松动引起的整个社会的失序。以规定强制惩罚措施为主要内容的刑法正好弥补了这种不足，但是当刑错之用超出了礼法的框架，就会损害以德礼治国的统治模式，导致政制形态的改变。此外，西周中后期礼法的松动，也促使政教性书写得到一定发展，如讽谏乐歌被编入诗文本。

　　在书写者方面，史官书写职能的明显增强，是史官制度调整的直接结果。史官虽然也是神职人员，但在殷商时期，史官的相当一部分职司已经属于世俗政务，正是因为史官很早就具有神圣与世俗双重职司特性，所以更能适应新的礼法意识形态，在以礼乐为中心的政治运作机制中更受重视。西周中期以后，西周朝廷内部出现了"王家行政"与"王朝政府"的一定程度的分离，这种分离也推动了史官系统的变化，主要是书记类职能的分化，即"由大量内史所组成的更加专门化的内史机构同那些通过太史寮来进行管理的政府普通史官的分离"。[①]这种分化推动了政务性书写向脱离泛仪礼框架的方向发展，其大背景在于政教分离的趋势。事实上，西周政制本身已经内含了这种趋势，只是周公摄政时条件尚不成熟而已。当然，在西周中期，这种分离的趋势可能只是体现在中央朝廷，到春秋时则体现在整个东周国家君主权名与实的分离。

　　在书写的物质载体方面，由于西周时期各类书写活动以泛仪礼性为底色，所以书写载体仍然大多采用较贵重或规格较高的材料，以显虔敬、郑重之心，这也是普通简牍不太可能大规模使用的原因。至于甲骨等书写载体不再受重视，则是卜辞文体衰微所决定的。

　　在书写方式方面，西周早期史官制度的调整并没有成为转变书写方式的契机，书写方式仍以"记"为主导。这从根本上说是因为西周大多数书写活动都是出于仪式的需要，书写活动在整体上依附于口头言说活动，没有真正成为一个独立的表达空间，人们看重的只是形诸书面的仪式意义，而没有意识到书写出来的文本可以创造出与口头言说不一样的意义场域，也没有明确

---

① 李峰：《西周的政体：中国早期的官僚制度和国家》，前揭，第 88 页。

意识到记事书写可以融入价值和情感意向。总之，泛仪礼的书写框架不能为书写者提供表达思想感情的充分空间。不过，"作"的因素在西周确实有所萌芽，不妨称作个体意识的觉醒。德性观念在上层社会的普及已经为"作"的书写方式铺平了道路，当人们关注的重心从神事转向人事，当德性成为贵族的思想和行为规范，个体观念和意愿的表达就变得比殷商时期更有意义。西周政制的衰败——首先体现为礼乐的涣散——则为"作"的兴起创造了直接的契机。"作"的兴起主要表现在两个方面，一是在书写活动中融入与德性天命观有关的价值和情感倾向，试图以此挽回政制的衰败，这意味着政教性书写开始突破泛仪礼框架；二是顺应这种衰败，在书写活动中显露出脱离义神神权和君主权束缚的思想倾向，如铭文书写更加私人化。至于"编"的书写方式，主要是整饬礼乐的需要，西周中后期王室整饬礼乐的根本目的也是为了应对礼乐制度的松动。

二、西周时期的仪式性书写

（一）仪式乐歌书写的鼎盛期

1. 西周早期①仪式乐歌

口头吟诵之歌谣起源甚早，但孔颖达反对郑玄的诗起源于尧舜之际的说法，他在《毛诗正义》中说："上古之时，徒有讴歌吟呼，纵令土鼓苇龠，必无文字雅颂之声矣。"孔氏之说以文字之兴为诗起源之必要条件，这包含了区分民间口头歌谣与真正意义上的诗（即"文字雅颂之声"）的观念，也就是说，是否形诸文字、书于竹帛，是诗之为诗的一个标志。从现代文学人类学的眼光来看，此种观念显然是一种书写中心主义的诗学观，但不能否认，它道出了古人心目中书写的特殊意义。李春青先生指出："在一个书写远非后世那样方便、那样普及的时代，凡是能够成为文本的东西都不仅是重要的，而且必定是神圣的。"②正是这种"神圣性"将文字雅颂之声与讴歌吟呼区别开来，而"神圣性"首先是和祭祀仪式相关的。西周以前大抵已经出现民间口头歌谣之外的宫廷仪式乐歌，如姚小鸥先生就认为，"《商颂》为今天所见者，绝

① 关于西周的历史分期，本文采用已被学界广泛接受的陈梦家先生的说法，即早期为武王到昭王统治时期，中期为穆王到夷王统治时期，晚期为厉王到幽王统治时期。（参见陈梦家：《西周年代考》，商务印书馆，1945 年，第 55 页）

② 李春青：《诗与意识形态：西周至两汉诗歌功能的演变与中国诗学观念的生成》，北京大学出版社，2005 年，第 63 页。

大部分是殷商旧作"，其性质是"殷商祭祖的颂歌"，①我们也不能排除西周以前已有著于竹帛的仪式乐歌的可能性。不过，仪式乐歌书写活动的兴盛时期很可能确实在西周。这其中的根本原因在于西周王朝制定了一套广泛覆盖政治生活的礼乐制度，与殷商时期相比，西周的礼乐仪式活动不仅涉及面更大，而且所承载的意义也更丰富，这自然决定了西周仪式乐歌书写的功能类型更多，内涵更复杂。所谓"兴盛"正是就此而言，而不是从数量上说的。

《诗经》中究竟哪些篇章作于西周早期，从古至今，众说纷纭。不过，大体没有疑义的是，西周早期的仪式乐歌，除了祭祖乐歌外，至少还包括郊祭乐歌和祈农乐歌，甚至还可能已经出现用于朝会仪式和周王燕飨之礼的乐歌。用于祭祖仪式的乐歌大抵在殷商时期已经存在，西周统治者同样重视对先王祖灵的祭祀，所以继承了祭祖乐歌的制作，《周颂》中的《清庙》《维天之命》《维清》《武》《赉》《桓》《我将》《酌》和《大雅》中的《绵》《文王》《大明》等可能是周初祭祖仪式上所用的宗庙乐歌。②周初用于郊祭仪式的乐歌在类型上就可能与殷商时期有所不同，郊祭是天子对天地山川河岳等有自然神性质的神灵的祭祀，殷商王朝有山川河岳之祭，但很可能没有郊天之祭，许倬云指出："商时若有郊天之祭，卜辞中必不致一无所见。"③周人还发展出了以祖先神配天而祭的祭祀方式，马银琴认为：

> 《颂》本是不包括庙祭乐歌在内的郊祭乐歌的专名，……周公之后，周人以先祖后稷、太王、文王、武王等配天而祭，因此，……《思文》《清庙》《武》等庙祭祖先的乐歌也成为《颂》的一部分。④

西周早期的祈农乐歌是指配合籍田礼的仪式乐歌，籍田礼似乎也未见于卜辞，或许是西周制礼作乐的创制，或者至少是在西周时期发展成熟的。马银琴认为《周颂》中的《噫嘻》和《臣工》就属于康王时期的祈农乐歌。至于用于朝会仪式和周王燕飨之礼的乐歌，是否在西周早期已经出现，《诗经》学界还有较大争议，钱穆先生认为《大雅·文王》是用于朝会仪式的乐歌，而《小雅·鹿鸣》则是用于周王燕飨之礼的乐歌。⑤总体来看，西周早期仪式

---

① 参见姚小鸥：《诗经三颂与先秦礼乐文化》，北京广播学院出版社，2000 年，第 44 页。

② 参见马银琴：《两周诗史》，社会科学文献出版社，2006 年，第 102-118 页。

③ 许倬云：《西周史》，前揭，第 119 页。

④ 她把《周颂》中的《时迈》《般》《天作》归入郊祭乐歌。参见马银琴：《两周诗史》，前揭，第 104-107 页。

⑤ 钱穆：《读诗经》，见氏著《中国学术思想史论丛》（第一卷），东大图书公司，1976 年，第 107-108 页。

乐歌从功能上说主要用于郊庙祭祀仪式，因而属于郊庙祭仪乐歌。由于郊庙祭祀仪式本身的演变，这些乐歌对殷商仪式乐歌应该既有继承也有发展。

这种变化不仅体现在郊庙乐歌的具体种类上，还体现在内容类型方面。郊庙乐歌是最典型的"人神关系语境的言说"，[①]其渊源可能在于祭祖仪式上的祝嘏辞说，换言之，郊庙乐歌的歌辞应该是对神灵的祝祷。不过，周人郊庙乐歌的歌辞不单纯是向神灵求福佑，也不仅仅是以武功告神，而是将德性天命观寓于其中，使唱诵不仅告慰神灵，而且获得训诫和感化的现实政治功效。《诗大序》说颂诗是"美盛德之形容，以其成功告于神明也"。"美盛德"是有着深刻政治用心的，所以，钱穆先生在论周公作《清庙》的用意时说：

> 盖周人以兵革得天下，而周公必以归之于天命，又必以归之于文德；故必谓膺天命者为文王，乃追尊以为周人开国得天下之始。而又揄扬其功烈德泽，制为诗篇，播之弦诵；使四方诸侯来祀文王者，皆有以深感而默喻焉。夫后可以渐消当时殷商对抗敌立之宿嫌。上尊天，下尊文王，凡皆以为天下之斯民，而后天下运于一心，而周室长治久安之基亦于是焉奠定。此非周公之圣，无克有此。而清庙为颂始之微旨，亦必自此而可窥也。[②]

也就是说，这些郊庙乐歌已经内在地蕴含了政教的功能因子，而且与《尚书》等文献中的训诰文相比，它们具有更高的神圣性，加之与典雅音乐相配合，[③]传播力更强，因而其功用"尤深宏而广大"。[④]

如果说《清庙》等诗还是借祝祷来间接达到政教目的，那么，《振鹭》《有瞽》《文王》等诗的劝诫和训教意味就更为直接、更为明显了，这种劝诫和训教主要针对已经臣服的殷商（以及杞夏）遗民，也涉及对时王的教导。比如《文王》一诗，"虽美文王，而既戒殷士，又戒时王，而正告以骏命之不易"。[⑤]《振鹭》和《有瞽》虽是宗庙乐歌，但并非告神祭祖的正祭乐歌，而是献助祭之臣（即诗中的"我客"）的乐歌，助祭之臣即诗中的"我客"，一般认为是宋国国君，可能也包括夏王之后杞国国君。《振鹭》曰："在彼无恶，在此无斁。"

---

① 李春青：《诗与意识形态：西周至两汉诗歌功能的演变与中国诗学观念的生成》，前揭，第61页。

② 钱穆：《读诗经》，见氏著《中国学术思想史论丛》（第一卷），前揭，第105页。

③ 音乐制度本身属于广义的礼制，《诗经》中的颂诗和正大雅诗应该都是配乐演奏的。有学者提出"图赞"说，以为《大雅》系周先祖画像赞辞，并非为配乐而作，但该说并不否认《大雅》入乐，这其实是一个先诗后乐还是先乐后诗的问题。

④ 钱穆：《读诗经》，见氏著《中国学术思想史论丛》（第一卷），前揭，第147页。

⑤ 钱穆：《读诗经》，见氏著《中国学术思想史论丛》（第一卷），前揭，第107页。

《有瞽》曰："我客戾止，永观厥成。"均在以客礼相待的同时"寓含了夸耀、威赫、教戒等多层含义"，[①]"显示了周人政治上的原则与灵活的两个方面"。[②]

2. 关于周初是否存在个人/私人诗歌书写的探讨

尽管民间早有讴歌吟呼之事，但周初是否存在与仪式活动无关的个人/私人诗歌书写，则是值得探讨的。首先需要明确的是，如果当时存在或已经流行与仪式活动无关的个人/私人诗歌书写，那也只可能限定在贵族阶层内部。这是因为不仅书写的条件和能力都只有贵族阶层才具备，而且也只有贵族阶层才有进行书写的需要。《国风》中的很多所谓民间诗，有的本来就是王官贵族所作，有的虽然源自民间，但其文辞也经过雅化润饰并用于特定的仪式场合，并非真正意义上的民间诗文本。那么，诗歌是否是周初贵族阶层中流行的个人/私人书写形态呢？司马迁说："诗三百，大抵圣贤发愤之所为作也。此人皆意有所郁结，不得通其道。"（《史记·太史公自序》）钱穆先生以为，此说不足以言诗之四始，然"七月鸱鸮诸篇，则真史公之所谓其意有所郁结，不得通其道，乃发愤而为之也"。[③]看来，《豳风》诸诗是可能支持该说的重要证据。《豳风》在《诗经》中确实具有一定的特殊性。豳是周先人公刘所居之地，旧说以为豳诗均系周公所作，如朱熹《诗集传》（卷三）中说："周公旦以冢宰摄政。乃述后稷公刘之化，作诗一篇以戒成王，谓之《豳风》。而后人又取周公所作及凡为周公二作之诗附焉。"钱穆先生认为，周公遭变，居东二年，亦是居于豳地，进一步肯定了传统说法。[④]然而，周公是否居豳与豳风是否为周公所作并无必然联系。当代学者大多认为，《豳风》中《七月》《鸱鸮》以下诸诗实非周初之作。[⑤]讨论的关键在于《七月》和《鸱鸮》。《七月》是周人农事歌谣，年代甚古，亦有神歌的性质，[⑥]其不少内容可与《夏小正》相参证，虽然其语言带有一些西周后期诗的特点，不过说该诗"因周公的传述而

---

① 马银琴：《两周诗史》，前揭，第 119 页。

② 姚小鸥：《诗经译注》，当代世界出版社，2009 年，第 616 页。

③ 钱穆：《读诗经》，见氏著《中国学术思想史论丛》（第一卷），前揭，第 115 页。

④ 钱穆先生以为《豳风》中《七月》《鸱鸮》以下诸诗应出自周公以人者之手，故亦可视同出自周公。（参见钱穆：《读诗经》，见氏著《中国学术思想史论丛》（第一卷），前揭，第 114-119 页）

⑤ 如马银琴从语言特征角度考证以为："《东山》与《破斧》，应是西周后期鲁人的作品""《伐柯》《九罭》《狼跋》三诗，与春秋时代他国风诗相类，时代较《东山》《破斧》二诗更晚，产生于东周以后"。（马银琴：《两周诗史》，前揭，第 291 页）

⑥ 参见张应斌：《〈七月〉：周族的农业史诗》，《首都师范大学学报》1997 年第 6 期。

得到保存"①也并非不可能。但即便是"陈王业"（《毛诗序》），《七月》也不会是"圣贤发愤"之作，传述该诗的目的应该仍是将之用于农业祭祀仪式，以表示对农业大政的重视，与个体性的诗歌创作和书写相去甚远。最有可能属于周初个体创作的似乎是《鸱鸮》一诗。此诗很像寓言诗，《毛诗序》以为周公救乱之作，此说近世以来虽曾遭到各种质疑，但仍有一些学者认同此说。②《尚书·金縢》《史记·鲁世家》《毛诗序》皆明言此诗是周公写给成王以表心志的诗作。③如果此说可以成立的话，那么似乎有理由推测，赋诗言志由来已久，讴歌吟呼不仅早盛于民间，而且至迟到西周初期，作诗可能已经开始成为贵族阶层人际交往的流行方式，而周公就是最早进行个体创作的大诗人。然而此说确实大为可疑。祝尚书先生早就指出，《鸱鸮》不可能是托物言志的寓言诗，真正的寓言诗到汉乐府民歌时代才出现（如《乌生》《枯鱼过河泣》等），《诗经》中"还没有全篇是托物咏怀的例子"，《鸱鸮》自然也不会是脱离文学发展进程的例外。④不过，祝先生当时以春秋时期农奴反抗奴隶主压迫来解释该诗，显然是受了阶级斗争说的影响。其实，《鸱鸮》不是寓言诗，反而说明其年代可能甚为久远。本文认同叶舒宪先生的说法，即《鸱鸮》的内容本是原始祭祀祈祷仪式上的神人对话。⑤《鸱鸮》之诗得以传述，在当时应该仍是作为特定仪式的乐歌，与周公救乱相去甚远。所以，我们不能仅凭《鸱鸮》一诗就将个体诗歌创作的年代从屈原往前回溯七八百年，西周初年的文化政治语境不太可能为这种个体创作提供土壤，周初铭文虽属贵族私人性书写，但亦系于家族祭祀文化，与后世的个体著述其趣迥异。除《鸱鸮》外，马银琴还提到，《国语·楚语下》中所记载的逸诗《支》亦作于武王克殷后，

---

① 马银琴：《两周诗史》，前揭，第 291 页。

② 除钱穆外，陈子展、马银琴等皆持此说。如陈子展先生认为："《鸱鸮》，盖周公救乱居东初年之作，旨在暗喻现实，藉明心迹。东征胜利以后，贻诗成王，旨在痛定思痛，居安思危。"（陈子展：《诗经直解》，复旦大学出版社，1983 年，第 490 页）马银琴考证该诗年代，亦认为："《鸱鸮》之诗确应为武庚叛乱时周公所作。"（参见马银琴：《两周诗史》，前揭，第 125-135 页）。

③ 如《毛诗序》说："鸱鸮，周公救乱也。成王未知周公之志，公乃为诗以遗王，名之曰鸱鸮焉。"

④ 祝尚书：《诗经·鸱鸮臆说》，《南通师院学报》（哲学社会科学版）1980 年第 1 期。

⑤ 叶舒宪先生认为《鸱鸮》的四章结构："呈现为两两相对的状态：第一章为祈祷者之歌，故以直呼鸮神的恳求口吻开篇；第二章为鸮神的答词，所以有居高临下的口吻。第三章又是祷告者之辞，第四章又转为鸮神吟唱：以模拟鸱鸮叫声的象声谐音方式再度表明神圣身份。"（叶舒宪：《经典的误读与知识考古：以〈诗经·鸱鸮〉为例》，《陕西师范大学学报》（哲学社会科学版）2006 年第 4 期）。

并且认为"此诗并没有与相应的仪式活动相结合"。①《国语·楚语下》云：

> 周诗有之曰："天之所支，不可坏也。其所坏，亦不可支也。"
> 昔武王克殷，而作此诗也。以为饮歌，名之曰《支》，以遗后之人，
> 使永监焉。夫礼之立成者为饮，昭明大节而已，少典与焉。是以为
> 之曰惕，其欲教民戒也。

该诗即便确为武王所作，也并非完全与礼乐仪式无涉。所谓饮歌，本身就是行饮礼时所唱之歌。饮礼是"古代天子诸侯为讲军旅、议大事、昭明大节而立着举行的宴礼"。②饮礼"立成"，"少典与焉"，但也是礼之一种，其礼虽简，其诗其乐亦简，正相搭配，不宜将之排除在仪式乐歌之外。如果该诗确为武王所作，③那么其未被收入诗文本，不会是因为它不是仪式乐歌，而只是因为在诗文本的编集者看来这种仪式的重要性不足而已。

3. 西周中期仪式乐歌书写

有不少学者认为西周中期没有新的诗歌文本出现，如钱穆先生将诗三百的完成，分为三个阶段，第一个阶段是周初，第二个阶段是厉宣幽之世，即西周后期，第三个阶段是平王东迁之后。他说："治平已衰，政教已熄，故成康以后，历昭穆共懿孝夷之世皆无诗也。"④也就是说，西周早期晚段和整个西周中期皆无诗歌书写。李春青先生也认为：

> 康昭以后百余年没有诗并不可怪，因为这个时期因循武成礼制，
> 无须增删，或者说此期诗歌作为正乐之乐章的功能没有改变。既然
> 在礼乐仪式中一切都按部就班、各依其序，如果没有大的政治原因，
> 当然是用不着、也不允许更改的。最主要的是，对于乐章创作者来说
> 根本就没有改变的冲动或激情。⑤

然而，西周中期似乎并非没有大的政治变动。最终导致西周灭亡的各种

---

① 马银琴：《两周诗史》，前揭，第 106 页。
② 罗竹风主编：《汉语大词典》（第 12 卷上），上海辞书出版社，2008 年，第 497 页，"饮礼"条。
③ 清华简《芮良夫 毖》中有引文曰："天之所罿，莫之能枳，天之所枳，亦不可罿。"与该诗十分相似，很可能是同一首诗，由于年代原因而导致文字略有出入。（参见赵平安：《〈芮良夫 毖〉初读》，《文物》2012 年第 8 期）芮良夫是厉王时大臣，这说明该诗在厉王以前就有了。
④ 钱穆：《读诗经》，见氏著《中国学术思想史论丛》（第一卷），前揭，第 122 页。
⑤ 李春青：《诗与意识形态：西周至两汉诗歌功能的演变与中国诗学观念的生成》，前揭，第 96 页。

政治危机从昭王南征不复这一重要变故起就已经显露出端倪了。"治平"与"政教"并不一定同起同衰，往往正是在治平初衰之际，统治者会寄希望于通过远法先祖、重修礼乐以挽回衰势，穆、宣二世于此尤为明显，这或许也是一种"改变的冲动或激情"。由于穆王时期是"周代礼乐制度成熟化、细致化的发展阶段"，[①]而且穆王时期可能有过较大规模的礼乐典章编订活动，[②]结合这些情况来看，西周中期有新的诗歌书写当在情理之中，李山先生甚至认为西周中期穆、恭两朝是《雅》《颂》诗篇创作的高涨时期，而且尤以穆王一朝最为集中，[③]也是有道理的。

西周中期一方面延续了西周早期郊庙祭仪乐歌的制作和书写，另一方面也明确出现了燕飨乐歌等类型的仪式乐歌。

西周中期的郊庙乐歌可能包括《周颂》中的《执竞》《潜》《载见》《雍》和《大雅》中的《棫朴》《文王有声》《皇矣》《生民》等。与西周早期相比，西周中期郊庙乐歌的文体构成有一些新的特点。首先，西周中期的郊庙乐歌往往注重对祭仪本身的描写。夏含夷先生最早指出这一点，他说：《周颂》中的具有仪式表演性质的周初颂诗"很少有对礼仪本身的描写。相反地，它们中的大部分是祝颂者对其祖先的直接祷告"。[④]而西周中期以后的相当一部分颂诗[⑤]"与其说是礼仪的一部分不如说是对这种礼仪的描述"，而且它们在语言特征上"向结构严整、韵律规则"的方向发展。[⑥]这种文体构成的变化应该是祭祀仪式本身发生变化的结果。在西周早期，周王或其他一些高级贵族在王室祭祀活动中直接参与了唱诵祝祷的娱神表演，而西周中期以后，"祭祀颂

---

① 马银琴：《两周诗史》，前揭，第 178 页。

②《管子·小匡》记管仲之言曰："昔吾先王周昭王、穆王世法文武之远迹，以成其名。合群国，比校民之有道者，设象以为民纪，式美以相应，比缀以书，原本穷末。"马银琴认为，昭、穆时期有过典章编订活动，这种编订活动是"将日渐完善的礼乐制度书于简册使之定型化，并作为诸侯大夫行动的准则颁行于世"。（马银琴：《两周诗史》，前揭，第 150 页）不过，文献所记昭王事迹大多与征伐有关，且多言及昭王德衰，如《史记正义》引《帝王世纪》曰："昭王德衰，南征。"可以设想编订典章之事不太可能在昭王时期。

③ 参见李山：《诗经的文化精神》，东方出版社，1997 年，第 163 页。

④ 参见夏含夷：《从西周礼制改革看〈诗经·周颂〉的演变》，见氏著《古史异观》，上海古籍出版社，2005 年，第 328-334 页。夏含夷认为这些颂诗包括《武》《赉》《桓》等《大武乐章》歌舞诗组，《闵予小子》《敬之》《访落》等继位仪式之颂以及清庙之什中除《执竞》外的九首诗歌。

⑤ 如《周颂》中的《执竞》《载见》《雍》等。

⑥ 参见夏含夷：《从西周礼制改革看〈诗经·周颂〉的演变》，见氏著《古史异观》，前揭，第 339 页。

歌的唱祷，则由周王与其他的'诗人'（'尸''祝'）共同完成（如《雍》），或由'诗人'独自完成（如《执竞》《载见》）"。①马银琴指出，这种变化说明：

　　天命神权支配世界的观念已在西周中期人们的意识中开始减弱。在继续向上天祈祷福寿的同时，周人原本发自内心的对天命的信崇与依赖随着其行为的典礼化、程式化而逐渐减弱。与此同时，通过这种程式化的典礼行为表现出来的现实社会的尊卑秩序，亦即"礼"，却逐渐成为祭祀活动中人们关注的中心。②

　　此说甚是。与之相关的另一个特点是这些乐歌不仅歌颂先王的盛德和武功，还出现了称颂时王的内容。这在《棫朴》《文王有声》等诗中有较明显的体现。马银琴认为，《棫朴》与穆王西征途中的祭祀活动有关，③准此，则诗中除头两章主要描写仪式场面外，后三章都明显包含了对时王的颂美之意，如第三章颂其武功，第四章颂其能培养贤才，第五章总赞其品质高贵，能统领西方。《文王有声》虽然用大部分篇幅歌颂文、武功绩，但落脚点可能也在赞美时王（即穆王）。这一特点透露出的信息可能是，西周中期的周王更注重通过越来越典礼化、程式化的仪式来强化政治等级秩序，提高自己的权威。

　　除了郊庙乐歌外，《周颂》中的《闵予小子》《访落》《敬之》《小毖》可能用于周王即位典礼，④《大雅·灵台》则是与水射之礼有关的仪式乐歌。这些乐歌虽然都与配合祭祀有密切关联，如《礼记·射义》说："天子将祭，必先习射于泽。……射中者则得与于祭，不中者不得与于祭。"即位典礼也需要宗庙祭祀环节，但它们毕竟已经有了相对独立的仪式功能。

　　《大雅》中诗意相关的《行苇》《既醉》和《凫鹥》三首诗可能是在这一时期保存下来的燕飨乐歌，马银琴认为这几首诗是"史籍记载中中国最早的燕享乐歌"。⑤是否最早的燕飨乐歌，现在恐怕还难下定论，但燕飨乐歌无疑是随着燕飨之礼的成熟而产生出来的。这些诗不仅描绘了燕饮之欢，而且着重描述了仪式过程。这表明，燕飨乐歌作为仪式乐歌，并不是为纯粹的娱乐目的而作，可能具有对燕飨活动进行仪式规范的功能（如《行苇》），或者相

---

① 马银琴：《两周诗史》，前揭，第167页。
② 马银琴：《两周诗史》，前揭，第168页。
③ 参见马银琴：《两周诗史》，前揭，第169-171页。
④ 夏含夷认为这四首诗是康王即位典礼所用乐歌，马银琴则认为是穆王即位典礼所用。（参见马银琴：《两周诗史》，前揭，第152-158页）无论起初是用于康王还是用于穆王，这些乐歌的使用应该都不是一次性的，而是对特定仪式有普适性。《诗经》中的仪式乐歌莫不如此。
⑤ 马银琴：《两周诗史》，前揭，第180页。

当于燕飨仪式所用的祝嘏辞（如《既醉》是祭毕燕饮时公尸的嘏辞）。当然，这些诗产生于穆王时期，反映了"复宁"后的贵族生活景象，尽管这种太平只是表面的、暂时的。

4. 西周前中期仪式乐歌的制作和编订及其影响

诗的音乐性决定了它主要用于口头吟诵，而不是以阅读的方式为人接受，其制作和书写在时间上往往不一致，许多乐歌可以在口头传承数百年，却未著之竹帛，所以，与其他文体相比，诗的书写时间更难以确定。《诗经》中的仪式诗歌成为书面文本，不是偶然现象，而应是出于礼乐政治的需要。

关于《诗经》中诗歌的最初收集方式，历来有采诗和献诗两种说法。其中，献诗说与上述仪式乐歌的歌辞关系密切。献诗说见于《国语》等文献。《国语·周语上》曰："天子听政，使公卿至于列士献诗，瞽献典，史献书，师箴，瞍赋蒙诵，百工谏，庶人传语。"《国语·晋语六》也有"于是乎使工诵谏于朝，在列者献诗"的记载。此外，《诗经》中的《大雅·崧高》《大雅·烝民》《小雅·节南山》《小雅·巷伯》等篇中的作者自述语也表明西周时确有公卿列士献诗之制。李春青先生说："在西周的礼乐制度中言说方式是与言说者的政治地位相符合的。但同时诗又能够使言说者的政治地位进一步合法化。"①这个观点为公卿列士献诗之制提供了文化政治原理上的论证。可以说，西周早期除了周王本人所作之诗外，仪式乐歌的歌辞应该多是贵族官僚所献，而献诗者即作诗者。不过，献诗也可能与祝史官员有一定关联。上述西周中期仪式诗歌唱颂者身份的变化可能同时意味着仪式乐歌制作的职务化。夏含夷认为：这些诗"应该是由诗人在一群观众面前朗诵的（无疑也是创作的）。这些诗距离原有的礼仪环境越远，它们越能表现诗人自身的观念"。②夏含夷所说的"诗人"应该已经不是周王或其他高级贵族官僚，而更可能是祝史类职官。西周中期以后王朝官僚制度的发展推动了史官和祝官职能体系的成熟，这为仪式乐歌制作的职务化提供了条件。孙作云先生就认为《大雅·灵台》等十七首《大雅》中的"颂诗"的作者是史官，"因为史官是管理祭祀、撰写文章"的人。③不过，本文倾向于认为由祝官制作的可能性更大一些，因为仪式乐歌比较接近交通神灵的祝祷词。罗家湘先生也把祝官制作仪式乐歌看作祝官文

---

① 李春青：《诗与意识形态：西周至两汉诗歌功能的演变与中国诗学观念的生成》，前揭，第 67 页。

② 夏含夷：《从西周礼制改革看〈诗经·周颂〉的演变》，见氏著《古史异观》，前揭，第 339 页。

③ 参见孙作云：《诗经与周代社会》，中华书局，1966 年，第 361 页。

学的真正成熟。①当然，我们也不必认为西周中期的仪式乐歌都是祝史所作，毕竟唱颂者身份的变化也并不适用于西周中期所有的仪式乐歌。至于采诗，如果与这些仪式乐歌有所关联的话，关联点可能在于歌辞所配之乐。西周后期以前是以仪式为中心的诗歌制作阶段，这时采诗的实质应该是采诗乐。②

不管是采诗还是献诗，诗歌都要汇集到乐官手里，并很可能经乐官之手整理、编订。西周后期以前，仪式乐歌可能已经过编订。马银琴认为有两次编订，一次是在康王时期，一次是在穆王时期。这两次编订都可以理解为制礼作乐的组成部分。康王时期的诗文本编订主要是为了总结上代礼乐制度建设的成果，将祀典仪式定型化，因而可以视为西周礼乐制度初步成熟的一个标志。在此次编订中，"一方面，以《颂》为名的、用于郊天祭祖仪式的乐歌文本出现，……另一方面，与《颂》配合使用于相应仪式的《大雅》之歌亦在一定的名目下编定成册"。③穆王时期的诗文本编订，就其根本目的而言，是为了应对康王后期以来的社会政治动荡给礼乐秩序带来的冲击。

仪式乐歌的编订本身既是一种书写行为，同时也对书写行为产生了深远的影响，因为它"提供了一种区别于日常语言的特殊的语言规范"。④王昆吾指出："韵文是因其独具的仪式色彩和记诵功能进入书面文学的；但从口头到书本，发生了记诵功能向修辞功能的转化、仪式色彩向体裁格式的转化。"⑤这种转化无疑突出地反映在西周仪式乐歌的书写上。仪式乐歌运用于神圣、庄重的仪式活动，其基本面相是神人关系语境的言说，这使得它的歌辞语体发展成为一种精致的有别于口语实录的"文言"，其韵律、形制等变得更加规整，而且，乐官的仪式乐歌书写很可能对口头形式的歌辞进行了进一步的"雅言"（即以丰镐地区口语为标准的所谓官话⑥）化，排除方言、俗语的语言成分。⑦

---

① 罗家湘：《先秦文学制度研究》，前揭，第 145 页。
② 详参罗家湘：《论先秦时期的采诗与采乐制度》，《中州学刊》2011 年第 1 期。
③ 参见马银琴：《两周诗史》，前揭，第 144 页。
④ 马银琴：《两周诗史》，前揭，第 187 页。
⑤ 王昆吾：《中国韵文的传播方式及其体制变迁》，见氏著《中国早期艺术与宗教》，东方出版中心，1998 年。
⑥ 有学者提出："西周的雅言当是丰镐语与河洛语的融合。而到东周，都城迁往洛阳，其雅言势必要逐渐向洛阳话倾斜。"[吴进：《论雅言的形成》，《东南大学学报》（哲学社会科学版）2005 年第 6 期]
⑦ 当然，从口语的层面说，雅言的规范和传播与诗乐的唱诵关系十分密切。（关于这个问题，可详参孙世洋：《雅言、乐语与〈诗经〉——试论周代诗乐体系传习雅言的职能与机制》，《古籍整理研究学刊》2010 年第 2 期）但乐歌书写的作用也是值得注意的，因为语言的书面化可以反过来影响口语，何况"雅言"本身也不一定只涉及口语层面。

因此，这种书写行为实际上是将"文言""雅言"的语言规范带入正式的书面文本，从而促进了书面文本的雅化修辞。①郑玄《诗谱》曰："商王不风不雅，而雅者放自周。""雅者"之所以"放自周"，或许正是因为西周王朝作了"雅言"的书面规范，而所谓"新文言"的变革或许也可以追溯到这种书写行为。

值得注意的是，雅言不仅区别于一般的日常口语，而且也是专指与方言相对的语言形态，因此，这种带有神圣性的书写行为也可能推动西周国都西岐地区的语言成为官方认定的共同体通用语，从而发挥出语言政治的功能，因为通用语的形成和推广无疑具有强化民族认同，突显中央权威乃至助推政教统一的深远政治意义。仪式乐歌书写发挥这种政治功能最可能的途径是通过贵族教育。写定的诗文本应该"作为周代乐语之教的课本而用于以培养政治人才为目的的国子之教"。②有学者认为，《周礼·春官·大司乐》中所说的乐语之教（即"以乐语教国子，兴、道、讽、诵、言、语"）是"有关阅读和写作知识的教育"或"近乎今天的作文教学"，③此说虽然未必准确，④但有了规范的书面教本，以口头言说为主的语言训练同样可以具有推广雅言的作用，后世引诗、赋诗之风就是一种体现。沈立岩先生说，乐语之教"以培养国子们语言方面的知识和技能，以及贵族之优雅、高贵的语言风格为旨

---

① 如马银琴认为，西周铭文的韵语使用"大致经历了由不用韵到韵、散相杂，再到韵语使用频繁而熟练的发展过程"，而这受到了诗文本编订的较大影响。（参见马银琴：《两周诗史》，前揭，第 187-192 页）

② 马银琴：《两周诗史》，前揭，第 187 页。

③ 毛礼锐、沈灌群：《中国教育通史》（第一卷），山东教育出版社，1985 年，第 103 页。

④ 从《周礼》郑玄注来看，"兴、道、讽、诵、言、语"大体都属于言说训练，其中可能涉及书写教育，但不会以书写为主。西周的书写教育应该主要局限于小学阶段。《大盂鼎》说明西周有贵族小学教育，《礼记·内则》说道："十年，出外就傅，居宿于外，学书记。"杨天宇先生认为，"学书记"（或作"学书计"）意为"学习写字和记事"。（杨天宇：《礼记译注》，上海古籍出版社，2004 年，第 359 页）书写教育局限于初级教育的范围之内，主要原因在于书写活动基本上还是记录活动，表达个人观念的主要渠道是口头言语交际，而不是书面写作。不过，言语教育的发达和言语教育的训练方式，对后世书面文体的形态确实有深远影响，如"讽""诵"的教育传统，对后来书面文体中"引诗言志"习惯的形成——或者更一般地说，对于偏爱引经据典的修辞文风——以及对于中国古代韵文文体的发展，都有很大的推动作用，"兴"（无论是"以善物喻善事"还是"以恶物喻恶事"）和"道"（以古讽今）对于论说文运思方式的影响是显而易见的，而后世文体中习见的问答体形式则很可能导源于"言"（发问）和"语"（答述）的问答训练。

归",①所谓"优雅、高贵的语言风格"当然是雅言的语言风格。

（二）西周策祝文书写

文献中有不少关于西周时期策祝活动和策祝文的明确记载，列其要者如下：

（1）《尚书·洛诰》曰："王命作册逸祝册，惟告周公其后。"孔颖达疏曰："王命有司作策书，乃使史官名逸者祝读此策，惟告文武之神，言周公有功，宜立其后为国君也。"

（2）《尚书·金縢》记载周公为武王作祷病策祝：

（周公）乃告太王、王季、文王，史乃册祝，曰："惟尔元孙某，遘厉虐疾。若尔三王，是有丕子之责于天，以旦代某之身。予仁若考，能多材多艺，能事鬼神；乃元孙不若旦多材多艺，不能事鬼神。乃命于帝庭，敷佑四方，用能定尔子孙于下地。四方之民，罔不祗畏。呜呼！无坠天之降宝命，我先王亦永有依归。今我即命于元龟，尔之许我，我其以璧与珪，归俟尔命；尔不许我，我乃屏璧与珪。"

（3）《逸周书·克殷》中描述了武王在纣王旧宫社庙行即位礼的过程，其中也有策祝的记载，即"尹逸策曰：'殷末孙受，德迷成汤之明，侮灭神祇不祀，昏暴商邑百姓，其彰显闻于昊天上帝。'周公再拜稽首，乃出。"《史记·周本纪》的记载与《克殷》略有出入，其文曰：

尹佚策祝曰："殷之末孙季纣，殄废先王明德，侮蔑神祇不祀，昏暴商邑百姓，其章显闻于天皇上帝。"于是武王再拜稽首，曰："膺更大命，革殷受天明命。"武王又再拜稽首，乃出。

（4）《逸周书·世俘》曰："武王降自车，乃俾史佚繇书于天号。"孔晁云："使史佚用书，重荐俘于天也。"潘振云："繇，册辞也。书，录之也。天号，若云昊天上帝是也。"②可见，这是记载武王克殷后回到宗周镐京又命史佚③致策书于皇天上帝，策书的内容与荐俘有关。

策祝文是与神灵沟通的纯仪式性文本，但祝嘏辞说都具有与神灵沟通的功能，并不是所有的祝嘏辞说都会以书面典策形式呈献。《周礼·春官》说大

---

① 沈立岩：《先秦语言活动之形态观念及其文学意义》，人民出版社，2005年，第372页。

② 黄怀信、张懋镕、田旭东：《逸周书汇校集注》，上海古籍出版社，2007年，第437页。

③ 这里的史佚与作册逸以及尹逸、尹佚系同一人，当为作册类史官之首。

祝 "掌六祝之辞，以事鬼神示，祈福祥，求永贞。一曰顺祝，二曰年祝，三曰吉祝，四曰化祝，五曰瑞祝，六曰策祝"。顾名思义，"策祝"与其他祝辞的基本区别正在于策祝之辞要书写在专门的典策上，并在祝告仪式上使用。策祝之辞之所以要特地书之于策，应该与策祝所涉之事的特殊性和重要性有关。《周礼注疏》郑玄注引郑司农曰："顺祝，顺丰年也。年祝，求永贞也。吉祝，祈福祥也。化祝，弭灾兵也。瑞祝，逆时雨、宁风旱也。策祝，远罪疾也。"董芬芬认为："罪疾"往往"事出突然，情况特殊，……为充分引起神灵的重视和同情，必须郑重地把祝文书写于简策上。"①这个说法有一定道理，不过，郑司农把策祝的内容限定为"远罪疾"，是不准确的。在上述西周策祝事例中，除了《尚书·金縢》中的周公祷病策祝可归入"远罪疾"外，其他几例都与"远罪疾"没有直接关系。②上述诸例也说明，西周（至少是西周早期）策祝活动所关涉的都是具有特殊的仪式意义或特别重要的政治意义的事情，使用典策被认为可以格外突显仪式的庄重和对神灵的尊奉，例如武王即位礼用策祝，无疑是因为它具有象征天命改易的重要意义，又如《世俘》中记载武王多次告祖先和天帝，③但只有行荐俘礼时才提到用策书，这很可能也是因为荐俘礼被认为有特殊的仪式意义，至于周公为武王祷病用策祝则显然是由于武王生死关系特别重大。

值得注意的是，上述《克殷》和《史记·周本纪》中的尹佚策祝与其他几例在性质上有所不同，其他几例都是人告神之辞，而《克殷》和《史记·周本纪》中的尹佚策祝应该理解为尹佚向武王传达天帝神意，故有"其章显闻于天皇上帝"之语。这大体类似祝辞与嘏辞之别。④祝史沟通神人既包括代人向神转达人意，也包括代神向人转达神意。

策祝文的文体构成也与常规祝辞有所区别。一般而言，祝嘏辞是程式化很高的言说类型，从《礼记》等文献中保存的祝嘏辞例来看，它们大多"有

---

① 董芬芬：《春秋辞令文体研究》，上海古籍出版社，2012 年，第 106 页。

② 策祝主为"远罪疾"，大抵是春秋乃至春秋以后的情形。

③ "戊辰，王遂御，循自祀文王"（孔晁云：以克纣告祖考），"辛亥……武王……告天宗上帝……王烈祖自太王、太伯、王季、虞公、文王、邑考以列升，维告殷罪""甲寅，谒我殷于牧野"（孔晁云：谒，告也；我，庄述祖校改"伐"），"越五日乙卯，武王……告于周庙曰：古朕闻文考脩商人典，以斩纣身，告于天、于稷。……曰：惟予冲子绥文考，至于冲子"（李学勤先生认为此处文辞语意不完全，但其为"武王告神或告祖之辞"则无疑。参见李学勤：《〈世俘〉篇研究》，见氏著《古文献丛论》，上海远东出版社，1996 年，第 63 页）。

④ 祝辞是以人的口吻向神灵汇告、乞求，嘏辞则是以鬼神的口吻向人致嘉勉和赐福之辞。祝辞和嘏辞一般也可统称为祝辞。

着相当固定的格式和章法"，^①根据不同的仪式需要来使用，不能随意变动。^②策祝文则可能没有严格的文体规范，有更充分的表达个体观念和情感意向的空间，这其中的基本原因在于策祝往往由特殊事件而起，无法套用程式化的祝嘏辞例。比如上引《金縢》中周公的祝告因为武王祷病这一特殊事件而起，其内容有强烈的个性特征和鲜活的感情力量，与后世程式化的祝嘏辞明显不同。^③从这份策祝辞我们也可以看出，周初的策祝更注重与祖先神的沟通，而不是像后世那样一味地膜拜。^④

一般而言，祝嘏辞是由祝官制作（指观念文本的制作）并在仪式上祝祷的，如按《周礼》的说法，六祝之辞和六祈之辞都是太祝所作。邓国光先生说：

> 六辞犹如祝辞，所表达的是爱憎的讯息，所以说"作"，即创作。至于史职，专掌书记，著录行言，是"述"。因此，"作六辞"这类需要高度运用文辞来表情的任务，……以擅于遣用语词祷神的祝承负。^⑤

罗家湘先生也指出："祝官的任务是要熟悉各种神灵的称号形象，熟悉各种事神的礼仪，用祝辞来完成神与人之间的沟通。"^⑥不过，至少在西周早期，策祝文的制作、书写以及策祝仪式上的祝祷应该与史官关系更为密切。除《周礼》之外，其他一些涉及西周祝官活动的文献（如《逸周书·克殷》《逸周书·王会》《逸周书·尝麦》《大戴礼记·公符》等）都没有提到祝官参与策祝。^⑦席涵静认为："'策祝'之祝辞可能是别人撰拟者，如史官之流。祝官只是宣读

---

① 沈立岩：《先秦语言活动之形态观念及其文学意义》，前揭，第 242 页。
② 当然，常规祝嘏辞说的程式化也有一个逐步增强的过程，"这种倾向在西周中期以后则越发地明显了"（沈立岩：《先秦语言活动之形态观念及其文学意义》，前揭，第 244 页），这应该与祝官职司的专门化有关。
③ 不过，《金縢》可能是后人追述整理的文献，其可靠性要打些折扣。
④ 如策祝文曰："尔之许我，我其以璧与珪，归俟尔命；尔不许我，我乃屏璧与珪。"竟有与祖先神讨价还价，甚至以祭物相要挟的意味。
⑤ 邓国光：《〈周礼〉六辞初探》，见《中华文史论丛》第 51 辑，上海古籍出版社，1993 年，第 140 页。
⑥ 罗家湘：《先秦文学制度研究》，前揭，第 146 页。《国语·楚语下》中对祝官职责的描述是："使制神之处位次主，而为之牲器时服，而后使先圣之后之有光烈，而能知山川之号、高祖之主、宗庙之事、昭穆之世、齐敬之勤、礼节之宜、威仪之则、容貌之崇、忠信之质、禋洁之服，而敬恭明神者，以为之祝。"
⑦ 《逸周书·尝麦》中的"大祝以王命作策策告太宗"并非指大祝自己作册书，按孙诒让的解释，这是"太祝以王命令内史作策辞以告大正"。（黄怀信、张懋镕、田旭东：《逸周书汇校集注》，前揭，第 729 页）太祝只是传达王命而已，书写册书以及宣读册书（"作策许诺，乃北向縣书于内楹之门"）都是由作册来执行的。而且，这里的册书并非策祝文，而应是训诰文。

而已"，①但事实上，在本节开头所列周初策祝诸例中，策祝文的书写和策祝仪式上的祝祷都是由史官负责的，与祝官无关。这可能有两方面原因，一者，在西周早期，史官（作册）与祝官在祭祀仪式上的职责分工可能还不明晰。②西周中期以后，随着祝官职能体系的逐步完善，一般祝辞的制作和祝祷之事可能才专由祝官负责。二者，应该充分考虑策祝的特殊性，策祝与书写直接相关，而史官掌书记，故而策祝文的书写应由史官承担，同时，史官不仅掌书记，亦为神职，③因此，策祝辞的制作、书写以及祝祷均由史官完成也并不足怪。当然，由于缺乏西周中后期的策祝例证，文献所见春秋时期的策祝事件（详见下文）也没有明确提及祝辞的制作者和祝祷者，所以我们尚难确定祝官和史官在西周中期以后策祝仪式中所充当的角色，也不能排除祝史联官合作的可能，④只能笼统地说，将策祝文"书于简策并于神前宣读的是史祝之类的官员"。⑤

　　策祝辞的制作当然不是祝史类官员单独完成的，策祝辞的基本内容应该是由祭主授意和决定的，有时候祭主甚至是策祝辞的主要制作者，最典型的就是《金縢》中的周公策祝。由于有学者认为《金縢》中的策祝辞是史官代周公所作，但实际上，这篇祝辞的主要制作者应是周公本人，"史乃册祝"是指史官在周公的直接授意下著录祝辞并进行口头祝告。周公可以自己作祝辞是因为他"多材多艺，能事鬼神"。周公有事鬼神之能，可与《禽簋》中的"周公某禽祝"（意为：周公为伯禽指导祝事）相印证。再者，后来成王启金縢之书，大为感动，尽弃前嫌，可以设想，如果大家都知道此祝辞不是周公本人所作，恐怕难有此效果。

　　（三）西周赐盟制度与盟书书写

　　盟书是春秋时期风行的文体，这是春秋时期会盟文化发达的产物。但会盟之事由来已久，并非始于春秋，文献中也有关于商末周初盟辞的记载，如

---

①　席涵静：《周代祝官研究》，励志出版社，1979 年，第 84 页。

②　史官在殷商卜辞中早有记载，而祝官的明确记载始于周初，成王时的《大祝禽鼎》和《禽簋》可以为证，担任太祝的禽即后来被封为鲁公的周公长子伯禽，可见太祝在周初地位甚高。不过，西周早期太史的地位同样很高。

③　西周中期以后史官的职能虽然发生了一定分化，但这种分化也是不彻底的，史官（至少是高级史官）并没有因这种分化而成为纯粹的书记之官。

④　文献中常有祝史联官合作的记载，《文心雕龙·祝盟》亦祝史并提，称"祝史陈信，资乎文辞"。

⑤　董芬芬：《春秋辞令文体研究》，前揭，第 107 页。

《吕氏春秋·季冬纪·诚廉》记有周公与胶鬲的盟辞"加富三等，就官一列"，以及召公与微子的盟辞"世为长侯，守殷常祀。相奉桑林，宜私孟诸"；《国语·鲁语上》记载鲁大夫乙喜（即展喜）应答齐侯之言曰："昔者成王命我先君周公及齐先君太公曰：'女股肱周室，以夹辅先王。赐女土地，质之以牺牲，世世子孙无相害也。'"《左传·僖公二十六年》有类似记载："昔周公、太公股肱周室，夹辅先王。成王劳之而赐之盟，曰：'世世子孙，无相害也。'"周公与胶鬲以及召公与微子的盟实际上是周国的高级贵族代表君主与殷王朝叛臣之间达成守诺的交换条件，有点类似《左传·宣公十五年》所记春秋时期楚国子反与宋国华元之间的盟，可视为特殊形式的"私盟"。①成王与周公、太公的盟则是西周时期典型的赐盟。周初的盟辞应该已有书面形式，即已在盟礼中使用盟书。《吕氏春秋·季冬纪·诚廉》记载，周公与胶鬲相盟时，"为三书，同辞，血之以牲，埋一于四内，皆以一归"，记召公与微子之盟也有类似的盟礼描述。《左传·僖公二十六年》也提到，成王赐盟后，盟书"载在盟府，大师职之"。盟辞之所以很早就被著于竹帛，一方面是因为它具有契约性质，形诸文字可方便作为凭证，另一方面是因为盟誓是在神灵面前订约，形诸文字更能显其神圣性和严肃性。

从上述成王赐盟的记载来看，西周早期的盟书书写与后世尤其是春秋时期的盟书书写有所不同。但不同在何处，学界可能存在一些误解。董芬芬认为，西周时期的盟书：

> 内容多涉封赏，要求诸侯屏卫王室。这实际是一种赐盟，居高临下，俨然君临一切，显示了"溥天之下，莫非王土；率土之滨，莫非王臣"（《诗经·小雅·北山》）的气势。②

李模先生则从盟誓制度来解释周初盟书的这一特征，他说："此时期盟誓之制主要是施行于周天子与众诸侯之间，各诸侯之间及其内部卿大夫之间的盟誓还未见到或还很少见到，盟誓之制俨然是王室的专利，所以称之'王室化'。"并引《资治通鉴·周纪二》（显王十八年）胡三省注曰："天下太平之时，诸侯不得擅相与盟，惟天子巡狩至方岳之下，会毕，乃与诸侯相盟，同好恶、奖王室，以昭事神、训民、事君。"③董芬芬和李模以及胡三省，都是将所谓"赐盟"理解为天子与诸侯之间的盟，这种理解似乎还能从原始的部族联盟政制中找到依据。但是，仔细推敲起来，这其实是颇为可疑的。这种

---

① 不过，《吕氏春秋》的这一记载恐怕来自传说，可靠性并不高。

② 董芬芬：《春秋会盟文化与盟书的文体结构》，《西北师大学报》（社会科学版）2008 年第 2 期。

③ 李模：《试论先秦盟誓之制的演化》，《殷都学刊》1997 年第 4 期。

理解的直接文本根据就是上引《国语·鲁语上》和《左传·僖公二十六年》的记载，这两处记载的材料来源显然是一样的，表面上看，《左传》的记载似乎是将盟辞的部分内容用转述语表达，而《国语》对盟辞的记载比较完整，但实际上，按照《国语》的记载，展喜没有说他所引述的话就是盟书的内容。《国语》很明确地指出，这段话是成王对周公和太公的"命"，这段话又涉及封赏，所以应该是比较典型的锡命文。所谓"世世子孙无相害"，显然不是成王的世世子孙与周公、太公的世世子孙无相害，而是周公与太公的世世子孙无相害，其实质是对周公和太公的训诰，此类训诰也是西周锡命文常见的内容类型。锡命与结盟不能混淆，董芬芬把锡命文与盟书相混淆，显然有误。但成王的锡命确实与结盟有关，所谓"质之以牺牲"，就是指结盟，《左传》的记载则更明确地指出是"赐之盟"。问题在于，到底是谁与谁结盟？其实不难看出，结盟者是周公与太公，成王自己并不是结盟的一方，只不过周公与太公的盟是成王所"赐"。因此，所谓"赐盟"，并非周天子亲自与诸侯相盟，而是天子以锡命的形式命令诸侯按照天子意愿相盟。这一结论也有其他文献说法为佐证，如《左传·僖公二十九年》孔颖达正义曰："王之公卿皆不与诸侯共盟，则知诸侯不合盟王臣，王臣不合与于盟。……王子虎违礼下盟，故贬称'人'。"如果不是"天子敕之使盟"（《左传正义》），王之公卿尚不得下盟，更何况周天子。赐盟礼制突显了君主权威，也突显了君主与贵族之间的荣宠关系，不能理解为原始部族联盟制的遗迹，反而可视为西周礼法君主政制比较成熟的一个标志。

由此我们也可以重新理解《左传》和《国语》表述上的区别，《左传》作者将《国语》中那段锡命文的部分内容用转述语表达的真正原因在于，《左传》作者知道，那段锡命文中只有"世世子孙，无相害也"这一句被转录于周公和太公相盟的盟书中。进一步说，西周早期盟书书写与后世盟书书写的主要区别很可能不在于盟书的文体构成，而在于这种书写活动产生和运作的机制或者说在于盟的礼制。胡三省说"诸侯不得擅相与盟"，应该是对的，不得擅相与盟不是说诸侯不能相盟，只是诸侯相盟须出于君命，否则就是私盟。周公与胶鬲以及召公与微子的盟不是出于君命（这里的"君"是商王），所以是私盟。

此外，赐盟也可能确与天子巡狩之制有关，《左传·昭公十三年》记叔向之言曰："明王之制，诸侯岁聘以志业，间朝以讲礼，再朝而会以示威，再会而盟以显昭明。"杜预注曰："十二年而一盟，所以昭信义也。凡八聘四朝再会，王一巡守，盟于方岳之下。"孔颖达正义曰："'十二岁王如不巡守，则六服尽朝'（《周礼·大宗伯》郑注），谓之殷见，……殷见是此'再会而盟'。"

西周中后期，随着王室与诸侯之间关系的疏远，矛盾的激化以及周天子权威的下降，赐盟之制可能遭到破坏。西周中期，赐盟之举在文献中已经难得一见。[1]到西周末年，王室政治斗争白热化，甚至"上升到了外交层次，某些地方诸侯国采取结盟的方式来与王室对抗"，[2]这是指申、鄫、西戎的结盟。《韩非子·内储下六微》也有西周末郑桓公利用盟书使诈的记载。[3]这种结盟已经违背了"诸侯不擅相与盟"的赐盟制度。郑桓公的阴谋得逞是建立在郐君轻信的基础上，这说明在西周末年，盟辞还颇有信力，但正由于郑桓公之辈的欺神之举，盟誓的公信力迅速降低，盟书也越来越变成外交上的交易契约。此外，周幽王"太室之盟"的记载值得注意。《左传·昭公四年》引楚国大臣椒举之言曰："周幽为太室之盟，戎狄叛之，皆所以示诸侯汰也，诸侯所由弃命也。"周幽王的此次主盟，很可能是为了拉拢这些诸侯与敌对势力（或许就是申、鄫、西戎联盟）抗衡。从"示诸侯汰"的说法来看，幽王可能仍想保持赐盟制度下的高姿态。[4]但世易时移，这种高姿态在诸侯们看来已是骄奢的表现，他们出于自身利益考虑，可能表面服从幽王的要求，但没有在行动上落实，或许正是由于没有料到诸侯们的"弃命"，才导致幽王误判形势，终于为申、鄫、西戎联盟所败。赐盟之制在西周中后期的失效，说明周天子与诸侯之间的荣宠关系已经大为弱化，周天子也不能再以信义之名让诸侯诚心效忠，这是西周义神礼法君主政制败坏的必然结果。

　　使用盟书是盟礼上的一个重要仪程，郑玄指出，在盟礼上，要"用牲临而读其盟书"（《礼记注疏》郑注），还须"杀牲取血，坎其牲，加书于上而埋之谓之载书"（《周礼注疏》郑注）。盟誓活动本身就是做给神看的，是请神灵为见证，盟誓之辞的书写对象首先也是神灵，所以才有此种读书和埋书的仪程。从这个意义上说，盟书应该是仪式性文本，其性质与祝告辞比较接近，所以刘勰说："盟者，明也。骍毛旄白马，珠盘玉敦，陈辞乎方明之下，祝告于神明者也。"（《文心雕龙·祝盟》）不过，与诗颂、策祝等仪式性书写活动相比，盟书书写显然有更突出的现实政治功能，即可以"昭信义"。胡三省说：

---

① 《左传·昭公四年》曰："穆有涂山之会。"西周中期会盟的文献记载大概仅见于此。

② 李峰：《西周的灭亡：中国早期国家的地理和政治危机》，前揭，第246页。

③ 《韩非子·内储下六微》："郑桓公将欲袭郐，先问郐之豪杰、良臣、辨智、果敢之士，尽与其姓名，择郐之良田赂之，为官爵之名而书之。因而设坛场郭门之外而埋之，衅之以鸡豭，若盟状。郐君以为内难也，而尽杀其良臣，桓公袭郐，遂取之。"

④ 李峰先生认为，《左传·昭公四年》中的这段话可能说明幽王"迫不得已下降身份来达到与地方封君盟誓的目的"。（参见李峰：《西周的灭亡：中国早期国家的地理和政治危机》，前揭，第248-249页）此说恐误。

西周盟书的主要内容是"同好恶、奖王室，以昭事神、训民、事君"，可见，赐盟制度下的盟书书写不仅昭诸侯彼此之间的信义，更主要的是昭诸侯对天子的信义。盟书的这些内容类型在一定程度上延续到了春秋时期，但在春秋时期也产生了新变，总的趋势是政务性的因素逐渐增强，这与春秋时期的政制形态有内在关联。[①]

三、礼乐仪式框架下的西周政务性书写

（一）西周史官制度的变化及其对书写活动的影响

政体演变必然引起制度变革。随着西周义神礼法君主政体的确立和进一步演变，各种政治制度也一直处于调整和变动之中，而西周史官制度的调整与西周书写活动，尤其是政务性书写关系十分密切。史官因其原有的世俗职能，而成为西周时期最能适应新政制的书写职官。

就执掌范围而言，谢昆恭先生认为，"（西周）史官的性质已有相对明显的转化"，这种转化即"偏重于俗世事务"，从而"使得祭祀性质的神职性格相对的淡化"。[②]谢昆恭主要是从《周礼·春官·宗伯》所载"五史"职司做出这一判断的，而且他将商代的贞人、卜人等视为史官，从而以为商代史官职司以神事为主。其实，商代史官的职司并不完全在宗教祭祀方面，如果不把贞人、卜人等视为史官的话，甚至可以说，商代史官的相当一部分职司也属于世俗政务。商代史官的世俗政务性职司大多延续到西周，如西周有些史官，如御史、太史、内史等，负有一定的武职，可从军出征，甚至统兵作战，[③]这应该是沿袭商人制度，而且，按《周礼·春官》的描述，周代也有不少祝、宗、卜方面的神职设置，尽管其地位不高。[④]这些都体现出商周职官制度相承的一面。所以，谢昆恭之说有值得商榷的地方。本文以为，单说西周史官的职司转向俗世事务还不够准确，更重要的是转向书写事务，尤其是更具现实行政功能的政务性书写。虽然史官自商代以来就与书写活动有关，但很难说商代负责书写事务的主要职官是史官。李峰先生指出："虽然'作册'可能源

---

① 关于盟书书写的其他相关问题，详见下文第四章的论述。
② 谢昆恭：《先秦知识分子的历史述论》，花木兰文化出版社，2010年，第31页。
③ 《史密簋》《员卣》等青铜器铭文均有史官统兵作战的记载。
④ 史官有广狭二义，狭义的史官是与"祝""宗""卜"等神职特征更明显的职官相并列的"史"，广义的史官则是祝、宗、卜、史的总称，毕竟许多史官（如太史）也兼司神事，而且越在早期，神事与人事的职司区分越不分明。

自商代，但是它不太可能是商代活跃的官员。……在商代，文吏类作用很大程度上可能由王室的卜人承担。"①考察西周史官的职司可知，明显得到强化的正是与书写相关的职责。许兆昌先生在《周代史官文化》一书中列举了周代史官的十四项职守之学，其中至少有七项与文书、文献（包括文书、文献的运用和保管）有密切关系，如文秘之学、档案管理之学、文献典籍之学、户籍管理之学、文字管理之学、史记之学、制历之学，②相关具体职司则有记事、宣读锡命、书写锡命诏书、宣读文告、诵读往事之要戒、为王诵读文书、登录和保管契约、记录刑书、书写盟誓、管理文字、制历、保管政府档案、典藏图书文献、保存户籍档案、编史等等。③李峰则通过系统研究西周铜器铭文指出：

> 在众多的铜器铭文中，"史"很明显地在西周政府中行使文书职能，包括制作和保存文字记录。
>
> 书记类职官的大量存在是西周早期政府的另一个主要特征。……西周铜器铭文中，职官"作册"和"史"的屡屡出现，说明西周政府对文职官员行政作用的强调是毋庸置疑的。④

可见，西周史官执掌范围的最重要变化正是体现在书写事务的加强上，以至于后人印象中的史官完全是一种书记类的职官，如钱存训先生对史官的概括是："史是经过一种专门训练，专门从事著述、抄录、阅读及保管官书和档案的政府官员。"⑤

李峰还认为，西周中期以后，随着官僚体制的发展，史官的书记职能可能发生了分化，这种分化的直接原因是史官集团本身的分化，即"由大量内史所组成的更加专门化的内史机构同那些通过太史寮来进行管理的政府普通史官的分离"。⑥这种分离是"王家行政"与"王朝政府"相分离的一个体现，一方面使得"王家自治管理系统"明显增强，另一方面"推动和刺激了整个西周政府的官僚化进程"。⑦从书写活动的角度看，内史机构是直接对周王负责的，属于内廷书记部门，而周王首先是凭其宗教权威获得最高法权的（即

---

① 李峰：《西周的政体：中国早期的官僚制度和国家》，前揭，第66页。

② 参见许兆昌：《周代史官文化——前轴心期核心文化形态研究》，吉林大学出版社，2001年，第188-241页。

③ 参许兆昌：《周代史官文化——前轴心期核心文化形态研究》，前揭，第74-75页。

④ 李峰：《西周的政体：中国早期的官僚制度和国家》，前揭，第60、66页。

⑤ 钱存训：《书于竹帛：中国古代的文字记录》，前揭，第8页。

⑥ 李峰：《西周的政体：中国早期的官僚制度和国家》，前揭，第88页。内史机构的长官可能是内史尹，太史寮的长官则应是太史。内史尹可能直接承继了西周早期作册尹的职能。

⑦ 参见李峰：《西周的政体：中国早期的官僚制度和国家》，前揭，第72-76页。

君权神授，所谓"尔尚敬逆天命，以奉我一人"《尚书·吕刑》)，因此，内史机构的书写职司很可能具有更突出的仪式性。"王朝政府"中的史官们则可能更多地处理与仪式关联度较低的日常政务方面的书写事务。因此，上述分离可能意味着一部分政务性书写开始淡化仪式色彩，或者说意味着政务性书写与仪式性书写以及仪式框架下的政教性书写在一种程度上的分离。不过，尽管我们尚不明确这一时期所谓"王家行政"与"王朝政府"相分离的具体程度如何，但显然不可能是彻底的分离，因为西周的礼法君主政制决定了西周王朝实行的是贵族官僚体制，而不可能建立起成熟的科层官僚体制。①因此，"王朝政府"不可能有系统完备的行政公文制度，也不可能完全脱离礼乐制度的约束，"王家行政"同样并非只限于纯粹的宗教事务而不关心实际政务，礼乐制度的设计意图正是要将现实政治纳入仪式的框架之内。李峰自己也指出，周王的"内廷"可能逐渐垄断了原先属于卿事寮的行政命令发布权，"这个改变与周王成为唯一可以对整个西周政府中所有官员进行册命的人，并且完全由他的内廷书记类职官撰写和宣读王命这个事实正相符合"。②这说明，内史机构的专门化很可能不是为了加强"王家自治管理系统"，而更可能体现了周王的集权意图。当然，可以设想，集权是集重要的政治权力，因此，集权的同时可能也意味着将一些不太重要的行政权释放下去，从这个角度说，上述分离可能确实有限度地推动了行政管理制度的发展和治教的分离。按照《周礼》的描述，周代史官不是单一部门的职官，很多官署都设有史官一职，这些下级史官大多负责本官署的书记之事，如宰夫也有属官称为"史""掌官书以赞治"。(郑玄注曰："赞治，若今起文书草也。") 此类记载虽未必尽合西周史实，但也能从上述分离中找到些许依据。

史官集团的分化（即内史机构与政府普通史官的分化）不仅扩大了史官系统的规模，而且使史官集团的内部分工更为细致。商代史官的种类，一般认为只有作册、大史、小史、内史、右史以及四方之史等区区数种，其中小史、右史执掌不详，内史不过偶尔见于传世文献（如《吕氏春秋·内识览》)，而周代史官，"其专有名称即达四十余种之多"，③其中见于青铜器铭文可以确证的也在八种以上。按照许兆昌先生的归纳，周代史官的职事也达 39 种之多。④史官已经俨然成为"一个十分庞大的官僚群体"。⑤

---

① 到战国时期，科层官僚体制才得到明显发展。
② 李峰：《西周的政体：中国早期的官僚制度和国家》，前揭，第 82 页。
③ 许兆昌：《周代史官文化——前轴心期核心文化形态研究》，前揭，第 74 页。
④ 许兆昌：《周代史官文化——前轴心期核心文化形态研究》，前揭，第 74-78 页。
⑤ 许兆昌：《周代史官文化——前轴心期核心文化形态研究》，前揭，第 74 页。

与晚商时期相比，西周史官的地位是比较高的。第一，"西周早中期，无论是太史还是内史，都有称公的现象，个别史官如史佚、作册毕公等人还能成为周王左右的辅弼大臣"。[1]《周礼》将内史和太史的最高爵级分别定位为中大夫和下大夫，恐怕不合周代事实。[2]西周早期青铜器《作册䰧簋》中有"公大史咸见服于辟王，辨于多正"（意为：公大史完成了对君主朝见的各项礼仪，公大史的地位为各位官员们所明察[3]）之语，亦可见其地位尊崇。虽然不是所有史官都可称公，但太史或内史（包括作册）之职可由公这一级别的贵族——甚至是顾命执政大臣，如毕公——担任（也可能是兼任），至少说明周初对史职的高度重视。[4]第二，一般认为"大史寮"和"卿事寮"是西周早期中央官制构架的两大系统，所谓"两寮执政"。[5]史官集团与执事卿士集团分庭抗礼，可见史官总体地位较高。当然，随着史官规模的扩大和分工的细致化，不同史职之间的地位差异可能有所加大，如王朝政府官署中"掌官书以赞治"的史官地位就很低了。不过，大抵从西周中后期开始，史官的地位整体上呈下降趋势，这也是西周政制向集权君主制蜕变的必然结果。当史官的日常政务书写职能不断加强，当史官（尤其是作册、内史一类史官）成为周王的内廷书记官，史官身上所负有的神圣性就日益弱化了。随着礼乐制度的成熟，史官（以及巫、祝、卜等神职官员）越来越变成专业技术职官，他们作为礼乐仪式技术的掌握者，仍是政治舞台上不可或缺的角色，但干预和影响实际政治决策的话语权却悄然流失了。

---

① 许兆昌：《先秦史官的制度与文化》，前揭，第 137 页。

② 许兆昌：《先秦史官的制度与文化》，前揭，第 122-126 页。

③ 译文据《金文今译类检》（殷商西周卷），广西教育出版社，2003 年，第 611 页。不少学者认为这里的"公大史"即毕公高。但许兆昌先生则认为毕公曾任作册，此公大史另有其人。（参见许兆昌：《先秦史官的制度与文化》，前揭，第 125 页）

④ 毕公任作册，召公之子友任太史等现象都表明周王朝对史官之职的格外重视，故而不完全委任于世代相袭的史官。

⑤ "两寮执政"之说，可参见张亚初、刘雨：《西周金文官制研究》，中华书局，1986 年，第 102、105 页；杨宽：《先秦史十讲》，复旦大学出版社，2006 年，第 26-33 页。按《西周金文官制研究》一书的观点，"大史寮"所辖者不单为太史，也包括祝、卜、作册等其他职官。许兆昌先生不同意"两寮执政"说，认为"大史寮"和"卿事寮"只是西周时期两个比较重要的官署，并非只有此二寮执政，而且"大史寮"应该是以太史之长为官长的太史机构，不包含其他职官。（参见许兆昌：《周代史官文化——前轴心期核心文化形态研究》，吉林大学出版社，2011 年第 104 页）此外，多数学者认为"寮"为官署，也有不同看法，如晁福林先生认为"寮"指资历、资格。（参见晁福林：《先秦社会形态研究》，北京师范大学出版社，2003 年，第 190-191 页）但不论怎样，各家都承认"大史寮"的重要地位。

　　值得注意的是，经由封建制的实施，史官集团的分布从中央向地方诸侯国辐射开来，而这同时意味着书写活动至少在地域范围上大大扩展了。我们知道，商代"册封"制与西周"分封"制的关键区别在于西周的分封主要是"封建亲戚"，具有"授土授民"的性质。《荀子·儒效》曰："周公兼制天下，立七十一国，姬姓独居者五十三人。"虽然也有不少诸侯国在商朝时就已存在，但"据于要冲的大国则绝大多数为周王室中人"。①这种分封是以西周早期大规模征伐战争为前提的，②它使得分封可以与宗法统一起来，周王不再只是盟主，而成为诸侯的"家长"，地方与中央的关系变成家族成员与家长的关系，中央对地方的统治从以武力压服为前提变成以亲亲尊尊为前提。即便对于不是周王室子弟的封国，西周王朝也尽量植入周文化的成分，将之纳入礼乐制度的框架内。由于祝宗卜史一类职官对于建构统一的礼乐制度至关重要，所以周王室可能经常在分封时将此类职官一并赐予诸侯。文献中对此也有记载，如分封鲁公伯禽时，"分之土田陪敦，祝、宗、卜、史，备物、典策，官司、彝器"（《左传·定公四年》）。当然，也有一些史官可能是诸侯自己任命的。总之，西周时期应该已经有了分布在整个王朝的史官系统，史官又是世职，这使得书写活动的地域范围大大扩展，甚至"不仅限于周中心地区和地方封国，而且也用于一些与周可能有着不同文化传统的周边地区"。③这对于礼乐制度的运作和传承，对于加强中央与地方的关系以及诸侯之间的交往，都具有极其重要的意义。

　　有学者认为，殷商和西周时期，文字书写一直为王室所独占，到春秋时期才扩展到地方诸侯国。④这种观点把汉字广域传播的时间定得过晚了。即便是殷商时期，文字书写也未必完全局限于王室。上文已经指出，殷商时期的贵族官员们至少已经普遍略识文字了，因为不能设想那些有铭彝器的主人对铭文一无所知，再者，甲骨学者已指出，商代贞人多是方国首领，而他们无疑是文字的直接掌握者。可以说，以巫为主体的商代官僚体系构成决定了汉字不会仅仅在一个很小的范围内流传。到了西周，王室为了宣明教化、传达政命，为了维系礼乐制度，很可能还在传播和统一文字方面做过有效的工作。

---

① 晁福林：《夏商西周的社会变迁》，前揭，第 265 页。
② 如成王灭商代旧国盖（奄）后，以盖地为基础建鲁国；灭唐后，将叔虞封于唐。实际上是更换了旧诸侯国的统治阶层。
③ 李峰：《西周的政体：中国早期的官僚制度和国家》，前揭，第 118 页。
④ 如吕静认为是齐桓公、晋文公等霸主"将被商、周王所独家占有的汉字引入盟誓的祭祀场"，将历来的口头宣誓文字化，做成载书。（吕静：《春秋时期盟誓研究：神灵崇拜下的社会秩序再建构》，前揭，第 195-200 页）

钱穆先生说:"方西周初兴,封建一统的新王朝虽创立,而因疆境之辽阔,其各地方言,纷歧隔绝之情状,殆难想象。所赖以为当时政教统一之助者,惟文字之力为大。"①上述分布在整个王朝的史官系统为文字的传播和统一提供了条件。各种政命和邦交文书首先就是通过史官系统传达的。《周礼》等文献中有不少与此相关的记载,如《周礼·春官》曰:"凡四方之事书,内史读之","外史掌书外令,掌四方之志……掌达书名于四方","御史掌邦国都鄙及万民之治令"。其中"掌达书名于四方"一条尤为重要,郑玄注引或说曰:"古曰名,今曰字,使四方知书之文字,得能读之。"这是讲王室史官负有统一官方语言文字的职司,"达于四方"当是达于四方诸侯国的史官。西周后期甚至可能已经出现由史官所作的标准字书,如《汉书·艺文志》有"《史籀篇》者,周时史官教学童书也"的记载,又说"史籀十五篇",班固自注曰:"周宣王太史,作大篆十五篇。"许慎《说文叙》也说:"宣王太史籀,著大篆十五篇。"②这些说法可与有关西周贵族子弟识字教育的记载相印证,如《礼记·内则》曰:"十年,出外就傅,居宿于外,学书记。"杨天宇先生认为"学书记"意为"学习写字和记事"。③《汉书·艺文志》也说:"古者八岁入小学,故周官保氏掌养国子,教之六书。"由王室史官编定的标准字书在官学教育中的使用,无疑"在一定程度上有统一文字的作用"。④此外,西周中后期诸侯国应该已经能够制作有铭彝器,而且并非如吕静所言"或者器制粗劣,或者文字拙劣",是"没有任何的文字方面的知识的人,将文字拙劣地铸刻在铜器上面",⑤例如河南平顶山出土的西周中期应国"甶"雁形铜盉就相当精致,铭文共 43 字,笔画

---

① 钱穆:《读诗经》,见氏著《中国学术思想史论丛》(第一卷),前揭,第 147 页。

② 明代书法家丰坊甚至认为:"周公命史佚同天下之文。"(《书诀》)但此说并无佐证。至于《史籀篇》的年代问题,学界尚有争议。今人高亨、裘锡圭、张政烺、何清谷等学者仍从班固、许慎旧说,持此说者往往以西周晚期器趞鼎为证,趞鼎铭文中有"史留受王令书"等语,唐兰、李学勤等学者均判定"史留"即"史籀"。不过,也有学者主张《史籀篇》系后出,如王国维认为《史籀篇》是春秋战国间秦国人童蒙教学之书,潘玉坤先生则认为《史籀篇》是春秋战国之际周王室史官所编之书。(参见高亨:《史籀篇作者考》,《文哲月刊》1936 年 1 月;何清谷:《〈史籀篇〉初探》,《陕西师大学报》(哲学社会科学版) 1994 年第 1 期;王国维:《史籀篇疏证》,见《王国维遗书》第六册,上海古籍书店,1983 年;潘玉坤:《〈史籀篇〉年代考》,《杭州师范学院学报》2002 年第 2 期等) 不过,即便《史籀篇》为后出,也不能说明西周时期没有与《史籀篇》相似的贵族子弟识字教材。

③ 杨天宇:《礼记译注》,前揭,第 359 页。

④ 何清谷:《〈史籀篇〉初探》,《陕西师大学报》(哲学社会科学版) 1994 年第 1 期。

⑤ 吕静:《春秋时期盟誓研究:神灵崇拜下的社会秩序再建构》,前揭,第 83 页。

均匀，字迹清晰。一般认为铭文记述了应国官员匍（即器主）出使邢国之事，匍用邢公所赐之铜制作了该器，因而这件青铜器就成了西周邦交活动的见证。[①]同时它也能说明当时的文字应该不为王室所独占。

（二）西周锡命诏书

制作锡命诏书是西周王室内廷史官的重要职司。西周锡命仪式中需要使用锡命诏书，这在铜器彝铭中可以找到确切的证据，如《免簋》铭文曰："王受（授）乍（作）册尹者（书），卑（俾）册令（命）免。"《颂鼎》铭文曰："尹氏受王令书，王乎（呼）史虢生册令颂。"《趞簋》铭文曰："史留受王令书，王乎内史𠷎册易（锡）趞。"《寰盘》铭文曰："史希受王令书，王乎史减册易（锡）寰。"《善夫山鼎》铭文曰："受册，佩以出。"根据铭文文献的记载，可以大体描述出锡命仪式上使用锡命诏书的经过：先由负责制作（以及书写）诏书的史官将事先写好的诏书交给周王，然后周王将诏书交给宣命之史官，并让他宣读册命。仪式完成时，诏书最后被交给受命者，由受命者随身携带出去。[②]不难看出，锡命诏书的使用是锡命仪式程序的重要环节。这也说明，政务文书在当时的政治活动中已经具有口头语言无法替代的功能。李峰先生还注意到：

> 在所有这些铭文中，"书"的使用明显与"册"不同，……"册"表示文件的物质形态，而"书"指的是文字写作或应更准确地释为一篇"文章"或一个官方的"法令"。总之，我们显然不能忽视"书"所带有的官方和官僚化的价值。[③]

---

① 参见王龙正、姜涛、娄金山：《匍鸭铜盉与頫聘礼》，《文物》1998 年第 4 期。不过，李学勤认为该铭所述之事是应国高级贵族青公派下属致送礼物慰劳率军驻扎于氏的军事将领匍，匍感激青公的赐赠而作该器。青公和匍都是应国人，氏也是应国水名，因而该器与邦交无关。（参见李学勤：《论应国墓地出土的铜盉》，《平顶山师专学报》1999 年第 1 期）

② 详参陈汉平：《西周册命制度研究》，前揭，第 116-117，306 页；李峰：《西周的政体：中国早期的官僚制度和国家》，第 112、116 页。陈汉平指出，负责书写命书的史官和在仪式上宣读命书的史官不是同一人。李峰则认为，这可能是西周后期锡命程序的一个新发展，因为这种情况只出现在西周后期的一些青铜彝铭中。但不管书写者与宣读者是否同一人，他们都属于内史类史官，或为内史尹，或为一般内史。《周礼·春官·内史》中的"凡命诸侯及孤卿大夫，则策命之。……王制禄，则赞为之，以方出之。赏赐亦如是。内史掌书王命，遂贰之"可以作为内史书写锡命诏书的参证。

③ 李峰：《西周的政体：中国早期的官僚制度和国家》，前揭，第 116 页。

　　锡命诏书应该是用比较高规格的简策书写，有正本，也有副本，受命者带走的是正本，副本则由内史存档，如《周礼·春官·内史》说："内史掌书王命，遂贰之。"贾公彦疏曰："谓王有诏敕颁之事，则当副写一通，藏之以待勘校也。"

　　锡命诏书用于锡命仪式，因而具有一定的仪式性，但它专门记录封官授职、赏赐爵禄之事，实际上是周王向其贵族臣属下达的一种君命，因而应归入政务性文书。许多锡命诏书都会被受命者转录于青铜彝铭，[①]彝铭中对仪式主持者（一般是周王）之言的记述大抵就是锡命诏书的主要内容。[②]由此可知，锡命诏书的文体构成一般是记录所授官职的具体名称及职责，并列出赏赐品名目，如《免簋》铭文曰："令汝胥周师司廪，赐汝赤巿，用事。"（意为：命你辅佐周师掌管司廪的官职，赏赐给你红色的蔽膝，用以履行你的职务。[③]）有些锡命诏书还要记述周王对受命者的训诫之言，如《趞盂》铭文曰："寮汝寮，奚、迸、华。"（意为：你要和你的同僚奚、迸、华等人搞好关系。[④]）又如《师釐簋盖》铭文曰："师釐，在先王小学，汝敏可使，既命汝更乃祖考司，……用事。夙夜勿废朕令。"（意为：师釐，当初在先王的小学中，你已表现出机敏聪慧可以承担使命的才情，先王已任命你继承职位，……你要勤勉敬业，日日夜夜都不要废弃我的政令。[⑤]）

　　西周早期有不少记录赏赐事件的铭文，但为纪念官员任命而铸的彝铭目前所知只有《大盂鼎》《井侯簋》《宜侯夨簋》等少数几篇，[⑥]而从西周中期早段开始，这种彝铭突然大量出现，一直延续到西周后期。[⑦]如果把封官授职视为一类锡命诏书的核心内容，那么，这一现象至少说明这一类锡命诏书的书写是在西周中后期兴起的。如李峰先生所言，这说明，"周王很可能通过将官员册命制度化来加强他对政府的控制"。[⑧]内史拟写锡命诏书自然要根据周王

---

① 应该不是所有锡命诏书都会被受命者转录于彝器。如《左传·定公四年》记成王封蔡叔之子蔡仲为蔡侯之事，由于蔡叔是被放逐的叛臣，所以封蔡仲的命书云："王曰，胡，无若尔考之违王命也。"此命书大抵不会被蔡仲铸于彝器之上。

② 大多是直接引述，也有的是间接转述，如《免簋》。不过，彝铭作者对锡命诏书的转录有的可能只是摘录，还有的可能会作语体上的改动。

③ 译文据《金文今译类检》（殷商西周卷），前揭，第 45 页。

④ 译文据《金文今译类检》（殷商西周卷），前揭，第 676 页。

⑤ 译文据《金文今译类检》（殷商西周卷），前揭，第 233-234 页。

⑥ 李峰认为只有《大盂鼎》是为纪念官员任命而铸的西周早期彝铭。（李峰：《西周的政体：中国早期的官僚制度和国家》，前揭，第 108 页）实际上，类似彝铭至少还有《井侯簋》《宜侯夨簋》。此三器都是康王时期的。

⑦ 李峰：《西周的政体：中国早期的官僚制度和国家》，前揭，第 108 页。

⑧ 李峰：《西周的政体：中国早期的官僚制度和国家》，前揭，第 109 页。

的授意。从书写者的角度说，这种情况也与上文所述西周中后期内史机构专门化为内廷书记机构相符合。至于西周早期锡命诏书少见，则可能是因为，"西周早期政府比较严格地执行着政府职位的世袭继承制度。在这种情况下，周王对官员的任命可能不是必要的；即使周王进行了锡命，可能也不受重视"。①

　　（三）西周誓师辞及其书写

　　"誓"与"盟"关系密切，古人常常"盟""誓"连用。"盟""誓"连用主要是因为盟本身包含了结盟各方在神灵面前约誓的意思。不过，"誓辞"本义为"含有告诫约束之意的言辞"，②《尔雅·释言》云："诰誓，谨也。"郭璞注曰："皆所以约勤谨戒众。"《说文解字》云："誓，约束也。"段玉裁注曰："凡自表不食言之辞皆曰誓，亦约束之意也。"这个意义上的誓辞是相对独立于盟辞的。《周礼·秋官·士师》曰："誓，用于军旅。"誓师辞是誓辞的主要类型。③《诗·鄘风·定之方中》毛传有所谓大夫九能的说法："建邦能命龟，田能施命，作器能铭，使能造命，升高能赋，师旅能誓，山川能说，丧纪能诔，祭祀能语，君子能此九者，可谓有德音，可以为大夫。"这里的"田能施命"和"师旅能誓"两项都与誓师辞关系密切。孔颖达正义曰："田能施命者，谓于田猎而能施教命以设誓。……师旅能誓者，谓将帅能誓戒之，若铁之战，赵鞅誓军之类。"可见，前者主要指制作用于大蒐礼（军演）的誓师辞，后者则指制作临战前誓师礼所用的誓师辞。《文选》张衡《东京赋》注引《尹文子》曰："将战，有司读诰誓，三令五申之，既毕，然后即敌。"这里的"读诰誓"应该就是指读誓师辞。既然是"读"，自然是据书面简策来读，可见，至少用于临战前誓师礼的誓师辞很可能是事先形诸简策的。这种誓师辞应该是军中掌书记的史官根据统帅的授意而制作、书写的。

　　西周誓师辞在传世文献中有一些记载，如《史记·齐太公世家》记有武王孟津之誓："师行，师尚父左仗黄钺，右把白旄，以誓曰：'苍兕苍兕，聪尔众庶，与尔舟楫，后至者斩。'遂至盟津，诸侯不期而会者八百。"《今文尚书》中的《甘誓》《汤誓》《牧誓》《费誓》均为誓师辞。④不过，《费誓》是春秋时秦穆公的誓师辞，《甘誓》和《汤誓》显然是后人追记的文本。只有《牧

---

① 李峰：《西周的政体：中国早期的官僚制度和国家》，前揭，第 109 页。
② 董芬芬：《春秋时代的誓师辞》，《甘肃广播电视大学学报》2007 年第 4 期。
③ 上古誓师，有联合各部族徒众之意，所以也与"盟"有一定关联。
④ 伪《古文尚书》中还有《泰誓》《胤征》两篇属誓师辞。

誓》所记被认为确有所本。①尽管《牧誓》亦有后人文法用词的明显痕迹，②但不必全盘否认其真实性。《牧誓》并非全篇都是誓师辞，而是与《尚书》中多数训诰文的结构一样，先有一个简要的叙述框架，交代事件背景和场面，然后再记言（即誓师辞），这说明《牧誓》可能是后人在编订《尚书》时根据誓师辞原始资料加工整理而成。《牧誓》所记誓师辞的文体结构大致是先号召属从立誓，再吊民伐罪，最后提出要求和罚则。③措辞极为严厉、激烈，吊民伐罪极富煽动性，陈述罚则又突显规制性。这种文体特征与春秋时期的誓师辞基本一致，后者应是沿袭古制。

誓师辞既然用于誓师礼，④仍是仪式框架内的言说和书写，但誓师辞中的"誓"与盟辞以及起誓辞（见下文讨论）中的"誓"有本质区别，后者是向神灵立誓，因而是人对神的言说，前者则是军事统帅向徒众的训诰和约束，是人对人（上级对下级）的言说。从这个意义上说，形诸书面的誓师辞属于政务性文本，可归入军令一类。

（四）西周刑书的书写问题

关于西周刑书，文献中多有相关记载，如《周礼·天官冢宰》云："大宰之职，掌建邦之六典，……五曰刑典，以诘邦国，以刑百官，以纠万民。"《汉书·刑法志》云："昔周之法，建三典以刑邦国，诘四方：一曰刑新邦用轻典，二曰刑平邦用中典，三曰刑乱邦用重典。"《尚书·吕刑》云："王享国百年，耄荒；度作刑以诘四方"，"哀敬折狱，明启刑书胥占，咸庶中正"。《国语·周语下》记太子晋谏周灵王之语曰："若启先王之遗训，省其典图刑法，而观其废兴者，皆可知也。"西周时最著名的刑书当数《九刑》。《左传·昭公六年》云："夏有乱政而作《禹刑》，商有乱政而作《汤刑》，周有乱政而作《九刑》，

---

① 学者们通过比对《牧誓》与《利簋》所记牧野之战的时间，认为《牧誓》的记载是可信的。（参见王和：《关于理论更新对于先秦史研究意义的思考——从解读〈利簋〉的启示谈起》，《史学月刊》2003 年第 4 期）

② 参见屈万里：《尚书今注今译》，前揭，第 60 页。

③ 参过常宝：《先秦散文研究——早期文体及话语方式的生成》，前揭，第 99 页。

④ 西周誓师礼应该与春秋时期的誓师礼基本一致，关于春秋时期的誓师礼，详参董芬芬：《春秋时代的誓师辞》，《甘肃广播电视大学学报》2007 年第 4 期。刘起釪先生认为，《牧誓》中描写了伐纣前的歌舞仪式。（参见刘起釪：《〈牧誓〉是一篇战争舞蹈的誓词》，见氏著《古史续辨》，中国社会科学出版社，1991 年，第 289-302 页）按此说法，举行特定的歌舞仪式应该是西周早期誓师礼的一部分，这可能也是与后世誓师礼不同的地方。

三辟之兴，皆叔世也。"《逸周书·尝麦》记"王命大正正刑书"之事，其中有"太史策刑书九篇"之语，一般认为所正刑书即《九刑》。此外，《周礼》等文献中有"悬灋象魏"制度的记载，"灋"是一种与刑法有关的神兽，《说文解字》曰："灋，刑也。"因此，"悬灋象魏"也是西周存在刑书书写的证明。①

西周刑书产生于西周的哪一个时期呢？一般认为《九刑》是西周中期以后的产物。《左传·昭公六年》杜预注曰："周之衰，亦为刑书，谓之《九刑》。"李学勤先生亦推测《尝麦》所记之事"应在周的叔世，至少也要在穆王时'王道衰微'之后，《周书序》之说恐不足信"。②这种推测是有道理的，但并不意味着西周早期没有刑法。事实上，周初统治者对刑法是颇为重视的。这一点可以《尚书》中的周初训诰文为证，周初训诰文中经常出现与刑法有关的说法。以《康诰》为例，在《康诰》中，周公训诫康叔的一条核心内容就是要求康叔"明德慎罚"。诰辞中多处涉及刑法，如"汝陈时臬事，罚蔽殷彝，用其义刑义杀，勿庸以次汝封。"（意为：当你陈述法度，判断案子时应依据殷的法律，其所当刑者刑，当杀者杀，不要只就你封自己〔的私见判决罪犯〕。）③"乃其速由文王作罚，刑兹无赦。"（意为：那么你就赶快用文王所定的刑罚，惩罚这种人而不要赦免他们〔指上文所言不孝不友之人〕。）"不率大戛，……时乃引恶。"（蔡沈《书集传》云："戛，法也。"④）"汝亦罔不克敬典。"（意为：你要治理国家，只能敬守国之常法。⑤）"勿替敬典。"（意为：不要废掉了应当谨守的法典。⑥）从以上引文可知，周初刑法既沿用殷商之法，也有周人自己的特点。周初统治者对刑法的重视是与礼法君主政制相一致的。礼法君主政制虽以荣宠为动力，但亦注重礼法的作用，这是它与集权君主政制的一个基本区别。礼法作为对人的行为规范，本质上当然是一种"法"，但是，礼法与刑法又有所不同。李春青先生指出：

　　"礼"是使贵族成为贵族的方式。……是将在政治经济上获得统治地位的那个社会阶层塑造成在行为方式、文化观念、道德修养，甚至

---

① 本文第四章将结合春秋时期铸刑鼎事件讨论"悬灋象魏"相关问题，这里不做详细分析。

② 李学勤：《〈尝麦〉篇研究》，见氏著《古文献丛论》，前揭，第 74 页。按：《周书序》说《尝麦》"正刑书"之事在成王时。

③ 译文参屈万里：《尚书今注今译》，前揭，第 85 页；杨任之：《尚书今译今注》，北京广播学院出版社，1993 年，第 222 页。

④〔南宋〕蔡沈：《书集传》，凤凰出版社，2010 年，第 168 页。

⑤ 译文据杨任之：《尚书今译今注》，前揭，第 224 页。

⑥ 译文据屈万里：《尚书今注今译》，前揭，第 88 页。

一举手、一投足方面都不同于其他社会阶层的特殊人的最佳方式。①

因此，礼法是"建立在人的自尊心理和归属需要的基础上的"。②刑法则不同，刑法"只令人知道什么可以做，什么不可以做"，因而是"建立在人的畏惧心理的基础上的"。③礼法和刑法的这种区别意味着它们在施用对象上是不一样的，礼法针对贵族阶层，刑法则主要针对平民阶层，即《礼记·曲礼上》中说的"礼不下庶人，刑不上大夫"。但值得注意的是，周初训诰文中有关刑法的说法与后世法家对严苛刑治的强调不同，这些说法十分注重刑与德的关联，如要求"明德慎罚"，用"义刑义杀"，在施用刑法时要有"敬"的态度。因此，与其说西周早期统治者重视刑法本身，不如说重视的是刑法的施用原则。这种原则说到底就是与义神礼法君主政制相配套的德性天命观的原则，这也是周人刑法区别于商人刑法的特色所在。换句话说，西周早期统治者所注重的刑法仍然在西周礼法的框架之内，刑法不是完全在礼法之外的规范，而是礼法的一种延伸和补充，或者说是广义的礼法的一部分。《周礼》所言建邦之六典可以视为广义的礼法典章，④而刑典只是六典之一。《左传·文公十八年》云：

周公制礼曰：则以观德，德以处事，事以度功，功以食民。作誓命曰：毁则为贼，掩贼为藏，窃贿为盗，盗器为奸，主藏之名，赖奸之用，为大凶德，有常无赦，在九刑不忘。

此处礼与刑并提，亦可见二者本一体而互补。事实上，西周刑法也未必只针对平民而不针对贵族。《周礼·秋官·小司寇》讲八议之制："一曰议亲之辟，二曰议故之辟，三曰议贤之辟，四曰议能之辟，五曰议功之辟，六曰议贵之辟，七曰议勤之辟，八曰议宾之辟"，"以八辟丽邦法，附刑罚"。八议之制正是针对贵族的刑法施用原则。

有刑法并不意味着有刑书，刑法早在西周以前就有了，但《禹刑》《汤刑》未必是书面形态的刑法典。西周早期很可能已经有刑书，只是当时刑书书写的样态如何，我们还不是很清楚，但《尝麦》《吕刑》等文献确乎传递出这样

① 李春青：《诗与意识形态：西周至两汉诗歌功能的演变与中国诗学观念的生成》，前揭，第43页。
② 李春青：《诗与意识形态：西周至两汉诗歌功能的演变与中国诗学观念的生成》，前揭，第41页。
③ 李春青：《诗与意识形态：西周至两汉诗歌功能的演变与中国诗学观念的生成》，前揭，第41页。
④ 狭义的礼法典章指专记礼仪规范的礼书，如六典中的"礼典"。

一个信息，即从西周中期开始，周王室似乎特别重视刑书的修订。^①这一书写现象很可能反映了西周中期以后政制形态的演变。上文已述，西周中后期政制形态演变的一个要点就是周王的集权倾向。西周中后期，周王可能试图通过修刑书的举动来直接或间接地加强行政管控权。关于穆王主持修刑书的动机，历来有不同说法。《尚书正义》中孔颖达的说法是："王者代相革易，刑罚世轻世重，殷以变夏，夏又改殷。夏法行于前代，废已久矣。今复训畅夏禹赎刑之法，以周法伤重，更从轻以布告天下。"这是典型的儒家解释。司马迁则认为："诸侯有不睦者，甫侯言于王，作修刑辟。"（《史记·周本纪》）诸侯不睦是西周中期以后诸侯离心趋势的必然表现，不睦当是出于利益争夺。此说从当时的政治局面出发，比孔颖达的说法更合乎情理一些。按此说，当时作修刑辟的直接目的就是加强对诸侯的管控，解决诸侯之间的纠纷。不过，观《吕刑》文本，其内容以阐说赎刑为主，并未提及诸侯不睦之事，所以有学者认为穆王是借轻刑为名敛财，如朱熹《虞书·舜典·舜典象刑说》曰：

> 若夫穆王之事，以予料之，殆必由其巡游无度，财匮民劳，至其末年无以为计，乃特为此一切权宜之术以自丰，而又托于轻刑之说，以违道而干誉耳。夫子存之，盖以示戒。^②

吕思勉先生也认为，穆王"作修刑辟，意在令疑罪入金以赎，亦所以足兵也"。^③朱、吕二人的说法不同之处在于，朱熹以为敛财的目的是为了满足王室的奢靡之需，吕思勉则以为是为了战争。相比而言，后者似更为妥当。如果修刑确与敛财有关的话，那么就有点类似后来厉王的所谓"专利"之举，其实质意图都是为了改善和加强王室财政，只不过穆王的办法更高明一点。加强王室财政与周王的集权倾向也是相关的，因为财政支撑是集权的必要条件，如果王室没有足够的经济实力，贵族政治下的荣宠机制和等级秩序就难

---

① 一般认为《吕刑》是穆王时期文献，争议不大。《尝麦》的年代则相对更难确定。黄怀信认为《尝麦》"唯首句……有可能系书之编订者所改冠。其余部分，当属西周原作"。（黄怀信：《逸周书源流考辨》，第116页）李学勤认为："《尝麦》篇中引述黄帝、蚩尤以及启之五子等故事，与《吕刑》穆王讲蚩尤作乱、苗民弗用灵等互相呼应，其时代当相去不远。篇中所说'如木既颠厥楢'的比喻，疑指昭王南征不复而言。据此推想，《尝麦》可能是穆王初年的作品。"（李学勤：《〈尝麦〉篇研究》，见氏著《古文献丛论》，前揭，第94页）《尝麦》的成文年代虽尚难确定，但大抵是西周中后期的文献。《尝麦》和《吕刑》的内容都与制律典刑之事直接相关，说明西周中后期至少曾有两次修刑书的书写活动。

② 〔南宋〕朱熹：《朱子全书》（第23册），朱杰人、严佐之、刘永翔主编，上海古籍出版社，2002年，第3261页。

③ 吕思勉：《先秦史》，上海古籍出版社，2005年，第132页。

以维持，周王就无法保障自己的权威，更无法加强对贵族集团的管控。不过，不管西周中期修订刑书的真实动机是什么，至少在形式上，这个时期的刑书书写活动仍然在礼乐制度的框架范围之内，应视为重修礼乐行为的组成部分，制作和施用刑法的德性原则还没有发生根本变化。所以，《吕刑》的核心思想仍是反复申明刑与德的关系，所谓"惟敬五刑，以成三德""朕敬于刑，有德惟刑"，强调施用刑法的权力根源在于作为义神的天，如说"无简不听，具严天威""今天相民，作配在下""天罚不极庶民，罔有令政在于天下"。《尝麦》中的周王诰辞也表达了类似观念，如"予用皇威，不忘祗天之明典""夫循乃德，式监不远"等。

《吕刑》和《尝麦》虽然讲的是制律典刑之事，但这两篇文献本身并非刑书。《吕刑》属于训诰文，尤韶华先生认为，"是一篇颁布刑书的文告"，"更似刑书的说明书"。[①]从其中"哀敬折狱，明启刑书胥占"等语来看，肯定另有比较成熟的罪罚合一的刑书。

《尝麦》则比较详细地记述了周王主持正刑书仪式的经过。其中多处涉及书面文件的使用，这里有必要作一点辨析。《尝麦》中的第一篇诰辞前记述："宰乃承王中升自客阶。作策执策从中。宰坐，尊中于大正之前。太祝以王命作策策告太宗。王命□□祕。作策许诺，乃北向繇书于内楹之门。"可见，作册史官所读之书的内容就是接下来的关于修订刑书的诰辞。值得注意的是这里三次提到"中"。"中"是"盛策之器"，那么这里所盛之策是何种文献呢？应该不是作册史官所读之书策，因为"作策执策从中"的意思是作册史官手执简策跟在捧着"中"的大宰后面。"中"所盛之策应该就是需要修订的刑书，如潘振所言："中，藏刑书之椟。作策者起竹简见刑书也。起策则抽中，盖执策则捧中身，故曰从中。"[②]作册史官宣读诰辞之后，"众臣咸兴，受大正书，乃降。太史策形书九篇，以升授大正，乃左还自两柱之间"。这里"受大正书"的所指很不清晰，各家解释殊异。一种解释是"受大正书"的主语是"众臣"，如丁宗洛《外篇》云："大正以策书命众臣，故曰受大正书。"[③]黄怀信先生也认为是众臣"接受了给大正的册书"，[④]李学勤先生则认为这句是说"众臣在恭聆王命后起兴，宣读王命的作策便把所读的诰书授予大正"，[⑤]这就是说"受

① 尤韶华：《〈吕刑〉的穆吕之争：〈尚书·吕刑〉性质辨析》，《江苏警官学院学报》2012 年第 2 期。关于《吕刑》的文本性质问题，详见下文讨论。
② 黄怀信、张懋镕、田旭东：《逸周书汇校集注》，前揭，第 728 页。
③ 黄怀信、张懋镕、田旭东：《逸周书汇校集注》，前揭，第 728 页。
④ 黄怀信：《逸周书校补注译》，三秦出版社，2006 年，第 297 页。
⑤ 李学勤：《〈尝麦〉篇研究》，见氏著《古文献丛论》，前揭，第 92 页。

大正书"的主语是省略了的"作策",而"受"通"授"。不过,此二说都认为"受大正书"的"书"是作册所读之策书,而且作册宣读之后将策书交予大正。从上述《颂鼎》《善夫山鼎》等锡命铭文中记有授命册的程序来看,这是有道理的。阎步克先生则认为"受大正书"是指"大正厘正刑书授予众臣",[1]似不妥,因为《尝麦》所记为周王命大正修订刑书的仪式,而不是颁布新刑书的仪式,新刑书并不是在该仪式之前已经写好了的,而且,大正既已厘正刑书,授予众臣,与下一句"太史策形书九篇,以升授大正"难以贯通。"太史策形书九篇,以升授大正"一句的意思可能是:太史将原先置于王"中"之中的刑书当场誊抄于简策上,然后交给大正。丁宗洛说:"太史将两槛縣书者呈于王,王乃交大正,故又曰授大正书。"[2]恐误。由于太史所誊抄的刑书有九篇,所以一般认为即《九刑》,准此,此次正刑书就是对周王朝旧有刑书《九刑》的修订。[3]

周人早期刑法的制作者可能是周王本人,如《康诰》说"文王作罚"。从《尝麦》的记载来看,西周中期以后,制律典刑之事涉及大宰、大正、太史等职官。大宰承中,说明大宰有掌刑书之责,可与《周礼·天官·大宰》所言"大宰之职,掌建邦之六典,……五曰刑典"相参证。具体负责修订刑书的则是大正(大司寇)。"太史策形书九篇"这一程序说明西周太史也与制律典刑之事关系密切。《尚书·立政》中有"太史、司寇苏公!式敬而由狱,以长我王国",《周礼·春官·大史》也说"大史,掌建邦之六典,以逆邦国之治理,掌法以逆官府之治,掌则以逆都鄙之治,凡辨法者考焉,不信者刑之",[4]似可为参证。阎步克先生推测西周时司寇与太史在刑狱之事上已有分工,"具体司法者为司寇,而大史则提供法典以为参照",[5]这表明"法律与典藏法律的责任已经分而为二了,这是个合理化了的分工关系"。[6]这种分工应该是西周中期以来王朝官僚体系发展的结果。

《尝麦》《吕刑》等文献也说明西周统治者对刑书的制作、修订以及典藏是极为重视的,将之视为神圣的事情,所以修订刑书必须举行极其庄重的仪

---

[1] 阎步克:《乐师与史官:传统政治文化与政治制度论集》,前揭,第47页。
[2] 黄怀信、张懋镕、田旭东:《逸周书汇校集注》,前揭,第728页。
[3] 如陈逢衡云:"刑书九篇,即所谓九刑也。"(黄怀信、张懋镕、田旭东:《逸周书汇校集注》,前揭,第742页)李学勤也说:"这九篇刑书当即《九刑》。"(李学勤:《〈尝麦〉篇研究》,见氏著《古文献丛论》,前揭,第92页)
[4] 按《周礼》所述,大史所掌的建邦之六典应为六官正长之府所藏文献的副本。
[5] 阎步克:《乐师与史官:传统政治文化与政治制度论集》,前揭,第47页。
[6] 阎步克:《乐师与史官:传统政治文化与政治制度论集》,前揭,第45页。

式，周王要专门就制刑对臣属进行训诰，还要向神灵禀告。[①]刑书如此受重视，其根本原因在于刑书是国家礼乐典章的组成部分。礼乐典章是国家最高法权的重要象征，所以后来春秋时期王室发生王子朝之乱时，王子朝要奉周室典籍奔楚，[②]带走礼乐典章，意味着带走统治法权。

（五）关于西周礼书的探讨

西周是否存在专门记录礼仪规范的礼书，尚无文献上的充分证据。较为可靠的西周文献中虽有不少记礼内容，但多属记事之辞，即对某一次行礼过程的动态描述，如《尚书·顾命》《逸周书·尝麦》等。不过，从文献所记西周礼仪的复杂程度来看，至迟到西周中后期，应该已有礼书书写活动。传世文献中也可找到一些间接的证据。《周礼》屡次言及"礼典""礼书"，如《周礼·天官·大宰》有"建邦之六典"，其中"三曰礼典，以和邦国，以统百官，以谐万民"，又如《周礼·春官·大史》记"（大史）与群执事读礼书以协事。祭之日，执书以次位常，辨事者考焉，不信者诛之。大会同朝觐，以书协礼事。及将币之日，执书以诏王"。《尝麦》的最后一部分记载：

> 是月，士师乃命太宗序于天时，祠大暑；乃命少宗祠风雨，百享。士师用受其戒，以为之资；邑乃命百姓遂享于富，无思民疾。供百享归祭，闾率、里君以为之资；野宰乃命冢邑县都祠于太祠，乃风雨也。宰用受其职戒，以为之资；采君乃命天御丰穑，享祠为施，大夫以为资。威，太史乃藏之于盟府，以为岁典。

关于这里太史藏于盟府的文献的性质，有不同理解。孙诒让曰：

> 谓上正刑书受中及命祭祀诸事咸备成，太史乃总藏其典于盟府也。庄读箴如字，则似太史所藏者止是箴辞，与以下为岁典文不合，非是。朱读属上资字为句，尤误。[③]

---

① 孙诒让在解释"太祝以王命作策策告太宗"一句的意思时说："盖太祝先以王命命内史作策辞以告大正，而大宗又以王命命少宗使秘于社，上命作策者乃告大正，非告大宗也。……宗伯自主秘社事，与正刑书事又不相冢，皆不可并为一也。"（黄怀信、张懋镕、田旭东：《逸周书汇校集注》，前揭，第729页）李学勤则说："王兼诰大宗、大正，与篇文上下并无矛盾。"但他也认为大祝告大宗，是由于周王要向神禀告修刑之事。（参见李学勤：《〈尝麦〉篇研究》，见氏著《古文献丛论》，前揭，第90-91页）

② 《左传·昭公二十六》记载："王子朝及召氏之族、毛伯得、尹氏固、南宫嚚奉周之典籍以奔楚。"

③ 黄怀信、张懋镕、田旭东：《逸周书汇校集注》，前揭，第750页。

　　黄怀信将"岁典"释为"当年的重要典籍"①与孙诒让的看法比较接近。李学勤认为盟府典藏盟誓载书，所以，"推测士师以至国、野、采邑执行刑书，在举行祭祀时也有盟誓，载书归大史总藏。"②阎步克先生则认为《尝麦》的最后一部分是讲祭祀风雨的礼制，而最后一句说明这礼制"是由太史纪录下来，并藏之于'盟府'之中的；……'以为岁典'者，岁岁依以行事之典也。这与《周礼》太史'读礼书以协事'之记，正成印证"。③如果按照阎步克的说法，那么这句话也是西周存在礼书书写的一个证据，而且说明礼书的书写者是史官，尤其是太史。

　　西周礼书有可能用于贵族教育。因为只有通过教育，才能保证礼制的有效传承。《礼记·王制》说："乐正崇四术，立四教，顺先王《诗》《书》《礼》《乐》以造士。春秋教以《礼》《乐》，冬夏教以《诗》《书》。"《周礼·地官·保氏》中的"六艺"之教（即"一曰五礼，二曰六乐，三曰五射，四曰五驭，五曰六书，六曰九数"）也把礼放在首位，可见，礼仪规范无疑是早期贵族教育的最重要内容之一。杨宽先生认为："西周大学中的贵族公共活动，以射猎、行礼、奏乐、舞蹈为主，其教学的主要内容也以乐和射为主，尤以射为重要。"④射的教学既是军事训练，也属于广义的礼教。俞启定和施克灿的《中国教育制度通史》（第一卷）说："西周国学所教的'礼'，则是贵族生活中常见的'五礼''六仪'。……习礼仪不仅只讲礼典，还要实学实习，反复练习。"⑤这实际上也是认为西周国学将礼典用作习礼教材。礼书属于政务性文书中的制度文书，如果用于贵族教育，也就具有了广义的政教功能。

（六）西周时期其他政务文书的书写

　　虽然《周礼·天官·冢宰》中的建邦六典（即治典、教典、礼典、政典、刑典和事典）之说可能带有后世儒家政制设计的色彩，但周王朝典章丰富应是事实。周王不仅会将一些典章文献赏赐给诸侯，如《左传·定公四年》记成王封鲁公伯禽时的赏赐品就包括典籍简策（"分之土田陪敦，祝、宗、卜、史，备物、典策，官司、彝器"），诸侯们也时常向天子求赐典章文献，如《周颂·载见》有"载见辟王，曰求厥章"的诗句。诸侯们求赐礼乐典章，其原

---

① 黄怀信：《逸周书校补注译》，前揭，第299页。
② 李学勤：《〈尝麦〉篇研究》，见氏著《古文献丛论》，前揭，第93页。
③ 阎步克：《乐师与史官：传统政治文化与政治制度论集》，前揭，第51页。
④ 杨宽：《西周史》，上海人民出版社，1999年，第675页。
⑤ 俞启定、施克灿：《中国教育制度通史》（第一卷），山东教育出版社，2000年，第77页。

因在于，"礼"是"贵族们对贵族身份进行确认的最佳方式"，[①]获赐礼乐典章，不啻得到天子对自己身份地位的一次重新确认。这也是中国古代以礼乐引导荣宠的独特之处。西周典章文献中应该有相当一部分属于政务文书，这与西周史官政务书记职能的加强有直接关系，如李峰先生所言：

> 史和作册[②]的重要性及三有司[③]突出的作用表明，周人可能对政府有一个非常不同的理解，一个对民事行政的专注——虽然西周国家根本的政治使命是完成天命，但为了这个目的，周人建立了一个主要执行民事行政管理的政府机构，而并不是像……商代政府那样首要是一个处理与神之间的关系，仅仅附带地处理民政事务的宗教体制。[④]

西周时期的政务性文书除了上文已述的那些类型之外，至少还有授时月令文献、邦交文书、记功文献以及政命、军命文书等，下面分别简述。

1. 授时月令文献

西周以前已有敬授民时之《夏小正》，西周也当有本朝的授时月令文献。《逸周书》中有《周月解》一文，虽晚出，但其所述周灭商后有改正朔之事，学界多信从。[⑤]既有改正朔之事，那么，"敬授民时，巡狩祭享，犹自夏焉"（《周月解》）的说法亦当可信，只是正朔已改，当重新颁布时令，"以纪于政"（《周月解》）。《周礼·春官·大史》云："（大史）正岁年以序事，颁之于官府及都鄙，颁告朔于邦国。"林尹先生注曰："天子以季冬颁来岁十二月之朔政于诸侯，诸侯受而藏之祖庙，每月朔，以特牲告庙，遂受天子所颁朔政而行之。"[⑥]贾公彦疏曰："言朔者，以十二月历及政令，若月令之书，但以受行，号之为朔。"这说明朝廷每年都要向诸侯颁布月令文献，并非固定不变。《逸周书》中又有

---

① 李春青：《诗与意识形态：西周至两汉诗歌功能的演变与中国诗学观念的生成》，前揭，第43页。

② 关于"史"和"作册"，李峰认为："西周早期二者（即作册与史）应该是被区别开的。……史官一般在不同的政府部门中负责文字记载和保存记录，而作册则可能是起草和撰写官方文书，如王命和其他中央政府颁发的文令。"到西周中期，"可能作册的作用被吸收到内史当中了"。（李峰：《西周的政体：中国早期的官僚制度和国家》，前揭，第62、81页）

③ 三有司是指卿事寮中三个最重要的职官，即司土、司工和司马。

④ 李峰：《西周的政体：中国早期的官僚制度和国家》，前揭，第66页。

⑤ 学界多以《世俘》记事历谱中克殷前有二月，克殷后有四月，而惟缺三月来证明周初改正朔的事实，即"商正建丑，周正建子"。清代学者孔广森《经学卮言》已指出"既事于牧野，遂改正朔，以殷三月为四月。"当代学者李学勤、黄怀信、罗家湘等均同此说。

⑥ 林尹：《周礼今注今译》，书目文献出版社，1985年，第272页。

《时训解》和《月令解》两篇，后者已佚。《时训》记节气、物候及反常物候之灾异，于《夏小正》所记之节候多有采用，但二十四节气七十二物候之系统以及灾异之说显系晚出，并非西周文献。至于已佚的《月令解》，黄怀信先生认为就是《礼记》中的《月令》，因为该篇"既被编于《礼》书，流传自广，后之抄《周书》者无烦再抄，故致于'佚'"，①并非真的佚失。如果此说不误，那么《月令解》也不是周初的《月令》。但《周书序》所言"周公制十二月赋政之法，作《月令》"却是可信的，只是真正的西周的《月令》在《周书序》写定的时代就已亡佚了。西周王朝每年向各地诸侯颁授月令的制度可能延续到西周末。《史记·历书》云："幽、厉之后，周室微，陪臣执政，史不记时，君不告朔。"孙诒让《周礼正义》曰："以上所云告朔，即班朔，并指天子以朔告于诸侯。"②告朔于诸侯是示威于天下的表现。西周末，周王权威日益跌落，朝廷与诸侯关系日益疏远，不再有往日示威于天下的能力，颁朔之制自然废弛。值得注意的是，《礼记·月令》与《周礼·春官·大史》中"正岁年以序事"以及"颁告朔于邦国"所涉及的文献在性质上其实有一些区别。上文已述，《礼记·月令》是以规范帝王礼法行为为主要目的的制度性文献。"正岁年以序事"才是真正意义上的敬授民时，如贾公彦疏所言："谓造历正岁年以闰，则四时有次序，依历授民以事，故云以序事也。"这种文献主要是为指导生产，所以是颁给"官府及都鄙"的。朔政则是天子颁给诸侯的政令，本质上是对诸侯的礼法行为规范，虽然其中也会涉及指导生产之事。

2. 邦交文书

邦交文书的书写虽然兴盛于春秋，但应该始于西周。《国语·周语上》记周穆王时祭公谋父之言："有威让之令，有文告之辞。"这里的"文告之辞"即所谓"布令陈辞以责之"（《孟子注疏·告子下》孙奭疏），因此刘勰认为是"檄之本源"（《文心雕龙·檄移》），颇有道理，不过也可以视为邦交文书，因为其书写对象是反叛的诸侯方国。除此之外，西周时王室与诸侯国以及诸侯国之间有一定的聘问赴告礼制。《仪礼·聘礼》曰：

> 久无事，则聘焉。若有故，则卒聘，束帛加书将命，百名以上书于策，不及百名书于方。主人使人与客读诸门外。客将归，使大夫以其束帛反命于馆。明日，君馆之。

贾公彦疏引《周礼·内史》中"凡四方之事书，内史读之"的说法，二者互为参证，可见聘问时使用国书性质的"命书"应为西周就有的礼制。"使

---

① 黄怀信：《逸周书源流考辨》，西北大学出版社，1992 年，第 115 页。

② 〔清〕孙诒让：《周礼正义》，中华书局，1987 年，第 2087 页。

大夫以其束帛反命于馆"句郑玄注曰:"为书报也。"贾公彦疏曰:"此亦以束帛加书反命于馆。"据此可知,受聘国也应以国书答复。不过,西周时期邦交文书书写大抵不会很发达,因为:一者,西周时期,王室是国家政治中心,权威很高,所谓"先王制诸侯,使五年四王、一相朝"(《国语·鲁语上》),在西周国家内,主导的政治关系是中央与地方的关系,诸侯国之间的交往不如春秋时期密切;二者,西周时期诸侯国之间的交往可能以纯礼节性的常规往来居多,即所谓"久无事,则聘焉",在这种情况下,邦交文书当以国书为主,其文体构成应该比较简单比较程式化,属于泛仪礼性书写;三者,西周时期文字书写的普及程度还比较有限,诸侯国的文字运用能力不会很强。《周礼·外史》曰:"若以书使于四方,则书其令。"可见,西周时的国书应该是由史官根据国君的授意来拟写的。国书的内容类型可能涉及告请、通报以及庆吊等事宜。《诗经·小雅·出车》是宣王时期的战争诗,其中有"王事多难,不遑启居。岂不怀归?畏此简书"的诗句,毛传曰:"简书,戒命也。邻国有急,以简书相告,则奔命救之。"孔颖达正义曰:"知邻国有难,以简书相告者,闵元年《左传》引此诗乃云:'简书,同恶相恤之谓也。'言同恶于彼,共相忧念,故奔命相救。得彼告,则奔赴其命,救之。"准此,《出车》中的"简书"就是以军事告请为内容的邦交文书。

3. 政命、军命类文书

上文所述锡命诏书、誓师书、授时月令等实际上就可归入政命、军命类文书。政命文书并不限于专涉封官授职、赏赐爵禄之事的锡命诏书,凡是命令臣属执行某项任务的都属于政命。如《尚书·召诰》记载:"越七日甲子,周公乃朝用书命庶殷侯、甸、男、邦伯。"曾运乾云:"此周公程功赋事,分命庶殷也。"[①]显然,这里的"书"就是周公给众臣工分派营造任务的政命文书。用于军事任务的政命文书即军命文书。上文已述,殷商时期已有军事骨符,西周时期可能已经比较广泛地使用军命文书。上述《诗经·出车》中的"简书"也有可能是军命文书。有些青铜彝铭中记载了周王(或其他担任军事统帅的高级贵族)对受命者的军事命令,如西周早期的《审鼎》铭文曰:"唯王伐东夷,溓公令审眔史旗曰:'以师氏眔有司后国𤼈伐𧰼。'审俘贝,审用作馆公宝尊鼎。"(意为:当时王征伐东夷,溓公命令审和史旗说:"你们率领师氏、有司和其他从征的方国征伐𧰼。"审俘获贝,特此为馆公铸造祭祀

---

① 曾运乾:《尚书正读》,黄曙辉点校,华东师范大学出版社,2011年,第202页。

用鼎。①）溓公是康昭时期征伐东夷的军事统帅之一，铭文中所记他对䆊和史旟说的话无疑属于军事命令。又如西周中期的《柞伯鼎》铭文曰："虢仲命柞伯曰：'在乃圣祖周公𤔲又共于周邦。用昏无殳，广伐南国，今汝其率蔡侯左。'"（大意是："昏"这个方国不履行贡纳义务，王室要对之进行征讨，虢仲命令周公之后柞伯带领蔡侯担任此次征伐的左军）②考虑到西周锡命铭文常常以锡命诏书为底本，这里对军命的记述或许也是对书面军命的转录。当然，也不排除被转录的军命就是当时在誓师礼上宣读的誓师辞。

4. 记功文献

《尚书·洛诰》云："今王即命曰：'记功，宗，以功作元祀。'惟命曰：'汝受命笃弼，丕视功载，乃汝其悉自教工。'"这里的"功"当指营洛之功，伪孔传释"视功载"曰："视群臣有功者记载之。"曾运乾《尚书正读》曰：

> 记，识也。功，下言"功载"。则即功臣簿。《周官·司勋》云："国功曰功，民功曰庸，事功曰劳，治功曰力，战功曰多。凡有功者，铭书于太常，祭于大烝。"是功臣有配食之礼也。……王意言与祭诸臣，记在功载。宗人稽功，以诸有功者作元祀可也。③

《尚书·洛诰》的上述记载可与《周礼·夏官·司勋》《逸周书·尝麦》以及《尚书·君牙》等文献相参证，④可见，功臣簿一类的记功文献应是西周时期常见的文书档案。从曾运乾的解读来看，记功文献是由宗人负责的，这种文献与祭祀活动密切相关，所以也是泛仪礼框架下的政务文书。记功文献的产生原因亦可归诸礼法君主政制下的荣宠原则，因为记功不仅便于施恩赏赐，它本身也是对有功者的一种荣宠。

---

① 译文据《金文今译类检》（殷商西周卷），前揭，第 378 页。

② 参李学勤：《从柞伯鼎铭谈〈世俘〉文例》，《江海学刊》2007 年第 5 期。

③ 曾运乾：《尚书正读》，前揭，第 214 页。

④ 《尝麦》所记周王诰辞曰："（黄帝）以甲兵释怒，用大正顺天思序，纪于大帝，用名之曰绝辔之野。"这里的"纪于大帝"，不少学者以为是"纪于太常"之误，如庄述祖云："纪，载；名，铭也。《周官·司勋》：'凡有功者，铭书于王之太常。'言炎帝失其御，故蚩尤作乱，铭之太常，纪其功亦以垂戒后世。"（黄怀信、张懋镕、田旭东：《逸周书汇校集注》，前揭，第 734 页）黄帝时当然并不会有这种记功文献，但这一记载似可说明记功文献的书写由来已久。这里的"太常"应该指一种旌旗，伪古文尚书中的《君牙》中也有"厥有成绩，纪于太常"的说法，伪孔传曰："王之旌旗书日月，曰太常。"

四、礼乐仪式框架下的西周政教性书写

（一）德性天命观与西周早期两种训诰文

1. 西周早期两种训诰文

我们知道，东晋伪孔序最早提出了《尚书》"六体"说，"六体"即"典、谟、训、诰、誓、命"。郭英德先生认为：

> 大抵"典"载重要史事或某项专题事实；"谟"是臣下对君的诉说；"诰"是君对臣下的讲话；"誓"是君主誓命辞，且多是军事誓词；"命"为册命或君主某种命词；"训"为臣下对君的训导或解说。①

这六体中，"典""谟"虽有所本，但显系晚出，"誓"一般是誓师辞，上文已有论述。"命""诰""训"三体则多有相似之处，因为它们都包含了很多政教训诫的内容。今文《尚书》中可归入"命"的有《顾命》和《文侯之命》两篇。吴讷《文章辨体序说》引张表臣《珊瑚钩诗话》曰："因官使而命之者谓之'命'。"②《顾命》和《文侯之命》虽多训诫之言，但落脚点在于"因官使而命之"或赏赐爵禄，因而可归入上文所述锡命、政令一类文体。这也说明西周时期政教性书写与政务性书写之间并非泾渭分明。"诰"和"训"的界限更不清晰。张表臣曰："顺其理而迪之者谓之'训'，属其人而告之者谓之'诰'。"③"属其人而告之"与"顺其理而迪之"显然可以互通。郭英德的观点实际上是认为"诰"和"训"的区别在于言说者与接受者的关系不同，"诰"是君诰臣，"训"是臣训君。这个说法很有启发意义。不过，在礼法君主政制下，臣训君并不一定是一种下对上的言说。于雪棠指出：

> 狭义的诰，指的是上告下。所谓上告下，可以从两个方面理解。
> 一是从政治尊卑角度，指君告臣，上级官员对下级官员的告语。……
> 二是从宗法制度下的血缘关系角度理解，指长辈对晚辈的告语。④

《尚书》中臣训君的文本皆属这种"长辈对晚辈的告语"。从这个意义上说，"诰"和"训"都包含了上对下的言说关系，同时兼有"属其人而告之"和"顺其理而迪之"的政教意向，所以不妨统称为训诰文。今文《尚书·周

---

① 郭英德：《中国古代文体学论稿》，前揭，第 35 页。
② 吴讷、徐师曾：《文章辨体序说·文体明辨序说》，人民文学出版社，1962 年，第 12 页。
③ 吴讷、徐师曾：《文章辨体序说·文体明辨序说》，前揭，第 12 页。
④ 于雪棠：《先秦两汉文体研究》，北京师范大学出版社，2012 年，第 35-36。不过，将"诰"解为上对下的讲话，也会遇到一些问题。如《洛诰》主要写君臣对话，但长辈是臣，晚辈是君，似乎更接近于六体中的"训"。《召诰》《立政》则更是典型的臣训导君。这样，"训"与"诰"就难以明确区分。

书》中较为可靠的西周早期文献，包括"周初八诰"（《大诰》《康诰》《酒诰》《梓材》《召诰》《洛诰》《多士》《多方》）以及《君奭》《无逸》《立政》，还有被并入《顾命》中的《康王之诰》，都可归为训诰文。[①]

从政治行为方式与文体关系的角度来考虑，周初训诰文可以另外的方式分为两类：一是对外告谕众官民，相当于政治演说辞，不妨称为谕众文；一是对内训诫君王或特定的贵族官员，不妨称为训教文。《大诰》《多士》《多方》《康王之诰》以及《逸周书》中的《商誓》属前者，[②]其余属后者。[③]

言说对象的不同使这两类训诰文的话语策略和意旨类型亦有一定区别。就话语策略而言，谕众文是居高临下面向众人发布训谕，所以一般采用强硬、严厉的措辞。如在《大诰》中，周公强烈谴责武庚等人发动叛乱，"……越兹蠢。殷小腆敢纪其叙"。表达征讨叛乱者的决心和必胜信念，所谓"有十夫予翼，以于敉宁、武图功"，并以命令口吻要求众诸侯官吏随他出征，"予惟以尔庶邦，于伐殷逋播臣"。又如在《多方》中，周公警告殷人以及参与叛乱的四国诸侯，"尔乃惟逸惟颇，大远王命，则惟尔多方探天之威，我则致天之罚，离逖尔土"，即如果不听命令，就要代天施罚，显然是武力威胁。不过，与纯

---

① 《君奭》略为特殊，因为《君奭》记周公告召公之言，很难说是上对下的言说。《康王之诰》所陈礼制或有后人加工痕迹，但其诰辞大体可信。传世文献中保存完整的周初训诰文还应包括《逸周书》中的《商誓》《皇门》和《度邑》等。《商誓》并非盟誓体，朱右曾认为，其"誓"应读为"哲"。该文系周武王对殷民旧族的诰辞，类似《尚书·多士》。《皇门》是周公诰诸侯推荐贤才以助其勤国之辞，黄怀信先生认为"此篇文字质古，当为西周原作"。《度邑》是武王对周公的诰辞，主要内容是武王希望周公继承大位，以及规拟伊洛之事。（参见黄怀信：《逸周书源流考辨》，前揭，第 108-110 页）至于《盘庚》和《高宗肜日》，如果是周初人（很可能是宋国人）述古之作，那么亦可算为周初训诰文。

② 此类诰辞在周初应该并不鲜见，如《逸周书·世俘》中记武王克殷后回到宗周举行典礼，其中有武王在周庙"秉（黄钺，）语治庶国"的记载，李学勤先生认为，"'庶国'，总指各诸侯国，'语治'当系发布文诰"。（李学勤：《〈世俘篇〉研究》，《史学月刊》1988 年第 2 期）

③ 《召诰》有些特殊。一般认为《召诰》的诰辞为召公所作。根据文中召公的话"拜手稽首，旅王若公。诰告庶殷，越自乃御事"（也有一些注家，如曾运乾、王世舜等，将"诰告庶殷越自乃御事"视为文本叙述者即史官的记事之言），这篇诰辞既是对成王说的，又是对众殷民和治事诸侯说的。曾运乾说："旅王若公者，欲成王知所勉也。诰告庶殷者，欲庶殷知所警示也。"（曾运乾：《尚书正读》，前揭，第 202 页）不过，观《召诰》诰辞文脉，主要是针对成王的教诲之言，故将其归为训教文。此外，出土的清华简《保训》，李学勤先生认为是"周文王临终时对其太子发即武王所作的遗言"（李学勤：《论清华简〈保训〉的几个问题》《文物》2009 年第 6 期），准此，则《保训》亦属训教文一类。不过，关于《保训》的性质及其真实性，尚有争议。

粹的政令相比，谕众文也不是一味采用威严措辞，其中仍然包含不少劝服式说理的成分，即命令虽是不容置辩的，但理由也要讲清楚，使得诰文的接受者心甘情愿服从。如《大诰》中，周公用较长的篇幅批驳反对派的各种理由，反复陈述武力镇压叛乱者的必要性，甚至以作室耕种为喻，希望群臣协助他完成文王的未竟事业，晓之以理，动之以情。《多方》中，则是一面严词警告，一面许诺好处，给予安抚，可谓软硬兼施，尽显政治演说之才能。谕众文是向"外人"说的，训教文则是向"自己人"说的。后者虽然也不乏严厉之辞，但以劝勉、鼓励的口吻为主，"顺其理而迪之"的意味更浓，作者往往与接受者推心置腹地讲道理，传授经验。《康诰》的基本内容是周公向其弟康叔细致传授统治殷民的执政要领，既是告诫，又是劝勉，如一再鼓励康叔，"若德裕乃身，不废在王命"，只要"典听朕告"，就能"以殷民世享"。诰辞中还大量使用"呜呼"等感叹词语，语重心长地反复说"汝念哉"，可谓不厌其烦，用心良苦，殷殷之心昭然可鉴。

　　谕众文与训教文都包含了"德性天命观"的意旨类型，但侧重点有所不同，这种不同侧重与上述话语策略的不同侧重是一致的。谕众文强调天命，强调周天子是天帝意志新的合法代言人，着重从反面论述夏商如何因失德而失天命，从而论证周革殷命的正当性。《大诰》中为了证明东征之举符合天帝意志，甚至把已经日趋没落的占卜重新搬出来，仿佛回到了商末以前的社会意识形态，这当然是"对外"政治演说的话语策略。如果说谕众文突出了"德性天命观"中的"天命"思想，那么训教文就突出了"德性天命观"中的"德性"思想。训教文的诰辞是说给周统治者自己听的，所以制作者没有强调周革殷命的正当性，而是着重阐述周革殷命的实际政治经验，如"明德慎罚""用康保民"等。对于天命，训教文不仅没有强调"代天立言"的王命权威（虽然天命王权是一个基本前提），反而弥漫着"天命靡常"的忧患氛围，如《君奭》言"不知天命不易，天难谌，乃其坠命"等，[1]"周公一再称'不敢知曰'：

---

[1] 杜勇先生认为《大诰》中的"尔亦不知天命不易"与《君奭》中的"不知天命不易"，都是表示不知道"天命不易保持"的意思。（杜勇：《〈尚书〉周初八诰研究》，第215页）杨任之先生则将《大诰》中的"天命不易"译为"周之大命来之不易"，又认为是"责其不知天命之所在"，表述含混。（见杨任之译注：《尚书今注今译》，前揭，第211页）本文认为宜从颜师古说"言不知天命之不可改易，乃大为艰难以干国纪"，否则与文脉不合。由此亦可见谕众文与训教文在天命观念上的表述有所侧重，对外强调天命不可改变，对内强调天命难以保持。两者亦不矛盾。"天命不可改易"是指上帝心意一旦决定就不会改变，所以任何复辟的企图都是徒劳的。"天命不易保持"则是针对天命的领受者说的，表示难以永久使上帝满意，所以要居安思危。

我们的基业会不会永远美好地延续下去（'厥基永孚于休'），我们会不会最后走到不吉祥的道路上去（'其终出于不祥'）。①所以，只有小心谨慎地"惟德是依"才是保持天命的唯一出路。事实上，周初"德性"思想主要就是在训教文中表述出来的。总而言之，两种训诰文所呈现出的观念有所不同，并非制作者的思想不一致，说到底仍是不同言说场合所需要的话语策略不一样而已。②

2. 训诰文性质辨析

与西周时期的大多数政务文书一样，西周训诰文的制作、发布以及书写也是在泛仪礼的框架中运作的。比较明显的例子是《逸周书·尝麦》，该文中周王诰辞的制作和发布显然都被纳入仪式的规范之下。上述今文《尚书》中西周早期训诰文的产生同样应该与仪式有千丝万缕的联系，如《洛诰》《召诰》中诰辞前后的叙事部分都记述了相关仪式活动。因此，有学者根据《洛诰》文中记述了册告之礼以及《康诰》诰辞中有类似告祭颂祖之辞而认为，"'周初八诰'都是在宗教场合的告祭仪式上由周公发出的告诫之辞，突出地体现了宗教性和政令性合二为一的文体特征"。③这个说法有一定道理，但值得注意的是，训诰文有泛仪礼背景，并不意味着训诰文在性质上属于告神的仪式性文本。《洛诰》中虽然有对告祭的记述，但祝告是"惟告周公其后"，即成王命令作册逸作策祝文向先王禀告周公留守洛邑之事，而不是《洛诰》诰辞所记述的成王与周公之间的君臣问答之语，两者不在同一天发生。告祭上的祝告辞也不可能是君臣对话。④至于《康诰》中的"惟乃丕显考文王，克明德慎罚；不敢侮鳏寡，庸庸，祗祗，威威，显民，用肇造我区夏，越我一、二

---

① 杜勇：《〈尚书〉周初八诰研究》，前揭，第 215 页。"天命靡常"观念在《诗经》中亦不鲜见。

② 有人从训教文看到对德的强调，就认为谕众文中的神权观念不是制作者的真实思想，而仅仅是一种欺骗手段，这也不免有失偏颇。

③ 叶修成：《论上古礼制与文体的生成及〈尚书〉的性质》，《中华文化研究》2008年春之卷。

④ 《洛诰》中"王命作册逸祝册，惟告周公其后"之语后又有"王命周公后，作册逸诰"。关于这后一次"诰"的性质，有不同理解。屈万里认为是重申前一次"诰"，所以他将后一句译为"王命周公留在后方，这事是作册逸报告神灵的"。（屈万里：《尚书今注今译》，前揭，第 109 页）曾运乾认为是将让周公留守洛邑的命令布告于天下。（参见曾运乾：《尚书正读》，前揭，第 225 页）孔颖达则说："上云'作策'，作告神之策。此言'作策'，诰伯禽之策。祭于神谓之祝，于人谓之诰，故云'使史逸诰伯禽封命之书'。"也就是认为后一次"诰"是给伯禽的锡命诰书。孔说或可从。

邦以修我西土。惟时怙冒，闻于上帝，帝休，天乃大命文王。殪戎殷，诞受厥命越厥邦民，惟时叙"，这些话的实质是周公以文王敬德保民而得天命为榜样告诫康叔，即所谓"道其先祖之功而告戒弟子或群臣"，①虽是颂祖，但并非告祭之辞。追念先人先王乃古代"慎终追远"的文化传统，在文献中俯拾皆是，如果一出现颂祖之语，便以告祭辞视之，则显属附会。况且"惟乃丕显考文王"之前已明确点出说话的对象是"孟侯，朕其弟，小子封"，可见，《康诰》的诰辞就是周公训诰康叔之言，并非"不仅致告生人，也祭告祖先神祇"。②造成这种误会的原因可能是学界常常将《周礼·春官·大祝》中"六辞"的性质与"六祝之辞"（以及"六祈"）的性质相混，如陈梦家先生将六辞中的"诰"解释为"告祭"，他说："告为祷告、祈告之告，《说文》曰'诰，告祭也'，'诰，告也'。"③但按照《周礼》郑玄注，"六辞"实际上是"行礼时的六种辞令"，④孙诒让《周礼正义》也认为："'作六辞以通上下亲疏远近'，此以生人通辞为文，与上六祝六祈主鬼神示言者异。""六辞"中的"诰"应为训诰弟子或群臣之辞，与告祭并无直接关系。

除了具有泛仪礼背景之外，西周早期训诰文也确有一定的政令或锡命性，例如《大诰》有周公命令东征之意，《洛诰》包含了成王命令周公留守洛邑的内容，《康诰》与封命康叔有关。那么，能否将训诰文理解为政务文书呢？本文认为不宜如此理解。这是因为训诰文中的诰辞从口头形态到书面形态，其间的功能发生了转换。训诰文的政令或锡命性质主要是就口头文本而言的，也就是说训诰文的政令或锡命性质主要体现在诰辞的口头发布阶段，而不是体现在书写阶段。西周早期训诰文有很明显的口语特征，如多用"呜呼"之语，多次更端等。⑤这说明它们是在口头诰辞发布之后被记录下来的，而不是事先写好的文件。钱穆先生说，《无逸》"是史官记周公言。若周公自作书戒

---

① 林尹：《周礼今注今译》，前揭，第 261 页。

② 叶修成：《论上古礼制与文体的生成及〈尚书〉的性质》，《中国文化研究》2008年春之卷。

③ 陈梦家：《尚书通论》，前揭，第 161 页。

④ 沈立岩据郑玄注总结说："祠与'辞'通，指诸侯往还朝聘之辞令。命即聘会往还使命之辞。诰为告诫弟子或群臣之辞。会为会同盟誓之辞。祷为贺庆祝福之辞。诔为缅怀死者生前德行并加以赐命之辞。"（沈立岩：《先秦语言活动之形态观念及其文学意义》，前揭，第 208 页）另可参林尹：《周礼今注今译》，前揭，第 261 页。

⑤ 如南宋蔡沈注《无逸》曰："是篇凡七更端，周公皆以'呜呼'发之，深嗟永叹，其意深远矣。"（蔡沈：《书集传》，前揭，第 197 页）

成王，岂有自称周公曰，又先自用呜呼字作叹息开端之理"。①其他西周早期训诰文亦可作类似理解，即都是由史官事后所记。准此，从书写的角度看，训诰文并不是在发布政令或进行锡命的仪式上使用的政务文书。至于史官记录诰辞似可从周初彝铭得证，如西周早期的《史瀕簋》铭文："乙亥，王诰毕公，迺赐史瀕贝十朋，瀕故于彝，其于之朝夕监。"周王训示毕公，史官因此受赏，其功劳可能主要在于记录诰辞。训诰之言被记录下来，不会仅仅是为了存档，主要是出于政教目的，因此，应该将训诰文书写视为政教性书写。

3. 听善言、秉遗训与训诰文的书写驱动机制

训诰文既然是被史官有意识地记录和保存下来的，那么这种书写的驱动机制是什么？为什么说主要是出于政教目的？本文以为这与"德性天命观"原则下听善言、秉遗训的政治理念有密切关系。记述了听善言、秉遗训理念的训诰文本身正是在这种政治理念的作用下被记录和保存下来的。

听善言大抵源于上古部落联盟政体的咨议制度。《尚书·无逸》中周公说："我闻曰：古之人尤胥训告，胥保惠，胥教诲。"曾运乾曰："胥，相也。"②强调彼此劝导、教诲，大概是对上古咨议传统的一种理想性回顾。事实上，上古咨议行为未必是以政治美德为议论中心，但周初君主政体在"德性天命观"原则的指导下，很自然地发扬或者说改造了这种上古咨议传统，通过将咨议解释成善言教诲，使之与政治美德联系起来。如《礼记·内则》曰："凡养老，五帝宪，三王有乞言。五帝宪，养气体而不乞言，有善则记之，为惇史。三王亦宪，既养老而后乞言，亦微其礼。皆有惇史。"这里说三代有记录老者善德行的制度，并不足信，甚至乞言之礼，也颇可疑，但这条记载所反映的对老年贤者言语的重视，则是可信的。所乞之言，当然也不是一般的言论，而是关于国政的善言。③又如《逸周书·皇门》中周公诰诸侯群臣"下邑小国克有耆老据屏位，建沈人。非不用明刑，维其开告于予嘉德之说，命我辟王小至于大"，就明确强调了年高有德的诸侯和殷遗的道德教诲作用。当咨议被转换成善言教诲，善言当然就不必限于在世诸侯群臣的教诲，而延及先王先贤的政德言论，如《康诰》中，周公告诫卫康叔要"往敷求于殷先哲王，用保

① 钱穆：《西周书文体辨》，见氏著：《中国学术思想史论丛》第一卷，前揭，第157页）。

② 曾运乾：《尚书正读》，前揭，第237页。

③ 杨天宇先生将"乞言"译为"请老人对国政发表意见"。（杨天宇译注：《礼记译注》，前揭，第348页）

义民"，还要"别求闻由古先哲王，用康保民"。①

先王先贤的政德言论中尤为重要的又是周人先王的遗训。强调秉承周先王遗训，具有维护天命君统的重要意义，与上古咨议传统已大为不同了。"秉遗训"（这里特指秉本国先王遗训）的要求在周初训诰文（尤其是训教文）中被反复申说，如《康诰》中周公告诫卫康叔说："汝念哉！今民将在祗遹乃文考，绍闻衣德言。"②《酒诰》中周公引文王诰教小子之训，又说："我西土棐徂邦君、御事、小子，尚克用文王教，不腆于酒。故我至于今，克受殷之命。"这就把秉遗训的政治功用抬到了至高的位置。《顾命》中记成王遗命之书曰："皇后凭玉几，道扬末命，命汝嗣训，临君周邦，率循大卞，燮和天下，用答扬文武之光训。"其中最为强调的一点就是要求康王秉先王遗训。《逸周书·尝麦》中诰辞所讲的"今予小子闻有古遗训而不述，朕文考之言不易"，则是周王③"秉遗训"的自述。丁宗洛云："古遗训，即谓文王之训。朕文考之言，谓武王曾有此语也。盖谓武王遵古遗训亦惟述武考，此言不敢稍易云耳。"④可见，周王已经将先王遗训当作不能稍微改易的言说。"秉遗训"观念影响十分深远，由《尚书》中的训诰文发端，此观念在后世不断强化，最终上升到法的高度，所谓"政维今，法维古"（《逸周书·常训解》）。直到战国时代，法家以现实理性原则提出"法先王"利弊的论争，才第一次对其构成挑战。但效法前人治国经验最终成为根深蒂固的传统观念，这一观念又在很大程度上促成了中国古代史学、经学书写的发达。

当听善言、秉遗训成为重要的政治指导原则时，为了使善言、遗训（尤其是遗训）能够在特定群体内得到更有效的传播并发挥作用，口头传承的传统方式就略显不足，而书面记述的功能自然而然被突显出来，并形成制度。《左传·文公六年》云："古之王者知命之不长，是以并建圣哲，树之风声，分之采物，著之话言。"孔颖达正义曰："'著之话言'，为作善言遗戒，著之竹帛，故言著之也。"这个记载说古之王者以制度形式将贤能者的善言遗戒著于竹

---

① 《逸周书·世俘解》有"古朕闻文考修商人之典"之语，曾运乾的《尚书正读》云："是文考尝闻商先人之德言而奉行之者，故当首念之。"（曾运乾：《尚书正读》，前揭，第 170 页）所谓"别求闻由古先哲王"，曾运乾先生认为指"别求虞夏之大法"。（曾运乾：《尚书正读》，前揭，第 170 页）

② 值得注意的是，周公的这一段训诫中，最先要求的就是要秉承文王德言遗训，其次才是寻求"殷先哲王""商耇成人"以及"古先哲王"的政德教训。可见，秉遗训是第一位的。

③ 《周书序》说该篇中的周王是成王。但学界多有不同意见，如黄怀信先生认为是摄政的周公，李学勤先生则认为可能是穆王。

④ 黄怀信、张懋镕、田旭东：《逸周书汇校集注》，前揭，第 738 页。

帛，没有具体说"古之王者"是何时的王，显然是带有理想化色彩的描述，不尽可信，但它很可能反映了西周以来以书面形式记述善言和遗训的制度。较之口头传承，前复制时代的书面记述更能保证善言和遗训内容的准确性和权威性，可以作为前者的最终依据。所谓"言行当有所本"，在古人那里，书面典册便是"本"的物质载体，它是"本"的内在构成条件。离开了物质载体，"本"就无法成其为"本"。

最早对善言、遗训进行记录和整理的或许是一些高级贵族大臣。[①]史官制度的成熟为善言、遗训的记录和整理提供了制度化条件。最可能被当作善言、遗训记录下来的言论显然正是上文所述训诰文，因为训教文的诰辞内容就是统治阶层内部直接传授政治技艺的言论。至于谕众文，也可能因为被视为具有类似价值而得到特别保存和整理。训教文与谕众文实际上可以看作两种类型的政治教育文本。前者侧重于内在的德性素质训练，后者侧重于外在的实践策略训练，两者相得益彰，互有裨益。善言、遗训之文的书写，使得书写活动第一次成为一种以政治教育为主要目的的行为，文本的主要接受者也从神祇转向人王。这一点正是周初以来书写制度最根本的变化，它奠定了中国数千年政教文化传统。

善言、遗训之文，尤其是后者，在周代已经受到高度的尊崇，其保管和使用，都是极为慎重之事。有些遗训甚至多少被视为秘传的政治技艺，不可轻易示人，只可传于德性上可堪领受且具备适当身位之人（如君王）。就收藏和保管而言，尽管商代已经建立起一套初步的档案管理制度，但这一制度应该是在西周时期获得飞跃性发展。商代卜甲骨在使用后会被有意识地集中存放一段时间，但对于其他典册如何收藏却缺乏记载。西周以后则明显不同。周人虽然对于卜甲骨的保管不甚在意，但史官的文书档案管理职能是得到加强的。传世文献中有不少有关善言、遗训文本如何收藏保管的记载，在细节上虽未必是信史，但无疑反映出西周王朝对此类文本的重视程度。如《大戴礼记·保傅》中说："胎教之道，书之玉板，藏之金匮，置之宗庙，以为后世戒。"此类书即《史记·太史公自序》所谓"石室金匮之书"。师古曰："以金为匮，以石为室，重缄封之，保慎之义。"索隐云："石室、金匮，皆国家藏书之处。"卢辩曰："斯王业隆替之所由也，当重而祕之，故置于宗庙，藏以金匮也。"[②]又如《尚书·顾命》述及成王丧仪上的器物摆设，其中，铭于玉

---

① 如《大戴礼记·武王践阼》记载太公望收藏有先王"丹书"。此事当然不必坐实，但可视为此阶段之反映。

② 方向东：《大戴礼记汇校集解》，中华书局，2008 年，第 370 页。

版的"大训"（即先王遗训）①亦是陈列的宝物之一。将这种"王业隆替之所由"的国之重典铭于铜版或玉版，应该至少是周初已有之制。② 善言、遗训的传授也有一套严格的礼仪规范，以显示威严和慎重。这方面可以《大戴礼记·武王践阼》为例。周武王即位后向吕望询问先王之道，"师尚父曰：'在丹书，王欲闻之，则齐矣！'王齐三日，端冕。师尚父（亦端冕）奉书而入，负屏而立，王下堂，南面而立，师尚父曰：'先王之道不北面！'王行（西）折而南东面（而立），师尚父西面道书之言曰：……""丹书"是用朱笔所写的书，孔广森曰："丹书，古策府之遗典，旧说以为赤雀所衔瑞书，诞也。"戴礼曰："有周盛时，大训在西序，河图在东序，三王五帝之书外史掌之。丹书，盖前圣传心要典也。"③丹书中有"且臣闻之"之语，显然并非颛顼帝之所作，但确为典型的先贤告诫之言。武王时期是否已有如此谨严的礼制，以及所谓"丹书"的真实性，都大可怀疑，但西周君臣对善言、遗训之文的尊崇是可信的。

4. 训诰文与记言、记事体式

所谓善言、遗训之文，就其"教训"的本义而言，是以言语方式呈现出来的治国经验。④周初训诰文确乎都以记言为主，可以说，就文本的体式变迁

---

① 伪孔传认为"大训"是"虞书典、谟"，此固不足信。孔颖达疏引郑云："大训，谓礼法，先王德教。"此说可通，只是"礼法"和"先王德教"一般来说是两种不同性质的文本，从《尚书》中大量出现的"训"的用法来看，"大训"确应是"先王德教"，但不太可能是仪式制度方面的文本，只不过礼法为先王所定，故而可归入广义的"先王德教"。

② 其他可资参证的例子还有《逸周书·大聚》《逸周书·武儆》等，《逸周书·大聚》有"乃召昆吾冶而铭之金版，藏府而朔之"之语，陈逢衡注云："国有大事则书于版，重其事也。"《逸周书·武儆》有"出金枝郊宝开和细书，命诏周公旦立后嗣"之语，孙诒让、陈汉章等均认为"金枝"为"金版"之误。（参见黄怀信、张懋镕、田旭东：《逸周书汇校集注》，前揭，第 409、485 页）《大聚》《武儆》虽系春秋早期之作，然所记均为周初之事，大体有所本。按：《武儆》中提到的《郊宝》《开和》，应俱属周室典册。陈逢衡认为，《郊宝》为郊祀上帝之书。《开和》虽可见于《逸周书·大开武》，然《大开武》所记《开和》之言不似周初之作。郭沫若指出，古之所谓金石，与后人有异，即原本不是指钟鼎盘盂之属，而是金版玉版，秦诏版与秦刻石即金版玉版之遗。所以《墨子·非命篇下》说："书之竹帛，镂之金石，琢之盘盂。"将金石与钟鼎盘盂相区别。（参见郭沫若：《周代彝铭进化观》，见氏著《青铜时代》，科学出版社，1957 年，第 316 页）

③ 方向东：《大戴礼记汇校集解》，前揭，第 621、622 页。

④ 当然，这并不是说教训的内容不会有述古事的成分，如《逸周书·尝麦》中周王自述的遗训就包含几件与制刑有关的古事。

而言，周初书写格局变化的一个要点就是"记言"性训诰文书写的兴起，正如罗家湘先生所言："具有训诫内容的记言类文章是周人独特的文化创造。"①这一创造对于文本体式的影响主要体现在推动"记言"与"记事"的分立，或者说使"记言"体从宽泛的"记事"体中相对独立出来。

周代史官制度中是否存在"记言"和"记事"两大分立的载录系统，一直是个聚讼纷纭的话题。章学诚、金景芳等认为不存在这种分立的系统，如章学诚说："以《尚书》分属记言，《春秋》分属记事，则失之甚也。……古人事见于言，言以为事，未尝分事言为二物也。"②但杨树达、钱穆等仍从古人分立之说，虽然也承认记事与记言无法截然分割。还有学者认为"记事"是周以前史官就具备的职能，而"记言"是因王命具有代天立言的政治意义，才从"记事"系统中独立出来。③应该说，"记事"与"记言"在西周以前都已得到初步发展，而记言与记事之所以难以截然区分，是因为：第一，"言"本身也是一种行为，所以"事"中之"言"亦可统称为"事"，就此而言，段玉裁所谓"不云记言者，以记事包之也"，④当然是成立的；第二，单独或纯粹地记录"言"不符合一般的接受思维（除非是程式性书写，或即时性接受），言语行为总是在特定的时间、地点和情境下发生的。即便从制作者意图来看书写的核心内容是言论，也往往要有一个叙事的框架，以便引导读者从制作者的意图来理解言论本身。有些训诰文（如《召诰》《洛诰》）中的记事之辞还透露出更多的信息。因此，严格地说，发布诰辞的原作者与训诰文的记录和整理者（即史官）都是训诰文的制作者。⑤

不过，"记言"体与"记事"体仍然有必要至少在发生学意义上做出区分，只是区分的标准不在于一个篇章中"言""事"成分比例的大小，虽然习惯上将"记言"成分多的称为"记言"体，将"记事"成分多的称为"记事"体，但比例显然难以确定（这也是导致上述争议的重要原因），因而不足以作为区分的依据。问题的关键在于文类的生成方式，郭英德先生指出，在中国古代，

① 罗家湘：《〈逸周书〉研究》，前揭，第 102 页。

② 章学诚：《文史通义校注》，叶瑛校注，中华书局，1985 年，第 31 页。

③ 宁登国：《"左史记言，右史记事"考辨》，《古籍整理研究学刊》2011 年第 5 期。

④ 段玉裁注：《说文解字注》，上海古籍出版社，1981 年，第 116 页。

⑤ 南宋蔡沈注《立政》曰："此篇周公所作，而记之者周史也。"（蔡沈：《书集传》，前揭，第 217 页）钱穆先生反驳说："夫既曰记之者周史，何以又谓周公所作乎？……此仍是以后世文章必具著作人之主名之观念绳古人，则宜其无当矣。"（钱穆：《西周书文体辨》，见氏著《中国学术思想史论丛》第一卷，前揭，第 158 页）窃以为，这不过是关于"作者"的概念之争，事实上，蔡沈与钱穆所认定的书写过程并无二致。

"作为文本方式的文体分类的生成过程"，是"先有特定的行为方式，次有记录特定行为方式的文本，然后才产生了基于特定文本方式的文体类型"。①"记言"与"记事"是"记录特定行为方式"的"文本方式"，只要"言"与"事"是被区别看待的"行为方式"，那么，"记言"体与"记事"体的区分就是成立的。这里所谓区别看待"言"与"事"这两种行为方式，是从政治观念上说的，即"言"与"事"都是与政治相关的"言"与"事"，而且被看作两种具有不同政治意义的行为，所以才有必要以不同的方式加以记录。"记言"体确有一个从"记事"体中相对独立出来的过程，但导致这种脱离的动因未必单纯是王命"代天立言"的权威。上文已述，《尚书·周书》中的大多数篇章（尤其是训教文）并没有强调这种"代天立言"的理念。②"记言"从"记事"中相对独立出来，与周初"秉遗训"的政治理念有更大的关系。"记言"体的独立是因为特定的"言"被赋予了特别的政治意义。事实上，商代策祝文、锡命文等文类很可能也包含不少言语内容，告神之言当然有其特殊的政治意义，而且也在西周得以延续。但周初听善言、秉遗训的政治理念使特定的告人之言（即训诰文）获得了前所未有的政教意义，从而有力地促进了"记言"体的发展和独立，并在一定程度上打破了传统"记事"性叙述的僵硬格式。这是中国书写史上一次重要的转折。此外，这些以记言为主的训诰文已经颇具修辞特征，尤其是善用征引、譬喻以增强话语的影响力。征引先贤之言，是诰辞重遗训之教的题中之义，与诰辞本身的话语训诫功能亦十分相合。过常宝先生指出："由于《尚书》的型范作用，征引成了中国传统议论散文的最主要特征之一。"③至于更为多见的譬喻之辞，乃为追求形象性，以实现劝服之效果，其对后世文章的深远影响更不待言。

　　周初"记言"体从"记事"体中相对独立出来，只是问题的一个方面，另一方面是周初的"记事"体本身亦有长足发展。我们知道，商代的记事之辞主要可见于甲骨记事刻辞、卜辞中的验辞以及晚商金文中的记事部分。这些记事之辞不仅形制简单，而且几乎是不独立的。如验辞是卜辞的一个部分，晚商金文中的记事内容是铭文的一个部分，都十分简略，甲骨记事刻辞也是片言只语的行政文书档案，或者类似于金文中的记事。但周初却出现了形制相对复杂的记事之辞。

　　西周记事之辞见于训诰文、彝铭以及诗歌等多种文类文体。这里简要讨

---

① 郭英德：《中国古代文体学论稿》，前揭，第36页。
② 谕众文虽然强调周人天命的合法性，但也没有突出"立言"之意。
③ 过常宝：《先秦散文研究——早期文体及话语方式的生成》，前揭，第122页。

论一下训诰文中的记事部分。《尚书·周书》中的《召诰》《洛诰》《康诰》《多士》《多方》《立政》《顾命》（合《康王之诰》）等篇都有记事之辞。①尽管训诰文以记言为主，但其中的记事之辞已经突破了因果模式，不再如彝铭中的记事一般只是为了交代作器的缘由。这些记事辞固然也有叙述诰辞发表之背景的结构意义，尤其如《康诰》《多方》《多士》，但背景与发布诰辞这一主体行为并非纯粹的因果关系，而是被叙述者截取出来的时间上前后承接的行为单元。一旦不限定于述因，叙述者就可以根据自己的需要来选择和控制截取的范围，这就意味着叙述的自由度得到了很大提高，换句话说，"作"的书写方式的因素有所增加。这在《召诰》和《洛诰》中体现得较为明显。《召诰》篇首记述了营建洛邑的经过，叙述的重点不是具体的施工步骤，而是工程领导者（成王、召公和周公）的相关活动，即成王告庙，②召公"相宅"，主持"攻位"，周公"达观"，主持郊祭、社祭，"以令役于诸侯"。时间、地点均交代明确，条理清晰。从"太保乃以庶邦冢君出取币，乃复入锡周公"的记述可知，这一系列行动都是在召公发布诰辞之前发生的，可以视为发布诰辞的背景，但与发布诰辞本身并无因果关系，如果将诰辞去掉，此记事部分几可独立成文。《洛诰》的主要记事之辞则在诰辞之后，补叙成王祭祀册诰等事，最后言及周公留洛摄政共七年，可见此补叙部分成文时间较晚，乃后来追记，并非史官在记录诰辞时一并写出。这也说明对诰辞作原始记录的史官，与作记事之辞的史官可能不是同一人。在周初文献中，《洛诰》的叙述时间最长，

① 《康诰》篇首四十八字叙事之辞应为错简，但苏轼、朱熹等认为应归之于《洛诰》，今人亦多从此说，恐误，因为《康诰》篇首所接者当为谕众之辞，而《康诰》《洛诰》的诰辞都属训教文，而非谕众文。《顾命》（合《康王之诰》）虽以记言为主，但记事记言错陈，记事成分不少，尤其"多陈丧礼，刘知己谓其为例不纯"（钱穆：《西周书文体辨》，见氏著《中国学术思想史论丛》第一卷，前揭，第159页），钱穆先生推测："或顾命时代较后，文体已略有变，此后凡记礼者亦称书，其或于此为权舆乎。"（钱穆：《西周书文体辨》，见氏著《中国学术思想史论丛》第一卷，第159页）也有一些学者认为《顾命》作于春秋时期，主要理由是《顾命》所述成王丧礼和康王即位礼繁复，陈设过于奢华，不似周初之制，尤其是陈设品中有"河图"，而"河图"之说似乎始于春秋。（参见王世舜：《尚书译注》，四川人民出版社，1982年，第254-255页）这种怀疑不无道理。钱穆先生认为"记礼复与记事有辨"（钱穆：《西周书文体辨》，见氏著《中国学术思想史论丛》第一卷，前揭，第159页），甚是。从《召诰》《洛诰》《顾命》等来看，虽然周初已有不少记礼之辞，但这些文本记礼多为动态记述，实际上是记行礼过程，所以与记事没有根本区别。

② 蔡沈曰："成王至丰，以宅洛之事告庙也。"（蔡沈：《书集传》，前揭，第179页）。

而且补叙部分与诰辞有呼应之意，①由此可知，所叙之事无疑是经史官斟酌而后定。在书写时对叙述范围进行选择性操控，以及前后事词相属，正是篇章作文意识初步形成的一个标志。当然，从文体的演进来看，这些篇章中的叙事框架仍然是围绕作为主体和核心的训诰之言生发出来的，这是我们将此类篇章视为"训诰"文的根本原因。只是后来，叙事成分继续扩展，以至于喧宾夺主，使文本整体上不再以记训诰之言为主，这时，文体性质也就逐渐发生了变化。

（二）西周中后期训诰文的演变

　　未经后人明显加工改写的西周中后期训诰文留存很少，大部分文献可能佚失了。今文《尚书·周书》中只有《吕刑》一篇被部分学者视为穆王时代写定的文本，②《洪范》的争议更大，一般认为经过春秋甚至战国时代加工润色。《虞夏书》诸篇也很少有学者认为是这一时期写成的文献，最多只能说依据了一些原始材料。③倒是《逸周书》中的《祭公》《芮良夫》以及《尝麦》基本被认定为这一时期的文献，④而且这三篇也可归入训诰文一类。

　　关于《吕刑》的性质问题，尤韶华的《〈吕刑〉的穆吕之争：〈尚书·吕刑〉性质辨析》一文详细梳理并分辨了近代以来各家见解，得出的基本结论是：《吕刑》是由吕侯起草并以周穆王名义发布的赎刑条例文告。他指出，这一结论基本上与伪孔传和孔颖达的传统说法一致，因为伪孔传和孔颖达都认

---

① 如"惟周公诞保文武受命，惟七年"，显然有意与诰辞中的成王之言"诞保文武受民"相呼应。（参蔡沈：《书集传》，前揭，第191页）
② 关于《吕刑》的性质和年代，传统说法认为是穆王之刑。马小红、尤韶华等基本认同传统说法。傅斯年、杨向奎、刘起釪等认为是西周时吕国之刑。郭沫若推测是春秋时吕国之刑。晁福林、郭静云等认为其原始文本在春秋至战国初期，而在战国后期最后写定。钱穆也主张是战国后期学者之作。（参尤韶华：《〈吕刑〉的穆吕之争：〈尚书·吕刑〉性质辨析》，《江苏警官学院学报》2012年第2期）
③ 如金景芳和吕绍纲先生认为：《尧典》和《皋陶谟》"是后世追记成篇，不是当时人所作，而材料是当时传下来的。写定成篇当在周室东迁之后，出自某个大学者之手"。而《禹贡》的书写过程"最可能的情况是虞、夏之时记录下了禹别九州、任土作贡的史料，到了平王东迁之后，即春秋初期，经过一位学者加工润色而写成定篇。（参见金景芳、吕绍纲：《〈尚书·虞夏书〉新解》，辽宁古籍出版社，1996年，第187、297页）
④ 关于《祭公》《芮良夫》的成文年代问题，可参黄怀信：《逸周书源流考辨》、李学勤：《祭公谋父及其德论》（见氏著《古文献丛论》，前揭，第96-102页）以及罗家湘：《〈逸周书〉研究》等的相关论述。

为《吕刑》是"吕侯奉周穆王之命修订刑书而作的发布文告"。[1]该文考辨细致而周全，颇有可取之处。不过，细观伪孔传和孔颖达正义，可以发现，伪孔传和孔颖达的意见虽大体一致，但又存在细微的差别。伪孔传称："吕侯见命为天子司寇。吕侯以穆王命作书，训畅夏禹赎刑之法，更从轻以布告天下。"孔颖达的正义则认为："吕侯得穆王之命为天子司寇之卿，穆王于是用吕侯之言，训畅夏禹赎刑之法。吕侯称王之命而布告天下。史录其事，作《吕刑》。"按伪孔传和孔颖达的说法，《吕刑》都体现了吕侯的刑法思想，这是没有问题的。但伪孔传似乎认为《吕刑》的制作、书写以及发布者就是吕侯本人，穆王只是命令吕侯作书而已。孔颖达的说法不仅更细致，而且意思上也有所不同。所谓"穆王于是用吕侯之言，训畅夏禹赎刑之法"，"训畅夏禹赎刑之法"的主语是穆王，而不是吕侯，虽然穆王的"训畅"其实是采纳了吕侯的意见和思想。换言之，穆王才是《吕刑》诰辞的第一发布者，在这之后，吕侯才"称王之命而布告天下"。孔颖达的意见似乎更为可取。钱穆先生虽然以为《吕刑》是晚出之书，但他指出，"西周诸书皆关于某一时某一事之语"，"当时史臣记言，亦仅以记言为主，仍非有作为一文之观念存其心中"。[2]也就是说，史官的书写行为不是创作，每次书写只是记录下某一次实际发生的言语事件。由于缺乏创作的观念，最终呈现出的文本就是"分段记录，将一番话分成几段写，并非有意将别人话代为熔铸成篇，如后世记言者之所为也"。[3]钱穆此说不仅切合周初训诰文书写，也切合西周中后期大多数训诰文，《祭公》《芮良夫》无不如此。《吕刑》的基本结构是"（先）记事述缘起。下以王曰发端，又续用王曰嗟，王曰呜呼，王曰吁，王曰呜呼，凡四更端，又续用王曰呜呼作结。"[4]显然，这种形式特征与周初诸诰是一致的。可以设想，如果《吕刑》诰辞不是先出自穆王之口，而只是吕侯以穆王名义起草并发布的书面文告，断不至于行文造体有如此明显的现场口语痕迹。由此可见，《吕刑》应该是穆王在颁布新刑书的仪式上诏谕群臣（尤其是刑官）的诰辞，为史臣所记，至于吕侯以此文"称王之命而布告天下"，当然并非不可能。

---

[1] 尤韶华：《〈吕刑〉的穆吕之争：〈尚书·吕刑〉性质辨析》，《江苏警官学院学报》2012 年第 2 期。

[2] 钱穆：《西周书文体辨》，见氏著《中国学术思想史论丛》第一卷，前揭，第 162、155 页。

[3] 钱穆：《西周书文体辨》，见氏著《中国学术思想史论丛》第一卷，前揭，第 155 页。

[4] 钱穆：《西周书文体辨》，见氏著《中国学术思想史论丛》第一卷，前揭，第 159 页。

　　值得注意的是,《尝麦》中周王的第一篇诰辞与上述西周时期其他训诰文中的诰辞有所不同。上文已述,这篇诰辞并非先周王口头发布后再由史官记录下来,而是作册史官事先根据周王的授意拟写好并在仪式上宣读的书面文件,所以文中少有"呜呼"之类发端感叹词,没有数更其端,其口语特征明显弱化而书面语特征明显增强了。①这个书面文件的内容虽然也是告谕、训教,但从书写的角度说,当它被第一次书写下来并在仪式上宣读时,有明确的接受对象(即大正、大宗),而且包含了命令大正修刑书的文意指向,所以,应将这第一次书写归入泛仪礼框架下的政务书写。这与上文所述西周中期以后周王朝政务文书的广泛使用是一致的。不过,《尝麦》的整体文本(包括其中的另一篇诰辞,即从"钦之哉"到"维公咸若")应是在正刑书的仪式结束之后由另外的史官所记,而这一次书写是以政教为主要目的的。

　　从《祭公》《尝麦》《芮良夫》乃至《吕刑》等较为可靠的西周中后期文献来看,西周中后期的训诰文与上述西周早期训诰文大体是一致的,但也发生了一些变化。首先是记事成分有所扩展,如《尝麦》整体上是以记述一次完整的仪式过程为框架的,记事的比例约占全文近半篇幅。虽然周初的《召诰》《洛诰》等也有叙事框架,但叙事部分所占比例不大,而且不像《尝麦》那样详细记录某一次仪式经过。②这种现象大抵与史官独立书写意识的增强有关,说明在书写方式上,"作"的因素进一步增加,如罗家湘先生所言:"史官在制作各种档案文辞的过程中,个体意识逐渐增强,于是,带有史官个性的描述情景、解释原因、记述过程的文章就诞生了。"③

　　更重要的变化是言说关系上的变化。在上文中,我们认为,周初训诰文难以完全依照对上和对下的言说关系来分为"训"和"诰",而宜根据对外和对内的标准来分类分为谕众文和训教文。但相对而言,西周中后期的训诰文却比较适合以上下的言说关系来划分。例如,《吕刑》和《尝麦》的诰辞都是周王对臣属或者说上对下的言说,《祭公》和《芮良夫》中的诰辞则是臣属对周王或者说下对上的言说。与西周早期相比,西周中后期君对臣的训诰似乎具有更突出的帝王居高临下的君命色彩,如《吕刑》强调"尔尚敬逆天命,以奉我一人",《尝麦》也说"敬恤尔执以屏助予一人集天之显"。这种变化应

---

　　①　不过,它仍然保留了某些口语的形式特征,如以第一人称叙述,也有"呜呼,敬之哉"的语气词。这种语体特征可以突显命令并非出自公共性的国家行政机构,而是直接出自具有最高法权的君主本人。

　　②　《顾命》(合《康王之诰》)中虽然也有较多叙事记礼成分,但该文这一部分恰恰多遭学界质疑。

　　③　罗家湘:《〈逸周书〉研究》,前揭,第118页。

是君臣等级关系强化的体现，与上述西周中后期政制演变相一致。《祭公》和《芮良夫》则更能体现西周中后期君臣关系的变化。如果说，《祭公》中祭公对穆王的训诰与西周早期臣对君的训诰一样有比较明显的长辈对晚辈的教诲意味，那么《芮良夫》中的诰辞则更接近臣对君的净谏。《逸周书》中的《周书序》说《祭公》的产生背景是"周王云殁，王制将衰，穆王因祭祖不豫，询其守位，作《祭公》"。从文中亦可知是周王率三公向祭公求告"懿德"，祭公先追述文王武王功绩，然后告诫穆王不要因乖戾背离、罪民嫉妒而丧失先王功业。除了讲这些"大道理"之外，接下来他有针对性地训诫穆王防范嬖妾、宠侍和陪臣之乱，并训诫三公要勉励教诲天子，不可昏昏乱乱，使君王陷于危难。祭公的训诫大体和周初训诰文一致，主要是预防性的教诲，但已多少表现出净谏的意味，这一点从《国语·周语上》所记祭公谏穆王征犬戎，以及《左传·昭公十二年》所记祭公作《祈招》诗讽谏穆王游之事亦可得到印证。到了《芮良夫》，净谏的意味就更明显了，甚至变成严厉斥责，所谓"惟尔小子，饰言事王。实番有徒。王貌受之，终弗获用。面相诬蒙，及尔颠覆"，这种斥责表面上是针对厉王的亲信大臣，实际上是在间接批评厉王。[1]《国语·周语上》中的《芮良夫论荣夷公专制》很可能本出于此。《芮良夫》反映了西周后期周王与贵族集团以及不同贵族集团之间的深刻矛盾。不过，这种严厉的训诫之辞也说明，西周早期那种周王应该听善言、秉遗训的传统观念仍然有所留存。这种观念并不仅仅取决于周王的个人意愿，而是整个贵族阶层的共识，甚至可能在制度上有所体现，如《国语·周语上》说道："天子听政，……近臣尽规，亲戚补察，……耆、艾修之。"董增龄曰："亲戚为王同宗诸臣。"[2]"耆、艾"则应为国君师傅、宗室元老。可见，在西周的义神礼

---

[1] 清华简中有一篇"𧭜"，一般称为《芮良夫𧭜》，该文篇头先述周厉王时的败乱局面，相当于序，意在交代主体部分"𧭜"的背景，主体𧭜文的内容是表达净谏之意，可与《逸周书·芮良夫》相参证，一般认为，二文的作时当相近。赵平安先生认为，"𧭜"相当于"毖"，"戒敕之意也"。"𧭜"与"诰""誓""训""命"等一样，是《尚书》的一种文体。不过，与一般《周书》文献不同的是，该文除篇头外，其余用韵，具有诗歌形式。(参见赵平安：《〈芮良夫𧭜〉初读》，《文物》2012 年第 8 期)需要指出的是，该文篇头的"芮良夫作𧭜再终"，既说明主体𧭜文的作者是芮良夫，也说明篇头与主体的作者应该是两个人，该文的书写者(以及篇头部分的作者)可能是史官(或乐官)，而不是芮良夫本人。《诗经》中虽然也有诗作者在诗中自道名字的少数例子，但自道名字都出现在诗的末章，而非首章。当然，也不排除篇头部分不是当时所作而是后人追记的可能。

[2] 徐元诰：《国语集解》，中华书局，2002 年，第 12 页。

法君主政制下，君主的权力一直不是绝对的，而是要受贵族阶层的监督和制约。在西周早期，周王可以自觉要求得到大臣的教诲，如《大盂鼎》中康王明确让盂"敏朝夕入谏，享奔走，畏天威"，到西周中后期，周王开始试图排除这些监督和制约，从而表现出集权和专制倾向，但贵族元老仍享有相当高的威望，这种威望不是周王可以轻易撼动的。所以，这些元老重臣可以对周王直言诤谏，而不必像后世的官僚那样更多地选择比较委婉的谲谏方式，所以尽管史载厉王暴虐，曾杀戮谤者，以致"国人莫敢言，道路以目"（《国语·周语上》)，但似乎没有文献记载西周后期诸王曾像商纣王那样屠戮王公贵胄，包括那些直言诤谏的贵族大臣（如芮良夫、邵穆公、虢文公、仲山父等人①）。此外，这种严厉的诤谏之辞能够为史官所载录，说明西周后期史官仍可以在一定程度上自主选择记何事何言不记何事何言，并不完全唯王命是从。他们通过书写活动维护自己来自天命的话语权，坚持神圣的职业传统。这种秉笔直书、不惧君主权威的史官书写精神一直延续到司马迁身上，如过常宝先生所言，"司马迁所撰《史记》，是原史传统的回光返照"，"如此冒犯皇家权威的《史记》能在汉武帝时期顺利撰成，则是皇权对这一悠久的原史传统的最后的妥协"。②负责载录这些谏刺之言的史官应该并非王室内廷史官，可能是地位更高的太史，《国语·周语上》中周太史伯阳父甚至敢于说"周将亡矣"，可为参证。③也有可能是卿大夫的个人史官。《国语·楚语上》记载曾摄王政的卫武公"年数九十有五矣，犹箴儆于国，……史不失书，矇不失诵，以训御之"。这里的"史"是武公的史官，而不是王室史官。芮良夫是芮国诸侯，在朝廷世为卿士，其有私属史官当不足为怪。④当然，西周史官的书写独立性到底有多大，当时的政治制度在何种程度上容许这种独立性，甚至记录谏刺之辞的文本是否在当时就被收入正式的官方档案，这些尚难以遽断。

---

① 芮良夫、邵穆公、虢文公、仲山父等人的诤谏见《国语·周语上》。

② 过常宝：《原史文化及文献研究》，前揭，绪言第 7 页。

③ 据《汉书·五行志》服虔注，伯阳父为周太史。按《史记·赵世家》和《左传·宣公二年》所记，春秋时秉笔直书，记录"赵盾弑其君"的晋国史官董狐亦是太史。李峰先生认为，王家与王朝政府的分离"可能使得很多西周官员尤其是那些不隶属于王家的官员认识到他们的作用，即他们并不是作为周王的私人属臣（因为有另一些人被明确称之为'王臣'），而是作为体现在文王和武王神圣地位中的西周国家的职能者"。（李峰：《西周的政体：中国早期的官僚制度和国家》，前揭，第 74 页）这或许也可以作为解释上述书写行为成因的一种思路。

④ 《左传·成公二年》"晋侯使巩朔献齐捷于周，……王以巩伯宴，而私贿之，使相告之曰：'非礼也，勿籍。'"此虽春秋时事，但说明诸侯史官所记亦可成为典故，故周王颇有畏忌。

（三）西周后期诗歌书写的新变与讽谏乐歌的出现

学界几乎公认，西周后期，尤其是宣王一朝是诗歌发展的一个重要阶段。孙作云先生认为："在《大小雅》一百零五篇中，有百分之六十以上是周宣王朝的诗。"①不过，从书写的角度说，首先应该从制作和书写两个层面来看待所谓的"西周后期诗歌"，并不是所有制作于西周后期的诗歌都在西周后期被形诸书面，也不是所有写定于西周后期的诗歌都是在西周后期被制作（或创作）出来的。西周后期的诗歌制作大抵从厉王时期一直延续到幽王时期，但西周后期的诗歌书写（指诗文本编订）很可能只出现在宣王中兴时期。

马银琴指出，宣王中兴时期周王室进行了第三次诗文本的编订。这一次编订诗文本的基本动机与前两次（康王时期和穆王时期）是一致的，即仍然是在重修礼乐的背景下"以仪式歌奏为主要目的而进行的乐歌编辑活动"。②但这一次编订的具体方式却在延续以往编订思路的同时有了重要的突破。延续以往编订思路的方面主要体现在有新的配合燕飨之礼的燕飨乐歌和配合籍田之礼的祈农乐歌以及赞美祖先时王的仪式颂歌进入诗文本。不过，这种延续本身也透露出些许新的动向。例如燕飨乐歌在之前的诗文本中还不多见，而在这一次诗文本编订中就比较多了。③相比之下，新的以歌颂周人先王为中心内容的祭仪乐歌却为数极少。这与西周中期两者的比例基本相反。这种现象说明燕飨乐歌"逐渐取代了祭祀乐歌曾经占据的位置"，④其根本原因在于，随着礼治模式的广泛深入，更具有规范现实社会政治生活意义的仪式受到越来越多的关注和重视。又如，上文已述，西周中期的祭仪乐歌中已经出现了称颂时王的内容，但此类内容在诗中所占的分量还比较小，如《大雅·文王有声》，而在西周后期的诗文本编订中，则很可能出现了以称颂时王为中心而且脱离了祭仪背景的乐歌，如《小雅·天保》（毛传曰："下报上也。君能下下以成其政，臣能归美以报其上焉。"）。这种变化显然反映了西周中后期君臣等级关系的逐步强化。

----

① 孙作云：《诗经与周代社会研究》，中华书局，1966 年，第 345 页。当然，关于宣王朝诗歌的具体数量，学界并无统一意见，如马银琴就认为今本《诗经》中在宣王时代创作或写定的乐歌有三十三首。（参见马银琴：《两周诗史》，前揭，第 232 页）不过，西周后期诗歌颇盛是没有疑问的。

② 马银琴：《两周诗史》，前揭，第 238 页。

③ 马银琴认为，《小雅》中的《燕鸣》《伐木》《鱼丽》《南有嘉鱼》《南山有台》《蓼萧》《湛露》等诗都是宣王时期产生并进入诗文本的燕飨乐歌。（参见马银琴：《两周诗史》，前揭，第 218-219 页）

④ 马银琴：《两周诗史》，前揭，第 213 页。

尽管有新的动向，但上述这几类乐歌仍然都是"代表集体意识或情感的定作之诗"，①它们进入诗文本的方式与以往并无二致。真正重要的突破在于此次诗文本编订很可能出现了援诗入乐的新方式。②援诗入乐与献诗定作有所不同，后者的歌辞内容与仪式的主题是紧密搭配的，前者则造成了歌辞内容与仪式主题某种程度的错位，因为这些诗"原本不是为了仪式配乐的目的创作出来的"。③援诗入乐方式的出现与西周后期诗歌制作的新变有直接关系。西周后期产生了两类新的诗歌，一类是重在抒发个人情怀，虽或有怨声，但不具有明显讽喻性质的诗歌，另一类则是带有强烈政治讽谏意旨的所谓刺诗。前者多为中下层贵族所作（应该主要是王畿地区的大夫或士一级贵族），后者则多为朝廷重臣或至少是中上层贵族所作。两者的共同点在于，它们都是"表现个人情感的自由创作"，④因此，中国历史上真正意义上的个人诗歌创作当源于此。

第一类诗歌的产生与西周中后期动荡不安的社会政治状况（尤其是战乱频仍）对个体生存意识的刺激有关，所以《汉书·匈奴传》说，"至穆王之孙懿王时，王室遂衰，戎狄交侵，暴虐中国，中国被其苦。诗人始作，疾而歌之"。⑤这一类诗歌主要是"以描写战争、抒发行役者室家之思为内容的乐歌作品"，多属"变雅"，⑥也可能包括少数"风"诗。⑦这些诗歌情感真挚、语言生动、形式活泼，又无刺诗那样强烈的怒愤之意，它们被配乐后进入王室诗文本，很可能有服务贵族审美娱乐生活需要的作用。但这不等于说进入诗文本的这些诗歌不承担任何仪式功能，比较可能的情形是用于燕礼和乡礼中

---

① 李春青：《诗与意识形态：西周至两汉诗歌功能的演变与中国诗学观念的生成》，前揭，第 113 页。

② 援诗入乐，学界一般称为"采诗入乐"，但"采诗"一词容易被理解为采集民间口头歌谣，而这里入乐的诗应该大多仍是贵族阶层所作，并非真正意义上的民间歌谣，所以我们用"援诗入乐"的说法。

③ 马银琴：《两周诗史》，前揭，第 208 页。

④ 李春青：《诗与意识形态：西周至两汉诗歌功能的演变与中国诗学观念的生成》，前揭，第 113 页。

⑤〔汉〕班固撰，〔唐〕颜师古注：《汉书》，中华书局，2012 年，第 3216 页。

⑥ 马银琴认为此类诗包括《大雅·江汉》《常武》《小雅·出车》《四牡》《六月》《皇皇者华》《采薇》等。参见马银琴：《两周诗史》，第 227-228 页。

⑦ 许廷桂认为"齛地东周时已归秦国，桧在平王二年即为郑武公和王子多父灭掉，这些国家的《风》诗是在宣王时代被搜集起来献诸王廷并一并编入《诗经》最有可能"。（许廷桂：《〈诗经〉结集平王初年考》，《西南师院学报》1979 年第 4 期）

的"无算乐",①如孔颖达《诗大小雅谱正义》曰:"以诗者乐章,既说二雅为之正经,因言用乐之事。变者,虽亦播于乐,或无算之节所用,或随事类而歌,又在制礼之后,乐不常用,故郑于变雅之下不言所用焉。"《毛诗序》对《小雅·四牡》《皇皇者华》等诗的解说也说明它们可能用于燕礼,如《诗序》说《四牡》是"劳史臣之来也",说《皇皇者华》是"君遣使臣也",郑玄《仪礼目录》云:"诸侯无事,若卿大夫有勤劳之功,与群臣燕饮以乐之礼。"从这些说法来看,正如马银琴所指出的:"若依乐歌的仪式功能来划分,实为征途念母之的《四牡》与征役者之歌《皇皇者华》被'采诗入乐'者纳入了燕享乐歌一类。"②何定生先生也认为:"(燕礼和乡礼)于诸礼之中,用诗最多,犹以'无算乐'之用为最广泛而重要,包括了绝大多数小雅和几乎全部的国风诗篇。这是个相当重要的趋向。"③李春青先生则进一步认为,这些具有审美娱乐作用的诗歌,除了用于"无算乐"之外,还可能是作为"房中之乐"来使用的。④不管怎样,这些诗歌在进入诗文本时实际上被赋予了特定的仪式功能。

第二类诗歌(即讽谏乐歌),比较典型的是可能产生于厉王时期的《桑柔》《板》《荡》《民劳》《抑》等"变大雅"诗。这些诗作产生的直接原因,与上文所述以谏刺为基本意旨的训诰辞的产生原因是一致的,如《潜夫论·遏利篇》说:"昔周厉王好专利,芮良夫谏而不入,退赋《桑柔》之诗以讽。"这里所说《桑柔》一诗的创作背景,虽然未为确论,⑤但至少可以说明,贵族大臣作讽谏训诫之辞与作刺诗,来源于同样的冲动。贵族大臣作刺诗讽谏周王一方面有"听善言、秉遗训"的政教传统和实际的辅政制度传统为合法性依

---

① 《仪礼·乡射礼》郑玄注曰:"无算乐,合乡乐,无次数。"顾颉刚认为:"正歌是在行礼时用的;无算乐是在礼毕坐燕时用的,乡乐是在慰劳司正时用的。正歌义取严重,无算乐则多量的演奏,期于尽欢,犹之乎无算爵的期于无醉,乡乐则随便,犹之乎'羞惟所有',有什么是什么了。"(顾颉刚:《论诗经所录全为乐歌》,见《古史辨》(第三册),上海古籍出版社,1982年,第653页)

② 马银琴:《两周诗史》,前揭,第230页。

③ 何定生:《诗经今论》,台湾商务印书馆,1968年,第8页。

④ 参见李春青:《诗与意识形态:西周至两汉诗歌功能的演变与中国诗学观念的生成》,前揭,第108页。

⑤ 赵逵夫先生指出,《桑柔》一诗应作于前842年,在国人暴动之后,共伯和主政之前。(赵逵夫:《西周诗人芮良夫与他的〈桑柔〉》,见中国诗经学会编:《第三届诗经国际学术研讨会论文集》,香港天马图书有限公司,1998年,第692-702页)

托，①另一方面也与西周后期义神礼法政制的逐渐蜕变，以及由此引起的耦合结构的失效——这种失效表现为周王与贵族集团以及贵族集团内部的矛盾激化——密切相关。不过，这些讽谏乐歌自然不是在它们产生的时候就进入王室编订的诗文本，如厉王时期产生的"刺厉王"之诗应该是在宣王时期进入诗文本，而宣王后期以及幽王时期产生的"刺宣王""刺幽王"之诗很可能是在东周平王时期进入诗文本。宣王时期讽谏乐歌被编入诗文本的重大历史意义在于标志着诗歌领域政教性书写的正式出现。诗歌的政教讽谏功能是逐步从其仪式功能中分化、脱离出来的。"西周早期纪祖颂功的仪式之歌原即具有为王者提供历史鉴戒的政治功能"，②但在西周后期以前，这种政教讽谏功能被紧紧裹挟于仪式功能之中，或者说只能通过仪式功能来间接地发挥出来，而西周后期诗文本中上述讽谏乐歌的出现意味着它们是直接出于政教目的而被采纳，从此，"诗教开始突破乐教的束缚走上独立，向着以德教为中心的阶段发展，中国诗歌史上影响深远的美刺传统开始确立"。③当然，西周后期的诗文本编订整体上仍然是以仪式配乐目的为中心的，即便是这些讽谏乐歌也尚未脱离泛仪礼框架，或者说仍然承担一定的仪式功能仪式。这些诗歌在特定仪式上的唱诵，也使其政教讽谏意旨变得比较委婉，也更容易为当政者所接受，正如李春青先生所言：

> 由于诗无论如何是一种委婉的、迂回的言说方式，所以其蕴涵
> 的政治性被其形式淡化了，再加上动人心弦的乐调，听者比较容易
> 接受其中的政治含义而不至于反感，这也许就是《诗大序》所谓的
> "主文而谲谏"的功能了。这样一来，"变风""变雅"也就真的成为
> 自下而上的沟通方式，真正是"言之者无罪，闻之者足以戒"了。④

需要附带指出的是，西周后期还出现了以歌颂王室功臣为中心意旨的颂功乐歌。⑤这些乐歌也比西周早期诗歌更注重抒发诗人的个人情感，体现了个体创作的意识，如在《大雅·崧高》《烝民》等诗中作者对作诗意图的自

---

① 如《国语·周语上》曰："故天子听政，使公卿至于列士献诗，瞽献曲，史献书，师箴，瞍赋，矇诵，百工谏，庶人传语，近臣尽规，亲戚补察，瞽、史教诲，耆、艾修之，而后王斟酌焉。是以事行而不悖。"这一记载虽带有后世理想化政制设计的色彩，但大体应有所本，穆王时期祭公作《祈招》劝谏穆王之事可为参证。

② 马银琴：《两周诗史》，前揭，第 236 页。

③ 马银琴：《两周诗史》，前揭，第 238 页。

④ 李春青：《诗与意识形态：西周至两汉诗歌功能的演变与中国诗学观念的生成》，前揭，第 113-114 页。

⑤ 如《大雅·崧高》《烝民》《韩奕》《小雅·六月》《采芑》等。

述，①就是一个证明。马银琴认为，由于礼乐制度的限制，"以王室大臣为歌颂对象的作品不可能成为周王室的仪式乐歌"，因此，此类诗歌应该是在平王时期，"在'美宣王'的名义下得到编辑"。②

（四）关于西周时期是否存在史传书写的探讨

史传文献是以史为鉴的政教性文本。西周时期是否存在史传文献的书写是一个值得探讨的问题。《周礼》中的一些记载似乎可以支持西周时期存在史传文献的观点，如《周礼·春官》曰："小史，掌邦国之志。"又曰："外史，掌书外令，掌四方之志，掌三皇五帝之书。"这里的"邦国之志"和"四方之志"应是指类似文献，孙诒让《周礼正义》曰："'掌邦国之志'者，谓掌王国及畿内侯国之史记"，而"外史掌四方之志为畿外侯国之志也"。至于"三皇五帝之书"，贾公彦疏曰："仓颉，黄帝之史，则文字起于黄帝。今此云五帝之书为可，而云三皇之书者，三皇虽无文，以有文字之后，仰录三皇时事，故云掌三皇之书也。"按此种解释，三皇五帝之书似乎也有史传的性质。

不过，本文倾向于认为，西周时期存在史传文献书写的说法颇为可疑。第一，如上文所述，《周礼》的记载本身并不十分可靠。第二，三皇五帝之书是传说中的文献，即便真实存在，也当属河图洛书一类的"图"书，而不可能是记录当时之事的文本。第三，"邦国之志"和"四方之志"未必是以史为鉴的史书。《周礼》只是说小史和外史"掌"志，并没有说他们负责记事。许兆昌先生指出：

> 《周礼》所记周代史官，除散见于各府的文书之史外，尚有春官七史，即大史、小史、冯相史、保章氏、内史、外史、御史，然而都没有明确记载所掌有秉笔记事、编撰史著一职。③

"掌"志或许只是指小史和外史负责掌理有关诸侯方国的档案文书，而非记事。即便确有记事，也与作为政教文献的史书有很大距离。此外，《周礼·大宰》中提到的"事典"也并非史书。《周礼·大宰》说"事典"的功能是"以富邦国，以任百官，以生万民"，郑注曰："事典，司空之职也。"贾疏曰："富者，作事所以富国家，故云富也。"可见，"事典"大抵是指营造记录一类的文书档案，与史传文献相去甚远。

---

① 《崧高》曰："吉甫作诵，其诗孔硕。其风肆好，以赠申伯。"《烝民》曰："吉甫作诵，穆如清风。仲山甫永怀，以慰其心。"
② 参见马银琴：《两周诗史》，前揭，第221页。
③ 许兆昌：《先秦史官的制度与文化》，前揭，第278页。

西周时期是否可能存在史传文献，应该从书写体制的视角来衡量。如上文所指出的，以史为鉴确实是周初以来的传统，西周王朝也很早就产生了史官的政教性书写。但是，西周史官的政教性书写主要是记录先王先贤的训诰之言，很难将这些训诰文归入史传文献。训诰文书写没有脱离对口头言说的依附，而史传文献应以记事为主，而且要求书写者对文本编码有较高的自主性，要在书写中融入自己的价值判断和思想倾向，即要有比较明显的"作"的因素。再者，西周的政教性书写整体上被约束于泛仪礼框架之中，而史传文献是比较纯粹的政教文本，它的产生首先需要摆脱泛仪礼框架对书写的束缚，西周时期的政制状况还不能提供这种条件。因此，西周史官恐怕尚未发展出自觉编撰史书以供鉴戒的职能。当然，西周中后期政制耦合结构的逐渐失调，已经引起了社会政治指令的一些变化，这种变化的一个表现就是史官（以及乐官）通过加强政教活动来应对政制的失调，如上述西周后期讽谏乐歌书写的出现以及训诰文书写的变化，除此之外还可能进行口头形式的政教活动，如王树民认为《国语》中多次提到的"瞽史"是一种单独的职官，并指出"远古时期的历史传说能够流传下来，应归功于瞽史的作用"，[1]罗家湘进一步认为"瞽史是西周中期以后产生的一种职官，其职责是给君主讲说兴亡故事，以为鉴戒"。[2]而《逸周书·史记》中的左史戎夫是"第一个讲史的官员"[3]。这种借助历史故事来为君主提供鉴戒的政教文本不太可能著于竹帛。罗家湘指出："甲金简牍上记载的内容，则主要是作为档案收藏，而不是拿来讲的。"[4]反过来说，拿来讲的东西起先也不会作为简策档案收藏。《逸周书·史记》文辞较为浅近，显非西周原文，《今本竹书纪年》中"（穆王）二十四年，王命左史戎夫作《纪》"的记载未必可靠。[5]当然，从另一个角度说，讲史唱

---

① 王树民：《瞽史》，见《文史》第二十一辑，中华书局，1983年，第56页。

② 罗家湘：《〈逸周书〉研究》，前揭，第281页。

③ 罗家湘：《〈逸周书〉研究》，前揭，第278页。

④ 罗家湘：《〈逸周书〉研究》，前揭，第278页。

⑤ 《今本竹书纪年》行世甚晚，学界多以伪书视之，如王国维就判断该书"无用无征"（见王国维：《今本竹书纪年疏证》序；见方诗铭、王修龄：《古本竹书纪年辑证》，上海古籍出版社，1981年，第189页），范祥雍先生也认为"《今本纪年》之伪，……已为定谳，无须再买菜求益了"。（范祥雍：《关于〈古本竹书纪年〉的亡佚年代》，见《文史》第二十五辑，中华书局，1985年，第53页）近来虽有学者提出重新认识该书（如杨朝明先生的《〈今本竹书纪年〉并非伪书说》，《齐鲁学刊》1997年第6期），但终不可轻易将之当作可靠史料。《今本竹书纪年》的这条记载或许就是依据《逸周书·史记》做出的，至于"穆王二十四年"很可能是杜撰的年月，所以，我们不能反过来用《今本竹书纪年》去证明《逸周书·史记》的成文年代。

曲的政教活动已经初步为史传书写准备好了内容，只要书写的条件具备，以史为鉴的史传文献很快就会出现。早期的史传文献可能就是对西周中后期瞽史、瞽矇之类职官口头讲诵内容的记录。

需要指出的是，虽然史传文献一般以记事为主，但记事或记言本身并不是史传之为史传的核心标志，所以既有记事之史，也有所谓记言之史。从根本上说，史传文献是"作"出来，而不是"记"出来的。叙事体式在殷商时期的书面文本中就是主要的体式，尽管当时的记事十分粗略。西周书面文本的记事之辞，则见于训诰文、彝铭以及诗歌等多种文类。显然，我们不能认为这些文本是史传文献，只能说它们可以作为后世史书的原始材料。特别值得注意的是，《春秋》一类史官编年记事一般被认为是编年体史书，而史官编年记事有可能始于西周后期。如果确实如此，那么这似乎可以作为西周后期存在史传文献的一个证明。但本文以为，即便史官编年记事始于西周后期，也很难直接将这种文本归为史传文献，理由在于：一者，西周后期的编年记事很可能是从周初以来的策祝文书写中发展出来的，仍是比较纯粹的人神关系言说，即向神灵的禀告，其基本性质属于仪式性书写，而不是政教性书写，即便到了春秋时期，这种编年记事文本的基本性质应该仍是泛政教性的仪式文本；二者，从书写方式的角度说，史传文献不仅是"作"出来的，而且是作为典籍之书被"编"出来的。只有当原始的编年文献得到一定的编辑和整理之后，即可以被视为一个完整时段的历史文本之后，[①] 它们才可能成为真正意义上的编年体史书。而没有证据表明西周时期的史官编年记事文献已经得到这种编订和整理。

这里还有必要探讨一下《逸周书·世俘》的年代和性质问题。《逸周书·世俘》是一篇比较特殊的文献，因为它是唯一一篇被大多数当代学者认作为可信的周初长篇幅散体记事文。郭沫若、顾颉刚、李学勤、黄怀信等均主此说，如郭沫若说："《逸周书》中可信为周初文字者仅有三二篇，《世俘解》即其一，最为可信。"[②] 顾颉刚也说该篇实作于商周之际。[③] 黄怀信认为："尽管《世俘》

---

① 如春秋时期的史官编年记事文献积累到一定阶段后，被冠之以"春秋""乘""梼杌"之类的书名，如孔子删削《春秋》等。这也就是刘知几《史通·史官建置》中说的："书事记言，出自当时之简，勒成删定，归乎后来之笔。"（〔唐〕刘知几著，〔清〕浦起龙通释：《史通通释》，上海古籍出版社，2009 年，第 301 页）

② 郭沫若：《中国古代社会研究》，见氏著《郭沫若全集》历史编第 1 卷，人民出版社，1982 年，第 299 页。

③ 参见顾颉刚：《〈逸周书·世俘篇〉校注、写定与评论》，见《文史》第二辑，中华书局，1963 年，第 1—42 页。

曾被后人所解，且流传之中出现不少讹误，但基本上仍未失周初文字的本来面目。"①由于该篇除记录了武王的两句祷辞外，几乎纯为记事之辞，所以，有学者认为，它"作为已经被确认的周初文献，为我们提供了一个早期记事文的范本"。②

不过，本文以为《世俘》的年代及性质其实都是颇为可疑的。第一，《世俘》中的不少内容明显采用了夸张的写法，如说武王狩猎，擒获"虎二十有二、猫二、麋五千二百三十有五、犀十有二、牦七百二十有一、熊百五十有一、罴百一十有八、豕三百五十有二、貉十有八、麈十有六、麝五十、麇三十、鹿三千五百有八"。③如此大的捕获量凭当时的狩猎条件显然不可能。此外，文中记载的作战毙敌和战俘数量以及缴获玉器的数量也不尽可信。④这些被夸大了的数字说明《世俘》中的部分内容可能是后人根据传闻补入的，补入的时间应该在战国至西汉中期之间，最可能是在战国时期，因为春秋史官记事仍翔实不浮夸，尚未明显使用虚饰修辞，战国人作记则往往好采传闻传说，到了西汉中期以后儒术独尊，而《世俘》"所记杀伐残酷，与儒家所宣扬的仁爱思想相反对"。⑤第二，像《世俘》这样的长篇幅散体记事文不符合史官书写的发展逻辑。钱穆先生在分析《尚书·周书》时说："当时人尚不知连篇累牍融铸成一整篇文字，故逐段以曰字鸣呼字更端也。"⑥他还指出，《虞夏书》之所以是后人追记之辞的原因也在于：《虞夏书》中各篇综述"一代政治之始终""显较周书为进步""一是记言，一是作文，并是作史""若使周代史官知有如此作文之法，有如此写史之体，则何不为文武两王亦有一番综合之

① 黄怀信：《逸周书源流考辨》，前揭，第108页。
② 罗家湘：《〈逸周书〉研究》，前揭，第107页。
③ 黄怀信认为，"猫"指白老虎。（参见黄怀信：《逸周书校补注译》，前揭，第200页）
④ 如"馘磨亿有十万七千七百七十有九，俘人三亿万有二百三十"，潘振云："亿数不定，小数以十为等，十万为亿，大数以万为等，万万为亿。"（黄怀信、张懋镕、田旭东：《逸周书汇校集注》，前揭，第435页）一般解释取其小数，因此，"三亿万有二百三十"就是"三十一万零二百三十"，但取其小数的解释与"亿有十万七千七百七十有九"以及下文"武王俘商旧（宝玉万四千佩）玉亿有百万"的说法不能调和，所以黄怀信说，"十万"是"七万"之误，"百万"则是"八万"的音误。（参见黄怀信：《逸周书校补注译》，前揭，第201、204页）这些说法颇为牵强。
⑤ 黄怀信：《逸周书校补注译》，前揭，第54页。
⑥ 钱穆：《西周书文体辨》，见氏著《中国学术思想史论丛》第一卷，前揭，第156页。

叙述乎？何不于周公生平，及其制礼作乐之大纲大节而亦有所记载乎？"①

　　但是，也有很多证据显示，《世俘》中的多数记载确有可信之处，这是难以否定的。②那么，如何理解这种情形呢？本文以为其中的原因或许在于《世俘》原本不是一篇完整的史官记事文献，而是后人（可能是史官）根据王室留存下来的各种原始档案材料拼缀而成。这些原始材料的主体很可能是周初彝器铭文。我们知道，《世俘》所述之事大体有二：一是伐殷经过，尤其侧重记述将领受命和俘获情况；二是武王凯旋回到宗周后所举行的一系列典礼。此类叙事记礼的内容其实在西周早期彝铭中并不少见，如《天亡簋》铭文的主要内容就是记述武王举行典礼的经过，以此颂扬周王的恩德；《小臣𧻴簋》铭文记述了伯懋父率领殷八师征伐东夷的经过，也是作为获赏作器的缘由和背景来写的；《小盂鼎》铭文记载的也是"征伐成功、献俘庆赏的事迹"；③西周中期的《䜌簋》铭文则记述了䜌率军抵御淮戎的经过，其中详细罗列了战果，包括杀敌和俘虏人数，缴获的各种兵器及其数量，夺回的人口数量等。《世俘》中有一些错简、颠倒以及不对称的内容，前人（如朱右曾）或以为是多人所记的结果，事实上更可能是拼缀不善或原始材料有限所致。如在记述将领受命情况和报功部分中，前一小节没有详列姜尚、吕他、侯来、伯𠦪的杀敌和俘获战果，后一小节则列出了陈本、百韦和新荒的俘获情况，叙述者显然没有轻视前者而有意突显后者功劳的意图，所以很可能是所依据的材料没有记述姜尚、吕他、侯来、伯𠦪的杀敌和俘获战果。这两小节都是将武王命将，本该连在一起，却被"辛亥荐俘殷王鼎"一段隔开，这更说明它们的材料来源可能不同。④当然，不必认为材料来源必定都是彝铭，也可能使用了其他一些档案文书，例如记录将领战功的内容有可能来自记功文献，而记录将领受命情况的内容也可能来自政令文书。

---

① 参见钱穆：《西周书文体辨》，见氏著《中国学术思想史论丛》第一卷，前揭，第 161 页。

② 详参罗家湘：《〈逸周书〉研究》，前揭，第 6-10 页；李学勤：《〈世俘〉篇研究》，《史学月刊》1988 年第 2 期；李学勤：《从柞伯鼎铭谈〈世俘〉文例》，《江海学刊》2007 年第 5 期等。

③ 李学勤：《小盂鼎与西周制度》，《历史研究》1987 年第 5 期。

④《世俘》中错简、颠倒之处还有不少，如"辛亥，荐俘殷王鼎"一段应移于"韦命伐厉"之后（参见罗家湘：《〈逸周书〉研究》，前揭，第 106 页），又如"惟一月丙辰旁生魄"一段概述伐纣经过，似应为篇首，"商王纣于商郊"一段，记纣王自焚和武王获玉之事，虽可视为补叙，然以今人叙事惯例来看，其置于篇末，终有突兀之嫌，如果略改文辞并置于"惟一月丙辰旁生魄"一段之后，则更觉自然顺当。

至于《世俘》记事的目的，罗家湘认为在于"记录功过以供奖惩"。①这显然并不确切，因为文中记将领之功只是一小部分内容，至于记过则全无。事实上，《世俘》的中心意旨应该是显扬王功，书写的根本目的则在于使人感念先王伟业，因而具有一定的政教功能。从开篇记"武王成辟"，到命将分头征剿，到武王狩猎，再到"征四方"，武王一直是刻意突显的中心人物，表现战争规模的宏大不外是为了显示武王的丰功伟绩。黄怀信先生也说："这篇文字独记周人当年辉煌的战果，足以值得大加炫耀。"②至于细述典礼的部分，中心人物也是武王，目的则是表现武王继承天命的神圣荣耀。由此来看，《世俘》的主体内容很可能是春秋（或战国）史官在泛政教书写的背景下以周初彝铭等原始材料为依据进行的记事书写，大抵属于"志"一类文献。③

从书写体制的角度说，《世俘》之类文献形成方式的一个启示意义在于提请我们注意，有些文献与其所本出的原始材料的书写动机、功能性质可能不一样，如西周彝铭的书写目的主要是作器者铭功旌纪、标榜荣宠，与《世俘》的政教用意有所不同。

五、西周时期其他书写类型

（一）西周彝铭书写

1. 西周早期彝铭

西周是彝器铭文书写的鼎盛时期。西周彝铭虽然有比较明显的文体规范，但其样态在西周不同阶段并非一成不变。西周早期彝铭在文体结构上更多地呈现出延续自晚商彝铭的特征，如体式上大多属于因果式叙事型，形制上一般包括记事、赏赐和作器三个部分，构成两层因果关系，即获得赏赐是中心事件（作器）的原因，所记之事则说明为何获得赏赐，或记述赏赐的背景事件。有些铭文还沿袭晚商彝铭的时间补叙单元，即纪年，如《保卣》《何尊》《麦方尊》等，西周中期以后，纪年一般移置篇首。

---

① 罗家湘：《〈逸周书〉研究》，前揭，第105-107页。

② 黄怀信：《逸周书源流考辨》，前揭，第107页。

③ 值得注意的是，《逸周书·克殷》的文辞虽然较《世俘》浅近，但所述之事与《世俘》多有类似之处，只是侧重点不同。《克殷》侧重记述伐殷的战斗经过和武王班师西归前在纣王宫即天子位的仪式过程以及颁布敕令的情况。《克殷》的形成方式可能与《世俘》类似，如黄怀信所言："当系后世据旧有材料加工整理而成。"（黄怀信：《逸周书源流考辨》，前揭，第103-104页）

　　不过，与晚商彝铭相比，西周早期铭文也有以下特点：第一，西周早期铭文的篇幅虽然也是有长有短，但总体而言，字数较商末铭文有明显增加，商末铭文多者不过三四十字，且极少，而西周早期铭文五十字以上的比比皆是，一两百字以上的也不鲜见，如《何尊》《麦方尊》《沈子簋》《大盂鼎》《小盂鼎》等。篇幅的增加是彝铭书写发展最直接的证明。

　　第二，西周早期铭文字数的增加主要体现在记事单元，如《小臣𧕙簋》记述了伯懋父伐东夷的经过，《利簋》记述了武王克殷的经过，《天亡簋》记述了武王举行祭祀宴享典礼的经过，等等。这与上文所述周初记事体式的发展可相印证。

　　第三，晚商彝铭一般没有祝嘏辞单元，作器单元也只是简单地指出是为某位祖先而作，如《小子省壶》铭文中的"用作父乙宝彝"、《小臣邑斝》铭文中的"用作母癸尊彝"之类。不少西周早期铭文则在作器单元后出现了祝嘏辞单元，①而且说明器物在实际生活中的用途，如《小臣宅簋》铭文曰："用作乙公尊彝，子子孙孙永宝，其万年用卿（飨）王出入。"（意为：因此制作祭祀先父乙公的尊贵的彝器，子子孙孙永远珍藏，用来宴飨传达王命的使者。②）《命簋》铭文曰："命其永以多友𣪘（簋）飤。"（意为：命希望能够永远和诸多朋友一起共同享用。③）《麦方鼎》铭文曰："用从邢侯征事，用飨多诸友。"（意为：用来供邢侯出征之用，并用于宴飨各位朋友。④）……彝铭中祝嘏辞单元和器物实际用途单元的出现至少可以说明，作器铸铭之事与贵族的现实生活更为贴近了，彝铭书写的私人性质有所增强。此外，西周早期彝铭中还出现了与作器目的有关的程式语，如"对扬王休"。这不仅是尊王观念的表达，还可能是赏赐仪式活动在铭文中的反映。⑤

---

① 西周彝铭中的祝辞和嘏辞有时难以截然分清，"很多看上去单一祈求为主的铭文实际上是包含有嘏辞的成分，只不过仅从字面上分析时很容易被忽视。"（陈彦辉：《周代铭文祝嘏辞的文体特征》，《学术交流》2011 年第 12 期）

② 译文据《金文今译类检》，前揭，第 122 页。

③ 译文据《金文今译类检》，前揭，第 53 页。

④ 译文据《金文今译类检》，前揭，第 346 页。"用从邢侯征事"或可释为"用于跟从邢侯出征"。

⑤ 称扬的对象也可以是其他主持赐命的贵族大臣。关于"对扬王休"在西周铭文中的结构意义，学界存在争议。旧说多认为是作器者接受赏赐时的感激之辞。沈文倬先生认为是描述赐命时的答谢礼仪。（详参沈文倬：《对扬补释》，《考古》1963 年第 5 期）也有学者认为该语既然与作器单元相接，应表示作器铸铭的目的和原因，如《朕簋》"敏扬王休于尊簋"应释为"在尊簋上铸刻铭文来报答武王的赐命、称扬武王的美德"。（参见徐正英：《西周铜器铭文中的文学功能观》，《甘肃社会科学》2004 年第 2 期）

第四，西周早期出现了以对作器者的训教为主要内容的彝铭，如《何尊》《大盂鼎》等。《何尊》内容如下：

> 唯王初壅，宅于成周。复禀（逢）王礼福，自（躬亲）天。在四月丙戌，王诰宗小子于京室，曰："昔在尔考公氏，克逑文王，肆文王受兹命。唯武王既克大邑商，则廷告于天，曰：'余其宅兹中国，自兹义民。'呜呼！尔有虽小子无识，视于公氏，有勋于天，彻命。敬享哉！"唯王恭德裕天，训我不敏。王咸诰。何赐贝卅朋，用作庚公宝尊彝。唯王五祀。

该铭中"唯王恭德裕天"之前部分的文体性质与周初训诰文基本一致。"唯王恭德裕天"之后的部分则是训诰文所没有的。从"训我不敏"语可知，全文的叙述者不是史官，而是作器者何。①西周早期还有一些铭文虽然没有实录训教之言，但以概述形式记录训教之事，如《禽簋》铭文中的"周公某禽祝"（意为：周公教诲担任祝职的伯禽②）。这些都表明周初贵族对德性训诫的高度重视。康王时的《大盂鼎》则既有训诫，又有锡命和赏赐。西周中期以后，铭文中的训诫之辞（尤其是长篇的训诫内容）并不多见。

第五，西周早期出现了一些为纪念官员任命为作的锡命铭文，但数量还很少，如《井侯簋》《宜侯夨簋》《大盂鼎》等。

较之晚商彝铭，西周早期彝铭有着更为显著的铭功旌纪功能。从铭文记事部分来看，西周早期受赐者获得赏赐的原因有相当一部分属于军功，如《明公簋》《过伯簋》《小臣谜簋》《贞簋》等，这是由于周初征伐之事频繁，而"荣宠要求贵族最甚者，莫过于为君主作战"。③因军功获封受赏对于这些作器者而言无疑是最为荣耀的。将此类事铸刻成铭，这种书写活动，正如徐正英先生所言：

> 在客观上反映出了西周人对文章记彰功烈功能的清楚认识。……记彰功烈观在西周前期已经产生，并已成为上至周天子下至公侯甚至将军的普遍共识。其对后世的纪实文学理论和纪实文学的发展有一定影响。④

---

① 铭文的叙述者都是作器者本人。有些铭文以"某某曰"开头，如西周早期的《三家敦》以"易卩曰"开头，西周中期的《㦛方鼎》以"㦛曰"开头（紧接着还有"呜呼"的发语词），只不过将隐含的叙述者点出来而已。可见，铭文内容无论是记事为主（如《三家敦》），还是记言为主（如《㦛方鼎》），其实都可以理解为作器者向器物所用以祭祀的对象（即祖先神灵）汇报的话。
② 译文据《金文今译类检》，前揭，第31页。
③ [法]孟德斯鸠：《论法的精神》，前揭，第39页。
④ 徐正英：《西周铜器铭文中的文学功能观》，《甘肃社会科学》2004年第2期。

西周早期彝铭还突显了"歌功颂德"的功能，所歌颂者自然是行赏或策命者（一般是周王）的美德。铭文中的歌颂之辞，如"唯王恭德裕天""对扬王休"等，都是作器者对行赏或锡命的领受性回应，也可以看作对君王的忠诚表示。有的铭文中，这种忠诚表白更为直接具体，如《井侯簋》中的"克奔走上下帝无冬（终）令（于）周。追考（孝）对，不敢*，卲朕福盟，朕（畯）臣天子"。①上对下给予荣宠与下对上赞美效忠正相对应，这便是游戏规则。如果说我们在周初训诰文中看到的是理想性的政治观念，那么，这些铭文或许更能揭示西周政制的运作方式。西周的乂神礼法君主政制实际上是以礼法来统摄和规范君主政体的内在推动机制，即荣宠机制，但训诰文一类文本对政治美德的强调可能在一定程度上掩盖了君主政体的这种真正推动机制。按照孟德斯鸠的说法，在君主政体下，荣宠是比美德更为根本的东西，"在那里，荣宠给予所有政治集团和法律以及美德以生命"。②乂神礼法固然可以规范荣宠，但荣宠从某种意义上说也可以界定美德本身。例如，贵族制作青铜礼器的直接目的往往是祭祀祖考，即为先人而作祀器，而西周德性天命思想中包含了"孝"观念，③有论者据此指出："西周人亦认识到了文章宣扬孝道的社会功能。"④这固然不错，但用"记彰功烈来表达孝心，宣扬孝道"⑤本身也表明孝之德在一定程度上可以由荣宠来规定，没有荣宠则孝之德无以显示。所以，无论是颂君政德，还是表达孝心，都与荣宠有内在关系。

当然，既然青铜器一般是作为祭祀彝器，从接受对象上说，彝铭首先是写给祖先神灵看的，因此可以视为"一种与神对话的语言"。⑥周人虽不像商人那样"率民以事神"，但"事鬼敬神"的观念依然十分强烈，这就要求铭文书写者要有高度的诚心和敬意。从这一点来说，彝铭与策祝文也有类似之处。周初甚至有完全记录向祖先神灵祝告之言的铭文，如康王时期的《沈子簋》。铭文书写的态度要求对铭文的语体多少是有影响的。查屏球先生以宣王时期的《毛公鼎》为例指出，西周彝铭中训诰内容的形象化程度尚不如《尚书》中的训诰文，"几乎看不到任何修辞手法。……《毛公鼎》在语言表达上与《文

---

① 该句意为"为周室能够获得上帝天神永久的天命而奔走努力，追行孝道，不敢怠惰失职。多福昭显，长久地臣事天子。"译文据《金文今译类检》，前揭，第152页。

② [法]孟德斯鸠：《论法的精神》，前揭，第33页。

③ "孝"观念在《酒诰》《康诰》等周初训诰文以及《诗经》中都有所反映，其渊源在于祖先崇拜，周代礼治文化逐渐将宗教性的祖先崇拜转变为宗法性的"孝"。

④ 徐正英：《西周铜器铭文中的文学功能观》，《甘肃社会科学》2004年第2期。

⑤ 徐正英：《西周铜器铭文中的文学功能观》，《甘肃社会科学》2004年第2期。

⑥ 查屏球：《西周金文与修辞立其诚的原始意义》，《学术探索》2010年第3期。

侯之命》这点区别又说明铭文作者是依照铭文特定格式与语言风格来转述周
王诏书，并不是照抄诏书原文"。①此说也大体适用于康王时期的《大盂鼎》。
此外，铭文中对各种功劳（尤其是军功）的描述记录往往十分平实客观，即
便战果辉煌，也"没有使用比喻或夸张这类形象化的语言"。②这大概也与书
写者的敬神观念有关，在他们看来，在行文中渲染夸耀自己的功劳，"不符合
'诚'的标准"。③铭文书写的这种语体要求一直延续下来，故有后世曹丕"铭
诔尚实"（《典论·论文》）的总结。进一步说，事神之诚敬扩展和延伸为事君
上之诚敬，是西周礼法君主制的必然指令，这种变化自然也运用到书写活动
中，即从事神书写的诚敬和诚信④扩展和延伸为事君上书写的诚敬和诚信。⑤从
这个角度看，铭文书写实际上已不完全是"与神对话之语"，或者说告神只是
比较表层的。措辞谨慎节制，不矜功自傲，其实也是为了以对君上的忠敬之
心示人，因为在倡导德性的西周政制上升期，对君上忠敬之心的表达更能显
示君上给予他的荣宠是因其德性而应得的。通过铸器作铭彰显荣宠，不仅可
以获得精神上的自我满足，还具有实际的功利意义，正如马承源先生所言："把
自己的功劳或父辈对王室的贡献，以及周王的锡命铸在青铜礼器上，就等于
获得了地位和职务的证件，具有护身符的作用，以便造成他们的权威。"⑥

2. 西周中后期彝铭

西周中后期彝铭书写有一些较为突出的现象。首先，为纪念官员任命而
作的锡命铭文⑦似乎在穆王时期突然增加，仅穆王一世，此类锡命铭文的数量
就远远超过西周早期。整个西周中后期，此类锡命铭文一直是铭文文献中的
主导类型。除了数量剧增之外，西周中后期锡命铭文还发展出了比西周早期
铭文更为规整和程式化的文体结构。下面是一篇较为典型的穆王时期锡命铭

---

① 查屏球：《西周金文与修辞立其诚的原始意义》，《学术探索》2010 年第 3 期。
② 查屏球：《西周金文与修辞立其诚的原始意义》，《学术探索》2010 年第 3 期。
③ 查屏球：《西周金文与修辞立其诚的原始意义》，《学术探索》2010 年第 3 期。
④ "诚敬"主要就书写态度而言，"诚信"主要就书写内容而言。
⑤ 最后演变为对所有书写活动的一般性要求，即"修辞立其诚"。查屏球先生在《西
  周金文与修辞立其诚的原始意义》一文中论证了《易传·文言》中"修辞立其诚"
  的"辞"原始所指当为"与神对话之语"，即占卜之辞和青铜铭文。"修辞立其
  诚"之说经儒家阐发后成为对所有书写活动的伦理要求，影响极其深远，直到
  现代以来，所谓散文写作应以"真情实感"为原则，仍是这种传统的余绪。
⑥ 马承源：《中国青铜器》，上海古籍出版社，1988 年，第 358 页。
⑦ 上文已述，记录封官授职、赏赐爵禄之事的铭文都可称为锡命铭文。西周早期
  有很多只记赏赐而没有封官授职内容的铭文，宽泛地说，这些铭文也可归入锡
  命铭文。只是一般而言，以封官授职为中心内容的铭文是赐命铭文的主要类型。

文《趞簋》：

> 唯二月，王在宗周。戊寅，王格于大庙。密叔右趞即位，内史
> 即命。王若曰："趞，命汝作𤔲𠧪家司马，适官仆、射、士、㗬（讯）、
> 小大又（右）、隣。取遣（賹）五乎（锊）。赐汝赤市幽黄、銮旂，
> 用事。"趞拜稽首，对扬王休。用作季姜尊簋，其子子孙孙万年宝用。

　　这篇锡命铭文的结构包括锡命过程描述、作器缘由和对象以及祝愿套语三个部分，第一部分是铭文主体，占据绝大部分篇幅，此部分还可以细分为锡命的时间和地点、锡命仪式场景描述、锡命辞引述、作器者受命称颂四个小部分。这其实也是西周中后期锡命铭文的一般形制。更多的例子表明，在锡命辞引述部分，周王往往会对受命者的祖先以及受命者本人的功德予以表彰，这可以视为锡命的缘由，锡命辞最后则几乎无一例外地详细列出赏赐品清单。需要注意的一点是，西周后期个别锡命铭文中重新出现了与西周早期类似的长篇训诫语，如《毛公鼎》《师询簋》《𤔲𤔲盨》等。①

　　此类锡命铭文的增加意味着西周中后期封官授职的锡命活动的增加，而且从这些铭文的内容来看，这些锡命活动绝大多数都是针对王畿内贵族官僚的锡命，与西周早期以封建诸侯为主的锡命（如《井侯簋》《宜侯夨簋》）以及只赐不命的锡命不同。个中缘由与上文所述西周王朝进入中期以后政制形态的演变有关。李峰先生推测："西周早期政府比较严格地执行着政府职位的世袭继承制度。在这种情况下，周王对官员的任命可能不是必要的；即使周王进行了锡命，可能也不受重视。"②而西周中期以后，一方面，"周王很可能通过将官员锡命制度化来加强他对政府的控制"，③另一方面，"西周早期大扩张的结束意味着西周贵族获取军功荣誉机会的减少，他们因而转向更加强调政府服务，以此作为获取社会威望的一种方式"。④锡命铭文毕竟是私人性质的文本，其数量大大增加，说明锡命之事不仅周王个人热情投入，贵族们亦对此十分看重，尤其是将获得职务任命视为光宗耀祖、彰显地位的重要时刻。这也意味着中国的官僚社会风气已经初步形成。

　　至于西周后期锡命辞重新出现训诫内容的情况，应该是西周后期个别周王"远法先祖、重修礼乐"的一种表现。这些锡命辞中的训诫语与周初训诫

---

① 有学者认为这三篇铭文均出自宣王时期，但关于《师询簋》的年代，学界有不同意见，主张在恭、孝、夷、厉、宣的皆有。（详参何景成：《论师询簋的年代和史实》，《南方文物》2008年第4期）。
② 李峰：《西周的政体：中国早期的官僚制度和国家》，前揭，第109页。
③ 李峰：《西周的政体：中国早期的官僚制度和国家》，前揭，第109页。
④ 李峰：《西周的政体：中国早期的官僚制度和国家》，前揭，第109页。

语在称颂先王功德，要求受命者敬慎履职、辅佐自己等意向上大体相类，不同之处在于前者多感叹天降丧乱、时势艰难，甚至痛陈先王失政，颇显澄清之志。从这些铭文材料来看，此类训诫语不仅没有刻意粉饰太平，而且将国运艰难归因于时王自己的德性不足["德不克义"（《师询簋》）]或先王"引其唯王智"（《毛公鼎》）所导致的"旻天疾畏降丧"（《师询簋》）。当然，更多的时候，周王是在声称"唯皇上帝、百神保余小子"（厉王时期《胡钟》）、"经雍先王，用配皇天"（厉王时期《胡簋》）。这两种情况，前者主要体现的是德性天命观的德义理念，后者则突出了君权神授的观念。这些话语都可以视为西周中后期政治意识形态的表达。这种政治意识形态，尤其是周王君权神授的观念，在西周后期的实际影响力可能已经明显下降了。

　　西周中后期彝铭书写的另一个重要现象是地方诸侯国彝铭的涌现。西周地方诸侯国在铭文书写方面的普及是西周中后期才出现的。西周早期也有一些诸侯铭文，[①]这些铭文多与周王直接相关，要么纪念军功，如昭王时的《过伯簋》等，记载过伯曾随昭王讨伐南楚，要么是上文已提及的锡命铭文中的一种，即封建铭文，如康王时期的《井侯簋》等，要么纪念朝觐周王受赐之事，如《匽侯旨鼎》等。但到了西周中后期，尤其是后期，诸侯铭文不仅数量明显增加，而且文体构成上也有较大变化。[②]这里选录数篇为例：

　　《芮伯多父簋》："芮伯多父作宝簋。用享于皇祖文考，用赐眉寿，其万年子子孙孙永宝用享。"

　　《毛伯簋》："毛伯羽父作仲姚宝簋。其万年无疆，子子孙孙永宝用享。"

　　《曾伯文簋》："唯曾伯文自作宝簋，用赐眉寿黄耇。其万年子子孙孙永宝用享。"

　　《应侯簋》："唯正月初吉丁亥，应侯作生杕姜尊簋。其万年子子孙孙永宝用。"

　　《陈侯簋》："陈侯作王妫媵簋，其万年永宝用。"

　　从上述文例，可以大体归纳出西周中后期诸侯铭文的以下特点：[③]（1）此类铭文一般与周王没有直接关联，也不写作器缘由，显然并非因接受周王赐命或协同王室征伐而作器铸铭；（2）有的诸侯铭文没有写出作器对象，

---

①　由于西周诸侯国青铜彝铭显示的作器者基本上都是诸侯本人，所以这里简称"诸侯铭文"。

②　诸侯铭文一般篇幅都较为短小，这在西周前后期倒是一致的。

③　必须指出：这里的归纳反映的是总体趋势，不是说其他类型铭文中绝对没有与此类铭文相似的个别例子，也不是说所有中后期诸侯铭文都无一例外地符合这些特点。

如《曾伯文簠》，有的虽写出作器对象，但这个人不一定是先祖，而多是妻女，如《毛伯簋》中的"仲姚"就是毛伯的妻子，《陈侯簋》记载的则是陈侯为嫁女而作陪嫁礼器。[①]（3）祝嘏辞单元多使用固定套语，祈求长寿是此类铭文最常见的祝告语。（4）不少此类铭文并不专门指出作器的目的是祭祀先人，上引诸例中只有《芮伯多父簋》提到了这一点，而且该铭也没有写出先人的名字。

诸侯铭文数量的剧增，以及与王畿地区铭文在文体构成上的差异，在很大程度上是西周中后期地方诸侯与周王室之间关系变迁的结果。西周中期以后，地方诸侯与周王室的交往明显减少，王室权威下降，地方与中央离心化趋势越来越显著，诸侯铭文的内容自然就很少涉及周王室。至于诸侯铭文的"家庭味"，以及"用赐眉寿"的祝告语等，则反映了西周中后期地方封国贵族社会的一般风气，西周早期那种辅佐周王，为周王朝建功立业的热情已经烟消云散，诸侯们更关心的是如何保持现世生活的荣华富贵。

需要注意的是，虽然艺术考古学证实，西周后期诸侯国尤其是东部封国的器物类型、样式等越来越呈现出有别于王畿地区的地方文化特征，但在铭文书写方面，各地诸侯铭文却显示出较大的共性。西周中后期诸侯铭文与王畿地区铭文在文体构成上的差异主要是政制因素导致的，而不是文化上的差异。事实上，它们在字体、行文语法方面都比较一致。况且文体差异也不是绝对的，而是以总的共性为前提的，如某人为某人作某器加祝嘏辞的基本结构，以及祝嘏辞的高度套语化等，都是西周中后期铭文的常见写法。此外，西周后期周王室有时也会制作"家庭味"很浓的青铜器，如《王作姜氏簋》："王作姜氏尊簋。"这里的姜氏一般认为是周王的某位后妃，属于与周族关系密切的姜族。[②]根据这种情况，不妨认为，尽管西周中后期地方诸侯在政治上受权力中心的影响越来越小，但书写活动为保持西周国家文化上的统一性起到了很大作用，以致到了春秋战国时期，尤其是战国时期，"东周"逐渐朝一个文化上的，而不是政治上的共同体演变。书写文化虽然也包括物质层面，但毕竟具有更多精神和制度层面的内涵，这使得书写文化较之一般的器物文化，更具有普适性和稳定性，特别是在一个原本缺乏书写文化的地区，一旦新的书写文化进入并扎根下来，那么它所发挥的文化影响力将是长久而稳定的。

---

① 从《陈侯簋》可知，作器对象并不一定是已经过世的亲属。

② 此类器物学界一般称为"王器"，包括王自作器、为王室重臣作器、为其母作器、为女儿作器以及为王妃作器等情况。（参见张懋镕：《周公庙发掘前的退思》，《上海文博论丛》2004 年第 4 期）

西周中后期还出现了一些记录贵族间交易活动，尤其是土地交易的铭文，如《倗生簋》《散氏盘》《九年卫鼎》《五祀卫鼎》《吴虎簋》《鬲从簋》等。此类铭文书写产生的背景是西周社会经济的变化。西周中期以后，王畿内空间危机日益显露，有限的土地资源自然越来越成为贵族们关心的东西，重视经济利益成为当时贵族阶层的流行意识。同时，土地转让之类交易活动的制度化，也是政府民事行政体制得到发展，社会自我调节能力提高的重要标志。这种制度化在此类铭文中是有所体现的，如铭文显示，土地交换过程一般有史官参与，而且"告知或诉讼于天子或天子的执政大臣是一必经程序"。[1]此类铭文大多详细记录交易经过和交易内容，所以，除为了纪念外，也可能具有交易凭证的作用，如《倗生簋》中有"铸保簋，用典格伯田"之语。不过，交易中应该另有专门的契券文书作为凭证，这种文书很可能由受命参与其事的史官起草，如《吴虎簋》中记载了史官将"书"（应该就是交易契券）交予受领者，《倗生簋》中也记载交易双方曾剖析契约，各执其一。正如李峰先生所指出的，此类铭文"充分体现了文字书写在西周行政管理中发挥的重要作用及其在社会中的广泛使用"。[2]当然，铸刻此类铭文的青铜器并不都是王畿内贵族的器物，有的是地方诸侯国的器物，如《散氏盘》等，有学者注意到这些青铜器有的在铭文铸刻工艺上比较拙劣，也不使用"卫其万年，永宝用"一类的套语。[3]吕静认为：这其中的原因在于，制造这类器物的目的不是为了体现政治荣耀，与传统青铜器的制作目的不同，与周王意志不符，因而"很难在周王室的作坊铸造或者很难委托周王室的作坊加工"，但是诸侯方面已经产生了制造铜器的欲望和需要，在没有精湛的铭文铸造技术，甚至没有抄写文字的专职人员的情况下勉强为之，于是就造出了"或者器制粗劣，或者文字拙劣的作品了"。[4]这个看法有一个前提，即周王垄断了青铜器制造和铭文铸刻技术，以此作为"支配周围诸侯国的政治秩序"的重要手段，因为"青铜器包括铭文都是周王政治和宗教意志的一种反映"。[5]在商代，商王确实基本垄断了青铜器的资源和生产，西周王朝可能效法殷商，通过青铜赏赐来达到政治目的。不过，西周中后期诸侯铭文的大量出现，肯定构成了对周王室

---

[1] 李朝远：《青铜器上所见西周中期的社会变迁》，《学术月刊》1994 年第 11 期。

[2] 李峰：《西周的政体：中国早期的官僚制度和国家》，前揭，第 117 页。

[3] 日本学者松丸道雄、竹内康浩、新井光光等最早提出《倗生簋》和《散氏盘》铸刻文字的拙劣。（参见吕静：《春秋时期盟誓研究：神灵崇拜下的社会秩序再建构》，前揭，第 82-83 页）

[4] 吕静：《春秋时期盟誓研究：神灵崇拜下的社会秩序再建构》，前揭，第 82-83 页。

[5] 吕静：《春秋时期盟誓研究：神灵崇拜下的社会秩序再建构》，前揭，第 81 页。

青铜器制造垄断地位的冲击，西周诸侯国的青铜器铸造和铭文铸刻工艺并不都处于很低的水平，如上文所述的"匍"雁形铜盉。器制和铭文拙劣的铜器可能是部分地区在探索和发展铸造技术过程中的产物。

总体而言，西周中期以后，铭文书写的类型更加复杂多样，篇幅有长有短，程式化程度有高有低，有记事为主的，也有记言为主的，作器的目的不局限于祭祀，作器对象也不限制为祖先，作器缘由更是丰富多样，不再事事与周王相干。铭文书写作为一种私人性书写，其走向多样化无疑是世俗生活多样化的反映，同时也与王权的跌落有密切关系。在西周中期以前，一般而言，只有与周王发生关联的事件才可以成为作器的缘由，这在某种程度上是由于在当时贵族们的观念中，与周王发生正面的关联就意味着间接与神圣天命发生正面的关联。因而，青铜彝器之所以具有如此崇高和神圣的光彩，并不仅仅因为它们用于贵族们的宗庙祭祀活动，更重要的是因为它们身上附着了代表天命的周王的神圣权威。西周中期以后，周王与天命的关系不再牢不可破，人们甚至不再感到必须与上天产生正面关联。这样一来，青铜器虽然仍大多作为礼器，用于宗庙祭祀，但其崇高色彩就渐渐消褪了。在很多贵族看来，将铸器作铭之事只与自己的祖先神灵相联系，并没有任何缺憾或不妥之处。

（二）没落的甲骨刻辞

周长期以来作为商王朝的一个方国，自然要在文化上受到商的影响。这种影响有的可能是商王朝强行施加的，有的则是自然形成的。甲骨刻辞书写在周的延续当属自然形成。我们知道，周人在克商以前已经有了占卜和甲骨刻辞。[①]据甲骨学界研究，周人甲骨刻辞在文字和语法系统上与晚商卜辞一脉相承。[②]不过，尽管文字、语法相类，商周二族在甲骨的书写上也存在不少差异。差异主要体现在以下几个方面：第一，就文体类型而言，周人甲骨刻辞中的卜辞只占一小部分，占多数的反而是与占卜有关的记事性刻辞和占筮所得的筮数。其中，记事性刻辞所记之事一般是占卜的事因或缘起，"而不是问

[①] 关于周原卜辞的年代，学界有多种说法，但一般认为是商末周初。

[②] 如王宇信先生指出："（西周甲骨文的）大部分文字在商代已经使用，说明西周文字与商代属于一个系统。而西周甲骨上新出现的文字，只不过是时代前进增创的新字而已。"（王宇信：《西周甲骨探论》，中国社会科学出版社，1984 年，第 171 页）朱歧祥先生也认为："周原甲骨中有大量的文例用法，可以在殷墟卜辞中找到，可见殷周民族间词汇的使用、若干文化习性和背景都是一脉相承的。"（朱歧祥：《周原甲骨研究》，前揭，第 115 页）

疑视兆、判断吉凶的结果",①如坊堆村卜骨刻辞"化宫鼎三趾有疾"（意为：化宫鼎这个人有足疾）。王宇信先生认为："这些辞（即记事性刻辞），只不过是占卜后随手刻来，将此次占卜事由简单记下，聊以备忘而已。"②商人甲骨刻辞中也偶尔记录占卜的地点，附在卜辞之后，但不多见，而且一般不会记录占卜缘起。第二，就卜辞的辞式而言，西周卜辞没有兆序、兆辞，也没有验辞，占辞也很少，而且极简单，如"……曰吉"（H11：189），有的所谓占辞只是一些用辞，如"兹用"（H11：48）、"今用"（H11：16）、"弗用兹卜"（H11：65）等，这是因为用辞本来也可以视为占辞。③事实上，连前辞和贞辞都具备的卜辞都很少，"凤雏第一片（H11：1），是一片有前辞和贞辞的卜辞，这在西周甲骨中，如此完整的卜辞还是仅见"。④西周卜辞中单有前辞或单有贞辞的较多，然而，"西周甲骨的前辞形式复杂，很难归纳出一定的规律"。⑤第三，就贞问形式而言，"周原甲骨没有成组的对贞句式，只有属于单句的问卜"。⑥这与晚商卜辞相类似，与殷早期体例完备的卜辞完全不同。第四，就契刻书体而言，周人甲骨刻辞"'小如粟米，笔如发丝'，有些甚至要用高倍的放大镜才能看得清楚。……文字稍潦草，若干句子随意的横竖交错，刻写往往流于形式"。⑦在字体纤细这一点上，周人甲骨刻辞是接近晚商的风格，但与早期殷卜辞书写工整方正、大方有力形成鲜明对比。

从以上差异不难看出，周人甲骨刻辞与殷商早期差距较大，大体上接近晚商时期，但比晚商走得更远。西周甲骨刻辞书写，用朱歧祥先生的话说："在某种程度上表示周人对于龟卜的疏离。"⑧然而周人既然是相信龟卜的，又为何显得疏离于龟卜呢？可能有两个方面原因，一方面是周人对占筮也很感兴趣，⑨因而转移了对占卜的关注；另一方面，也是更深层的原因，是周王朝不像商王朝那样把占卜（以及占筮）视为君主统治合法性的主要依据，或者说祖先神灵的意志不是周王朝政治意识形态的基础，通过占卜或占筮预测吉凶，

---

① 王宇信：《西周甲骨探论》，前揭，第177页。

② 王宇信：《西周甲骨探论》，前揭，第178页。

③ 王宇信先生认为周原卜辞中的"𤏡辞"可以视为占辞（参见王宇信：《周原甲骨卜辞行款的再认识和邢台西周卜辞的行款走向》，《华夏考古》1995年第2期）。

④ 王宇信：《西周甲骨探论》，前揭，第177页。

⑤ 李学勤：《续论西周甲骨》，《人文杂志》1986年第1期。

⑥ 朱歧祥：《周原甲骨研究》，前揭，第114页。

⑦ 朱歧祥：《周原甲骨研究》，前揭，第114页。少数刻写较为工整，文词也较完整的刻辞，学界一般认为是在周的商"史官"所刻或者是商"史官"带到周的商物。

⑧ 朱歧祥：《周原甲骨研究》，前揭，第114页。

⑨ 尽管商人也卜筮并用，但显然更倾向于占卜。

尽管仍然流行，但只是作为一般性的社会文化，作为一种政治色彩不甚浓厚的宗教信仰。因此，虽然目前发现的周原甲骨也多是周王室之物，但对于甲骨刻辞书写，周人不会像商人那样严肃恭敬，没有严格的书写制度对之进行规范。甚至，卜甲骨用过之后，可能也没有相应的归档制度进行妥善储存。[①]不过，周初人对占卜的重视程度也不应估计过低。从《尚书·周书》等文献来看，周初统治者还是相当倚赖龟卜。如《大诰》中，周公一再强调文王所遗大宝龟的权威性，并将龟卜结果作为号召诸侯百官东征讨逆的神意依据。不过，《大诰》亦记述了诸侯百官对东征之事原本颇有抵制情绪，甚至"罔不反曰：'……王不害卜？'"（意为：没有一个不对我说："……王何不违背龟卜？"）由此不难想见，龟卜的神意代表功能和权威性在当时其实已经大大降低了。如果说，《大诰》中周公以龟卜说事不无策略性考虑，《召诰》《洛诰》中的卜宅是仪式程序的需要，那么《金縢》中的占卜表明周公对于龟卜确实是深信不疑的，而《金縢》中"启钥见书"的记载，如果属实的话，则说明至迟到周初已有专门的占兆之书，这种文献应是系统书写与各种兆坼对应的占辞，以供占卜时对照查阅。

　　（三）巫卜的工具书：繇辞之书的书写

　　筮占渊源已久，西周之前已经出现，然始盛于西周。周人是卜筮并用的。《左传·僖公四年》有这样的记载：

　　　　初，晋献公以骊姬为夫人，卜之，不吉；筮之，吉。公曰："从筮。"卜人曰："筮短龟长，不如从长。且其繇曰：'专之渝，攘公之瑜。一薰一莸，十年尚犹有臭。'必不可。"弗听。

　　所谓"筮短龟长"，是说筮占的权威性或灵验性不如龟卜，这里所讲虽是春秋时事，但应当反映了西周以来的观念。不过，占筮的灵验性虽不如龟卜，但其使用范围和流行程度可能日益超过龟卜。[②]此外，"专之渝，攘公之瑜。

---

① 朱歧祥先生指出："甲骨是散佚的方式置于坑中。甲骨与红烧土渣、沙粒、蚌壳、锥形棒器、玉器、象牙器、海贝及少数陶片共置。因此，该 11 号和 31 号坑并非专门有系统地储存甲骨的窖穴，甲骨只是随意堆置或弃置于诸杂物中。"（朱歧祥：《周原甲骨研究》，前揭，第 2 页）

② 占筮的灵验性不如龟卜，大抵是商代以来的传统观念，因为龟比蓍草更具"灵"性。至于占筮的流行程度在西周时代日益超过龟卜，则可能是由于，一方面，西周以来，虽然巫卜日渐式微，但占卜活动毕竟是十分强势的传统，巫卜人员被编入较为完备的职官系统之中，另一方面，占筮用具较龟卜易得，且无须复杂的龟甲整治程序，无须耗费大量的人力物力。这样一来，占筮显然比龟卜更能适应西周的文化环境。

一薰一莸，十年尚犹有臭"，应是解释龟卜兆体的文辞，即繇辞，这是商代卜辞所未见的。《周礼·春官·大卜》云："大卜掌三兆之法，……其经兆之体，皆百有二十。其颂皆千有二百。"郑注曰："颂谓繇也。"可见，这"千有二百"的"颂"都是繇辞。此类繇辞显然并非卜人在占卜时临时所造，而是事先辑录在册的文辞，以便于占卜时查阅，作为解读和推演所占之事吉凶的依据。《尚书·金縢》中周公卜龟后"启钥见书"的"书"，大概就是辑录这类繇辞的书册。《周易》卦爻辞的性质基本上是与这种龟卜的繇辞一致的，但与商代卜辞有根本的不同。[①]这是因为，商代卜辞书写本质上是对具体的占卜之事的记录，具有官方档案的性质，而辑录卦爻辞或繇辞的书册，其实是巫卜官员履行职务所用的工具书。

这些卦爻辞或繇辞的来源颇为复杂，学界也多有探讨，大抵说来，有的是由卜辞改写而成，如饶龙隼先生所指出的"将甲骨卜辞改编成韵语或韵化的散语，而直接吸纳为占筮谣辞"；[②]有的是对某种物象或事象的描述，即"采取一种事物为譬以示休咎"。[③]依象取义，是上古取象思维的体现，出自象占传统，"小狐汔济，濡其尾"（《未济》卦辞）、"虎视眈眈"（《颐》六四）、"日昃之离"（《离》九三）之类均是；有的是"采用古代故事以指示休咎"，[④]如《左传·僖公二十五年》所谓"遇黄帝战于阪泉之兆"等；有的是"记录当时筮事"，[⑤]被挑选出来的筮事，大抵是"奇中或屡中者"，"以为来时之借鉴"，[⑥]不过，由于其工具书的性质，要刻意去掉表示具体语境的时间、地点、行为人等因素；有的是所谓"说事之辞"，即"直说人之行事以指示休咎"，[⑦]如"君子终日乾乾，夕惕若"（《乾》九三）之类，此类卦爻辞"所描述的都是品行状态，而由此推断出来的吉凶也是一种伦理判断"，[⑧]这可能是西周道德理性初步发展的产物；有的则采自早期歌谣，[⑨]如黄玉顺先生认为《乾》（九二、

---

① 卦爻辞中有的带有"吉""凶""厉""无咎"等判断吉凶的用词，这大致相当于甲骨卜辞中的占辞或兆辞，不过这些词是作为解读的依据，而不是判断的记录。

② 饶龙隼：《前诸子用象制度变迁》，见《中国诗学》第 8 辑，人民文学出版社，2003 年，第 79 页。

③ 高亨：《周易古经今注》，中华书局，1984 年，第 54 页。

④ 高亨：《周易古经今注》，前揭，第 47 页。

⑤ 高亨：《周易古经今注》，前揭，第 48 页。

⑥ 高亨：《周易古经今注》，前揭，第 11 页。

⑦ 高亨：《周易古经今注》，前揭，第 54 页。

⑧ 过常宝：《先秦散文研究——早期文体及话语方式的生成》，前揭，第 46 页。

⑨ 上举诸类也往往以歌谣形式呈现出来，如孙诒让《周礼正义》认为："卜繇之文皆为韵语，与《诗》相类，故亦谓之颂。"

九四、九五）中的"见龙在田，/或跃在渊，/飞龙在天"是"一首群龙出没之歌"。①黄玉顺、傅道彬、李镜池、高亨等先生都对《易经》歌谣有所考证或论述，②兹不赘。

关于《易经》的编订方式，当是西周王朝巫卜之官③从原有各类繇辞材料④中挑选出来，"又经过分析和组织"，⑤"加以说明、评论"⑥之后写定的，所以其中"寄寓编著者一些思想"。⑦至于《易经》的成书时间，按李镜池先生的意见，应在西周晚期。⑧除了李镜池列举的几项理由外，诸如"君子终日乾乾，夕惕若"（《乾》九三）、"劳谦，君子有终"（《谦》九三）之类描述君子道德品行和修养的说法也当是西周中后期才可能产生的。西周早期的德性观念基本上是与周邦天命直接相关联的政治美德观念，只有到西周中后期，在天命观念日渐衰微，礼乐文化日渐成熟，社会矛盾普遍暴露以及个体意识初步萌发等诸种条件的综合作用下，才可能出现对个体伦理美德、品行修养的强调。过常宝先生指出："虽然这样直接将物象和德性联系在一起的卦爻辞并不多，但却代表了易象思维的发展方向。"⑨显然，此类卦爻辞是使《易》为后世儒家所推重的重要原因。

巫卜之官编订《周易》卦爻辞的动机来由，很可能是旧有各种繇辞积累日久，难免过于混杂，同一个卦象，如果有多种卦爻辞，自然就难以形成相对统一的解释系统。虽然繇辞本身就是有意含糊化的，以制造阐释的多义性，但相对统一的解释系统对于维护巫卜之官的话语权威仍然是有必要的，编订《周易》卦爻辞就为巫卜之官的占筮活动提供了一个权威性的参考工具书。有

---

① 黄玉顺：《周易古歌考释》，巴蜀书社，1995年，第9页。

② 虽然各家所识读的古歌不尽相同，但都认为很多卦爻辞是古歌或含有古歌。可参见黄玉顺《周易古歌考释》、傅道彬《〈周易〉爻辞的诗体结构分析》（《江汉论坛》1988年第10期）等。

③《左传》等文献多处记载史官的占卜或占筮活动。史官的宗教性职司不是春秋时期才出现的，而是一个传统。因此，史官（至少一部分史官）也可能参与了繇辞的书写和《易》的编订。

④ 如上引《周礼·春官·大卜》所言"千有二百"的"颂"，就应属于编订《易经》所参考的材料。

⑤ 李镜池：《周易探源》，中华书局，1978年，第3页。

⑥ 李镜池：《周易通义》，中华书局，1981年，第2页。

⑦ 李镜池：《周易探源》，前揭，第3页。

⑧ 关于李先生此说的理由，参见李镜池：《周易探源》，前揭，第2-3页；李镜池：《周易通义》，前揭，第1-2页。

⑨ 过常宝：《先秦散文研究——早期文体及话语方式的生成》，前揭，第55页。

了这样一种筮占之书，尽管解读仍然可以多样化，但毕竟要从固定的繇辞出发，不能另起炉灶，阐释的空间无疑受到了控制，从而有可能形成相对统一的阐释系统和相对稳定的阐释规则，这与西周时代巫卜之官职业化、技能化的发展趋势是相一致的。

《周易》卦爻辞的出现和易占活动对于后世书写活动和文体的影响是十分深远的。第一，易占要依据卦爻之象和固定的卦爻辞进行解读，而解读需要推理，这在客观上推动了理性思维的发展。《尚书》训诰文虽然也包含了一些说理因素，但《尚书》中的说理"是以经验训诫的形式来展开，其所运用的逻辑论证，是十分单薄的"，[①]因此，易占活动对春秋以后论说文的兴起所起的作用不可低估，《逸周书》中大量写于春秋时期的以数为纪的训论文，很可能就受到了易占推理思维的影响；第二，对卦爻辞的解读，很可能开启了后世经解类文体的经传结构。由于卦爻辞有意含糊，特为难解，所以，为《易》作传是比较早的，"战国时期，已经撰定并广泛流传对《周易》古经所作的阐释说明文字"。[②]第三，《周易》六十四卦两两相对的编排方式，对后世不少著作（如《吕氏春秋》《说苑》等）的结构安排有所启示。[③]第四，《周易》六十四卦卦象或多或少隐含了包举宇宙的宏观结构，而各卦卦爻辞表面松散，彼此之间又似乎有着整体的关联，这种结构模式对后世著述，尤其是子书，应该有所启发。刘宁指出，《荀子》等先秦儒家文献的著述形式存在"松散的'集义'格局"，既"备述众理"又"行文散缓"，各项内容内部虽可见义理推演，但彼此之间"以平行并列为主，缺少递进推衍的关系"。[④]这可能与史官记言传统以及简册载体适合篇章单行等有关，也可能受到《周易》卦爻辞书写框架的影响。当然，从另一个角度看，像《吕氏春秋》《淮南子》这样包容天地人，试图建构"广大悉备"之时空体系的文本形态，也暗合于《周易》包举宇宙的宏观结构。[⑤]

---

① 刘宁：《汉语思想的文体形式》，前揭，第17页。
② 于雪棠：《先秦两汉文体研究》，前揭，第18页。
③ 详参于雪棠：《先秦两汉文体研究》，前揭，第2-7页。
④ 参见刘宁：《汉语思想的文体形式》，前揭，第9-12页。
⑤ 于雪棠指出："《吕氏春秋》十二纪以春夏秋冬四时为序，共六十篇；八览每览八篇论文，共六十四篇；六论每论六篇，共三十六篇。这样，其基本结构数字也是四、八、六，与《易》经相同，……都意在建构一个包举宇宙的时空框架。"（于雪棠：《先秦两汉文体研究》，前揭，第10页）《淮南子》表面上虽然要松散一些，但也有一个"包容天人、由天及人的大致结构"（刘宁：《汉语思想的文体形式》，前揭，第47页），"试图寻找一个自然、社会、人世相打通的宇宙发生模式，进而在这个模式中建立和谐的治理秩序"。（孙纪文：《淮南子研究》，学苑出版社，2005年，第13页）

　　总的来说，西周时期开创了以泛仪礼性为基本特征的书写格局。所谓泛仪礼性书写，是指绝大多数书写都与礼乐仪式活动相关，书写活动要么是礼乐仪式活动的直接组成部分，要么是礼乐仪式活动的派生或附属活动。这种泛仪礼性或多或少地在文体构成、物质载体、书写方式以及书写者等方面反映出来。就文体构成而言，一般来说，与仪式关系越密切的文本，就越讲求法度、规则，如颂诗高度庄重、典雅的文辞与王室祭祀祖先神灵的仪式相配，锡命文的初步格式化和严谨措辞与锡命仪式相合等。就物质载体而言，礼作为权力关系的一种模式，更倾向于通过广泛渗透于现实生活中的物质系统来实现其表征功能，这就要求书写的物质载体更加充分地整合进这种物质系统之中。青铜彝器地位的总体上升（以及不同类型青铜彝器等级和功能的变化），①甲骨地位的下降，典册的规格分野（如玉册与一般竹木简册的区分）等都是物质系统随权力关系的调整而调整的结果，从而逐渐形成适应礼乐政治的书写载体等级和类型格局。在书写方式方面，泛仪礼性虽然限制了"作"的因素的发展，但使文献编订的需要进一步萌发，这是因为礼乐政治需要一套具有泛仪礼性质的典章来作为权力运作的可见依据，同时也作为权力本身的象征。这些经过初步编订的礼乐典章大多只是作为王官档案而不能广泛传播，从某种意义上说，它们的存在本身以及处于何种权力集团的掌控之下，比它们的语词所指更重要。在书写者方面的主要表现则是，礼乐仪式技术的执掌者（如史官、乐官）逐渐取代宗教巫术的执掌者（如巫贞）成为最主要的书写职官。

　　商代书写活动虽然也具有泛仪式性，②但主要与宗教性仪式相关，而西周早期的书写活动已经更具现实政治意义。这种趋势在西周中后期越来越充分地体现出来，同时产生一些新变。西周中后期的书写表现出两大看似相反的趋势，一方面是泛仪礼化书写的特征愈加突出，如多数文类文体的结构向越来越规整的程式化方向发展，但另一方面，泛仪礼书写的格局又被初步地突破，个体书写的自觉意识开始萌发。造成这种情况的根本原因在于，西周中

---

① 如较之殷商，西周时期形成列鼎制度，铜鼎在各种青铜彝器中的分量明显加大，簋因与列鼎配合，其地位也有所提高，而觚、爵、斝等酒器的地位则明显下降。（参蔡先金：《九鼎制多始末略考》，《安顺学院学报》2012 年第 6 期）甬钟等新型乐器也成为刻铭的载体。彝器组合制度的变化很可能影响彝铭载体的分布。一般而言，越是具有重要纪念意义的铭文越会选择重器作为载体。当然，这与作器者的身份以及铭文本身的主题类型等因素也有密切关系。具体的关联情况还有待进一步考察。

② 可以把"泛仪礼性书写"视为"泛仪式性书写"的一种形态。

后期礼乐制度发展成熟，同时显露出僵化的迹象。礼乐制度越成熟，书写活动受到的规范程度自然也就越高，但礼乐制度的僵化使其逐渐难以维持西周政制的耦合结构，于是，体现新的社会指令的书写活动应运而生。

第四章　春秋时期书写体制与东周政制

一、东周①政制形态与春秋时期书写活动的基本特征

（一）关于东周的政制形态

1. 东周政制中神权的演变

探讨东周的政制形态，首先不得不问这样一个问题，即春秋时期的中国是不是一个统一的国家。这要看春秋时期的中国是否具有一个最高的能够有效辖制各个组成部分的法权。我们认为，春秋时期这种统一的法权是存在的，而这正是春秋与战国的根本之别，尽管这种法权的效力比起西周要薄弱得多。这种法权仍然是君主权，而君主权的合法性依据仍然在于神，或者说在于对天命的宗教信仰。所以，当楚庄王问鼎中原时，周定王之使王孙满对曰："成王定鼎于郏鄏，卜世三十，卜年七百，天所命也。周德虽衰，天命未改。鼎之轻重，未可问也。"（《左传·宣公三年》）春秋时中国的国家政制，就其根本性质而言，仍然属于一种神权君主政制。春秋时期作为统治合法性依据的神，与西周时期的神并没有什么本质上的区别，都是具有政治道义属性的天

---

① 这里要特别说明一下本文对"东周"的界定。"东周"经常被当作一个历史时期的概念，大抵包括春秋和战国两个阶段，或者确切一点说是指从西周灭亡到战国时期的周国灭亡之间的历史时期。但同时，"东周"又是一个与"西周"相对的国家或政体概念，有如东汉和西汉、东晋和西晋等，这个含义的"东周"又往往与实际只是一个地位有点特殊的小邦国的"周"分不清楚，因为周国内部的世系毕竟是一脉相承的。这种情况多少造成了一些混乱和误会。本文的意见是：第一，春秋时期的中国确实还存在一个统一的政治共同体，而春秋或战国都是历史时期的概念，不能用来称呼一个政体；第二，判断一个政体是否存在的要点不在于其君位世系或国号是否一脉相承，而在于是否存在一个在其统辖区域范围内的最高法权。因此，我们可以用"东周"来专指与"西周"相对的包括众多诸侯国在内的一个统一的政治共同体，它所对应的历史时期大抵就是春秋时期。到了战国时期，作为统一的政治共同体的东周国家实际上已经不存在了，各个邦国（包括周国在内）也演变为各自拥有独立主权的国家，原来统一的政治共同体在人们心目中逐渐被文化价值意义上的"天下"所取代。

命之神。重要的不同在于这个天命之神的权威降低了。这不是说春秋时期人们没有了浓厚的宗教神灵信仰，而是说天命之神作为统治合法性依据的效力下降了。人们尽管还承认周邦及周天子秉有天命，但不像过去那样敬畏天命了，所以楚庄王才敢向周王室问鼎。那么，天命之神的效力为什么下降了呢？本文认为，原因在于僭越礼法、违背政治道义的事情没有受到天命之神的应有惩罚，而这些事情的大量出现是与周天子君权沦落相伴随的，这实际上是西周后期以来现实政治斗争发展的结果。周天子不仅自己无力代表天帝征讨惩罚僭越礼法的行为，而且西周后期周天子们的若干举措本身也有违背礼法的嫌疑，这些都不能不促使人们怀疑为周天子君权提供支撑的天命之神的权威。换句话说，天子君权的沦落是导致神权下降的基本原因。反过来说，神权的下降也进一步加速了天子君权的沦落。关于神权与君权彼此作用的论断应该是可以成立的。

不过，从西周后期到春秋时期神权下降的程度有多大以及这种下降到底意味着什么，却是值得细辨的问题。学界有两种与该问题相关的观点，一种是从社会心理的角度认为西周后期以来的长年祸乱使人们对天的尊严产生怀疑，另一种则从人类认识发展的角度认为春秋是一个理性长足发展的时期，而理性充当了宗教信仰即神权的替代品的角色。本文以为，这两种观点都存在缺陷。首先，政局动荡、战乱频仍固然会深刻影响社会心态，但不仅不会削弱宗教神灵信仰，反而往往加强宗教神灵信仰。晁福林先生认为西周后期诗文本中的"昊天不惠，降此大戾"（《小雅·节南山》）、"天将丧乱，饥馑荐臻"（《大雅·云汉》）、"浩浩昊天，不骏其德"（《小雅·雨无正》）、"天方艰难，曰丧厥国"（《大雅·抑》）等都是"直斥昊天的诗句"，并以此证明"在西周后期，'天'也失去了往常的尊严"，"人们由对于'天'的敬畏变成抨击"。[①]这个结论应该说是出于对上述诗句的误解。且不说"天将丧乱，饥馑荐臻"所从出的《大雅·云汉》一诗一般认为是宣王向天神祈雨禳灾之诗，[②]完全谈不上"直斥昊天"，其他几句诗虽然出自刺诗，但仔细玩味，它们所表达的对"天"的情绪或态度是颇为复杂而纠结的，但没有明显抨击的意味。既然是天神降下大戾，使国家行将败亡，不正说明天神的权威仍然是至高无上的么？我们认为，此类诗句反映出来的主要问题其实是，西周后期以来，礼法的被僭越，周天子君权的沦落以及世事的艰难使人们开始对天神的行为意图感到

---

① 晁福林：《春秋战国的社会变迁》（上册），商务印书馆，2011年，第40页。
② 如《韩说》认为该诗是周宣王遭旱仰天之词，陈子展、姚小鸥等当代学者都认同此解。《毛诗序》看法虽不同，也不是将其视为刺诗，而说是"仍叔美宣王"。

困惑。换句话说，遭到撼动或质疑的不是宗教神灵信仰本身，而是神灵的性质（天神的行为表明其性质，其性质决定其行为）。人们不明白天神为什么要降下大戾，使"饥馑荐臻"，进而开始质疑这个天神作为政治道义神的身份，于是才有"昊天不惠""浩浩昊天，不骏其德"的说法。①如果天神可能不是政治道义之神，那么西周初期所确立的主导政治意识形态（即德性天命观）以及在此原则下建构的礼乐体系，自然就面临瓦解的严重危机。这才是神权下降的实质和真正后果。同时，也要注意，此类诗句所表达的怨恨情绪，恰恰是对天神性质怀疑不彻底的表现，如果如荀子所言，"天行有常，不为尧存，不为桀亡"（《荀子·天论》），那也就不会怨恨了。有善恶的神才是可怨的，无善恶的神是不可怨的。正是因为人们的普遍心理仍然承认天神是政治道义之神，才会对其不行道义感到困惑并产生怨恨。

　　至于第二种观点，应该说，与西周时期相比，春秋时期的言说活动和书写活动确实呈现出较明显的理性特征，但春秋时期的理性言说和书写并不能简单理解为是对神灵信仰或神权观念的替代。这个问题可以从理性的功能来分析。春秋时期的理性不外乎服务于两种目的，一是为现实政治活动的功利目的服务，二是为挽回逐渐失落的神权服务。而且，这两种目的并非截然对立，事实上，挽回神权观念的基本策略之一就是试图让人们（主要是贵族统治阶层）相信服膺于西周以来的传统神权观念有利于现实政治统治和斗争。这就形成了看起来有点奇特或者说有点矛盾的现象，即理性的言说和书写是为了论证似乎非理性的神权观念。这其中的道理在于，西周时期的神权观念（德性天命观）是从殷商神权观念转换而来的，基本上属于比较纯粹的宗教信仰，因而不需要过多解释，以这种神权观念为基本原则设计出一套礼乐制度，也并不需要理论论证。到了西周后期，尤其是到了春秋时期，情况就不一样了，天神作为政治道义之神的性质遭到怀疑，要维护原有的神权观念已经不能完全依赖神灵信仰了（尽管神灵信仰依然兴盛，但人们所崇拜之神的性质悄悄变模糊了），而变成需要用理性加以解释的事情。例如上文所引王孙满的话就是一种解释，所谓"周德虽衰，天命未改"，就是告诉楚庄王神权观念内在的道理，即天神将天下的治权授予周邦，是有其时间定数的，虽然起因是周邦有德，但一旦给予就不会因周德衰微而轻易更改。这就否定了将天命与君主德性直接挂钩的流行观念，从而以表面上承认周德衰微的方式维护了君权。由此也可见出，需要解释的不仅仅是神权观念（德性天命观）本身，而更是以神权观念为依据的君权和一整套礼乐制度，或者说，对神权观念合理

---

① 不惠即不仁义，不骏其德即不能长久赐予恩德。类似诗句在西周后期确实不少。

性的解释很大程度上就体现为对君权和礼乐制度的解释。因此，所谓春秋时期理性认识的发展并不是人类学意义上自然而然的结果，而是客观现实激发的结果。应该说，春秋时期知识人这种长期而大量的理性解释有效减缓了神权观念沦丧的速度，维护了传统主流的政治意识形态。认为在春秋大部分时间里神权观念已经跌落至不复存在的说法是站不住脚的。不过，这种理性解释也不得不在逐渐顺应现实政治的过程中不断自我调整，也就是说，对传统神权的理性解释与现实政治展开了一场旷日持久的拉锯战，在拉锯的过程中其实两者都发生了深刻的改变，但直到战国时期，理性解释也没有完全沦为现实政治的仆从，只是由于不断演化，此时的理性解释已经失去了或者淡化了原来的为神权观念辩护的初衷，而变成更为复杂多样的寻求理想政制的哲人言说。到这时，我们才可以说，传统的德性天命观不再是主导的政治意识形态。

2. 东周政制中君主权的演变

上述分析是为了说明，春秋时期的政制类型仍然是一种神权君主政制，而且神权在春秋大部分时间里仍然主要是政治道义之神的神权。尽管在春秋时期以神权观念为依据的君主权的演变与神权观念本身的演变大体是相伴随的，但前者却似乎发生了更大幅度的变化，以至于我们可以认为，春秋的政制类型是一种半君主政制。所谓"半君主"，是用来表示春秋时期君主权的名与实相分离的过程。下面简要描述一下春秋时期君主权的大致演变过程。

首先涉及春秋历史分期的问题。我们知道，中国历史上所谓"春秋"时期因《春秋》一书而得名，而《春秋》记史从鲁隐公元年即前 722 年始，但为了与西周相接续，一般将平王东迁之年，即前 760 年，①作为春秋时代的开始。至于春秋时代的终止之年，以及春秋的分期问题，学界的意见并不统一，主要是分期的标准以及标志性事件的选取不同。②本文比较认同以诸侯争霸形

---

① 平王东迁洛邑的时间，过去多有疑议。晁福林先生分析指出，以晋文侯杀携王之年，即前 760 年，为平王东迁之年为宜。[参见晁福林：《春秋战国的社会变迁》（上册），前揭，第 59 页]

② 如就分期标准说，有的以周王室的政治地位变化为线索，有的以诸侯争霸的形势为线索，还有的以鲁国政治演变为线索。也有学者抛开春秋的框架，从整个东周时代着眼进行分期。以周王室地位的下降趋势为线索，可分为以下三阶段：平王东迁至周僖王（前 677 年）为第一阶段，周惠王至周简王（前 676 年—前 572 年）为第二阶段，周灵王至周贞定王十六年（前 571 年—前 453 年，三家分晋）为第三阶段。[参见晁福林：《春秋战国的社会变迁》（上册），前揭，第 61 页]以诸侯争霸的形势为线索，可分为以下三阶段：平王东迁（前 760 年）到葵丘会盟（前 651 年）为第一阶段，葵丘会盟到弭兵大会（前 546 年）（下转）

势为线索的划分，即以平王东迁到葵丘会盟为春秋前期，葵丘会盟到弭兵大
会为春秋中期，弭兵大会到三家分晋①为春秋后期。需要指出的是，诸侯争霸
形势的变迁实际上反映了春秋政制性质的演变尤其是君主权的演变，因此，
政制的演变才是这种分期法的真正标准。

春秋前期在政制上与西周后期以及春秋中期的最大不同在于它呈现为国
家君主权从名实合一到名实分离的过程。我们知道，前 651 年的葵丘会盟确
立了齐桓公的霸主地位。这一事件之所以可以作为春秋前期结束的标志，就
是因为齐桓公霸主地位的确立实际上意味着春秋国家君主权名与实的完全分
离，即周天子保留了名义上的天下共主之位，霸主则获得了与原来周天子相
当的实际治权。②应该说，这种分离的进程从平王东迁就开始了，甚至可以上
推到周幽王死后的"二王并立"③时期。因为无论是二王并立，还是平王东迁，
周天子都几乎完全仰仗于诸侯的势力，而诸侯们扶持周室的动机也早已不纯
粹，如晁福林先生指出："秦襄公攘伐戎狄是真心实干，而尊崇周室则只是虚

（上接）为第二阶段，从弭兵大会到三家分晋（前 453 年）为第三阶段。以鲁国政
治演变为线索，平王东迁到鲁惠公四十六年为春秋序幕，隐桓庄闵僖为一阶段
（前 722 年—前 627 年），文宣成襄为一阶段（前 626 年—前 542 年），昭定哀为
一阶段（前 541 年—前 481 年，哀公十四年），哀公十五年到周威烈王二十三年
（前 480 年—前 403 年）为战国序幕。（参见潘雨廷：《东周的起讫与分期》，见
氏著《易学史丛论》，上海古籍出版社，2007 年，第 118-122 页）赵鼎新先生则
从东周整体着眼，以战争形式为线索，将东周史分为以下三阶段，即霸主期（前
770 年—前 546 年）、转型期（前 546 年—前 419 年）和全民战争期（前 419 年
—前 221 年），其前两个阶段大致相当于春秋时期。该说将前 419 年当作一个标
志性时间，较为特别，其理由是该年魏国向西扩张，在少梁筑城，从而与秦结
成宿仇。（参见赵鼎新：《东周战争与儒法国家的诞生》，夏红旗译，华东师范大
学出版社，2011 年，第 45、50 页）

① 三家分晋的时间有两说，一为前 453 年，一为前 403 年，前者是晋被韩、赵、
魏三家实际瓜分的时间，后者是周威烈王正式册封三家为侯国的时间。本文取
前者，因为这时的册封几乎不过是周王迟早得送的顺水人情而已，其历史意义
有限。

② 春秋时期君主权的名实分离大抵类似亚里士多德所说的史诗（英雄）时代的王
制衰微的情况，即"王权经历代削弱，讫于今日，大多数王室（已成虚位，）只
能主持一邦的传统祭仪而已"。（亚里士多德：《政治学》，前揭，第 161 页）这
多少有点像政教分离，春秋时期周天子天下共主的名位也主要体现在仪式方面。

③ 据晁福林先生考证，从幽王朝内乱开始到平王东迁洛邑，其间曾出现三次二王
（甚至三王）并立局面。[参见晁福林：《春秋战国的社会变迁》（上册），前揭，
第 45-50 页]这里按通常说法，指幽王死后平王与携王余臣的二王并立。

与委蛇。秦襄公先尊幽王，后尊平王，都是在谋求秦国的发展，并非为复兴周室而效犬马之劳。"①平王末年的"周郑交质"事件更说明诸侯把持王室以谋自身利益的野心。前707年的繻葛之战②则标志着君主权更进一步的名实分离。如果说在繻葛之战以前，周王室仍有不能过于低估的实力，③而且周王室也尚有凭自身实力为主来管控诸侯重振朝纲的较强意向，④那么，繻葛之战就意味着周天子最后一次努力的失败，意味着周天子实际治权的几乎完全丧失。⑤繻葛之战同时也造就了春秋时期第一个小霸主郑庄公。⑥不过，在当时，君主权

---

① 晁福林：《春秋战国的社会变迁》（上册），前揭，第55页。

② 繻葛之战的起因是桓王夺郑庄公的王朝卿士之位，庄公不朝，战争的发起者并非郑庄公，而是桓王。前707年，周桓王召虢、蔡、卫、陈诸国伐郑，与郑军战于繻葛，结果郑军以鱼丽之阵大败周军，连御驾亲征的桓王也被郑将祝聃射伤。数年之后（前701年）郑庄公与齐、卫、宋盟于恶曹。也有学者认为前716年的"瓦屋之盟"已经确立了郑庄公的小伯地位。

③ 清代学者顾复初曾指出："周自平王东迁，尚有太华外方之间，方六百里之地。其时西有虢，据桃林之险，通西京之道；南有申、吕，扼天下之膂，屏东南之固；而南阳，肩背泽潞，富甲天下；轘辕、伊阙，披山带河。地力虽小，亦足以王也。故桓王之世，犹能兴师以号召诸侯。"（顾复初：《春秋大事表》卷四《周疆域论》，见任继愈主编、〔清〕吴翌凤编《中华传世文选·清朝文征》下册，吉林人民出版社，1998年，第988页）晁福林先生也认为："东周王畿地区形势险要，经济富庶，周平王东迁洛邑以后，周王朝的实力并不太弱，论者或谓自春秋之始周王朝就式微不振，乃有失于详察。"[晁福林：《春秋战国的社会变迁》（上册），第60页]

④ 周王在繻葛之战前的一系列行动举措，可能并非看上去的那样"颠倒无常"。繻葛之战应该说是经过桓王多年精心策划和准备的，并非逞一时之勇。陈恩林先生指出："桓王自即位以来，就在王朝内外进行了一系列准备，在王朝内部，重用周公黑肩。在外部，依靠虢国，拉拢曲沃，后又扶持翼侯，逐步削弱郑庄公王朝卿士的权力，团结了陈、蔡、卫等一批小国，从而发动了繻葛之战。"（陈恩林：《中国春秋战国军事史》，人民出版社，1994年，第32页）不过，尽管如此，桓王仍是过于高估了自身实力。对于时局，郑庄公要比周王清醒得多，郑庄公在前712年就说过："王室既而卑矣，周之子孙日失其序。……天而既厌周德矣。"（《左传·隐公十一年》）

⑤ 繻葛之战以后，周王室由于内乱等原因，实力迅速下落，周天子开始苟安于天下共主之名，不再谋求实际的君主治权，虽然偶尔仍有对外用兵之事，但次数明显减少，规模也很小，讨伐的对象或者只是一些小国，或者充当诸侯间争斗的帮佣，如《左传·桓公十年》："虢仲谮其大夫詹父于王。詹父有辞，以王师伐虢。"《左传·庄公十四年》："诸侯伐宋，齐请师于周。夏，单伯会之，取成于宋而还。"……所以，童书业先生在评价繻葛之战的影响时说："于是天子的威严扫地了！从此以后，'王命'两个字便不算什么，周室的真正地位也就连列国都不如起来了。"（童书业：《春秋史》，上海古籍出版社，2010年，第123页）

⑥ 与郑庄公几乎同时"小霸"的还有齐僖公。

的名实分离还不彻底，①周天子虽已失去实际治权，但小伯们也没有获得与周天子原有实权相当的权力。由于君主权的名与实既不能合一，又没有完全分离，因此，相比于春秋中期，春秋前期东周国家秩序处于更为紊乱的局面，紊乱局面的典型表现就是灭国兼土战争频繁发生。②

齐桓公霸主地位的确立在较大程度上改变了春秋前期的混乱局面，因为君主权名与实的完全分离实际上使君主实权有了着落，从而使政制重新回到一种相对稳定的状态。霸主的产生应该说是春秋中期的社会指令。由于周王只有天下共主的虚位，诸侯国中也还没有哪个"强大到足以将其他所有的国家都消灭掉"。③在政治社会秩序极为动荡的情况下，从社会心理上说，人们确实需要一个有实力的诸侯在周王的许可下代行维护封建秩序的政治权力，这既顺应现实政治斗争的变化，也合乎西周以来礼乐文化传统的政治想象，毕竟，"封建亲戚、以藩屏周"的政制设计理念为春秋中期的这种政制转变留下了余地或者说借口，霸主们"以王命讨不庭"，不会因称霸而遭受违背周礼的舆论谴责。但这样一来，诸侯争霸也就公开化而且愈演愈烈了。对于霸主而言，称霸是要承担道义礼法上的一定责任的，所谓"礼乐征伐自诸侯出"，霸主们"就像周王对待它的属国一样，……不断在自己所控制的势力范围内对其他小国的内政（如封建秩序下的君位继承问题）和邦交进行干预。故而……在某种意义上延续了西周的封建制度"。④这在当时"继绝存亡"的观念上体现得最为明显，所谓"兴灭国，继绝世，举逸民，天下之民归心焉"（《论语·尧曰》），"桓公尝有继绝存亡之功，故君子为之讳也"（《公羊传·僖公十七年》）。所以，春秋中期虽然战争不断，战争规模也较春秋前期更大，但灭国兼土的事情反而有所减少。⑤除了承担维护封建秩序的责任外，称霸无疑还

---

① 这一方面是因为郑庄的霸主地位并未得到周天子认可，郑庄与周王室的交恶使其无法顺利地奉"王命"以行君主治权之实；另一方面也是因为此时的小霸主无论从客观实力上说还是从主观意图上说都还没有"将对立势力统合在自己的旗下，通过自己来统领其他诸侯、稳定诸侯间政治秩序"。（参见吕静：《春秋时期盟誓研究：神灵崇拜下的社会秩序再构建》，前揭，第107页）

② 如《荀子·仲尼》载齐桓公"并国三十五"，《韩非子·非难》载"晋献公并国十七"，《有度》说"荆庄公并国二十六，开地三千里"，正是那些兼并领土较多的诸侯国实力壮大，从而有条件展开更大规模的大国争霸战争。（参见陈恩林：《中国春秋战国军事史》，前揭，第5页）。

③ 赵鼎新：《东周战争与儒法国家的诞生》，前揭，第45页。

④ 赵鼎新：《东周战争与儒法国家的诞生》，前揭，第45页。

⑤ 以晋国为例，在封建危机尚未恶化前的公元前7世纪，晋国共灭掉十七个国家，而从前592年到前453年之间长达一百多年的时间里，晋国仅灭掉了三个诸侯国，而且还将其攻占的傅阳送给宋国。（参见赵鼎新：《东周战争与儒法（下转）

能够带来各方面可资利用的好处，这些好处大大有益于本国实力的发展壮大，其重要性逐渐为诸侯们尤其是霸主们清醒地意识到，因为如果作为霸主不能使本国硬实力发展壮大，反而因承担责任而削弱的话，那么霸主的位置也是坐不稳的。而一旦拥有了足够的实力，他们也就渐渐不再满足于有实无名的地位，开始妄图由自己来重新定义政治秩序。于是，在争霸过程中，霸主变得越来越霸道，甚至赤裸裸地推行强权政治，替周王维护封建秩序被当作冠冕堂皇的空头口号。总的来说，春秋中期，通过君主权名与实的分离，一个与西周国家形态大体相似的"邑制国家"联合体得以勉强维持。但这样一种国家形态并不十分稳定，或者说其结构的耦合程度在日益降低，因为霸主的地位本身就不稳定，而且称霸的动机也在日益变质。

　　春秋后期是一个重要的过渡阶段。以前 546 年弭兵大会作为春秋中期和后期的分界线，是因为主导此次弭兵大会的两个敌对霸主，晋国和楚国，都面临具有时代特征的危机。楚国的危机在于新崛起的吴国的军事威胁，而吴国之所以能够在较短时间内从一个小诸侯国发展成霸主之国，与寿梦、阖闾等几代吴王所进行的一系列旨在壮大军事实力的改革举措有直接关系。[1]这些改革在某些方面已经接近后来魏、秦的法家改革。因此，楚吴两国力量的消长实际上预示了时代的发展趋向。不过，更有代表性的也许是晋国的源于内部的危机。这种危机的实质是所谓"二级封建化"所带来的贵族卿大夫与公室的离心问题。就性质而言，这种问题在很大程度上是西周时期导致诸侯与王室离心的政制弊端的重演。[2]与西周王朝相比，春秋时期因二级封建而起的

（上接）国家的诞生》，前揭，第 81 页）春秋后期，晋国兼并他国数量减少主要是由于二级封建所导致的内部危机。

[1]　详参辛土成：《论阖闾间的社会改革和吴国的兴亡》，《华侨大学学报》（哲学社会科学版）1986 年第 1 期。改革在春秋中后期是有一定普遍性的，齐、晋等大国崛起称霸在很大程度上都与内部改革有密切关系。

[2]　这种问题之所以在西周时期的地方诸侯国中没有发生，主要是因为在西周的大部分时间里地方诸侯国内部不具备封建的条件，如赵鼎新先生所言，"西周时期大部分诸侯国只是些军事据点而已，领土范围很小，很少有可能将其进一步划分为领地来分封给宗室成员或家臣"，而到了西周后期，尤其是到了春秋时期，经过长期的小规模战争，不少诸侯国都"大量地扩充了自身的领土"，二级封建（甚至三级封建）便得以实施。（参见赵鼎新：《东周战争与儒法国家的诞生》，前揭，第 73 页）不过，不是所有诸侯国都热衷于二级封建，二级封建趋势较强的往往是受西周礼制传统影响较深、贵族势力较强的中原地区诸侯国，如晋、齐、鲁、郑等国。从权力分配的角度来说，二级封建形成的根源在于"政治权力并不集中于中央君权及其之下的官僚体制，而是在相当大的程度上分散储存于社会，分散储存于社会的各大家族"。（何怀宏：《世袭社会及其解体：中国历史上的春秋时代》，三联书店，1996 年，第 102 页）

诸侯国内乱出现得更快，这与春秋时期东周国家整体的动荡局势（其根源是不完全耦合结构）有关。春秋后期是二级封建所带来的诸侯国政制危机集中爆发的时期，晋国的六卿乱政，鲁国的三桓专政、齐国的田氏代齐都是十分典型的例子。这种危机不仅有力地促成了诸侯国内部的政制重组，而且"导致了包括霸主体制内的整个封建政治制度的危机"。①总的来说，春秋后期的上述新变，可以归结为诸侯国内部君主权的变化。春秋后期以前，诸侯国君主对于诸侯国内部的治权大体相当于西周时期周天子的治权，也就是说，诸侯国的内部结构与整个西周国家的内部结构是相似的，都可以称为"权力代理的亲族邑制国家"。②到了春秋后期，在诸侯国内部，要么君主通过削弱贵族势力而加强了自身权力，要么发生了类似春秋初中期整个东周国家那样的君主权的名实分离，即某个贵族掌握了实权，并最终取代了原来的君主。无论哪一种情况，新的诸侯国君主大多更倾向于采用官僚体系来管理国家，而不再热衷于封建，③这些诸侯国也逐渐发展成君主中央集权的领土国家，④此

---

① 赵鼎新：《东周战争与儒法国家的诞生》，前揭，第75页。
② 这个概念是李峰先生用来描述西周国家组织形式的。（参见李峰：《西周的政体：中国早期的官僚制度和国家》，前揭，296-301页）
③ 这多少是执政或僭位的世卿贵族吸取封建化教训的结果。中国文化从周初开始就比较重视历史兴衰教训，不过，如何总结教训则是一个眼光问题。由于礼乐德性文化的思维惯性，东周的文化反思者起初将西周的覆亡过多地归因于周王的失德，而没有能够考虑到更深层面的问题，即西周政制的内在缺陷，因此，二级封建化才随着诸侯国领土的扩大而得以顺利地施行。当那些得益于二级封建的世卿贵族们经过彼此残酷的权力斗争而成功"上位"后，他们逐渐意识到不能让公室的悲剧在自己身上重演。于是，实施科层制官僚改革，以郡县制取代封建制，从邑制国家向领土国家转型，就成为大势所趋，而且西周时期王畿地区较为发达的官僚体制也能够为这种改革提供不少经验。在这方面，晋国是比较典型的案例。当然，也有少数国家的世卿贵族没有能够吸取教训，继续实施三级封建，这种不合时宜的做法只能重蹈覆辙，不断加剧内乱，导致国力持续衰退。在这方面，鲁国是一个典型。这与鲁国的礼制文化积淀特别深厚有很大关系，深厚的文化积淀没能阻止世卿贵族以及陪臣们违反礼制，以下凌上，却有效地抑制了执政者进行制度改革的想象力。
④ "领土国家"的主要特点是："拥有由官僚机构所管理的庞大行政网络""以征税为其职能和供给来源，在全国范围内实施中央集权式管理"，其领土规模是"由边界线所确定的"，而不是"由一群'邑'的分布来确认。"（参见李峰：《西周的政体：中国早期的官僚制度和国家》，前揭，第274、288-289页）准确地说，各重要诸侯国向"领土国家"的过渡从春秋前期就已开始，到战国时期才最终完成，只是春秋后期这种过渡的进程加快了。出现这种过渡是因为"领土国家"更能适应现实的政治需要，它一方面可以有效防止封建化所导致的内乱，另一方面可以壮大国家的经济和军事实力，从而抵御越来越严重的外患或者主动进行争霸和对外军事扩张。

时历史便进入了战国时代。因此，从春秋后期到战国，实际上是封建结构深层次解体的过程。就春秋后期整个东周国家来看，如果说春秋中期时周天子尚能保有较高的天下共主的尊严，那么，到春秋后期，这种名分仪式上的尊严就以更快的速度流失。各大诸侯国或忙于内部调整或忙于彼此攻伐，[1]总之，壮大自身实力成为第一要务，无论是天下共主的虚名还是维持封建秩序的实权都不再是霸主们关注的焦点了，作为松散的"邑制国家联合体"的整个东周国家由于君主权名与实俱亡而面临真正的瓦解。

总的来说，由于东周政制形态呈现出复杂的层级差异和种种过渡性特征，我们不妨用"半义神礼法君主制"这样一个略显模糊的说法来概括。在这种政制中，义神神权、礼法以及君主权都是被打了折扣的，神权观念掺入了越来越多的功利成分，礼法的形式和内涵被割裂，君主权则名实分离。

（二）东周政制与春秋时期书写活动的基本特征

第一，从文本数量来看，相比于西周，春秋时期是书写活动更为活跃的历史时期，书写产生的文本符号大幅增加。像《左传》《国语》等较大部头的文献虽然可能编定于战国前中期，但其相当一部分材料应该是在春秋时期成文的，还有《逸周书》中的大部分篇章也作于春秋时期，[2]单就这些文本大抵就超过了西周时期的数量。

春秋时期文本符号的大量增加与春秋时期书写活动多中心、趋向纵深的发展直接相关。尽管西周时期史官书写活动已经扩展到地方诸侯国，但总的来说，在春秋以前，书写活动都还是比较高度地集中在中央王室。春秋时期书写活动的多中心发展，大抵有两方面原因。一是史官的下移趋势。由于周王室朝纲不振，又持续内乱，不能像过去那样重视和谨守礼乐仪式及政教之事，王室史官地位因之明显下降，如学者所指出的，此时"已不见大史寮这

---

① 由于这一时期是不少诸侯大国向中央集权式领土国家过渡的阵痛时期，因此，这一时期的扩张兼并战争反而不及春秋前期那么剧烈，晋国就是一个典型。（详参赵鼎新：《东周战争与儒法国家的诞生》，前揭，第81页）但这一时期，"继绝存亡"的观念却日益淡漠，如三家分晋、田氏代齐、越灭吴都可以说是亡国绝世，而胜利者都没有背负多少舆论的谴责（即便偶有谴责之声，如孔子对田恒弑君的愤怒，也不为他们所顾忌），更没有受到什么实际的外来干预。

② 按黄怀信先生说，《逸周书》的编订"大约在晋平公卒后的周景王之世"（黄怀信：《逸周书源流考辨》，前揭，第89页），此时属于春秋后期，虽然个别篇章的年代尚有争议，但大多数学者均认可《逸周书》中的大部分篇章写于春秋时期。

一机构，随着三公地位的下降，史官的权位也大不如西周"，①由于职事无法正常维持，王室史官就逐渐流散到地方，主要是霸主国或礼乐文化传统较强势的诸侯国，如晋、鲁、齐、楚等。②这也是东周国家君主权名实分离，诸侯坐大的必然结果。史官所代表的文化本身就是一种政治文化，相应的文化资源自然要向政治权力中心汇集。由于史官是西周以来最主要的书写群体，王室史官的流散自然促成书写活动的多中心发展。此外，春秋中后期，诸侯国史官又进一步下移，部分史官成为贵族权臣的家史。③这是文化资源进一步向政治权力中心转移的现象，其背景是诸侯国内部君主权的名实分离，即权臣坐大，"公室日卑"。史官的进一步下移必然推动书写活动向纵深发展。另一方面原因是诸侯国政治制度的发展。西周时期诸侯的内部政治结构虽然大抵是依照中央王室的模式建立起来的，但与中央王室相比，必定是十分不完备的，中央对地方的仪式等级规制从根本上限制了诸侯国内部政治结构的成熟。到了春秋时期，以王室为中心的仪式政治的逐渐失效，为诸侯国政治结构的成熟提供了基本条件。随着实力的壮大，主要诸侯国的政治制度日益发展起来，官僚机构的规模和系统化程度都大大超过西周时期，这其中自然包括史官建制的发展。④惟其如此，诸侯公室和权臣才可能吸收流散下来的史官。

　　春秋时期文本数量的增加也与这一时期王官政务性书写与政教性书写的活跃相一致。东周国家君主权名实分离的权力结构是一种不完全耦合的相当不稳定的结构，诸侯竞相争霸，战乱频仍，无论是诸侯国内部还是诸侯国之间的政务活动都远比西周时期频繁和复杂。政务活动的增加，自然使邦交文书、政令、军令之类政务文书数量激增。一些仪式性文本，如盟书、誓师书等，因与邦交、战争活动直接挂钩，也随之活跃。再者，各诸侯国的自治权大大提升，春秋后期不少诸侯国又经过一系列内部政制变革，这些也是导致

① 赵辉：《先秦文学发生研究》，人民出版社，2012年，第190页。
② 《左传》《史记》均有这方面记载，如《左传·昭公二十六》载王子朝之乱时，"王子朝及召氏之族、毛伯得、尹氏固、南宫嚚奉周之典籍以奔楚"，过常宝先生指出，其中尹氏固正是周朝著名史官史逸之后，世为王朝史官。(参见过常宝：《原史文化及文献研究》，前揭，第89页) 王子朝之乱是春秋后期的事情，但史官流散之事其实在西周末春秋初就出现了，司马迁说："幽、厉之后，周室微，陪臣执政，史不记时，君不告朔，故畴人子弟分散，或在诸侯，或在夷狄，是以其禨祥废而不统。"(《史记·历书》) 又说："司马氏世典周史。惠襄之间，司马氏去周适晋。"(《史记·太史公自序》)
③ 如晋国赵简子就有董安于、史黯等家史。也可能有少数史官流落民间，这就推动了春秋后期民间个人书写的发展。
④ 从有限的文献我们也不难发现，春秋时期诸侯国的史官活动是十分频繁的。

政务性文本中各种公务文书和制度文书增加的重要原因。西周时期的政务性书写大多依附于仪式性书写。到春秋时期，实际政务的重要性突显，政与礼相分离的趋势显露，政务性书写也就日益脱离仪式性书写的框架。

至于春秋时期最为活跃的政教性书写，从某种意义上说，是由神权观念式微引起的对德性天命观及其所支撑的礼乐制度的阐释行为。这种阐释行为说到底是对处于衰微中的礼法君主政制的一种修复方式。之所以选择这种方式，则是因为现实的政治权力结构尤其是君主权还没有演变到与传统的以德性天命观为中心的意识形态完全不相适应的地步。阎步克先生说：

> 面对社会变动的刺激，人们为什么要用礼崩乐坏去描述、用维系礼乐去回应它们，这本身就已构成了问题。……社会发生变迁时人们随即就用礼与非礼的态度去回应问题，这正意味着在这之前，礼这个东西已经成为传统了。[1]

这固然不错，只是仅靠单纯的礼法说教，包括一般的仪式性书写已经无法起到充分的修复作用了，在神权信仰日益衰微的情况下，必须靠说服，靠阐释礼乐背后的义理，才能更有效地维护传统礼乐意识形态。

总的来说，春秋时期仪式性、政务性、政教性以及个人/私人性等性质的书写活动都存在，政务性书写明显增加，但政教性书写最为突出和兴盛，仪式书写、政务书写以及个人书写都往往带有政教性色彩。仪式性一类中作为范本使用的文本书写减少了，最突出的表现就是诗文本中编入的雅、颂之诗明显减少了。虽然国风之诗大部分是在春秋时期进入诗文本的，而风诗固然也有一定的仪式功能，但风诗所服务的仪式是较低级别的，而且，从这一时期风诗书写的主要目的（即采诗以观风）来看，其仪式性功能已经从属于政教性功能，因此，其时风诗可以说已转变为政教性文本。仪式性文本中的一次性文本较西周更多，如盟书、誓师书、起誓书等，它们大多与现实政治挂钩，服务于政务活动，因而此类文本的书写往往带有政务性，同时也往往利用礼乐政教观念。个人性书写是在春秋后期兴起的，从其功能来说，也以政教性居多，如《老子》《论语》等都具有明显的政教性质，而西周时期以铭功旌纪为主要目的的彝器铭文书写则趋向没落。总之，与西周书写具有泛仪礼性不同，春秋时期的书写活动具有泛政教性。

第二，从物的层面上看，西周时期的主要书写载体是正式的"典策"（如铜版、玉版）以及青铜彝器等，到春秋时期，一般竹木制的简牍得到广泛使用，逐渐成为主要的书写载体，这是春秋时期书写材料演变的重点。但原来

---

[1] 阎步克：《士大夫政治演生史稿》，北京大学出版社，1996年，第76页。

的载体也没有完全退出。杜预说，按春秋时的制度，"大事书之于策，小事简
牍而已"（杜预，《春秋经传集解序》），可见策与简都在使用。按过常宝先生
的意见，策与简的主要区别不在于事之大小，而在于前者是正式的，后者是
私下的；前者是呈于神灵的，后者是供人理解的。于是就形成了春秋史官的
两套文献系统。①春秋后期发展起来的个人性书写亦基本采用简牍。策未必不
是竹木制的，但即便以竹木为原料，正式的"典策"在制作规格方面也应有
比简牍更严格的要求。青铜器作为书写载体，虽然没有被废弃，但使用率已
经明显下降。②这时期，随着冶铁技术的发展，造价相对低廉的铁制鼎偶尔也
成为书写载体，如用来书写刑律，郑、晋所铸刑鼎即为铁制鼎。春秋时期还
可能出现了帛书。③缣帛作为书写载体，其地位相当于正式典策。

　　竹木简牍的广泛使用，是与仪式性书写之外的书写活动的兴盛相适应的。
仪式性书写的首要对象是神灵，而且仪式性文本的篇幅一般不长，为显示对
神灵的崇敬之心，使用较贵重、规格较高的书写载体是情理之中的事情。进
入春秋以后，仪式性书写呈衰微之势，政务性和政教性书写以及后期的个人/
私人性书写兴起，这些文本的对象都是人，而不是神灵，而且书写频繁，传
播的要求较高，有时篇幅也比较长，因此，大量使用一般竹木简牍也就在所
难免了。当然，春秋时重要的政务性和政教性文本有时也使用正式的典策或
其他较贵重较特殊的书写材料，以示重视之意，如《越绝书·枕中》载越王
让人将范蠡的话"以丹书帛，置之枕中，以为国宝"，这是因为看重"君子"
的嘉言善语。《晏子春秋·外篇第七》中记载："景公谓晏子曰：'昔吾先君桓

---

① 参见过常宝:《先秦散文研究——早期文体及话语方式的生成》，前揭，第 130 页。
② 以铭功旌纪为主要目的的铭文，除了铸于青铜器上，还有刻于岩石上的，如记
　　述因伐戎救周之功而受封之事迹和游猎情景的十块著名"石鼓文"。按郭沫若、
　　张光远等先生考证，其年代在秦襄公时期，时当两周之际，张光远先生在《先
　　秦石鼓存诗考简说》等文中还提出其作者应为太史由。不过，其年代、内容等
　　尚有很大争议，而且，即便郭、张之说不误，前战国时代的刻石文字除此"石
　　鼓文"之外也几乎没有什么别的发现。
③《越绝书·枕中》载越王让人将范蠡的话"以丹书帛，置之枕中，以为国宝"。此
　　外，钱存训先生引多处文献来证明"春秋时代已经使用缣帛作为书写材料"，如
　　《晏子春秋·外篇第七》中的"景公谓晏子曰：'昔吾先君桓公，予管仲狐与穀，
　　其县十七，著之于帛，申之以策，通之诸侯，以为其子孙赏邑'"，《墨子·明鬼》
　　中的"故古者圣王……书之竹帛，传遗后世子孙"，《韩非子·安危》中的"先王
　　寄理于竹帛"，《论语·卫灵公》中的"子张书诸绅"以及《周礼·司勋》中的"凡
　　有功者，铭书于王之大常"。（参见钱存训:《书于竹帛：中国古代的文字记录》，
　　前揭，第 96—97 页）

公，予管仲狐与穀，其县十七，著之于帛，申之以策，通之诸侯，以为其子孙赏邑。'"齐桓公赏赐管仲的命书，原本应属于政务性文本中的政令文书，而桓公特意"著之于帛，申之以策"，是用旧制以表庄重，因此，这一政令文书就相当于西周的锡命文书，兼有仪式性和政务性两重性质。正因为具有告神的仪式性质，所以才要"通之诸侯"。桓公的郑重其事恰恰也说明一般的政令文书应该已经使用普通简牍了。《论语·卫灵公》中记载子张将孔子的话作为格言警句"书诸绅"，即写在衣带上，这种个人书写是从铭文书写演变来的。

青铜器等传统书写载体的式微和竹木简牍的广泛使用在一定程度上淡化了物质载体对于标示文本符号等级和性质的意义。这种淡化也是新的社会指令的一种体现，它间接地透露出仪式政治下日趋僵化的贵族等级秩序开始瓦解的信息。当然，这不意味着物质载体标示文本符号权力等级的意义会被完全取消。

第三，春秋时期书写者的演变主要有两点：一是史官之外的卿大夫成为重要的书写者，他们主要介入的是政务性书写；二是春秋后期，以士为主体的书写者开始登上历史舞台。

卿大夫之所以能成为重要的书写者，首先与上述史官文化的下移有关。史官文化的下移促成了所谓"君子"文化的形成，同时也使更多的贵族官僚具备了书写能力。更重要的是，春秋时期复杂的政务活动要求贵族大夫介入某些政务性书写活动，因为与一般的史官相比，处于政治风浪中心的贵族大夫具备更高的实际政务能力。

士阶层作为书写者登上历史舞台，则是社会阶层分化以及私学教育兴起的结果。春秋中后期，随着封建秩序的逐步解体和集权君主制趋向的日益显露，原先占据政坛主导地位的贵族集团开始瓦解，职业化官僚渐渐有了取代贵族官僚的势头。这个过程的一个重要表现就是社会阶层的变动，即余英时先生所说的"上层贵族的下降和下层庶民的上升"。[①]这一升一降就使士这个中间阶层迅速发展壮大，进而成为职业官僚的人才库和后备军。士阶层是一个新的知识阶层，他们主要通过私学教育成为王官之学的继承者和发扬者，同时也成为个人性政教书写的书写者。

第四，从书写方式的层面说，西周时期的书写方式以"记"为主，"作"的成分相对较少，到了春秋时期，尽管"记"的成分仍占一定的比重，但"作"的成分明显上升，渐趋主导。春秋时期的政务性书写和个人/私人性书写大多属于"作"。《春秋》一类编年记事文献的发展，从文类上说是从仪式性转向政教性，从书写方式上说则是从"记"转向"作"。政教性文本中君子"立言"

---

① 余英时：《士与中国文化》，上海人民出版社，2003年，第10页。

的文献，则既有"作"，也有"记"，即有的是作者自己形诸简策，有的是经他人（如史官等）记录而留存。①

西周史官主要是凭借其所拥有的仪式书写的技术来进行书写活动的，并不需要刻意在文本中表达自己的思想和价值评判，因而在书写方式上自然以"记"为主。到了春秋时期，仪式政治崩溃，为了在新的政治格局中维护神权观念，坚持礼乐传统，史官的书写活动转为以政教书写为主，重视对礼义的理性阐释，这样一来，书写方式也就转换为以"作"为主或至少"作""记"并用。贵族"君子"继承史官文化，不是继承或取代史官的仪式书写技术，而是继承了礼义观念，只是贵族"君子"受现实政治实践的浸染更深，更具务实精神，他们在政务书写中融入了政治博弈的经验和智慧，这从书写方式上说自然也是以"作"为主。至于《论语》，我们知道，主要是孔门弟子记录孔子言行的文本，这说明传统"记"的书写方式仍有较大影响力，但此时的"记"已经不再有仪式技术的背景。

除了"记"和"作"之外，春秋时期转录、编订等书写方式的使用也远较西周时期频繁。贵族君子掌握史官文化，主要通过官学教育和自觉的"观""问"等途径，其中官学教育的实施尤其离不开转录、编订等书写方式。《国语·楚语上》载楚国大夫申叔时论傅太子之道：

> 教之《春秋》，而为之耸善而抑恶焉，以戒劝其心；教之《世》，而为之昭明德而废幽昏焉，以休惧其动；教之《诗》，而为之导广显德，以耀明其志；教之礼，使知上下之则；教之乐，以疏其秽而镇其浮；教之令，使访物官；教之语，使明其德，而知先王之务用明德于民也；教之故志，使知废兴而戒惧焉；教之训典，使知族类，行比义焉。

这里的《春秋》《世》《诗》《礼》、乐、令、语、故志、训典等文献，有政教性文本，也有仪式性文本和政务性文本，但当它们被当作贵族官学教育的教材时，实际上已经全部转变为政教性文本。这种转变当然是通过转录、编订的书写方式来实现的。自觉的"观""问"，尤其是观书，也可能涉及转录和编订。《春秋公羊传·隐公元年》徐彦疏曰："孔子受端门之命，制《春秋》之义，使子夏等十四人求周史记，得百二十国宝书。"这里所谓"得百二十国宝书"，如果属实，也不会是将原本取走，而应是转录。②至于私学教育，

---

① 参见董芬芬：《春秋辞令文体研究》，前揭，第 302 页。

② 郭沫若认为这里所说的"宝书"当指铜器铭文，"钟鼎盘盂为宝，故其铭称曰'宝书'。孔子与其弟子周游列国，于列国宝器必多目验，盖曾一一记录其铭辞以为修史之资"。（郭沫若：《周代彝铭进化观》，见氏著《青铜时代》，前揭，第 317 页）

如孔子以六经为教材教授弟子，无疑也需要借助转录、编订的书写方式。①

二、春秋时期的仪式性书写

（一）仪式乐歌书写的余绪与新变

仪式乐歌的书写是西周时期仪式性书写的重头，礼乐制度在一定程度上是经由这种书写活动来发挥规制君主和贵族行为（同时也是塑造君主和贵族本身）、维护社会政治秩序的功能。到了春秋时期，虽然各种仪式活动仍在继续，但以服务于仪式为中心目的而进行的诗歌制作和书写明显趋向没落了。这种没落是社会指令改变的一种结果。西周后期以来的巨大政治变故使礼乐制度的上述基本功能发生了严重紊乱，同时也引导知识人群体（同时也是主要的书写者群体）改变文化生产的策略，也就是让原本作为基因内在于义神礼法君主政制中的德义政教从泛仪礼的框架下进一步分化出来，让德义政教不再间接地依托于已经僵化为形式的仪式活动而是更为直接地来捍卫义神礼法君主制。因此，在乐歌书写方面，春秋时期王室乐官的诗文本编订的指导思想从服务于礼乐仪式转向服务于讽谏政教，只是由于仪式政治并未被否定以及乐歌书写与生俱来的仪式性，这种转向并不彻底。这种不彻底性表现在几个方面：第一，按照马银琴的观点，在平王时期的王室诗文本编订活动中，"《风》《雅》合集，统名为诗"，而"《颂》与《诗》相对待，仍然是以独立形式存在和流传的"。②这说明最能体现仪式乐教的《颂》还没有被整合到诗义德教的新理念之中。所谓编订，当不仅是将《风》《雅》合集，也应包括重新整理颂诗。第二，即便是以政教目的被编入诗文本的乐歌仍然可能承担一定的仪式功能。第三是新出现以服务于仪式目的而得到书写并进入诗文本的诗歌，即《商颂》和《鲁颂》。这些都可以视为春秋时期仪式乐歌书写的余绪。在仪式乐歌书写已经不合于社会指令的情况下，新出现直接服务于仪式目的"颂"诗，显然是值得思考的现象。

---

① 关于孔子与六经的关系，学界尚无定论，但总的说，孔子具备了编订六经的主客观条件，也有相应的动机。（可参吴荣政：《从六经看孔子的六经编纂》，《档案学通讯》2005 年第 5 期）六经的编订工作即便没有都在孔子本人手上完成，大抵（或大部分）也是在孔门弟子后学手上完成的。除了儒家外，产生于春秋末战国初的道、墨诸家亦可能进行了不少转录、编订的书写活动。

② 参见马银琴：《两周诗史》，前揭，第 295 页。

　　1. 修"颂"与振兴礼乐：《商颂》的书写

　　（1）关于《商颂》书写过程的探讨。

　　《商颂》的书写过程，史籍略有记载，但各家说法和解释不一。《国语·鲁语下》曰："昔正考父校商之名《颂》十二篇于周太师，以《那》为首。"韦昭注曰："言校者，宋之礼乐虽则散亡，犹有此诗之本，考父恐其舛谬，故就太师校之也。"《毛诗小序》则说："微子至于戴公，其间礼乐废坏，有正考父者，得《商颂》十二篇于周之太师，以《那》为首。"这里"校"与"得"一字之差，区别甚大。如果是"校"，按照韦昭的理解，那么周王室与宋国都保存了《商颂》，只不过周太师那里保存的本子更加准确。张启成先生说，"商之名《颂》十二篇"是周王朝分封微子时一并授予微子的。①这与韦昭的说法也不矛盾。如果是"得"，似乎《商颂》存于掌教王朝音乐的周太师处，宋国原本是没有的。有学者认为《毛诗小序》中的说法后出，是对《国语》原意的篡改，②这似乎没有确切依据。《毛诗小序》所言未必不可能，只是"得"字并不能说明宋国原本没有《商颂》，也可能是原先有，后来因"礼乐废坏"遗失了。不管是校对，还是"得"（实际上是抄录），都暗示在两周交替之际，宋国有书写《商颂》的举动。但还有一种观点是释"校"为献，③这样一来似乎又变成《商颂》存于宋，而周太师那里本无存本。不过，其实即便是"献"《商颂》，也不等于认定周太师处原本没有《商颂》，或许只是周太师的存本在西周末的混乱中遗失了。

　　马银琴指出："（王国维所说的）《商颂》的语辞、句式与西周中期以后诗歌非常接近，却是一个不容争辩的事实。"④这一点曾为《商颂》"宋诗说"提

---

① 张启成、付星星：《诗经风雅颂研究论稿新编》，学苑出版社，2011 年，第 431 页。

② 马银琴：《两周诗史》，前揭，第 297 页。

③ 王国维《说〈颂〉》中提道："考汉以前初无校书之说，……余疑《鲁语》校字当读为'效'，效者献也，谓正考父献此十二篇于周太师。"不过，他没有把自己的看法说成定论，所以没有断言周太师处必无存本。（参见郭万金选编：《诗经二十讲》，华夏出版社，2009 年，第 363 页）

④ 马银琴：《两周诗史》，前揭，第 297 页。必须说明，这一点其实没有得到学界公认。杨公骥、张松如、姚小鸥等主张《商颂》为商诗的学者都曾对王氏的这一论断作过反驳，认为《商颂》中的语辞、句式并非完全不合于商代卜辞文献，《商颂》中的某些语言与周诗相似，也可能是周诗模仿了商诗。姚小鸥先生的《诗经三颂与先秦礼乐文化》一书对此议论尤详。不过，姚先生也不否认《商颂》在周代经过改动，因为《商颂》多次出现"天命""天"等字样，他还认为《商颂》中的《殷武》主要是东周初宋武公时的作品，确切地说，是武公时的"告成"新作与"颂祖"旧著的组合。（参见姚小鸥：《诗经三颂与先秦礼乐文化》，前揭，第 6-31 页）

供了有力依据。为何会与西周中期以后诗歌接近呢？马银琴认为"正考父仿周诗而改制《商颂》的可能是很大的"，①如果是这样，那么宋卿正考父改制《商颂》的基本背景应该是宋国的"礼乐废坏"。"礼乐废坏"使宋国原有的《商颂》部分失传，于是不得不重作，重作时既承袭了原有《商颂》的特点，又模仿了周诗。②这个说法必须首先排除"得"和"校"二说，因为如果《诗经》中的那五篇《商颂》是"得"自周太师，那就不可能是正考父改制；如果是正考父拿到周太师那里去校对，校对的目的当是为了更符合原本，更不可能故意改制。但进一步的问题是，在正考父以前，宋国是否真的长期"礼乐废坏"？除了《毛诗小序》的说法外，似乎也没有其他更充分的证据，而且，如王国维所言："平王东迁，其时宗周既灭，文物随之，宋在东土，未有亡国之祸，先代礼乐，自当无恙，故献之周太师"。③看来，如果宋国曾"礼乐废坏"，当不是在两周之际，而是在更早的时候。主张献诗说的王国维则认为："《商颂》盖宗周中叶宋人所作以祀其先王。"④这也许是考虑到宋人不大可能对原来就存在的《商颂》作大的改制。因为理解为"献"的话，那就说明《商颂》书面文本产生以后，至少宋国方面一直都有，而宋国公室既然不大可能去改祖宗的东西，那么《商颂》就只能是在宗周中叶（或中叶以后）被"作"出来的，所以才会有宗周中叶（或中叶以后）的特点。宋人改制《商颂》的

---

① 马银琴：《两周诗史》，前揭，第 299 页。

② 在形式方面，《商颂》既保持了商代之颂的总体面貌，又带有《周颂》或二雅的特点。如在形制上，《那》《烈祖》《玄鸟》类似《周颂》，都是单章，《长发》和《殷武》则类似二雅；在体式上，主要是铺叙、抒情和描写，较少议论；在修辞特点上，如上文所述，《商颂》既可在卜辞中找到一些文辞成语的渊源，也确实有类似西周中叶以后诗歌的地方。与之对应，在思想内容方面，《商颂》中既有对先祖功德的颂美，又有"时王向先祖告成武功的内容"（如姚小鸥先生认为，《殷武》中有明显的时王〔即宋武公〕告成的内容。参见姚小鸥：《诗经三颂与先秦礼乐文化》，前揭，第 30 页），还有对祭祀仪式场面本身的描写（《那》和《烈祖》两篇较明显）；既有殷商文化"对暴力神的赞美，对暴力的歌颂"（杨公骥：《商颂考》，见氏著《中国文学》，吉林人民出版社，1980 年，第 483 页），又包含了周文化的德性天命观念，尤其是《殷武》，如姚小鸥所言："诗中'不僭不滥，不敢怠遑'之类的句子，表现了恪敬天命，谨守人事的思想，……颇具前人所谓的'文德'。"（姚小鸥：《诗经三颂与先秦礼乐文化》，前揭，第 33 页）总体上符合《诗大序》所谓颂诗"美盛德之形容，以其成功告于神明"的基本特征。

③ 郭万金选编：《诗经二十讲》，前揭，第 363 页。

④ 郭万金选编：《诗经二十讲》，前揭，第 361 页。

可能性确实不必过高估计，①但宗周中叶是什么特别原因促使宋人作《商颂》以祀其先王呢？宗周中叶之前宋人又是用什么诗祀其先王？这些又成了难以索解的问题。更大的可能或许是西周中期的乐官在编订诗文本时对《商颂》做了"改制"，特别是如果此时的《商颂》还以口头形式留存的话，更容易发生变动，因为，第一，口头传承的稳定性远不如书面传承，以口头形式留存的《商颂》文本可能已经变异；第二，此时的书写在方式上不仅是记录，很可能也是对口头文献的编订、整理，如同对待采自民间的口头诗歌一样，乐官用当时王廷仪式乐歌通行的语式加以润饰，乃是情理之中的事情；第三，《商颂》如果是被西周朝廷乐官书写下来的话，那么可以设想，由于《商颂》的地位较低，甚至不用于王朝的宗庙祭祀，书写者仿周诗对其语词句式甚至内容加以修改，并不需要承担什么政治风险。

不管怎样，从"商之名《颂》十二篇"来看，②《商颂》的书面文本在正考父之前应该已经存在。正考父不可能是《商颂》的原作者或最早的书写者。最早的书写者有可能是商代乐官，即宋国一开始就继承了殷商留下的书面文本，但这不必为定论。商代有颂有简策，大抵都没有疑问，但商代的颂是否书于简策，则尚无充分证据。《商颂》为周人和宋人所继承，也可能开始时只是借助乐官的口头传承，③到周王室进行某一次诗文本编订的时候才被书于简策，④或者是宋国乐官受王室编订诗文本的影响，而将口头传承的商颂形诸文字，在宋国内部传播。这与后人说"商之名《颂》十二篇"并不矛盾。总之，在正考父之前，《商颂》已经被形诸文字，甚至有可能已经经过多次书写。正考父书写《商颂》的方式可能是转录、校对或整理，还可能包含了"作"的因素，即所谓"改制"。书写的物质载体应为典策。⑤除了正考父书写《商颂》

---

① 这是因为，一方面，《商颂》是长期在宋国公室的宗庙祭祀中实际使用的，不容易发生较大的变异；另一方面，宋人对待自己先祖流传下来的用于宗庙祭祀仪式的文本应该会更加慎重。后世儒家对经文字句的恪守从某种意义上说也发端于前战国时代对待仪式性文本（尤其是用于崇神仪式的文本）的态度。

② 马银琴认为，名《颂》之"名"不是著名之义，而是文字之义。"商之名颂，完全可以理解为商代的'文字颂'，亦即被书于简策而保存下来的商代祭祀颂歌的歌辞。"（参见马银琴：《两周诗史》，前揭，第 297 页）

③《史记·殷本纪》记商末时"殷之大师、少师乃持其祭乐器奔周"，商人之颂可能在此时就传到周。

④ 当然不排除这样的可能，即周人编订诗文本时对商代简策中的颂进行了转录和整理。

⑤ 马银琴指出："商之名颂十二篇"的"篇"，"作为一个计算文籍数目的单位，是因用竹简为书写工具而得名的。……朱骏声《说文通训定声》云：'篇，书也，从竹扁声，谓书于简册可编者也。'"（马银琴：《两周诗史》，前揭，第 297-298 页）

之外，《商颂》在春秋时期很可能还经历了另外的重要书写过程。经过这一次（或多次）书写，《商颂》最终被编入今本《诗经》。关于《商颂》何时进入诗文本，学界尚无定论，如有学者认为很可能是在宋襄公时期，①也有学者认为《商颂》是先传入鲁国，再由鲁人编入诗文本，而这个鲁人很可能就是孔子。②这两种说法各有其理，但未必不能调和。从前589年齐宾媚人引《商颂·长发》已称《诗》曰"（《左传·成公二年》）来看，确实"至晚在公元前六世纪初叶之前，《商颂》已被纳入了以《诗》为名的诗文本"。③这个诗文本当然是周王室乐官编订的，但鲁乐官可能在此之前已经从宋国那里获得了《商颂》文本，④而且一直沿袭传统说法称之为《商》。春秋时期有不同的诗文本同时流传的情况早已为学界所认可。而孔子在编订整理诗文本时再次整理了《商颂》，也是完全可能的。⑤

（2）《商颂》书写的意图与性质。

由于《商颂》书写过程尚难以确证，如上述"校""得""献"等多种可能性同时存在，这使我们进一步分析《商颂》书写与春秋时期文化政治的关系面临很大的困难。如果是正考父"献"《商颂》的话，那么这一举动很可能可以与春秋初年周王室为了重振礼乐而编订诗文本的活动联系起来，尽管周王室大抵不会在宗庙祭祀中使用《商颂》，⑥而且此时王室诗文本编订的指导原则已发生转变。"献"《商颂》本身是一种自觉依循传统礼法规则的举动，

① 如马银琴《两周诗史》持此说。

② 可参姚小鸥：《诗经三颂与先秦礼乐文化》；张剑：《疑〈鲁颂〉〈商颂〉非〈颂〉诗》，《陇东学院学报》2008年第1期。

③ 马银琴，《两周诗史》，前揭，第299页。

④ 关于鲁人从宋国获得《商颂》的问题，姚小鸥先生曾以《礼记·明堂位》中的"凡四代之服器官，鲁兼用之，是故鲁王礼也，天下传之久矣。……天下资礼乐焉"以及扬雄《法言》中的"公子奚斯晰正考甫"为证。（参见姚小鸥：《诗经三颂与先秦礼乐文化》，前揭，第41-43页）其时间大抵应在春秋早期后段或春秋中期前段。这种"获得"当然是转录性的书写。

⑤ 关于孔子编订《商颂》的可能性，姚小鸥先生《诗经三颂与先秦礼乐文化》一书议论颇详，此不赘述。（参见姚小鸥：《诗经三颂与先秦礼乐文化》，前揭，第36-44页）

⑥ 姚小鸥先生指出："殷人的祭歌《商颂》，周人是没有太多的适宜场合来演出的。它能否在周人那里完整地流传到两周之交，很可怀疑。"（姚小鸥：《诗经三颂与先秦礼乐文化》，前揭，第37页）但周人使用《商颂》的可能性尚不能完全排除。周原甲骨显示，周文王为西伯时，除了祭祀周人先祖，还得祭祀商人先王成汤和太甲。（参见张启成、付星星：《诗经风雅颂研究论稿新编》，学苑出版社，2011年，第430-431页）王国维也认为，《商颂》是宋人献给周太师，"以备四代之乐"。（参见郭万金选编：《诗经二十讲》，前揭，第363页）

因为西周的"颂"诗原本就是公卿大夫所献。周王室乐官将正考父所"献"《商颂》编入诗文本也未必有与时代语境相关的特别意图，因为这可能只是为了恢复之前遗失的礼乐文献，但对于宋国而言，《商颂》被编入（或重新编入）王室诗文本很可能意味着王室对其特殊政治地位的确认（或重新确认），而这种确认（或重新确认）在当时仍然是得到普遍认可的。如果是"得"（抄录）或"校"（校对），那么所反映出来的可能是宋国自身借助宗庙仪式乐歌的书写（或重新书写）来重振公室权威的政治意图。这种政治意图同样说明宗庙祭祀仪式仍为统治阶层所看重，以礼乐仪式规范政治秩序的观念仍然得到贵族集团和某些书写群体一定的认同，这种认同也是仪式乐歌书写在春秋时期（尤其是春秋早期）仍有余绪的根本原因。宋国使用《商颂》要到周太师那里抄录或校对，则说明周王室被视为权威的文化中心。仪式文本（尤其是用于宗庙祭祀的仪式文本）与其他文本不同，它的文本符号仍然被认为需要得到最高文化机构的认证才能获得合法地位，从而也才能实现仪式政治的功能。事实上，进入春秋以后，周王室很快从实际的政治权力中心转变为礼乐文化中心，这与东周国家君主权的名实分离是一致的。此外应明确的是，正考父于周太师处校对或抄录《商颂》的行为至少不是对周礼的明显僭越，因为宋国使用《商颂》祭祀宗庙原本就是周王朝特许的。

需要指出，周王室乐官所保存的"颂"诗原本可能只是指《周颂》，而不包括《商颂》在内。清陈奂《诗毛氏传疏》（卷二十六）说："周太师谱诗入乐，但谓之《颂》，不系'周'字。……《左传》吴札请观周乐，为之歌《颂》。……皆同歌《周颂》，非并《商》《鲁》而歌之也。"在周人那里，《商颂》在传统上可能被称为《商》，如《礼记·乐记》载鲁国乐官师乙的说法："宽而静、柔而正者，宜歌《颂》，……肆直而慈爱者，宜歌《商》。故《商》者，五帝之遗声也。商人识之，故谓之《商》。"所以，在《左传》《国语》中没有单称《颂》而指《商颂》的例子。不过，平王时期编订诗文本，也可能包括整理《商》。后来，由于毕竟《商颂》与《周颂》性质类似，随着《商颂》在各诸侯国流传（这种流传未必通过周王朝的赐乐制度，更可能通过诸侯国之间的文化交流），可能为了区别，人们才开始在"颂"前加"周"字以别于商颂，如《国语·晋语四》载前七世纪中后期郑国大夫叔詹引诗时称"周颂"。这种称名的变化很可能反映了《周颂》在地方诸侯那里地位的降低，而《周颂》地位的降低是周王朝仪式政治统合系统趋向弱化乃至崩溃的一种表现。

《商颂》在春秋不同阶段的书写也有不同的性质。在春秋初期的书写仍属于仪式性书写。到了春秋中期，当颂诗（包括《商颂》和《周颂》）被纳入周王室的诗文本（即统称为《诗》），此时的《商颂》已可归入政教性文本。这当然不是《商颂》本身发生了多少变化，而是诗文本整体性质向政教的转向，即马银琴所说的：

> 纯粹的仪式乐歌丧失了最后的领地，终于被融入了以服务于讽谏为最初编辑目的的诗文本当中。《颂》之入诗，其意义是不可低估的，它标志着一个时代的终结。也就是说，以乐教为主导的周代礼乐制度的仪式化时代随着《颂》之被纳入诗文本而走向了终结。中国文学萌芽于宣王时代、奠基于平王时代的以美刺为核心的政教传统至此确立，中国文化史进入了以德义之教为主导的历史阶段。①

但春秋中期以政教为整体指向的《商颂》书写仍然是一种职官行为，或者说仍然是官方主导的行为，而到了春秋后期，晚年的孔子编订诗文本显然不是以其职官身份（其时，孔子已无公职），而是以其士人教师的个人身份，因而此时的《商颂》书写在性质上又变成个人性书写中的政教书写。

2. "颂"之变：关于《鲁颂》

（1）关于《鲁颂》的一些基本问题。

历来关于《鲁颂》的歧见之多，不亚于《商颂》。首先是《鲁颂》到底颂美何人的问题。历来的主流意见都认为《鲁颂》四篇都是颂美鲁僖公的诗，但也有少数学者坚持《鲁颂》不是颂僖公，而是颂周公。②如果是颂周公，那么正如张启成先生所论，除了《閟宫》外，③其余三篇很可能是西周时就有的作品。既然有西周时的作品，那么关键的问题就在于，鲁作为诸侯国何以能有自己的颂诗？张启成认为这是因为周成王特许鲁公以天子之礼乐祀周公。这一点在《礼记·明堂位》《礼记·祭统》等文献中都有说明，但历来的解释都认为成王只是赐鲁公以周之礼乐祀周公，而不是允许鲁国自己作一套天子级别的礼乐，这是与宋可以有《商颂》完全不同的。④如果说春秋时期王权丧落，故而鲁国有条件僭越周礼自己作颂，那么在西周时期当无此理。张启成先生对此似乎没有进一步的解释，所以我们仍倾向于颂美僖公的主流见解。在颂僖公的前提下，关于《鲁颂》的作时和制作者历来也有多说。在作时问

---

① 马银琴：《两周诗史》，前揭，第 396 页。
② 清代刘沅（见其《诗经恒解》）和今人张启成（见其《诗经风雅颂论稿新编》）均持此说，张启成尤有细致论证。
③ 这是因为《閟宫》中有"周公之孙""庄公之子""奚斯所作"等语，说明该诗应是僖公或文公时期的作品。
④ 宋被特许以《商颂》祀其先祖，实际上意味着宋国可以延续与周人统治者有所不同的商人政治意识形态，这是因为宋国在周王朝拥有"特区"地位，而鲁国的特殊恰恰在于它是秉承周王朝政治意识形态的典范地区。

题上，一说作于僖公在世之时，一说作于僖公之后的文公之时（如《毛诗孔疏》）；在作者问题上，一说是史克所作，一说为大夫奚斯所作。我们大抵持以下看法：《閟宫》和《有駜》应是僖公在世之时的作品，《駉》和《泮水》则有较大可能作于僖公在世时，但还难为定论；《閟宫》的制作者可能是奚斯，《泮水》在性质和形式上类似《閟宫》，因而制作者可能与《閟宫》相同，《駉》的制作者当依《毛诗序》所言为史克，《有駜》的制作者也可能是史克。①

无论《鲁颂》是作于僖公时还是文公时，无论是鲁国史官所作还是鲁国大夫所作，《鲁颂》之作于周礼当是有亏的，历史上舒瑗（说见孔颖达《鲁颂谱疏》）、欧阳修（《诗本义鲁颂解》）、朱熹（《诗集传》）、李光地（《诗所》）等人对《鲁颂》僭礼的批评不无道理。鲁人既然不合作《颂》而作《颂》，那么《鲁颂》在当时应该不能进入周王朝编订的诗文本。《毛诗序》所谓"季孙行父请命于周，而史克作是颂"，据陈奂《诗毛氏传疏》的看法："僖公从伯主讨淮夷，能复伯禽之业，如大国之制。鲁人尊其教，于是有大夫季孙行父者，往周请命。谓请命，非谓请作颂也。行父请命与史克作颂是两事。"②由此来看，《鲁颂》可能长期只在鲁国内部流传，也只有鲁人称之为"颂"，所以顾炎武《日知录》（卷三"鲁颂商颂"）中说："鲁之颂，颂其君而已，而列之周颂之后者，鲁人谓之颂也。"③因此，我们在《左传》《国语》中看不到有人在孔子之前称引《鲁颂》。④

我们知道，"颂"之为"颂"，从原本的功能界定角度说，应该在于其是直接用于告神的仪式乐歌。以"盛德""成功"告神是在内容上与此基本功能相搭配，但这种搭配可能是后出的，尤其是以"盛德"告神当是西周以来才出现的。所以《诗大序》所谓颂诗"美盛德之形容，以其成功告于神明"当是针对西周的颂诗说的。实际上即便是《周颂》，也并非每篇都有"美盛德之

---

① 具体论证可详参常教：《〈鲁颂〉考辨》，《文献》1983 年第 1 期；祝秀权：《〈诗经·鲁颂〉作者、作时考论》，《运城学院学报》2010 年第 4 期。

② 欧阳修认为孔子将《鲁颂》列于颂，是贬鲁之强，因为"请于天子，岂非强乎"（《诗本义·鲁颂解》）。这实际是以为季文子向周天子请作颂。

③〔清〕顾炎武著，〔清〕黄汝成集释，秦克诚点校：《日知录集释》，岳麓书社，1994 年，第 106 页。

④ 马银琴指出：《左传·文公二年》引《鲁颂·閟宫》的例子，当是《左传》作者的评述，而不是文公时代对《鲁颂》的称引；《左传·襄公三十一年》卫北宫文子所引"敬慎威仪，惟民之则"一句，也当出自《大雅·抑》，而不是《閟宫》。（马银琴：《两周诗史》，前揭，第 399 页）

形容"和描述"成功"的内容。①不过，周代颂诗的内容确实是以赞先祖盛德、叙时王成功为主的，而不论是赞先祖盛德，还是叙时王成功，都包含对君主的颂美。鲁人正是从这里找到称《鲁颂》为"颂"的依据。孔颖达《毛诗正义》曰：

> （鲁颂）止颂德政之容，无复告神之事。（《周颂谱疏》）
>
> 鲁诗称"穆穆鲁侯，敬明其德"，是美盛德也。"既克淮夷，孔淑不逆"，是成功也。既有盛德，复有成功，虽不可上比圣王，足得臣子追慕，故借其嘉称，以美其人，言其所美有形容之状，故称《颂》也。（《鲁颂谱疏》）

这就从根本上改变了"颂"的功能和性质，即从告神转为颂君，而且还是颂诸侯国的时君。从这个意义上说，《鲁颂》确实是"变颂"。《鲁颂》"无复告神之事"，说明《鲁颂》并不直接用于郊庙祭祀仪式，这当然不是说鲁人不告庙，鲁人告庙用的必定仍是《周颂》。至于《鲁颂》的功能，也是在于仪式，如《有駜》显然是燕享仪式上使用的乐歌，《閟宫》也是配合宗庙仪式的乐歌。《鲁颂》不是传统意义上的"颂"，其形式亦可为证。《泮水》和《閟宫》近《雅》《駉》和《有駜》近《风》，早已是公论。特别值得注意的是，《鲁颂》中可能为鲁大夫奚斯所作的《泮水》和《閟宫》两篇，在修辞上有明显的夸饰、铺张之风，如"既克淮夷，孔淑不逆"（《泮水》）、"戎狄是膺，荆舒是惩"（《閟宫》）等语，与实际情形差距甚大，有谄谀献媚之嫌。

（2）"颂"之变与东周政制。

《鲁颂》不告神而称"颂"实际上是"颂"的泛化，或者说，是"从神歌的宝座跌落，堕入到与《风》《雅》同畴的位置上"。②这可以理解为神权观念日益式微和（诸侯国）君主权日益上升的一种结果和体现。上文已述，春秋时期东周国家的政制形态可称为半义神礼法君主政制，以"义神"权威为君主权合法性依据的意识形态是承西周而来的，但在春秋时期，这种神权观念呈逐步衰落趋势，尽管其间有反复，在不同地域也有不同。更重要的是君主权观念的变化，到春秋中期，东周国家君主权名实分离的格局已得到普遍认同，而进一步的演变趋势则是君主权之名也逐渐从周天子向诸侯转移，直至最后周天子君主权名实俱失。《鲁颂》称"颂"可以看作是这种转移的一个体现，因为君主之名不外是一套仪式表征。不告神而"颂"时君与《鲁颂》在

---

① 如《闵予小子》《敬之》《访落》诸诗，表现了"遭家不造""未堪家多难"的悲悯、哀哀之情（马银琴：《两周诗史》，前揭，第156页），显然不是以"成功"告神。

② 马银琴：《两周诗史》，前揭，第398页。

形式上的活泼和夸饰等特征也是相应的。这是因为颂原本的告神性质，已经决定了传统的颂在修辞上的克制，要求在形式上必须呈现出十分庄重、肃穆的审美效果，从而能够配合典雅、舒缓的音乐。由于有高于君主的义神权威临在，颂诗的内容即便是描述时王的"成功"，也得保持戒惧敬慎的态度，不能过度夸饰。《鲁颂》不告神而"颂"时君，就打破了颂诗书写的这些基本规范。神权没有临在，时君就成了颂诗的直接对象，同时也就有了类似神的最高权威。颂君相当于颂神，为了达到颂美的目的，新的颂诗的书写者必然要寻求更加灵活的形式，而《风》《雅》之诗是当时可资利用的现成材料，因此，《鲁颂》近《风》近《雅》也就是情理之中的事情，至于修辞上的夸饰，倒不是《风》《雅》的特征，而是这种颂内含的取宠目的所决定的。从这个意义上说，《鲁颂》的出现确实影响深远，它开了后世臣子邀功请赏、歌功颂德之"颂"的先河。《鲁颂》的夸饰主要体现在《泮水》和《閟宫》两篇，而不是体现在《駉》和《有駜》，这大抵与制作者有关。上文已述，《駉》和《有駜》可能是太史克所作，史官毕竟是礼义精神传统的直接继承者，在观念上趋向保守，而且《左传·文公十八年》载太史克受季文子委派向宣公申说周礼大义，足可见其史官意识。而《泮水》和《閟宫》可能是鲁大夫奚斯所作。《左传·闵公二年》中记庆父叫奚斯为其向僖公求免死，奚斯求情不得，"哭而往"，此事只能说明奚斯重宗族之情，与其是否重礼义原则无太多关涉，如果说有关涉，也只能是负面的关涉，因为"庆父弑二君，其罪已彰著"（《左传正义》）。

不过，鲁国公室作《鲁颂》虽然是僭越周礼，但这种僭越倒未必是刻意的。一者鲁文化与周文化一脉相承，血浓于水，鲁国向来以谨守周礼著称；二者即便要僭越周礼，似乎也不必在这样一个称名上做文章；三者如果是明显僭越周礼，孔子何以不改，而仍将其列之于颂？[①]这种非故意的僭越的背景可能在于，随着政制的演变和周王朝仪式政治统合系统的弱化，在《鲁颂》称"颂"之时，这已经不是一件十分敏感和值得特别关注的事情了，甚至可能得到王室的默许或特许。[②]毕竟春秋中期周王朝自己编订的诗文本已将《颂》与《风》《雅》合编，这一书写行为的主观意图当然不是要削弱周天子的君主

[①] 古代不少学者（如欧阳修、朱熹、李光地、许伯政等）都认为孔子将《鲁颂》列于颂，是为了贬鲁，属于春秋笔法。本文认为此说不可取，因为如果是为了贬鲁，孔子自己不可能称引《鲁颂·駉》之"思无邪"。

[②] 孔颖达《毛诗正义·鲁颂谱疏》曰："以作颂非常，故特请天子。以鲁是周公之后，僖公又实贤君，故特许之。"请作颂之说虽多遭质疑，但其实也不是全无可能，只是天子的这种"特许"多少有些送人情的意味了。当然，也可能作"颂"在先，特许称"颂"在后。

权，但在客观效果上已模糊了"颂"作为天子级别乐歌的仪式性表征。我们不妨推想，在春秋时期，像《鲁颂》这样的"颂"诗在其他诸侯国也可能存在，只是这些"颂"和《鲁颂》一样没有进入周王室编订的诗文本之中。

与《商颂》一样，在春秋后期，《鲁颂》很可能经过孔子的编订，而且，古今学者的主流意见都认为正是孔子将《鲁颂》编入今本《诗经》的。[①]这种编订行为当然是个人性的政教书写。

（二）不稳定的政制与盟书书写的兴盛

春秋时期是中国古代盟书书写最为兴盛的历史时期，盟书书写的兴盛直接导源于春秋时期活跃的会盟政治。相比于口头盟誓，在会盟仪式上使用盟书可以"强调盟辞内容的神圣性、不可更改性"，并作为约信凭证，对于主盟者而言，盟辞的书面化确实有助于突显其"拥有优越政治和宗教权威的特殊意义"。[②]春秋时期会盟活动的兴盛，与东周国家的半君主政制密切相关，不稳定的半君主政制在很大程度上就是靠诸侯国之间频繁的会盟活动来建构和维持的。诸侯国的国内之盟，尤其是私盟，大抵是在春秋中后期兴盛起来的，这种现象反映了春秋中后期各诸侯国内部由于政制演变而呈现出的错综复杂的政治斗争环境。

1. 盟的类型与春秋盟书的性质

我们在总体上将春秋盟书归入仪式性文本，但具体情况要复杂一些。严格地说，春秋盟书一般具有双重性质，即同时具有仪式性和政务性，有的还有个人性。

仪式性是春秋盟书的基本性质，即便是属于个人性文本的盟书，也是个人性文本中的仪式文本。盟书书写之所以是仪式性书写，是因为盟书直接服务于会盟仪式，是会盟仪式上需要使用的一个重要道具。[③]这一点在上文讨论西周盟书的时候已经说过了。这里要指出的是，盟书书写一般还有政务性，盟书的政务性在春秋时期比在西周时期更为突出，到战国时期，盟书的政务

---

① 关于《鲁颂》，古代学者十分关心的一个话题就是孔子为什么要将其列之于颂，有褒鲁、贬鲁以及出于私心诸说。可见古人基本都认同孔子将《鲁颂》列于颂之事。当代学者亦多沿古说，可参看张剑：《疑〈鲁颂〉〈商颂〉非〈颂〉诗》，《陇东学院学报》2008 年第 1 期；马银琴：《两周诗史》，前揭，第 399 页；等等。

② 参见吕静：《春秋时期盟誓研究：神灵崇拜下的社会秩序再建构》，前揭，第 200 页。

③ 春秋时期盟书在会盟仪式中的使用应该具有普遍性。《左传》《国语》中记载的一些盟辞似乎只有口头形式，这很可能是经过了瞽矇传诵时的加工，以及《左传》《国语》作者文字处理的结果。

功能甚至超过了仪式功能，但由于仪式性才是盟书的基本属性，政务功能一旦超过仪式功能，也就意味着盟书书写的没落。春秋盟书之所以具有政务性，是因为在"国"与"国"之间的会盟中订立的盟书具有"国际"公约的作用，这部分盟书也可归入政务性文本中的邦交文书。相关的例子在《左传》《国语》中可以找到不少，如齐桓公主持的葵丘之盟，晋文公主持的践土之盟，其盟书都相当于"国际"公约。春秋时期，诸侯国内部也常有盟誓之事，其盟书或与"国内"法律相类，如卫国宁武子受卫成公委派与留守大夫进行的宛濮之盟（《左传·僖公二十八年》）。但需要特别指出的是，类似于"国内"法律的盟约并不是真正意义上的"法"，它只是在无"法"或者"法"已不能正常起作用的特殊情况下作为"法"的一种替代。例如宛濮之盟的盟约说："不有居者，谁守社稷？不有行者，谁扞牧圉？……自今日以往，既盟之后，行者无保其力，居者无惧其罪。"在如何对待没有随成公出奔的大夫们这个问题上，无法简单用现成的礼法规则来判定是非，也就是说，在这一特殊情况下，对礼法的解释可能出现歧见，所以，"法"已不能正常起作用了。这个盟约虽然是宁武子与留守大夫订立的，但显然反映了卫成公的意图。卫成公正是通过对适用礼法的权威解释（"不有居者，谁守社稷？不有行者，谁扞牧圉？"）来达到调节君臣关系的政治目的。此类由诸侯国君授意的国内之盟的盟书多少是有政务性的，确切说是具有"命"的性质。

诸侯国内部卿大夫之间也可以相盟。这就涉及所谓"私盟"的问题。《左传·昭公元年》载："郑为游楚乱故，六月丁巳，郑伯及其大夫盟于公孙段氏。罕虎、公孙侨、公孙段、印段、游吉、驷带私盟于闺门之外，实薰隧。"这里明确提到了"私盟"。贺汪泽先生《先秦文章史稿》引述这一记载，认为诸侯间的盟可以称为"公盟"，而诸侯国的国内之盟都可称为"私盟"，除了这里所说的卿大夫之间的盟外，他还将诸侯国君与臣下所订之盟，以及大臣与家仆之间"达成守诺的条件"等也看作私盟。[①]这里有必要对"公盟"与"私盟"做一下辨析。按照《左传·昭公元年》中的这段记载，大夫之间的"私盟"显然是与郑伯和大夫之间的盟相对的，如果有所谓"公盟"的话（文献中并无"公盟"一词，该词是相对于"私盟"而言的），应包括诸侯国君授意的国内之盟，将这种盟理解为"私盟"明显有误。卿大夫之间的盟之所以被称为"私盟"，是因为没有君主的授命，不具有礼法的正当性。在"私盟"中，卿大夫们实际上是以个人身份参与结盟，由此产生的盟书，应归入个人性文本。所谓"公盟"就是有君主授意的盟。在诸侯国内部，这个君主当然是指诸侯

---

① 贺汪泽：《先秦文章史稿》，河南大学出版社，1995 年，第 60 页。

国君。通常认为诸侯国君是可以与卿大夫相盟的，如这里的"郑伯及其大夫盟于公孙段氏"。但仔细推究起来，诸侯国君与卿大夫相盟其实甚为可疑。《左传》的这段记载也可以做不同解释，即可以理解为国君安排或授意卿大夫们相盟。关于这一点，我们在其他多处记载中都能找到依据，如上文所述的宛濮之盟（《左传·僖公二十八年》），卫成公并没有亲自与留守大夫相盟，而是派宁武子去订盟，又如《左传·昭公二十五年》记鲁臧昭伯"率从者将盟，载书曰：'戮力同心，好恶同之。信罪之有无，缱绻从公，无通外内。'"然后"以公命示子家子"，可见鲁昭公也没有直接参盟，但此盟及其盟约相当于鲁昭公的行政命令。因此，可以说，春秋时期，诸侯国君与本国内卿大夫的盟与西周时期（东周初亦有）周天子的赐盟相似，可以看作赐盟制度的下移。上文已经指出，周天子的所谓赐盟，不是周天子亲自与诸侯相盟，而是以赐命的形式安排诸侯按照天子意愿相盟。①由此，可以说，"公盟"与"私盟"的真正区别在于是否有君主的赐命。但又有一个问题，即诸侯之间的会盟是否算"公盟"呢？这就涉及西周与东周的政制差别。在西周，周天子尚掌握君主实权时，按照周礼，诸侯之间是"不得擅相与盟的"，如果"擅相与盟"，当然应属于非礼的"私盟"。但到了春秋时期，东周国家君主实权向霸主转移，而各诸侯国拥有独立主权的程度越来越高，周天子被架空了，这样一来，人们也就不再把诸侯之间的盟视为"私盟"。即便如此，诸侯在会盟时，尤其是霸主主持会盟时，也希望请周天子或周天子所派的官员到场，②其目的不外是想表明会盟是得到周天子认可和赐命的。这一点也会反映在盟书书写中，如晋文公主持的践土之盟的盟书在记录与盟成员时写道："王若曰：晋重、鲁申、卫武、蔡甲午、郑捷、齐潘、宋王臣、莒期。"（见《左传·定公四年》）此处的"王若曰"正是周天子赐盟的写法。③

---

① 《左传·僖公二十九年》孔颖达正义曰："王之公卿皆不与诸侯共盟，则知诸侯不合盟王臣，王臣不合与于盟。……王子虎违礼下盟，故贬称'人'。"如果不是"天子敕之使盟"，王之公卿尚不得下盟，更何况周天子。另外，《左传·襄公二十五年》有"公（齐景公）与大夫及莒子盟"的记载，孔颖达正义曰："莒子朝齐，遇崔杼作乱，未去，故复与景公盟。"可见，此盟主要是齐莒相盟，而不是齐景公与其大夫相盟。不过，我们不必完全排除诸侯与大夫相盟的可能性，毕竟春秋是礼崩乐坏的历史时期，王子虎可以违礼下盟，诸侯国君同样可能违礼下盟，如此时的齐景公刚刚在内乱中为崔杼所立，不过是傀儡，地位极不稳固，因而与大夫相盟并非不可能。

② 如温之盟，晋文公召请周襄王亲往，事见《左传·僖公二十八年》，至于王官临盟之事，在《左传》中甚为常见。

③ 践土会盟时，王子虎临盟不与歃（见《左传正义》）。

卿大夫之间的"私盟"大抵是春秋时期的产物，由于私盟载书的内容大抵仍有关政治事务，因此，这种盟书可归入个人性文本中的政务文本。政务书写可以具有一定的个人性质，是贵族政治下的一种书写特征。春秋时期不同诸侯国卿大夫之间的一些邦交书牍以及同国卿大夫之间交往的一些公务书牍亦属此类。从根本上说，这种现象是由于礼法君主政体无法发展出完备的科层官僚体制，大多数官僚之间有等级爵禄的身份差别，但可能没有明确的行政职务隶属关系。很多所谓的政务行为并不是对行政上级负责，而是对主人负责。对主人负责是出于下对上的忠心，而不是出于"公"心，所以具有个人性。不过，私盟载书与上述邦交、公务书牍在性质上仍有所不同，不同之处有二：第一，春秋时期的邦交、公务书牍已经在很大程度上脱离了泛仪礼框架，而春秋盟书（无论是公盟载书还是私盟载书）仍然直接服务于仪式，尚未脱离西周以来的泛仪礼框架；第二，如果说上述邦交、公务书牍书写具有个人性是礼法君主政制下的一种常态，那么私盟载书的个人性则是一种异态，它恰恰反映了礼法君主制的败坏，因为只有在君主（无论是周天子的君主，还是诸侯国君的君主）最高权威失落，礼法规则紊乱的情况下，贵族们才有可能通过私下结盟的方式来自行重新设定权力游戏的规则。

一般而言，无论是"公盟"，还是"私盟"，都是用于协调在等级名分上有相对平等（但不必是绝对相等）地位的各方的关系，通过达成各方均同意遵守的义务，并吁请神明鉴证，从而实现与盟各方的团结。刘勰《文心雕龙·祝盟》说："盟之大体，必序危机。"《左传·昭公三年》也说："有事而会，不协而盟。"可见，应对"不协"的危机是行盟的常见背景和动机。而之所以要以行盟的方式来应对危机，说到底还是因为在神权礼法君主制下，盟是一种内在于贵族礼法的处理不稳定局面、协调非正常关系的方式，这种方式本身就包含了权力之间的博弈，只是这种博弈在义神礼法制走向崩溃的春秋时期不可避免地加剧了。

至于大臣与家仆之间"达成守诺的条件"，严格说属于起誓，我们将在下文起誓辞部分加以讨论。

2. 盟书的书写者与书写方式

盟书的直接书写者一般认为是祝官。《周礼·春官·大祝》中说大祝作"六辞"，其四曰"会"，郑玄认为"会"是"会同盟誓之辞"。《周礼·春官·诅祝》则说诅祝"作盟诅之载辞，以叙国之信用，以质邦国之剂信"。贾公彦疏曰："作盟诅之载辞者，为要誓之辞，载之于策，人多无信，故为辞对神，要之使用信，故云以叙国之信用。"这样，大祝、诅祝似乎都与盟书的制作有关。

但《周礼·秋官》中又有"司盟"一职，亦与盟书书写直接相关，所谓"司盟掌盟载之法。凡邦国有疑会同，则掌其盟约之载及其礼仪，北面诏明神。既盟，则贰之"。郑玄注曰："载，盟辞也。盟者书其辞于策，杀牲取血，坎其牲，加书于上而埋之，谓之载书。"那么，大祝、诅祝以及司盟在制作盟书方面的职责有何区别呢？先谈谈大祝和诅祝在这方面的区别。《左传·定公四年》记载卫国太祝祝佗曾说："夫祝，社稷之常隶也。社稷不动，祝不出竟，官之制也。"也就是说按照祝官的职责本分，祝官一般不随公出境参加朝会之事。有学者据此认为太祝不司掌盟书载辞之事，并将此职司完全归于诅祝。①本文认为这个结论是可商榷的。第一，祝佗在此处所讲的官制规定，似乎并不是专门针对自己说的，而是针对所有祝官说的，如果大祝不出境参加会盟，诅祝亦不当出境。第二，祝官不出境参加会盟，盟书是否就无法制作了呢？并非如此，因为盟书完全可以由会盟举办地所在诸侯国的祝官来书写，国内之盟则无须出境。因此，不能以太祝通常不出境为由来否认太祝参与盟书制作的可能性。再说，按《左传》该处记载，祝佗实际上是跟从卫灵公出境了，并在盟会排序问题上为卫国争得了权益。此事说明，对太祝出境的限制是西周礼法旧制，而在"国"际形势日益复杂，而周礼旧制不断被突破的春秋时期，太祝随诸侯国君出境参加盟会当为常事。不过，太祝虽然很可能参与盟书制作，但从现有文献材料来看，盟书的直接书写者却大抵应是诅祝。因为《周礼》只说太祝作会辞，但没有明说太祝将之载之于策，而贾公彦的疏明确说：诅祝"为要誓之辞，载之于策"。由此，较为可能的情形应该是，太祝为盟书制作的负责人，诅祝作为太祝的属官，其职责之一是配合太祝作盟辞，包括在盟礼上祝号以及承担盟书的实际书写工作等。至于司盟，并不是盟书的起草人。祝官制作盟书的职责，在文献中可以找到直接证据，如《左传·哀公二十六年》讲宋国大尹准备与六卿相盟，"使祝为载书，六子在唐盂将盟之，祝襄以载书告皇非我"。②但司盟制作盟书之事却不见载于《左传》《国语》等

---

① 参见于薇：《周代祝官考辨》，《兰州学刊》2007 年第 5 期。

② 这里祝襄的身份到底是太祝还是诅祝呢？杜预的注只说"襄，祝名"，没有说明他是哪一种祝官。惠栋的《补注》在此处引《周礼》"诅祝，作盟诅之载辞"的说法，有学者据此认为："祝襄这类在盟会时负责盟书载辞的祝官就应当是诅祝。"（于薇：《周代祝官考辨》，《兰州学刊》2007 年第 5 期）这一判断未必可信。本文认为其实更可能是太祝，因为按《周礼》的说法，诅祝的级别很低，不过是下士，以如此低的身份不太可能与大尹这样的宠臣以及皇非我这样的高官直接沟通。所以，李梦生先生将此处"使祝为载书"的"祝"译为"太祝"是合乎情理的。（见李梦生：《左传译注》，上海古籍出版社，2004 年，第 1394 页）

文献。①《周礼·司盟》郑玄注只说"盟者书其辞于策"，并没有说"司盟""书其辞于策"，而《周礼·诅祝》贾公彦疏则明确讲："司盟直掌盟载之法，不掌祝号与载辞，故使诅祝掌之。""司盟"一职的主要职责，顾名思义，是充当会盟仪式的司仪。"司盟"也参与了盟书的书写，但不是参与制作盟书正本，而是在既盟之后抄写盟书副本，以授六官。需要指出的是，除了祝官之外，似乎有时也可以由史官书写盟书，如《左传·昭公元年》记载郑国公孙黑为避免被讨伐，强行参加六子私盟，"使大史书其名，且曰'七子'"。

不管是祝官，还是史官，都只充当盟书的执笔人，并非严格意义上的制作者，他们对于盟辞关键内容的拟定，基本上没有实际权力。这种书写在书写方式上介于记与作之间，但更倾向于记，类似今日秘书起草行政文书。不同之处在于，一般秘书只是凭其文字技术，而盟书之所以必须由祝史类官员来书写，乃是盟礼的规定。盟书是告神的仪式性文本，而祝史原本就有沟通神人的技艺，自然最适合充当书写者。祝史不能拟定盟辞关键内容，则是因会盟以及盟书越来越具有政务性，而随着官僚体制的发展，到春秋时期，神职事务已基本上与实际政务分离。盟辞的关键内容（如盟约部分）由主导会盟的一方或多方的最高掌权人（诸侯或实际掌权人）决定或协商决定，而协商往往是通过承担实际政务的高级贵族官僚来具体操作的。当然，这不是民主协商，而是权力的博弈。

盟书的书写并非一次性书写。《周礼·秋官·大司寇》云："凡邦之大盟约，莅其盟书，而登之于天府。大史、内史、司会及六官皆受其贰而藏之。"《周礼·秋官·司盟》也说："既盟，则贰之。"孙诒让《周礼正义》总结说："盖凡盟书，皆为数本，一本埋于坎，盟者各以一本归，而盟官复书其辞而藏之。其正本藏天府及司盟之府，副本又别授六官，以防遗失，备检勘，慎重之至也。"所谓"正本"盟书应是在会盟时使用的原本盟书，其中"埋于坎"的那一份无疑是用于告神的。其他正本盟书要由会盟各方带回，显然主要是因为盟书有"契约"文书的性质，故而订约各方需以之为凭证。至于副本的转录，则是为了存档。中国的档案保存制度在殷商时就已建立，《周礼》的上述记载未必可以完全坐实，但至少可以相信，到春秋时期，重要档案的保存要由多个职能部门（既有神职部门，也有政务部门）共同参与，这也从另一

---

① "司盟"一词曾出现在《左传·襄公十一年》："或间兹命，司慎、司盟，名山、名川，群神群祀，先王、先公，七姓十二国之祖，明神殛之，俾失其民，队命亡氏，踣其国家。"这是亳之盟盟书的"诅辞"部分。孔颖达正义曰："盟告诸神，而先称二司，知其是天神也。"现实的"司盟"职官名可能是由天神"司盟"而来。

个角度印证了盟书的双重性质。

从书写对象上说，春秋盟书既有告神的仪式性质，神灵无疑是盟书的首要书写对象。从上文所引亳之盟的盟书内容来看，作为见证和监察者的神灵可以是多种多样的，包括各路天神和祖灵，以及专司会盟的神灵，甚至可以"群神群祀"来统称，大抵当时人们所信奉的重要神灵均可被纳入其中。春秋盟书又有政务性或个人性，所以又是写给会盟各方看的契约文书。

3. 春秋盟书的物质载体

由于会盟仪式上一般有"歃血"程序，所以古今不少学者都认为盟书是用血写的，如孔颖达在《礼记》疏中说："盟之为法，……又取血，盛以玉敦，用血为盟书。"今人吴承学先生亦同此说。[①]但此说尚无出土文献为证。由于盟书与起誓辞相近，同称"载书"，所以二者所用物质材料可能相同或相似，而出土的侯马盟书（属于誓辞）"用毛笔书写，字迹一般为朱红色，少数黑墨色"，[②]并非血书。郭沫若指出：

> 以血书盟誓，这样做的缺点是不甚显著。看来，在战国时代或更早，血书便改用朱书代替了。古人有"丹书"，盖凡盟誓书以丹，后人犹沿用"书丹"这个词汇。[③]

盟誓者用血（或者其替代品）这样一种具有身体象征意义的材料来书写盟载之书（正本），当是为了突显书写本身的仪式感，从而传达出取信于神和人的至高诚意。不同类型的盟书所用的物质材料可能会有一定的等级区别，诸侯相盟所用盟书的器物形制应比卿大夫私盟所用的更加讲究。侯马、温县载书都是盟国人的起誓书，其所用材料的形制规格（见下文）可能大多不如盟书，因为参与会盟的人物都是卿大夫以上的高级贵族。盟书正本与副本的材料也不一样，副本应是简牍文献。

4. 春秋盟书的文体构成和书写策略

春秋盟书有固定格式，一般包括会盟日期、与盟成员、会盟缘起、盟约以及诅辞五个部分。[④]董芬芬《春秋辞令文体研究》一书对这五个部分都有所

---

① 参见吴承学：《先秦盟誓及其文化意蕴》，《文学评论》2001 年第 1 期。
② 吴承学：《先秦盟誓及其文化意蕴》，《文学评论》2001 年第 1 期。
③ 郭沫若《侯马盟书试探》，《文物》1966 年第 2 期。
④ 这五部分是按照董芬芬《春秋辞令文体研究》一书的划分，吕静的《春秋时期盟誓研究》则分为"序章""契约条款""附加条件式自我诅咒"三个部分。（参吕静：《春秋时期盟誓研究：神灵崇拜下的社会秩序再建构》，前揭，第 213-237页）吕静的描述没有区别盟书与起誓辞。

描述，此不赘述。①春秋盟书的书写策略，上文已有所涉及，这里再重点讨论以下几点：

第一，关于盟约。一般认为春秋会盟是一种契约活动，春秋盟书具有契约属性。②这样，盟约也就成为盟书的核心部分。本文认为，春秋盟书确有契约属性，但其与通常意义上的契约合同还是存在重要区别的。契约合同一般要分别规定各方的义务和权利，而在春秋盟书的盟约部分中，一般只规定共同承担的义务，很少涉及权利，即便规定权利，也是共同拥有的权利。不论是天子赐盟，还是诸侯相盟，抑或卿大夫私盟，一般都是如此，可举例证甚多，如《左传·襄公十年》记周平王赐骍旄之盟，盟约曰"世世无失职"；《左传·襄公十一年》记十三诸侯国亳之盟盟书的盟约部分为"凡我同盟，毋蕴年，毋壅利，毋保奸，毋留慝，救灾患，恤祸乱，同好恶，奖王室"；《左传·哀公二十六年》记宋国大夫空泽之盟和三族之盟，盟约分别为"无为公室不利"和"三族共政，无相害也"。春秋盟书为什么只规定共同的义务或权利？又为什么很少规定权利？只规定共同的义务或权利的原因在于：一般契约是为了在订约各方内部达成合作的协议，所以要彼此规定权利义务，实际上是约定交换条件，而盟的本意是结盟，是为了团结，而不是为了达成合作的交换条件，所以不论是义务还是权利，都是共同的。很少规定权利的原因有两个：一是有的义务规定本身包含了权利规定，如为他国"救灾患，恤祸乱"的义务同时包含了在发生灾患和祸乱时得到他国救恤的权利；二是受到周礼传统的影响，春秋盟书的盟约内容大部分都与维护礼法、遵守政治道德有关。由此也可见，与西周政制相配套的义神礼法意识形态在春秋时期仍有强势地位。

不过，春秋中后期的盟书中也出现了一些与半礼法君主政制的衰变相适应的因素，其中最为突出的一点就是主导会盟的霸主对其他参盟诸侯国的义务规定，这些义务对于盟主来讲当然就是权利。如前546年弭兵会盟的盟约规定"晋、楚之从，交相见也"（《左传·昭公四年》），这是实际主盟的晋楚双方达成的一致意见，也即双方共同遵守的义务和权利，但同时又是对参盟的其他诸侯国的强制性义务规定。《左传·襄公九年》记戏之盟，晋国士庄子单方面制定载书，规定"自今日既盟之后，郑国而不唯晋命是听，而或有异志者，有如此盟"，如此盟书几乎相当于诅书了。郑国公子騑据理力争，也单方面将盟辞改为"自今日既盟之后，郑国而不唯有礼与强可以庇民者是从，

---

① 详参董芬芬：《春秋辞令文体研究》，前揭，第11-23页。

② 可参王公山、马玉红：《先秦盟誓的契约属性及其文化意蕴》，《学术界》2008年第6期。其实，大多数论及先秦盟誓的论著都认为盟誓是契约活动。

而敢有异志者，亦如之"。盟誓时竟然出现不同版本的盟书，不能不说是一个特例，但有其现实原因和时代背景。现实原因在于郑国是求和的一方，自然不可能与晋国在真正平等的位置上结盟。时代背景则在于东周国家半君主政制的演变。霸主主导会盟是半君主政制运作的基本方式，到了春秋中期晚段，霸主诸侯国的政治野心增长，竞争也日益激烈，在政治活动中谋求自身实力壮大的意图明显超过维护封建礼法秩序的意图，于是，夹在晋楚之间的郑国成为霸主争竞的牺牲品。晋国制定的盟书是给郑国规定强制服从自己的义务，这虽然是借着盟主的名义，但完全是从自身利益出发来考虑的，郑国一方为了抗争而制作的盟书其实相当于起誓辞，因为它只涉及自己的义务，这也是不得已而为之。这种"要盟"显然不合西周以来的义神礼法观念，而这种礼法观念在春秋时期总体上说依然是居于主流地位的政治意识形态，所以，我们看到，当荀偃要求郑国方面更改载书，郑国公孙舍之可以"昭大神要言焉"来应对，甚至晋国方面也自觉理亏，知武子跟荀偃说："我实不德，而要人以盟，岂礼也哉！非礼，何以主盟？"最后晋国方面似乎也没有再计较郑国的盟辞。

　　第二，虽然盟约是盟书的核心部分，但在春秋盟书制定过程中，能够引起争议的不只是盟约部分，还有与盟成员的排序问题，排序问题既关乎名分，有时又关乎实际的政治利益。盟书署名排序之争一般出现在诸侯相盟的会盟中。春秋会盟时的次序排列之所以会形成争议，主要是因为排列原则不统一。春秋会盟时的排序原则大抵有以下四种：一是按照与周天子的亲疏地位关系，如姬姓国在前，异姓国在后；二是按照参盟国的实力和威望的强弱，如主盟国一般实力最强、威望最高，所以排第一；三是按照先祖的政治德行高低；四是按照惯例。造成这种不统一的根本原因还是在于周天子失去了控制会盟的实权，而霸主又无君主之名，这样一来，也就没有了确定和解释排列原则的最高权威。在实际运作中，由于既要顾及礼法，又要照顾现实，这些原则往往是被综合考虑、混合使用的，这无疑是一件十分麻烦的事情，①但也提供了理论和调整的博弈空间。例如齐桓公主持的葵丘之盟没有歃血程序，董芬芬认为是齐桓公故意取消了这个程序，因为按照周礼宗盟制度，姬姓国在前，异姓国在后只是针对歃血而言的，虽然歃血的次序就是盟书中的排名次序。齐桓公威望最高、实力最强，自然想排在首位，但又不愿意公然破坏宗盟制

---

① 如前 546 年晋楚弭兵之盟，晋楚双方为了争夺先歃的权利，差点大动干戈。当然，麻烦的不只是名次排序，相比于传统的赐盟，春秋时期会盟的整个过程都可能出现争议，所以子行敬子才会感慨："会同难，嘖有烦言，莫之治也。"（《左传·定公四年》）

度，于是想出了这么一个权变的办法。①又如《左传·定公四年》所记的召陵之盟，蔡国要排在卫国前面的理由是蔡叔是卫国始封君康叔的哥哥，这符合上述第一条原则，并得到了王室官员苌弘的认可。卫国太祝祝佗提出争议的理由则有两条，一是排序"尚德""非尚年"，二是践土之盟时卫国就排在蔡国前面。显然，祝佗是以第三和第四条原则来争辩的。而且，我们注意到，祝佗的争辩重点在第三条原则，即德性原则。在周礼设计中，德性原则和宗法原则原本是混合在一起的。祝佗的争辩实际上是从德性角度对周礼宗盟制度的原则进行了阐释，其直接目的固然是为卫国争利益，但也体现了春秋时期（广义上的）史官集团在新的政制条件和现实环境下维护义神礼法观念的话语策略。

第三，在春秋诸侯相盟的盟书中，不仅大部分盟约所规定的义务都与维护礼法、遵守政治道德有关，而且有时在盟书的会盟缘起部分也有明显的政教训诫意味，体现了春秋时期泛政教性书写的影响。比较典型的是《说苑·反质》中保存的一份晋文公主盟的盟书，其所记会盟缘起为："吾闻国之昏，不由声色，必由奸利。好乐声色者，淫也。贪奸者，惑也。夫淫惑之国，不亡必残。"这段话是作为盟主的晋文公对与盟诸侯的训诫，虽有后世文字加工的痕迹，但在思想观念和论述逻辑上都比较接近《逸周书》中所保存的春秋早期训诫性论说文。我们知道，《逸周书》中的春秋早期训诫论说文很可能是史官所作，而上文已述，史官虽然可能参与春秋盟书的制作，但盟书内容主要体现的是与盟者尤其是主盟者的意图。从居高临下的语体特点上说，这实际上是春秋霸主通过效仿周天子赐命诸侯时常用的权威话语模式，来替代性地履行周天子的君主权，而从对说理逻辑的讲究来说，这段话的表达方式近承春秋史官的话语策略。必须指出，这份盟书对说理逻辑的讲究并非特例，而是有一定普遍性的，如上文所引宛濮之盟盟约的结盟缘起部分亦有明显的说理特征。

第四，由于春秋盟书中的盟约多是对义务的规定，所以盟约之后加上诅辞，也就显得合乎叙述逻辑。诅辞部分的存在无疑是以宗教神灵信仰为依托的，但问题并不如此简单。尽管我们尚不能确知西周时期赐盟的盟书有无诅辞部分，但从文献中留存的只言片语中确实没有发现诅辞，盟书的诅辞部分有可能是在春秋盟书中才出现的。这当然不是因为西周时期神灵信仰不盛行，可能的原因有以下几点：一是西周时的赐盟有周天子的最高现实权威作保障，不必再吁请神灵施加背盟惩罚，而春秋时周天子君权沦落，即便是赐盟，也

① 董芬芬：《春秋辞令文体研究》，前揭，第15页。

徒有形式，因此诅辞的意义就突显出来。二是西周赐盟有较强的仪式性，盟约内容比较简单，如"世世子孙无相害"等，诅辞书写的必要性不大，而春秋盟誓的政务性功能增强，盟约内容大多与参盟各方的实际利益息息相关，因而盟约内容能否得到遵守也就成为关切的重点。三是诅辞的出现可能与神灵信仰的演变有关。诅辞的表达是盟誓者对神灵权威的确认，盟誓者以此体现其遵守盟约的决心。诅辞的流行可能恰恰反映了义神信仰的衰弱，因为盟约本身已有告神宣誓性质，在义神信仰有普遍威慑力的情况下，对神灵权威的确认其实是有点多余的。所以，徐师曾《文体明辨序说》曰："周衰，人鲜忠信，于是刑牲歃血，要质鬼神，而盟繁兴。"①应该说，由于义神信仰仍有较高的生命力，在春秋时期这种"要质鬼神"的方式对于提高盟誓的约束力确实有一定作用，但这种作用的力度在不断下降，渎盟食言的行为日益增多，盟书书写也就随之走向没落。渎盟食言的行为可分为两种情况，一种是对符合礼法的盟誓的违背，这种违背显然说明义神权威的衰弱；另一种是对本身不合道义礼法的要挟性盟誓的违背，如郑国多次违背与晋和楚的盟约，这种违背往往援引义神道义原则来反驳原先盟誓的合法性，如《左传·襄公九年》记郑与晋盟后不久，楚国来伐，郑大夫子驷准备与楚讲和，子孔、子蟜曰："与大国盟，口血未干而背之，可乎？"子驷、子展回答的一个理由就是"要盟无质，神弗临也，所临唯信。……明神不蠲要盟，背之可也"。但春秋中后期劫盟的增多也表明神灵信仰的变化，因为劫盟的实质是强权者利用鬼神来为自己服务，而只有功利性的鬼神才会被利用。功利性之神对于盟誓本身是否合乎道义礼法是不干预的，如果说这种鬼神还保留了一点道义原则，那就是对表面承诺的维护。也正因为鬼神还被普遍认为有惩罚违背承诺者的权威，所以要盟才有可能在特定时期流行，所签订的不平等条约能得到被要挟一方的心理承认（即便不算武力威胁的前提），所以，子驷、子展一方面说要盟可背，另一方面又说"盟誓之言，岂敢背之"（《左传·襄公九年》）。

对神灵正义性的怀疑，在盟书书写中也有所表现。上文已述，春秋会盟的动机大多是为了应对危机，即"不协而盟"，而不协的原因往往被笼统地归诸天意，如宛濮之盟盟书曰："天祸卫国，君臣不协，以及此忧也。"（《左传·僖公二十八年》）晋郑戏之盟时，郑国方面的盟书说："天祸郑国，使介居二大国之间。"（《左传·襄公九年》）……这反映了当时流行的天意赏罚不可测的观念。当然，归诸天意的写法本身也可以看作盟书的一种书写策略，它"免

去了许多不便表达之辞"。①

第五，春秋时还有一种相对特殊的国内之盟，即专门为被逐之臣设盟，这种盟的性质接近起誓辞。②《左传·襄公二十三年》记鲁国曾先后专门针对东门遂、叔孙侨如、臧孙纥设盟，都是为了"陈其罪恶，盟诸大夫以为戒"（《左传正义》）。其盟辞首段的格式都是"毋或如某某"加罪行。值得注意的是，这种盟辞的确定过程，尤其是"陈其罪恶"部分的确定，也是比较慎重的，不能违背基本事实，所以季孙宿为臧孙纥设盟时要征求掌恶臣的外史和子服惠伯的意见，最后按子服惠伯的提议定了一个"干国之纪，犯门斩关"的罪名。

（三）表忠与承诺：春秋时期的起誓书书写

起誓书③是与盟书十分类似的文类文体，古人常将"盟誓"合称，有时不加区别，但事实上两者既有密切联系也有基本的区别，所以徐师曾《文体明辨》既将两者放在同一栏目中，又通过将誓（即起誓书）别附于盟书之后的形式以示区别。

两者的相似之处在于：第一，盟书中包含誓的成分，从书写对象上说，盟书中的盟约和诅辞一般而言也是约束自己的，而且两者都具有告神性质；第二，起誓书和盟书的基本功能都是约信，在文本性质上往往兼有仪式性和政务性，有的则有个人性；第三，两者在书写的物质材料上很可能相同或相似；第四，起誓书一般包括日期、缘起、起誓者、誓约以及诅辞五个部分，④

---

① 董芬芬：《春秋辞令文体研究》，前揭，第17页。

②《周礼·秋官·司盟》有"盟万民之犯命者"的说法，董芬芬认为是"因某个'犯命者'而举行的万民之誓，就是'盟国人'，如郑国的伯有，侯马载书中的赵尨，温县载书中的'贼'，皆是当时的'犯命者'。要求万民与之划清界限，断绝任何往来"。（董芬芬：《春秋辞令文体研究》，前揭，第47页）这种情况与这里所说的为被逐之臣设盟十分相似。《周礼注疏》就用盟臧孙纥之事作为《周礼·司盟》的例证，但两者之间还是有区别的，这里是诸大夫之间盟，"盟万民之犯命者"则是"盟国人"，即掌权者要求国人质誓。

③ 这里用"起誓书"而不用"起誓辞"，是因为"起誓辞"也可以是口头形式的宣誓。本文所说的起誓活动不是个人行为，而是集体行为，有起誓者和主誓者，所以才有将起誓辞书面化以为约信凭证的必要性。《左传·隐公元年》所记的郑庄公之誓、《左传·宣公十七年》所记的郤克之誓、《左传·昭公三十一年》所记的鲁昭公之誓、《左传·定公三年》所记的蔡昭侯之誓等都是个人向神灵起誓决心做某事或不做某事，没有为他人负责的含义，所以这类誓的誓辞除非纯粹出于仪式需要，一般是不形诸书面的。

④ 起誓书一般包括日期、缘起、起誓者、誓约以及诅辞五个部分，其中，"缘起部分可有可无"。（参见董芬芬：《春秋辞令文体研究》，前揭，第57—62页）

其文体构成与盟书基本相似；第五，两者在体式和语体修辞效果的追求上都有"感激以立诚，切至以敷词"（《文心雕龙·祝盟》）的特点。

至于两者的区别，董芬芬的《春秋辞令文体研究》一书有所描述，归纳起来说大致有以下几点：第一，盟书约束所有与盟成员，而起誓书只约束起誓者自己；①第二，由于起誓书只约束起誓者自己，所以署名部分一般只有起誓者自己的名字；①第三，两者的措辞和套语有差别，如起誓辞所用"所不……，有如……"句型，不见于盟书，而且，多数起誓辞的内容是起誓者向主誓者表忠心，所以对言辞恳切的强调程度高于盟书，"可以反复强调，反复诅咒，这样似乎显得心诚意决，铿锵有力"；②第四，起誓书与盟书虽然都是为了约信，但盟书是地位相对平等的各方之间约信，而起誓书则适用于在上掌权者（即主誓者）与地位在下者（如国人）之间的约信。当会盟成为一种"劫盟"时，盟书的性质也就更接近起誓书了，如上文所引述的晋郑戏之盟的盟书。这实际上反映了权力关系的变化，因为在戏之盟中，晋郑已经不是在相对平等的地位上结盟，晋国将自己放在郑国的誓主的位置上了。

需要指出的是，起誓并不总是或者并不仅仅在于地位在下者向地位在上者表达忠诚之心。事实上，起誓作为一种约信活动，本身就有起誓者与主誓者之间达成彼此守诺条件的含义，只是主誓方对起誓方的承诺有时作为前提不在起誓辞中表达出来而已，但有时誓辞正是在上者向在下者做出的承诺，这种情况往往是在上者有求于在下者，如《左传·襄公二十三年》所记范宣子与其仆隶斐豹之间的誓，范宣子想让斐豹替他去杀督戎，斐豹提出焚丹书（丹书书其罪，是其为奴之证）的条件，范宣子起誓曰："而杀之，所不请于君焚丹书者，有如日！"③鲁庄公与党氏女孟任之间的"盟"（《左传·庄公三十二年》）、孟僖子与泉丘女之间的"盟"（《左传·昭公十一年》）其实质也都是在上者向在下者许诺的誓。前者是庄公许诺立孟任为夫人，当然前提是孟任答应嫁给庄公；后者是孟僖子向泉丘女许诺"无相弃"，前提是泉丘女必须

---

① 互誓的情形可能例外。

② 董芬芬：《春秋辞令文体研究》，前揭，第 61 页。侯马盟书委质类一五六：二〇号可作为这方面的典型例子，见山西省文物工作委员会编：《侯马盟书》，文物出版社，1976 年，第 38 页。

③ 值得注意的是，这个记载说明"丹书"（朱笔所写之书）的使用不限于盟誓载书或"前圣传心要典"。这里的"丹书"是书罪定斐豹为奴的凭证性文件。虽然斐豹是范宣子的仆隶，但这种文件的合法性是由诸侯国君认定的，所以，尽管此时国君可能已无实权，但在形式程序上，这种文件的取消仍然需要斐豹的直接主人（即范宣子）"请于君"。

"有子"。另一种情况是在上者与在下者互誓，也就是主誓者与起誓者的位置互换，这就接近盟了，如《左传·昭公十六年》所载郑国君主与郑国商人之间的世代盟誓，一般被归入盟，但《左传》明确说"恃此质誓"，可见应视为"誓"，而且应理解为互誓。誓辞曰："尔无我叛，我毋强贾，毋或匄夺。尔有利市宝贿，我勿与知。"（《左传·昭公十六年》）显然是上下达成彼此守诺的条件，这种约誓应属于《周礼·秋官·司约》中说的"治民之约"，具有政务性功能。

　　还有一种情况是双方达成彼此守诺的交换条件，但双方的地位是大致均等的，这就介于盟与誓之间了，或者说既是互誓，也可视为特殊形式的盟。如《左传·宣公十五年》所记楚国子反与宋国华元之间的"私盟"，孔颖达正义引服虔云："与华元私盟，许为退师，若孟任割臂与鲁庄公盟。"此"盟"是楚军主将子反私下许诺宋国大夫华元退兵，当然，交换条件是华元所说的宋国"唯命是听"，但子反与华元的地位差不多，都是大夫。此后楚与宋正式相盟，盟曰："我无尔诈，尔无我虞"，在称谓上不是用盟书常用的"凡我同盟"，而是区分你我，也有互誓的意味，尽管"诈"和"虞"的意思差不多。[①]这种情况实际上反映了春秋会盟的一个大趋势，即向互誓、约剂[②]性质方向发展，盟约内容从共同承担某些义务（尤其是道义性义务）逐渐转变为彼此规定权利和义务，即达成守诺的交换条件，就诸侯之间的会盟来说，也就是从"国际"公约逐渐演变为邦交条约。这种演变的基本背景正是东周从统一而不稳定的半君主制国家分裂为多个各自拥有独立主权的君主国家。[③]

　　关于春秋起誓书的物质材料，有出土文献为证的只有侯马和温县载书，[④]它们所用材质基本差不多。侯马载书都用毛笔书写，以朱红色为主，少数为

---

①　《左传正义》解释此盟约曰："楚不诈宋，宋不备楚。"按此解释，"诈"与"虞"的意思仍有细微区别。

②　《周礼·春官·大史》郑玄注曰："约剂，要盟之载辞及券书也。"

③　这当然不是说独立主权国家之间不可能订立国际公约，但国际公约的订立和维持如果仅仅依靠某些共同理念，而没有一个凌驾于国家之上的权威体制作为保障的话，其效力和稳定性都是比较有限的，因为主权国家总是以自身利益为本位来处理邦交关系。但这种权威体制本身又与国家的独立主权之间有着内在的冲突。做个并不恰当的类比，作为凌驾于各诸侯国之上的权威，春秋时期的周王朝有点像今日的联合国，但尽管当时周王朝已无君主实权，其作用力仍高于联合国，理由大致有二：一是义神礼法观念基本上还是各诸侯国共同认可的理念，而周天子名义上的存在对于义神礼法观念的维系有相当重要的作用；二是各诸侯国还没有将自己当作独立主权国家，因而不存在主权干预的正当性问题。

④　关于侯马载书和温县载书的年代尚无定论，主流意见有春秋后期和战国初期两说。

黑墨色，写在玉片或石片上，尺寸不一，有圭形也有璜形，石片多为泥质板岩，形体尚规整，有的薄如纸片，玉片除圭形的之外，其余大多像是制作玉器的剩余材料，呈不规则的块状和片状，大小一般不超过拳掌。[①]可见，"盟国人"所用起誓书的材料形制规格并不统一。这不难理解，因为"不同的材质，来自不同身份的人物"。[②]这也反映了起誓书书写与盟书书写的基本区别。在会盟活动中，由于与盟各方的等级身份相对平等，因而各方所保存的盟书材制规格应该是一致的，地位和话语权的差异在盟书中以更为隐蔽的方式传达出来（如与盟成员的排序、盟约的规定等），而不像"盟国人"的起誓书这样直接体现在物质载体上。

关于起誓书的书写者，从侯马和温县载书来看，有可能是起誓者本人，因为侯马和温县载书字体变化多样，不像是统一书写出来的。这也说明参盟者都是能够识字和书写的人，应该以受过教育的下层贵族（如士）居多。每次盟誓时众起誓者所宣读的起誓辞又基本相同，[③]这说明起誓辞的主题和内容是由主誓者决定的，起誓者参加盟誓的行为本身就表示他已经接受（不论是自愿还是受迫）主誓者规定的誓辞内容。不过，偶尔也有例外，如《左传·襄公二十五年》记崔杼、庆封盟国人于大宫，曰："所不与崔、庆者……"晏婴被迫参盟，但他临时改誓辞为："婴所不唯忠于君、利社稷者是与，有如上帝！"这种公然违抗誓主的行为差点惹来杀身之祸，需要极高的正义和勇敢德性。

春秋后期到战国初期"盟国人"起誓活动的频繁以及起誓书书写的兴盛，无疑有其政治历史背景。不少学者都注意到这一点，如吕静认为："盟国人"的出现说明"国人阶层作为可以左右国家政治的一支力量，登上了历史的舞台"。[④]不过，更多时候，国人阶层实际上是当时高级贵族之间争夺权力时拉拢、胁迫、利用的对象，[⑤]谁能够得到国人的支持，谁就等于得到了获胜的最大砝码。这种权力争夺是诸侯国内部政制重组的必然结果。到战国时期，当集权君主制成功建立，国人阶层被编入新的国家机器之中，也就不再能作为一个独立的力量发挥政治作用。

春秋后期虽然是起誓活动开始兴盛的时期，但起誓的取信功能其实也同时开始下降，特别是要挟性的誓的有效性遭到有识之士的质疑和否定。典型

---

① 参见山西省文物工作委员会：《侯马盟书》，前揭，第 11 页。
② 董芬芬：《春秋辞令文体研究》，前揭，第 47 页。
③ 如侯马载书 16 号坑第 3 号载书除一篇主誓者的"总序"外，其余 59 片基本同辞。（参见董芬芬：《春秋辞令文体研究》，前揭，第 58 页）
④ 吕静：《春秋时期盟誓研究：神灵崇拜下的社会秩序再建构》，前揭，第 285 页。
⑤ 详参李山：《先秦文化史讲义》，中华书局，2008 年，第 113-142 页。

的例子是《史记·孔子世家》所载孔子在蒲地受困时与蒲人的"盟"，此"盟"的实质是誓（或者互誓），即孔子必须起誓承诺不去卫国，蒲人才答应放孔子一行人离开。孔子没有履行自己的誓言，子贡曰："盟可负邪？"孔子曰："要盟也，神不听。"（《史记·孔子世家》）孔子通过解释义神道义原则来为自己的行为辩护，这与《左传·襄公九年》郑国子驷、子展所述背盟理由是一致的，只不过子驷、子展的表述仍然一般性地承认盟誓之言的有效性，因而从学理上说是有矛盾的，而孔子的解释则干脆彻底。

（四）从诅往过到诅将来：春秋时期的诅书书写

诅与盟、誓很容易混淆，而诅祝活动是否独立，或者说是否与会盟活动以及起誓活动有实质区别，是春秋诅书作为一种文类文体能否成立的前提。古人常常"盟诅""诅盟"连用，如《尚书·吕刑》曰："民兴胥渐，泯泯棼棼，罔中于信，以覆诅盟。"《周礼·诅祝》曰："（诅祝）作盟诅之载辞，以叙国之信用，以质邦国之剂信。"《周礼·司盟》云："有狱讼者，则使之盟诅。凡盟诅，各以其地域之众庶其共牲而致焉。"《诗经·小雅·何人斯》毛传曰："民不相信则盟诅之。"……这种连用使"盟"与"诅"的界限变得尤其模糊。这与"诅"一词在古代文献中的用法和解释不明确有关。"诅"的含义大抵有两种：一是与"盟"性质一致，只是所涉事小而已，如《周礼·诅祝》郑玄注曰："盟诅主于要誓，大事曰盟，小事曰诅。"孔颖达《毛诗正义》也说："盟大而诅小，盟、诅虽大小为异，皆杀牲歃血，告誓明神。后若背违，令神加其祸，使民畏而不敢犯。"既然诅是小盟，盟诅连用也就很自然，久而久之，"盟"与"诅"便互文见义，没有什么区别了；二是"诅"有"诅咒"之意，即求神降祸，这个含义也很早就出现，如《尚书·无逸》："民否则厥心违怨，否则厥口诅祝。"孔颖达疏曰："请神加殃谓之诅。"[1]《左传·昭公三十年》："民人痛病，夫妇皆诅，祝有益也，诅亦有损。"……这里的"诅"都不是盟之小者，而是诅咒。由于春秋盟辞（以及起誓辞）本身也包含了诅咒之辞，所以"诅咒"之意并不妨碍"盟"与"诅"以大包小的方式连用。此外，诅祝活动有时与盟、誓活动结合举行，[2]这也是使其容易与盟、誓相混淆的重要原因。

---

[1] 孔颖达实际上是将"诅"的这两个含义混在一起讲，如他在疏解《左传·隐公十一年》诅射颍考叔之事时说："诅者，盟之细，杀牲告神令加之殃咎疾射颍考叔者。"（《左传正义》）

[2] 如《左传·襄公十一年》载鲁国季武子要作三军，"乃盟诸僖闳，诅诸五父之衢"，盟之后随即举行诅祝，但诅祝仪式不一定要和盟会一同举行，《周礼·诅祝》贾公彦疏曰："诅者，诅往过，不因会而为之。"

　　具有独立意义的诅并不是作为盟之小者的诅，也不是盟、誓中所包含的诅，而是专门的诅祝仪式。董芬芬指出，诅祝活动与会盟活动以及起誓活动，不仅在仪式上有一定区别，而且在目的上也有实质的不同。盟会中的诅辞是用来约束所有参盟者，请求神灵降祸于参盟者中任何在将来违背盟约的人，起誓活动中的诅辞用来约束起誓者自己，即如果自己将来违背誓言就甘愿接受神灵的惩罚，而诅祝活动则是请求神灵降祸于被诅咒人，既不是针对诅咒者自己，也不是针对所有参诅者。①如《左传·隐公十一年》所记郑国士卒集体诅射颍考叔者，是请求神灵降祸给那个放冷箭射死颍考叔的人，这种诅往过的诅祝与盟、誓的区别比较明显，因为盟、誓都是盟将来。但诅祝也可以诅将来，从而也有取信的功能，如《左传》中记载的晋国诅无蓄群公子（《左传·宣公二年》）、鲁国季武子为作三军而举行的诅（《左传·襄公十一年》）、阳虎之大诅（《左传·定公四年》）等，实质上是强迫被诅者遵守盟约或誓言，或者是被诅者为了取信于人而自愿受诅。正因为诅祝可以诅将来，有取信功能，所以诅祝仪式可以配合盟、誓仪式举行。

　　春秋的诅祝仪式上是口头诅祝还是要使用载书（诅书）呢？《左传》中涉及诅祝的几条记载都没有明确谈到这一点。民间的不公开举行的诅祝应该是不用载书的，甚至可能没有什么仪式，如《尚书·无逸》："民否则厥心违怨，否则厥口诅祝。"明确说是口头诅咒。《左传·襄公十七年》所记筑者之讴包含了诅咒的意思，当然也是口头形式的诅辞。但春秋时期由官方公开举行的诅祝仪式应该是使用载书的。《周礼·司盟》中说司盟"掌盟载之法，……既盟，则贰之。盟万民之犯命者，诅其不信者，亦如之"，《周礼注疏》引诅射颍考叔者为证，说明郑玄、贾公彦都认为诅祝仪式上使用了载书，而且其副本的抄写、保管等程序都与会盟载书相同。也有出土文献方面的证据，如董芬芬认为侯马载书中一〇五坑出土的墨书文字不是起誓书，而是诅书，其内容是赵鞅集团为了拉拢和控制韩不信而对韩不信进行的诅祝，其所用句型是"所不（敢）……者，有如……"或者"所不（敢）……者，明神殛之"。②此外，《左传·襄公九年》晋郑之盟中晋国方面制作的载书在诅辞部分规定郑国无条件服从晋国，《左传·定公十年》齐鲁会盟时齐国方面擅自在载书诅辞中增加对鲁国的义务规定（即"齐师出竟而不以甲车三百乘从我者，有如此盟！"）如此诅辞并不符合盟书中的诅辞写法，而接近诅书中的诅辞写法，所以这类载书就具有介于盟书与诅书的性质。

---

① 参董芬芬：《春秋辞令文体研究》，前揭，第 75-77 页。
② 参董芬芬：《春秋辞令文体研究》，前揭，第 71-74 页。

　　《周礼·诅祝》贾公彦疏曰："盟者，盟将来，……诅者，诅往过。"按照上文的论述，这个说法认为诅只诅往过，不诅将来，显然并不确切，但换一个思路，此说有可能符合较早的情形，即诅祝原本可能确实只诅往过，不诅将来，也不与会盟同时举行，诅将来之诅是春秋时（尤其是春秋中后期）才流行起来的。诅往过之诅原先可能只是一种民间的个人性质的巫术，有的"纯属小集团或个人的隐蔽行为"，①在特定条件下，则会发展成下诅上的有规模的群体行为，这就可能产生在当权者看来十分危险的政治影响，所以《左传·襄公十七年》宋国子罕说："宋国区区，而有诅有祝，祸之本也。"由官方批准公开举行诅祝仪式（并使用诅书）大抵是后出的，其出现的具体时间尚待考证。诅由口头变为书面，由"私诅"变为"公诅"（即由君主授权和组织的诅），是一种重要的变化。尽管书面"公诅"难以取代口头"私诅"，但书面"公诅"的出现很可能是权力机制对下层群体行为的一种规制策略，也就是在不反对诅这种行为方式的同时使之必须经过权力许可才能获得合法性。②在此意义上，诅书也是作为诅的合法性凭证而得到书写的。这种规制策略的权力依据当然是在神权君主制下君主可以神意的天然合法代表自居。不过，这种驭民方式与春秋以来经过知识人群体阐发的以德义为原则的治国教民理念并不相合。诅祝（即便是官方公开举行的诅祝）盛行被认为是"失政刑"的乱世现象，如《左传·隐公十一年》引"君子"之言批评郑国诅射颍考叔者之事曰："失政刑矣。政以治民，刑以正邪。既无德政，又无威刑，是以及邪。邪而诅之，将而益矣。"这也说明，春秋以来，知识人的政教理念与现实权力运作逻辑之间的张力正在加大。从私诅到公诅，从官方的诅往过到官方的诅将来，大抵是诅祝在西周春秋时期的演变历程。如果说以诅射颍考叔者为代表的官方诅往过之诅是在君主（诸侯）的掌控之内，那么春秋时期与盟、誓相配合的官方诅将来之诅则往往是诸侯国内部贵族集团权力角逐的手段，如鲁国季武子为作三军而举行的诅，阳虎之大诅，都无视公室权威，实际上也可以视为"私诅"，只不过不是下层民人的私诅，而是贵族集团的私诅。这与春秋时期盟、誓的演变趋势是一致的。上文已述，春秋中后期的盟书逐渐演变为相互规定权利和义务的契约，有些甚至是赤裸裸的不平等条约，起誓书也往往成为强迫他人守信的手段，以诅祝仪式包括制作诅书进行胁迫或者互相胁迫只是再增加一种手段而已。与盟、誓一样，春秋时期的诅（以及诅书的书写）

---

① 张国硕：《试论商代的会盟誓诅制度》，《殷都学刊》1998 年第 4 期。

② 前人或谓郑庄公是为了袒护凶手子都而借诅祝以平息众怒，这个说法推究起来，事出蹊跷，并不可信。（详参晁福林：《春秋时期的"诅"及其社会影响》，《史学月刊》1995 年第 5 期）

在一定程度上发挥了替代政令刑法的功能，诅书也因而具有一定的政务性质。不过，由于诅有较浓厚的巫术色彩，在政教理性已经得到较大发展的春秋时期，其被认可度相对而言可能要小一些。

　　总的说，盟书、起誓书以及诅书可以视为仪式性文本下的一个次级文类的三种子类。事实上，它们在古人那里也往往被统称为"载书"。①它们的相似源于盟、誓、诅这三种仪式活动的相似。这三种仪式活动都是以约信或达成一致立场为基本目的，吁请神灵鉴证、监督或支持的活动，因此，这三种"书"就都是既写给神也写给人，它们的文体构成、物质载体乃至在仪式上的使用方式都颇多相似之处。这三种"书"的兴衰也有大致的同步性，②即从春秋后期到战国初期这段时间在一些诸侯国内部较为兴盛，但到战国初中期走向没落。这与政制演变的基本背景密切相关。春秋后期到战国初期是各主要诸侯国建立集权君主制的时期，而到战国初中期，这种新的政制已基本建构完成。这一时期盟、誓、诅及其载书书写，总体上反映了新的政制建构过程中贵族统治阶层内部复杂、激烈的权力斗争。集权君主政制建构起来以后，贵族阶层的力量严重削弱，职业官僚体系和政令司法制度不断完备，新的社会政治指令是以集权君主为主导尽可能整合国家资源使之向战争机器方向演变，这样一来，以盟、誓、诅及其载书书写来代替政令刑法显然不合时宜，盟、誓、诅本身也失去了社会基础。③在国际关系方面，各国集权君主政制形成之后，作为邦交活动的盟誓以及邦交契约的书写仍然长期存在，但其中神权因素的作用进一步弱化，盟约能否得以维持几乎完全倚靠各方是否达成现实政治利益的某种平衡。

（五）不太功利的功利性：春秋时期的策祝文书写

　　《周礼·大祝》有"大祝"掌"六祝""六祈"以及"六辞"之说。六祝："一曰顺祝，二曰年祝，三曰吉祝，四曰化祝，五曰瑞祝，六曰策祝。"六祈："一曰类，二曰造，三曰禬，四曰禜，五曰攻，六曰说。"六辞："一曰祠，二曰命，三曰诰，四曰会，五曰祷，六曰诔。"先说六辞。六辞与六祝及六祈是

---

① 吕静认为，"载书"之"载"是袭用了商朝王室祭祀先公、先妣的礼仪系谱之名，也就是盟誓活动中的祭祀仪式被称为"载"，故而在此类仪式上所用的文书就被叫作"载书"。（参见吕静：《春秋时期盟誓研究：神灵崇拜下的社会秩序再建构》，前揭，第187-195页）所以，我们不妨将这一次级文类称为"载书"类。

② 当然，并不是完全同步。各种具体形态的盟、誓、诅书也有各自的兴衰期。

③ 当然，民间的诅祝与民间的盟、誓一样，在普遍崇信鬼神的古代社会，一直有其生存的空间。

有基本区别的。孙诒让《周礼正义》曰："'作六辞以通上下亲疏远近'，此以生人通辞为文，与上六祝六祈主鬼神示言者异。"①孙诒让的思路十分正确，只是"以生人通辞为文"的说法需要进一步界定为政务性通辞，而不是一般性地与生人通辞。孙诒让同时也指出，六祝之辞和六祈都是"主鬼神示言"。《周礼·大祝》说得很明确："六祝之辞，以事鬼神示，祈福祥，求永贞。"贾公彦疏曰："此六辞，皆是祈祷之事，皆有辞说以告神，故云六祝之辞。"至于六祈，郑玄注曰："祈，嘄也。谓为有灾变，号呼告神以求福。"可见，六祈和六祝之辞的性质差不多，"皆是祈祷之事"，②都是向神求告之辞，希望神灵赐予福祉。但这些告神之辞，除了策祝之外，大多只是口头祝祷，其内容多属于套语陈辞，口耳相传。当然，套语陈辞多了之后，也可能书于简策，作为范本③，但只是为了便于记忆和传承，不会在仪式上使用文本的物质载体。上文已述，策祝之所以要书于典策，与策祝所涉之事的特殊性和重要性有关。

从西周到春秋，策祝的功能指向可能发生了细微的变化。西周时期的策祝，如《逸周书·克殷》所记的"尹逸策祝"和《尚书·洛诰》所记的"作册逸祝册"，都不是求神赐福于己以解决某种问题，前者主要是传达天帝神意，后者则是向祖先神禀告某项决策，或亦有请求批准之意。《尚书·金縢》中的周公祷病虽然属于"远罪疾"的策祝，但周公是以身代武王而祷，并非求神赐福于己。这说明，西周策祝更注重神人沟通，更强调对神灵的尊奉，而不专为求福祈助佑。到春秋时期，纯粹的告神可能为史官编年记事书写所取代（见下文讨论），而策祝则专以求神助佑为务，从而呈现出更明显的现实功利特征。这反映了春秋时期宗教观念的总体趋向，神灵的德性正在发生动摇，有重新变回功利神的趋势，唯其如此，神灵才能成为利用的对象。不过，与战国时期相比，春秋时期还只能算是这种转变的初步阶段。

春秋时期较常见的策祝可能是祷战策祝和祷病策祝。《左传·襄公十八年》和《左传·哀公二年》记录了两篇春秋时期的策祝文，分别是晋国荀偃的《祷河》策祝和卫公子蒯聩的《战祷》策祝，都属于祷战策祝。《祷河》策祝如下：

---

① 孙诒让的这个说法与《周礼注疏》中贾公彦所指出的郑玄的看法基本一致，即"此六辞，皆为生人作辞，无为死者之事"。

② 至于两者的区别，贾公彦疏认为，六祝之辞是"鬼神虽和同，为事祷请"，六祈则是"为百神不和同，即六疠作见，而为祈祷，故云同鬼神祇"，"是以别见其文"。罗家湘有另一种说法，认为六祝之辞"重在言辞的内容层面"，而六祈"重在呼请的对象层面"（罗家湘：《先秦文学制度研究》，前揭，第158-159页），可备为一说。

③ 如后世礼书中记有不少常规祝嘏辞。

晋侯伐齐，将济河。献子以朱丝系玉二瑴，而祷曰："齐环怙恃其险，负其众庶，弃好背盟，陵虐神主。曾臣彪将率诸侯以讨焉，其官臣偃实先后之。苟捷有功，无作神羞，官臣偃无敢复济。唯尔有神裁之！"沈玉而济。

《战祷》策祝如下：

卫大子祷曰："曾孙蒯聩敢昭告皇祖文王、烈祖康叔、文祖襄公：郑胜乱从，晋午在难，不能治乱，使鞅讨之。蒯聩不敢自佚，备持矛焉。敢告无绝筋，无折骨，无面伤，以集大事，无作三祖羞。大命不敢请，佩玉不敢爱。"

这两篇春秋祷战策祝文可以看出春秋祷战策祝文文体构成的一些特点。[①]先历数敌方罪行，再向神灵祈求佑助，希望克敌制胜，应该是祷战策祝文的基本写法。这种书写策略显然运用了义神信仰观念。到战国时期，政治家们早已不再真心相信神灵会主持正义的赏罚，但这种书写策略仍然保留下来。这方面可以宋代出土的秦国《诅楚文》为例。[②]《诅楚文》的基本结构与上述荀偃之祷无根本区别，但篇幅增加了数倍，修辞力度进一步加强，不惜以夸大之辞极力渲染敌方的罪恶，极力突出己方的正义性，所以虽然看起来写得文采激扬，但却遭到后人嘲讽甚至被疑为伪作。《诅楚文》的真实性没有必要过多怀疑，不过，《诅楚文》与春秋祷战策祝文所反映出来的东西确实有所不同，不能一概而论。一般来说，欺神本无必要，除非这种欺骗能达成别的政治目的。《诅楚文》文辞欺神实际上是因为其文本性质已不完全是仪式性的，而更具有政务性了。它表面上是为了求神，实际上可能主要是写给人看（或读给人听）的，其文体构成虽然与誓师辞有一定区别，但政治功能已经与誓师辞相类似了。再回过来看上引春秋时期那两篇祷战策祝文，不难发现，其文辞虽然简练，但更加真诚恳切，尤其是蒯聩的《战祷》，如果不是真心相信神灵能护佑他，断不会说出"敢告无绝筋，无折骨，无面伤"这样容易遭人耻笑的话来。所以，春秋时的祷战策祝文仍是比较纯粹的仪式性文本，其书写对象是神而不是人。同时，上述分析也表明，义神礼法观念也不仅仅是被策祝文书写者利用的工具，而是仍然在相当大程度上被真诚相信的，从这个意义上说，春秋时期策祝文的书写虽然有功利性的基本面相，但又不是赤裸

---

① 关于这些特点，可详参董芬芬：《先秦的策祝仪式及文体特点——兼谈对〈左传〉中两篇祝辞的看法》，《闽江学刊》2009年第3期。此不赘述。

② 关于《诅楚文》的文体性质有一定争议，本文认同董芬芬的分析，即《诅楚文》属于祷战策祝文。（参见董芬芬：《春秋辞令文体研究》，前揭，第80-86页）《诅楚文》的释文可参见郭沫若：《石鼓文研究·诅楚文考释》，科学出版社，1982年。

裸功利性的。通过比较春秋和战国的祷战策祝文，我们可以说，祷战策祝文的演变趋势是从仪式性文本转向兼有仪式性和政务性，这与盟书的演变趋势基本一致，只是盟书的这种转向大抵始于两周之际，而祷战策祝文大抵始于战国。不过，按照策祝文本身的文体性质规定，它就是以告神求福为指向的，让它承担政务性功能无疑违背了它本身的文本规定，使它与誓师辞之类文本相混。这大抵是祷战策祝文走向没落的主要原因。

至于祷病策祝，《左传》等文献所载春秋时期诸侯祷病之事颇常见，可惜策祝之辞未存，目前可见先秦祷病策祝文除了《尚书·金縢》所记周公祷病策祝之外，就是出土的战国时期秦骃祷病玉版。但周公祷病是为成王，属于为公而祷，秦骃（李学勤先生认为是秦惠文王）祷病则是为自己，属于为私而祷。春秋时期的大部分祷病策祝也是诸侯派祝史为自己而祷，如《左传·昭公二十年》载齐侯因祝史祷病不力而欲杀祝史，因此，春秋时期的祷病策祝大抵应接近于战国时的祷病策祝。与《诅楚文》的欺神不同，祷病策祝文不是写给别人看的，没有政务功能，事关切身安危，所以言辞十分虔敬，求告者显得极其真诚地相信神灵的能力。表示悔罪之心大抵是祷病策祝文的一个基本内容，因为流行的观念相信生病是得罪神灵造成的。秦骃祷病玉版所说获罪之事，一是祭祀可能有不能令神灵满意之处，二是过去的亏心隐私。整篇策祝文唯一与道义相关的就是这第二件事情，但这部分所占篇幅比例不大，而且正如李学勤先生所说，这部分的语言恰恰"比较隐晦"。①从其他内容来看，尤其是从向神许以重礼来看，在秦骃的心目中，其所祷之神基本上已转化为功利神。春秋时的祷病情形，虽然可能接近战国策祝，但应该也有不同之处，如《左传·昭公二十年》齐景公因祷病之事欲杀祝史，遭到了晏婴的反对，晏子的劝告大体上是按照义神礼法观念阐释了解罪去病的方法。他指出，如果国君自己"暴虐淫从，肆行非度无所还忌，不思谤讟，不惮鬼神"，就会导致"神怒民痛"，如果再要求祝史"盖失数美"，那就更是欺诈轻慢鬼神，不论是祝史还是国家都不会有好下场。晏子虽然没有明说齐侯之病是因失政德而起，但"鬼神不飨其国以祸之"已经包含了这层意思，对此，齐景公也是听懂了的，所以他依从晏子的修德建议，"使有司宽政，毁关，去禁，薄敛，已责"。虽然《左传》没有保存齐景公祷病策祝的文辞，但可以想见，景公的观念变化应该会在其祷病策祝中体现出来。

从春秋到战国，祷病策祝文大抵是从仪式性文本向私人性文本（即私人

---

① 李学勤认为此亏心之事是杀商鞅。（参见李学勤：《秦玉牍索隐》，《故宫博物院院刊》2000 年第 2 期）

性的仪式文本）转变。诸侯为自己祷病已有私人化意味，但仍要经由祝史职官来代祷，这是因为在君主制下，国君之私事也被纳入国事范畴。不过，在春秋时期，祷病可能已不是国君的专利，一些有私家祝史的贵族权臣或许也可以享受这种待遇。此外，春秋时期，民间的私人祷病应该也已盛行，如《论语·述而》记载了子路想为孔子祷病而被孔子婉拒之事："子疾病，子路请祷。子曰：'有诸？'子路对曰：'有之。《诔》曰："祷尔于上下神祇。"'子曰：'丘之祷久矣。'"当然，制作和书写策祝文是贵族政治下的一种职官行为，是专为高级贵族服务的，民间的祷病祝辞一般不会形诸书面。

　　虽然《周礼·大祝》说大祝是策祝辞的制作者，但策祝文的书写者是史官，而不是祝官。从文献中西周早期的策祝记载来看，史官也可以参与策祝辞的制作，甚至宣读祝文。不管负责制作策祝辞的是史官还是祝官，策祝辞的内容都是由祭主授意和决定的，这在春秋时期与在西周时期大抵没有什么区别。①

　　策祝文原本可能是书于竹木简策上的，但后来对物质载体的要求似乎有上升趋势，书写的程序也可能变得更为复杂。秦骃祷病策祝文就是写于贵重的玉璋之上，按一定的规格制成，而且要制作多份，大部分文字采用朱书，也有的用墨书，文字排列亦有讲究。②这些不仅反映了策祝文书写的郑重性（事关主上安危，故需特别郑重），同时也突出体现了对书写技术要求的提高，或者说郑重性落实在了对书写技术的越来越高的要求上。这是因为流行的观念认为只有通过特定的仪式技术（用于仪式的书写技术是仪式技术的一部分）才能使策祝的祈愿上达天听、感动神灵。上文所述盟、誓、诅仪式上的载书要由祝史来制作（尽管他们不能决定载书文本的关键内容），也是因为他们是通神的仪式技术的拥有者。仪式技术（以及仪式书写技术）要求的复杂化与神灵从道义神向功利神转变的程度越来越大是一致的，同时也意味着祝史类官员的职业化程度越来越高，而德性政教的精神话语权却越来越弱。

　　此外，需要注意的是，策祝活动容易与《周礼·大祝》"六辞"中的"祷"相混。南宋陈骙《文则》列举了《左传》八种文体，其四曰"祷"，陈骙为"祷"所举的例子正是上引蒯聩的《战祷》以及荀偃的《祷河》。将这两篇策祝文称

---

① 实际上，《左传》等文献中所记载的春秋时期策祝活动都没有明确提到制作者或书写者，所以也只能根据文献零星记载的西周时期策祝的情况来推测。

② 详参李零：《秦骃祷病玉版的研究》《中国方术续考》，中华书局，2006 年，第343-345 页。董芬芬认为，"祷祀同一个神灵，也可以制作多份策祝"，如果祷祀的神灵不同，就"要根据祷祀的神灵分别制作"。（参见董芬芬：《春秋辞令文体研究》，前揭，第 117 页）

为"祷"固然没有问题，但是否是《周礼》"六辞"中的"祷"呢？"祷"是一种比较宽泛的说法，凡是祈告之言都是祷，六祝之辞、六祈以及六辞都可能称为"祷"。与六祝之辞和六祈不同，六辞虽然兼涉神事，但主要是"与生人通辞"，因而是带有现实政务功能（或者说兼有仪式性和政务性）的言说形式。因此，虽然《周礼注疏》中郑司农将六辞中的"祷"解释为"祷于天地、社稷、宗庙，主为其辞也"，并举蒯聩之祷为例，但引述了郑司农的郑玄并不认同此解，而是解为"贺庆言福祚之辞"，以"破先郑祷鬼神之事"。①

策祝之外的祝告辞虽然一般不会被书于专用简策并在祝告仪式上宣读，但有些重要的祝告辞也会被记录下来，甚至转而被铸刻为彝器铭文，如秦公簋铭文就是秦公（一般认为是春秋中后期的秦景公）在宜祭仪式上的祝告辞。这篇祝告辞大抵包括三部分内容，先从颂扬秦国先祖说起，然后说要遵循先祖德行，选贤任能，安邦定国，最后表示要虔诚祭祀先祖并祈求先祖保佑国运昌盛、君位永固。全文的主体部分是秦公表达自己的宏图伟志，不过落脚点仍是求告祖灵赐福。文首的"秦公曰"三字和文末的"宜"表明这篇祝告辞也是以记录方式被书写下来的，记录者大抵也是祝史类官员。

（六）从累德到写哀：春秋时期的诔文书写

诔也是《周礼·大祝》大祝所作"六辞"之一。《周礼注疏》郑玄注引郑司农曰："诔，谓积累生时德行，以锡之命，主为其辞也。"《墨子·鲁问》曰："诔者，道死人之志也。"②读诔与定谥是结合在一起的，都是高级贵族丧礼的

---

① 郑玄所举的例证是《礼记·檀弓下》中所记贺晋赵文子成室一事："晋献文子成室，晋大夫发焉。张老曰：'美哉，轮焉！美哉，奂焉！歌于斯，哭于斯，聚国族于斯！'文子曰：'武也，得歌于斯，哭于斯，聚国族于斯，是全要领以从先大夫于九京也！'北面再拜稽首。君子谓之善颂善祷。"不过，如果六辞中的"祷"为大祝所作，那么，这里的"祷"就不是晋大夫张老的贺辞，也不是赵文子的自祷，而是大祝代晋君所作的贺庆之辞，其辞《礼记·檀弓》未录。所以，郑玄（以及孔颖达）将"晋献文子成室"解释为晋君贺文子成室。这个解释未必正确，但正如贾公彦疏所言，"北面再拜稽首"一语说明"时晋君在焉""北面向君拜，故曰稽首"。（见《礼记正义》《周礼注疏》）

② 值得注意的是，贾公彦在疏《周礼·大祝》时举子路请为孔子祷病时引《诔》之事为例说："生人有疾亦诔，列生时德行而为辞。"贾氏似乎认为诔也可以是祷病之祝，与其他类型的祷病之祝大抵区别在于其内容以列德行为主。但贾氏的证据并不很充分，故此说是否可信，仍需存疑。贾氏提出这个说法主要是因为他认为郑玄主张六辞"皆为生人作辞，无为死者之事"，进而欲圆郑玄的这个看法。但"为生人作辞"其实不必作绝对化和狭义的理解，诔文既为死者而作，同时也是写给死者亲族等生者的。

重要组成部分,《文心雕龙·诔碑》曰:"读诔定谥,其节文大矣。"《周礼·大史》曰:"大丧,执法以莅劝防;遣之日,读诔。凡丧事考焉。小丧,赐谥。"《周礼·小史》也说:"卿大夫之丧,赐谥,读诔。"

诔文的出现是由诔谥制度决定的。一般来说,西周春秋时期制诔的直接目的是为定谥提供依据。《周礼注疏》明确说:"谥法依诔为之。"《左传·襄公十三年》记楚大夫为楚共王议谥:"子囊曰:'君命以共,若之何毁之?赫赫楚国,而君临之,抚有蛮夷,奄征南海,以属诸夏,而知其过,可不谓共乎?请谥之'共'。大夫从之。"董芬芬认为《左传》所记子囊的这段话"总结了楚共王一生最重要的善行以制谥",所以其出处有可能是楚共王的诔文。①《礼记·檀弓下》记卫灵公为公叔文子定谥之事:

公叔文子卒,其子戍请谥于君。……君曰:"昔者卫国凶饥,夫子为粥与国之饿者,是不亦惠乎!昔者卫国有难,夫子以其死卫寡人,不亦贞乎!夫子听卫国之政,修其班制,以与四邻交,卫国之社稷不辱,不亦文乎!故谓夫子贞惠文子。"

卫灵公这段话比较详细地解说了为公叔文子定谥为贞惠文子的根据,其原始文本也可能是诔文。诔既是为定谥而作,其出现时间应在谥法形成,甚至是谥法较成熟之后。一般认为,谥法出现在西周时期,到西周中后期发展成熟,因此,诔文的出现大抵在西周后期。

按照周礼诔谥制度,一般来说,制诔之前一般先由死者之子或臣属向君主(名义上的诔文作者)请谥,君主(以及礼官)为死者议定谥号,同时授意大祝(或其他官员)制作诔文,最后派史官在葬礼上宣读诔文并宣布谥号。当然,针对不同级别的死者,为了体现这种等级的不同,在仪式安排的细节上会有一些差异。②从书写者与书写对象的关系来看,前战国时代的诔文很显然是上对下(即君对臣)的书写。这种书写的位置关系是很明确的。《文心雕龙·诔碑》曰:"贱不诔贵,幼不诔长。其在万乘,则称天以诔之。"《礼记·曾子问》曰:"贱不诔贵,幼不诔长,礼也。唯天子称天以诔之,诸侯相诔,非礼也。"《谷梁传·桓公十八年》范宁注曰:"天子崩,称天以谥之;诸侯薨,天子谥之;卿大夫卒,受谥于其君。"所谓"贱不诔贵,幼不诔长",大抵反映的是春秋末以后的情况,在春秋后期之前,从《左传》等文献中对制诔事件的记载来看,"贱不诔贵,幼不诔长"还是比较宽泛的规定,诔大抵只限于君主对贵族重臣的诔。诸侯国内的贵族官员去世,由诸侯国君主赐诔谥。诸

---

① 参董芬芬:《春秋辞令文体研究》,前揭,第128页。
② 关于春秋时期谥制,详参董常保:《春秋谥制探析》,《文艺评论》2012年第5期。

侯或王廷的贵族官员去世，则由周王赐诔谥。周天子去世，虽由天子臣属拟定诔谥，但须"称天以诔之""称天以谥之"，也就是说，天是名义上的作者，所以，"为天子作谥之时于南郊告天，示若有天命然，不敢自专"（《礼记正义》孔颖达疏）。春秋时期，随着周天子仪式权威的削弱（即作为东周国家君主之名的逐步丧失），一些诸侯去世，其臣属已经不请周王赐诔谥，叶梦得《春秋考》（卷二）曰："周衰，诸侯强，死皆不请谥于天子而僭公。"①如楚成王的谥号由穆王和大臣所定（见《左传·文公元年》），楚共王的谥由楚国大夫所定，鲁昭公的谥号由鲁国大夫所定（见《左传·定公元年》），诸侯向周天子请谥之礼大抵在春秋中后期先后被各诸侯国废除，诔谥相伴随，诸侯不请谥，周天子自然也不会赐诔。

　　诔谥制度原本只针对高级贵族，士阶层无谥亦无诔，《文心雕龙·诔碑》曰："周虽有诔，未及于士；……自鲁庄战乘丘，始及于士。"《礼记·檀弓上》记载了鲁庄公诔县贲父一事，孙希旦《礼记集解》曰："贲父，士也，不当有谥，庄公以其捐躯赴敌，虽无谥而特为之诔，故士之有诔自此始。"②国君为士作诔在春秋前期应该并不普遍，文献中仅此一例而已。不过，此事意义不可小觑，因为它意味着"诔文第一次脱离制谥的目的而独立存在"，"这是对传统诔谥制的重大突破"。③

　　有学者认为，到两汉之际扬雄作《元后诔》时，诔辞才从丧葬仪式上的口头诵说转变为书面写作。④明确提到诔辞书于策的文献确实较晚出现，大抵是东汉蔡邕的《独断》（即《独断》中的"其诸侯王三公之薨于位者，亦以策书诔谥其行而赐之"）。不过，如果诔辞源于铭文，那么诔辞很可能一开始就形诸简策了，因为铭本身是书面的。而且，诔辞与上文讲到的策祝辞一样有其特殊性和重要性，因而有形诸简策的必要。诔辞有特殊性是因为诔辞制作需一人一诔，不能完全使用陈词套语，诔辞有重要性是因为所诔的死者一般是高级贵族，诔辞要在高级贵族的丧礼上宣读，传达君主的恩宠之意，彰显死者的家族荣耀，是维持礼法君主制下权力关系和等级秩序的重要手段，所以说"其节文大矣"（《文心雕龙·诔碑》）。董芬芬也指出："诔不是随便即兴

①〔宋〕叶梦得《春秋考》（卷二），《文渊阁四库全书·经部》第 149 册，第 269
　　页。
②〔清〕孙希旦：《礼记集解》，中华书局，1989 年，第 177 页。
③董芬芬：《春秋辞令文体研究》，前揭，第 129 页。
④黄金明：《从谥诔到诔文：论古代诔文体式的形成》，《漳州师范学院学报》（哲
　　学社会科学版）2003 年第 4 期。

口诵的辞令，而是书之于策用来宣读的丧葬应用文体。"①谏辞既然是可"读"的，自然要先书于策。

西周谏文没有保存下来，春秋时期的谏文也没有完整留存某个单篇，只有《左传》《礼记》等文献中的一些不完整的转录或转引，②故而据此来判断西周以及春秋谏文的文体构成比较困难。后世的谏文一般有文序部分，但文序是为了阅读而作的文章才有的部分，不适合宣读，应该是后出的内容。早期谏文可能已有叙世系部分，因为叙世系的功能指向与述功德是一致的，吴讷也说："大抵谏则多叙世业。"③述谏主功德应该是谏文最早最核心的内容，所谓"谏者，累也"（《文心雕龙·谏碑》)，在刘勰看来，"累其德行"正是谏文的题中之义，"累其德行"是达到"旌之不朽"的书写目的的基本书写策略。从《左传》等文献转述的春秋谏文来看，其中述德部分所述之德都是政治德行，如楚共王之谏、公叔文子之谏等都列举了谏主一生中最显著的政功事迹。谏文的这一内容规定与对谏主的身份规定是相搭配的，即谏主必须是事功型人物，鲁庄公所谏之县贲父虽然不是高级贵族，但至少也符合事功人物这一基本要求。西周春秋谏文述德部分的另一个书写要求是文实大体相符。童书业先生指出："西周中叶以来，列国君臣以至周天子谥号，多与其人之德行、事业以至考终与否大略相当。"④从《左传·襄公十三年》所记楚共王命大夫为自己定恶谥一事来看，童先生所言不虚。既然谥号是据实而定，那么为制谥提供具体书面根据的谏文自然也得据实而书。不过，据实而书是比较宽泛的要求，在书写时仍有较大的调节空间。没有证据能证明西周春秋谏文中述德部分的书写可以实到进行严厉批判的程度，至多只是委婉的批评而已，如楚共王之谏提到"知其过"，委婉指出其有过。因此，据实而书总的来说应是以表彰为主，言之有据，不随意虚美。这是与充斥抽象溢美之词的汉谏不同的。谏文的写哀部分，大抵出现在春秋时期。最明显的例子是鲁哀公谏孔子，

① 董芬芬：《春秋辞令文体研究》，前揭，第127页。
② 主要有《左传·襄公十三年》楚共王之谏，《礼记·檀弓下》卫灵公谏公叔文子，《左传·昭公七年》周景王谏卫襄公，《左传·哀公三年》鲁哀公谏孔子等，除了孔子之谏外，其他几处记载的原始出处是否是谏文还不能完全确定，不管怎样，这些记载应该都没有完整存录原始谏文。有人认为孔子之谏是全文，如徐师曾说："仲尼有诔而无谥，故其辞独略。"（吴讷、徐师曾：《文章辨体序说·文体明辨序说》，前揭，第53页）董芬芬则指出，《左传》所记哀公谏孔子之文也只是节录，因为"称其德行，是谏文不能避免的内容"。（董芬芬：《春秋辞令文体研究》，前揭，第130页）甚是。
③ 吴讷、徐师曾：《文章辨体序说·文体明辨序说》，前揭，第54页。
④ 童书业：《春秋左传研究》，上海人民出版社，1980年，第382页。

文曰："旻天不吊，不慭遗一老。俾屏余一人以在位，茕茕余在疚。呜呼哀哉尼父！无自律。"（《左传·哀公十六年》）此诔哀悼之心溢于言表，刘勰说："观其'慭遗'之辞，'呜呼'之叹，虽非睿作，古式存焉。"（《文心雕龙·诔碑》）寓哀部分的出现与春秋时期周礼诔谥制度的松动（即为制谥服务的功能趋向弱化）以及所诔对象身份范围的扩大（即扩大到士阶层）有关。如果单纯以制谥为目的，是不需要太多抒情因素的。不过，写哀内容出现之后也会自然影响到以制谥为目的的诔文。总体来说，在整个先秦两汉时期，诔文的写哀内容主要仍是"为了突出诔主之德"，到魏晋时期，"由于作者和诔主的关系的私人化，诔文抒情色彩明显增强"。①陈恩维先生注意到诔文写哀部分中我向思维与他向思维的区别。我向思维即"是从'我'的角度来写"，如鲁哀公诔孔子，是"从'我'的角度落笔来写孔子逝世给他造成的心理冲击"。他认为，汉代诔文多承《柳下惠诔》的做法采用他向思维，这种思维强调的是"群体的哀情"，回避写诔文作者个人之悲，如扬雄《元后诔》、崔瑗《和帝诔》、傅毅《北海王诔》等。到魏晋时期，"抒情的私人化"成为诔文写哀部分的基本特征。②

从语言修辞上看，汉魏时代的诔文都写得相当精致华丽，刘师培："汉代之诔，皆四言有韵，魏晋以后调类《楚词》，与辞赋哀文为近。"③汉魏诔文篇幅往往也较长，刘勰批评扬雄《元后诔》"文实烦秽"（《文心雕龙·诔碑》）。从《左传》等文献转述的诔文来看，至少春秋时期的诔文也看重修辞，董芬芬认为，春秋诔文"以四言韵语为主，夹有杂言散句"，"形式类颂"。④不过，与汉魏诔文比较起来，春秋诔文就显得朴实得多了，篇幅大抵也较为短小。

再简要谈谈诔文的书写者问题。西周春秋诔文基本都是君诔臣，因此名义上的诔文制作者自然应是君主，这君主可以有三个层次，即诸侯国君，周天子以及天神君主，诔文的内容当由君主授意和审核。诔辞的具体拟定者，按照《周礼·大祝》的说法，应是大祝，或者宽泛一点说是祝史类官员。但《诗·鄘风·定之方中》毛传所谓大夫九能中有一项"丧纪能诔"，《文心雕龙·诔碑》也说"大夫之材，临丧能诔"，这些说法与大祝主作诔辞并不一定矛盾，因为高级祝史本身也是大夫。那么，祝史之外的大夫是否能作诔呢？章太炎

---

① 参见陈恩维：《先唐诔文写哀内容的变迁及其文学化进程》，《贵州文史丛刊》2004年第1期。
② 参见陈恩维：《先唐诔文写哀内容的变迁及其文学化进程》，《贵州文史丛刊》2004年第1期。
③ 刘师培：《中国中古文学史讲义》，凤凰出版社，2011年，第230页。
④ 董芬芬：《春秋辞令文体研究》，前揭，第134、136页。

说:"大夫不当有诔人事,盖称君命为之辞。"①实际上也承认有大夫作诔的情况。《左传·襄公十三年》楚大夫为楚共王议谥的记载也间接说明大夫承君命作诔的可能性,但如果按周礼旧制,诔辞无疑当由祝史拟定,大夫作诔应该是春秋时期礼制松动后的现象。至于诔书的实际书写者和宣读者,应该是史官。此外,《列女传》有《柳下惠之诔》,这是一篇私诔文,诔文作者竟是柳下惠之妻(诔文说:"夫子之谥,宜为惠兮。"如此,柳下惠的谥号也是其妻所定)。不过,这篇诔文的真实性颇为可疑,章太炎说:"古者诸侯相诔犹谓之失,况以燕昵自诔其夫?似后生所托也。"②柳下惠去世时间在前 621 年,此时还是春秋中期前段,柳下惠是鲁孝公后裔,曾任鲁国大夫,以贤良知礼著称,在这个时间段,对这样一个人物,确实不太可能有门人亲旧私谥私诔的违礼之事。③再说,《柳下惠之诔》多用"兮"字,与当时文章修辞不相合。当然,私诔现象出现在春秋后期也是有可能的。《礼记·曾子问》记孔子之言曰:"贱不诔贵,幼不诔长,礼也。"此言当有针对性,说明当时以贱诔贵、以幼诔长之事已不鲜见,《墨子·鲁问》记:"鲁君之嬖人死,鲁君〔人〕为之诔,鲁人〔君〕因说而用之。"此事说明迟至战国初期,不仅所诔对象的范围进一步扩展,而且对诔辞制作者的身份也不再有特别要求。

对于诔文上述书写特征的形成,我们同样可以从政制演变的角度做出解释。诔文书写出现在西周,其直接原因固然是诔谥制度的产生,而更根本的原因则在西周的礼法君主政制,诔谥制度本身就是礼法君主政制的一部分。君主政制的一般推动机制是荣宠原则,在以贵族为主导政治力量的君主政制中,荣宠的作用尤为突出。诔文作为君主对高级贵族一生的评定,是特别能够体现荣宠原则的书写形式。桓范《世要论·铭诔》曰:"赏生以爵禄,荣死以诔谥,是人主权柄。"④说的正是这层道理。诔文之所以源于铭文(主要是锡命铭文),其根本原因也在于此二者皆为铭功旌纪类的书写,都能显示君主对臣属的荣宠。但铭文在商代已经流行,至于诔文,《文心雕龙·诔碑》曰:"夏商以前,其词靡闻",意指"夏、商两代没有诔文留传下来。"⑤本文以为,夏商两代很可能并没有诔文,诔文应产生于西周。这与西周君主政制的美德原则有关,与西周政制以义神为最高权威直接相关,义神神权要求把政治美

① 章太炎:《国故论衡》,上海古籍出版社,2003 年,第 95 页。

② 章太炎:《国故论衡》,前揭,第 95 页。

③《柳下惠之诔》正文前有作诔的背景交代,曰"柳下既死,门人将诔之",如果属实的话,那么说明死者门人也可作诔。

④ 见〔清〕严可均辑:《全三国文》卷三十七。

⑤ 林杉:《文心雕龙文体论今疏》,前揭,第 162 页。

德作为政治生活的核心关切。孟德斯鸠说："美德绝非君主政体的原则。"①不免把话说得太绝对了。事实上，西周君主政制之于商代君主政制的最重要变革就是在荣宠原则之外加入美德（政治美德）原则，所以，西周君主政制（包括礼法设计）称得上是双引擎双重驱动，孟氏的失察在于将中国古代政体过于简单地归为专制政体。谥号要标示功过，而诔文要述德行，为制谥提供依据，可见，诔谥制度的政治功能不仅在于给予贵族荣宠，同时也在于表彰贵族的德行，德行成为给予荣宠的重要理由。因此，正是西周政制的双重原则为诔文的产生创造了基本条件。

春秋时期出现诸侯国君为士作诔的情况，而且有诔而无谥，传统诔谥制度被突破。这实际上反映了荣宠的下移趋势，其政制背景在于，春秋时期，士阶层在政治生活中发挥的作用逐步上升，高级贵族尽管仍是政治舞台的主角，但其政治分量在悄然下滑。春秋后期私诔现象的出现，则说明诔文书写活动不再为荣宠机制所垄断。私诔的流行恰恰反映了荣宠机制在一定程度上的失灵。诔文的性质开始由仪式性转向私人性，这是与春秋后期各大诸侯国的君主制重组和转型以及在这一背景下私人/个人性书写的兴起相一致的。战国时期大抵官诔与私诔并行，此时，职业官僚已逐步代替贵族官僚，而职业官僚对荣宠的依赖程度不如贵族官僚那么强烈，这在客观上为诔文书写的进一步扩散提供了条件。

诔文文体构成和书写策略的演变也与政制变迁的大背景有关。西周春秋诔文以述政治德行为中心，且要求据实而书，这较突出地体现了西周和春秋政制下的美德原则，据实而书尤其能说明美德原则的实际效力。上文已指出，汉诔在评定诔主德行时也以政德事功为主，但多虚美之辞，造成这种差异的根本原因在于西周春秋时的美德原则有义神信仰为根本依托，而汉王朝虽然也将美德（尤其是儒家道德）标榜为官方意识形态，并有一套制度来维系，但义神信仰已经丧失，因而美德原则对统治阶层的实际影响力不如西周时期，甚至不如春秋时期。至于魏晋诔文述诔主才德、情趣，则是社会意识形态内涵变化的结果。当诔文制谥（指官谥）目的松动，诔文中自然会出现写哀的内容，这反映了诔文功能的转变，即从政治仪式功能转换为寄托哀思。随着诔文政治仪式性质的弱化和私人仪式性质的增强，诔文中写哀的分量和力度也就逐渐加大，最终使诔文成为抒情文体。

汉以后的诔文之所以往往写得精致华丽，一个很重要的原因在于，汉以后的诔文实际上已经变成文人化的书写，仪式性进一步弱化。春秋时期诔文

---

① [法]孟德斯鸠：《论法的精神》，前揭，第30页。

的书写者不是后世那样的文人，自然不会有契合后人审美眼光的修辞追求，但春秋谥文也是讲究文采修辞的，其原因在于：一者谥辞由祝史类官员拟定，属于有较高技术含量的文雅辞令，《周礼·大祝》郑玄注引郑司农曰："文雅辞令，难为者也，故大祝官主作六辞。"文雅辞令原先大抵是就仪式性文辞而言的，这一类文辞有沟通鬼神的功能，为了表达特殊的诚敬之心，文辞作者常常要使用一些区别于生人之间沟通语言的专门表达方式，从而形成所谓文雅辞令；二者春秋谥文对文辞的讲究有"新体文言"的大环境，傅道彬先生指出，春秋时期是"旧体文言"向"新体文言"的转变时期，随着书写活动的不断扩展，这一时期普遍注重对直白的语言形式进行自觉的文饰和美化。①

至于谥文中"我向"与"他向"的区别问题，实际上也与政制背景有关，具体说是特定政制下谥文制作者和所谥对象的话语位置关系在谥文书写体式上的一种体现。在西周和春秋时期，如果是国君授意为臣属作谥，大抵多采用我向写法，除了哀公谥孔子这个显例外，《礼记·檀弓下》卫灵公评公叔文子、《左传·昭公七年》周景王评卫襄公也都属于我向写法。这是因为采用我向写法，在表达效果上更能显示君主对臣属的荣宠之意。如果是国君去世，臣属承君命为君主作谥，那么可能多采用他向写法，这种情形实际上是以下谥上，与荣宠无直接关系，②臣属是代表贵族集体而不是代表个人为君主作谥，要表达集体的态度，将视点集中在谥主而不是制作者自己的感受身上，无论是述德还是写哀，都能显得更加客观，从而更能得到集体的认可，《左传·襄公十三年》楚大夫子囊对楚共王的评定可以看作是这方面的例证。汉谥也多采用他向写法，往往不提谥文作者与谥主的私人关系，除了上述原因外，另一个重要原因在于谥文作者"只代表官方立场"，③所以要对谥主作客观评价，写哀也要注重表达群体之悲。这既与魏晋谥文作者往往以私人立场书写不同，也与西周春秋的情形有一定区别。西周春秋时的君谥臣，既不是以私人立场，也不完全以"官方"立场。所谓"官方"，通常是适用于职业官僚体系发展成熟以后的概念，而西周和春秋是贵族政治主导的时代，严格地说，谥文所谥对象不是官员，而是贵族，国君既是代表国家，也是代表君主个人为贵族赐谥作谥，作为一种恩宠形式，采用我向写法是很自然的。

---

① 傅道彬：《春秋时代的"文言"变革与文学繁荣》，《中国社会科学》2007 年第 6 期。

② 当然，可能存在间接关系，如果是称天谥天子，那么名义上是代天传达对天子的荣宠之意，此外，谥君之臣有可能是君在生前指定的，这种指定本身可以视为给予臣属的一种荣宠。

③ 陈恩维：《先唐谥文写哀内容的变迁及其文学化进程》，《贵州文史丛刊》2004 年第 1 期。

三、春秋时期的政务性书写

（一）只赐不命的春秋锡命文

上文已述，锡命文包括锡命诏书和锡命铭文两种有直接关联的文类文体。春秋时期的锡命文大抵是西周锡命文的延续。南宋陈骙《文则》列《左传》八体，第一种便是"命"，此"命"当是指锡命诏书，因为他所举的例子是《左传·襄公十四年》所载周灵王策命齐灵公的锡命诏书和《左传·僖公二十八年》所载周襄王策命晋文公的锡命诏书。《文心雕龙·诏策》所谓"命喻自天，故授官锡胤"的"命"也是指锡命诏书。①

君主赐命臣属时要举行锡命仪式，以表示"命喻自天"，颁授锡命书是锡命仪式的一个环节，所以锡命文具有仪式性，但锡命诏书本质上是下行的政务文书。与西周（尤其是西周中后期）的锡命诏书相比，春秋时期的锡命诏书在性质上也有略微的变化。西周中后期的锡命书带有较明显的政令特征，赏赐与政令往往是结合在一起的。到了春秋时期，赏赐之"命"与政令之"命"开始分离，锡命书几乎专门用来表示褒奖和封赏，从现存春秋时期的锡命文来看，其意旨与行政任命的关联度很低，基本上是为了体现君主给予臣属的荣宠，没有实际的政令功能。

这种区别主要体现在锡命书中君主对受命者的训诫部分。西周中后期的锡命文，可以《毛公鼎》为典范。②《毛公鼎》中宣王对毛公的训诫不仅占了相当大篇幅，而且，更重要的是，其中明确包含了对毛公的行政任命和指示，命令性的语气十分突出，如"命女𤔲我邦我家内外，𢇛于小大政，𢽱朕立。……𣌦四方死母童。……廄自今，出入専命于外，𢩹非先告父𣉘，父𣉘舍命，母又敢𢇛専命于外。……兹卿事寮、大史寮于父即尹。命汝𤔲司公

---

① 需要指出的是，文献中的"命"并不专指锡命诏书。《诗·鄘风·定之方中》毛传所谓大夫九能中就涉及三种"命"，即"建邦能命龟""田能施命"以及"使能造命"。刘师培认为，"建邦能命龟"是泛指"作卜筮之繇辞"，"田能施命"是"为国家作命令"，"使能造命"则"为后世国书之祖"。（刘师培《论文杂记》，见洪治纲主编：《刘师培经典文存》，上海大学出版社，2004年，第269页）可见，这三种"命"都不是指锡命文。至于《周礼·大祝》六辞中的"命"，有学者认为与《文心雕龙·诏策》所说的"命"相同，指锡命文。（如董芬芬：《春秋辞令文体研究》，前揭，第2页；罗家湘：《先秦文学制度研究》，前揭，第160-161页）但《周礼注疏》引郑司农之说曰："命，《论语》所谓为命裨谌草创之。"《论语·宪问》曰："为命，裨谌草创之，世叔讨论之，行人子羽修饰之，东里子产润色之。"这里的"命"应是指各国聘会往来使命之辞，尤其是形诸书面的国书。

② 《毛公鼎》虽然是锡命铭文，但其底本当是宣王颁赐的锡命诏书。

族 〔字〕 参有司小子、师氏、虎臣，〔字〕朕〔字〕事，〔字〕乃族扞〔字〕王身，……"（译文：命令你治理我国我的家族内政邦交，并忠于职守于大小政事，而且要屏护我的王位。……主管四方的诸侯，就不会发生动乱。……从今以后，往来发布命令于外，若不事先请示父〔字〕，必经父〔字〕批准的命令，不准有敢于轻率施命于外。……这些卿事寮、大史寮都由父〔字〕你治理管辖。命令你延续管理公族与三种官员"小子""师氏""虎臣"，以及我的生活诸事，用你的宗族武装保卫我的安全，……①）春秋初期的《文侯之命》是周平王策命晋文侯的诏书，该文也是从周文王、周武王承受天命、成就伟业写起，然后说贤臣辅佐是文王、武王安然在位的重要原因，接着说到当下国运危急，自己处境艰难，因而更需像受命者这样的贤臣尊长帮助。文中详细罗列给予受命者的赏赐。这些写法都与《毛公鼎》基本一致。不同之处在于，《文侯之命》中对受命者的训诫内容明显少于《毛公鼎》，只有如下两句："其归视尔师，宁尔邦""柔远能迩，惠康小民，无荒宁，简恤尔都，用成尔显德"。这两句训诫之言不包含明确的行政指示，而且语气已经变得十分柔和，所谓"用成尔显德"，几乎是变相的褒扬，根本不足以体现天子高高在上的威严。此外，《毛公鼎》中周宣王虽然对毛公委以重任，但铭文中并没有多少直接褒扬毛公或其先祖的内容，大抵只有"引唯乃智"（发挥你的才智和谋略）一句间接夸奖了毛公，主要内容都是具体的命令、告诫和要求，而《文侯之命》中却有直白地褒扬晋文侯的内容："汝克昭乃显祖；汝肇刑文武，用会绍乃辟，追孝于前文人。汝多修，扞我于艰；若汝，予嘉。"《左传》中也保存了一些春秋时期的锡命文，如《左传·襄公十四年》周灵王命齐侯："王使刘定公赐齐侯命曰：'昔伯舅太公，右我先王，股肱周室，师保万民，世祚太师，以表东海。王室之不坏，繄伯舅是赖。今余命女环，兹率舅式之典，纂乃祖考，无忝乃旧。敬之哉！无废朕命！'"这里虽然没有直接表扬受命者，但大力褒赞其先祖，亦是贵族世袭政治中通行的荣宠话语方式，而对受命者的训诫和要求也与《文侯之命》一样十分简要，没有什么实际的政令意义，基本上属于套话。《左传·僖公二十八年》记载周襄王对晋文公的策命，也保存了一句锡命文中的训诫之言："王谓叔父，敬服王命，以绥四国，纠逖王慝。"同样是笼统的表达。上述变化的根本原因还是在于周天子失去了君主实权，不能实际管控诸侯，当然不可能真的向诸侯们下达什么政令，但君主的名分还在，所以要保留一些无关痛痒的训诫套语，在形式上维持君主的体面。对于诸侯来说，他们也还承认周天子名义上的君主地位，所以乐得这样的锡命，如《左传·哀公十六年》卫国

---

① 译文据马如森：《甲骨金文拓本精选释译》，上海大学出版社，2010年，第141-144页。

蒯聩（即卫后庄公）逐其子出公自立为君，为了名正言顺，便派大夫鄢武子向周敬王请命，周敬王使单平公对曰："胙以嘉命来告余一人。往谓叔父，余嘉乃成世，复尔禄次，敬之哉！方天之休，弗敬弗休，悔其可追？"这段话赋予既成事实名义上的合法性，相当于送了一个顺水人情，其出处当是周敬王颁给蒯聩的锡命书。

西周时期的锡命文大多是周王对王臣或诸侯的锡命，诸侯对其臣属的锡命文较少，而这种锡命文在春秋时期就比较常见了，如《左传·襄公十一年》记晋悼公以乐之半赐魏绛，曰："子教寡人和诸戎狄，以正诸华。八年之中，九合诸侯，如乐之和，无所不谐。请与子乐之。"董芬芬认为这段话是晋悼公给魏绛的锡命文辞。[①]又，《左传·昭公三年》记晋平公对公孙段的锡命，也保存了锡命文片段："子丰有劳于晋国，余闻而弗忘，赐汝州田以胙乃旧勋。"春秋时期诸侯锡命其臣属，一般而言，并不存在没有实权不能进行行政任命和指示的问题，但此类锡命文似乎突出对受赐者的褒奖，没有太多训诫的内容，更不像《毛公鼎》那样将训诫、赏赐与行政任命糅合在一起。这其中的原因大抵在于：春秋时期，随着官僚制度的发展，授官与赏赐已经发生了分离，授官是行政事务，不再与物质上的赏赐完全相混。这也说明政务性书写正在从仪式性书写中分化出来。

从书写方式来说，西周时期锡命诏书的书写有比较明显的"记"的特征，即由史官将君主的锡命之辞记录下来，因而文本语体上有较强的口语化印记，与周初训诰文一脉相承。春秋时期的锡命诏书还是由史官来制作，[②]但由于春秋锡命诏书有弱化政令功能的趋向，君主要向受命者表达的意向是比较明确的，因而作为书写者的史官虽然仍是为君主书写，但在语言修辞上有了更大的自主性，换句话说，"作"的因素有所上升，文体语体的书面特征开始显露，同时也更适合在锡命仪式上口头宣读，如上引周灵王命齐灵公、周襄王命晋文公的锡命文以及晋悼公赐魏绛乐的锡命文等都写得相当工整、有文采，颇能体现春秋"新文言"的特点。这一趋势在后世被进一步强化，如汉末潘勖为献帝作策命曹操的《册魏公九锡文》，完全是文人式的书面创作。

春秋锡命诏书的物质载体，仍使用竹木简策，如《左传·昭公三年》记载晋平公锡命公孙段的仪式时明确说道："晋侯嘉之，授之以策，……伯石再拜稽首，受策以出。"春秋时期的诏书形状规格如何，尚未可知，但应有一定

---

① 董芬芬：《春秋辞令文体研究》，前揭，第 165 页。事亦见《国语·晋语七》。

② 董芬芬以《左传·僖公二十八年》周襄王策命晋文公为例，指出尹氏仍是春秋时期负责制作周王室锡命文书的人，而尹氏是周室史官之一种，相当于太史。（参见董芬芬：《春秋辞令文体研究》，前揭，第 159-161 页）

要求。蔡邕《独断》记录了汉代策书的规格："策书……其制长二尺，短者半之。其次一长一短，两编，下附篆书。起年月日，称'皇帝曰'，以命诸侯王、三公。"①吴讷《文章辨体序说》则指出："至唐宋后不用竹简，以金玉为册，故专为之册也。"②

春秋时期一些接受赐命的贵族仍然延续了将锡命诏书改写后铸刻于青铜礼器的传统，即锡命铭文的书写传统。《礼记·祭统》记载了卫庄公蒯聩赐给权臣孔悝的锡命铭文：

> 六月丁亥，公假于大庙，公曰："叔舅！乃祖庄叔，左右成公。成公乃命庄叔，随难于汉阳，即宫于宗周，奔走无射。启右献公。献公乃命成叔，纂乃祖服。乃考文叔，兴旧耆欲，作率庆士，躬恤卫国，其勤公家，夙夜不解，民咸曰休哉！"公曰："叔舅！予女铭，若纂乃考服。"悝拜稽首曰："对扬以辟之，勤大命，施于烝彝鼎。"

按照《礼记·祭统》的说法，这整段文字就是铭文全文，但文中卫庄公所说"予女铭"的"铭"不可能包括开头叙事性的内容和文末孔悝拜受锡命的文辞。这里"予女铭"的意思大抵应是"恩准你将我的这些话铭刻在彝鼎上"。因此，卫庄公所言部分（包括"公曰"）可以看作一种特殊的锡命诏书，其特殊之处是没有记录赏赐物品，而是将诏书本身赐给受命者以刻铸于烝祭之彝鼎上。《礼记·祭统》说："铭者，论撰其先祖之有德善、功烈、勋劳、庆赏、声名，列于天下，而酌之祭器。"可见，通常来说，只有那些主要对受命者祖先进行称扬的锡命诏书才适合铸成铭文，以便用于受命者祭祀先祖的私家仪式。而且，锡命铭文还包括对锡命仪式过程的描述，不只是简单转录锡命诏书。《礼记·祭统》还说："铭者，自名也，自名以称扬其先祖之美，而明著之后世者也。"也就是说，受命者要自标其名，将自己的名字刻在铭文正文下边。这说明，锡命诏书被转录、改写为锡命铭文后，其性质其实已经发生了变化，即从官方的仪式性文本转变为私人的仪式性文本，受命者成为文本的责任人。此外，卫后庄公赐铭之事发生在前479年，属于春秋后期，此时尚流行赐铭铸鼎，春秋时期贵族世袭政治之强势可见一斑。

（二）春秋时期的誓师辞和誓众辞

1."田能施命"：誓师辞书写

先秦文献中的"誓"除了指起誓（辞）、盟誓外，有时还指誓师（辞）和

---

① 〔东汉〕蔡邕：《独断》（卷上），中华书局，1985年，第3-4页。

② 吴讷、徐师曾：《文章辨体序说·文体明辨序说》，前揭，第36页。

誓众（辞）。誓师辞的特征是比较明显的，从性质上说，它有一定的仪式性，即用于军演时或实战前的誓师之礼。《诗·鄘风·定之方中》毛传大夫九能中说的"田能施命"指举行大蒐礼（军演）时制作誓师辞，《毛诗正义》孔疏曰："田所以习战，故施命以戒众也。"《礼记·郊特牲》曰："季春出火为焚也，……而君亲誓社，以习军旅。"《周礼·夏官·司马》曰："中冬，教大阅。……质明，……乃陈车徒，如战之陈，皆坐，群吏听誓于阵前。"这种誓师辞的内容应是相对固定的，"若《士师职》云：'三曰禁，用诸田役'，注云：'禁则军礼曰："无于车，无自后射其类也。"'《大司马职》云：'斩牲，以左右徇陈，曰："不用命者，斩之"'是也"（《毛诗正义》孔疏）。大夫九能中说的"师旅能誓"，则是指制作临战前誓师礼所用的誓师辞，《文选》张衡《东京赋》注引《尹文子》曰："将战，有司读诰誓，三令五申之，既毕，然后即敌。"这种誓师辞要根据作战对象等实际情况来确定，因而内容是不固定的。

誓师辞虽有一定的仪式性，但本质上是政务性言辞，是君主（或军事统帅）对众将士的言说，可归入广义的"命"，其功能有两个方面，一是约束士卒的行为，二是鼓舞士气。相比之下，起誓辞和盟辞虽然实质上也是为协调和处理生人之间的关系，但都是向神灵起誓，因而是下对上的仪式性言说，其应用场合也与誓师辞不同。不过，誓师活动与盟国人一类起誓活动确有相似之处。盟国人往往发生在重大事件前后，盟国人时贵族誓主不仅要达到约束国人行为的目的，同时也有对国人进行宣传、动员的意图，更重要的是，在西周春秋时期，军队主要就是由国人组成的。所以，古人将誓师（辞）与起誓（辞）统称为誓，是有其渊源的。

用于大蒐礼的誓师辞是否事先形诸书面，然后由专门官员按照简策文字在仪式上宣读，尚未可知。但用于实战前的誓师辞大抵从西周时期开始就是要事先准备书面文本的，因此这种誓师辞也可称为誓师书。

春秋时期的誓师辞在文体构成上与西周时的誓师辞应是一致的，即包括号召徒众立誓，吊民伐罪，申明军法纪律（包括颁布赏罚措施）三个部分。文献中保存的春秋时期誓师辞不多，学者们常举的例子有《左传·哀公二年》所记晋国赵鞅在一次战役[①]的临战前所作的誓师辞以及《国语·越语上》所记勾践伐吴时所作的誓师辞。这两篇誓师辞都不像《牧誓》那样有号召徒众立誓的部分，这有可能是《左传》和《国语》作者在引述时省略的缘故。赵鞅的誓师辞如下：

> 范氏、中行氏反易天明，斩艾百姓，欲擅晋国而灭其君。寡君

---

① 与上文所述卫太子蒯聩祷战为同一次战役。

恃郑而保焉。今郑为不道，弃君助臣，二三子顺天明，从君命，经德义，除诟耻，在此行也。克敌者，上大夫受县，下大夫受郡，士田十万，庶人、工、商遂，人臣隶圉免。志父无罪，君实图之。若其有罪，绞缢以戮，桐棺三寸，不设属辟，素车朴马，无入于兆，下卿之罚也。

这篇誓师辞有以下几点值得注意之处：第一，赵鞅规定不同阶层身份的人将按军功施予不同级别的赏赐，所谓"上大夫受县，下大夫受郡，士田十万，庶人、工、商遂，人臣隶圉免"，实际上打破了贵族政治下的世卿世禄制度，说明春秋后期贵族在统治格局中的力量被削弱，权力日益集中到最高掌权者手中。第二，这篇誓师辞包含了统帅的自誓之言，即"志父无罪，君实图之。若其有罪，绞缢以戮，桐棺三寸，不设属辟，素车朴马，无入于兆，下卿之罚也"。这句话可以说明誓师辞与起誓辞并非完全不相容。赵鞅在誓师时通过自誓（实际是给自己设定极重的战败惩罚措施）来取信于众将士，表面上似乎不合文献中所见其他先秦誓师辞的写法，但很能起到鼓舞士气的作用，这与誓师辞的功能是一致的。第三，这篇誓师辞在修辞上注意语词排列的方式，多使用短句，既工整，又有错落，宣扬己方正义时铿锵有力、掷地有声，申明赏罚措施时清晰明朗、威严赫赫，十分符合誓师演讲的修辞特征。此外，赵鞅巡列时所说的"毕万，匹夫也，七战皆获，有马百乘，死于牖下。群子勉之，死不在寇"，也可算为誓师辞的一部分，如果正文是按事先准备好的简策宣读的，那么这一部分应是赵简子的临场发挥。无论是规定更有吸引力的奖赏办法，还是在誓师时自誓，抑或是通过举例来鼓动士气，这些都说明春秋时期誓师辞的内容趋向灵活，为了鼓舞斗志，克敌制胜，统帅可以根据实际情况最大限度地发挥誓师辞的作用。

2. 聚众誓禁：誓众辞书写

誓众辞是与誓师辞相似的文类文体，因为誓师从某种意义上说也是誓众。誓众辞大抵可分为两种，一种单纯以约束臣属行为为目的，另一种类似西周时的谕众文。这两种誓众辞的共同点在于都包含对众臣属的告诫、训示之意。

单纯约束臣属行为的誓众辞可以《左传·昭公六年》所记楚公子弃疾的《过郑誓》为例："禁刍牧采樵，不入田，不樵树，不采蓺，不抽屋，不强匄。誓曰：'有犯命者，君子废，小人降。'舍不为暴，主不慁宾。"这是楚公子弃疾率众聘晋，途经郑国时依礼戒禁部属之辞。这种过境誓众之辞，按照周代聘礼，应是事先形诸简策，然后在誓礼上由史官宣读的，《仪礼·聘礼》说得很清楚："若过邦，……誓于其竟：宾南面，上介西面，众介北面，东上；史读书，司马执策立于其后。"

誓众不仅是在聘问过境之时，当"邦国有其他聚众之事，也要誓众"，①
《周礼·秋官·讶士》曰："凡邦之大事聚众庶，则读其誓禁。"贾公彦疏曰：
"讶士读其誓命之辞及五禁之法。"(《周礼注疏》)聚众誓禁之事除了军旅事务，
还有祭祀事务。《礼记·郊特牲》曰："卜之日，王立于泽，亲听誓命，受教
谏之义也。献命库门之内，戒百官也，大庙之命戒百姓也。"孔颖达正义曰：
"'亲听誓命'者，因以泽宫中，又使有司誓敕旧章斋戒之礼。"也就是说，举
行郊天礼时，要由专门职官向天子宣读礼仪规程和注意事项。这种"誓命"
也是有书面简策的，因为天子从泽宫回来后，有司还要将书面"誓命"呈献
给天子，以便天子用来告诫百官和亲族。

不过，誓众之辞并不限于宣布戒禁条令，还可以有其他内容。戒禁条令
之外的内容，可以是上对下的训导、告诫性的言辞。《逸周书·商誓解》是武
王对殷商旧臣的诰辞，有政令性质，但不是对殷商旧臣宣布戒禁条令，而是
重在从思想观念方面进行训示。黄怀信先生认为"商誓"之"誓"当作"哲"，
是以篇中数言"商先哲王"名篇。②这个解释似有点牵强，实际上篇名用"誓"
不用"诰"更可能的原因是"誓"也可以表示诰。刘勰说："'命'之为义，……
其在三代，事兼诰誓。誓以训戒，诰以敷政，命喻自天，故授官锡胤。"(《文
心雕龙·诏策》)已经指出诰、誓、命的内在联系，即都是君主的政命之辞。
孙诒让《周礼正义》曰："凡策命有告诫之辞亦得谓之誓。"策命可称作誓，
正是因为策命辞往往要对受命者进行政治道德上的训示、教导。从誓的这个
意义上说，《逸周书·商誓》之"誓"与《尚书·秦誓》之"誓"是一致的。
《尚书·秦誓》是春秋中期的文本，学界基本公认其内容是秦穆公对其臣属所
作的悔过之辞，与申明戒禁条令之类誓命无甚关系。但关于《秦誓》是在何
种场合下所作，则有不同意见。杨任之先生认为是穆公三十六年大败晋军，
得报殽之役后，穆公至殽，埋葬当年秦兵尸骨并在军中所作之誓。③这个说法
可能受到誓只能是誓师辞的观念的影响，其实从《秦誓》的文本来看，秦穆
公的这番话显然不是对众将士说的，而是对朝臣说的。本文认同孔颖达《尚
书正义》的说法："后晋舍三帅，得还归于秦。秦穆公自悔已过，誓戒群臣，
史录其誓辞，作秦誓。"即认为《秦誓》是孟明视、西乞术、白乙丙三将被释
放归国时秦穆公对群臣所作。当众悔过能被称为"誓"，是因为秦穆公的目的

---

① 董芬芬：《春秋辞令文体研究》，前揭，第 141 页。
② 参见黄怀信：《逸周书校补注译》，前揭，第 207 页。
③ 参见杨任之：《尚书今译今注》，前揭，第 362 页。

在于通过自我批评的方式来教导、告诫其臣属为政应胸怀宽广、从善如流，这或许也是其被编入《尚书》的基本理由。这种誓众辞与上述以申明戒禁为目的的誓众辞在书写方式上应该有所不同，即不是事先被书于简策，然后由专门官员宣读，而是如周初训诰文，在发表后由史官记录、整理，所以其文辞口语特征明显，修辞程度较低。当它被载录于史册，其性质就由政令转变为供阅读的政教性文本。不过，这种十分传统的书写形式到春秋中后期已经不适应新的社会指令和政治需要，因而日益衰微了。

《国语·越语上》记载的勾践对其国人的两篇讲话似乎也可视为誓众辞。这里引述如下：

> 勾践说于国人曰："寡人不知其力之不足也，而又与大国执仇，以暴露百姓之骨于中原，此则寡人之罪也。寡人请更。"
>
> （勾践）致其父母昆弟而誓之曰："寡人闻，古之贤君，四方之民归之，若水之归下也。今寡人不能，将帅二三子夫妇以蕃。"

第一篇文辞的内容性质与《秦誓》颇接近，都是国君面对众人的罪己悔过之言。第二篇文辞则明确被称为"誓"。不过，这两篇文辞都不是独立成篇的誓众辞，而是对勾践所发布政令的摘录（很可能是开头部分）。《国语》作者将第一篇政令的规定条文转写为叙述性语言，即"葬死者，问伤者，养生者，吊有忧，贺有喜，送往者，迎来者，去民之所恶，补民之不足"。第二篇政令文的规定条文保存比较完整，即：

> 令壮者无取老妇，令老者无取壮妻；女子十七不嫁，其父母有罪；丈夫二十不取，其父母有罪。将免者以告，公令医守之。生丈夫，二壶酒，一犬；生女子，二壶酒，一豚；生三人，公与之母；生二子，公与之饩。当室者死，三年释其政；支子死，三月释其政；必哭泣葬埋之如其子。令孤子、寡妇、疾疹、贫病者，纳官其子；其达士，絜其居，美其服，饱其食，而摩厉之于义。四方之士来者，必庙礼之。

这样的文体结构很可能说明，政令文是从誓众辞——或者更宽泛地说是从誓命类文辞——演化而来，即誓众辞中有关戒禁的内容演变为法令条文。这种演变与春秋时期政务性书写逐渐淡化泛仪礼背景的趋势相一致，同时也与国人阶层逐渐转变为庶民、百姓相伴随，因为政令文书写的兴起以"庶民"这一书写对象的形成为条件。

（三）君命不可逆：春秋君命文书写

"命"与"令"在词源上的意思是一致的。"命、令在甲骨文中本为一字，后分化为两字。《说文解字》:'命,使也,从口从令。'‘命'有发号施令之意。在两周金文、战国文字中习见命、令两字的通用。"①《文心雕龙·书记》曰:"令者,命也。出命申禁,有若自天,管仲下令如流水,使民从也。"“命”与“令”相通,故可将与发号施令有关的文书统称为命令文书。不过,到春秋时期,“命”与“令”的含义其实已经有了一定的差别,尽管这种差别还不很分明。总的来说,“令”侧重指具体的政令、政策、军令等,《国语·楚语》载申叔时之言曰:"教之《令》,使访物官。"韦昭注:"令,谓先王之官法、时令也。访,议也。物,事也。使议知百官之事业。"“命”的意思更宽泛一些,可以包括“令”在内,凡是以国君名义(或者经由国君授权的人)发出的带有指示性的言辞或文书都可称为“命”,因此,锡命、诰命、誓命、使命等都属于“命”。再者,“令”的发布对象通常是普通民众、兵士,其内容主要是规定民众、兵士必须做什么、不能做什么,所谓“管仲下令如流水,使民从也”。而“命”多是针对贵族的,其内容可以包括训示、教导、褒扬、嘉奖、说服、动员、命令乃至通告等多种成分,不限于强制性的行为规范。刘勰说“命”至汉代衍有四品:"一曰策书,二曰制书,三曰诏书,四曰戒敕。敕戒州郡,诏告百官,制施赦令,策封王侯。"(《文心雕龙·诏策》)这四类命令文书实际上都是针对官僚的公文,与针对下民的法令有别,所以,刘勰虽然认为法令之“令”也是“命”,但又将其归在“书记”一类,与“诏策”类相区别。因此,这里所说的“君命”,是指以国君名义向贵族臣属发出的指示、命令。

春秋时期的国君之命并非都只是说说套话而没有实际的约束作用。《左传·文公十八年》载鲁国襄仲想杀死反对他立宣公的叔仲,便假以君命召叔仲进宫,叔仲明知其间可能有诈,仍坚持入宫,并说“死君命可也”,果被襄仲所杀。类似的例子在《左传》等文献中还有不少,可见,无条件服从君命乃是贵族行为伦理的基本原则。②

国君之命也并不都是口头形式的,恰恰相反,到春秋时期,随着文字的广泛应用,使用文书简策来制命已很常见。除了锡命文和部分类型的誓师辞、誓众辞以及使命文等之外,其他对贵族臣属下发的“命”也往往是形诸书面简策的。形诸书面有很多好处,如表示郑重,便于保密,便于表达某些用口

---

① 王青:《“命”与“语”:上博简《吴命》补释——兼论“命”的文体问题》,《史学集刊》2013年第4期。

② 这当然也不是说君命从未被违背过,《史记·太史公自序》曰:"春秋之中,弑君三十六,亡国五十二,诸侯奔走,不得保其社稷者,不可胜数。"君命经常被违背是春秋政治的必然,但无条件服从君命作为贵族基本行为原则的合法性从未被质疑过,甚至比以往更被强调。

头不便说的话以及可作为凭证等。《国语·鲁语上》记载鲁宣公使仆人以书命季文子，途中遇太史里革，里革"更其书"（即改写宣公命令）。此事在《左传·文公十八年》中记为季文子改命，并派太史里革向宣公回话。这个记载似乎比《国语》更为可信，因为季文子是鲁国执政正卿，大权在握，所以敢以这种方式纠国君之错。不过，《左传》没有点出宣公之命是用的书面形式，这应当理解为《左传》的叙述惯例，如董芬芬所言：《左传》中说某君使人告某臣某事，则很有可能是通过书面的方式。"①

关于君命的写法，上文已讨论过锡命诏书、训诰文的文体构成，这里主要谈谈有实际命令功能的君命文。先看以下几例：

《国语·鲁语上》相对完整地记载了鲁宣公之命和里革更改后的命书的内容。前者为："夫莒太子不惮以吾故杀其君，而以宝来，其爱我甚矣。为我予之邑。今日必授，无逆命矣。"后者为："夫莒大子杀其君而窃其宝来，不识穷固又求自迩，为我流之于夷。今日必通，无逆命矣。"

《左传·僖公十年》载晋惠公即位后欲杀大臣里克，于是派人给里克下了一份命书："微子，则不及此。虽然，子杀二君与一大夫，为子君者，不亦难乎？"

《左传·庄公十四年》载郑厉公即位后欲杀大臣原繁，于是派人给原繁下了一份命书："傅瑕贰，周有常刑，既伏其罪矣。纳我而无二心者，吾皆许之上大夫之事，吾愿与伯父图之。且寡人出，伯父无里言。人，又不念寡人，寡人憾焉。"

从这几篇文辞可以看出，国君要给臣属下达指令，有时尽管意思十分明确，但却不是直截了当地命令，而要用含蓄委婉的语言来表达，尤其是后两篇，如董芬芬所言，其实质就是赐死令，"然而就形式措辞来说，令的特征并不突出"。董芬芬认为这是"春秋人雅好辞令"之故。②春秋人雅好辞令固然不错，但雅好辞令本身并不是如此措辞的根本原因。根本的原因在于这是在处理君臣之事，是贵族事务，要依礼而行。所谓"礼不下庶人，刑不上大夫"（《礼记·曲礼上》），不是说大夫不用受惩罚，而是惩罚大夫的规矩和惩罚庶人不一样罢了。在后两个例子中，国君给他想杀死的大臣下命书，而不是直接逮捕，本身就是按贵族的礼法规矩办事。从措辞写法上说，尽管宣公之命有明确的指令内容，不像后两篇君命书那么委婉，但上述几篇君命书有两个共同点：第一，它们都是以国君个人的名义，而不是以国家的名义发布君命

---

① 董芬芬:《春秋辞令文体研究》，前揭，第178页。不过，也不能排除有些"命"是使用口谕形式。

② 董芬芬:《春秋辞令文体研究》，前揭，第179页。

书。这是君主政制所决定的书写现象，因为在君主制下，君主既代表国家，个人与国家的关系就可以同时也必须被转换为个人与君主的关系。因此，国君以个人名义发号施令，与以国家名义发号施令本质上没有什么区别。《左传·昭公二十五年》记宋国大夫仲几之言曰："若夫宋国之法，死生之度，先君有命矣。"生死的法度都是由先君之命规定了的。《左传·定公十四年》知文子给赵鞅的公牍里说道："晋国之命，始祸者死。"可见，在春秋人看来，国家之命与君主之命本是一回事。第二，这几篇文辞之所以显得含蓄委婉，都是由于它们对指令的内容进行了合"礼"的解释，如鲁宣公的理由是莒大子"其爱我甚矣"，爱君之臣自然是好臣，君就应该给予赏赐；里革的理由则是莒大子杀害自己的国君，又偷盗自己国君的宝物，故而应该放逐；晋惠公的理由是里克曾"杀二君与一大夫"，依礼固然该杀；郑厉公的理由是原繁不曾亲附自己，这便是不忠君，故而该死。这几条理由，除了里革所改命书的理由之外，其他自然都是歪理，正如里克所言"欲加之罪，其无辞乎"（《左传·僖公十年》），所谓"其无辞乎"，意思是难道没有（听起来）合乎礼法道义的说辞么。上文已指出，正是为了应对礼崩乐坏，春秋初期史官集团首先兴起了对礼法进行理性解释的言说和书写风气，这与政治斗争的日益复杂化也是相符合的，因为到了春秋时期，判断一个贵族或国君的行为是否合乎礼法，已经不再像过去那样清楚明白了，而必须经过解释，如果能够解释得周全，就可以获得舆论的支持。但问题的关键在于谁掌握解释权。史官集团作为通神的群体，本是礼法的执掌者，又是理性解释风气的发起者，所以解释权开始时是掌握在史官集团手里，但春秋时期，史官集团的总体地位下滑，逐渐被边缘化，甚至沦为纯粹的书记之官，解释权自然转移到在政治舞台上实际活跃着的国君和贵族官僚们身上，这一方面使理性风气得以扩展，也使礼的社会意识形态地位似乎不降反升，另一方面也使礼成为政治斗争的有效工具，这在春秋邦交之命中体现得更明显，但在上述几个例子中，除了里革之书外，其他几篇君命文也是将礼法当作实现自己目的的托词和工具。歪曲的解释之所以能奏效，当然是因为有国君的权威为保证。只是我们在这里强调的是，即便有权威、实力作后盾，欲达目的也仍然需要寻找合法性依据，否则就会失去舆论支持，从而失去人心，而这种依据在春秋时期还是西周以来的传统礼法。春秋人雅好辞令的根本推动力也正在于这种对合法性依据的寻求。

《左传》中转述的君命还有一些，如《左传·昭公二十五年》所记宋元公之命："寡人不佞，不能事父兄，以为二三子忧，寡人之罪也。若以群子之灵，获保首领以没，唯是楄柎所以藉干者，请无及先君。"《左传·襄公十三年》所记楚共王临终前给大夫的制谥之命："不穀不德，少主社稷。生十年而丧先君，未及习师保之教训，而应受多福。是以不德而亡师于鄢，以辱社稷，为大夫忧，其弘多矣。若以大夫之灵，获保首领以殁于地，唯是春秋窀穸之事，所以从先君于祢庙者，请为灵若厉，大夫择焉！"这两篇文辞很可能也是形诸书面的，前者实际上是宋元公禅位之命，后者是楚共王命大夫给自己制恶谥，两者的内容也都以陈述指令的理由为主。这两篇君命，尤其是楚共王之命，也说明在春秋时期，贵族的伦理原则不仅适用于臣属，也仍为国君本人所认同和尊奉，当君主自觉"不德""不佞"的时候，他也要按照礼法的规矩表示自责之意，后世"罪己诏"一类文体皆渊源于此。

（四）春秋时期的政"令""军志"

国君向贵族臣属下达的"命"，即便是以命令为意向，其书写策略也与向民众、士卒下达的政令有所不同。春秋时期政令大多简洁干脆，如《韩非子·外储说右下》记载齐桓公《嫁娶令》"大夫二十而室，妇人十五而嫁"，显然是条文式的写法。春秋时期的政令宽泛一点说相当于官方政策，其内容不只是对民众行为的约束，而是包括所有与民众有关的政府施政准则、具体措施，如上引《国语·越语上》中勾践发布的政令即是如此，诸如"当室者死，三年释其政；支子死，三月释其政。必哭泣葬埋之，如其子"之类规定都属于政策。政令与法典既有联系也有区别。政令具有类似法的效力，编纂法典时也可能参考和吸收政令，但政令是因事而发，法则必须具有恒久的有效性，其权威性高于政令。就本文的文类文体划分来说，政令属于政务性文本中的公务文书，法典则属于政务性文本中的制度文书，这是两者的基本区别。如勾践为了积聚国力战胜吴国，规定"十年不收于国"（即官府十年不向人民收赋税）(《国语·越语上》)，显然，"不收于国"是有时限性的政策，而不是法。法典书写在载体选择和书写方式上也当比政令更为慎重，也更具仪式性。传统意义上的法典是包括礼书在内的礼乐典章。《左传·哀公三年》记载鲁国宫庙发生火灾时，"子服景伯至，命宰人出礼书"，这里的"礼书"大抵包括各种与礼法有关的文献（如各种仪式性文本）在内，也应该有礼法制度方面的文献。①不过，到春秋后期，以刑法为中心的法典正在逐步取代传统的礼法法典，关于这个问题，详见下文讨论。

---

① 《国语·楚语上》中楚国申叔时提到"教之礼，使知上下之则"，这里的"教之礼"，很可能采用经过编订的礼书作为教材。礼书成为教材也说明其性质从政务性文本中的制度文书转变为政教性文本，或者说它在承担政务制度功能之外也具有了更直接的政教功能。此外，《论语·述而》记载子路引《诔》曰："祷而于上下神祇。"《诔》大抵也属于有关仪式规范的礼书。

　　"军志"是与军令、军法相关的文献。首先有必要简要说明一下军令与军法的关系。军令实际上是政令中的一类，只不过军令一般由统军将领发出，如果形诸书面的话，其书写者当为军中文吏。军令与军法的关系类似政令与法典的关系。军令是就某一次军事行动发出的具体指令，军法则是治军法典，具有普遍有效性。[①]军法的制定可能参考和吸收过往军令，但两者的区别也是明显的。[②]《左传·宣公十二年》记载："蒍敖为宰，择楚国之令典，军行，右辕，左追蓐，前茅虑无，中权，后劲，百官象物而动，军政不戒而备，能用典矣。"这里的"军行，右辕，左追蓐，前茅虑无，中权，后劲，百官象物而动"应该就是对蒍敖所择楚国"令典"的部分内容概述。"令典"一词，孔颖达正义引《释诂》云："令，善也。"杨伯峻注曰："令典谓礼法政令之善者。"[③]准此，这里的"典"应是各种礼法、政令、军法的汇编性文献，大抵是尚不成熟的法典，《左传》所转述的部分当属于军法，如孔颖达正义所言："'象物而动'，谓军行之时，当指治兵之法也。""军政不戒而备"句，杜预注曰："戒，敕令。"可知其意为军中事务完备，不用事事发军令。军令与军法的区别由此可以显见。

　　《军志》大抵成书于春秋时期，见引于《左传》《孙子兵法》《通典》等文献，如《左传·僖公二十八年》引《军志》曰："允当则归。又曰：知难而退。又曰：有德不可敌。"《左传·昭公二十一年》亦引《军志》曰："先人有夺人之心，后人有待其衰。""先人有夺人之心"的说法还见引于《左传·宣公十二年》和《左传·成公七年》，其中《左传·成公七年》的说法是："先人有夺人之心，军之善谋也。逐寇如追逃，军之善政也。"虽然从留存的这些只言片语来看，《军志》的内容似有用兵方略的意味，显然更接近于军法，而非军令，所以有学者认为，《军志》属于军法文献。[④]不过，本文倾向于认为，两者虽然关系密切，但可能仍有一定区别。《军志》作为"志"类文献与《逸周书》（亦称"周志"）中一些以论述军事为主或与军事相关的篇章十分相似，如《武称》《大明武》《小明武》《大武》《允文》等，这些篇章中的不少内容都涉及用兵方略、战术，如《武称》曰："追戎无恪、穷寇不恪，力倦气竭乃

---

① 最初的军法可能只是对军中之刑的规定（一般认为，在氏族社会时代，施用于外族战俘的刑罚，是刑的起源），反过来说，最初的法可能是刑法，而最初的刑法可能就是军法，这就是所谓"刑起于兵，兵刑同制"。

② 需要指出的是，这里所说的军令与历史上被冠以"军令"之名的文献不完全等同，历史上以"军令"为名的文献往往是这里所说的军法，如《魏武军令》，如《尉缭子》后半部分以"令"为篇题的文本等。

③ 杨伯峻：《春秋左传注》，中华书局，1990年，第723页。

④ 参见李零：《简帛古书与学术源流》，三联书店，2008年，第406页。

易克，武之追也。"（大意为：追击逃敌不要离得太远，穷途末路的敌人不要追打，等他疲劳气力用尽，就容易胜利了，是武事的"追"。①）《大明武》曰："城廓沟渠，高厚是量。既践戎野，备慎其殃。敬其严君，乃战赦。"（大意为：对敌人的城廓沟池，要测量它的高和深。既入敌境以后，要全面警惕可能发生的灾祸，认真对待战事，然后决定战还是撤。②）……我们知道，《逸周书》中包括上述篇章在内的相当一部分篇章应是春秋时期史官集团所作有关治国方略的政教文献。用兵方略实际上是在治国方略的政教框架内提出来的，核心在于一个"谋"字。"谋"字屡见于《逸周书》（详见下文），而上引《左传·成公七年》的说法亦强调"谋"。由此可见，《军志》与《逸周书》上述篇章应该同属"志"类政教文献，它们与军法文献的区别在于：第一，书写者和书写方式可能不同，《军志》（以及《逸周书》）可能是史官一类人"从旁总结"的成果，而春秋时期军法的制作者应是统军的贵族大夫，史官至多负责抄录和整理；第二，性质有所不同，《军志》（以及《逸周书》上述篇章）是讲用兵方略，而军法应该是治军法典。两者的内容可能会有一定重合，但前者内含政教意图，后者则无此种意图。例如《逸周书·武称》中有这样一段话："既胜人，举旗以号令、命吏禁掠，无取侵暴；爵位不谦，田宅不亏；各宁其亲，民服如化：武之抚也。"单从第一个分句来看，很像军法规定，但这段话的整体显然是在阐述政教。《军志》中"有德不可敌"的说法也透露出一定的政教意味，《逸周书》上述篇章则更为显著，如《武称》曰："百姓咸服，偃兵兴德，夷厥险阻，以毁其服，四方畏服，奄有天下：武之定也。"（大意为：诸侯全都服从之后，停息战争兴设文教，平掉他们的险阻，以毁他们兴兵动武的基础，四方敬畏服从，全部包有天下：是武事的"定"。③）《大明武》曰："畏严大武，曰维四方，畏威乃宁。天作武，修戎兵，以助义正违。"（大意为：威严神圣的武事，只有畏惧它的威严，四方才会安宁。上天创设武事，发明军队与兵器，用它来帮助正义、矫正违义。④）

不过，我们虽然不把《军志》一类文献归入军法，但它无疑与军法颇多关联。这一类文献的出现可能反映了军法文献的变化。在义神礼法君主制时代，法的基本形态是礼法，军法自然也在礼法的范围之内，因此，军礼是周代五礼之一，《周礼·夏官·司马》对此记述颇详。到了春秋时期，由于政制类型转变，义神礼法动摇，为了适应实战的需求，军法的内容很可能随之调

---

① 译文据黄怀信：《逸周书校补注译》，前揭，第41页。
② 译文据黄怀信：《逸周书校补注译》，前揭，第57页。
③ 译文据黄怀信：《逸周书校补注译》，前揭，第42页。
④ 译文据黄怀信：《逸周书校补注译》，前揭，第56页。

整，即日益实用化，从而超出了礼法的范围，上引《左传·宣公十二年》中关于蔿敖所择楚国"令典"的记载似可为佐证。当然，这种调整应该是比较有限度的，也未必以改写礼法的方式来完成。

李零先生认为《军志》《军政》①《令典》等是中国古代兵书的起源。②这不无道理。事实上，《军志》一类文献应该是兵法脱离军法的一个关键环节。到了战国时期，在全民战争的大背景下，军事类书写的性质在总的趋势上从政务性、政教性向个人性演变，私家兵书时髦起来，用兵谋略日益脱离政教的约束，成为兵书书写关注的核心。不过，战国时期的兵书（包括专门的兵书，如《孙膑兵法》《司马法》等以及其他诸子文献中与军事有关的文本③）仍然颇多政教和礼法（军礼）方面的内容，这体现了书写活动具有延续性的一面。值得一提的是，私家兵书有可能在春秋后期已经出现。学界关于《孙子》成书年代是否在春秋后期仍有很大争议，④但不管怎样，到春秋后期，兵书产生的条件大体已具备，虽然还不能说十分充足。⑤

（五）春秋时期的刑书书写：以铸刑鼎之争为中心

《左传》中记载，春秋时期有两次铸刑鼎事件。第一次是鲁昭公六年郑国子产主持"铸刑书"，杜预注："铸刑书于鼎，以为国之常法。"可见"铸刑书"就是铸刑鼎。第二次是鲁昭公二十九年，晋国荀寅、赵鞅下令铸刑鼎。子产铸刑书时，晋国叔向致信子产表示反对，荀寅、赵鞅铸刑鼎时，孔子和晋国太史蔡史墨都发表了批判意见。铸刑鼎当然是一种书写行为，那么，这两次书写行为的实质是什么，其背后的根本推动力或者说社会指令是什么，叔向、

---

① 《孙子·军争篇》引用过《军政》，文曰："言不相闻，故为金鼓；视不相见，故为旌旗。"《孙子·军争篇》张预注也引过《军政》，即"见可而进，知难而退。强而避之"。一般认为，《军志》《军政》系同类文献。

② 李零认为，兵法原先是附属于军法的内容，可能是从实战经验中总结出的简单规则和条例，后来逐渐脱离军法，成为独立的军事艺术。（参见李零：《简帛古书与学术源流》，前揭，第406-407页）

③ 如《墨子》《荀子》《韩非子》《商君书》《鹖冠子》等文献中均有不少军事论述。（详参徐勇主编：《先秦兵书佚文辑解》，天津人民出版社，2003年）

④ 关于《孙子》成书年代的争议，详参解文超：《先秦兵书研究》，上海古籍出版社，2007年，第12-15页。

⑤ 关于兵书产生的条件，李零先生认为有以下几点，如战争经验丰富，礼崩乐坏，宗教、等级和道德的束缚减轻，有热衷思辨和理论探讨的社会氛围，其作者最佳人选应是"既有战争经验，又有理论修养，特别是那些喜欢事后琢磨，从旁总结的人"。（参见李零：《简帛古书与学术源流》，前揭，第385-386页）

孔子等的反对又是为什么？对此，古今争议不断，近年来尤为学界所关注，这里吸收诸家看法略抒己见。

本文认为，铸刑鼎这一书写行为的实质是将罪、刑合一的属于制定法性质的刑书公之于民，铸刑鼎的直接政治背景是礼崩乐坏，社会动乱，推动其产生的社会指令则在于诸侯国宗法君主政制向集权君主政制的演进，铸刑鼎既是这一历史进程的一个体现，又推动了这一进程。叔向、孔子等反对铸刑鼎则是反对集权君主政制，维护义神礼法君主政制。

铸刑鼎事件无疑是政治史和法律史上的创举，否则的话不会在当时引起如此强烈的反响，但此举究竟创在何处，却有多种不同看法。较常见的说法认为铸刑鼎是中国历史上最早将成文法予以公布，这意味着铸刑鼎以前的法是秘密法，铸刑鼎则是公开法。这种说法近年来遭到学界的反驳。反对意见的一个主要依据是西周早有"悬灋象魏"之制。对"悬灋象魏"之制的明确记载虽然只见于不太可靠的《周礼》，①但如果加上《左传》《国语》等文献中的间接证据，应该是大体可信的。②至于所悬之法象到底是图像还是文字，古今学界一直有争议。③本文较为认同图像和文字并用的看法，④吕思勉先生先

---

① 如《天官·大宰》曰："县治象之灋于象魏。"郑玄注："大宰以正月朔日，布王治之事于天下，至正岁，又书而县于象魏，振木铎以徇之，使万民观焉。"此外，《地官·大司徒》有"县教象之灋于象魏"，《夏官·大司马》有"县政象之灋于象魏"，《秋官·大司寇》有"县刑象之灋于象魏"。

② 关于"悬灋象魏"为周制的可靠性问题，可参看温慧辉的《"悬灋象魏"考辨——兼论"铸刑书"与"铸刑鼎"问题》，《河南省政法管理干部学院学报》2006 年第 3 期。其中，较重要的佐证有《左传·哀公三年》所引鲁国季桓子救火灾时下的命令："命藏《象魏》，曰：'旧章不可亡也。'"杜预注："《周礼》，正月县教令之法于象魏，使万民观之，故谓其书为《象魏》。"以及《国语·齐语》所引管子之言："设象以为民纪。"韦昭注云："设象，设教象之法于象魏也。"当然，《周礼》的相关记载有很多理想化的制度设计，这也是不可否认的。

③ 如朱熹、惠栋等认为是图像，吕祖谦、孙诒让等认为是文字，还有人认为是图像和文字并用，吕思勉先生则认为："'象'之始当为刑象，盖画刑人之状，以怖其民，《尧典》所谓'象以典刑'也。其后律法寖繁，文字之用亦广，则变而悬律文，《周官》所谓治象、教象、政象、刑象是也。"也就是早先为图像，后来改用文字。（吕思勉：《吕思勉读史札记》，上海古籍出版社，1982 年，第 335 页）

④ 如《钦定周官义疏》云："曰'象'者，非惟书其事，且揭其图，使观者易辨也。不曰'治灋之象'而曰'治象之灋'者，曰'治灋之象'，则似专县其象；曰'治象之灋'，则知并书其灋。"[见乾隆十三年敕撰：《钦定周官义疏·天官·大宰》，台湾商务印书馆影印《文渊阁四库全书》本（1986 年），转自温慧辉《"悬灋象魏"考辨——兼论"铸刑书"与"铸刑鼎"问题》，《河南省政法管理干部学院学报》2006 年第 3 期]

为图像后用文字的观点亦有一定道理，大抵最初只用图像，随着汉字在国人中有一定传播之后，文字的分量有所增加，但图像并不见得会被废弃，一者文字的普及度不可能很高，二者图像更为直观，其效用不是文字能够轻易替代的。不管是图像还是文字，悬澹象魏的用意无疑是要将法令一类的东西公布出去，原则上说任何人都可以知晓，所以，刑鼎之书不可能是最早的公开法，也不太可能是最早公开的成文法。但悬澹象魏与铸刑鼎必定是有区别的，否则叔向、孔子以及蔡史墨不会出来反对。

本文认为，两者的关键区别在于悬澹象魏是宣示旧章，而铸刑鼎是颁布新法。先说象魏之法。《左传·哀公三年》鲁国季桓子救火灾时"命藏《象魏》，曰：'旧章不可亡也。'"杜预注曰："《周礼》，正月县教令之法于象魏，使万民观之，故谓其书为《象魏》。"《国语·齐语》引管子之言："设象以为民纪。"韦昭注云："设象，设教象之法于象魏也。"尽管按照《周礼》，象魏之法有所谓治象、教象、政象、刑象之分，但无论何种法象，都基于礼教，其根本用意都在于一个"教"字，也就是为了教化万民，而不是用罪刑合一的刑法条文来管控万民。在以上诸象中，刑象无疑最具管束作用，但刑象毕竟只是诸象中的一类，其地位并不特别突出，而且，即便是悬刑象，也很可能不是颁布罪刑合一的刑书，更可能的情形只是公布个别具有典型性的罪名罪状并配以图像化的刑罚，以起到威慑作用，使人畏而不敢犯。这一点虽然没有确切的证据，不过，《左传·文公十八年》云：

周公制礼曰：则以观德，德以处事，事以度功，功以食民。作誓命曰：毁则为贼，掩贼为藏。窃贿为盗，盗器为奸。主藏之名，赖奸之用，为大凶德，有常无赦。在九刑不忘。

这里"贼""藏""盗""奸"等显然属于典型罪名，"九刑"也很可能不是真正意义上的刑书，而是如杨伯峻先生所言，指九种刑罚，即"墨、劓、刖、宫、大辟、流、赎、鞭、扑"[1]。周公作誓命，实际上也是布法，虽然不是悬澹象魏，但两者的功能指向却应是一致的，即都是为了教化，因而《左传·文公十八年》所记周公誓命之言紧接在周公制礼之言后面，这说明，不仅誓命本身是一种礼，通过誓命方式公布的法也与礼乐制度和精神关系极为

---

[1] 杨伯峻还指出，"九刑"既可指九种刑罚，也是特定刑书名，如《左传·昭公六年》中的"周有乱政而作《九刑》"。（杨伯峻：《春秋左传注》，前揭，第635页）这并无矛盾，"九刑"的原初之义当是九种刑罚，后用作刑书之名。或如《左传·文公十八年》孔颖达疏所言："言'制周礼曰'，'作誓命曰'，谓制礼时有此语，为此誓耳。此非《周礼》之文，亦无'誓命'之书。在后记《九刑》者记其誓命之言，著于《九刑》之书耳。"

密切，甚至本为一体。

再看铸刑鼎。《左传·昭公六年》叔向给子产的信中说子产"制参辟，铸刑书"，孔颖达正义曰："制参辟，铸刑书，是一事也，为其文，是制参辟；勒于鼎，是铸刑书。"可见郑人所铸刑书乃子产所作。子产是根据什么材料作刑书的呢？杜预注曰"用三代之末法"，孔颖达正义曰："用三代之末法，非谓子产所作还写三代之书也，子产盖亦采取上世所闻见断狱善者以为书也。"孔颖达实际上是认为子产参考、总结旧有判例作了新的刑书。晋国荀寅、赵鞅所铸刑书则是早先范宣子所为，范宣子的刑书源于《左传·文公六年》所记夷之蒐时赵盾所作之刑法，即"（赵盾）正法罪，辟狱刑，董逋逃"。孔颖达正义曰："'正法罪'谓准状制罪，为将来之法，若今之造律令也。"可见，赵盾、范宣子的刑书也是新法，其设计方法大抵与子产刑书相类。这个新的刑法必与周人旧章礼法有重要区别，所以孔子说这是抛弃了唐叔所受法度和晋文公的被庐之法。唐叔所受法度自然是周朝法度，被庐之法虽然修订了唐叔之法，但继承了唐叔之法的礼法精神。①那么为什么赵盾作新法时，甚至范宣子为刑书时，没有遭到强烈批判，而荀寅、赵鞅铸刑鼎却招来如此非议？我们可以把赵盾作新法、范宣子为刑书以及荀寅、赵鞅铸刑鼎视为愈演愈烈的三个步骤，铸刑鼎是顶峰，批判发生在此时，同时连带批评前两者，并不足怪。其实赵盾作新法与子产改革是有相似之处的，两者有一个共同点在于都是多方面变革，而不仅仅是制作一部新的刑书。《左传·文公六年》记载赵盾上台后的一系列政治革新举措："宣子（即赵盾）于是乎始为国政，制事典，正法罪，辟狱刑，董逋逃，由质要，治旧洿，本秩礼，续常职，出滞淹。"其中与刑罚有关的只是一部分而已，赵盾新法的作用总的来说是正面的、积极的，而且也仍是合乎礼法原则的。至于子产，其为政当然远不止作刑书，《左传》等文献中还说到他"作封洫""作丘赋""不毁乡校"等，孔子曾评价其为政"宽以济猛，猛以济宽，政是以和"（《左传·昭公二十年》），"有君子之道四焉：其行己也恭，其事上也敬，其养民也惠，其使民也义"（《论语·公冶长》），还说子产是"惠人"（《论语·宪问》），"人谓子产不仁，吾不信也"（《左传·襄公三十一年》），可见，子产是遵礼崇德的贤相。当然，这并不是

---

① 被庐之法的具体内容虽不得而知，但《左传·僖公二十七年》说晋文公欲用民，先教民，使知义，"入务利民""示之信"，大蒐以"示之礼"，作执秩以正其官。《左传·昭公二十九年》孔子说晋文公"作执秩之官，为被庐之法"，可见被庐之法的内容大抵是端正官制、重振礼法。

说孔子会认同子产铸刑书，大抵，在孔子看来，此举瑕不掩瑜罢了。赵盾作新法与子产作新政的一个重要区别在于背景，赵盾作新法本身有不合礼法之嫌。孔子批评赵盾新法正是抓住这一点，"宣子之刑，夷之蒐也，晋国之乱制也，若之何以为法？"在举行大蒐礼时作新法本是合乎周礼的，被庐之法就是在被庐举行大蒐礼时制定并颁布的。但夷之蒐不同，《左传·昭公二十九年》杜预注曰："夷蒐……一蒐而易三中军帅，贾季、箕郑之徒遂作乱，故曰乱制。"比照《左传·文公六年》关于夷之蒐的记载，夷之蒐的直接结果就是赵盾上台，赵盾上台确实与阳处父等贵族权臣的操作有关，而撇开了晋国国君，这应是孔子批其为乱制的根本原因。南宋吕祖谦有一段对夷之蒐的评价，十分到位，他说：

> （夷之蒐）顷刻间三次改易，人君大权何有？自此赵盾有弑灵公之难，中行偃有弑厉公之难；自此训致六卿分晋，晋遂亡。论来当时虚心任贤，固可以成霸业。然全无所主，不知君道，权安得不下移。所以谓晋亡形成于襄公。①

从赵盾新法到范宣子刑书，这一步骤的作用在于将刑书单独突显出来。有学者比较子产刑书与范宣子刑书，认为前者是"明德慎罚"的良法，而后者是严酷的恶法，因而孔子不反对前者，而批评后者。②这个说法并无根据。本文认同俞荣根先生的看法，即：

> （范宣子刑书）不会是承用赵盾之法的全部，而是只延用了其中的刑的部分，即"正法罪""辟狱刑""董逋逃"三项。这样一来，连赵盾之法中尚保留的一点礼也被废弃，而一任刑治了。这自然与孔子的主张大相径庭，要被视为"乱制"了。③

范宣子专为刑书，已有刑治之意，这与唐叔之法和被庐之法的礼治精神有原则上的区别。不过，即便范宣子专为刑书，刑治的政治趋向也尚未完全暴露，说这是"一任刑治"未免仍言过其实了一点。如果范宣子专为刑书已经是"一任刑治"，那么就难以理解为何铸刑鼎之举会成为孔子、蔡史墨的矛头所指。

当把铸刑鼎视为公布成文法的传统看法被否定之后，很多学者都把铸刑鼎的特殊之处定位在其刑书内容上，认为铸刑鼎之所以备受关注，不是因为将刑书铸于铁鼎上这一行为本身特殊，而是因为所铸刑书是中国最早罪、刑合一

---

① 〔南宋〕吕祖谦：《春秋左氏传说》卷五，见《四库全书荟要·经部》第31册《春秋类》，第40页。

② 聂长建、李国强：《孔子反对"铸刑鼎"的法哲学解读》，《浙江社会科学》2011年第3期。

③ 俞荣根：《儒家法思想通论》，广西人民出版社，1992年，第180页。

的刑法。①其实，这一观点的根据并不充分。本文以为，刑鼎之书固然是罪、刑合一的刑法，但我国罪、刑合一的刑书应该至迟在西周时就有了，理由如下：

子产所铸刑书与荀寅、赵鞅所铸刑书在罪、刑合一的条文化文体构成上是一致的，而叔向在批评子产时将子产的刑书与三代刑书（即夏朝的《禹刑》、商朝的《汤刑》以及西周的《九刑》）相类比。可见，子产刑书与三代刑书在文体上不会有根本的区别，否则，叔向的类比就没有意义了。夏之《禹刑》、商之《汤刑》距子产、叔向时代遥远，在当时已为传说，夏商时是否有书面刑法，尚不能确知，但《九刑》属周朝典章，必非虚构之书。关于刑鼎之书之前的刑书形态，学界主要有两种观点：一种观点认为，周朝"罪名与刑罚分别立法"，即"关于罪名的规定和刑罚的规定是分离而不是合一的"，②另一种观点认为刑鼎之书是制定法，而之前的刑法属于判例法。③第一种观点的依据主要是罪刑相应的立法技艺需要长期的发展过程，但是否"直到春秋，周人的罪和刑还未对应起来，一罪一刑相对应的立法技术尚未采用"④呢？恐怕未必。应该说，这种立法技艺要达到成熟的程度确实比较困难，但意识到罪刑应该合一并相应则完全不需要等到春秋后期。刑罚的分类确实早于罪名的分类，但从刑法的分类发展出罪名的分类是很自然的事情，周朝以"九刑"（九种刑罚）为刑书之名就标示了这一发展过程。再看《尚书·吕刑》，其中说道："墨罚之属千，劓罚之属千，剕罚之属五百，宫罚之属五百，大辟之罚，其属二百：五刑之属三千。"这显然是指以肉刑分类为框架的罪刑合一的刑法，"三千"等数即罪名罪状之数，如"墨罚之属千"，就是说可适用墨刑的罪名罪状有一千种。除了"五刑"之外，还有"五罚"，后者是以五等罚金为框架的罪罚合一的法律。又说"明启刑书胥占，咸庶中正"，伪孔传曰："明开刑书，相与占之，使刑当其罪，皆庶几必得中正之道。"可见，罪刑合一的刑法立法

---

① 最早提出这一见解的大抵是庆明先生的《"铸刑鼎"辨正》一文（载《法学研究》1985 年第 3 期）。该文认为："（赵盾的新式法律）显然是不同于'礼法'制度的，而是法与刑统一的法律制度。这种法律形态从'铸刑鼎'开始萌芽，到商鞅变法时基本实现。现在我们看到这种古代法律的典型标本，就是《睡虎地秦墓竹简》所载的《秦律》。与《周礼》这部法典完全不同，《秦律》的条文是一事一例，法刑一体，罪刑相应。"

② 郝铁川：《从多元立法权和司法权到一元立法权和司法权的转折——春秋时期"铸刑书""铸刑鼎"辨析》，《华东政法学院学报》2005 年第 5 期。

③ 可参看聂长建、李国强：《孔子反对"铸刑鼎"的法哲学解读》，《浙江社会科学》2011 年第 3 期。

④ 郝铁川：《从多元立法权和司法权到一元立法权和司法权的转折——春秋时期"铸刑书""铸刑鼎"辨析》，《华东政法学院学报》2005 年第 5 期。

技艺在《吕刑》成文的西周中后期就已经较为成熟了。《周礼·司刑》的以下说法也可为佐证："司刑掌五刑之法，以丽万民之罪，墨罪五百，劓罪五百，宫罪五百，刖罪五百，杀罪五百。"第二种观点也不能成立，因为《吕刑》中所说的那种刑法当然属于制定法，而不是判例法。不过，子产铸刑书之前，具有判例法性质的案例汇编文献也可能是存在的。《左传·昭公六年》孔颖达正义曰："三代之辟，皆取前代故事，制以为法。……子产盖亦采取上世所闻见断狱善者以为书也。"这些"前代故事"很可能就是被记录下来的案例汇编。

主张刑鼎之书首创罪刑合一之刑法的学者往往还引叔向所说的"昔先王议事以制，不为刑辟"（《左传·昭公六年》）作为论据，这同样是不能成立的。一者，叔向给子产的信说得很明白"夏有乱政而作《禹刑》，商有乱政而作《汤刑》，周有乱政而作《九刑》，三辟之兴，皆叔世也"，又说"国将亡，必多制"（《左传·昭公六年》），这些都是与"先王议事以制，不为刑辟"相对比而言的，所谓"先王"之时，是带有价值判断的说法，并不简单指过去，而是就过去的理想状况说的，过去当然也有乱政。二者，制作罪刑合一的刑书并不必然与"议事以制"相矛盾。按杜预的注，"议事以制，不为刑辟"是指"临事制刑，不豫设法也"。既然"不豫设法"，《尚书》《周礼》等文献中为何还有上述豫制刑的记载呢？孔颖达已经意识到这个问题，他解释说："'临事制刑，不豫设法'者，圣王虽制刑法，举其大纲，但共犯一法，情有浅深，或轻而难原，或重而可恕，临其时事，议其重轻，虽依准旧条，而断有出入，不豫设定法，告示下民，令不测其浅深，常畏威而惧罪也。"（《左传·昭公六年》孔颖达正义）也就是说，罪刑相应的刑书虽然早就有了，但也只是作为判案时的基本参照，实际的定罪量刑要根据犯罪者的身份高低、以往功过、情节轻重、影响大小等多种因素综合考虑，灵活性是很大的。《周礼·秋官·小司寇》有所谓八议之制，"一曰议亲之辟，二曰议故之辟，三曰议贤之辟，四曰议能之辟，五曰议功之辟，六曰议贵之辟，七曰议勤之辟，八曰议宾之辟"，"以八辟丽邦法，附刑罚"，亦可为佐证。因此，不能说有了罪刑合一的刑书就是一任刑治了，行礼治也是需要刑书的，只不过按照礼治的理念，刑律不居于首要地位而且不是"定法"。这实际上是一个"度"的问题。越是在乱世，刑法的作用越突出，其效力也越大，当刑法的作用大到超过"议事以制"的作用时，刑书就成为真正意义上的法典，而这既意味着治国理念的转变，也意味着国家政制的改变。所谓治国理念的转变，是指从以礼治为中心转向以刑治为中心。过去学界曾把礼治比附为人治，把刑治比附为法治，这是不正确的。礼治是以习传礼法为准则，不能简单说成是人治，刑治的法律由专制君主控制，与在现代民主政制背景下提出的法治相去甚远。国家政制的改变则是指春秋时期各主要诸侯国从义神礼法君主制变为集权君主制。铸刑鼎之所以能作为标志性事件，正是因为它达到了"度"的一个高峰，标志着或预示着上述两种转变。

铸刑鼎与此前的刑书书写活动的主要不同之处或许不在于刑书的内容，而在于把罪刑合一的刑书铸刻于铁鼎这种书写的物质载体之上，并将其公之于众，换句话说，铸刑鼎实际上是将刑书法典化，又将法典公开化。刑书与铁鼎的结合在书写史上是有特殊意义的事件。为什么要选择铁鼎这种载体？为什么将刑书铸于铁鼎上可以同时实现刑书的法典化和公开化这双重功能？第一，这里所谓法典化，并不只是要使刑书成为"典"，事实上，在刑鼎出现之前，刑书早已具有"典"的地位。但过去的"刑典"只是礼乐典章的一个组成部分，在各种类型的"典"中，"刑典"的地位并不特别突出。法典化的实质是要使刑法代替礼法成为治国的根本之法，或者说成为"典"之首。要使刑书成为"典"之首，就必须赋予刑书的文本符号以特别的合法权威，而用鼎这种最大型的（同时也是最典型的）彝器作为刑书的书写载体无疑是这种权力加载的最佳选择，因为鼎是国之重器，至迟到商代已经被用作国家权力的最高象征物。①第二，用铁鼎而非铜鼎，或许亦非偶然。中国的冶铁业大抵形成于春秋时期，春秋以前的彝器基本都是青铜器，铁鼎是春秋中后期新兴的彝器用具。从出土的春秋铁器来看，在春秋中期以前，铁实际上是比较低级比较廉价的材料，一般用作武器、农具或其他工具，到春秋中后期，铁虽然被用于铸造贵族彝器，但仍是普通民众制作日常器物的重要材料。②晋国铸刑鼎所用的铁应该就是从民间征收上来的。③换句话说，铁这种材料不是贵族的专属，它不像青铜那样几乎天然就具有区分贵族与平民等级身份的标志意义（当然，做成的铁器仍然有区分意义）。因此，用铁鼎铸刑书一方面突显了刑法与平民的关联，即主要面向平民的向度；④另一方面铁的无阶级性很可

---

① 《逸周书·世俘》中有武王"荐俘殷王鼎"以"告天宗上帝"的仪式记载，说明获取殷王鼎从某种意义上说意味着获得了改换天命的合法性。武王克商所获殷王鼎是否如一般所说是传说中的"九鼎"，尚无确切证据，但殷王鼎无疑是商王朝的最高权力象征物。西周有严格的列鼎制度，鼎更是成为"集祀权、神权、政权于一体的象征物"。（蔡先金：《九鼎制多始末略考》，《安顺学院学报》2012年第3期）因此到了列国争霸的春秋战国时代，霸主们都觊觎周的九鼎。

② 参见顾德融、朱顺龙：《春秋史》，上海人民出版社，2003年，第169页。

③ 《左传·昭公二十九年》："晋赵鞅、荀寅帅师城汝滨，遂赋晋国一鼓铁，以铸刑鼎。"

④ 如《左传·昭公二十九年》孔颖达正义所言："范宣子制作刑书，施于晋国，自使朝廷承用，未尝宣示下民。今荀寅谓此等宣子之书，可以长为国法，故铸鼎而铭之，以示百姓。"

能也暗合于刑鼎之刑对于贵族和平民有限度的通用性。这两个方面都是刑法"公开化"的本旨所在。廖宗麟先生认为:

　　　　（刑鼎）主要是放在公府要地,而不是摆在通衢大道,任众人阅读;加上当时的普通百姓无法接受教育,不认识字,也就无法读懂鼎上的法律,所以这些刑鼎公布的范围也不会很大。①

　　此说不免拘谨,因为不识字的普通百姓可以从识字者那里获得关于刑鼎内容的信息。春秋后期,随着士阶层社会流动的加强和文字在民间的传播,识字能力已经不再是辨别贵族与庶民的标志了。如果刑鼎的内容不会传到普通百姓那里,叔向、孔子等何必担心"民在鼎矣"呢?

　　从叔向和孔子对铸刑鼎的批评来看,他们对铸刑鼎的担心是基本一致的,只是侧重点有所不同。叔向说:"民知有辟,则不忌于上,并有争心,以征于书,而侥幸以成之,弗可为矣。"(《左传·昭公六年》)这是侧重说铸刑鼎反而会增加犯罪。孔子说:"民在鼎矣,何以尊贵? 贵何业之守? 贵贱无序,何以为国? "这是侧重说铸刑鼎破坏了社会等级秩序。孔子和叔向都强调,刑法典向民众公布后的直接后果是庶民将不再尊重和敬畏贵族。民不尊贵有何害处呢? 因为按照礼治理念,对于庶民来说,贵族是遵行礼法的榜样,社会的和谐秩序要靠遵行礼法的贵族对庶民进行教化和引导,而这需要以庶民真心尊敬贵族为前提,正如美国汉学家史华兹所言:

　　　　法典提供的行为模式可以支配民众的行为,而作为伦理先锋队的贵族,也可以通过以身作则的方式,支配民众的行为;如果将法律公之于众,以之强化法律对于民众的支配地位,就必然会削弱贵族对于民众的支配地位。如此,贵族相对于民众的引领地位、楷模作用、先锋队的功能,又将从何谈起呢? ②

　　因此,孔子、叔向批评铸刑鼎不能视为出于维护贵族阶级利益的私心,他们要维护的是礼治传统。这种用心不是没有道理,但确如学者所言,有理

---

① 廖宗麟:《如何看待春秋期间郑铸刑书、晋铸刑鼎的法律意义》,《河池学院学报》2005 年第 6 期。

② [美]史华兹:《古代中国的思想世界》,转自喻中《孔子为什么反对"铸刑鼎"》,《法制日报》2009-8-26。有学者以孔子对子贡赎奴不取金和子路救溺受酬的不同态度为据,认为"孔子恰恰是反对这种崇高的'楷模作用'"。(参见聂长建、李国强:《孔子反对"铸刑鼎"的法哲学解读》,《浙江社会科学》2011 年第 3 期)此说不确,孔子对子贡和子路的不同态度,并不能说明孔子反对贵族的"楷模作用",而是说明孔子明白身为楷模的贵族更应该懂得以什么样的方式来引导百姓,所谓"夫圣人之举事,可以移风易俗,而教导可施于百姓,非独适己之行也"。(《吕氏春秋·察微篇》)

想主义的色彩，①因为春秋后期社会的根本问题不是先出在庶民身上，而是先出在贵族自己身上，贵族集团已经不守礼法，失去了礼义精神，②如何可能正确引领、教化庶民？所以，子产未必不认同叔向的意见，他以"不能及子孙，吾以救世也"（《左传·昭公六年》）回答叔向，亦属无奈，并非托词。

从影响政制转变的角度说，子产铸刑书与荀寅、赵鞅铸刑鼎在主观意图上有区别，但历史效果却是一致的。正如郝铁川先生所言，子产铸刑书"是在'张公室、抑私门'的背景下进行的"，即试图通过铸刑书削弱贵族势力，缓解贵族对君主权力的威胁，使权力向公室集中。与之相反，荀寅、赵鞅铸刑鼎则可以说是在"张私门、抑公室"的动机下实施的，即通过铸刑鼎削弱晋国君主权力，使异姓卿大夫的权力进一步膨胀。③之所以说历史效果是一致的，是因为：子产铸刑书表面看是在维护原有的礼法君主政制，实际上也推动了政制的转变。礼法君主政制是以贵族与君主之间权力分配的平衡为基础的，如果权力向君主集中，贵族原有政治权力被剥夺，权力的均衡就被打破，政制形态也就转变为集权君主政制。④同样，荀寅、赵鞅铸刑鼎固然僭越了旧式君主权[如蔡史墨所言："中行寅为下卿，而干上令，擅作刑器，以为国法，是法奸也。"（《左传·昭公二十九年》）]，张大了贵族势力，但并不是为了建立寡头政制，使权力在贵族阶层内部分享，恰恰相反，铸刑鼎也是晋国贵族集团内部权力斗争的一种表现，权力斗争的胜出者自立为君，但那时的君主已经不是礼法君主制下的君主，而是集权君主制下的君主。因此，春秋后期这两次铸刑鼎事件从根本的背景上说都与礼法君主政制转向集权君主制这一重大历史变革有关。到战国时期，随着集权君主政制的普遍确立，各国制定并颁布法典的事情就很常见了。

附带指出，铸刑鼎遭非议在一定程度上也是因为礼法观念在一些姬姓诸侯国内仍较为强势，而在周礼影响较为薄弱的诸侯国，制定和实施本国新法典的过程则要顺利得多，如楚国有《仆区之法》《茆门之法》，到春秋后期，

---

① 参见喻中：《孔子为什么反对"铸刑鼎"》，《法制日报》2009-8-26。

② "礼崩乐坏"可以有两种理解，一种是礼仪形式的废弛，一种是礼义精神的亏损和败坏。虽然春秋时期僭越礼制之事时有发生，但礼仪层面的废弛主要发生在战国时期。而礼义精神的亏损到春秋后期已经比较严重了，虽然还有一部分史官和贵族知识人的坚持。

③ 参郝铁川：《从多元立法权和司法权到一元立法权和司法权的转折——春秋时期"铸刑书""铸刑鼎"辨析》，《华东政法学院学报》2005年第5期。

④ 当然，由于种种原因，郑国于战国初期即被韩国所灭，未能确立集权君主制。这里说的"历史效果"只是单纯就铸刑鼎本身的历史意义和功能而言。

还编订了较为系统的法典《鸡次之典》。①

　　（六）略具雏形的春秋奏议文书制度

　　西周和春秋时期，臣属向国君进言论谏的文辞在《尚书》《左传》《国语》等先秦文献中有大量记载。但这些文辞一般是史官在事后记录下来的，真正意义上的"上书"在何时出现尚无定论。刘勰《文心雕龙·章表》曰：

　　　　故尧咨四岳，舜命八元，固辞再让之请，"俞往钦哉"之授，并陈辞帝庭，匪假书翰。……至太甲既立，伊尹书诫，思庸归亳，又作书以赞。文翰献替，事斯见矣。周监二代，文理弥盛，再拜稽首，对扬休命，承文受册，敢当丕显。虽言笔未分，而陈谢可见。降及七国，未变古式，言事于王，皆称上书。秦初定制，改书曰奏。

　　我们知道，《古文尚书》中的《尹训》《太甲》都是伪作，即便伊尹对太甲有训诰或赞誉之辞，也当由史官记录，不可能是伊尹自己作书。因此，"陈辞帝庭，匪假书翰"应该是更接近西周以前历史事实的说法。对于西周时期，刘勰没有明说臣属的陈谢之言是否形诸简策，只是说"言笔未分"。言笔未分的原因在于笔是对言的记录，书写还不能脱离口头言说。降及七国，"言事于王，皆称上书"，战国时期无疑已有书面奏议之制，但刘勰又说"未变古式"，大抵是由于史实不清而不得不采取含糊的说法。当代有学者据《周礼》中的相关记载来证明上书进言之制在西周时已经完备。②《周礼》中确有多处言及负责奏报臣属上书的职司，如《周礼·天官·宰夫》说：宰夫掌"诸臣之复，万民之逆"，郑玄注曰："复之言报也，反也，反报于王，谓于朝廷奏事，自下而上曰逆，逆谓上书。"孔颖达疏曰："言上书者，则今之上表也。"又《周礼·夏官》也有太仆"掌诸侯之复逆"、小臣"掌三公及孤卿之复逆"、御仆"掌群吏之逆，及庶民之复"之说，御仆下孔疏云："此官所云群吏，对庶民是府史以下。言'以下'，兼胥徒。若然，不见大夫士者，《小臣》孤卿中兼之矣。""有这么多专职官员负责呈递各级官吏的上书"，③分工如此细致，似乎说明西周时不仅有上书进言之制，而且这种制度已经十分完备了。董芬芬注意到，《周礼》的上述说法与春秋时期有关史实记载也是相符的，如《左传·襄

---

①《鸡次之典》的内容应"包括诸如《将遁之法》《覆将杀将法》《仆区之法》《茅门之法》等分门别类的法令典章和刑律条规"，"既是国法大典，又是'五官'执法的依托"。（参见徐俊：《释"鸡次之典"》，《江汉论坛》1986 年第 3 期）

② 参见董芬芬：《春秋辞令文体研究》，前揭，第 266-268 页。

③ 董芬芬：《春秋辞令文体研究》，前揭，第 266 页。

公三年》载晋国魏绛上请罪书一事："魏绛至，授仆人书，将伏剑。……公读其书。"《国语·楚语上》载楚灵王就城陈、蔡、不羹之事派仆大夫子晳问于范无宇，子晳问后向楚灵王复命。《新序·杂事卷五》载："子张见鲁哀公，七日而哀公不礼，托仆夫而去。"石光瑛注曰："托仆夫，托其致词，即下云是也。"①可见，春秋时期，仆大夫、御仆、仆夫这一系统的官员②确有转呈臣属书面奏事的职司。问题在于，《周礼》相关说法与这些记载的相符其实并不能说明《周礼》的可靠性。《周礼》的说法明显有制度设计的成分，更可能的情形是，春秋时期上书进言之制略具雏形，到战国时进一步发展，而《周礼》作者根据春秋战国的现实制度进行了更精致的设计，因此，两者之间自然会有部分相合之处。可靠的文献中没有春秋时期宰夫、小臣呈递上书的记载。董芬芬还分析指出《左传·文公十八年》所载季文子回答鲁宣公的言论也是"季文子的亲笔上书"，③这是有可能的，但转呈季文子上书的却是太史克（即里革）。《左传·襄公二十一年》载晋国栾盈逃亡时经过周地边境，被周人掠去财物，栾盈向周王陈情申诉，其辞如果是书面形式，那么转呈上书的是周行人，也并非宰夫、小臣或太仆一类官员。《左传》等文献中常有国君派使者向臣属询问或责问相关事宜，然后由使者复命的记载，但很少点出使者的职官身份，更没有记载某一类或某几类职官专门负责接受吏民的上书。所以，在春秋时期，上书进言很可能并没有严格的制度规范，而是相当随意的。

上书进言制度之所以出现较晚，可以从政制条件方面找到原因。上书进言制度是与集权君主政体相配的政治制度，其主要功能在于突显君主个人的最高决策权威，因而与礼法（或宗法）君主政体下存在的贵族民主议事制度有所不同。战国以后上书进言制度的长足发展，甚至趋向复杂化繁琐化，是与集权君主政制的确立和君主权的日益强化相应的，如《战国策·齐策一》载齐王之令曰："群臣吏民能面刺寡人之过者，受上赏。上书谏寡人者，受中赏。"《战国策·秦策二》载秦武王谓甘茂章曰："乐羊反而语功，（魏）文侯示之谤书一箧。"可见，在战国时期，上书进言的形式已被普遍采用。云梦秦简《内史杂》提道："有事请也，必以书，毋口请，毋羁请。"④说明秦代时上书进言已取代口头进言。刘勰说："秦初定制，改书曰奏。汉定礼仪：一曰章，二曰奏，三曰表，四曰议。章以谢恩，奏以按劾，表以陈请，议以执异。"（《文

①〔汉〕刘向撰，石光瑛校释：《新序校释》，中华书局，2001年，第765页。
② 御仆、仆夫当是仆大夫（应当就是《周礼》所说的太仆）的属官，他们应是国君的近侍人员。
③ 董芬芬：《春秋辞令文体研究》，前揭，第268页。
④ 见云梦秦简整理小组：《云梦秦简释文（二）》，《文物》1976年第7期。

心雕龙·章表》）不同内容类型的上奏文书不仅题名不同，还要求采用不同的规格和用语。东汉蔡邕的《独断》对汉代公文运作方式有较详细的说明，其中说：

> 章者，需头。称"稽首"，……奏者亦需头，其京师官但"稽首"，下言"稽首"以闻。……表者，不需头。上言"臣某言"，下言"臣某诚惶诚恐，顿首顿首，死罪死罪"。左方下附曰"某官臣某甲上"，文多，用编两行，文少，以五行。……公卿校尉诸将不言姓，大夫以下有同姓官别者言姓。……凡章表皆启封。其言密事，得锦囊盛。①

上书进言制度还需要有一套分工明确的行政官僚体制，如《独断》同时还指出："章者，……上书谢恩陈事，诣阙通者也""奏者，……其中有所请，若罪法劾案，公府送御史台，公卿校尉送谒者台也""表者，……诣尚书通者也"。②这是说章是"由陈事者诣阙交由公车通送"，奏"则根据上奏者的身份不同而有所不同，如果是公府上奏，则送御史台，如果是公卿校尉上奏，则送谒者台"，表则"由负责呈递的尚书进行批复"。③西周时期，周天子固然具有最高权威，但宗法贵族阶层毕竟是主要的政治力量。终西周之世，周天子的实际权力有一定变化，但较稳定的状态是周王与贵族大臣之间达成权力的平衡，而不是周王独揽大权。厉王的失败在很大程度上就是由于他试图实施集权专制，独断专行，从而与宗法贵族集团产生利益冲突。虽然不能说西周天子只是"统而不治"，但其权力确实是受到各方面制约的。《国语·周语上》中"天子听政，使公卿至于列士献诗，瞽献典，史献书，师箴，瞍赋矇诵，百工谏，庶人传语，近臣近规，亲戚补察，瞽、史教诲，耆艾修之，而后王斟酌焉"的记载表面上似乎能够支持上书进言之制，实际上只是说明采言纳谏不是君主的个人意愿，而是礼法制度对君权的制约方式，而这种制约恰恰与上书进言制度所要求的集权君主政制条件大相径庭。这里的诗、典、书虽然是书面形式的文本，但并非后世针对具体公务的奏议类上行文书，而是政教礼法文献。此外，以宗法贵族为主体的官僚体制也无法支持一套完备的行政文书运作系统，原因在于完备的行政文书运作系统是以科层制官僚体系为基础的，即标示官员之间区别的应是科层职务等级，而不是他们的贵族身份等级。

当然，本文并不是要断言西周时不存在以书面文本规谏君主的现象，只

---

① 〔东汉〕蔡邕：《独断》（卷上），前揭，第4-5页。

② 〔东汉〕蔡邕：《独断》（卷上），前揭，第4-5页。

③ 刘后滨：《从蔡邕〈独断〉看汉代公文形态与政治体制的变迁》，《广东社会科学》2002年第4期。

是认为西周时没有上书进言的规范制度。以书面文本规谏君主的现象如果存在，大抵只是为了解决当面陈词的不便。春秋时有些上书也是这种情况，如《史记·晋世家》记晋文公时介子推从者悬书宫门，采用"悬书宫门"的方式来上书，说明当时应该没有《周礼》所言掌"万民之逆""庶民之复"的职官。此外，"西周中央王朝定期要求诸侯派使者去王室汇报情况，隔五年诸侯又必须亲自去朝觐周王，以述其职，并聆听训示"，①如《礼记·王制》曰："诸侯之于天子也，比年一小聘，三年一大聘，五年一朝。"《国语·鲁语上》曰："先王制诸侯，使五年四王。"地方诸侯定期朝聘天子的礼制可能要求使用书面报告，但这种赴告策书与本节所说的奏议论谏类文书是有根本区别的。

春秋时期上书进言制度能够略具雏形，可能有两个方面原因：其一，春秋时期政务活动更为频繁和复杂，通过书面文本来沟通信息的需要增大，各种文书的使用率大大提高，于是，臣属以书策奏告国君的事情自然随之增多；其二，春秋时期，尤其是春秋中后期，是礼法君主制向集权君主制过渡的历史时期，在此消彼长的历史演进过程中，各国君主可能逐渐意识到上书进言对于显示君主权威的意义。于是，上书进言之制就在已有惯例的基础上初步形成。

为什么上书进言能够突显君主权威？或者说为什么书面奏议制度的形成可以视为集权君主制在书写上的一种体现？这实际上涉及口头谏议与书面奏议这两种下对上的话语方式的不同政治影响。与口头表达相比，书面表达是一种更适合对形式规范进行细致操控的表达方式，这首先使它可以在政务言说的文本中显示出更清晰的等级关系，比如地位有一定差别的贵族在向君主当面陈辞时可以使用相同或基本相同的表达策略，反过来说，君主向不同等级的贵族臣属说话（包括对谏议的口头答复）也同样如此或只能如此，而上书进言（以及书面批复）就可以通过各种书写规范（措辞规范、格式规范、书策形制规范等）来建立比较清晰的等级秩序。再者，书面表达更适合建构特定行政体系所必需的言说类型，即生产不同的行政公文文类文体，如借助各种书写规范来设定章、奏、表、议等上行公文文类，这些文类的划分无疑是按照集权君主制的权力逻辑来实施的。此外，集权君主制下的行政文书制度使政务言说的实践必须遵循更为严格的行政层级规范，比如不能随意越级谏议。这种行政规范程序显然无法通过口头陈辞来实现。行政文书制度还意味着政务言说的责任制度。口头陈辞是即时性的，不能为任何转达所完全还原，口头言辞的始作者可以有各种理由避免为转达承担责任。书写则将原本

① 肖宁灿：《先秦政治体制史稿》，前揭，第145页。

是转瞬即逝的文本符号凝固于特定的物质载体之上，因而"是一种作用于感觉的具有永久性的行为"，①就政务公文的书写来说，书写者和发送对象都必须是明确的，掌权者可以凭可见的物质文本轻易实现对政务言说的责任主体认定。

春秋后期也可能出现了平行公牍。《越绝书·越绝外传记吴王占梦第十二》记载吴王夫差之臣王孙骆所作移记一份，文曰："今日壬午，左校司马王孙骆，受教告东掞门亭长公孙圣：吴王昼卧，觉寤而心中惆怅也，如有悔。记到，车驰诣姑胥之台。""移记"是古代的一种平行公牍文体，但《越绝书》的上述记载是否可靠仍须存疑，如俞樾《读越绝书》所说："此古公牍文字，虽未必春秋时格式如此，要亦汉人之遗。"②就《左传》《国语》等较为可靠的文献来看，春秋时期所谓平行的行政公牍一般包含在"卿大夫之间的书信往来中"，③如《左传·定公十四年》记载晋国知文子想除掉赵鞅家臣董安于，于是"使告于赵孟曰：'范、中行氏虽信为乱，安于则发之，是安于与谋乱也。晋国有命，始祸者死。二子既伏其罪矣，敢以告。'"董安于自杀后，赵鞅"告于知氏曰：'主命戮罪人，安于既伏其罪矣，敢以告。'"这里知文子与赵孟之间的通告与回复应该是使用书策形式，而非口头交换意见。问题在于将这类书策文本看作单纯的行政公牍是不合适的。这类文本接近上文所述国君向其臣属下达的命令文以及臣属的复命文，只是前者用于本国同僚之间，也与下文将讨论的春秋时期一般性邦交文书相近，只不过后者用于诸侯国之间，而此类文本用于诸侯国内部。其实，春秋时期的这些文体都不是严格意义上的行政公文，因为如上文所述，严格意义上的行政公文运作，无论是上行、下行还是平行，都必须以科层制管理体系为基础，不可能以明显带有个人或私人特征的书信交往来体现。所以，尽管这类书信的内容往往关乎国事政务，因而可与后世的行政公牍相类比，但从根本上说它们从属于两套不同的官僚体制。春秋时期的这些文书交往说到底仍然是遵照贵族的规矩，而不是遵照所谓行政的规矩。贵族之间的交往可以有为公和为私之分，但难以有明确的公共事务与个人事务之别。这种交往有时是以为公的言辞达到私人目的，如上述知文子给赵孟的书牍，有时则是以个人性的言辞行为公之实，如下文要谈到的郑国子产所作的邦交书牍。但不论是为公还是为私，行为主体都是代表当事的贵族

---

① [英]戴维·芬克尔斯坦、阿利斯泰尔·麦克利里：《书史导论》，何朝晖译，商务印书馆，2012年，第68页。

② 〔清〕俞樾《读越绝书》，转自俞纪东译注《越绝书全译》，贵州人民出版社，1996年，第211页。

③ 董芬芬：《春秋辞令文体研究》，前揭，第195页。

个人或其宗族，而不是或主要不是代表特定的政府官僚机构。

（七）"春秋聘繁，书介弥盛"：春秋时期邦交文书的书写

春秋时期的邦交文书是指春秋诸侯国之间以及周王室与诸侯国之间的交往文书，与后世的外交文书相类。不同之处在于春秋时期的各诸侯国还不是真正的独立主权国家，名义上的东周国家共同体仍在发挥作用，所以，东周国家内部的文书交往用"邦交文书"称之比较合适。春秋时期的邦交文书可分两类，一是国书，一是一般性邦交文书。国书是指以诸侯国国家名义发出的正式邦交文书，[①]当然，由于"国君一体"（《春秋公羊传·庄公四年》），国君代表国家，以国家名义和以国君名义便基本没有分别。其他邦交文书则多以卿大夫名义发出。

邦交文书在春秋时期成为十分突出和兴盛的文类，其直接原因是"聘繁"，所谓"春秋聘繁，书介弥盛"（《文心雕龙·书记》）。"聘繁"是由于春秋事多，而春秋事多从根源上讲则是不稳定的半君主政制造成的。这种政制形态也决定了春秋邦交及邦交文书的基本样态，一方面使春秋邦交文书总体上仍以西周以来的聘问赴告礼制为依托，另一方面也使邦交文书在文体功能、书写策略以及书写方式等方面都有所变化。

1. 聘问赴告制度与会盟政治

顾炎武曾指出："春秋时犹有赴告策书，而七国则无有矣。"[②]此话不当理解为战国时期没有邦交文书，而是说战国时已经少有西周和春秋时期的那种国书。西周和春秋的国书是聘问赴告礼制的直接产物，致送国书是聘问赴告礼制的一部分，因此，聘问赴告礼制与国书书写关系极为密切，前者的变化必定会影响后者。战国时期，聘问赴告礼制已经式微，几近不存，赴告策书自然也就大大减少了。

与西周相比，春秋时期的聘问赴告制度已经产生了一定的变化，并直接影响到国书书写活动中书写者与接受者的关系变迁。这种变化与在东周国家政制条件下出现的会盟政治有关。我们知道，聘问赴告实际上是远近亲疏乃至敌友关系的体现。在西周时期，诸侯国之间的远近亲疏主要是看彼此在宗法系统中的位置，到春秋时期，一方面，各国之间的宗法关系仍存在，另一

---

① 徐师曾《文体明辨序说》列有"国书"一体，文曰："国书者，邻国相遗之书也。"（吴讷、徐师曾：《文章辨体序说·文体明辨序说》，前揭，第 119 页）徐师曾所说的"国书"包括本文所说的国书和一般性邦交文书在内。

② 〔清〕顾炎武著，〔清〕黄汝成集释，秦克诚点校：《日知录集释》，前揭，第 467 页。

方面，"国际"间的战略利益关系开始发挥越来越大的作用，换言之，春秋时各国的远近亲疏既看宗法关系，也看利益关系，这两类因素相互纽结，使政治博弈日益复杂化。这种状况是与春秋会盟政治相应的，因为春秋会盟恰恰统合了这两类因素。如此一来，会盟就成为诸侯间远近亲疏以及敌友叛从关系的主要表达方式，而聘问赴告自然就以同盟关系为依托。事实上，春秋时期的聘问赴告主要是在有同盟关系的诸侯国之间进行，这也是政由方伯的政治机制的重要组成部分。这一点在文献所载春秋会盟的盟约中有明显体现，如齐桓公葵丘之盟的盟约中明确说到"无有封而不告"，又说"凡我同盟之人，既盟之后，言归于好"（《孟子·告子下》），"言归于好"是笼统地说恢复友好关系，言归于好的表现首先就应是通聘问赴告，"无有封而不告"句赵岐注曰："无以私恩擅有封赏而不告盟主也。"可见，赴告是服从盟主的政治表示。《左传·成公十二年》所记宋之盟的盟约写道："交贽往来，道路无壅。"孔颖达正义曰："'交贽往来'，谓聘使来去也。"《左传·襄公十二年》亳之盟盟约说："凡我同盟，毋蕴年，毋壅利，毋奸保，毋留慝，救灾患，恤祸乱，同好恶，奖王室。"要实现这些同盟条款，无疑必须首先保证聘问赴告的通畅。又，《左传·昭公四年》"宋之盟"规定"晋、楚之从，交相见也"，即要求晋楚两盟主国的从国互相朝见，此条尤可见会盟政治对春秋时期聘问赴告的决定性影响。

正因为春秋时期的聘问赴告总体上由会盟政治主导，而会盟政治本身不稳定，所以聘问赴告在当时被认为是能够表达政治意向和立场的重要政治举动。该告而未告，轻则影响正常邦交关系，重则会引来战祸。①《左传·隐公九年》载："宋以入郛之役怨公，不告命。公怒，绝宋使。"事件的起因"入郛之役"是指隐公五年郑、邾联军攻入宋都外城的战役，当时鲁宋是盟国（《左传·隐公元年》载鲁宋有宿之盟），所以"宋人使来告命"（《左传·隐公五年》），也就是向鲁国告急求援，鲁隐公本打算出兵，但由于宋使者的应答失误，隐公未出兵。隐公九年，宋殇公因"不王"，再遭郑庄公讨伐，宋国由于当年之事怨恨在心，就不派使者来鲁国告命求援。这种不告命的行为在鲁隐公看来无疑是对鲁宋之盟的背弃，故而怒绝宋使。鲁宋同盟关系一断，郑人便"以王命来告伐宋"（《左传·隐公九年》）。郑鲁虽然是姬姓兄弟之国，而且隐公六年时已有更成之举，但当时还没有结盟，因此郑国有大事政令不一定非要依周礼向鲁国告命。郑人之所以以"王命"来告，是有外交用意的，一者表达了向鲁国示好并拉拢的意图，二者表明己方是依周礼行事。鲁隐公显然接受了郑国发来的这一政治信号，第二年便与齐、郑在邓地会盟并伐宋。在这

---

① 参董芬芬：《春秋辞令文体研究》，前揭，第212页。

个事件中，我们看到，有时赴告行为本身比赴告策书的内容更具有重要的政治意义，宋国不来告命只是没有向鲁国求援，却使隐公大怒，郑国告命只是来通报此前伐宋无功的情况，却使鲁国与之结盟。还有因赴告不及时而引起的战争，如《左传·庄公十六年》载："郑伯自栎入，缓告于楚。秋，楚伐郑，及栎，不为礼故也。"郑厉公回国复位，依周礼当向各国通报，但他入国两年还未告楚，故而引起楚国的讨伐。楚郑两国此前并未结盟，楚还不是郑的盟主，按理，郑国缓告于楚，在当时并不算多大的过失。所谓"不为礼故"，不过是楚文王找的一个冠冕堂皇的借口而已，其意图就是想威吓郑国，让郑国听命于楚，从而为将来当中原盟主做准备。

2. 春秋国书的书写规范和书写策略

春秋国书可按内容分为告请、通报以及庆吊三大类，告请类有告急、请籴、求和、求婚、求报仇以及求释放人员等，通报类包括告丧、告难、告乱、告败等，庆吊类包括庆婚、吊丧、恤灾等。①从这些内容类型可知，有的国书是纯礼节性的，有的则负有重要的实际政务功能，尤其是告请类国书。但不管是哪一种，由于都是源于西周聘问赴告礼制，因而具有泛仪礼性。即便到春秋时期，国书也仍是有较高书写规范要求的文类文体，所谓"命者，凡聘问会盟所受于主国之命，其语皆有一定"。（《论语·宪问》刘宝楠注）所以，不同类别的国书常用一些不同的程式化套语。②

春秋国书的程式化写法应是从西周延续下来的，突显了谦恭尚礼的特点。不过，由于春秋国书已经承担了较多的实际政务功能，因此，在谦恭尚礼之外，为达到邦交目的，有时要讲求书写策略。比如春秋国书大多篇幅短小，点到即止，注重分寸，不对具体事务做过多的评价和解释，这本身就是一种避免言多有失的策略，因为国书是国君之间（或者说国家之间）最为正式的邦交公文，每句话都可能代表国家的立场和态度，需要十分的慎重，要做到

---

① 关于春秋国书的分类，详参董芬芬：《春秋辞令文体研究》，前揭，第205-217页。

② 如告难、告乱的国书结尾常常用"敢告""不敢不告"等语，《左传·宣公十四年》记卫国通告各诸侯"寡君有不令之臣达，构我敝邑于大国，既伏罪矣。敢告"即为一例；吊丧、恤灾一类的国书则常用"若之何不吊？""其若之何？"等反问式套辞，表示同情、担忧，回复的国书则常用"以为君忧""拜命之辱"等；求婚国书也有一定的套辞写法，如《左传·襄公十二年》载："天子求后于诸侯，诸侯对曰：'夫妇所生若而人，妾妇之子若而人。'无女而有姊妹及姑姊妹，则曰：'先守某公之遗女若而人。'"这是诸侯回答天子求后的国书套辞。（详参董芬芬：《春秋辞令文体研究》，前揭，第211-217页）

既能表明基本意图和态度，又能保证己方有充分的邦交余地。至于具体事务方面的言辞斡旋则可以由行人去便宜行事，行人固然是受主之命，代表国家出使，但其邦交应答毕竟要由自己负责，这就使邦交运作更具灵活性，既保证了行人活动的有效性，又避免让国君（国家）直接承担过多的言辞责任。

当然，春秋国书也偶有篇幅较长、言辞详尽的例子，如《左传·成公十三年》所载晋厉公写给秦桓公的告绝书、《左传·昭公三十二年》所载周敬王写给晋定公请求城成周的告请书等。这两个例子同样有书写策略的考虑。《绝秦书》实际上是一篇讨战檄文，所谓"奉辞先路"（《文心雕龙·檄移》），正是不想留有余地。对于秦晋两国关系的恶化，哪一方应承担更大的道义责任，如果要细究起来，至少是互有对错，晋国为了寻找伐秦的口实，就把责任全部归到秦国方面，把自己说成一再忍让，委曲求全。形诸简策有一个基本的好处就是对方无法直接反驳。《左传·成公十三年》说"晋侯使吕相绝秦"，意思当如杨伯峻先生所言："或由吕相执笔，或由吕相传递。"①但肯定不是让吕相去跟秦国方面论辩是非。此外，檄文之所以要详细列举对方的种种不义，也是为了起到宣传效果。周敬王的告请书写得详细，则是为了能够打动晋国方面。当时王子朝作乱，余党多在王城，周敬王徙都成周，而成周狭小，所以敬王想求诸侯们筑城，其文如下：

> 天降祸于周，俾我兄弟并有乱心，以为伯父忧。我一二亲昵甥舅，不皇启处，于今十年，勤戍五年。余一人无日忘之，闵闵焉如农夫之望岁，惧以待时。伯父若肆大惠，复二文之业，驰周室之忧，徼文、武之福，以固盟主，宣昭令名，则余一人有大愿矣。昔成王合诸侯，城成周，以为东都，崇文德焉。今我欲徼福假灵于成王，修成周之城，俾戍人无勤，诸侯用宁，蛮贼远屏，晋之力也。其委诸伯父，使伯父实重图之。俾我一人无征怨于百姓，而伯父有荣施，先王庸之！

该文措辞彬彬有礼，极尽谦恭之能事，先为诸侯们长期派兵戍守表示感谢，然后说定公如果能主持加筑成周城墙，就能博得更好的名声，从而有助于巩固盟主之位，再指出成周城墙修筑完成之后，就不用再让诸侯们费心戍守之事了。如此，本来是求人帮忙，却说得好像于对方有利。可谓动之以情，诱之以利。春秋时期，王室衰微，调动不了诸侯，所以不得不费这一番苦心。

---

① 杨伯峻：《春秋左传注》，前揭，第861页。

3. 其他邦交文书的书写

除了国君之间相互致意的国书之外，春秋时期还有许多非正式的或者说一般性的邦交文书，这些邦交文书多是各国卿大夫之间关于国事的信函，也有卿大夫与他国国君之间关于国事的信函。《左传》中多处记载晋郑两国卿大夫之间的国事书信，如《左传·文公十七年》记郑国执政子家使执讯致书晋国执政赵宣子，言说郑对晋之功，表示郑愿与晋结盟，《左传·襄公二十四年》记郑国执政子产寓书于子西以告晋国执政范宣子，劝其减少向诸侯征收财物，《左传·昭公六年》晋国上大夫叔向致信郑国子产，批评其铸刑鼎。褚斌杰先生认为：春秋时期的书牍文，"多用于列国大夫之间的通问或交涉，实具有公牍文的性质"，"略等于列国之间交往的'国书'"。[1]需要指出，各国卿大夫之间的书信有的属于政务邦交文书，有的应该归入个人/私人书牍。《文心雕龙·书记》曰："绕朝赠士会以策，子家与赵宣以书，巫臣之责子反，子产之谏范宣，详观四书，辞若对面。"刘勰所举的这四个例子都是卿大夫之间交往的书策，但仔细分辨，绕朝给士会的策书和巫臣谴责子反的书信主要是为了表达个人意愿和态度，更具有个人性或私人性，[2]叔向批评子产铸刑鼎的书信也是如此，虽然谈论的是国家大事，但不能理解为晋国横加干涉郑国内政，叔向并未担任晋国执政，也不可能干预郑国内政。如董芬芬所言，叔向写信批评子产，"主要是出于对子产的关心。……担心子产因施政不当引发郑国之乱"。[3]所以，子产没有接受叔向的观点，并没有引来晋国方面的任何行动。子家给赵宣子的书信和子产给范宣子的书信则主要是代表国君的意愿和态度或者说是站在国家的立场上来谈论国事，具有更明显的政务性，严格地说，只有此类书牍才算得上"略等于列国之间交往的'国书'"。当然，非正式邦交文书与贵族个人书牍之间的界限也确实不是清晰分明的，例如子产给范宣子的信就比子家给赵宣子的信更接近个人书牍，后者是直接站在国君和国家的立场上说话，前者则"句句不言郑国，却以朋友的身份处处为晋国和范氏着想"。[4]这种细微的差别可以理解为非正式邦交文书书写策略的差别，子产给范宣子的信实际上是注重利用与范宣子的个人关系来为郑国谋取政治利益。

事实上，在前战国时代，政务性书写与个人性书写之间界限的不清晰应该是一种普遍现象。这种界限的不清晰从根本上说是前战国时代君主政体下

---

① 褚斌杰：《中国古代文体概论》，北京大学出版社，1990 年，第 390 页。
② 具体而言，前者接近个人书写，后者则属于私人书写。
③ 董芬芬：《春秋辞令文体研究》，前揭，第 193 页。
④ 董芬芬：《春秋辞令文体研究》，前揭，第 193 页。

的贵族官僚制所决定的。按照这种官僚制度，贵族阶层是政治生活（包括各种政务活动）的中坚和主导力量，但"贵族"本身就是一种"个人性"的而不是"公共性"的身份标识，或者说，贵族之为贵族是相对于君主而言的，而不是相对于国家而言的。从有限的意义上说，①贵族是作为个人为君主负责，只是由于"国君一体"，所以为君主负责也相当于为国家负责。这样一来，贵族官僚的公务活动自然就同时带有个人性。从君主的层面说就更是如此，无论是在礼法（宗法）君主制下，还是在集权君主制下，君主的个人行为与其代表国家的行为都是无法分清的，所以，"国书"也可以视为国君的个人性文本。此外，春秋以后集权君主政体下科层职业官僚制对贵族官僚制的替代也是有限度的，因为只要君主自己的"贵族"身份不取消，他就不可能彻底取消所有官僚的贵族身份。这使得即便到战国乃至战国以后，政务性书写与个人性书写有时也仍存在不能截然区分的情况。

　　春秋时期以卿大夫名义发出的对外文书之所以可以略等于国书，与诸侯国内部辅政体制的变化直接相关。在春秋中期以前，诸侯国内部虽然也有辅政贵族大臣，但最高决策权一般掌握在国君手里。由于辅政或执政大臣"几乎都是由卿以及上大夫等级的大贵族担任，……加之军队的管理和控制体制仍没有变革"，到春秋中后期，他们"依靠自己强大的宗族势力和拥有的'族甲''私属'等"，往往获得了该国实质上的最高决策权，国君的权力则逐渐被架空。②既然在很多诸侯国内部，国君和周天子一样变成仅仅是国家的象征，而实权落入以执政大臣为首的卿大夫手中，那么许多与实际政务有关的邦交活动在卿大夫之间展开也就不足为怪了。其实，春秋时期的很多邦交文书表面上是写给对方的国君，实际上却是写给对方的执政大臣，或者是由对方的执政大臣来决策和处理相关事宜的，如上述周敬王请求城成周的告请书，虽然是写给晋定公的，但同意周敬王告请的决策却是由范献子和魏献子商讨后作出的，对周王告请书的答复也是魏献子派人完成的。

　　这一类非正式邦交文书与行人使者的口头邦交辞令比较接近，如姚鼐所言："春秋之世，列国大夫或面相告语，或为书相遗，其义一也。"③相对于正式的国书，这一类邦交文书和口头邦交辞令运用言辞策略的空间更大一些，对后世论说文的影响也更为深远。学界对春秋行人辞令之特征和策略的分析比较充分，如陈彦辉先生指出，春秋辞令言说的内容和言说的方式都要以合

---

① 之所以是在"有限"的意义上说，是因为贵族官僚制当然不可能完全没有行政职司上的层级区分。

② 肖宁灿：《先秦政治体制史稿》，前揭，第 226 页。

③〔清〕姚鼐：《古文辞类纂》，转自褚斌杰《中国古代文体概论》，前揭，第 390 页。

礼为中心，必须遵守"正名""守信"的原则，还要能够体现"典章制度诗乐"，即所谓有"文"。行人辞令的语言艺术或修辞目标则是"揣摩心理、设意迎合""委婉其辞、隐晦其说""言近而旨远，辞浅而义深""柔中带刚、刚柔相济"。[①]沈立岩先生则指出，春秋时期的行人专对体现了"唯力是视与礼以为归"的交缠。[②]这些分析基本都适用于此处所说的一般性邦交文书。这里要强调的是，无论是行人辞令还是邦交文书，都推动了春秋书写的理性转向。所谓理性转向，既包括政教道义理性，也包括功利理性，前者"礼以为归"，后者"唯力是视"，总的说是以前者为主，但后者的分量逐渐增加，到战国策士辞令和文献那里转为主导。在春秋邦交辞令和文书中，主流的倾向是借助阐发道义理性而不是功利理性来占据有利的话语地位，从而争取政治利益。与战国策士辞令相比，这更能代表我国优良的书写和言说传统。当然，春秋的道义理性是以礼法为依准的，因而与史官书写传统一脉相承。阐发道义理性能够有效赢得话语地位的根本原因在于春秋时期主流的社会意识形态仍然是义神神权主导下的礼法观念。晋国执政赵文子评价子产献捷于晋的辞令时说："其辞顺。犯顺，不祥。"（《左传·襄公二十五年》）叔向称赞子产应对坏馆垣的辞令也说："子产有辞，诸侯赖之，若之何其释辞也？"（《左传·襄公三十一年》）所谓"辞顺""有辞"，就是指子产的辞令能够圆满地解释郑国方面政治举动的道义礼法根据，而"犯顺，不祥"的说法正是义神神权观念尚未消亡的明证。

4. 春秋邦交文书的书写者及书写方式

《周礼·外史》曰："若以书使于四方，则书其令。"可见，西周时的国书应该是由史官根据国君的授意来拟写的。到春秋时期，邦交文书具有更重要的政务功能，所以邦交文书的书写自然更为慎重，书写者也有所变化。文献对郑国邦交文书的制作过程有不少描述，可以之为例。春秋时期，郑国处于晋楚两大国之间，战略地位特殊，邦交关系直接关系郑国的存亡，因此，制作恰当的邦交文书和辞令对郑国来说特别重要。《论语·宪问》曰："子曰：'为命，裨谌草创之，世叔讨论之，行人子羽修饰之，东里子产润色之。'"刘宝楠注曰："《聘记》云辞无常，明命有常也。《左传》言子产使子羽多为辞令，则于礼命之外，更多为辞以为之备，即《论语》所言为命者，得兼有之也。"《左传·襄公三十一年》也记载：

> 子产之从政也，择能而使之。冯简子能断大事，子大叔美秀而
> 文，公孙挥能知四国之为，而辨于其大夫之族姓、班位、贵贱、能

---

① 陈彦辉：《春秋辞令研究》，中华书局，2006 年，第 72-83 页。
② 沈立岩：《先秦语言活动之形态观念及其文学意义》，前揭，第 347 页。

否，而又善为辞令。裨谌能谋，谋于野则获，谋于邑则否。郑国将
有诸侯之事，子产乃问四国之为于子羽，且使多为辞令；与裨谌乘
以适野，使谋可否。而告冯简子，使断之。事成，乃授子大叔使行
之，以应对宾客。是以鲜有败事。

上述记载说明，无论是国书，还是一般的邦交文书，抑或口头的行人辞
令，往往都是由贵族大夫们各自发挥所长集体撰写或预先准备的，一份文书
的制作要经过起草、讨论以及修饰、润色等步骤。这种书写方式，不仅顺应
了邦交文书内容要求的提高，而且有力地推动了书面修辞的发展。"子羽修饰
之""子产润色之""子大叔美秀而文"等说法都强调了对邦交文书之言辞进
行美化修饰的重要性，"子羽修饰之""子产润色之"句邢昺疏曰："修饰润色
皆谓增修使华美也。""子大叔美秀而文"句杜预注曰："其貌美，其才秀。""才
秀"与能"文"直接相关，《广雅·释诂二》曰："文，饰也。"刘师培说："词
之饰者乃得为文。不饰词者不得谓之文。"①钱基博也说过："孔子以前，有言
有文。直言者谓之言，修辞者谓之文。"②可见，"才秀"就是说子大叔能修辞，
有文采。事实证明，邦交文书的这种看似烦琐的书写方式是很有必要的。《左
传·襄公二十六年》记载郑大夫印堇父为楚人所囚，又被献给秦国，郑国想
从秦国那里将其赎回，先由"令正"子大叔拟写了文书，但子产看过之后认
为按子大叔的写法肯定换不回印堇父，于是提出修改意见说："若曰：'拜君
之勤郑国，微君之惠，楚师其犹在敝邑之城下。'其可。"子大叔起先不听从
子产的建议，交涉无果，之后按照子产的话再去交涉，果然奏效。子产修改
意见的高明之处在于"只对秦国表示感谢，不提赎人之事"，③实际上是通过
暗示秦楚的过节点出秦郑友好的重要性。所以徐师曾说："观郑人词命，迭更
四手，国赖以存，良有以也。"④这个记载也说明，虽然邦交文书和辞令往往
是集体讨论的结果，但也有专门负责的职官，即"令正"。杜预注认为"令正"
是"主作辞令之正"，也就是主稿文件的官员。至少在处理一般的外交事务时，
令正是有权决定外交文书的措辞的，而令正往往由修辞才能突出的大夫担任。

此外，从上述文献记载可知，郑国的史官已不在邦交文书的书写中充当
重要角色。《国语·楚语下》王孙圉论国之宝曰："楚之所宝者，曰观射父，

---

① 刘师培：《文章原始》，见王钟陵主编，彭黎明选编《二十世纪中国文学史论文
   精粹·古代散文赋卷》，河北教育出版社，2001 年，第 6 页。
② 钱基博：《中国文学史》，中华书局，1993 年，第 21 页。
③ 董芬芬：《春秋时代的国书文体》，《兰州大学学报》（社会科学版）2011 年第 4
   期。
④ 吴讷、徐师曾：《文章辨体序说·文体明辨序说》，前揭，第 119 页。

能作训辞，以行事于诸侯，使无以寡君为口实。又有左史倚相，能道训典，以叙百物，以朝夕献善败于寡君。"观射父是楚国大夫，左史倚相是史官，可见，楚国的外交文书和辞令也主要由大夫制作。这很可能反映了从西周到春秋时期邦交文书书写者的变迁。西周时期，邦交文书主要是礼节性国书，其写法基本是程式化的，因而需要由拥有仪式书写技术的史官来执笔。春秋时期，邦交文书政务功能大大增强，其内容要兼顾各方面现实因素，光有程式化的措辞已远远不能满足需要，因此，熟悉实际外交政务的大夫们自然也就取代史官成为邦交文书的主要书写者。

四、春秋时期的政教性书写

（一）政教书写的活跃与书写方式的演变

春秋时期是王官政教书写活跃的历史时期。从根本上说，脱离泛仪礼框架的王官政教书写是被西周王朝仪式政治的崩溃激发出来的，同时与春秋时期东周国家的政制形态相适应的书写活动。从书写方式的角度说，与殷商、西周时期相比，春秋时期政教书写的比较突出的特点是"作""编"以及转录的兴起。春秋政教书写，无论是言事，还是说理，抑或抒情，都是包含了明显的主观价值倾向的书写，要求书写者更积极主动地发挥书写的主体能动性。西周时期那种制作者与书写者分离的政教书写随着仪式政治的衰微不再流行，制作者与书写者走向合一，"作"自然逐步取代"记"成为主导的书写方式。

更重要的或许是文献编订活动的兴起。上文已述，编作为一种书写方式，大抵包括物质材料层面的装订和文本符号层面的整理两个方面。单就第一个方面而言，书册的编缀在殷商时期已经出现。但如果同时就两个方面而言，编订活动可能产生于西周、兴起于春秋。春秋时期编订的兴起在书写史上有重大意义。第一，通过编订，许多零散的口头或书面资料被以一定的组织理念整合成一个整体的书面文本。如学者所指出的：

> 从文学构成分析的角度看，文本构成的基本单位可能是章，但是文本流传的基本单位是机构上更高一层的组织，无论叫"书"或是叫"篇"，它们才是古书形成过程中的关键。[①]

作为文本构成基本单位的"章"很多原先应该只是零散的口头或书面资

---

① 参见来国龙：《论战国秦汉写本文化中文本的流动与固定》，见《简帛》第二辑，上海古籍出版社，第522页。

料，经由编订才成为整体的"书"或"篇"的组成部分。①李零先生指出，中国古代的"书"有三种含义，即作为文字的"书"、作为档案的"书"和作为典籍的"书"，并认为，第三种"书"的出现以前两种"书"为前提，尤其与第二种"书"关系密切。②从某种意义上说，正是通过编订活动，很多零散或相对零散的档案之"书"才可能成为典籍之"书"。第二，活跃的编订活动促进了文类意识的发展。编订总是按照一定的分类原则来进行的，编订行为本身无疑需要较成熟的文类意识，而典籍之书的大量产生和传播同时也意味着这种文类意识的流播。所以，《国语·楚语上》申叔时提到的"语""故志""训典""世"等既可以理解为具体的文献典籍，也可以理解为当时的文类文体。第三，编订活动对古书的样态和传布方式也会产生许多具体的影响，如古书往往有"分合无定""篇章单行""散乱重组""合编成卷""异本并存""改换文字""先写后编"（也有"先编后写"③）等现象，皆与简册的编订密切相关。这方面学界已经依据出土简牍文献做了不少讨论，兹不赘。④

　　编订活动的兴起尤其与政教书写的活跃相适应，尽管编订并不仅限于政教书写。编订最根本的出发点在于文本的再利用，只具有一次性使用功能的文本（例如绝大多数公务文书）一般是不太需要编订的，此类文本在发挥了其最主要的实际用途之后大多就被当作官方档案保存起来，在这之后，它的用途就是档案的用途，与其被书写时的用途已经不一样了。只有需要反复使用的文本才最可能得到编订，所以西周时的仪式乐歌和一些制度性文书（如

---

① 冯胜君先生还注意到："古人所说的'卷'和'篇'概念不完全一样。'篇'是按内容起讫自为长短，而'卷'则是竹简编联成册的一种长度规格。古人著书，可以一篇一卷（长篇还可再分上下），也可以数篇合抄，本无所谓长短。"（冯胜君：《出土材料所见先秦古书的载体以及构成和传布方式》，见刘钊主编《出土文献与古文字研究》第四辑，上海古籍出版社，2011 年）

② 参见李零：《简帛古书与学术源流》，前揭，第 42-55 页。

③ 就出土的秦汉战国简牍而言，文书简多先写后编，书籍简多先编后写。因为书籍简多是根据底本转录，所以事先知道所需竹简的枚数。先写后编或先编后写的判断依据也有多种，如先写后编的情况，编绳往往会压着文字，先编后写则不会。（参见耿相新：《中国简帛书籍史》，三联书店，2011 年，第 37 页）

④ 详参耿相新：《中国简帛书籍史》，三联书店，2011 年；李学勤：《对古书的反思》，见梁涛、白立超编《出土文献与古书的反思》，漓江出版社，2012 年，第 40-43 页；李零：《出土发现与古书年代的再认识》，见梁涛、白立超编《出土文献与古书的反思》，漓江出版社，2012 年，第 44-77 页；冯胜君：《二十世纪古文献新证研究》，齐鲁书社，2006 年，第 220-225 页；冯胜君：《出土材料所见先秦古书的载体以及构成和传布方式》，见刘钊主编《出土文献与古文字研究》第四辑，上海古籍出版社，2011 年，第 195-214 页……

刑书）很可能在西周时已经得到编订，但西周不是政教书写突出的时代，所以编订活动并不活跃，西周有限的政教文本也未必得到编订。编订之所以与政教性书写特为相关，最主要的原因恐怕在于政教书写天然的传播需求。真正意义上的政教书写都不是或不只是针对某一时或某一人，而是为了"教万世"，所以政教性书写的传播性明显高于政务性和仪式性书写，在春秋时期尤其如此。[1]显然，要实现在特定范围内广泛传播的目的，以过于零散的形式是不太有利的。再者，编订作为一种"造典"式书写，实际上为政教活动提供了合法、权威的话语典范。春秋时期的文献编订活动基本上都出自官方，因而是典型的政治意识形态话语生产。春秋后期以后个人性的政教书写兴起，但个人文本如果没有得到权力系统的认可是很少有机会得到编订和传播的，从而也就难以进入公共符号空间。值得注意的是，春秋时期书写的主要物质载体的变化，也就是竹木简牍的广泛使用，为编订的兴起提供了基本条件。因为以甲骨、玉器、青铜器等为载体的文献都不能或难以直接装订（一般只有转录到简牍上才可以编订）。没有竹木简牍的广泛使用，自然不会有卷轴书的流行。[2]

　　此外，作为书写方式的转录是与编订密切相关且同时兴起的。编订本身经常就是以转录为基础的，而且编订出来的政教典籍要得到传播，当然也只能靠手抄转录。在前战国时代，典籍基本上都藏于官府，一般人难以得见，手抄转录则更需要特别许可，而这种许可大抵又必须有官方理由，所以在常规情况下，典籍很难流入民间。春秋时期部分官府典籍散落民间大多是战争之类祸乱造成的。民间的手抄转录不可能十分严格和规范，不仅难免有错漏，而且也有转录者有意的选择性转录。这种书写过程有可能在无形中降低了政教典籍的权威性和标准性。当然，这不是说民间的手抄转录会十分随意，或者说官方的转录不会出现错漏。关于先秦时期转录式书写对文献流传的影响，学界已有一些讨论，但基本上是围绕战国简牍和帛书文献来谈。[3]前战国时代的简牍尚无实物出土，相关讨论自然难以展开。不过，可以设想很多情况应是相通的。这里需要提及两个相关问题：一是转录式书写的书写者（即所谓抄手）身份问题。冯胜君先生注意到了战国时期抄手的身份问题，他认为，

① 西周时期政教书写的传播范围主要局限在王室和少数高级贵族群体。
② 玉册当然也是编缀出来的，但编缀的难度显然高于竹简。
③ 可参看[美]李孟涛：《试探书写者的识字能力及其对流传文本的影响》，见《简帛》第四辑，上海古籍出版社，2009年；冯胜君：《从出土文献看抄手在先秦文献传布过程中所产生的影响》，见《简帛》第四辑，上海古籍出版社，2009年；冯胜君：《二十世纪古文献新证研究》，前揭，第200-225页。

大贵族官僚的藏书可能多为其门客、家臣所抄，政治和经济地位较低的知识分子则要么自己手抄，要么从书肆购买书籍（这意味着战国时期书籍已成为商品，同时也已出现此种商品流通所需要的职业抄手）。①就前战国时代而言，书籍当然还不太可能成为商品，以转录为谋生手段的职业抄手应该还未出现，而门客作为一种特殊群体也还没有真正形成。在个人书写兴起之前，主要的转录者可能是各级官僚机构中的低级史官和贵族官僚的家史。②在个人书写兴起之后和书籍成为商品之前，新兴的知识分子（即士阶层）大抵只能自己抄录文献。二是转录时可能遇到的语言文字差异问题。战国时期，由于周王室规范和统一语言文字的能力已经极为微弱，列国的文字差异也就日益显著起来。在这种情况下，当文献在不同国家间流传传抄时，转录者就面临比较大的正字问题，从某种意义上说，转录变成了一种翻译，而翻译必然导致文本的变异。这种情况在前战国时代尤其是春秋中后期应该也是存在的，但总的说并不会十分突出。这是因为，一者，在春秋中后期以前，非官方的转录活动并不很活跃，二者，周王室统一语言文字的举措尚未失效，列国文字的差异还不是很大。③

---

① 参见冯胜君：《从出土文献看抄手在先秦文献传布过程中所产生的影响》，见《简帛》第四辑，上海古籍出版社，2009 年。

② 值得注意的是，贵族官僚的家史很可能是春秋时期尤其是春秋中后期才出现的。家史的出现是以职业官僚制的发展为前提的，因为在比较纯粹的贵族官僚制下，服务于贵族个人与服务于政府并没有明确的区分。

③ 张晓明经考证指出，春秋前期各国铭文的书体比较一致而且规范，尚未出现明显的地域特征，春秋中期以后地域特征才开始显现。（参张晓明：《春秋战国金文字体演变研究》，前揭，第 74、83 页）这说明西周以来周王室统一文字的举措到春秋中后期才逐渐失效。这种失效大抵有两个方面，一是各诸侯国官方文书所用的文字可能已产生较大差异，二是各诸侯国个人/私人书写所用文字的差异也越来越大。这两方面到底哪一方面在先，恐怕是很难说清的事情。但可以推测，西周以来周王室统一文字的举措，很可能与秦始皇时的"书同文字"有类似之处，即"其对象始终是官方文书，并不包含私人文函、书籍"（[日]富谷至：《木简竹简述说的古代中国——书写材料的文化史》，前揭，第 72 页），只是统一的程度或许不如秦汉时期，因为"书同文字"还包括"对于不同种类、不同等级的官方文书所用文字的规定"，"意味着文书行政规则的确立"。（详参[日]富谷至：《木简竹简述说的古代中国——书写材料的文化史》，前揭，第 72-73 页）当然，在春秋中后期以前，私人/个人性文本与职务性文本相比本身就少得多。春秋前期各国铭文在书体上的一致和规范，很可能是因为各国的铜器作坊及作坊中的铸刻匠人仍有官方背景。

（二）从仪式颂赞到怨刺讽谏：春秋时期的诗文本编订

1. 春秋初期的诗文本编订

《诗经》学界普遍认为，诗文本在平王东迁后不久曾经历过一次非常重要的整理和编订。①春秋初期周王室之所以会进行诗文本的编订，与当时重修礼法的需要分不开。我们知道，春秋前期在中国历史上是一个重要转折点。一方面，王纲解纽、政由方伯的时代从这个时期开始，但另一方面，常常为人忽略的是，这个时期很可能也是王官书写活动特为活跃的一个时期。这与平王东迁后重修礼法有密切关系，重修礼法的基本目的在于重建周王统治的合法性。这种通过修礼乐来进行合法性建设的做法，在西周时代已经出现过多次了，可以说，每当危乱初平的时候，周王朝的统治者都会想到这种办法。周初平三监之乱后周公以及成王②制礼作乐是开其端绪，昭王南征不复穆王修礼乐是第二次，厉王流彘共和行政后宣王中兴修礼乐是第三次，此时，刚刚经历骊山之役，王纲大乱而复平不久，平王也自然要效法祖先，故伎重施。平王重修礼法的必要性又大于穆王和宣王时期，这有几方面原因：第一，平王东迁之前的政治动荡较之西周中后期无疑更为剧烈，王朝都城镐京第一次被攻破，幽王被杀，长期二王并立，王室第一次仰仗诸侯势力才得以重新恢复，这些情况都是前所未有的。第二，平王面临的政治危机不仅是整个王室的危机，而且也是他个人作为周王身份的危机，不论幽王是否为平王或其直接靠山申侯所杀，幽王之死毕竟是因平王而起，平王即位称王也不符合原来的周礼正统，所以平王在当时很可能不为一部分诸侯所认可。平王又无法以武力手段强迫这些诸侯认可他的正统地位，剩下的办法也就只有重修典籍，制造舆论，表明自己对周礼政德的重视和继承。第三，骊山之役，镐京为犬戎攻破，《史记·周本纪》曰："虏褒姒，尽取周赂而去。"王室损失的肯定不只是财物而已。宋新潮先生认为："宗周、丰镐以及岐周……几乎都毁于戎灭周的战火。西汉武帝时曾在长安城西南的西周丰镐旧址上挖昆明池，得黑土，帝问东方朔，朔曰：'西域胡人知之'，乃问西域胡人。胡人曰：'劫烧之余灰也。'"③犬戎烧杀破坏必及于西周文献典藏。罗家湘先生也指出："幽王被杀，镐京被毁，宗庙社稷荡灭，典章文物丧尽。成周及各诸侯国中虽存有一些文

---

① 有学者甚至认为现存《诗经》文本就是在平王即位不久后正式结集的，之后只有个别篇章编入。(参见许廷桂：《〈诗经〉结集平王初年考》，《西南师院学报》1979年第4期)

② 《史记·周本纪》称成王曾"兴正礼乐，度制于是改，而民和睦，颂声兴"。

③ 宋新潮：《骊山之役及平王东迁历史考述》，《人文杂志》1989年第4期。

献，但亡佚必多。"①因此，对于平王来说，重新整理和书写典章文献，无疑是一个必要的任务，否则重修礼法便无从谈起。更重要的是，两周之际的巨大变乱，很可能重新激发了王官（乐官、史官）对兴衰成败之经验教训的关注，而这种关注引导了重修礼法背景下的书写倾向。

编订诗文本作为此时王官书写活动的一部分，也具有鲜明的时代特征。我们知道，经过王室编订的诗歌原本就兼有礼乐仪式和礼义政教双重功能，但在西周时期，一直以仪式功能为主，以政教功能为辅，或者说，仪式与政教直接统一在一起，这是因为西周时期的政教在很大程度上就是靠仪式来完成的。到了西周末东周初，礼崩乐坏的迹象显露，但这种崩坏只是仪式层面一定程度的崩坏。作为对这种崩坏的反应，一方面是重新规范仪式，另一方面则是使原先为仪式所裹挟的政教功能释放出来。因此，春秋初期诗文本编订的基本特征就是其指导思想从以服务于礼乐仪式为中心转向以服务于礼义政教为中心。以仪式为中心的时候，诗歌的音乐性比诗辞之义更重要，而以政教为中心的时候，诗辞之义就比诗歌的音乐性更重要了。从采诗的侧重角度说，以仪式为中心的时候，乐官采诗主要是采诗乐，而以政教为中心的时候，乐官采诗主要是采诗辞。②这种指导思想转变的直接结果就是大量讽谏性诗歌正式进入诗文本。

这些讽谏性诗歌多是在宣王后期、幽王时期以及二王并立时期创作和流行的且被《毛诗序》冠以"刺宣王"或"刺幽王"之旨的怨刺诗。宣王时期的怨刺诗，主要有《小雅》中的《沔水》《祈父》《黄鸟》《我行其野》等，幽王和二王并立时期的怨刺诗大抵有《小雅》中的《小旻》《小宛》《小牟》《巧言》《青蝇》《蓼莪》《四月》《北山》《何草不黄》《角弓》《菀柳》《白华》《宾之初筵》《绵蛮》《节南山》《正月》《十月之交》《雨无正》等，以及《大雅》中的《瞻卬》《召旻》等。③这些前代所作以反映社会动荡，抨击昏乱朝政，抒发忧虑、怨怼乃至愤懑之情为主要内容的怨刺诗正可以对当世君主起到讽谏作用。这些诗歌的编订当然同时也是平王维护统治合法性的一种政治策略。"平王面临着'中兴之主'宣王继位时相似的政治危机，同样需要从前代覆灭的教训中寻找借鉴，而尤其要借批判幽王朝政来缓和不满情绪。"④但与宣王时期除了"刺厉王"盛行外还有不少"美宣王"的诗作不同，在《诗经》中

---

① 罗家湘：《〈逸周书〉研究》，前揭，第 61 页。
② 罗家湘先生指出，从西周厉王时期起，采乐制度转向采诗制度。（参罗家湘：《论先秦时期的采诗与采乐制度》，《中州学刊》2011 年第 1 期）
③ 所列篇目据马银琴：《两周诗史》，前揭，第 240-242，248-257 页。
④ 许廷桂：《〈诗经〉结集平王初年考》，《西南师院学报》1979 年第 4 期。

似乎找不到颂美平王或桓王的诗作。许廷桂先生认为，这一情况"透露了《诗经》是在周平王初年尚无'德政'可资歌颂只好阙如，为着应付政治急需匆匆正式结集的消息"。①这个说法似有可商榷之处。平王即位十年后才东迁洛邑，东迁之前政局未定，不太可能有编订诗文本之事，至于东迁之后是否马上着手此事，亦无充分证据，况且诗作为意识形态宣传教化工具，它所起的作用是不是一朝一夕之功。不"美"时政的原因可能正在于此次诗文本编订的原则与西周后期相比产生了新的变化，即较过去更强调通过历史兴衰教训来讽谏君主。正是这种变化使得此次对诗文本中《雅》的编订第一次以针对过去王政的怨刺讽谏之诗为主，而不以仪式颂赞乐歌为主。②

在这一次编订中，除了怨刺诗外，《国风》中的小部分作品也以"观风俗、知得失、自考正"（《汉书·艺文志》）的政教名义被王室乐官编入诗文本，这些诗原本应是诸侯献给王室的女乐的一部分。按马银琴的观点，它们主要分布在《卫》《王》《郑》《魏》《秦》《桧》等国风诗中，这些诗与在宣王时就被编入诗文本的少量风诗共同奠定了今本《国风》的基础，而且《风》与《雅》合集，统名为《诗》，与《颂》相对待。③需要指出的是，被编入诗文本的部分风诗即便源自民间，也与它们作为民间里巷歌谣的样态有一定的区别，因为所有乐歌在进入诗文本时都应该经过王室乐官的雅化、润饰。④如上文所述，

---

① 许廷桂：《〈诗经〉编者新说》，《重庆师院学报》（哲学社会科学版）1997年第4期。

② 马银琴认为，按照周礼，仪式颂赞乐歌的对象必须是周王，因此，《小雅·六月》《采芑》《大雅·常武》《韩奕》等以宣王时有功大臣为歌颂对象的乐歌是在平王时代以"美宣王"的名义被编入诗文本的。（参见马银琴：《两周诗史》，前揭，第221页）

③ 《左传》中最早出现《诗》之名的是"桓公六年"的一条记载："公之未昏于齐也，齐侯欲以文姜妻郑大子忽，大子忽辞。人问其故，大子曰：'人各有耦，齐大，非吾耦也。《诗》云："自求多福"，在我而已，大国何为？'"这说明在公元前709年（即桓公三年娶文姜）以前，已经存在结集的《诗》文本。但此时的《诗》文本应该并不是今天所见包含了"风""雅""颂"诸体的《诗经》。按照马银琴的解释，这里的《诗》是将《风》《雅》同编后的诗文本，在平王时期，它与《颂》别类并立。因此，春秋前期《诗》产生后，贵族赋诗时都将《诗》与《周颂》《商颂》相区分，直到前598年才第一次出现引《周颂》称《诗》的情况（事见《左传·宣公十一年》），说明《颂》之入《诗》应该发生在前七世纪中叶前后。（参见马银琴：《两周诗史》，前揭，第294-295页）

④ 钱穆先生认为风诗亦是贵族所为，最下当止于士阶层，并非里巷歌谣，或男女淫奔，随口吟呼之作。但他所引述的刘向《说苑》中的一则典故颇能间接说明乐官编订诗文本时对语言的雅化、润饰，即《说苑·善说》所记："鄂君子皙泛舟于新波之中，乘青翰之舟，张翠盖，会钟鼓之音毕。榜枻越人拥楫而歌，（下转）

这些得到雅化和润饰的乐歌经由乐语之教的推广以及在各种场合下的广泛唱诵，发挥了重要的语言政治功能。

此外，春秋初期以政教目的为中心的诗文本编订仍然不否定或排斥仪式功能，除了独立存在的《颂》仍然固守仪式功能之外，那些新编入诗文本的讽谏性诗歌同样也承担了一定的仪式功能，只不过单纯的仪式功能已经不能涵摄这些诗歌了。

2. 春秋中期的诗文本编订

据《诗经》学者研究，春秋中期周王室还对诗文本进行了一次大规模编订，大部分《国风》诗歌就是在这一次编订中进入诗文本。马银琴认为这一次编订应该发生在齐桓公时代。①本文基本认同这一见解。齐桓公时代诗文本得以重新编订与春秋中期的政制条件密切相关。春秋中期是整个春秋时期社会政治秩序相对稳定的历史时期，这是因为东周国家的半君主政制在这一时期正式形成，其标志正是齐桓公成为诸侯盟主。齐桓公称霸之后积极推动周礼复兴，要求众诸侯尊奉周王室，从而使周天子名义上的东周国家君主之位得以巩固。编订诗文本之举或许正是倚赖这一复兴周礼的时机而得以实施。编订诗文本也合乎当时诗歌发展的状况和贵族生活的客观需要。我们知道，春秋早期是精神文化开始从中央向地方，从社会上层向社会中下层扩展的历史时期，这使得地方和社会中下层创作诗歌的能力有所增强，同时，这一时期又是战乱频繁，社会持续动荡的历史时期，主流政治意识形态的控制力有所下降，这些因素促成了各国风诗创作的勃兴，②风诗的大量产生为诗文本的

（上接）歌辞曰：'滥兮抃草滥予昌枑泽予昌州州 㒊 州焉乎秦胥胥缦予乎昭澶秦逾渗惖随河湖。'鄂君子皙曰：'吾不知越歌，子试为我楚说之。'于是乃召越译，乃楚说之曰：'今夕何夕兮搴舟中洲流，今日何日兮得与王子同舟？蒙羞被好兮不訾诟耻，心几顽而不绝兮得知王子。山有木兮木有枝，心悦君兮君不知。'"钱穆指出："此一故事，厥为中国文学史上所谓雅俗问题一最基本、最适切之说明。……所谓楚说之者，已是一种雅译；不仅楚人喻之，即凡属雅歌诗所传播之区域，亦无不喻。"（参见钱穆：《读诗经》，见氏著《中国学术思想史论丛》第一卷，前揭，第146-147页）

① 马银琴：《两周诗史》，前揭，第386-396页。

② 诗经学界一般认为，《国风》诗歌大部分是在西周末和春秋前期问世的。如金启华先生经过考证认为，十五《国风》中，除《豳风》外，"其余多为西周末及东周初年作品"。（金启华：《国风的时代和史实》，《甘肃社会科学》1982年第4期）钱穆先生则更将风诗兴盛期定在东周以后，"桓文创霸"之前，他说："至论风诗之兴衰，方东周之东迁，迄于春秋前期，此际似列国风诗骤盛，稍下即不振。"（钱穆：《读诗经》，见氏著《中国学术思想史论丛》第一卷，前揭，第129页）

编订提供了基础。到了春秋中期，由于周礼的复兴，贵族交往时引诗、赋诗之风开始盛行，客观上也需要有一个更具权威性和标准性而且内容更丰富的诗文本。再者，由于诸侯们普遍尊奉王室，诸侯国与王室的联系较过去明显加强，这就使各国风诗有机会进入王室的音乐机关。

与以往一样，春秋中期的诗文本编订仍然是以重修礼法为基本背景和目标的，而且，由于礼义政教在春秋初期已从仪式乐教的束缚下释放出来，并日益发挥有效的政治功能，因此，此时编订诗文本必然会在指导原则方面上承春秋初期的先例，即以服务于美刺讽谏的政教功能为中心，甚至有进一步的发展。如马银琴所指出的：

> （在此次编订中，）作为祭神之歌的《周颂》《商颂》被纳入了以"诗"为名的文本当中，纯粹的仪式乐歌丧失了最后的领地，终于被融入了以服务于讽谏为最初编辑目的的诗文本当中。……以美刺为核心的政教传统至此确立。①

除此之外，另一个重要的发展体现在书写者与书写对象的关系变化方面。春秋初期，周王室虽然遭遇前所未有的重创，但平王东迁毕竟展现了新的气象，王室仍拥有不可小觑的实力，加之宣王中兴距之不远，因此，包括王室乐官在内的王官们自然对周王室恢复西周稳定时期那样的政治局面寄予厚望。这就决定了春秋初期包括诗文本编订在内的王官书写的预设对象仍然主要是以周天子为中心的王室权力集团，政教讽谏的根本动机仍是为了固守西周的义神礼法君主政制。到了春秋中期，表面上礼法得以复兴，但原有的君主政制一去不复还，政由方伯的半君主政制已是为诸侯们认可的既成事实，甚至周天子自己也只求安于君主的礼法名分，不再试图夺取实权。在这种情形下，王室乐官在编订诗文本时的政治意图自然就有别于春秋初期，他们更在意的不是去改变半君主政制的现状，而是通借助诗文本使德义礼法成为稳固的社会观念。因此，这种政教性书写的预设对象就不再仅仅局限于王室，而是大大扩展到整个东周国家范围内，尤其是针对诸侯国内部的贵族集团。德义礼法原本就是西周君主政制的政治意识形态，只要德义礼法仍为贵族们所普遍认同，那么西周政制的根基就不会改变。魏源《诗古微》曰：太师采诗"以贡于天子，……则一时赏罚黜陟兴焉"，国史编诗"以备蒙诵、教国子，……而百世劝惩观感兴焉"，"编《诗》以教万世，则视采诗教一时者，其义尤赜"。②如果换一个思路，将对"教一时"与"教万世"的共时区分转

---

① 马银琴：《两周诗史》，前揭，第396页。
② 〔清〕魏源：《魏源全集》（第一册），岳麓书社，2011年，第121、124页。

换为历时区分，就与本文的上述观点相吻合。

　　这里还有必要论及有关《国风》诗歌性质的长期争议不决的问题。我们知道，《国风》诗歌多被《毛序》冠以美刺之旨，所谓"以一国之事系一人之本"。由于《毛序》的权威性，古代多数学者都认为《国风》应是贵族大夫所作的讽谏之诗。但自从朱熹提出《国风》"里巷歌谣"说，人们更多地从这些诗歌的言辞内容本身来解读其性质。确实，从这个角度看，《国风》诗歌只有少部分作品包含了美刺时政的内容，多大部分作品都是抒发个人情感，尤其是表达男女思情的歌谣，与朝廷政治无甚关联。这样一来，《国风》诗歌又被定位为民间诗歌。考虑到《国风》诗歌在言辞韵律方面的一致，当代学者多认为它们是经过王室乐官润饰雅化之后服务于贵族娱乐审美的民歌，至于《毛序》的说法则多被指为附会经史、曲解诗意的谬妄之言。问题在于，服务于贵族娱乐需要的审美功能与采诗观风的政教功能虽然在实践中未必不能调和，但毕竟是两种不同的功能。这些诗歌在被实际使用时固然可以具有满足贵族娱乐之作用，但这并不说明这些诗歌是为此目的而被编入诗文本的，事实上，如上文所述，诗文本的编订无疑是以重修礼法为背景的。问题的关键在于，不应仅仅从这些诗歌的文本本身去判定它们的性质或功能，同一个文本在经历不同的书写和使用时可以获得不同的性质和功能。魏源《诗古微》曰：

　　　　夫《诗》，有作《诗》者之心，而又有采《诗》、编《诗》者之心焉；有说《诗》者之义，而又有赋《诗》、引《诗》者之义焉。作《诗》者自道其情，情达而止，不计闻者之如何也；即事而咏，不求致此者之何自也；讽上而作，但蕲上寤，不为他人之劝惩也。至太师采之以贡于天子，则以作者之词，而谕乎闻者之志，以即事之咏，而推其致此之由，则一时赏罚黜陟兴焉。国史编之以备蒙诵、教国子，则以讽此人之诗，存为讽人人之诗，又存为处此境而咏己、咏人之法，而百世劝惩观感兴焉。①

　　魏源对作诗、采诗、编诗、说诗以及赋诗、引诗之不同心意动机的区分可谓切中肯綮。从本文所关注的角度说，编订诗文本显然是一种书写行为，要判定这一书写行为（而不是文本本身）的性质，只能从采诗、编诗者之心去衡量。②而采诗、编诗者（无论是太师还是国史）之心应该是政教讽谏之心，由于"诗无达诂"，故可"以讽此人之诗存为讽人人之诗"，甚至可以不讽人

---

① 〔清〕魏源：《魏源全集》（第一册），前揭，第121页。
② 魏源将采诗系之于太师，而将编诗系之于国史，这种区别未必有充分的证据。史官行诗教之事，如果可能，其前提应是史官文化取代乐官文化，以及诗文本的完全文献化。

之诗存为讽人人之诗。

进一步的问题是，既然采诗、编诗者之心与作诗者之心往往相去甚远，甚至可能有别于引诗、赋诗时的"断章取义"，那么采诗、编诗者之心如何体现出来呢？应该主要是通过贵族教育。《周礼·春官·大司乐》有"乐语之教"说，提到"兴、道、讽、诵、言、语"六种教学方式，郑玄注曰："'兴'者，以善物喻善事；'道'读曰'导'，言古以刲今也；倍文曰'讽'；以声节之曰'诵'；发端曰'言'；答述曰'语'。"这些内容显然与礼法政教直接相关。《国语·楚语上》申叔时所论太子之教中的诗教也是以德义为中心的教育，即"教之诗，而为之导广显德，以耀明其志"。①诗教的实施者自然会将诗歌的政教讽谏之意传达出来，也就是王礼卿先生所说的："国史必序其所为作之事义，以垂诗教，而教国子；传诗者亦必本之于《序》，以讲明其本意，而推衍其微旨。是自采诗以至传诗，皆不得离于《诗序》所述之要领。"②

春秋时期诗文本编订的上述转变可与孟子所谓"王者之迹熄而《诗》亡"联系起来看。《诗》之亡其实可以从两个阶段来理解。编订诗文本这种书写活动原本是义神礼法君主制意义上的王政的仪式表征活动，当这种活动不再以服务礼乐仪式为中心，或者说礼乐仪式不再能涵摄这种书写活动的时候，这种书写的本旨自然就失落了。这是《诗》的第一次死亡。其根源无疑在于义神礼法君主制本身的衰微。转向讽谏政教的诗之变从某种意义上说是《诗》的一次复活。不过，尽管这种复活为后世中国诗歌带来极为深远的影响，但复活的程度仍然是有限的，这不仅是因为乐歌及乐歌书写与生俱来的仪式性和日益增长的娱乐审美功能天然地限制了它的政教讽谏功能，更重要的是，诗文本的政教功能与其仪式功能一样是来自国家权力中心的自上而下的政治功能，其前提是国家君主权的名至实归，而这种前提在春秋时期东周国家的半君主政制中已经不存在了。从这个意义上说，诗文本功能转换带来的"复活"没能使《诗》避免第二次真正的死亡。所谓"《诗》亡而《春秋》作"，实际上是指并非来自权力系统的政治哲人的政教代替了来自权力系统的王官政教。

---

① 这句话是在前七世纪末或前六世纪初（楚庄王时期）时说的，但考虑到楚国开化及与中原交往较迟，因此，中原各国以德义教育为中心的《诗》教必早于此。《史记·秦本纪》记载前625年秦穆公曾说："中国以《诗》《书》礼乐法度为政。"亦可为参证。（参见许廷桂：《〈诗经〉结集平王初年考》，《西南师院学报》1979年第4期）

② 王礼卿：《诗序辨》，见孔孟学会主编《诗经研究论集》，台湾黎明文化事业股份有限公司，1981年。

（三）春秋史官政教书写

1. 托古言"志"，经略王政：《逸周书》中的训诫文

《逸周书》中有一批具有相近的文例特点且以政治训诫为基本内容的篇章，包括《文酌》《程典》《酆保》《大开》《小开》《文儆》《柔武》《大开武》《小开武》《宝典》《酆谋》《武穆》《大匡》第三十七、《文政》《五权》《成开》《大戒》等篇，罗家湘先生认为它们都写定于春秋早期，并指出它们的主要文例特点是以数为纪，其内容都是"对西周统治经验教训的总结，它们大多假托于文王、武王、周公等圣贤，其实是东周初年指引东周王室行政的理论"。①《尚书·洪范》大抵与这批文章同属一类。除了最为突出的以数为纪外，这些篇章还有好用连珠句法、好用四字句、多含韵语等体式和语体特点。②还有些篇章虽然没有大量采用以数为纪的写法，但从整体的内容和体式来看，也可归入此类，如《寤儆》《和寤》《史记》《大聚》《本典》《武儆》等。虽然这些篇章是否都作于同一时期，仍有可商议的空间，③但如果说至少有一部分作于本文所定义的春秋前期，应是可信的。

本文以为，此类篇章在春秋前期的集中出现在书写史上具有十分突出的意义，它说明史官书写终于从文书档案的书写中脱离出来，获得了更大的独立性和超越性，从而有力地推动了典籍之"书"与档案之"书"的分化。关于这个问题，我们从以下几个方面进行分析：

---

① 参见罗家湘：《〈逸周书〉研究》，前揭，第12-14页。

② 不是说上述每个篇章都同时包含这些文例特征，而是交互共享这些文例特征，从而呈现出总的文体风貌。也有其他一些篇章具有类似文体风貌，如《武称》《允文》《大武》《大明武》等，罗家湘将之归入兵书。（参见罗家湘：《〈逸周书〉研究》，前揭，第13页）。

③ 如黄怀信先生将这些篇章部分归入春秋早期，部分归入春秋中期，还有的则没有指明是在春秋哪个阶段。（参见黄怀信：《逸周书源流考辨》，前揭，第125-126页）本文以为，也不排除有的篇章作于春秋后期，甚至是战国时期。例如《大开武》中的"十淫"之七为"淫文破典"，潘振云："造作文字以坏经典。"陈逢衡云："奸吏舞墨则旧章坏。"（黄怀信、张懋镕、田旭东：《逸周书汇校集注》，前揭，第276页）所谓"淫文"，可以理解为对"典"进行过多的不恰当的文字阐释。当春秋前期，王官书写体制尚处于初步松动之际，职守未乱，必不至于有如此"造作文字以破典"之事。又如《文儆》等篇中连珠句式极为规整，又多言及"仁""义"，如"利维生痛，痛维生乐，乐维生礼，礼维生义，义维生仁"（《文儆》）之类，不似春秋前期作者所能为。

第一，上述篇章几乎都沿用或者说套用了周初训诰文的叙事框架，①如《宝典》开头："维王五祀二月丙辰朔，王在鄗，召周公旦曰：……"结尾："王拜曰：……"《酆谋》开头也是："维王三祀，王在酆。谋言告闻，王召周公旦曰：……"就正文部分而言，大多采用记言形式，或者言事相杂而以言为主（如《酆谋》《和寤》等），所记者基本上都是周初文王、武王、周公等人的言或行，记言中又经常使用"呜呼""敬之哉""允哉""钦哉"等突显口语的词汇。这些写法都与周初训诰文十分相似，但由于与周初训诰文相比，这些篇章中的很多词语相对浅近，显然不是周初之作，因而看起来是在故意模仿周初训诰文。关于这个现象，有两种解释，一种解释是罗家湘先生所说的"假托于文王、武王、周公等圣贤"，②另一种解释则将这种写法看作它们"本出于西周而经春秋加工改写"③的证据。那么，到底是"假托"还是"改写"？或许此二解都是正确的，而且有一个从"改写"到"假托"的过程，即起先是"改写"，后来演变为"假托"，再后来连"假托"的幌子也去掉了。上文已述，幽平之际，由于战乱，王室典章文物大量丧失，平王为了重修礼乐，很可能让史官重新整理和恢复文献档案，于是就出现了"本出于西周而经春秋加工改写"的情况。由于当时离周初已有近三百年时间，流行的语言已发生了一定的变化，为了使用方便，负责整理文献的史官自然地使用了当时流行的词汇和观念进行重写，但总的来说，这种重写不是随意为之，而是以记忆中已亡佚的周初档案为依据，因而大抵较为古朴，也没有大量采用以数为纪的流行写法，《寤敬》《本典》《和寤》《大聚》《武儆》等可能属于此类。这种"改写"或者说"重写"原本只是属于史官旧有职责范围内的技术活，但无形中提高了史官书写的自由度和自觉意识。

第二，更为重要的是史官职责的变化。上文已述，西周中后期以后，史官不仅要记录和保存档案文献，而且要根据所掌文献，尤其是训诰文，向周王讲诵治政经验以及历史兴衰故事，"史献书"、瞽史宣讲成为听政制度的重要组成部分。④史官的这方面职责很可能在春秋前期由于社会指令的变化（更注重兴亡教训、治国方略）而得到加强。如此一来，史官的职官身份渐渐发

① 大抵只有《文酌》一篇直接进行训教，与《命训》《度训》《常训》等相类，有可能相对晚出，而据王连龙先生考证，"三训"很可能是战国初期的作品。（参见王连龙：《〈逸周书〉研究》，社会科学文献出版社，2010年，第93-109页）
② 罗家湘：《〈逸周书〉研究》，前揭，第14页。
③ 黄怀信：《逸周书源流考辨》，前揭，第125页。
④ 值得注意的是，西周高级史官（如太史）很早就有诚谏之责，而且可能是听政的组织者，如《左传·襄公四年》云："昔周辛甲之为大史也，命百官，官箴王阙。"

生了变化（从某种意义上说也是一种回归），即他们不仅是负责抄写记录的书记类官员，而同时成为系统掌握政治理论知识和治国方略的人，成为君主咨政的重要对象，相当于王者之师。①可以说，时代赋予了史官新的使命。由于原有的先王遗训之类训诰文本基本上是言语实录，有很强的训诫意味，却缺乏理论性，原封不动照搬这些文本来宣讲已经显得捉襟见肘，不合时宜，难以满足新的政治需要。为了适应这新的使命，他们不得不在其所掌握的各种文献基础上对他们自己所理解的治国方略、君王之术进行理论上的初步总结。而开始的时候，假托原有的训诰文体式，借文王、武王、周公之口说话，成为一种可行的书写策略，因为他们是古代文献和知识的掌握者，他们的世传职守就是他们的话语权的来源，大家都承认，这些东西只有他们最了解，没有人会去怀疑他们的代言（以及阐释）是否歪曲了先王先贤的本意。等听者适应了史官们新的言说方式之后，假托也就没有必要了，去掉训诰文的叙事框架，便产生了最早的论说文。②值得注意的是，这种"假托"在书写史上有其特殊意义，可以看作中国古代知识人为了获得言说的政治合法性而最早运用的书写策略。史官本来只是立法者言说的记录者，而通过"假托"，他们竟窃取了立法者的言说权威。应该说，是特定的时代背景和史官的特定身份使这种书写策略成为可能，而这也开了后世托古言志的先河。

第三，很多篇章之所以采用"以数为纪"的写法，大抵由于它们是史官（瞽史）口头宣讲的提纲。"以数为纪"在思维方式上可能受了易占思想的启发，从效果上说则既方便讲诵者自己记忆，也方便听者接受。当然，这些"以数为纪"往往并不十分严谨，正如庞朴先生所指出的："总的说来，数和类都还并无固定图式，大半是就事论事凑成的，数类之间，也很难说有严格的逻辑关系。"③战国时期论说文中逻辑严谨的以数为纪写法可以看作它的进一步发展，《洪范》则大抵代表了春秋时期这种写法的最高水平。

---

① 关于春秋史官的咨政职能，《国语·周语上》中的"内史兴归，以告王曰：'晋，不可不善也，其君必霸'。《左传·襄公三十年》中的"季武子曰：'晋未可偷也。有赵孟以为大夫，有伯瑕以为佐，有史赵、师旷而咨度焉'"等记载均可为参证。

② 直接的训诫论说，在西周似乎也可以找到先声，如李零先生注意到《**公盨》的特殊性，他认为该器年代可能在西周中期晚段，其铭文"没有时间，没有地点，没有人物（只有类似赞语的'公曰'三字，可以推知说话人），没有事件"（李零：《简帛古书与学术源流》，前揭，第 50 页），"主要是讲道德教训，而不是纪念某一具体事件，和铜器铭文是不一样的，它更接近于章学诚所谓的'议论文词'，即后世古书的主体"（李零：《论**公盨发现的意义》，《中国历史文物》2002 年第 6 期）。

③ 庞朴：《蓟门散思》，上海文艺出版社，1996 年，第 359 页。

　　第四，史官（瞽史）向周王作口头宣讲，起初很可能是没有书面记录的，即使有记录，也不会成为王室档案。春秋前期，史官们将口头宣讲的内容（至少是提纲）记录和整理下来，说明他们已经具备较强的独立书写意识了。《左传·襄公二十四年》记载叔孙豹提出著名的"三不朽"说："大上有立德，其次有立功，其次有立言，虽久不废，此之谓不朽。"一般认为是春秋时期贵族阶层盛行立言观念的一个标志。立言要能够"不朽"，在当时人看来，不仅要形诸文字，而且要在史官手中形诸文字，而这种立言观念，其实在春秋前期的史官们自己那里已经明确了。史官们这种立言观念和书写意识的产生大致是受了口头宣讲历史故事以及改写或重写西周典章文献的激发，而这种立言观念和书写意识又促使作为典籍的"书"逐渐从作为文书档案的"书"中独立出来。

　　第五，关于这些篇章的文类属性，可以从这些篇章对"谋"的强调入手考察。《说文》云："虑难曰谋。"《左传·襄公四年》云："咨亲为询，咨礼为度，咨事为诹，咨难为谋。"《国语·鲁语下》则云："咨才为诹，咨事为谋，咨义为度，咨亲为询。"因此，"谋"大抵是指臣下为君主谋划国家大事。"谋"字在可靠的周初训诰文中也曾出现，但并不多见，如《康诰》中有"勿用非谋非彝蔽时忱"，《立政》中有"率惟谋从容德"等。"谋"的观念在西周中后期随着听政制度的完善而有所加强，如《小雅·皇皇者华》有"载驰载驱，周爰咨谋"。"谋"本身是中性词，无论作名词还是动词，很早就被分为两类，即有好的谋划也有坏的谋划，前者如"率惟谋从容德""周爰咨谋"，后者如"勿用非谋""彼谮人者，谁适与谋"（《小雅·巷伯》）。我们看到，"谋"在《逸周书》上述政书中突然大量增加，绝大多数篇章都提到或反复提到"谋"，在有的篇章中"谋"甚至成为核心话题之一，如《宝典》讲"谋有十散"，《大戒》讲"其位不尊，其谋不阳""克禁淫谋，众匿乃雍""辅佐之道，上必尽其志，然后得其谋"，等等。可以说，这些篇章的主体内容其实本身就是"谋"，或者说是阐述"谋"的原则和方略，此亦有据，如《大开》主体内容讲八儆、五戒，结尾则说："王拜：'……戒后人其用汝谋，维宿不悉，日不足。'"《酆保》中也有类似说法："戒后人复戒后人其用汝谋。"可见，在这些篇章的作者看来，八儆、五戒、五祥、六卫、七厉等就是"谋"，只不过这些"谋"不是针对某一具体事件的谋划，而是对根本的治国方略——所谓为政驭民之道——的谋划，是"其时政治、伦理社会的若干行为规范和制度安排"，①换言之，这些篇章内容的基本性质就是君王之术，是实践性的政治理论，而与

---

　　① 俞志慧：《古"语"有之：先秦思想的一种背景和资源》，华东师范大学出版社，2010年，第6页。

真正意义上的哲学有一定差异。

　　那么，此类篇章在春秋时期属于什么类型的文献呢？罗家湘指出，这些篇章"构成《逸周书》的主体部分，它们最先编辑成书，名为《周志》"。①也就是说，这些篇章属于"志"。但"志"很可能并非是春秋时才出现的文献名称，上文已述，《周礼》中有"邦国之志""四方之志"的说法，它们应该是泛称诸侯方国的各种档案文书，并不特指某一方面的内容，这与"志"的本义为"记"，即记载、记录，是相合的。春秋前期的这些篇章被称为《周志》，可能是为了与《书》相区分。《史记·秦本纪》记载前 625 年秦穆公曾说："中国以《诗》《书》礼乐法度为政。"可见，《书》至迟到春秋中期（很可能是在春秋前期）已经被整理出来，其最初内容应该是西周王室传承下来的训诰文之类的原始文本。②《周志》虽然借用周初训诰文写法，但毕竟是史官用流行语言和观念改写、重写或杜撰出来的文本，故而有必要与更为"正宗"的《书》相区别。《周志》的出现似乎为"志"限定了文体结构，因为《周志》各篇在文体结构上是较为统一的，即内容上主要是治国方略和制度安排的理论总结，形式上则借用了周初训诰文，因此，王树民先生认为："志"是"以指导性的言论为主"的文献，又说"大致早期的'志'以记载名言警句为主"。③这与上述篇章将"以数为纪"的条目自称为"格言"相一致，如《小开武》中的

①　罗家湘：《〈逸周书〉研究》，上海古籍出版社，2006 年，第 60 页。有一个文献依据是《左传·文公二年》："瞫曰：《周志》有之：'勇则害上，不登于明堂。'"所引之文即见《逸周书·大匡（第三十七）》。

②　关于今文《尚书》的编订意图，程水金先生有一个重要见解，认为它属于"援例性的以事为鉴"，他说"传世的 29 篇今文《尚书》所涉及的历史事实，均与厉宣幽平之世所发生的历史事件有着明显的对应关系"，如周召夹辅周室的训诰文对应于共和行政，《盘庚》《召诰》《洛诰》等对应于平王东迁，《无逸》对应于宣王"不藉千亩"，《泰誓》《牧誓》中的"牝鸡无晨，牝鸡之晨，唯家之索"对应于幽王时的"艳妻煽方处"等，而且他也指出，今文《尚书》中的有些篇章"竟是按'当下'的需要据传闻而改写亦未可知"。（参见程水金：《从鉴古思潮看〈国语〉之编纂目的及其叙述方式——兼论〈国语〉与〈左传〉之关系》，《武汉大学学报》（人文科学版）2008 年第 4 期）总之，今文《尚书》的编订与《周志》的编订其实都出于"鉴古"思潮，只是前者更忠实于原有的王室档案，整理的成分多于作的成分，后者则倾向于对历史经验的理论总结，作的成分多于整理的成分。将这种不同看作"鉴古思潮的发展"，也未为不可，不过未必有时间上的先后。

③　王树民：《释"志"》，见《文史》第三十二辑，中华书局，1990 年，第 314、316 页。

"王拜曰：……非时，罔有格言曰正余不足"。①不过，这种文体上的限定看来并不牢固，因为古人区分文类更看重的是功能。"志"的功能，正如《国语·楚语上》申叔时所总结的："教之故志，使知废兴者而戒惧焉。"这句话或许可以反过来看，即只要能"使知废兴者而戒惧焉"的文本，都可以被归入"志"一类文献，因此，"志"的文体形态就变得十分庞杂，"有《军志》《礼志》之称，又或以人以国为区别"，大抵到了春秋中期，除了名言警句外，"志""也记载一些重要的事实，逐渐具有了史书的性质。其后则追记远古之事，杂记明神之事，泛记当时之事"。②可以这样推测，"志"类文献中记事的内容可能是（至少起初是）史官们为了具体阐述"格言"（即政治理论纲要）而准备的例证。这一点可以从《逸周书·史记》中约略看出来。《史记》行文的基本结构正是先述"格言"，然后证之以兴亡的历史故事，如"久空重位者危"是"格言"，紧接着的"昔有共工，自贤，自以无臣，久空大官，下官交乱，民无所附，唐氏伐之，共工以亡"是例证，其他如"犯难争权，疑者死。昔有林氏，上衡氏争权，林氏再战而胜，上衡氏伪义，弗克，俱身死国亡"，"知能均而不亲，并重事君者危。昔有南氏，有二臣，贵宠，力钧势底，竞进争权，下争朋党，君弗能禁，南氏以分"等都是用相同的结构。这种情况与春秋时期另一大文类"语"往往兼有记言和记事内容有相通之处，即如过常宝先生所言："及至春秋时期，君子、史官等，其话语权威不能与前代的先王、老人相比，立言往往需要有所依凭，或即事有感而发，这才出现'未尝离事而言理'的情况。"③由于"志"中的记事内容原本是为证明和阐释"格言"服务的，所以自然没有"严格的编年和系统的叙事"，与《春秋》等有所不同，而且，与《春秋》相比，它们其实更具有"鉴古"的性质。

2. 从常书法到义书法：编年记事书写

（1）《春秋》与孔子。

编年记事指《春秋》一类文本的书写。《春秋》的作者问题是学术史上的老话题。最大的争议点在于孔子与《春秋》的关系。一种观点认为《春秋》

---

① "格言"，诸本作"恪言"。"格言"即"至言"。（参见黄怀信、张懋镕、田旭东：《逸周书汇校集注》，前揭，第 278 页）类似说法还有《宝典》中的"王拜曰：格而言！……"，《大开武》中的"王拜曰：格乃言！"等。

② 王树民：《释"志"》，见《文史》第三十二辑，前揭，第 316 页。但需要重申的是，记载一些重要的事实，并不是"志"成为真正意义上的史传文献的根本原因，至多只能视为一个前提要素。"志"成为史传文献，从根本上说，是因为它融入了春秋史官的政教话语倾向，而且经过初步的编订。

③ 过常宝：《先秦散文研究——早期文体及话语方式的生成》，前揭，第 195 页。

为孔子所作，与之完全相对的观点则认为《春秋》是鲁史旧文，孔子对其文字完全未作改动，或许只是"曾经用鲁《春秋》作教本，传授弟子"，①或许根本未见过鲁《春秋》。②比较折中的看法是杜预在《左传正义·春秋序》中提出的孔子"修"《春秋》之说：

> 周德既衰，官失其守，上之人不能使《春秋》昭明。赴告策书，诸所记住，多违旧章。仲尼因鲁史策书成文，考其真伪，而志其典礼，上以遵周公之制，下以明将来之法。其教之所存，文之所害，则刊而正之，以示劝戒。其余则皆即用旧史，史有文质，辞有详略，不必改也。故《传》曰"善其志"，又曰"非圣人孰能修之"。盖周公之志，仲尼从而明之。……其发凡以言例，皆经国之常制，周公之垂法，史书之旧章。仲尼从而修之，以成一经之通体。

此说与孔子"述而不作"的思想甚为相合。按照本文对书写方式的分类，"修"当然也是一种"作"，因为书写者在书写中融入了主观倾向，从这个意义上讲，孟子说孔子"作"《春秋》，③本没有错。但这种"作"不是"述而不作"意义上的"作"，上文已指出，"述而不作"的"作"是指创立新的学说，新的价值体系，"述"则是指继承先贤圣王的思想，而"修"正是继承先贤圣王事业的一种书写方式。主张孔子作《春秋》的皮锡瑞曾反对杜预上述观点，他说："若如杜预经承旧史，史承赴告之说，止是钞录一过，并无褒贬义例，则略识文字之钞胥，皆能为之，何必孔子！"④这个批评不免有些偏激了。"修"《春秋》绝非略识文字之钞胥所能为。⑤《公羊传·庄公七年》曰："不修《春

---

① 杨伯峻：《春秋左传注》，前揭，前言第15页。持类似看法的还有钱玄同等。
② 如王和先生《孔子不修春秋辩》（《史学理论研究》1993年第2期）一文就认为孔子未见过系统的《春秋》《左传》成书后，孔门后学才将《春秋》当作讲习的课程。
③ 孟子所说的"作"《春秋》其实也有两种含义。《孟子·滕文公下》中明确说到孔子作《春秋》，但《孟子·离娄下》又说："王者之迹熄而《诗》亡，《诗》亡然后《春秋》作。晋之《乘》，楚之《梼杌》，鲁之《春秋》，一也：其事则齐桓、晋文，其文则史。"可见，孟子并没有否认孔子作《春秋》是因鲁史官旧史。同样主张孔子作《春秋》的司马迁也说孔子是"因史记作《春秋》"。（《史记·孔子世家》）
④ 皮锡瑞：《经学通论》，中华书局，1954年，"春秋通论"第3-4页。
⑤ 需要注意的是，孔子"修"《春秋》主要也不是将记事条文编订成书，因为鲁《春秋》在孔子之前应该就经过编订。《左传·昭公二年》载："二年春，晋侯使韩宣子来聘，……观书于大史氏，见《易象》与《鲁春秋》，曰：'周礼尽在鲁矣。吾今乃知周公之德，与周之所以王也。'"过常宝先生据此指出："当时的文献或部分文献已经过编辑修订，若《鲁春秋》还只是一条条的无序的原始载录文件，当难供外人观览。"（过常宝：《原史文化及文献研究》，前揭，第85页）

秋》曰：雨星不及地，尺而复。君子修之曰：星霣如雨。"这个记载让人感觉"修"《春秋》只是润饰文字而已。其实并非如此。杨伯峻先生为了论证孔子未修《春秋》曾举过一个例子，即《礼记·坊记》载"鲁《春秋》记晋丧曰：'杀其君之子奚齐及其君卓。'"而今本《春秋》中也有大致相同的记载。但这个例子恰恰说明今本《春秋》对鲁《春秋》有过改动，因为今本《春秋》的记载是分作两条记于不同年份的，即僖公九年记"冬，晋里克杀其君之子奚齐"，僖公十年记"春王正月，……晋里克弑其君卓及其大夫荀息"。①这其中的原因，当如程水金先生所言："是因为今本《春秋》有尊周统以'道名分'的思想，以周历为编年之据。"按照周历以夏正十二月为岁首的算法，这两个事件确实发生于不同的年份。②如果说这个例子中的"修"主要还只是技术性处理，那么孔颖达还指出其他许多事关褒贬的"修"，如《左传·哀公十二年》孔颖达正义曰：

> 《论语》云："君取于吴为同姓，谓之吴孟子。"是鲁人常言称孟子也。《坊记》云："《鲁春秋》去夫人之姓曰吴，其死曰孟子卒。"是旧史书为"孟子卒"。及仲尼修《春秋》，以鲁人已知其非，讳而不称姬氏，讳国恶礼也。因而不改，所以顺时世也。"《鲁春秋》去夫人之姓曰吴"，《春秋》无此文。《坊记》云然者，礼，夫人初至，必书于策。若娶齐女，则云"夫人姜氏至自齐"。此孟子初至之时，亦当书曰"夫人姬氏至自吴"，同姓不得称姬。旧史所书，盖直云"夫人至自吴"，是去夫人之姓，直书曰吴而已。仲尼修《春秋》，以犯礼明著，全去其文，故今经无其事。
>
> 　杜言书曰故书，皆是仲尼新意。案此类彼，则彼是旧文。言新意者，仲尼所修有因有革。因者虽是仲尼因旧，旧合仲尼之心，因而不改，即是新意。所以彼传归功修者，谓之"善志"，为传所以修之既定，乃成为善也。故《释例·终篇》杜自问而释之云："丘明之为传，所以释仲尼《春秋》，仲尼《春秋》皆因旧史策书，义之所在，则时加增损，或仍旧史之无，或改旧史之有，虽因旧文，固是仲尼之书也。丘明所发，固是仲尼之意也。"

可见，孔子之于鲁《春秋》，虽未改其本有之褒贬原则，但又以笔法使之更加深切著明了，换句话说，如果鲁《春秋》确曾与孔子发生历史关联，那

---

①《公羊》经文略有差异。

② 程水金：《早期中国文化意识的嬗变——先秦散文发展线索探寻》（第一卷），武汉大学出版社，2003年，第348-349页。

么孔子对鲁《春秋》的主要贡献应在于进一步完善了鲁《春秋》大义褒贬的书法。而孔子"作"《春秋》与孔子"修"《春秋》二说的实质分歧就在于大义褒贬的书法是否为孔子所创，或者说在于鲁《春秋》有无此种书法。就此而论，说孔子"作"《春秋》也不是全无道理。但鲁《春秋》原本就有大义褒贬之书法，则是不可否认的，故而，用"修"比用"作"更合适一些。

（2）编年记事的两套书法及其渊源。

我们知道，《春秋》的义例书法是相当复杂且不统一的，徐复观先生曾指出：

> 《春秋》的文字，既出于鲁史之旧，则所谓书法，也应分为三部分，一部分是鲁史之旧的书法；另一部分是孔子的书法；再一部分是作传的人由揣测而来的书法。三部分混合在一起，难于辨认。[①]

上文已述，《春秋》的褒贬书法并不是到孔子修《春秋》时才有的，鲁史官作《春秋》时已用褒贬书法。但通常所说《春秋》的书法并不都是能够彰显大义的褒贬书法，而是还包括大量常规的叙述规则。举例言之，如《春秋》三传都认为《春秋》有"常事不书"的原则，即凡是一般或常规的事件和活动，《春秋》是不予载录的；又如三传都认为《春秋》有一套常规的称谓原则，如称国君的兄弟，"《春秋》书作'公兄''公弟'者，都是同母兄弟，其他兄弟则称公子"，大夫的基本称谓原则则是"君前臣名，父在子名"。[②]这些都属于常规的技术性写法，并不寓有特别的价值取向。我们不妨将有特别价值取向的书法称为《春秋》义书法，反之者则称为《春秋》常书法。杜预以及杜预之后的很多学者所总结的《春秋》凡例都没有区分此二者。尽管《春秋》义例并不整齐划一，但此二者的基本区分其实十分重要，因为义书法大多是在常书法的基础上形成的，或者说，大多数义书法正是通过有意违背常书法来显示其褒贬的。《公羊传》解读《春秋》最常用的方法就是追究《春秋》中违背常书法的隐微意图，如《春秋》"桓公四年"记："春正月，公狩于郎。"《公羊传》曰："常事不书，此何以书？讥。何讥尔？远也。"晁岳佩先生的《春秋三传义例研究》概括《公羊传》解经路数说：

> 根据记事原则，凡不应书而书或应书而未书者，可知圣人寓有褒贬之意。……根据《春秋》用字原则，凡记某类事件应用某字而改用他字者，可知圣人寓有褒贬之意。根据《春秋》称谓原则，凡与原则不符者，可知圣人寓有褒贬之意。比如记诸侯称爵，记大夫

---

① 徐复观：《两汉思想史》，华东师范大学出版社，2001年，第156页。
② 晁岳佩：《春秋三传义例研究》，线装书局，2011年，第172、155页。按晁岳佩的归纳，《春秋》常规书法可分为记内事原则、记外事原则、用字原则、称谓原则、书时书地原则五个大类，每个大类又可分为若干小类。

称名，记微者称人，是《春秋》原则，凡有变化者，一定是含有褒贬。书时、书地原则亦然。①

当然，《公羊传》的具体解释未必都合乎《春秋》本义，而且《公羊传》是主张孔子作《春秋》的，但其从常书法推求义书法的总体思路应该是符合春秋史官编年记事书写的发展逻辑的。

主张孔子作《春秋》的学者一般会认为义书法出自孔子，而常书法为鲁《春秋》所本有，或者认为《春秋》字字大义，皆是孔子设教，而反对孔子作《春秋》的学者则一般以共时的眼光看待《春秋》的这两套书法，或者干脆否认《春秋》书法。否认《春秋》书法自不可取，本文想要指出的是，鲁史官所作之《春秋》已经同时包含了这两套书法，而鲁《春秋》的这两套书法各有其渊源。

《春秋》中的常书法虽然不指涉褒贬价值取向，但大抵都有一定的周礼依据，并非随意而设，比如"君前臣名，父在子名"的称谓原则依据的是臣子、君父的尊卑等级关系，这种等级观念早在西周以前就有了，而且应该也应用于现实的言语活动中。其他称谓原则也大抵如是。又比如天子去世，记崩不记葬，也是根据既有周制。因为按照周制，从去世到下葬的时间是有规定的，即"天子七月，诸侯五月"。"天子下葬时间不应受任何干扰而变更，故《春秋》不必书其葬，人们也知道他是什么时候下葬的。"但对诸侯，《春秋》往往既书卒，又书葬，依《公羊传》的解释，这是因为，"虽然制度规定'诸侯五月'而葬，但如果天子有更重要的事情，各诸侯国都必须放下自己的事情去听命于天子，在这种情况下，诸侯五月而葬的制度就未必能够保证实施。既然下葬时间不能完全确定，故《春秋》必须记诸侯之葬"。②由此推测，《春秋》的这一常书法也未必是鲁国史官的发明。我们知道，《春秋》一类编年记事文，并非鲁国才有，《孟子·离娄下》提到的晋之《乘》、楚之《梼杌》都是和鲁《春秋》同属一类的文献。虽然诸侯国设史记事始于何时，尚难确知，③但

---

① 晁岳佩：《春秋三传义例研究》，前揭，前言第4-5页。

② 参见晁岳佩：《春秋三传义例研究》，前揭，第66页。

③ 我们只知道今本《春秋》编年始于鲁隐公元年，即平王四十九年。程水金先生认为："今传《春秋》一书，实即鲁国旧史，并非出自'圣人'的掐头去尾。《公羊》家说《春秋》起自鲁隐公，是由哀公上溯十二公以取天之数的结果，则纯属无稽之谈。隐公之前，鲁国无记事之'史'，鲁之《春秋》当然只能起自鲁隐公了"，"鲁为周公之后，于诸侯最为守礼，故东迁之后四十多年才设记事之史"。（程水金：《早期史官散文产生的文化背景述略》，《中国典籍与文化》1998年第2期）依此说，其他主要诸侯国应该在鲁国之前已经设史记事了。但此说的一个前提是认为诸侯国设史记事是对周礼的僭越。准此，诸侯国设史记事的（下转）

单就史官编年记事而言，很可能始于西周，这一点也已经为当代许多学者所认同，而春秋史官与西周史官本一脉相承，由此推断，春秋史官在从事编年记事书写时，其所使用的常规叙述规则必定是在继承西周史官叙述规则的基础上结合春秋时期实际情况来设定，不可能自己随意另搞一套。事实上，这种继承性是很强的，如《春秋》常书法中有一条"史从赴告"原则，即记外事依他国使者的正式通报来书写的原则，①不告则不书，甚至错则错书，如《左传·隐公元年》曰："八月，纪人伐夷。夷不告，故不书。"《左传·僖公二十四年》曰："王正月，秦伯纳之。不书，不告入也。"《左传·文公十四年》曰："凡崩、薨，不赴，则不书。"《左传·隐公十一年》曰：

> 冬十月，郑伯以虢师伐宋。壬戌，大败宋师，以报其入郑也。
> 宋不告命，故不书。凡诸侯有命，告则书，不然则否。师出臧否，
> 亦如之。虽及灭国，灭不告败，胜不告克，不书于策。

（上接）时间应不会早于西周后期。不过这个前提似乎没有很可靠的证据，至少《周礼》中没有诸侯国不得设立记事之史的说法，而且今本《春秋》处处维护周礼，韩宣子观鲁《春秋》后还感慨周礼尽在鲁，很难说这种书写本身有违周礼。又《周礼·外史》有外史"掌四方之志"的说法，郑玄注曰："志，记也。谓若鲁之《春秋》、晋之《乘》、楚之《梼杌》。"郑樵也说："古者记事之史谓之志。"（《通志》，中华书局，1987年，第2页）依此，"四方之志"就是诸侯国的记事之文。这似乎与《国语·楚语上》中申叔时区分《春秋》与《故志》为两种文献不一致，俞志慧先生指出："故志"不仅有记事之体，"同时也有相当数量的记言之章"。（俞志慧：《古"语"有之：先秦思想的一种背景和资源》，前揭，第9页）不过，《春秋》与《故志》不是同类文献，并不能说明鲁《春秋》等诸侯国史官记事文献一定始于春秋时期。

① 过常宝认为，这种通报制度是在各国史官之间建立的，"史官定期或不定期将本国载录送达他国"。（过常宝：《先秦散文研究——早期文体及话语方式的生成》，前揭，第128页）这个说法似乎并没有充分依据。春秋时期，负责诸侯国之间邦交往来的是行人，狭义的行人是专职的外交人员，广义的行人则包括临时被委以邦交重任的各级官员。（参董芬芬：《春秋辞令文体研究》，前揭，第225页）春秋史官有时候也会充当行人使者，但充当行人应该不是史官的固有职司。《周礼·外史》说：外史"若以书使于四方，则书其令"，郑玄注曰："书王令以授使者。"可见史官只负责书王令，并不固定充当使者。更重要的是，即便可以充当行人，史官也已经不是春秋时期邦交赴告文书的主要书写者，这一点上文已有详述。《仪礼·聘礼》曰："若有故，则卒聘，束帛加书将命，……主人使人与客读诸门外。"郑玄注曰："主，国君也；人，内史也。"贾公彦疏曰："凡四方之事书，内史读之。此云'使人与客读诸门外'者，亦是四方事书，故知'人'是内史也。"也就是说，按照周制，当有他国使者来时，本国国君应首先派史官来交接。这才是史官能够最先了解他国赴告内容的原因。

杜预注曰：承告其辞，史乃书之于策。……此盖周礼旧制。

春秋时期各国关系比西周时期复杂得多，加上赴告制度在春秋时期受到会盟政治的约制，史官坚持西周以来从赴告而书的规则必定会遗漏许多重要事件，这无论如何都有损于这种编年记事书写的初衷，不管其初衷是什么。史官书写的继承性之强由此可见一斑。

那么，编年记事常书法的渊源在哪里呢？或许可以从编年记事原本的性质入手来思考这个问题。过常宝先生有一个很有启发性的观点，他认为《春秋》的载录实际上是史官"对神灵的正式禀告"，"这种书写方式是面对神的，它只关心事件是否违礼，所以非常简略，如'赵盾弑其君'之类，很难为后人理解"。①《左传·襄公二十年》所记卫国宁惠子的话颇能说明这一观点，宁惠子（即宁殖）曾驱逐卫献公，十分后悔，临死时对其子说："吾得罪于君，悔而无及也。名藏在诸侯之策，曰'孙林父、宁殖出其君'。君入，则掩之，则吾子也。若不能，犹有鬼神，吾有馁而已，不来食矣。"过常宝指出："使宁殖恐惧的并不是逐君这个行为，而是'名藏在诸侯之策'，也就是史录有名，将面对着神灵的裁决。可见春秋时的史官载录仍然具有宗教性质。"②这个分析是有道理的。当然，恐惧神灵的裁决只是一个方面，更重要的是，义神信仰仍是现实社会中得到普遍认同的意识形态，因此，"名藏在诸侯之策"关系到其个人乃至家族之未来声誉、地位。既然《春秋》的原初性质是告神的仪式性书写，那么，《春秋》常书法的渊源应当也在于此。上文已述，告神书写很可能在殷商时期就已出现，据《尚书》《逸周书》等文献的记载，则可以确认周初时已有史官告神书写，属于策祝文的一类，如《尚书·洛诰》记载："王命作册逸祝册，惟告周公其后。"孔颖达疏曰："王命有司作策书，乃使史官名逸者祝读此策，惟告文武之神。"除了记事十分简略外，"常事不书"的常书法也与策祝活动只就特殊事件进行策祝相一致。就《春秋》与周初乃至更早的策祝文书写的这种渊源关系来说，古人将《春秋》记事与《尚书》记言并举，如刘知几说的"《春秋》家者，其先出于三代。……知《春秋》始作，与《尚书》同时"（《史通·内篇·六家》）③也就不是全无道理了。

不过，没有证据表明策祝文书写有编年的基本体例。这意味着史官编年记事应该还有一次触发的机缘。在这个问题上，葛志毅和程水金先生的见解值得参考。葛志毅先生认为史官的记事之职始厉、宣之世，具体而言，始于

---

① 过常宝：《先秦散文研究——早期文体及话语方式的生成》，前揭，第129页。
② 过常宝：《先秦散文研究——早期文体及话语方式的生成》，前揭，第127页。
③〔唐〕刘知几著，〔清〕浦起龙通释，王煦华整理：《史通通释》，前揭，第6-7页。

厉王之后的共和行政时期，并指出这也是中国古代准确的历史纪年始于共和元年（即前 841 年）的原因。在葛志毅看来，记事之职的产生与共和行政有密切关联，他说：

> 卿士诸侯摄位共政对史官制度产生很大影响。推断其时，每当朝会议政之际，原负责记录王言、撰拟诏令的史官，此时则列位于朝会，负责专门记录朝政大事，并负责宣示中外。这样做的结果，不仅可以记录宣示王朝政令，亦可得昭示天下，取信万民之效。……共和时期的史官制度，最后形成共和十四年逐年记录而成的编年大事记。宣王即位之后，周、召二相辅政，共和时期编年记事之法仍旧不废，并作为史官记事制度一直沿用至后世。[①]

上述推测不无可疑之处，比如他调和文献诸说，认为共和行政时期是"卿士诸侯摄位共政"，但大多数学者认为共和行政就是共伯和主政，即《古本竹书纪年》所谓"共伯和干王位"。如果共伯和确曾称王，那么，史官职责不见得会因共和行政而发展重大改变。但共和行政毕竟是西周后期最重要的政制变动，于此之际发生职官制度调整也在情理之中。程水金先生也认为设史记事与厉王之难以及周召共和有关，与葛先生不同的是，他认为设"史"记事很可能从宣王开始，"共和元年可能是周宣王亲政之后，太史开始记事而上溯的年份，不大可能是当时的记载"，"宣王设'史'记事，追述前事曰'共和'，犹汉武帝之'重制嘉号追纪其岁'也"。程水金还列举了《国语·周语》中记宣王之前三王，没有明确的纪年，而记宣王以下各王都有明确年份，以及史惠鼎铭文作为佐证。[②]对于设史记事的动因，程水金认为是"传世和不朽的观念，导致了专司记事之'史'的产生"。[③]这不免有些宽泛，因为这种观念可能在商代铭文出现时甚至更早的时候就产生了。不管怎样，史官编年记事始于西周后期应是可信的。编年记事与周初以来的策祝文书写应有继承关系。上文已述，策祝告神活动的意向本是多样的，除了祷求神灵赐福以远罪疾外，也有比较单纯的即没有明显祈求意向的禀告、汇报。编年记事很可能是对后者的继承和发展，并因而使这两种基本意向分离，因此，西周以后策祝文的内容基本上是祷病或祷战之类有明显祈求意向的祷祝。分离之后，远罪疾一类的策祝仍然采用书写与口头祝告相结合的方式，由史官和祝官联官完成，

---

① 葛志毅：《谭史斋论稿续编》，黑龙江人民出版社，2004 年，第 94 页。
② 参见程水金：《早期中国文化意识的嬗变——先秦散文发展线索探寻》（第一卷），武汉大学出版社，2003 年，第 226-228 页。
③ 程水金：《早期中国文化意识的嬗变——先秦散文发展线索探寻》（第一卷），前揭，第 224 页。

而单纯的告神可能逐渐脱离口头祝告，演变为史官纯书面的载录。

再说《春秋》义书法的渊源。义书法的产生与西周后期以来政制的转变有关。在西周义神君主政体处于常态的情况下，义神礼法与君主（周天子）权威相耦合，史官的书写活动，无论是仪式性的记事还是政教性的记言，其书写方式都以记为主。尽管这种书写，尤其是仪式性的记事书写，具有不可替代的神圣权威，史官可以秉笔直书，不会轻易受到现实权力的干扰和操控，但这种书写对现实政治的干预作用也是不显明的。史官依既定书法如实告神，不会对自身话语权力有强烈意识。西周后期以来，随着君主与贵族、中央与地方各种利益冲突的加剧，政治关系日益复杂化，义神君主政体开始走向衰微，这种衰微的一个重要征兆和表现就是泛礼仪式的政治运作规则已经无法满足实际政治事务的需要，于是，政治事务开始出现"脱离宗教活动的倾向"。[1]但政制是具有强大惯性的，作为对这种改变的惯性反应，宗教对于被分离出去的现实政治会产生有力的反吸式关联。这种反吸式关联在制度上的一个表现就是史官的咨政职责得到加强。文献记载对此有所反映，如《左传·襄公十三年》载鲁国季武子的话说："晋未可喻也。有赵孟以为大夫，……有史赵、师旷而咨度焉。"又如《国语·周语上》记载周内史过出使晋国回朝后告周王曰："晋不亡，其君必无后。且吕、郤将不免。"史官能够提供政事咨度，不仅因为史官精通礼仪，更因为史官深谙礼义。咨政职责的加强自然会提高史官集团对自身书写活动的政治价值的自觉意识，这种自觉意识为史官告神书写从仪式性发展出政教性提供了观念条件。再者，从社会指令的角度说，王室衰微、礼法遭僭越而义神信仰却仍得到普遍认同的新政制背景也足以激发史官集团运用宗教话语权力干预现实政治以维护天命礼法的信念和热情。于是，史官集团不再甘心于仅仅按照现成的常书法来载录，用过常宝先生的话说："他们期望获得现实批判的权利。但直接评论又违背了宗教传统，有使其丧失话语权力的危险。"[2]为了解决这一难题，他们在已有的常书法基础上发展出了一套义书法，"在既有的规范下，也就是在不直接评判的表述形式下，通过某些变通的方式"，[3]隐秘地表达自己的礼法评判，也就是所谓微言大义、察化恶臧。义书法的产生也意味着史官告神记事书写的性质和方式发生了改变。义书法产生之前，史官告神记事基本上属于纯粹的仪式书写，书写方式是以"记"为主；义书法产生之后，这种书写成为泛政教性的仪式书写，书

① 过常宝：《先秦散文研究——早期文体及话语方式的生成》，前揭，第125页。
② 过常宝：《先秦散文研究——早期文体及话语方式的生成》，前揭，第133页。
③ 过常宝：《先秦散文研究——早期文体及话语方式的生成》，前揭，第133页。

写方式也随之变成兼有"记"和"作"了。义书法形成的具体时间还难以确知，很有可能不是始于鲁《春秋》，而是始于周《春秋》。《史惠鼎》铭文或可为据，铭文曰："史惠作宝鼎。惠其日逹月囨，禬化诬庸，寺屯鲁令。惠其子子孙孙永宝。"李学勤先生认为，史惠是西周王室晚期的一位职司记事的史官，铭文中的"禬化诬庸"，李先生释为"察化恶臧"。[1]若此说不误，那么就说明西周后期的史官已经有通过编年记事书写监察政治、劝善惩恶的意识，由此可见，义书法初步形成的时间可能与史官编年记事制度形成的时间相差不远。进入春秋时期，史官文化由周王室下移到地方诸侯国，出现了所谓百国《春秋》。完全可以推想，运用义书法的不会仅仅是鲁《春秋》，史官集团一脉相承，各主要诸侯国史官很可能不同程度地效法周史官的记事书法，如楚国史官的编年记事文献叫"梼杌"，赵岐《孟子章句·离娄下》云："梼杌者，嚚凶之类，兴于记恶之戒，因以为名。"说明《梼杌》虽带有楚文化地方特色，但善恶褒贬的基本取向应与鲁《春秋》相类。至于《春秋》义书法的具体内容，如《左传》所归纳的"微而显，志而晦，婉而成章，尽而不汙，惩恶劝善"（《左传·成公十四年》），可以视为本文所说的书写策略，古今学者已经在这方面做了大量研究和总结，这里不再细述。[2]

3. 多样化的史传书写

上文曾对西周时期是否存在史传文献的问题进行了探讨，基本结论是，受到泛仪礼性书写的基本限定，西周时期应该尚未出现真正意义上的史传文献，但西周中后期以来的瞽史口头讲史，为以史为鉴的史传文献的产生积累了素材。进入东周以后，随着政体的变迁以及这种变迁所导致的政治制度和社会指令的调整，书写活动的大方向从泛仪礼性转变为泛政教性，这不仅仅是书写性质的总体转换，同时也带动了与书写相关的一系列变化。比如在泛仪礼性书写的时代，各类文本在文体构成上通常有较严格的规范，篇幅大多较短，由于大部分书写活动都直接与神灵、仪式对接，因而对书写物质载体

---

① 参见李学勤：《史惠鼎与史学渊源》，《文博》1985 年第 6 期。
② 当代学者中傅修延先生的说法较为代表性，他总结为"寓褒贬于动词""示臧否于称谓""明善恶于笔削""隐回护于曲笔"四条。（参见傅修延：《先秦叙事研究》，前揭，第 182-185 页）其他学者的论述可参石昌渝：《中国小说源流论》，三联书店，1994 年，第 72-74 页；程水金：《中国早期文化意识的嬗变》（第一卷），前揭，第 350-365 页；过常宝：《先秦散文研究——早期文体及话语方式的生成》，前揭，第 139-148 页；晁岳佩：《春秋三传义例研究》，线装书局，2011 年；张金梅：《春秋笔法与中国文论》，中国社会科学出版社，2012 年等。

的选择是极为慎重和严格的，文本的传播范围也比较小，皆为典藏之策，不轻易示人，《左传·昭公二年》韩宣子观书于鲁太史之事，既说明春秋时期史官典藏文献开始有限度地开放，也说明此类文献一般难以得见。到了泛政教性书写的时代，书写活动与神灵、仪式的距离拉大，书写者的自由度提升，"作"的因素增强，文体形式更为灵活，篇幅变长，不再需要严格考虑物质载体本身的神圣性，文本的传播范围也明显扩大。书写特征的上述转变都有利于史传文献的产生，或者说与之相适应。更重要的是，春秋时期，礼仪与礼义渐相分离，理性意识普遍增强，礼义观念不再能仅仅依靠礼仪来涵摄和维持，这种情况促使史官集团比以往更重视书写策略的运用，试图使礼法规范能够被理性地接受，而不再只是表述礼法规范本身。上文所说的春秋初期训诫文就是这方面的体现，史传文献亦如是。只不过训诫文上承西周训诰文，倾向于理论阐释，而史传文献则上承西周瞽史口头讲史传统，倾向于借事言理。不过，这种区分不是绝对的，训诫文也有叙事框架，史传文献也包含大量记言内容，两者存在交集。所谓"史传文献"，与今天对史书的通常理解仍有所不同，当时的史官们还不可能有很明确的制作史书的文类意识，即便是后来司马迁的《史记》也与今日史书存在文类文体上的诸多差异。需要特别指出的是，记言和记事虽然不能作为界定"史传文献"的根本标志，因为记言本身也可以视为记言之史，但是单纯的记言，如格言警语之类，则不应视为"史传文献"。"史传文献"可以记言，甚至可以记言为主，但至少应有比较清晰明确的叙事框架。春秋"史传文献"大抵涵盖或涉及《国语·楚语上》申叔时所提到的"语""世""故志""训典"等文献，此外，王和先生认为春秋史官有"私人记事笔记"，[①]"是当时的史官实录"，[②]这与《左传·隐公十一年》杜预注的说法相合，即"承告其辞，史乃书之于策。若所传闻行言，非将君命，则记在简牍而已，不得记于典策"。这些春秋文献构成了战国时期编纂《左

---

① 从本文对个人与私人的区分来说，应该是"个人记事笔记"，不过，严格地说，它应该仍有职务书写性质。

② 参见王和：《〈左传〉材料来源考》，《中国史研究》1993 年第 2 期；《〈左传〉的成书年代与编纂过程》，《中国史研究》2003 年第 4 期。需要指出，所谓"私人记事笔记"，未必是本文所说的私人性文本，这种书写应该也是在春秋史官职责范围之内的事情。过常宝先生认为，这种载录于非正式典策的记事笔记与呈于神灵的正式典策"形成了春秋史官的两套文献系统"。（过常宝：《先秦散文研究——早期文体及话语方式的生成》，前揭，第 130 页）不过此类书写应该不像《春秋》一类编年记事书写那样形成硬性、常规的制度，因而可能在不同邦国、不同历史时期有较大差异，"语""训典"等大抵亦如此。

传》《国语》等文献的主要来源。①下面分述"语""世""训典""故志"以及史官笔记的书写问题。

（1）"语"。

上文已述，《周礼·春官·大司乐》有大司乐"以乐语之教国子：兴、道、讽、诵、言、语"的说法。郑玄注曰："'兴'者，以善物喻善事；'道'读曰'导'，言古以剀今也；倍文曰'讽'；以声节之曰'诵'；发端曰'言'；答述曰'语'。"这里的"语"有广义和狭义之分，"乐语"是广义的"语"，与"兴、道、讽、诵、言"并列的是狭义的"语"。不论是广义还是狭义，"语"都显然与由乐官实施的贵族教育相关。广义的"语"应是泛称以培养语言能力为主的乐教，与"乐德""乐舞"相并列；狭义的"语"，是乐语之教的一种教学方式，郑玄认为"答述曰'语'"，也就是说，这种教学方式主要是培养国子的应答能力，为他人说话的能力。②《周礼》"乐语之教"的记载或许在细节上与西周实际情况有出入，但大体应是可信的，很可能兴起于西周中后期。不过，如上文已指出的，没有证据证明西周时期的乐语之教已经使用书面教材，当时的教材更可能是流传于乐官之中，以瞽矇传诵形式保存的口头文献，从郑玄对六种教学方式的解释来看，其内容应该比较丰富，可能包括生动活泼的俗谚格言、譬喻警语、传说故事、诗文本歌辞以及先圣时贤的精辟言论等，从内容的类型上说，应以嘉言善语居多，以事为辅。但不论是言，还是事，都是以培养贵族言说能力为直接目标，以提高贵族的政治道德教养为最终目标。到春秋时期，由于书写活动的发展，这些口头文献逐渐被史官整理成书面材料，于是形成了"语"类文献。③当然，春秋时期的"语"类文献的渊源虽然是瞽矇口头文献，乐教在春秋也仍然流行并扩展到地方诸侯国，但不是说春秋史官编纂此类文献只能是记录瞽矇口头文献。史官本身亦有记言

---

① 王和先生认为《左传》的另一部分主要来源是"流行于战国前期的、关于春秋史事的各种传闻传说。一般来讲，《左传》里凡是长篇大论的对话，多属于取自战国传说（但并非全部）。这一部分文字的史料价值不高，有些事情虽有一点史影，但已大大失真；还有一些则面目全非，根本不可凭信"。（王和：《〈左传〉的成书年代与编纂过程》，《中国史研究》2003 年第 4 期）

② 贾公彦疏引郑注《杂记》云："言，言己事。为人说为语。"

③ 史官与乐官本来就关系密切，如"瞽史"，兼有史官与乐官的性质。这也符合前战国时代书写的常规方式，即如余嘉锡先生所言："古人之学，大抵口耳相传，至后世乃著竹帛。"（余嘉锡：《四库提要辨证》卷十一，中华书局，1985 年，第 594 页）"语"类文献既源于瞽矇讲唱，其体式原本可能富于韵律，类似诗歌，《荀子·成相》句式齐整而有变化，每节押韵，朗朗上口，或可视为其文体遗迹之一种。

之责，而且春秋时期"作"的书写方式已渐居上风，再者，春秋时期史官文化逐渐取代乐官文化，乐教中的乐语之教很可能随之为史官教育所代替，因此，春秋史官编纂此类文献应该有较强的自主意识。此类文献区别于其他文献的性质特征，正如俞志慧先生所言，不能单纯从形式或内容来界定，而是落实在其"既以明德为体又以明德为用的特征"上。①宽泛地说，春秋时期的"语"类文献与这里要讨论的"世""训典""故志"以及史官笔记等文献一样都属于政教性文本，但"语"类文献的特别之处在于：一者，它以记言为主，这是由其直接教育目标所决定的，而且，在记言方面，它以记述明德劝诫之言，即所谓"嘉言善语"为主，既不突显言语背后的政治权力因素（如"训典"类文献），也主要不是理论性阐发（如"训诫文"），因而与其他不以记事为主的文献有所不同；二者，"语"类文献虽然往往也包含叙事成分，但要么是将叙事作为记言的框架，要么是借传说故事来发表明德之论，总之，真正的重点不是叙事本身，也主要不是通过叙事策略来传达价值信念，而在于明德之论，尽管有时候叙事的篇幅可能长于议论。

　　上述分析可以从传世的《国语》和出土的《春秋事语》等文献得到印证。《国语》和《春秋事语》很可能都是战国时期编纂出来的文献，但其中应该保存了大量春秋时期的"语"类文本。《春秋事语》现存十六章，每章记一事，但记事十分简略，多数是夹叙夹议，总体以记言论为主。裘锡圭先生认为它"很可能是《铎氏微》一类的书"，②俞志慧先生进而指出，《春秋事语》在"简要的历史事实之后往往缀以点题性质的议论"，因而与《铎氏微》一致，而与同为铎椒著作的《铎氏钞撮》不同类，《铎氏钞撮》"虽已非编年，但依然是史书或者有关传播历史知识的书籍"，而《春秋事语》则"对历史事实大有割弃"，"其编纂目的（用）和内容选择（体）……仅限于在历史的治乱兴衰中'明德'"。③《国语》同样如此，《国语》中也有不少记事内容，犹以《晋语》《吴语》《越语》为明显，但如邱渊先生所说，"这不影响其记录语言、发表议论的主要特征"，《国语》中纯粹记事的短文只有《鲁语下》中的《公父文伯之母别于男女之礼》一篇，即便如此，该文还是以间接转述的形式对所述之事加以评论，即"仲尼闻之，以为别于男女之礼矣"。④就《国语》中议论的内容类型来说，主要是以劝谏、应答、评论为主，不像《尚书》中的言论多

---

① 俞志慧：《古"语"有之：先秦思想的一种背景和资源》，前揭，第13页。

② 唐兰、裘锡圭等：《座谈长沙马王堆汉墓帛书》，《文物》1974年第9期。

③ 俞志慧：《古"语"有之：先秦思想的一种背景和资源》，前揭，第14页。

④ 参邱渊：《"言""语""论""说"与先秦论说文体》，云南人民出版社，2009年，第166页。

是上对下、长对幼的权威式政治训教，也不像《逸周书》中的训诫文多是抽象化的理论阐发。从文体形式构成的角度看，由于"语"类文献源于口头言语教育，因而必定容易在长期的传讲中形成一些相对固定的文体模式。这在《国语》中有鲜明体现，不少学者都注意到这一点，如张岩先生总结出四种常见文体，即讯语体、劝谏体、赞语体以及问答体，[①]邱渊先生则总结为三种具体形式，第一种形式是由一件事情引发议论，议论完就结束；第二种是由一件事情引发议论，这些议论中往往有一些建议，议论之后用简短的话介绍听话者对这些建议的态度；第三种形式是由事件引发议论，议论之后再介绍听言者的态度，最后用历史的发展来证明这种观点的正确。[②]俞志慧先生则概括为一种三段式表述结构及其变体。[③]各家的归纳虽有出入，但总体相类。张岩先生经过统计后发现，在《国语》242篇短文中，明显具有讯语体、劝谏体、赞语体以及问答体这四种文体特征的短文有190余篇，占总篇幅的百分八十。他还注意到，它们在八个国别史单元中的分布不均衡，周语和鲁语含量最高，吴语和越语则没有一个典型例证。这说明，"并非《国语》编写者将他所收集到的文献史料'加工'成这四种文体，然后放入《国语》之中，而是在他所收集到的史料中，除吴语和越语外，其余六个部分所依据的若干种文献史料本身便疏密不同地分布着这四种特征比较鲜明的文体结构"。[④]张先生的上述分析很有道理。至于《吴语》《越语》中没有上述典型文体，可能有两个原因，一是吴、越不是中原诸侯国，所受中原文化影响原本就比较少，二是其所据材料为后出，此时口头传讲的传统已经弱化或消亡，"语"类文献的文体形态自然发生变化。《吴语》《越语》中记言成分相对较少，大抵也是因于此。

　　《国语》文体模式中最具标志性的书写策略体现在类似卜辞验辞的部分。如《周语上》中的《仲山父谏宣王料民》，周宣王不听仲山父的劝谏，文末交代"王卒料之，及幽王乃废灭"，这是劝谏体中的"验辞"；《内史过论晋惠公必无后》，文末曰"襄王三年而立晋侯，八年而陨于韩，十六年而晋人杀怀公。怀公无胄。秦人杀子金、子公"，这是讯语体中的"验辞"；《内史兴论晋文公

---

① 关于这四种文体的具体构成形式，参见张岩：《〈国〉、〈左〉文体与王官之学》，见《新原道》第二辑，大象出版社，2004年，第167-177页。

② 邱渊：《"言""语""论""说"与先秦论说文体》，前揭，第167-176页。

③ 所谓三段式即嘉言善语的背景或缘起；嘉言善语；言的应验结果。主要的变例是问答式，问答式"不存在劝谏之后受话人的态度或预言之后的应验问题"。"这种问答式的变例在前期少一些，在后期多一些"。（详参俞志慧：《古"语"有之：先秦思想的一种背景和资源》，前揭，第132-146页）

④ 张岩：《〈国〉、〈左〉文体与王官之学》，见《新原道》第二辑，前揭，第167-177页。

必霸》，文末曰"襄王十六年，立晋文公。二十一年，以诸侯朝王子于衡雍，且献楚捷，遂为践土之盟，于是乎始霸"，这是赞语体中的"验辞"。这种因果应验的书写策略显然是违礼受神罚、合礼得神佑的义神神权教育观念所催生的产物，也明显带有受口头讲诵传统影响的印记。值得注意的是，这种策略模式在《周语》中体现得最为明显和突出。《周语》33篇短文中30篇均有较规范的"验辞"，①其他国别单元中"验辞"含量则相对较少，有些短文虽有"验辞"，但不像《周语》中的"验辞"那么规范和典型。这种文体规范程度的下降，一方面说明义神信仰在春秋时期日益遭到冲击和削弱，但更主要的是说明史官集团为了应对这一局面，在书写策略上进行了调整和发展，不再单纯依赖某一种相对简单的典型模式。此外，《左传》与《国语》不仅在所记内容上有不少重合，而且《国语》中的文体模式在《左传》中也广泛存在，张岩先生说，在《左传》约1 210篇相对完整的记事短文中，具有与《国语》中典型短文相似文体特征的短文约有561篇，占《左传》总篇幅的一半以上。②这一事实说明，《左传》的材料来源确实与《国语》颇多关联。

　　此外，需要指出的是，春秋时期"语"类文献并非都冠以"语"之名，也并非都如《国语》《春秋事语》中的篇章那样结构完整、主题清晰。春秋时期有相当一部分"语"类文献的内容是不记事的，也没有叙事框架，只是单纯记录格言警句、俗语谣谚。此类文献可以"言""称""祝"等命名，目前可知的大抵有《建言》《逸周书·周祝》《逸周书·武称》等。③老子《道德经》引述过《建言》："故《建言》有之：明道若昧，进道若退，夷道若类，上德若谷，……"朱谦之先生说："奚侗曰：'建言'，当是古载籍名。高亨曰：'建言'，殆老子所称书名也。"④从《道德经》所引述之文看，《建言》的内容应是格言警句。《逸周书·周祝》和《逸周书·武称》的内容也是如此。李学勤先生曾指出《逸周书·周祝》与楚帛书《称》的文体十分相似，都"是把许多格言、谚语式的词句串连集合在一起"。⑤刘信芳教授则注意到《逸周书·武

---

① 参张岩：《〈国〉、〈左〉文体与王官之学》，见《新原道》第二辑，前揭，第167-177页。

② 参张岩：《〈国〉、〈左〉文体与王官之学》，见《新原道》第二辑，前揭，第167-177页。

③ 这些文献与下文所说的"志"往往难以区分，或亦可归入"志"类文献。

④ 朱谦之：《老子校释》，中华书局，1984年，第168页。

⑤ 李学勤：《〈称〉篇与〈周祝〉》，见氏著《简帛佚籍与学术史》，江西教育出版社，2001年，第326页。这里似乎还有一个《周祝》的书写者是何种职官的问题，是祝官还是史官？但这个问题或许并不重要，因为正如孙诒让《周礼正义》所言："凡祝官亦通称祝史。"不管是祝官兼作史官，还是祝与史联官合作，总之祝官与史官关系十分密切，不妨把祝官纳入广义的史官集团中。

称》与楚帛书《称》都属于"称"体，"都是用熟辞，体裁相同"，只是《武称》"多一限定语，故全篇熟辞皆与'武'有关"。①至于"称"体为何记格言，刘信芳引《墨子·公孟》中的下述记载来解释：

> 程子无辞而出。子墨子曰："迷之!"反，后坐，进复曰："乡者先生之言，有可闻者焉？若先生之言，则是不誉禹，不毁桀、纣也。"
> 子墨子曰："不然。夫应孰辞，称议而为之，敏也。厚攻则厚吾，薄攻则薄吾。应孰辞而称议，是犹荷辕而击蛾也。"

这里"夫应孰辞，称议而为之，敏也"的意思是"应对以熟辞，是称议来使用的，目的是为了表达的敏捷"。②刘信芳据此指出："当时史官将与历史事件、典章制度有关的谚语、格言之类集录起来，供君王、百官习熟，以作称议之用"，这便是"称"体的来历。③这个观点颇有说服力，同时也与"语"类文献的官学教育功能（如上述"乐语之教"培养国子的论难应答能力）相一致。

这些篇章文献的文体有一个共同点，即往往围绕特定主题，排列有一定条理，但不能构成逻辑连贯的说理文，如《武称》是军事主题，全篇分为"武之经""武之顺""武之用""武之毁""武之间""武之尚""武之时""武之胜""武之追""武之抚""武之定"十个部分，但作者对这十个部分之间的关联毫无说明，只是将它们简单地罗列出来。所以此类文献实际上是经过略微润饰整理的嘉言善语资料汇编，其"记"的成分高于"作"。此类文献的文体形态在春秋以后有所延续，并产生了一些变化，刘信芳《帛书〈称〉之文体及其流变》一文论述颇详，此不赘述。

（2）"世"。

"世"是世系谱牒一类的文献，《国语·楚语上》申叔时曰："教之《世》，而为之昭明德而废幽昏焉，以休惧其动。"韦昭注曰：世，"谓先王之世系也"。上文已述，殷商时期已经出现谱牒文献，但由于史料极少，因而当时谱牒书写的性质尚难确定，或许只是卜辞书写的附属性书写。到了周代，《周礼·春官》有瞽矇"讽诵诗，世奠系"的说法，这里的"讽诵诗"如郑注所言是"暗读之，不依咏也"，郑玄还说："讽诵诗，主谓廞作柩谥时也。讽诵王治功之诗，以为谥。"贾公彦疏曰："讽诵诗，谓于王丧将葬之时，则使此瞽矇讽诵王治功之诗，观其行以制谥，葬后当呼之。"可见，"讽诵诗"是一种仪式活

---

① 刘信芳：《帛书〈称〉之文体及其流变》，《文献》2008 年第 4 期。
② 刘信芳：《帛书〈称〉之文体及其流变》，《文献》2008 年第 4 期。
③ 刘信芳：《帛书〈称〉之文体及其流变》，《文献》2008 年第 4 期。

动。关于"世奠系"，郑玄注曰："世之而定其系，谓书于世本也。"①并引杜子春语曰："瞽矇主诵诗，并诵世系。"可见，"世奠系"是与"讽诵诗"相关的仪式性书写和讽诵活动。瞽矇诵世系，但不负责书写世本，书写世本的应是祝史类职官，所以郑玄注引杜子春语曰："小史主次序先王之世，昭穆之系。"又《周礼·春官·小史》曰："（小史）掌邦国之志，奠系世，辨昭穆。"《周礼·春官·小宗伯》曰："（小宗伯）辨庙祧之昭穆。"《国语·鲁语上》亦引宗有司之言曰："工史书世，宗祝书昭穆。"这可与《周礼》的上述记载互证，只不过《周礼》说的是帝王世系，而《国语·鲁语上》说的是诸侯世系。世系文本是宗法世袭制度的产物，其隐含的政治功能在于"为分配大小权力提供血统的依据"。②必须指出，世系原本完全是一种仪式性文本，而非政教性文本，也不是诤谏类政务公文，所以，《周礼·春官·瞽矇》贾公彦疏曰：

> 先郑（即郑司农）云"讽诵诗，主诵诗以刺君过"，并引《国语》，皆是诤谏人君法度。郑不从，而为廞作柩谥时者，以其与世系连文，皆是王崩后事，不得为诤谏，……子春与先郑同，但兼解世系耳。……云"述其德行"者，取义于《国语》云"为之昭明德"是也。子春之意，与先郑同为诤谏之事，后郑亦不从也。

杜子春在"小史主次序先王之世，昭穆之系"之后又加上"述其德行""以戒劝人君"之语，并引上述《国语》申叔时之说，显然认为"世奠系"是兼有仪式和诤谏或政教功能的活动。郑玄和贾公彦的否定是有道理的。

单纯的世系文献，如今所见之《世本》（辑本）以及《大戴礼记》中的《帝系》，不太可能有直接的诤谏或政教功能，即便是被纳入《世本》中的《谥法篇》以及《逸周书》中的《谥法解》一类文本，原本也是礼书。那么申叔时所说"教之世，而为之昭明德而废幽昏焉，以休惧其动"的话应如何理解呢？有两种可能，一种可能是"世"虽然是仪式性文本，但在泛政教性书写的背景下具有了政教功能。当它被用作教材时，施教者据王侯世系述其德行，"使知有德者长，无德者短"（贾公彦疏引《国语》注），又如《大戴礼记·卫将军文子》载："卫将军文子问于子赣曰：'吾闻夫子之施教也，先以诗、世，道者（诸也）孝悌，说之以义而观诸体，成之以文德。……'"③另一种可能

---

① 贾公彦疏曰："王谓之帝系，诸侯卿大夫谓之世本。散则通。故云书于世本，世本即帝王系也。"

② 罗家湘：《先秦文学制度研究》，前揭，第207页。

③ 断句从俞志慧。（见《古"语"有之：先秦思想的一种背景和资源》，前揭，第5页）这种借助世系来进行的政教行为可能导源于西周中后期。姚小鸥先生认为《国语·周语上》中所记"天子听政，使公卿至于列士献诗，瞽献曲，……"（下转）

是申叔时所说的"世"类文献另有所指，这种"世"类文献或许是单纯世系的扩展版，即在序世系的同时兼记德行，如《大戴礼记》中的《五帝德》之类。①这种文本的书写可以在西周时期一些祭祖颂功乐歌（如《大雅·文王有声》等）和彝器铭文中找到渊源，尤其是后者，如西周恭王时期的《史墙盘》和宣王时期的《逨盘》等彝铭都有作器者对先祖世系和德行功绩的记述，《史墙盘》还依次讲了西周先王的德业功绩。当然，无论是祭祖颂功乐歌还是彝器铭文，其书写的功能机制都是与"世"类文献不同的。

（3）"训典"。

申叔时说："教之训典，使知族类，行比义焉。"韦昭认为申叔时说的"训典"是"五帝之书"，五帝时尚无书，韦昭之说显系悬揣。界定"训典"的关键应该在"训""典"当有"典册""典籍"之义，也就是说，"训典"应是"训"经规范整理、编订后的书面文本。"训"习见于《尚书》，上文已举过不少例证，尤其值得注意的是，《尚书·顾命》记西序陈宝中有"大训"，如上文所述，"大训"应是形诸书面的先王遗训。《国语》等文献中多处言及"先王之（遗）训"，②如《国语·鲁语下》曰："君子劳心，小人劳力，先王之训也。"《国语·鲁语上》曰："今齐社而往观旅，非先王之训也。"《国语·周语上》有"其无乃废先王之训而几顿乎！"《国语·周语下》有"若启先王之遗训，省其典图刑法，而观其废兴者，皆可知也"等。又，《诗经·烝民》有"古训是式，威仪是力"的诗句，郑玄笺云："故训，先王之遗典也。"孔颖达正义曰："既性行如是，至于为臣，则以古昔先王之训典，于是遵法而行之，在朝所为之威仪，于是勤力而勉之。"《国语》等文献中习见之"古之训""明训""前训"等说法大抵亦可作此解。刘宝楠《论语正义·述而》引刘台拱《论语骈枝》曰："夫子生长于鲁，不能不鲁语。惟诵《诗》读《书》执礼，必正言

（上接）的"曲"是一种特殊的歌曲，其歌词内容主要是"陈述王室的历史，以'有明德者世显，而暗乱者世废'的历史教训来约束王的行为"，《荀子·成相》《秦简成相篇》等"成相杂辞"就是此类"曲"的歌词流传于后世的文本形式。（参见姚小鸥：《诗经三颂与先秦礼乐文化》，前揭，第 204-210 页）"曲"的歌词如果是陈述王室历史，那么可能跟世系有一定关联。不过，此类"曲"的歌词应该没有形诸书面，而且，西周中后期瞽史讲史献曲之类口头政教活动也不应与《周礼·春官》中瞽矇"讽诵诗，世奠系"的记载直接等同起来，如上文所述，这种口头讲诵传统与"语"类文献的关系更为密切。

① 不过，《五帝德》是宰我与孔子之间的问答语录，它本身也不会是这种扩展之后的世系文献。

② 《国语》中出现"训"的次数比《左传》等文献多，这可能与《国语》以记嘉言善语为主有关。

其音，所以重先王之训典，谨末学之流失。""先王之训典"无疑是指经过编订整理的"先王之训"。葛志毅先生认为："训典""在记载形式上的反映就是《尚书》中的'训'"。①我们知道，按伪孔序的说法，《尚书》有典、谟、训、诰、誓、命六体，但《尚书》中以"训"题名的只有《伊训》一篇，且是伪作，因此，"训"能否作为《尚书》中的一体，是有些可疑的。孔颖达在解释"训"时不以称名为限，他说："其《太甲》《咸有一德》，伊尹训道王，亦训之类""《旅獒》戒王，亦训也""《无逸》戒王，亦训也"。郭英德先生据此认为："臣训导、告诫君，体现这种行为方式的文体即是'训'体。"②这个意义上的"训"虽然似乎可从《逸周书》中的《度训》《命训》《常训》诸篇得到印证，但与《国语》等文献中频繁出现的"先王之（遗）训"的说法相矛盾，因为"先王之（遗）训"显然是指由先王做出的教谕训导，而不是指先王所接受的教谕训导。由此来看，"训典"之"训"的内涵应该更宽泛一些，所谓"训典"，如果说不能略等于"先王之训典"，也应该是古圣先贤教谕训导的汇编，其中以"先王之（遗）训"为主。事实上，今文《尚书》中的绝大多数记言内容（不论是君对臣，还是臣对君）皆属古圣先贤的教谕训导，因此，《尚书》本身应该就是被当作"训典"类文献由春秋史官编订整理出来的。③

至于《逸周书》中的《度训》《命训》《常训》等"训诫文"，如上文所述，它们与《尚书》中的训诰文确有渊源关系，因而可能也会被纳入申叔时所说的"训典"类文献之中，但它们毕竟与《尚书》在书写性质上有重要差异，因而被归入"故志"的可能性更大一些。当然，"故志"与"训典"以及"语"等文献在内容上有所重叠，也不足为怪，当时人的文类意识不可能十分清晰，因此这些文献的文体界限也不会泾渭分明，最明显的例子如《国语·郑语》中曾提及名为"训语"的古书，这《训语》大抵既可归入"语"类文献，也可归入"训典"。"训典"与"语"的大体区别在于，"语"主要是嘉言善语，不突显权力因素，所以其形式以劝谏、应答、评论为主要形式，而"训典"由于是古圣先贤尤其是先王先公的教谕训导，所以教令的意味更浓，呈现出比较突出的权力话语色彩，哪怕是臣训导君也是如此，因为在贵族君主政制的时代，臣训导君表面上是下对上，实际上往往体现了长（元老）对幼（新君）的权力关系。申叔时所言"教之训典，使知族类，行比义焉"，这里的"使

① 葛志毅：《释"中"——读清华简〈保训〉》，《邯郸学院学报》2012 年第 3 期。
② 郭英德：《中国古代文体学稿》，前揭，第 36 页。
③ 需要指出的是，"训典"应该不只是今文《尚书》，只不过其他"训典"大多亡佚不存，而古文《尚书》中那些被认定为伪书的篇目至少有一部分也是有其渊源的。

知族类",往往为今之论者所忽视。按韦昭注,"族类,谓若惇叙九族","惇叙九族"出自《尚书·皋陶谟》,据孔颖达疏,其意为"厚次叙九族之亲而不遗弃"。"训典"之所以被申叔时认为能够"使知族类""惇叙九族",其原因就在于"训典"中的内容大多是宗族(包括王室家族)内部上对下的训教,这在《尚书》训诰文中体现得很明显。

"训典"严格来讲并不属于这里所说的"史传文献",不过,教谕训导往往也需要引述历史故事,如《左传·襄公四年》载晋国魏绛继《夏训》而详述后羿故事,《国语·郑语》载史伯转述《训语》中的一则传说,俞志慧先生据此指出:"训诫之语亦有隶于史事和传说者。"①而且,史官在记录训诫之语时往往也会加上叙事框架。就此而言,"训典"类文献与"史传文献"亦有关联。"训典"类文献当由史官所掌,所以《国语·楚语下》中说楚国左史倚相能道《训典》,②此外,执政的卿大夫也可能对此类文献进行编订,如《国语·晋语》载晋景公时,范武子"居太傅,端刑法,缉训典"。③

（4）"志"。

上文已述,"志"类文献内容十分庞杂,起先可能以记名言警句为主,后来记事的含量增多。这里要补充指出的是,"志"很可能与王和先生所说的史官记事笔记有密切关联。

第一,申叔时所说的"故志"可能与一般的"志"有所区别。申叔时说:"教之故志,使知废兴者而戒惧焉。"韦昭注认为,"故志"是"记前世成败之书"。这里的"故"显然对应于"前世",由此推测,大部分"志"可能是史官对关乎"成败"的当世之事的记载,而"故志"是"志"类文献经过进一步编订、整理之后的产物,可以《左传》为典范。④《汉书·律历志》颜师古

---

① 俞志慧:《古"语"有之:先秦思想的一种背景和资源》,前揭,第6页。

② 《国语·楚语下》还说楚大夫观射父"能作训辞",此"训辞"当不是指"训典"之辞,从下文"以行事于诸侯,使无以寡君为口实"来看,这里的"训辞"应指外交辞令。

③ 俞志慧指出:"缉"当系"辑"之借。(俞志慧:《古"语"有之:先秦思想的一种背景和资源》,前揭,第6页)

④ 当然,《左传》是战国时期编纂的。有学者认为战国文献清华简《系年》的性质就是"故志"(参见陈民镇:《〈系年〉"故志"说——清华简〈系年〉性质及撰作背景刍议》,《邯郸学院学报》2012年第2期),这有一定道理,但未区分"故志"与一般的"志"类文献。《系年》布局宏大,先总论兴衰成败的根源,然后铺叙主要诸侯国简史,再以晋、楚霸业为中心,显然是经过系统规划编纂出来的史著(参许兆昌、齐丹丹:《试论清华简〈系年〉的编纂特点》,《古代文明》2012年第2期),不太可能是一般的"志"类文献或史官记事笔记。

注曰："志，记也，积记其事也。""积记其事"不正是"记事笔记"么？史官为何会有"记事笔记"？因为鲁《春秋》一类编年记事书写有很强的仪式背景，尽管史官们发展出了义书法，但毕竟只能微言，不能满足史官政教性书写的需求。过常宝先生曾做这样的推测：

> 他国史官在接受告命而藏之于宗庙之余，往往会关心事件的详情，于是就有史官之间私下的交流。这就是"传闻行言"。史官出于理解和阐释的目的而记录下来，就形成"简牍"文献。①

这个推测很有道理。过先生以《史记·陈杞世家》中"孔子读史记至楚复陈，曰'贤哉楚庄王！轻千乘之国而重一言'"的记载为证，指出，庄王轻国重言之事不见于《春秋》，而见于《左传·宣王十一年》，由此可知，孔子所读之《史记》，应当就是这种史官简牍文献。②再者，《左传》中记载的很多事件都有明确的时间、地点，如果不是史官所记时事，当不可能如此确切。

第二，所谓"记事笔记"应该不仅是记事，也包括记言，至少包括一些在官方正式场合上的言说记录，或者说除了"记事笔记"之外还有"记言笔记"，因为西周史官就已经有记言职司，到春秋时期，史官记言职司不可能消失，反而应该有所扩展。所以王树民先生说："（志）主要为杂记有关言论与事实之书。"③

第三，从现有文献所引述的"志"来看，④"志"的内容确实十分庞杂，并不限于史官的实录笔记，比如还有名言警句、礼俗安排，甚至"追记远古之事，杂记明神之事"⑤等。"志"类文献内容的庞杂在很大程度上与其编纂目的有关。史官记事并不是为实录而实录，而是有其政教目的。这种政教目的，具体而言，就是申叔时所说的"使知废兴者而戒惧焉"，也就是说，其关注的核心在于"废兴""成败"。但"使知废兴"仍然是比较宽泛的功能，不是只有时事能"使知废兴"，这就导致"志"的内容十分庞杂。

第四，由于"志"类文献以"废兴""成败"为关切核心，所以其时事记录（即史官记事笔记）的体例不太可能是编年体，而更可能是类似记事本末体的史事汇编，因为较之编年记事，史事汇编能完整记录一件事情的始末，

---

① 过常宝：《先秦散文研究——早期文体及话语方式的生成》，前揭，第129页。

② 参见过常宝：《先秦散文研究——早期文体及话语方式的生成》，前揭，第130-131页。

③ 王树民：《释"志"》，见《文史》第三十二辑，前揭，第316页。

④ 王树民《释"志"》一文以及俞志慧《古"语"有之：先秦思想的一种背景与资源》一书（第7-9页）对《左传》《国语》等文献中引述的"志"均有较全面的摘录。

⑤ 王树民：《释"志"》，见《文史》第三十二辑，前揭，第316页。

更容易呈现出成败废兴的道理。后来的《左传》既以史官笔记为主要材料来源，所以《左传》的最初体例也应当是记事本末体，而不是今本《左传》那样分年附于《春秋》的编年体例，关于这一点，王和先生《〈左传〉成书年代与编纂过程》一文有详细考证，实可信从，此不赘述。①

第五，以"废兴""成败"为关切核心，是"志"与其他文献的基本区别。"训典""语"等文献固然也是政教文本，也关心兴衰成败，但相对而言，这些文献更多地体现了史官集团对礼法传统的固守和执着。记事笔记书写固然也仍以礼法为本位和底色，但对"废兴""成败"的核心关切，势必会促使史官集团对社会政治现实进行更深沉的甚至在一定程度上超出礼法范围的价值评判，或者反过来说，关切"废兴""成败"本身也是史官集团面对日趋复杂的社会政治现实积极反思的结果，是新的社会指令的体现。尽管《左传》是战国人编纂的，但其主要材料既然来源于春秋史官笔记，那么可以设想，《左传》的历史反思多少受到春秋史官笔记或者说"志"类文献本身所呈现出的思想价值倾向的影响，而《左传》的反思深度在总体上超过了《国语》等相近年代文献的水平。②从某种意义上说（即如果不考虑《左传》作者的个人思想等因素），这是《左传》与《国语》等文献在材料来源和编纂目的上的不同侧重所决定的。

第六，需要再次指出的是，鲁《春秋》一类编年记事文献虽然就其原初的书写性质而言属于仪式性文本，但义书法的产生使其带有政教文本的性质，而当其进而被编订成书，自然亦可归入这里所说的"史传文献"范畴。

五、春秋时期的个人/私人性书写

（一）关于个人书写、私人书写及相关问题

春秋时期是个人和私人性书写开始兴起的历史时期。关于个人书写与私人书写的内涵和基本区别，我们在绪论部分已有所交代。这里就相关问题做几点进一步的探讨。

第一，上文已述，个人书写与私人书写的共同点在于非职务性，也就是

---

① 王和先生指出，《左传》原书本来是纪事体，经后代经师改编为编年体。改编后的《左传》最初也是经自经，传自传，最后由晋杜预将《左传》依年附于《春秋》。（参见王和：《〈左传〉成书年代与编纂过程》，《中国史研究》2003 年第 4 期）

② 关于《左传》的历史反思，程水金先生将其归纳为对社会组织机制的反思、对天人关系的反思以及对人类两性伦理的反思三个方面，可资参考。（参见程水金：《早期中国文化意识的嬗变》（第一卷），前揭，第 379-457 页）

不以职官身份进行书写。但对于贵族官僚制下具有双重身份的官员来说，行政职务身份不是第一位的，等级爵禄所代表的贵族身份才是第一位的。这必然造成在书写活动中个人性书写与职务性书写相当程度上的界限模糊。退一步说，即便到了职业官僚制阶段，行政职务身份取代贵族身份成为官员的第一身份，这种界限的不清晰也仍然是存在的，只是程度有所降低而已。因为一个担任着公职的人即便自我感觉或申明是以个人名义就公共领域的事情发表言论，这种言论也很难被接受者认为可以完全与其职务身份脱离干系，而且事实上也确实难以脱离干系。因此，从某种意义上说，只有当不再具有贵族身份或行政职务身份的书写者群体出现的时候，或者说当个人书写脱离职务书写走向独立的时候，个人性书写才算真正兴起。这样一个书写史上的契机就出现在教育体制和社会结构随着政制形态的演变而发生重大变革的春秋后期。

第二，在前战国时代，相比于职务书写与个人书写之间界限的模糊性，职务书写与私人书写的界限却是比较清晰的，这是因为当时人对政务行为与私人行为大抵是有区分意识的。举例言之，《礼记·檀弓下》载鲁侯派大夫子叔敬叔去滕国为滕成公吊丧并致吊唁书，子服惠伯为助手，他们到达滕国都城近郊这天正好是子叔敬叔从祖父的忌日，子叔敬叔想缓一天再进城，但子服惠伯反对说："政也，不可以叔父之私，不将公事。"此事说明，当时人已经有了明确的公私分别观念，只不过这种公私之别还不完全是公务行为与个人行为之别，确切地说是为公与为私之别，因为个人行为同样可以有这种为公与为私的区别。为公实际上是为公室，为国君。①当然，也存在假公济私的

---

① 为国君是指为诸侯国君，而不是为整个东周国家的君主。这倒不完全是周天子君主权沦丧的结果，因为封建制（以及贵族官僚制）下的隶属关系具有个人性，诸侯国的臣属原本就是直接对本国国君负责的，同样，卿大夫的家臣一般也只对自己的主人尽忠。这与封建领主制下的欧洲古代社会所谓"臣属的臣属不是自己的臣属"的情形有一定相通之处。因此，与郡县制（以及职业官僚制）相比，封建制（以及贵族官僚制）显然更难以催生出（作为政治共同体的）国家的观念。集权君主政体从某种程度上说实际上是取消了各种中间层面的个人隶属关系，只保留了与集权君主的个人隶属关系。这虽然仍是"国君一体"，但个人与集权君主的隶属关系不可能都是实质性的，科层行政体系的运作以及核心权力系统之外的社会结构的复杂化，都在无形中淡化这种与集权君主的个人隶属关系，从而使得国家观念有可能在有限的意义上脱离君主观念，取得相对的独立。此外，与欧洲古代的封建领主制相比，前战国时代的中国政制形态似乎更具有集权君主制的基因，如上文所述，商代和西周的最高君主已经有集权的倾向或至少产生了这种意识（尽管当时的历史条件还不足以提供与这种意识相配的政治制度），所谓"溥天之下，莫非王土；率土之滨，莫非王臣"（《诗经·小雅·北山》），就是此种倾向或意识的体现，这显然是与"臣属的臣属不是自己的臣属"相对立的，因此，中西方古代封建制的相似性也不必过分强调。

书写，如上文提到的知文子给赵孟的书牍，这种情形在春秋中后期一些公室失去实权的诸侯国应是比较常见的。

第三，上文已述，私人性书写是指以表达私人情感或叙述私人事务为目的的书写活动。彝器铭文是前战国时代私人文本的主要形态。春秋中后期也开始出现一些纯为表述私人事务的书牍，如董芬芬提到的《左传·襄公二十三年》中臧纥与其庶兄臧贾之间的书信往来以及《史记·越王勾践世家》中的范蠡遗文种书。①当然，此类书牍在春秋时期应该还仅限于贵族阶层，这表明私人书牍很可能是从带有个人性的公务书牍中演化出来的。个人性书写与私人性书写既有不同的意义指向，也难免存在一些交叉地带，这是古今皆然的。②就前战国时代私人书写的主要形态即彝器铭文的书写来看，大体的发展趋势是，私人性越来越强，个人性越来越弱。西周时期（尤其是西周早期）的作器贵族往往通过铭文表达（有时是转录，有时是自己陈述）与政教或政务有关的思想观念，所以带有一定的个人性。西周中后期"家庭味"诸侯铭文以及经济类铭文（一般是记录贵族之间的土地交易活动）的出现，已经说明私人性因素在铭文书写中的增强。春秋时期，"家庭味"诸侯铭文的数量继续增加，其私人性也就更加明显了。但彝器的仪式功能限定注定使其不能成为私人书写的主要载体，所以，随着私人性的增强，彝器铭文书写自身趋于衰微了。③

春秋时期可能已经出现一些书于日常器物上的铭文，这正是为了避开仪

① 参董芬芬：《春秋辞令文体研究》，前揭，第 195-196 页。

② 如黄卓越师在分析今日的博客写作现象时指出："就博客的情况而言，私人化包容在个人化之中，但却徘徊于个人概念的底端，是个人化实践中最具自我指涉性的一种上线行为，因此也必然会包含有十分明敏与特殊重要的意义指向。"（黄卓越：《博客写作与公共空间的私人化》，《文学评论》2008 年第 3 期）

③ 这种情形有点类似政务功能的增强使盟书书写趋于衰微。每一种文类在生成时都有其既定功能，如果这种文类不断被加载与既定功能不相符的内容类型，那么可能出现两种情形：一种是该文类通过有限度地放弃原有功能来迎合新的功能，其结果是造成文类样态的慢性变迁；另一种情形是该文类持守原有功能，这就很可能导致该文类的较快没落，因为新的功能需要寻找与其相配的文类。这是文类演替的两种普遍现象。盟书的情形大抵属于前者，因为盟书并不算真正衰微，只是后世盟书多用于更为实际的外交活动，也就是说它有限度地放弃了原有的仪式功能，迎合了政务功能的需要。而彝铭演变的历程可能相对更复杂一些，同时与上述两种情形有关。彝铭书写很早就具有铭功旌纪和祭祀祖灵两种功能，当原有的铭功旌纪功能不再像过去那样受到普遍重视和高度关注时，彝铭书写实际上在一定程度上放弃了这种功能，从而迎合了更具私人性的书写需求，但彝铭本身毕竟是以其物质载体来界定的文类，而这种物质载体使其不得不持守原有的（私家）祭祀仪式功能。

式功能。不过，私人性书写在中国古代长期处于潜隐的状态，这主要是因为私人书写难以进入公共符号空间，如黄卓越师所指出的："单纯的私人性在中国传统的符号传播空间中，是一种备受贬抑，被认为是低级的，非合法化的，从而也是被极度边缘化的东西。"①私人性因素在彝铭中的呈现从某种意义上说是中国古典时代私人书写的特殊情况，因为在前战国时代，尤其是在春秋以前，彝铭书写实际上是处于一种比较特殊的半公共半私人（或者说既是公共又是私人）的符号空间中。②其根源在于礼法（宗法）君主政体下的贵族政治具有职务性和个人性界限模糊的特征。职务性书写与个人性书写虽然都是关于"公共领域"的书写，但前者天然处于公共空间之中，后者则必须经过权力话语体系的选择性授权才可能进入公共空间，而职务性和个人性界限模糊的状况就使得个人性书写（当然只是贵族个人）更容易进入公共空间。私人书写实际上是由于其与个人书写的交叉而被裹挟进这种符号空间中的，而春秋以后个人性书写中的私人因素往往在个人文本进入公共符号空间时就被选择性地剔除掉了。此外，作为私人文本的彝铭进入公共空间的模式对后世可能也有深远微妙的影响。在后世中国，私人性往往只有依附于"崇高的个人性上""才有可能获得一些有限的认同和记录"，这种以"对某一公共谱系提供的意义"来决定"个人的生活感受和生活印迹是否具有载记和展示价值"的模式，③从某种意义上说，在前战国时代的彝铭书写中已经发端了。

（二）与王室脱钩的春秋彝器铭文书写

春秋时期青铜器铭文书写既有继承西周中后期铭文书写的一面，也有较大的变化。继承的一面主要体现在形制短小、结构简单的诸侯贵族铭文大量出现，其内容和体式都与西周中后期的诸侯贵族铭文颇多相似，一般不说明作器缘由，一般简要指出作器目的，作器目的多为祈求长寿、祭祀先祖、宴飨嘉宾以及作为陪嫁媵器等，常用"子子孙孙永宝用"等祝辞套语。下举数例：

《齐乔父盙》："齐乔父作孟姬宝盙，子子孙孙永宝用。"

《陈侯壶》："陈侯作妫苏滕壶，其万年永宝用。"

《番昶伯盘》："惟番昶伯者君用其吉金自作旅盘，子孙永宝用之。"

《噩仲簋》："噩仲虩作宝簋，用祈眉寿，子子孙孙永宝用享。"

《寺召簋》："寺召作为其旅簋，用实稻粱，用食诸母诸兄，使受福毋有疆。"

---

① 参见黄卓越师：《博客写作与公共空间的私人化》，《文学评论》2008 年第 3 期。

② 在前战国时代（尤其是在春秋以前），彝铭不仅是被允许公开传播的，而且至少在贵族阶层内部也确实得到公开传播。这是贵族政治荣宠机制的需要。

③ 参见黄卓越师：《博客写作与公共空间的私人化》，《文学评论》2008 年第 3 期。

《薛侯匜器》："孙孙永宝用。寿万年，子子朕（媵）也（匜），其眉薛侯乍吊（叔）妊襄。"

《子璋钟铭》："隹正月初吉定亥，群孙斨子子璋择其吉金，自作龢钟，用宴以喜，用乐父兄诸士，其眉寿无期，子子孙孙永宝鼓之。"

《陈公子甗器铭》："隹九月初吉定亥，陈公子叔原父乍旅甗，用征用行，用蒸稻粱，用祈眉寿万年无疆，子子孙是尚。"

不难看出，这些文例与上文所列举的西周中后期诸侯铭文几无二致，此类铭文大抵已无须史官一类官员参与起草了。值得一提的是，春秋时期此类铭文的书写载体有一定变化，即青铜器中的日常用具数量明显增加，礼器日渐减少且往往制作粗率。[1]这说明，铭文书写的仪式功能逐渐降低，私人性逐渐增强，日益呈现出贵族的日常生活气息。

春秋铜器铭文与西周中后期铭文的文体构成差异也是比较显著的。

首先，西周中后期，虽然诸侯铭文已经大量涌现，但与王室直接相关的铭文书写仍占主导地位，这些铭文往往体式规范，内容涉及锡命、训诰、纪功等诸多方面。而春秋时期，与周王有关的铭文急剧减少，竟至于难得一见。与周王有关的铭文大量减少是王室衰微、诸侯坐大的必然结果。但这不意味着周王对诸侯的各种锡命、训诰活动突然停止了，由王室颁发的锡命诏书一类文书在春秋时期仍存在，关键在于，锡命诏书虽然与锡命铭文关系密切，但两者属于不同性质的文本，锡命诏书是公文，而锡命铭文具有私人性质，有锡命诏书并不一定会产生锡命铭文。锡命、纪功类铭文的兴盛是以君主制下的荣宠观念为基础的，一方面，这种观念使贵族们将因功受周王赏赐或者获得职务任命之事视为无上荣耀，另一方面，这种观念也成为周王维持自身权威和政治秩序的基本保证。换句话说，荣宠观念必须在君臣双方都认同的情况下才能运作为一种机制。春秋时期，周王固然还想维持这种机制，然而诸侯贵族们却已经不像过去那样看重周王所给予的荣宠了，不再把这种荣宠视为最值得纪念的事情。他们更关心的是个人在宗族中的地位以及个人所在宗族相对于其他宗族的地位，而这种地位不再由周王所给予的政治荣耀来支撑，而是由实际占有的资源来支撑。以周王为中心的政治秩序表面上还在维持，但周王的实际权威今非昔比。因此，导致王室锡命类铭文锐减的根本原因在于礼法君主政体的崩溃所导致的社会指令变更。不过，这并不是说君主政体的荣宠动力机制消失了。东周的政体形态是半君主政体，诸侯盟主的权力以及诸侯君主在诸侯国内部的权力大致相当于西周天子，春秋社会总体上

---

① 参张晓明：《春秋战国金文字体演变研究》，前揭，第 148 页。

仍是宗法贵族社会。这样一来，原先天子与诸侯之间的荣宠关系，在很大程度上就变成诸侯国内部君主与其贵族臣属之间或者诸侯盟主与附庸国君主之间的荣宠关系。这在春秋铭文中有所体现，如上文所引《礼记·祭统》中记载的卫庄公蒯聩赐给孔悝的鼎铭是前者的典型例子，其文体构成、书写方式等与西周锡命铭文基本一致，又如蔡侯墓出土的春秋后期蔡侯申歌钟铭文则可视为后者的典型例子，该铭文曰：

> 佳正五月初吉孟庚，蔡侯[申]曰：余唯末少子，余非敢宁忘。有虔不惕，佐佑楚王。豫政，天命是将。定均庶邦，休有成庆。既愿于心，诞中厥德。均子大夫，建我邦国。豫令叠叠，不愆不忒。自乍歌钟，元鸣无期，子孙鼓之。

有学者指出："蔡侯申所'将'的'天命'，是'有虔不惕'地'佐佑楚王'，是把自己视为楚君的臣子，把楚国作为自己的宗主。"显然，蔡侯申眼中的"天命"已经不再属于周。① 春秋时期也有个别纪功铭文，但不像西周铭文那样往往将纪功与周王锡命联系在一起或者表达忠君之心，如春秋后期燕国的杕氏壶器铭文自述杕氏战胜鲜虞之后，缴获"金契"，并以为珍玩之事。②

其次，春秋时期的长篇铭文③往往呈现出句式规整，多用韵语，讲求文采的修辞特点，如春秋早期曾国的曾伯霥簠盖铭、春秋中期齐国的洹子孟姜壶器铭、春秋中后期邾国的邾公华钟铭、春秋后期楚国的王孙遗者钟铭等。这符合春秋时期书面修辞发展的大趋势，郭沫若曾指出，东周而后，书史之性质变而为文饰，如钟镈之铭多韵语，以规整之款式镂刻于器表，其字体亦多作波磔而有意求工。凡此均于审美意识之下所施之文饰。④ 尽管铭文的作者与镌刻者不一样，但对铭文语言形式的修辞追求与铭文书法艺术的求工却是一致的，这说明春秋时期确实是审美意识和审美需求普遍提高的历史阶段。

差异还体现在以下一些方面，如西周中后期具有约剂性质，记录贵族间交易的铭文在春秋时期已难以寻见，这大抵是因为券契文书之类实用文体的书写载体已为容量更大也更为方便易得的竹木简牍所代替，又如春秋时期出

---

① 参见刘红：《安徽省寿县蔡侯墓出土重要青铜器铭文的文化意义》，《殷都学刊》2011 年第 3 期。

② 参见刘正成主编：《中国书法全集·商周编·春秋战国金文卷》，荣宝斋出版社，1997 年，第 285 页。

③ 总体来说，较之西周时期，春秋时期长篇铭文的比例已经明显减少了。当然，铭文的长短与作为书写载体的器物本身有很大关联。

④ 参见郭沫若：《周代彝铭进化观》，见氏著《青铜时代》，前揭，第 314-318 页。在该文中，郭沫若将彝器铭文的演变历程归纳为四大阶段，其中第三阶段大体对应于春秋时期。

现了记载刑法的彝器，如上文讨论过的郑、晋刑鼎。不过，郑、晋刑鼎都是铁鼎而非青铜器。

此外，春秋时期的作器者有时也会通过铭文表达一些礼教观念，如蔡侯申盘和吴王光鉴都是陪嫁媵器，其铭文都记述了有关嫁教的内容，可与《礼记·昏义》的记载相参。[①]还有些彝器铭文实际上是诸侯的祝告辞记录，如上文提到的秦公簋铭文。

总之，虽然铸器勒铭在春秋时期的贵族社会中仍比较流行，但随着青铜器作为书写载体的地位的下降，铭文书写已开始走向没落了。到了战国时期，如郭沫若所言，铸器日趋于简陋，勒铭亦日趋于简陋，铭辞之书史性质与文饰性质俱失，复返于粗略之自名，或委之于工匠之手而成为"物勒工名"，青铜器时代渐就终结。[②]

（三）春秋后期私学的兴起及其政制背景

春秋后期是个人性政教书写（同时也是学术书写）开始兴起的时代，书写活动的这种新变与政制演化所导致的教育变迁（即官学下移、私学兴起）最为相关。

春秋后期，东周国家半义神礼法君主政体面临崩溃，各主要诸侯国脱离王室控制，基本获得独立主权，各主要诸侯国内部也由类似西周王朝的义神礼法君主政体逐渐蜕变为集权君主政体。变化首先体现在以不稳定耦合结构维持的盟主体系规范不断被突破，春秋中期"继绝存亡"的政治举措在春秋后期越来越少见。我们可以从吴越战争看到这种颇具戏剧性的变化。前494年，吴王夫差消灭越军主力后，他本可以一举灭亡越国，但却意外地答应了勾践的求和，这固然有急于北上伐齐的缘故，但原来的盟主意识无疑起到了重要作用，诸侯盟主只要求对方服从，而不以灭国兼土为主要指向。尽管这个时候表示服从要付出比过去更大的代价（如勾践夫妇为吴王驾车养马，执役三年），但吴王同意媾和的做法仍遭到了其重要谋臣伍子胥的强烈批评。作为诸侯国卿大夫，伍子胥显然已不再认同以往主流的礼法道义观念，他的反对意见完全是从国家实际利益出发的。事实恰如伍子胥所料，后来越国大败吴军，夫差派人向勾践求和说："寡人礼先壹饭矣，君若不忘周室，而为弊邑宸宇，亦寡人之愿也。"（《国语·越语上》）这时候，勾践已经不把这种说辞

---

① 参见刘红：《安徽省寿县蔡侯墓出土重要青铜器铭文的文化意义》，《殷都学刊》2011 年第 3 期。

② 参见郭沫若：《周代彝铭进化观》，见氏著《青铜时代》，前揭，第 314-318 页。

当回事了。在主要诸侯国内部，经过政治斗争的整合，无论是地位得到巩固的旧有诸侯，还是取公室而代之的僭主，都着意加强君权，削弱国内贵族势力，倾向于用司法行政代替礼法规范，传统的世卿世禄制遭到冲击，新型的职业官僚体系和郡县行政制度初步产生。①这些都为君主集权式"领土国家"的建构准备了条件。

上述政制演变的进程引发了中国古代教育体制的深刻变革。变革的核心是官学下移为私学，而这个过程主要通过两个方面的变迁体现出来，一是教育形式的变迁（以及与之相伴随的施教者和受教者的身份变迁），二是教育内容和理念的变迁。

先说第一个方面。一般认为，从西周中后期开始，中国已经形成了国学和乡学两级官方教育体系，北宋学者刘敞说："古者乡学教庶人，国学教国子。乡学所升曰选士，不过用为乡遂之吏，而选用之权在司徒。国学所升曰进士，则命为朝廷之官，爵禄之权在司马。"②国学的教育对象是国子，即贵族子弟，乡学的教育对象是庶人，即平民，大抵也包括一般的"国人"。至于施教者，在国学主要是乐官、史官一类人，也包括一些高级贵族官员，在乡学则是"退休的官吏，或是'修行'的'处士'，或是'里中之老有道德者'"。③在西周时期，无论是国学还是乡学，都以王畿地区为中心。到了春秋时期，随着王室史官的流散和诸侯国文化的发展，这两级官学教育大抵都扩散到了诸侯国，如《国语·楚语上》申叔时论傅太子之道，说明楚国有国子教育，《左传·襄公三十一年》"子产不毁乡校"的记载则说明郑国有乡学教育。不过，春秋时期主要诸侯国的这两级教育应该都不发达，或者至迟到春秋中后期已经不同程度地衰落了，上面的这两处记载正可说明这一点，因为如果当时楚国有系统的国学教育，士亹当不至于对教授太子之法一无所知，而如果当时郑国的乡学

① 如《左传·哀公二年》晋国赵鞅的誓师辞说："克敌者，上大夫受县，下大夫受郡，士田十万，庶人、工、商遂，人臣隶圉免。"这段话显然违背了传统的世卿世禄制。春秋时期，晋、楚、秦等国都曾设县，甚至设郡（设郡的记载较少）。县大多是在兼并战争中新占领的土地。新型的职业官僚体系起初很可能是在县一级地域单位内部实施，最初的非贵族职业官僚可能是卿大夫的家臣一类人，如肖宁灿先生指出："在晋国，县既然是属于国君或六卿等的直属领地和一种地域单位，他们必然要派官员或家臣去管理，于是县又演变成为一级重要的行政单位。一旦魏、赵、韩三家成为诸侯，县也自然地成了这三国的重要的行政区域了。"（肖宁灿：《先秦政治体制史稿》，前揭，第233页）
②〔清〕孙希旦：《礼记集解》卷十三引，前揭，第367页。
③ 关于周代乡学师资来源的考证，参程水金：《中国早期文化意识的嬗变》第二卷，武汉大学出版社，2004年，第63-64页。

教育体系仍稳定而发达，然明（郑大夫）恐怕也不会轻易提出毁乡校的建议。

过常宝先生经过论证指出：春秋贵族的文献和礼仪知识主要不是来自学宫，而是通过"观"和"问"获得的。"观"包括观礼、观乐和观书，"问"则主要是向史官、乐官请教，孔子就是通过"观"和"问"成为饱学之士的。①《论语·子张》记载："卫公孙朝问于子贡曰：'仲尼焉学？'子贡曰：'文武之道未坠于地，人贤者识其大者，不贤者识其小者，莫不有文武之道焉，夫子焉学？而亦何常师之有？'"公孙朝的如此问法和子贡的如此答法都间接表明当时人的传统礼乐知识不可能来自官学。像鲁国这样对承继周礼最用心的国家尚且没有良好的官学教育，其他诸侯国的情况也就可想而知了。所以，孔子说"天子失官，学在四夷，犹信"（《左传·昭公十七年》），应该是指天子失官以后，传统礼乐之学流散在地方，而不是指诸侯国兴办官学教育。春秋时期官学教育不发达不稳定，其根本原因在于，春秋时期，无论是整个东周国家的政制还是各主要诸侯国内部的政制，都是以不稳定或者说不完全耦合的方式维系的，社会政治局势长期动荡不安，当然不可能形成良好的官学教育体系。

不过，春秋时期贵族社会学习礼乐文献和知识的风气倒是越来越兴盛，到春秋中后期可谓蔚然成风。《左传》《国语》等文献有不少贵族重学的记载，如《左传·昭公十年》记鲁大夫闵子马批评周大夫原伯鲁"可以无学，不学无害"的观点，并说："夫学，殖也，不学将落。"《国语·晋语》记晋国范献子之言曰："人之有学，犹木之有枝叶也。木有枝叶，犹庇荫人，而况君子之学乎？"又如《左传·昭公七年》记鲁国孟僖子"病不能相礼，乃讲学之，苟能礼者从之"。这种主动学习传统礼乐文献和知识的结果是使相当一部分贵族成为"君子"，从而形成对史官文化既有继承也有发展的君子文化。从教育形式上说，所谓"苟能礼者从之"，贵族君子的学习已经主要是以私人问学而不是学校教育的方式进行。无论是重学的社会风气还是私下问学的教育方式无疑都对春秋后期私学的兴起着重要作用。在贵族阶层的政治力量受到政制转型的冲击而严重衰落之后，重学的风气和私下问学的方式仍然在很大程度上保留下来。此外，旧有的乡学体系虽然由于国家选士制度的废弛而名存实亡，但相比于国学而言，乡学的组织形式更容易使其蜕变为私学。②

从身份变迁的角度说，私学的最大特点是施教者和受教者都以新兴的士阶层为主。这时的士"不再是'有职之人'或'有爵之称'，而仅仅是'在学

---

① 详参过常宝：《先秦散文研究——早期文体及话语方式的生成》，前揭，第181-183页。

② 关于这一点，可参看程水金：《中国早期文化意识的嬗变》第二卷，前揭，第64页。

之士'或'学成之士'这一知识群体的通称",①如冯友兰所言，士"只能做两件事情，即做官和讲学"。②私学之士的这两种基本生活方式对中国后世的政制形态实有极为深远的影响，因为它们对应地造就了少数人的两种基本类型，即过沉思生活的哲人和过实践生活的政治家，而且，前者是以政治哲学为思考中心并通过教育承担社会责任的政治哲人，后者是由政治哲人培育出来的政治实践者，他们以职业官僚的身份实践自己所接受的政治理念。从很大程度上说，正是西汉中期以后这两类人的稳定，使中国古代保持了两千年无大变的政制结构。

再说第二个方面。教育内容和理念的变迁实质上是政教之"道"的变迁。政教之"道"的变迁从西周末东周初就开始了。上文已述，西周时期的政教总体上是与礼乐仪式直接合一的，因此，政教之"道"即礼法本身。到西周末东周初，政教逐渐从礼乐仪式的框架中解脱出来，政教之"道"的重心转变为阐释礼法背后的理。这一转变具有深远意义。它使原本着重于音乐、军事、礼仪的政教转变为着重思想道德观念的政教，并有力地推动了政教性书写活动的发展，比如西周时期的教育科目，按《周礼·地官·保氏》的说法主要是"六艺"（礼、乐、射、御、书、数）和"六仪"（祭祀、宾客、朝廷、丧纪、军旅、车马），显然，音乐、礼仪以及军事技能的分量极重，文教不占主导，而《国语·楚语上》申叔时论傅太子之道，其所列科目无疑已经以文教为主。同时，既然政教的重心在于阐释礼之理，自然能够促进理性思维的发展，而理性思维的发展必然使史官文化的宗教神秘因素日益减少，道德理性因素日益增加。春秋中期以后，贵族"君子"浸染史官文化也推动了政教之"道"的转变，这种推动主要有两个方向，一是继续强化道德理性因素、弱化宗教神秘因素，③二是使政教更关注现实政治的兴衰成败，为兴衰成败寻

---

① 程水金：《中国早期文化意识的嬗变》第二卷，前揭，第65页。
② 冯友兰：《孔子在中国历史上之地位》《古史辨》第二册，上海古籍出版社，1982年，第208页。
③ 不妨以《左传·昭公元年》所记子产问疾一事为例。晋平公患病，卜人占卜说是"实沈、台骀为祟"，可是"史莫知之"，居然没有一个史官知道这两个神的来历，可见，当时史官的宗教知识已经大不如前了。倒是前来问疾的子产对宗教神系了如指掌，详细道出了实沈和台骀的来历。不过，他并不认为晋平公之疾是"实沈、台骀为祟"，而指出真正的病因在于"出入饮食哀乐之事"，实际上是间接批评晋平公过于近女色、好逸乐，以致"昏乱百度"。他还明确说："山川星辰之神，又何为焉？"换言之，子产虽然不否认实沈、台骀之类山川星辰之神的存在，但认为他们与人类社会并无直接关联。可见，人格神的宗教信仰在当时先进的思想潮流中已经十分边缘化了，这为后来儒、道家抽象天道观念的形成铺平了道路。

求更具现实理性的解释。春秋后期私学的兴起可以视为西周以来政教之"道"的第三次大变迁。在私学兴起之前，政教活动无论是通过官学，还是通过展示和应答（相应的学习方式就是观和问），总归是出自王官，基本上是王官的职务行为，这就决定了政教的内容和理念不容易出现较大歧异，也就是所谓"道术未裂"。私学兴起之后，这种局面就被打破了，无恒产、无爵位的士阶层无论是传道还是问道，都不再受身份职务、社会地位的严格约束，如余英时先生所言，"他们过去是'思不出其位'，现在则可以'思出其位'了。"①"思出其位"的结果一方面是使得思想的广度和深度都得到极大拓展，实现了中国古代"哲学的突破"，另一方面也造成《庄子·天下篇》所说的"天下大乱，圣贤不明，道德不一，天下多得一察焉以自好。……道术将为天下裂"的局面。

（四）个人性政教书写的初兴

随着私学的兴起，春秋后期成为中国古代个人性政教书写的发端期。在这个发端期，最具代表性的人物无疑是分别开创了道家和儒家这两个中国古代最重要学派的老子和孔子。从书写的角度看，老子和孔子都具有承前启后的过渡性，下面分别讨论之。

1. 有职业背景的个人书写：老子及其《道德经》

老子及其书《道德经》在中国学术史上一直是一个疑案，此案之始末学界早有总结，本文不再赘述，只是要指出，当代学者大多承认老子先于孔子，而《道德经》在战国以前已成书，下面的讨论即以此为前提。

老子在早期中国书写史上之所以是具有典型过渡性的人物，是因为他是第一个原先具有王官（史官）身份而在书写方面大幅度偏离传统书写旨趣的人。老子的身份，文献中的说法虽多据传闻，但歧异不大。如《庄子·天道》引子路之言曰："由闻周之征藏史有老聃者，免而归居，夫子欲藏书，则试往因焉。"《史记·老子列传》说老子是"周守藏室之史"，此二说一致，守藏室之史即负责文献典藏之史。《史记·老子列传》又说："史记周太史儋见秦献公……或曰儋即老子。"《史记》中还有老子为柱下史的说法，孔颖达《周礼正义》引《史记》佚文曰："老聃……为周柱下史或为守藏史。"《史记·张丞相列传》司马贞索隐亦曰："周秦皆有柱下史，谓御史也，所掌及侍立恒在殿柱之下，故老子为周柱下史。"不管是守藏史，还是柱下史，抑或太史，总之都是周王室史官，因此老子的史官身份大抵是可信的，也为大多数学者所认

---

① 余英时：《士与中国文化》，上海人民出版社，2003 年，第 602 页。

同。^①老子虽然是史官，但写作《道德经》时大抵已辞官归去，《史记·老子列传》说老子"居周久之，见周之衰，乃遂去"，上引《庄子·天道》也说老子"免而归居"，清郭庆藩《庄子集释》引成玄英疏曰："（老子）见周室版荡，所以解免其官，归休静处。"又引陆德明《释文》曰："'免而归'言老子见周之末不复可匡，所以辞去也。"各家所言基本一致。值得注意的一点是老子辞官后是否归隐，不问世事？我们知道，《史记·老子列传》的说法是关令尹强使老子写下"道德之意五千余言"，此后老子归隐，莫知其所终。此说富于传奇色彩，自然不可采为信史。上引成玄英疏只是说其"归休静处"，陆德明《经典释文》则仅言其辞官而已。显然，如果老子辞官后真是莫知其所终，子路何以知其居处并咨劝孔子前去拜访呢？这至少说明《庄子》不认为老子完全归隐。本文比较认同过常宝先生的说法："大约老子离职后，在社会传授一种关于'道德之意五千言'的文献，后讹传成这样一个有着传奇色彩的故事。"^②大抵由于庄子及庄子以后的道家更强调出世的一面，所以人们想当然地将道家的鼻祖设想为全然的隐者，而事实上，《道德经》思想的出发点和落脚点仍然在于治国之常道，或者说仍然在于政教。因此，说老子"归休静处"是可信的，但不太可能隐得完全不问世事。上文已述，自东周初始，史官放弃世职，或转任他官，或流落民间之事时有发生，因此，生活在春秋后期的史官老子解免其官并不足怪，甚至解免其官之后在民间著书授学亦合乎时势。

老子书写行为的独特之处在于他既有继承史官文化传统的一面，又有大幅度偏离史官文化传统的另一面。继承的方面主要体现在《道德经》的文体形式上，偏离的一面则主要体现在《道德经》的思想旨趣上。因此，《道德经》实际上是一个传统与反传统的奇怪结合体。《道德经》的文体属性，近代以来学者多有注意，冯友兰曾说："老子之文为简明之'经体'。"^③顾颉刚则说："《老子》一书是用赋体写出的。"^④不管是"经体"还是"赋体"自然都不是春秋时期的产物，《道德经》也因此被判为后出。不过，顾颉刚先生注意到《吕氏春秋》中"多用《老子》词语，但未尝一称'老子曰'或'道德经曰'，曾疑

---

① 高亨先生曾提出，老子是《左传·昭公十二年》所提到的"老阳子"。（参见高亨：《关于老子的几个问题》，《社会科学战线》1979 年第 1 期）这个"老阳子"是周大夫，当不是史官。不过，高氏此说亦有学者质疑，可参李水海：《老子非为老阳子考辨》，《无锡教育学院学报》1999 年第 1 期。

② 过常宝：《原史文化及文献研究》，前揭，第 120-121 页。

③ 冯友兰：《中国哲学史》上册，商务印书馆，2011 年，第 181 页。

④ 顾颉刚：《从〈吕氏春秋〉推测〈老子〉之成书时代》，见《古史辨》第 4 册，上海古籍出版社，1982 年，第 481 页。

此等语都是当时习用的词语，含有成语及谚语的性质的，到了作《老子》的时代乃结集在这里"。①这个说法很有启发性，于是有学者提出，《道德经》的文体可以概括为"格言式哲学随感录"。②《道德经》中包含大量格言警语，已是不刊之论，过常宝先生将《道德经》中的部分格言与其他文献（尤其是"志""语"类文献）中的格言列表比较，有力地证明了这一点。③由此可见，《道德经》实际上与上述记载名言警句的"语"或"志"类文献在文体上十分接近，而"志"或"语"类文献正是春秋史官文化的书写产品。不过，《道德经》的文体特征还不仅如此，过常宝经过分析指出，《道德经》文本包含了一个基本的结构模式，即格言+解释（一般意义）+训诫（治国方法），比如通行本《道德经》第二章：

> 天下皆知美之为美，斯恶已；皆知善之为善，斯不善已。有无相生，难易相成，长短相形，高下相盈，音声相和，前后相随。是以圣人处无为之事，行不言之教；万物作而不为始，生而不有，为而不恃，功成而弗居。夫唯弗居，是以不去。④

过常宝指出：

> 自开头到"斯不善已"是一个格言类句子，训诫性特点很明显。自"有无"到"前后相随"，是对前一格言的阐释和发挥，……这一阐释……不可能来自民间，而是反映了作者的智慧。自"是以圣人"以下为第三部分，是根据前所揭示的理论原则，对"圣人"行事方式的说明。⑤

《道德经》的这种"阐释式复式结构"也并非没有史官文献的影子，我们在上文讨论"志"类和"语"类文献时已经指出，"语"类和"志"类文献往往并不只是格言警语的汇编，而是包含了对格言警语的证明和阐释，只不过有的是以事证言，如《逸周书·史记》，但也有完全以言释言的例子，如过常宝

---

① 顾颉刚：《从〈吕氏春秋〉推测〈老子〉之成书时代》，见《古史辨》第 4 册，前揭，第 465 页。
② 程水金：《中国早期文化意识的嬗变》第二卷，前揭，第 214 页。
③ 过常宝还指出，《道德经》中有一些格言虽然尚不能在其他文献中找到相应的句子，但《道德经》自己说出了它的出处，或者可以根据上下文判断出它是流行的格言。（参见过常宝：《先秦散文研究——早期文体及话语方式的生成》，前揭，第 212-213 页）
④ 陈鼓应：《老子注译及评介》，中华书局，2009 年，第 60 页。
⑤ 过常宝：《先秦散文研究——早期文体及话语方式的生成》，前揭，第 206 页。

注意到的《逸周书·周祝》，所以"《周祝》与《老子》在体裁上极为相似"。①
除了《周祝》外，《逸周书》中还可以找到其他有类似结构的语段，兹举一例：
《逸周书·常训》曰："天有常性，人有常顺。顺在可变，性在不改。不改可
因，因在好恶。好恶生变，变习生常。常则生丑，丑命生德。明王于是生政
以正之。"此段中第一句"天有常性，人有常顺"可视为格言部分，中间四句
或可视为对第一句的解释，最后一句"明王于是生政以正之"则回到具有实
践意味的政教训诫。由此可见，《道德经》的文体形式因于前代史官文献的特
征是比较明显的，②因此，可以说，《道德经》的书写"有职业或文化行为方
面的根据"。③

　　不过，有职业背景的行为与职业行为是不同的。《道德经》的文体有职业
背景，并不能说明《道德经》不是原创性的个人著述，更不能证明春秋战国
之交的书写活动都还是史官的职务性书写。本文以为，《道德经》不应该理解
成作为史官的老子的职业或职务书写，最显著的原因就是《道德经》的思想
旨趣过于"离经叛道"了。老子作为史官，无疑是熟知传统仪式礼法的，如
《礼记·曾子问》中多处记载老子言礼之事，如：

　　　　孔子曰："……吾闻诸老聃曰：'天子崩，国君薨，则祝取群庙
　　之主而藏诸祖庙，礼也。'"

　　　　孔子曰："昔者吾从老聃助葬于巷党，及垝，日有食之。老聃曰：
　　'丘！止柩就道右，止哭以听变。'既明反，而后行。曰：'礼也。'"

　　　　子夏问曰："三年之丧，卒哭，金革之事无辟也者，礼与？初有
　　司与？"……孔子曰："吾闻诸老聃曰：'昔者鲁公伯禽，有为为之
　　也。'"

　　这些记载表明，孔子之所以问学于老子很大程度上就是因为老子知礼。
可是，众所周知，《道德经》却极力批判圣人、礼法，这显然与其职业知识背
道而驰，清代学者汪中就曾指出：

　　　　（老子）助葬而遇日食，然且以见星为嫌，止柩以听变，其谨于
　　礼也如是。至其书则曰："礼者，忠信之薄而乱之首也。"下殇之葬，
　　称引周召史佚，其尊信前哲也如是。而其书则曰："圣人不死，大盗不

---

① 详参过常宝：《先秦散文研究——早期文体及话语方式的生成》，前揭，第 215-216 页。
② 当然，《道德经》在文体上可能也有一定发展，毕竟在现有春秋史官文献中能够
　　找到的与之相似的例子不多。
③ 过常宝：《先秦散文研究——早期文体及话语方式的生成》，前揭，第 206 页。

止。"彼此乖违甚矣。①

汪中甚至据此怀疑《道德经》不是老子所作，也有人（如张载）怀疑《曾子问》中的老聃不是老子。朱熹对这个表面的矛盾有所解释，他说：

> （老子）晓得礼之曲折。只是他说这是个无紧要底物事，不将为事。某初间疑有两个老聃，横渠亦意其如此。今看来不是如此。他曾为柱下史，故礼自是理会得，所以与孔子说得如此好。只是他又说，这个物事不用得亦可，一似圣人用礼时，反若多事，所以如此说。②

正因为老子出身史官，熟知仪式礼法，所以在礼乐崩坏的春秋战国之交，他才会自觉而深入地反思礼乐何以不能挽救周之衰败这一重大的政治哲学问题，而礼崩乐坏本身以及私学的兴起，又为他的这种思考提供了表达的空间和条件。从这个意义上说，《道德经》的书写应该是一种有职业背景的个人书写行为。因此，《道德经》的成书时间或最初的传播时间也更可能在老子辞官之后，而不是辞官之前。当然，《道德经》的思想旨趣虽然脱离传统，但其内容类型仍然与春秋史官文献一脉相承，即以政教为核心和目标。③而且，相对而言，由于《道德经》更关注兴衰成败，因而更接近史官"志"类文献，而不是"语"类文献。

2. 孔门教学与早期儒家书写

如果说老子更多地继承了史官文化，那么孔子则更多地继承了君子文化。比起老子，孔子的生平资料要丰富得多，尽管有其中有很多细节并不明朗或歧见纷纭，但孔子出身没落贵族，曾为鲁国大夫，并设教授徒作私学教师，这些基本身份是确定无疑的。

首先，有必要再简单重申一下孔子"述而不作"的含义。《论语·述而》记孔子自道曰："述而不作，信而好古，窃比于我老彭。"邢昺正义曰："此章记仲尼著述之谦也。作者之谓圣，述者之谓明。老彭，殷贤大夫也。老彭于

---

① 汪中：《老子考异》，《述学补遗》，《四部备要》本，第 27 页。

② 〔南宋〕黎靖德编：《朱子语类》卷 125，中华书局，1994 年，第 2997 页。

③ 《道德经》的政教性是很明显的，如提出无为而治的理念，当然属于政教表达。过常宝先生指出《道德经》中常见的"圣人"基本上是指君王。（参见过常宝：《先秦散文研究——早期文体及话语方式的生成》，前揭，第 207-209 页）还有些地方则明言以"侯王"为言说对象，如"侯王若能守之，万物将自化"等。当然，《道德经》思想的广度和深度不是以往史官文献可与之相比的，尤其是对天人合一的超越性层面的建构。

时，但述修先王之道而不自制作，笃信而好古事。孔子言，今我亦尔，故云比老彭。"上文已指出，孔子"述而不作"的"作"是指创立新说，"述"则是指整理和阐述先贤圣王的文献和思想，因此，"述而不作"并不是说孔子没有从事书写活动。进一步说，不创立新说其实也只是相对的，正如邢昺所说，"述而不作"的自道有"著述之谦"的意味。"不作"是就在大的方向上承继先贤圣王的思想而言，然时势已变，孔子并非腐儒，自然要在教学和著述活动中表达出新的思想理念和价值倾向，否则何以为至圣先师。从这个意义上说，孔子的书写方式当然不只是"记"，邢昺断言孔子"但述修先王之道而不自制作"，并不确切，确切的说法是，孔子不"创作"，但有"制作"。①

但与老子作《道德经》不同，孔子的书写活动却显得有些模糊不清。传统观点一般认为孔子的书写活动主要包括删《诗》《书》，修《春秋》以及传《周易》等，如《汉书·儒林传》曰：

> （孔子）究观古今之篇籍，……于是叙《书》则断《尧典》，称乐则法《韶舞》，论《诗》则首《周南》。缀周之礼。因鲁《春秋》，举十二公行事，绳之以文武之道，成一王法，至获麟而止。盖晚而好《易》，读之韦编三绝，而为之传。②

孔子的这些书写活动自古而今颇多争议。关于这些争议，相关文献俱在，这里无意再添新说，只概述如下：① 对孔子与《尚书》的关系的争论，主要包括孔子是否作《书》，是否序《书》，是否删《书》，是否编次《书》，抑或仅仅以《尚书》为教材等问题，如朱熹否认孔子序《书》，对删订《书》亦有怀疑，冯友兰、钱穆等人则明确认为孔子未曾编删《书》，但也有不少学者肯定孔子曾编、删乃至序《书》，只有作《书》之说已不甚流行。② 关于孔子与《易大传》的关系，最早提出孔子传《易》的是《史记·孔子世家》，司马迁的说法影响极大，现代以前的学者虽有质疑，但大多只围绕十翼中的具体篇目，如欧阳修只承认《彖传》和《象传》为孔子所作，皮锡瑞则只承认《彖传》《象传》以及《文言》为孔子所作。到了二十世纪，在古史辨派遗古之风的影响下，孔子作《易大传》的观点才被全面否定，其中以钱穆先生《论〈十翼〉非孔子作》一文论证最为全面。但随着马王堆帛书《要》篇等文献的出

---

① 这里的"制作"是从书写方式的意义上说的，是指实践性地做成一个文本成品。它与本文中其他地方意指"观念文本的构想"的用法有些区别。后者是与实际书写相对的概念，可以视为狭义的"制作"，前者则是与强调作者主体性的"创作"相对的概念，是包括实际书写行为在内的广义的"制作"。

② 〔汉〕班固撰，〔唐〕颜师古注：《汉书》（四），前揭，第3089-3090页。

土，争议再起，李学勤等当代学者据出土材料重新肯定孔子传《易》之说，但此说远非公论，毕竟《要》至多只能证实孔子喜读《易经》而已，总的来说，否定孔子作《易大传》的观点仍占主流，而且论证更为细致有力。①③ 关于孔子是否修订《诗》的问题，《史记·孔子世家》最早提出孔子删《诗》之说，司马迁的说法在唐代以前尤其是在汉代为学者笃信不疑，但从孔颖达作《毛诗正义》开始质疑之声不断，其中比较有影响的是叶适、崔述、朱彝尊等人的反对意见，现代以来也有钱穆等学者主张孔子未曾删《诗》，不过，当代有不少学者（如姚小鸥、马银琴等②）在考辨、总结前人观点的基础上重新肯定孔子曾修订诗文本之说，认为孔子对诗文本，既有删也有增，可信度较高。至于孔子与《春秋》的关系，上文已有详述。总体而言，从古今学者的研究成果来看，作《易传》、作《春秋》、作《书》等皆证据不足，难以采信，而修《春秋》、修《书》、修《诗》等皆言之成理，颇可信从，因此，孔子与上述文献的书写关系应该不在于"作"（创作之"作"），而在于整理和编订。孔子既以这些文献为教本教授弟子，③那么，对它们进行整理和编订，应属合情合理之事，亦符合其"述而不作"之自道。

虽然孔子本人的书写活动很可能仅仅是编订用作教本的经典文献，但孔子的私学教育对他之后的书写活动也产生了直接而重要的影响，这种影响正好对应于春秋史官文献中的"语"类和"志"类文献，使"语"类和"志"类文献的书写得到了继承和发展。首先，我们从《论语》的形成背景来看这种影响。我们知道，《论语》不是孔子本人所作，而是其弟子（包括及门弟子、再传甚至三传弟子）辑录而成。《汉书·艺文志》对《论语》的成书过程和成书方式有所记述，文曰："《论语》者，孔子应答弟子时人及弟子相与言而接闻于夫子之语也。当时弟子各有所记。夫子既卒，门人相与辑而论纂，故谓之《论语》。"④《论语》无疑以记述孔子的言行为主，那么，孔子为什么不自己记述呢？这恐怕与孔子的身份认同有直接关系。孔子出身贵族，又曾为大

---

① 如台湾学者何泽恒先生的《孔子与〈周易〉相关问题覆议》（载《周易研究》2001年第1期）、《孔子与〈周易〉相关问题覆议》（续）（载《周易研究》2001年第2期）。

② 参见马银琴：《两周诗史》，前揭，第412-424页；姚小鸥：《诗经三颂与先秦礼乐文化》，前揭，第36-44页。

③ 当然，这不是说孔子学派的教材只有上述这几种。"孔门四科"中的"文学"，就是各种文献典籍之学。这些文献典籍有的是孔子学派或其他学派编订出来的，有的则应当是在孔子之前就已经编订出来的。

④〔汉〕班固撰，〔唐〕颜师古注：《汉书》（二），前揭，第1527页。

夫，因而其身份认同自然在于"君子"，孔子的教学活动也是以塑造"君子"人格为中心的。①尽管君子儒之"君子"与贵族君子之"君子"已有区别，但前者毕竟源于后者。②《左传》中的"君子"，就其身份来说，主要是贵族大夫，但其内涵已经是能够"立言"的具备较高礼仪修养的贵族。君子贵在立言，《左传·襄公二十四年》记载了叔孙豹著名的"三不朽"之论："豹闻之，'太上有立德，其次有立功，其次有立言'，虽久不废，此之谓三不朽。"③"三不朽"中，表面上"立言"为最末，但如过常宝先生所言，"从穆叔对臧文仲的称赞来看，'立德'和'立功'不过是借来为'立言'张目，他的真正用意还是在'立言'"。④不过，立言与书写是既有关联又有区别的两回事情。君子要以立言的方式来实现不朽，就不能仅限于口耳相传，而势必要形诸书面，所以立言与书写有关系。但立言者并不亲自书写，而要假于史官之手，这是周初以来就有的传统。

为什么要假于史官之手呢？一者，记言是史官的职责所在；二者，史官负责典藏文献，经过史官载录的文本最可能流传后世；三者，史官具有书写的神圣权威，从某种意义上说，只有被史官采纳并载录的君子之言才能获得为世人认可的公信力和"不朽"性。我们不妨简单回顾一下史官记言载录的历史。在西周初期，史官只是在特定的训诰场合才进行"言"的载录，这种

---

① 举例而言，《礼记·经解》曰："孔子曰：'入其国，其教可知也：其为人也，温柔敦厚，《诗》教也；疏通知远，《书》教也；广博易良，乐教也；絜静精微，《易》教也；恭俭庄敬，礼教也；属辞比事，《春秋》教也。故《诗》之失，愚，《书》之失，诬，《乐》之失，奢，《易》之失，贼，《礼》之失，烦，《春秋》之失，乱。其为人也，温柔敦厚而不愚，则深于《诗》者也；疏通知远而不诬，则深于《书》者也；广博易良而不奢，则深于《乐》者也；絜静精微而不贼，则深于《易》者也；恭俭庄敬而不烦，则深于《礼》者也；属辞比事而不乱，则深于《春秋》者也。'"这一段关于"六艺"之教功能的论述，核心在于"为人"二字，所谓"温柔敦厚""疏通知远""广博易良""絜静精微""恭俭庄敬""属辞比事"皆属君子品性素养的题中之义。

② "君子"一词经历了内涵的演变，其本义为"君之子"，大抵是王公贵族以及官员的通称，《诗经》中的"君子"用法开始分化，主要有四种含义：天子、君王；贵族、官员、富人、主人；情人或丈夫；有才有德的人。君子儒意义上的"君子"当是直接从"有才有德的人"这一含义发展出来的。（参见池水涌、赵宗来：《孔子之前的"君子"内涵》，《延边大学学报》1999 年第 1 期）

③ 注意，立言不朽之说古已有之，并非叔孙豹首创，《左传》已明言，"三不朽"是叔孙豹所闻之古语。

④ 过常宝：《先秦散文研究——早期文体及话语方式的生成》，前揭，第 187 页。

"代圣立言"属于泛仪礼性的政教书写。到西周后期，"史不失书"（《国语·楚语上》），史官记言已经形成比较规范的制度，仪式性降低，政务性提高，但从功能上说仍属政教性书写，而且，除了记言之外，大抵也记行。值得注意的是，《国语·楚语上》记卫武公曰："闻一二之言，必诵志而纳之，以训导我"，这是主动要求史官记录箴诫之言。[1]到春秋中期，随着君子文化的兴起，贵族卿大夫主动要求记言的积极性更高，例如《国语·鲁语上》记展禽论祭爰居非政之宜，"文仲闻柳下季之言，曰：'信吾过也，季子之言不可不法也。'使书以为三箧"。"使书以为三箧"应该是指让史官将展禽的话用简册记录三份。不过，这里仍然是要求记录他人的嘉言善语。到了春秋后期，贵族卿大夫们"立言"以不朽的欲求更加强烈，但史官载录原本有自己的选择性，"君举必书"仅仅是针对国君，这样一来，被动地等史官来载录已经不能满足贵族们的要求了，不过，此时的史官也已经沦落，载录的自主性逐渐丧失，于是就有卿大夫将一些沦落的史官收为家史，其地位与家臣相当，如晋卿赵简子曾用董安于为家史，董安于自述："方臣之少也，进秉笔，赞为名命，称于前世，立义于诸侯。"（《国语·晋语九》）过常宝先生认为："载录是为了赵简子能'立义于诸侯'，在当时应该主要是记言。"[2]董安于所记之言当主要是赵简子的"德"言。赵鞅与孔子是同时代之人，赵鞅的做法当然是孔子不屑为之的，但立言之风尚具有普遍性，同样会对孔子产生影响。与赵简子不同，孔子实际上创造了君子立言的另一种模式，即通过私学教育立言。这种新模式之所以成为可能，就孔子个人而言，是因为他实现了从政治实践者到哲人的生活方式转换；就时代背景而言，则是因为政制的演变为私学的产生提供了基本条件。在这种立言的新模式中，言说者与书写者的身份关系从贵族君子与史官的关系转变为私学师弟子之间的关系。这种关系的转换对政治结构和书写活动的影响都十分深远，如余英时先生所说："官师治教遂分歧而不可复合。"[3]官师治教的分离是与政教性书写活动的中心从王官转向民间私学相伴随的，又如后世注重师法、家法的经解体书写，其渊源当然也可以追溯到这里。这些是后话，最直接的影响应是《论语》的编纂成书。

《论语》一书从文体类型上说，顾名思义，可以归入"语"类文献。具体而言，《论语》大抵在以下几个方面符合"语"类文献的特征：第一，"语"

---

① 俞樾曰："史不失书，矇不失诵，以训语之，犹上文曰'必诵志而纳之，以训导我'也。"（见徐元诰：《国语集解》，前揭，第501页）

② 过常宝：《先秦散文研究——早期文体及话语方式的生成》，前揭，第194页。

③ 余英时：《士与中国文化》，前揭，第24页。

本身就有论难答述之意，所谓"直言曰言，论难曰语"（《说文·言部》）。上文已述，"语"类文献在渊源上就有此意（即乐语之教），而《论语》正是以记述孔门师友论议为主要内容的，如邢昺所言："此书所载皆仲尼应答弟子及时人之辞，故曰语。"（《论语注疏·解经序序解》）。"论语"之"论"同样与此有一定关联，皇侃说："此书既是论难答述之事，宜以论为其名，故名为《论语》也。"又说："字作论者，明此书之出，不专一人，妙通深远，非论不畅"。①"言语"是孔门四科之一，《论语》的编纂初衷应该有培养学生言语辩说能力的教学意图。第二，"语"类文献的基本体用特征在于"明德"，而《论语》的思想内容和功能意向无疑也是以"明德"为落脚点的。正是在这一点上，《论语》与《道德经》的文类属性显示出一定的区别。《道德经》关注的中心是政治的兴衰成败，有较突出的因果逻辑思维倾向，因而更接近于"志"类文献，而《论语》以"明德"为务，因果逻辑思维不显著，因而更接近于"语"类文献。②第三，《论语》符合"语"类文献文体构成模式的发展线索。俞志慧先生认为，"语"类文献的文体模式大体经历了四个阶段，即从以《国语》代表的三段式到以《论语》为代表的二段式，再到单纯的嘉言善语记录，最后发展为围绕嘉言善语进行深入阐述和发挥的专题论文，到这一阶段，"语"的特征越来越模糊，其作为一种文类也就进入消解期了。《论语》的"二段式"是指《论语》中的讨论体和问答体省去了三段式③中的验辞部分，而且《论语》中已经充分酝酿了单纯的格言式，《论语》中的很多章节连交代嘉言善语之背景和缘起的第一段也没有了。④《论语》省去"验辞"部分实际上是对"语"类文献中宗教神秘因素的消解，⑤从大的背景上说，这是义神神权信仰作为一种社会意识形态逐步从中心走向边缘的结果。

　　孔子教学活动对书写的另一方面影响与"志"类文献更为相关，那就是"属辞比事"的《春秋》之教。上引《礼记·经解》中"属辞比事"一语，在古代有不同理解。《礼记正义》郑玄注的说法是："属，犹合也。《春秋》多记

①〔南朝梁〕皇侃：《论语义疏叙》，四川人民出版社，1998年，第100-101页。
② 早期"语"类文献中的应验结构也可以说是一种因果思维的文体结果，但相对而言，"语"类文献的因果思维更倾向于以事验言，这种"应验"模式，多少带有宗教神秘意味，是受了神权信仰比较直接的影响的结果，这与"志"类文献的因果思维更注重理性推演有一定区别。
③ "三段式"即嘉言善语的背景或缘起；嘉言善语；言的应验结果。
④ 参见俞志慧：《古"语"有之：先秦思想的一种背景和资源》，前揭，第145页。
⑤ 当然，这不是说《论语》之后的"语"类文献就不再有应验结构，毕竟《国语》的编订成书大抵不会早于《论语》。

诸侯朝聘会同，有相接之辞、罪辩之事。"孔颖达疏的说法与郑玄是一致的，他说："属，合也；比，近也。《春秋》聚合会同之辞，是属辞；比次褒贬之事，是比事也。"郑、孔的意见明显是不对的，因为《春秋》虽然多记诸侯朝聘会同之事，但并未记录聚合会同相接之辞，更没有记录罪辩之事。郑、孔大抵是参照《左传》来说的，但孔子说的是《春秋》教，而不是《左传》教。郑、孔的旧解在后世得到了各种修正，诸家解说有所不同，择其要者简述如下：元代学者程端学《春秋本义》认为："一事必有首尾，必合数十年之通而后见，或自《春秋》之始至中、中至终而总论之，正所谓属辞比事者也。"①程端学的意思是："比事"是比合《春秋》所零散记录的各种事件的始末，"属辞"则大抵是"总论"，即论其事义、谋其得失。王夫之《礼记章句》（卷二十六）则认为："属辞，连属以成文，谓善为辞命也；比事，比合事之初终彼此以谋其得失也。"②王夫之关于"比事"的看法与程端学相类，但他提出属辞是指连属字句以成文，比起程端学似更有见地，属辞比事本身就可以包含价值判断，不必待"总论"来断其事义、谋其得失。毛奇龄说："夫辞何以属？谓夫史文之散渎者宜合属也。事何以比？谓夫史官所载之事畔乱参错而当为之比以类也。此本夫子以前之《春秋》，而夫子解之如此。"③毛奇龄的说法不再将"属辞"局限于"善为辞命"，但把"属辞比事"当作孔子修《春秋》之法。章太炎的看法也是如此，他说："孔子作《春秋》，本以和布当世事状，寄文于鲁，其实主道齐桓、晋文五伯之事。五伯之事，散在本国乘载，非鲁史所能具，为是博征诸书，贯穿其文，以形于《传》，谓之属辞比事。"④孙希旦则提出："属辞者，连属其辞，以月系年、以日系月、以事系日也。比事者，比次列国之事而书之也。"⑤孙希旦此说比较贴合《春秋》本身的文体形式，虽与毛奇龄、章太炎的说法相类，但没有将"属辞比事"看作孔子修《春秋》之法，由此推想，"属辞比事"就有可能是指孔子从《春秋》中提炼出来的叙事教学之法，这显然更符合《礼记·经解》"其为人也，……属辞比事，《春秋》教也"的本义。更重要的是，孔子的教学第一次明确地将书写本身与德性教养（"为人"）联系起来，即认为叙事书写能力的锻炼有助于德性修养的

---

① 见〔清〕陈梦雷编纂：《古今图书集成·中国学术类编·经籍典二（五）》（《理学汇编经籍典》第二百七卷《春秋部》），鼎文书局，1977 年，第 2045 页。
② 见〔明末清初〕王夫之：《船山遗书》（第二卷），北京出版社，1999 年，第 1181 页。
③ 〔清〕毛奇龄：《春秋属辞比事记》卷 1，中华书局，1991 年，第 1 页。
④ 章太炎：《检论·春秋故言》，见陈平原编校《中国现代学术经典·章太炎卷》，河北教育出版社，1996 年，第 197 页。
⑤ 〔清〕孙希旦：《礼记集解》，前揭，第 1255 页。

提升。这一点实在是意义非凡的，它不仅极大地促进了后世历史书写的发展，同时也使后世史家更自觉地遵循以史明义的优良传统，而就其直接的影响来说，恐怕就是推动了《左传》等"故志"类文献的编纂，章学诚说得好："《春秋》比事以属辞，而左氏不能不取百司之掌故，与夫百国之宝书，以备其事之始末，其势有然也。"①

（五）"智术师"邓析及其书写活动

春秋后期还出现了"个人性的刑法"，这便是郑国邓析的《竹刑》。邓析作《竹刑》最早见载于《左传·定公九年》，文曰："郑驷歂杀邓析，而用其《竹刑》。"杜预注曰："邓析，郑大夫，欲改郑所铸旧制，不受君命，而私造刑法，书之于竹简，故云'竹刑'。"这里有一个基本的问题，即原则上讲，"个人性的刑法"本身是个矛盾的说法，因为真正的法律都必须经过合法权威的认可，私造的刑法当然不是真正的刑法，也不可能具有法律效力。铸于铁鼎与书于竹简的书写载体区别也很明白地标示出两者在权威和效力上的根本差异。因此，邓析不受君命，私造刑法，用现代的话讲，大抵是拟写了一份针对原有刑法（即子产所颁布的刑法）的修改草案或提案，而且这个提案还被执政驷歂采纳了。但这样一来，邓析的被杀就不太好理解了。《左传》及孔颖达疏提出了两者说法：其一，《左传·定公九年》引君子曰：

> 子然于是不忠，苟有可以加于国家者，弃其邪可也。《静女》之三章，取彤管焉。《竿旄》："何以告之。"取其忠也。故用其道，不弃其人。《诗》云："蔽芾甘棠，勿翦勿伐，召伯所茇。"思其人，犹爱其树，况用其道，而不恤其人乎！子然无以劝能矣。

孔颖达正义曰："邓析制刑，有益于国，即是有能者，杀有能之人，是不忠之臣，君子谓子然于是为不忠也。"这是认为杀邓析错在驷歂，驷歂不应该"用

---

① 〔清〕章学诚著，叶瑛校注：《文史通义校注·书教上》，前揭，第31页。上述论述参考了台湾学者张素卿教授《叙事与解释——〈左传〉经解研究》一书的第三章第一节"'属辞比事'的涵义"，张素卿综理各家学说，指出"属辞比事"的涵义应当是："'属辞'，指斟酌用语以命字设辞，并缀辑相续以成文；'比事'，指将事件排比编次使整合为一。'属辞比事'之《春秋》教，是教化学者使之能善于连属文句、比次事迹，籍此判断是非、严明大义；盖'属辞'以成'文'，而'事'即其实际的内容，编次'事'之始终本末而理序井然，则'义'在其中矣。"其说甚是。（参见张素卿：《叙事与解释——〈左传〉经解研究》，花木兰文化出版社，2008年，第90-111页）

其道，而不恤其人"。其二："邓析不当私作刑书而杀，盖别有当死之罪，驷歂不
矜免之耳。"（孔颖达正义）也就是说，驷歂杀邓析是因为他犯了别的罪，而不是
因为他私作刑书。在孔颖达看来，这两个说法并不矛盾，因为"是贤能之人，当
议其罪状，可赦则赦之"（孔颖达正义），这有"八辟"之传统礼法为依据。①

然而，关键的问题是，邓析到底犯了什么让驷歂不能矜免的罪过？此罪
是否在"可赦"之列？上引《左传》"君子曰"提到"弃其邪可也"，孔颖达
所谓"盖别有当死之罪"正是对这一句的疏解。由此看来，邓析的罪过在于
"邪"。关于邓析因其"邪"被杀，除了《左传》外，不少古代文献都有所记
载，如《吕氏春秋·离谓》《荀子·宥坐》《淮南子·氾论训》《列子·力命》
《说苑·指武》等。②其中对邓析事迹记述最详的是《吕氏春秋·离谓》，文曰：

> 子产治政，邓析务难之，与民之有狱者约，大狱一衣，小狱襦
> 裤。民之献衣襦裤而学讼者，不可胜数。以是为非，以非为是，是
> 非无度，而可与不可日变。所欲胜因胜，所欲罪因罪。郑国大乱，
> 民口谨哗。子产患之，于是杀邓析而戮之，民心乃服，是非乃定，
> 法律乃行。

又曰：

> 郑国多相悬以书者。子产令无悬书，邓析致之。子产令无致书，
> 邓析倚之。令无穷，则邓析亦应之无穷矣。是可与不可无辩也。可
> 与不可无辩，而以赏罚，其罚愈疾，其乱愈疾，此为国之禁也。

由上述记载来看，邓析之"邪"大抵与少正卯相类，《荀子·宥坐》记载
孔子说少正卯有五恶："一曰心达而险，二曰行辟而坚，三曰言伪而辩，四曰
记丑而博，五曰顺非而泽。"这五恶大概都为邓析所具备，而且至少有三项（行
辟而坚、言伪而辩、顺非而泽）是邓析有过之而无不及的，③难怪文献中多将
邓析与少正卯相提并论，如《淮南子·氾论训》曰："孔子诛少正卯而鲁国之
邪塞，子产诛邓析而郑国之奸禁。"与少正卯不同的是，邓析在思想上明确主
张"可与不可无辩"，在行动上擅长于在民众中制造舆论（使"民口谨哗"），
充当民众的诉讼教师，传授诡辩之道，并收取学费。邓析言行的这些特点其

---

① 《周礼·小司寇》曰："八辟丽邦法，附刑罚。"八辟中有"议贤之辟""议能之辟"。
② 这些文献大多说杀邓析而用其竹刑者是子产，但清代学者毕沅指出，按《左传》
记载，邓析、子产并不同时，并引东晋张湛注《列子》云："子产卒后二十年而
邓析死也。"（参见许维遹：《吕氏春秋集释》，中华书局，2009年，第488页）
因此，仍应从《左传》驷歂杀邓析之说。
③ 《荀子·非十二子》说邓析（和惠施）"好治怪说，玩琦辞"，亦略合于"记丑而
博"。至于"心达而险"，则是对心性的总体评价。

实可与古希腊雅典民主时期兴起的智术师派相比较。第一代智术师是柏拉图对话录中苏格拉底的主要论敌，他们是在前苏格拉底自然哲人的知识养育下成长起来的，但与自然哲人不同的是，他们在民众中教授诉讼辩论、演讲以及写作的技巧，收取报酬，以此为业。他们将自然哲人的思想引申为相对主义和怀疑主义，认为一切都因时、因地、因人而异，没有不变的真理，一切被人们奉为规矩的常理都可以在辩论中被推翻。①不难看出，智术师的言行、思想与邓析极为相似。

邓析的思想言行也体现在与书写有关的活动中，如"悬书""致书""倚书"以及作《竹刑》。关于"悬书""致书""倚书"三者的含义及其区别，学界有不同训释，范耕研先生说：

> 悬书者，张之通衢，俾众周知之也。郑国有此俗，不仅邓析也。子产既禁之，人皆不敢悬，而邓析犹致之。致书者，投递之也。倚者，依也；倚书者，依倚他物杂而寄之，避讥检也。②

陈奇猷先生则认为：

> 悬书者，以书相对抗也，即今所谓"答辩"。致，缴古今字，犹文饰也。致书，谓文饰法律。《后汉书·陈宠传》"除文致之请"，注"文致，谓前人无罪，文饰致于法中也"，即文饰法律致人于罪之例。倚，偏也。倚书者，谓曲解法律条文，即所谓"谲辞乱法"也。是悬书、致书、倚书皆足以歪曲法律本义，故曰可与不可无辩也。③

比较而言，范耕研先生的训解虽然表面上十分通顺，但陈奇猷先生的训解更符合《离谓》的文脉逻辑。按照《离谓》的文脉，"可与不可无辩"正是"悬书""致书"以及"倚书"的后果，而且其程度大抵愈演愈烈。"文饰法律"和"谲辞乱法"之说，也与邓析"所欲胜因胜，所欲罪因罪"的诡辩式诉讼教学之道相合。如果按范耕研先生的说法，即"致书"和"倚书"只是文书传递方式的不同，当不会造成"可与不可无辩"的后果，更不会越来越严重。

---

① 以著名智术师普罗塔戈拉为例，第欧根尼·拉尔修的《名哲言行录》说他"第一个索取了一百命那学费"，"第一个设立辩论赛"，"是整个诡辩家的开山鼻祖"，"他非常狡猾，能用语辞作战"。其相对主义名言是："人是万物的尺度，人所有的才在，人没有的就不在。"（参见第欧根尼·拉尔修：《名哲言行录》，马永翔等译，吉林人民出版社，2011年，第496页；刘小枫编修：《凯若斯：古希腊语文教程》，华东师范大学出版社，2005年，第125页）

② 范耕研：《吕氏春秋补注》，《江苏国学图书馆年刊》1933年第6期。

③ 陈奇猷：《吕氏春秋校释》卷十八，学林出版社，1984年。

再说，如果是投递文书，文书的内容是什么？又是投递给谁？只能理解为向子产或驷歂这样的执政大臣提出修改刑法的意见，而这又如何会造成"可与不可无辩"呢？值得注意的是，"悬书"不是邓析一人所为，范耕研先生据"郑国多相悬以书"，认为郑国有此俗。其实"悬书"之事不仅见于郑国，《史记·晋世家》记晋文公即位后赏从亡者及功臣，大者封邑，小者尊爵，但未及介子推，介子推从者悬书宫门，以此表达不满，可见"悬书"当是春秋时期上书进言的一种方式。郑国人为何会多相悬以书呢？大抵如李玉洁教授所言："子产在郑国用刑法治理国家政务，而邓析子对子产的刑法不满，挑起民众与之争辩。"①无论是"悬书""致书"，抑或"倚书"，都是与子产所颁布之刑法相对抗的方式，其中后两者是邓析的独创，如果说竞相"悬书"虽然造成混乱，但"悬书"本身尚且在礼法许可的范围之内，那么邓析的独创无疑大大超出了许可的范围，因为文饰法律和曲解法律条文必然会严重干扰法的正常实施。从以上分析来看，邓析之"邪"恐怕确实不在礼法"可赦"之列，不可赦的根本原因在于其言行造成了统治秩序的严重混乱和社会生活的强烈不安。

可是，既然邓析之流"不得免于君子之诛"（《荀子·宥坐》），那么驷歂为何要用其私造之竹刑呢？清代学者梁玉绳就曾因此对《吕氏春秋·离谓》的说法产生怀疑，他说："（《离谓》）述邓析之乱法有不可诛者，恐语增非实。果尔，则何以郑用其竹刑，而君子谓子然不忠乎？"②梁玉绳的疑问或许可以用《列子·力命》中的话来解答。《列子·力命》曰："子产非能用《竹刑》，不得不用；邓析非能屈子产，不得不屈；子产非能诛邓析，不得不诛也。"《列子》此论大抵只为道其"力命"之说，但三个"不得不"（"不得不用""不得不屈""不得不诛"）却无意中也说出了杀邓析而用其《竹刑》的个中曲折。"不得不杀"的原因上文已经说过了，关键是为何"不得不用""不得不屈"。本文以为，根本的原因就在于子产铸刑鼎已经偏离了传统的礼法之治。上文已经指出，从动机上说，与晋国为了"张私门、抑公室"而铸刑鼎有所不同，子产铸刑鼎是一种在维护宗法君主政制的前提下应对时势之变的权宜之计，所谓"不能及子孙，吾以救世也"（《左传·昭公六年》）。然而在这个权宜之计实施三十余年之后，③其副作用终于显露出来，应验了当年叔向对子产的批评，即"民知有辟，则不忌于上，并有争心，以征于书，而侥幸以成之，弗

---

① 李玉洁：《春秋时期郑国的成文法与"悬书"》，《中州学刊》2007年第1期。
② 许维遹：《吕氏春秋集释》，中华书局，2009年，第488页。
③ 从子产铸刑鼎到邓析作《竹刑》大约三十余年。

可为矣"。(《左传·昭公六年》) 这个结果当然不是子产愿意看到的,但是开弓没有回头箭,民心既已被启蒙,就难以再用原来的礼治模式来统治了。邓析反对子产之治,并不是反对铸刑鼎本身,更不是像叔向、孔子那样坚持旧有模式,而很可能是认为子产之刑不彻底,保留了过多的等级礼法成分,因而与在礼崩乐坏的时代大环境下已经初步自然形成的民主意识有所龃龉。由此,驷歂不得不杀邓析又不得不用其《竹刑》的原委就很清楚了:邓析不杀,则民之争心将继续膨胀,统治秩序将难以维持;而《竹刑》不用,则民众已起之争心不能服。

当然,邓析事件出现在郑国,是有一定特殊性的。特殊性主要有两点:其一,铸刑鼎之举虽然有助于推动宗法君主政制向集权君主政制的转变,但集权君主政制的确立是多种因素综合作用的结果,远不是铸刑鼎就可达成的,更何况子产之刑的内容应该比较保守。由于种种原因,直至战国初期被韩国兼并,郑国也未能建立集权君主政制,而集权君主制不能建立,新式刑法就必然处于一个尴尬的境地。因为新式刑法需要一个强有力的君主权威来确保其合法地位。其二,春秋时期的郑国,凭借各方面有利条件,尤其是优越的地理条件,成为当时的商贸中心,市场繁荣,消费文化发达,商人阶层的势力比较强大,因此,无论是在贵族和商人之间,还是在民众(包括商人)内部,利益冲突都比较激烈。加上春秋中期以来,外患的逐步升级,郑国内部的各种利益冲突必然不断加剧。子产之所以选择通过铸刑鼎来"救世",在很大程度上正是为了缓解国内的利益冲突,换句话说,民之争心其实在铸刑鼎之前已经萌芽。但是铸刑鼎也反过来进一步刺激了民之争心,从而造成恶性循环。因此,说到底,邓析事件出现在郑国,与郑国活跃的商品经济、商业文化有密切关联。[①]

此外,需要指出的是,春秋后期个人性书写的初兴并不意味着当时已有明确的主体"创作"意识或者直接导致了"创作"意识的产生,即便是老子作《道德经》、邓析作《竹刑》亦不是完全意义上的"创作"。最明显的证据是先秦文献都不题撰人,正如余嘉锡先生所指出的:

　　　　汉末人著书,尚不自题姓名也。而谓周、秦人书,有自题某官某人撰者乎?

　　　　周、秦人之书,若其中无书疏问答,自称某某,则几全书不见其名,或并姓氏亦不著。门弟子相与编录之,以授之后学,若今之

---

① 关于商业文化对郑国刑书书写活动的影响,李玉洁的《春秋时期郑国的成文法与"悬书"》(《中州学刊》2007 年第 1 期)一文论述颇详,可资参考。

用为讲章；又各以所见，有所增益，而学案、语录、笔记、传状、注释，以渐附入。其中数传之后，不辨其出何人手笔，则推本先师，转相传述曰，此某先生之书云耳。①

要之，古人以学术为公器，"创作"意识说到底是现代的产物。

---

① 余嘉锡：《目录学发微 外一种：古书通例》，前揭，第 184 页。

第五章　战国时期书写体制与战国政制

一、集权君主政制的形成与战国时期书写活动的基本特征

（一）战国时期政制述要

上文已指出，战国政制与春秋（东周）政制有其根本差异，春秋时期周天子虽已失去对各诸侯国的实际治权，但仍是天下诸侯名义上的共主，拥有名分仪式上的尊严。到战国时期，各主要诸侯国基本上不再于名分仪式上受周王室及其旧有礼制的制约，实际已变为具有独立法权的领土国家。这时的中国只是一个文化意义上的共同体，而无法再视为一个统一的政治共同体。[①]因此，谈论战国政制，只能就各个诸侯国具体而论，不存在一个可以囊括列国的大政制。不过，尽管战国时列国的制度多有差异，但整体趋向是一致的，即通过改革普遍建立起中央集权的君主政制。

战国列国的集权君主制仍可从君主权和神权两个有内在关联的方面来界定。战国列国君主的权力，就其管控力而言，普遍而明显地超过春秋列国的君主权，乃至超过殷商西周时代的商王、周王的君主权，从理论上说，其实已经达到或接近专制的程度。这里的关键因素有两个：一是战国的君主们普遍地将原先分散在地方封邑和贵族官僚那里的权力收归到自己手里，构建出覆盖全国的对君主个人意志负责的科层制职业官僚行政体系；二是自周初以来约束君主权并作为君主权合法性依据的义神神权持续弱化，尽管宗教神灵信仰仍是在各阶层普遍流行的社会意识形态之一，但神灵品格更加功利化，原先以神权信仰为根基的礼乐制度，不仅其形式与内涵更加分裂，甚至其形式的政治功能也不再被那么看重了，所以顾炎武说："春秋时犹尊礼重信，而七

[①] 当然，这种"脱离"周王室的过程是渐进式的，不惟列国情况不同，即便具体到某一国，也很难找到一个确定无疑的时间点。大抵从春秋后期到战国前期都是过渡阶段，或如顾炎武所言："自《左传》之终以至此（指'显王三十五年丁亥之岁'，即前 334 年）"，"春秋时犹宗周王，而七国则绝不言王矣，……此皆变于一百三十三年之间"。（〔清〕顾炎武著，〔清〕黄汝成集释：《日知录集释》，上海古籍出版社，2014 年，第 295 页）

国则绝不言礼与信矣；……春秋时犹严祭祀重聘享，而七国则无其事矣。"①君主权的强化与神权的衰微是一体两面的关系，因为绝对君主制势必要用对君主的畏惧取代对神的畏惧，同时为君主自身解除神权的规约。至于"君权神授"的意识形态宣扬，表面上似乎是一贯的，学者往往不加分辨，其实在不同的君主制下"君权神授"的实质是有差异的。在礼法君主政制（或宗法君主政制）下，"君权神授"侧重于"神授"维度，强调神的法权高于君主，神权规约君主权，而在绝对君主制下，"君权神授"则侧重于"君权"维度，神权不过是被利用来突显君权合法性的工具而已。②战国列国君主的中央集权是通过一系列制度变革实现的，这些变革涵盖官僚制度、郡县制度、户籍制度、爵秩制度、封君制度、法律制度、财税制度、征兵制度、礼乐制度等诸多制度领域，关于这些制度变革的内容及其对书写活动的影响，下文讨论具体问题时将述及，此处不做专门论述。③

战国列国之所以会普遍地趋向变革制度，建构集权君主政制，当然并非是君主们的突发奇想，而是一系列因素促成的。大体而言，第一，春秋时期处于不稳定耦合状态的政制结构的崩溃，自然促使新君主们寻求避免重蹈覆辙之方，这是历史因素的影响；第二，兼并或反兼并的战争可以说是战国列国的首要之政，而与传统礼法君主制相比，中央集权确实更有利于动员人力物力，壮大军事力量，这是现实战国形势的影响；第三，一部分新式知识人（主要是法家）的集权君主政制构想由于看起来与以上历史和现实两方面因素的考虑相吻合，从而得到新君主们的青睐。

集权君主政制的普遍形成不仅仅改变了统治集团的权力结构，同时也在整体上深刻改变了列国的社会结构，其中最核心的一点就是初步形成官（职业官僚）—民（主要包含士农工商，所谓"四民"）两层级的社会系统模式，这种模式即便在春秋时期也是不普遍或不显著的。前战国时代的"官"主要是贵族官僚，而非职业官僚，这一点上文已述及。战国之"民"与前战国时代的"国人"也不同，"国人"多少类似古希腊城邦的所谓"自由民"，他们一方面具有十分自觉的政治参与和礼法认同意识，另一方面一般只通过选择性地依附于特定的高级贵族集团来体现其政治作用，所以他们是高级贵族拉

---

① 〔清〕顾炎武著，〔清〕黄汝成集释：《日知录集释》，前揭，第295页。

② 神权能否规约君主权的关键在于在任君主能否垄断、决定神意，如在礼法君主制下，作为神权之现实体现的传统礼乐制度不受君主随意支配，其有效运作是由贵族集体政治权力支撑的。

③ 战国制度变革对书写活动的影响是本文需要探讨的重要问题，至于这些变革的详细情形，列国各有同异，牵涉甚广，学界亦颇多研究，故本文不做专门论述。

拢、胁迫、利用的对象，但不是官吏直接管理的对象。战国之"民"则是不同程度的所谓"编户齐民"的产物，"民"的人身依附性逐步弱化，同时也成为真正的被管、被治者。

（二）战国时期书写活动的基本特征及其成因概述

战国时期书写活动的基本特征可以简要归纳为以下几个方面：

第一，战国时期堪称书写活动的第一个黄金时期，在这一时期中，书写活动突出扩展，文本符号极大增加，这种扩展和增加的数量远超前战国时代。

第二，文类格局发生深刻变化。在前战国时代，职务性书写一直是占据主导地位的书写类型，与职务性书写相对的个人/私人性书写要么是相对后起的（春秋后期的个人性书写），要么是处于附属或弱势地位的（私人性书写）。到了战国，基本的格局就不一样了，书写活动的突出扩展体现在个人和私人性书写方面，而职务性书写中旧有的仪式和政教书写（尤其是后者）明显边缘化，只有政务书写得到显著扩展。且与仪式或政教书写的界限日益清晰。个人书写的变化主要体现在个人性政教书写沉潜为哲学（尤其是政治哲学）书写，形成以经学、史传、诸子书为主的学术文体类；私人书写的变化主要是私人书牍的增加，以及以楚辞为代表的具有"纯文学"性质的私人诗歌书写的出现；政务书写的变化主要体现在行政、法律文书体系的成熟，以及新式法典的制定等方面。

第三，战国时期书写者的演变较大。就政务书写而言，春秋时期，从事政务书写的主要是高级贵族官僚和史官，到战国时期，整个科层官僚体系中的职业官僚几乎都介入行政文书的书写活动中；就个人著述而言，士阶层成为最主要的书写群体。此外，史官不再是突出的书写群体。

第四，从物的层面说，战国时期竹木简牍得到更加普及性的运用，其形制规格的意义不再被突显，所谓"简"与"策"的区分已经弱化，缣帛也开始成为上流社会常见的书写载体。青铜器、玉石等贵重物品也仍然被用作君主或高级官僚的书写载体，一般用于特殊仪式书写。此外，战国时似乎已经没有用铁制鼎铸刑书之事。总的来看，战国书写载体的基本特点是精致与普通的两极分化，精致、贵重的书写载体多用于与祭祀有关的仪式书写，其他书写类型的载体不仅基本通用化，而且实用的考虑越来越被注重。此外，到战国时期，在私人书写领域，书写材料的贵贱与书写者或书写材料拥有者的私人经济情况有更加密切的关联。值得注意的是，战国时期，金属器物书写趋向实用化，多是对器物本身的说明。这主要有三种情形：第一种是对器物本身的简要功能说明，如曾侯乙编钟上的乐律铭文；第二种是对金属凭证的政务功能说明，如鄂君启节上的刻文，与第一种的根本区别在于它是对器物被外在权力所赋予的功能内涵的说明，而不是对器物本身功能的说明；第三种是物勒工名。物勒工名作为一种行政管理制度大抵始于春秋时期，到战国时开始盛行，在秦国尤为严格，如《吕氏春秋·孟冬纪》曰："是月也，工师效功，陈祭器，按度程，无或作为淫巧，以荡上心，必功致为上。物勒工名，以考其诚。工有不当，必行其罪，以穷其情。"从这段记载可以见出，物勒工名已成为当时国家手工产品的质量监督管理制度。

第五，从书写方式层面说，"记"的书写方式继续减少，"作"超过"记"，成为主导的书写方式，从而使书写活动进一步脱离口头言说。此外，编订、转录等书写方式也更加普及。不过，似乎尚无证据表明战国时期已出现高度职业化的抄工，这大概是因为此时的书籍还没有高度商品化，抄录行为仍主要是政务活动或基于个人志趣的行为。

最后，需要指出，战国诸子文献通常不是成书于一人一时，即便是单篇流传的文本也常常在师门、学派内部长期累积，很多文本不署名或托名而作，托名的情形大抵有两种，一种是托名本学派宗师，如《孟子》《墨子》《庄子》中的许多篇章，另一种是托名历史上的名人，如《管子》托名春秋时期的管仲，《六韬》托名周初太公望，《黄帝内经》托名传说中的黄帝等。这两种托名往往都不仅仅是署名意义上的托名，而且也体现在文本内部，即常以记录所托名人物言论的形式来展开论述。后者有借名人张大旗帜、扩大影响的用意，前者则基于战国时期学派的同宗意识。同宗意识，用郭英德先生的说法，"是指一种对群体的集体忠实、团结和同群感。……先秦诸子学派的集团意识，正是这样一种同宗意识"，"诸子学派沿袭了宗法意识，将血统的维系转化为知识系统的维系，于是成为一种以职缘为关系的社会集团"。[1]这种学派性的同宗意识对战国诸子书写以及后世的经学书写都有着深刻影响。

战国时期书写活动大扩展的基本原因是书写活动的进一步下移。实际上，从整个先秦时代来看，书写活动的扩展都是与其下移直接相关的。春秋以前书写主要集中在中央王室，春秋时期下移到诸侯国公室和高级贵族阶层，到战国时期则下移到中下级官僚和士阶层。与以往不同的是，战国时期书写活动的下移意味着书写活动第一次脱离政治权力中心，成为主要在社会层面进行的活动。这种情况的出现也是与春秋战国政制转换的大背景相符合的。中

---

① 郭英德：《中国古代文人集团与文学风貌》，中国人民大学出版社，2012 年，第21 页。

下级官僚进入书写领域是与科层制职业官僚体系和行政文书制度的发展直接关联的，而职业官僚体系取代贵族官僚体系是春秋战国政制转换的一个重要方面。作为新的知识人和书写者群体的士阶层在战国时期的活跃从根本上说也是战国政制的特点决定的。战国列国虽然普遍建立了集权君主制，但列国君主的这种集权对社会的管控力绝大多数没有达到像战国后期的秦国那样高的程度，这就使国家与社会出现了某种虽然程度有限但十分重要的分离，从而在政制框架内为士阶层的活跃提供了一定的空间。

战国时期职务性仪式书写的边缘化，是仪式政治功能进一步弱化的表现。在春秋时期，仪式书写之所以往往与政务或政教书写相糅合（尽管政与礼分离的趋势已经显露），主要是因为传统礼乐意识形态仍然有效，礼乐的形式仍然得到重视。到了战国，礼乐形式的政治意义已经淡化，仪式书写的涉及范围就明显收缩，几乎不再服务于政务活动，而局限于已经与现实政治相分离的比较单纯的事神仪式活动，不过，仪式书写的技术性也因而得到重新强化。

政教书写的变化与书写者群体的变化相应。春秋时期政教书写的兴盛与列国史官集团的活跃密不可分，但从春秋后期以来，史官集团已经普遍没落，不断被边缘化。史官作为面向君主的咨政言说者的地位被来自新的知识阶层的谋士或谋臣所取代。史官集团所秉承的传统德性政教话语模式失去权威效力。史官政教书写实际上是由诸子书写来继承的，但其性质已然改变，即从政治教育书写转变为政治哲学书写，并自然趋向多元化，形成所谓百家争鸣的话语竞争局面，不再有天然的权威。

战国列国集权君主政制虽然在大的框架背景内规定了包括诸子书写在内的个人及私人书写的空间和条件，但与前战国时代不同的是，政制因素不再像以往那样对这些书写形态在文本、人、物以及方式诸方面的具体惯则起到直接或决定性的作用，这些书写惯则更多地或更直接地受到相对游离于国家权力之外的社会组织形式、社会指令以及一些传统因素的影响，比如诸子书写与列国的私学教育组织形态以及各学派自身理念等因素密切相关。

书写材料的通用化趋势从春秋时期就已开始，到战国时期，通用和实用的程度更高了。这主要是由于仪式政治下贵族等级秩序的进一步瓦解以及书写活动在社会层面的扩展。在社会中广泛流通的文本，不具有等级色彩，自然采用通用、简易的书写材料。官方政务书写也脱离仪式性，在书写材料的材料、形制、规格方面就更加注重实用、效率方面的考虑。高规格和贵重书写材料仍然在小范围内使用，主要是与事神仪式活动相应的。至于私人经济条件与书写材料贵贱选择的关联度提升主要是由于随着商品经济的发展，经济地位的等级秩序开始在社会层面显露，贵族身份不再与经济水平直接挂钩。

在书写方式方面，"作"占据主导，直接原因是战国时期个人著述意识的逐渐确立。这种确立意味着立言方式的转变，即从书写者代他人立言到书写者自我立言，书写者与立言者合一。合一的过程也大体经历了两个步骤，即从托言到著论，不过，这其中也包含战国哲人的自觉文体选择因素，不能完全视为文体的必然演进。至于个人著述意识确立的自身原因，可以从两个方面来看：一者，立言者与书写者的关系逐渐变化，在春秋时期，立言者多为贵族君子，书写记录者多为史官（尤其是贵族家史），因此，这种书写（记录）是一种职责、义务，到春秋末战国初，立言者与书写者的关系主要演变为私学中的师生关系，这时的书写（记录）就不再是职责或义务，从而存在较大的随意性，久而久之，就不再能满足立言者的立言需求。二者，既然学术生态已经形成，个人著述就几乎是学术话语传播、竞争以及传承的必然要求。至于编订、转录方式的更加流行，可以视为书写活动在社会层面扩展的重要表征，既反映了诸子学派的知识文献积累，也折射出书面文化的传播力度，此外也与列国政务文书档案制度的发展有关。

二、君主集权与政务书写之变

（一）战国时期的"上书"

上书之事在前战国时代已经出现，但即便是到春秋时期，上书也还是一种缺乏制度规范的行为，并非以科层制管理体系为基础。上书进言的形式到战国时才被普遍采用，而且初步具备了制度化的形态。从这个角度看，颜之推说"上书陈事，起自战国"①是有一定道理的。

1. "上书陈事，起自战国"

上书进言作为一种制度，主要是在战国时期初步确立起来的。这大抵有以下几方面依据：

第一，文献中言及战国上书之事明显增多。兹举数例如下：《战国策·齐策一》载齐王之令曰："群臣吏民能面刺寡人之过者，受上赏。上书谏寡人者，受中赏。"②《战国策·秦策一》曰："（苏秦）说秦王书十上而说不行，黑貂之裘敝，黄金百斤尽，资用乏绝，去秦而归。"③《战国策·秦策二》载秦武

---

① 庄辉明、章义和：《颜氏家训译注》，上海古籍出版社，2012年，第150页。
② 〔西汉〕刘向集录，范雍祥笺证：《战国策笺证》，上海古籍出版社，2006年，第521页。
③ 刘向集录，范雍祥笺证：《战国策笺证》，前揭，第142页。

王谓甘茂章曰："乐羊反而语功，文侯示之谤书一箧。"①《史记·廉颇蔺相如列传》载"及括将行，其母上书言于王曰：'括不可使将。'"②《史记·申不害韩非列传》曰："非见韩之削弱，数以书谏韩王，韩王不能用。"③

第二，传世文献和出土文献都保存了一些战国时期上书的具体文本，如《史记·李斯列传》中的李斯上秦王书（即《谏逐客令》），《韩非子·存韩》中的韩非上秦王书和李斯上秦王书，《战国策·魏策四》中的献秦王书，《战国策·赵策四》中的为齐献赵王书，《战国策·燕策二》中的乐毅报燕王书，《战国策·秦策三》中的范雎献昭王书，《战国策·燕策一》和《燕策二》中的苏代（应为苏秦）献燕王书，《战国纵横家书》中的苏秦献燕王书六篇，④苏秦献齐王书两篇，苏秦献赵王书一篇，韩景献齐王书一篇等。还有不少文本虽未明言是上书，或似为当面所进之言，但从文本内容可推测其性质应为上书，如《韩非子》中的《初见秦》《难言》等篇，《商君书》中的《算地》《错法》《徕民》《赏刑》《君臣》《禁使》《慎法》等篇，⑤《战国纵横家书》中的《苏秦谓齐王章（二）》和《苏秦谓齐王章（四）》也被认为是苏秦给齐王的献书，而非当面进说之言。⑥

第三，战国上书存在一定的行政程序，国君身边的近侍职官可能已经有比较明确的转呈吏民上书的职责，如《战国纵横家书》中的《苏秦自齐献书于燕王章》提到苏秦赴齐之前为了避免将来受燕王猜忌，"故献御书而行"。⑦事亦见《战国策·燕策二》，南宋鲍彪注云："'献御书'献侍御者以书。"⑧至于战国时这种侍御者的职官名具体为何，目前还不十分清楚。如果刘勰所言"降及七国，未变古式"⑨不误的话，那么此职官有可能仍是仆人、仆夫一类，

① 刘向集录，范雍祥笺证：《战国策笺证》，前揭，第 252 页。
② 〔汉〕司马迁：《史记》，上海古籍出版社，2011 年，第 1876 页。
③ 〔汉〕司马迁：《史记》，前揭，第 1667 页。
④ 其中一篇与《战国策·燕策二》中的苏代献燕王书显出自同一篇上书。
⑤ 参见高亨：《〈商君书〉作者考》，见氏著《商君书注译》，清华大学出版社，2011 年，第 23 页。
⑥ 参见马雍：《帛书〈战国纵横家书〉各篇的年代和历史背景》，见马王堆汉墓帛书整理小组编《战国纵横家书》，文物出版社，1976 年，第 179、190 页。
⑦ 马王堆汉墓帛书整理小组编：《战国纵横家书》，前揭，第 10 页。
⑧ 刘向集录，范雍祥笺证：《战国策笺证》，前揭，第 1737 页。不过，"御书"之名春秋时期已见，如《左传·哀公三年》有"命周人出御书"的记载，此处的"御书"，杜预注曰："进于君者也。"（见李学勤主编：《春秋左传正义》，北京大学出版社，1999 年，第 1625 页）
⑨ 黄叔琳注、李详补注、杨明照校注拾遗：《增订文心雕龙校注》，中华书局，2000 年，第 306 页。

或《周礼》中明言有掌上书之职的宰夫、小臣、太仆、御仆。不过，需要指出，《左传·襄公三年》所记"魏绛至，授仆人书"①中的"仆人"以及《新序·杂事卷五》中提到的为子张向鲁哀公致辞的"仆夫"可能并非特定职官名，而只是当时普通侍御者的泛称。再者，《周礼》所载上述职官对转呈上书之事的细密分工②有制度设计的成分，这些设计虽然可能参照了春秋战国时的现实制度，但必不会完全吻合战国列国的现实制度。因为这种看似精致周到的分工安排，其实完全不是从行政效率方面考虑的，而只是为了彰显礼法等级的差异，以至于显得有些冗余、繁复，甚至不切实际，而且它讲的是周王室之制，故太仆有掌诸侯复逆之职，这当然不可能与诸侯国之制相同。

值得注意的是，战国时有一些掌管官文书的秘书类职官，如魏国的主书，齐国和秦国的掌书或尚书，这些职官似不见于春秋时期，很有可能是战国时新设置的。《吕氏春秋·乐成》载魏文侯"命主书曰：'群臣宾客所献书者，操以进之。'主书举两箧以进。"③《吕氏春秋·骄恣》载齐宣王"曰：'春子！春子反！何谏寡人之晚也？寡人请今止之。'遽召掌书曰：'书之：寡人不肖，而好为大室，春子止寡人。'"④（此"掌书"，《新序·刺奢》作"尚书"）从这些记载来看，负责转呈吏民上书的也有可能是主书、掌书之类官员。

战国时，当国君需要就某上书所议之事征求其他臣属意见时还会下诏直接将该上书文本转给指定的臣属，如《韩非子·存韩》中的李斯上秦王书一开头就说"诏以韩客之所上书，书言韩子之未可举，下臣斯"。⑤这里的"上""下"二字突显了公文运转程序的意味，可以设想类似程序在其他诸侯国也存在，当然，称"令"为"诏"可能是秦国的惯例。⑥

2. 战国"上书"的话语策略

战国时上书的书写者大抵可分有官职和无官职两类，前者多为朝廷大臣或国君心腹之臣，后者多为尚未被任用的游士、策士。由于身份不同，这两类人上书的目的和话语策略往往就有差异。前者一般直接提出谏议或驳议，

---

① 李学勤主编：《春秋左传正义》，前揭，第826页

② 如宰夫"叙群吏之治，以待宾客之令，诸臣之复，万民之逆"，小臣"掌三公及孤、卿之复逆"，御仆"掌群吏之逆，及庶民之复"，太仆"出入王之大命，掌诸侯之复逆"。（李学勤主编：《周礼注疏》，北京大学出版社，1999年，第64、831-832、833、827页。）

③ 许维遹撰：《吕氏春秋集释》，中华书局，2009年，第415页。

④ 许维遹撰：《吕氏春秋集释》，前揭，第576页。

⑤ 高华平、王齐洲、张三夕译注：《韩非子》，中华书局，2010年，第17页。

⑥ 秦统一六国后正式规定"命为'制'，令为'诏'"，见《史记·秦始皇本纪》。

或者汇报重要情况，就目的而言，就是议政或传递信息，后者在提出政治建议的背后往往有自荐求官的意图，因此他们把上书当作展示自身政治才略的重要机会。对他们来说，这种机会不会有很多，所以自然要极尽能事，精心修辞。通过一篇篇幅不会很长的文章赢得国君的政治赏识，当然不是一件易事。在这方面，战国策士们可谓八仙过海，各显神通。《战国策·秦策三》中的范雎献秦昭王书、《赵策四》中的为齐献赵王书以及《韩非子·初见秦》等都是很有代表性的文本。此类上书的常见话语策略大抵有以下几点：第一是大胆担保。作者往往点出最能切合国君心意的政治目标，并夸下海口，如果任用他，他就能为国君实现该目标。这种话语策略多少类似今日的竞聘演说，只是口吻更加夸张、绝对，如《战国策·赵策四》中的为齐献赵王书则一开头就声称："臣一见而能令王坐而天下致名宝。而臣窃怪王之不试见臣而穷臣也。"[1]《韩非子·初见秦》则在文末以身家性命担保，称如果秦王听其言而"霸王之名不成，四邻诸侯不朝"，"大王斩臣以殉国，以为王谋不忠者戒也"。[2]作者说这话相当于自立军令状，无疑是冒了巨大风险的，其策略意义是以高度自信换取信任。第二是书不尽言。作者往往只把上书当作敲门砖，为进一步得到面谈机会铺路，因而一般要卖点关子，只透露其方略之概要，并不试图和盘托出细节，同时多直言提出面见请求，如范雎给秦昭王的上书中只暗示"善厚家者取之于国，善厚国者取之于诸侯"，又说："语之至者，臣不敢载之于书；其浅者又不足以听也。……臣之志，愿少赐游观之间，望见足下而入之！"[3]又如《韩非子·初见秦》，文章开头声称"臣愿悉言所闻"，[4]该文篇幅也不算小，但作者实际上是在反复渲染和铺陈秦国以往决策之失误，却偏偏不道出"一举"而破"天下之从"的秘密到底是什么，可以说是卖足了关子，吊足了秦王的胃口。第三是贬低他人。作者往往通过刻意渲染国君身边谋臣的无能或不忠（当然，一般不会指名道姓），以此自抬身价。比如《韩非子·初见秦》将秦国以往决策失误的责任几乎完全归咎于谋臣的无能和不忠。《战国策·赵策四》中的为齐献赵王书也反复强调群臣"知不足"、有私心。

上书自荐求仕的形式到西汉发展为一种选官制度，在汉武帝时期至为隆盛。不过，汉代时这种有求仕目的的上书相对而言更看重见解的阐述，"有感则发，有议则言"。[5]有时皇帝仅凭所上之书即授予官职，如《史记·滑稽列

---

① 刘向集录，范雍祥笺证：《战国策笺证》，前揭，第 1168 页。
② 高华平、王齐洲、张三夕译注：《韩非子》，前揭，第 10 页。
③ 刘向集录，范雍祥笺证：《战国策笺证》，前揭，第 306 页。
④ 高华平、王齐洲、张三夕译注：《韩非子》，前揭，第 1 页。
⑤ 详参仝晰纲：《汉代的上书拜官制度》，《齐鲁学刊》1994 年第 4 期。

传》载东方朔"初入长安，至公车上书，凡三千奏牍。……诏拜以为郎，常在侧侍中"，[1]《汉书·严朱吾丘主父徐严终王贾传》载："（终军）至长安上书言事。武帝异其文，拜军为谒者给事中。"[2]这与战国时期通常只作为求见门径的上书似有所不同。

3. 言说模式的转换

不管是有职还是无职，上书总的来说都是臣下对君主的言说。如果把战国时的这类言说放在一个比较大的历史脉络中，就不难发现，从前战国时代到战国，此类言说的模式实在发生了根本的转换，简而言之，就是从教导转变为说服。我们不妨简要回顾一下先秦奏议类文书的演变历程。有学者将奏议文追溯到商代，认为商代已有萌芽状态的奏议公文，理由是甲骨文献中有一些报告性的文字。[3]这其实是一个误解，因为从书写的角度看，这种报告性的文字并不是以奏议的目的被书写下来的，它实际上仍然是卜辞。至于口头上的奏报当然是有的。上文已述，商代也并不存在真正意义上的训诰文。周初的一部分训诰文，即重臣训诫君王的训教文，在起初口头发表时具有谏议的政务功能，只是就书写目的来说，它们也属于政教书写而非政务书写。尽管这种训教是臣属对君王的言说，但不能简单界定为下对上的言说，因为在宗法血缘的意义上它是另一种上对下，即长辈对晚辈的教导性言说。到西周中后期，随着君臣等级关系的加强，有一些诰辞接近臣对君的诤谏。这种诤谏的意味到春秋时期更加明显，我们在《左传》《国语》等文献中可以见到许多记载。不过，尽管这种下对上的言说关系在逐渐明朗和强化，但即便是在春秋时期，谏议的发表者仍然能够维持较高的话语地位，没有奴颜卑恭的姿态，而且书面奏议的使用尚不频繁。这种现象从根本上说是由于义神礼法政制下听善言、秉遗训的传统仍然在发挥作用，体现了礼法对君主权的制约。到战国时期，书面奏议的使用逐渐频繁，开始有取代口头奏议的趋势，这本身就是集权君主制在政务书写上的一种反映。

我们要强调的是，在政制形态变迁的背景下，臣与君在政治场域中话语位置的调整也深刻影响了奏议言说的表述模式。西周的训诰式奏议具有强烈的训诫意向，并不注重说理，很少进行因果逻辑分析，最常见的表述方式是直接告诉言说对象何者当为，何者不当为，然后加以劝诫或勉励。作为正面和反面论据的多是先王先贤的嘉言德行和前代亡国之君的恶行。春秋奏议明

---

① 〔汉〕司马迁：《史记》，前揭，第 2416 页。

② 班固：《汉书》，中华书局，2012 年，第 2439 页。

③ 参见王启才：《奏议渊源略论》，《文学遗产》2006 年第 6 期。

显增加了论述成分，但这种论述亦多不以因果分析为主导，而是重在陈述和阐释礼法，这种阐释主要是强调礼法的功用和违背礼法的后果，征引政教文献，列举兴衰教训，设喻取譬等是常见的论证手段。这时的奏议虽不再有训教姿态，但仍语多刚直，不卑不亢。前战国时代的奏议之所以少有因果分析，根本的原因在于礼法背后的因果之理乃是有着神圣基础并得到普遍认同的公理，国君们可以在欲望的驱使下行违礼之事，但不会质疑（至少不会公开质疑）礼法的权威。事实上，礼法是无法作因果分析的东西，一旦放开理性分析，礼法就失去了神圣根基。这不是说礼法是完全无理可循的，而是因为无法保证所有因果分析都沿着礼法设定的逻辑前提展开。战国时周礼崩坏，新的政治意识形态尚未建构，理性得以自由驰骋，反映在奏议言说中就是因果逻辑分析开始占据主导。这在那些比较单纯的议政而无自荐求仕目的的上书中体现得十分明显，不妨摘录《商君书·算地》中的一段话来看：

> 凡世主之患，用兵者不量力，治草莱者不度地。故有地狭而民众者，民胜其地。地广而民少者，地胜其民。民胜其地务开。地胜其民者事徕。开则行倍。民过地，则国功寡而兵力少。地过民，则山泽财物不为用。夫弃天物、遂民淫者，世主之务过也，而上下事之，故民众而兵弱，地大而力小。故为国任地者，山林居什一，薮泽居什一，溪谷流水居什一，都邑蹊道居什四，此先王之正律也。故为国分田，数小亩五百，足待一役，此地不任也。方土百里，出战卒万人者，数小也。此其垦田足以食其民，都邑遂路足以处其民，山林薮泽溪谷足以供其利，薮泽堤防足以畜，故兵出粮给而财有余，兵休民作而畜长足，此所谓任地待役之律也。[1]

这段话大量使用了表示因果关系的关联词或句式（"故"字出现了五次，"则"字出现了三次，"者……也"句式出现了四次），事实上整段话都是在做因果论证，看起来具有很强的逻辑力量。这样的论述形式在战国以前根本无法想见。战国奏议的书写者不再拥有礼法赋予的天然话语权威，不可能凭无须经过论证的权威去教导已经不受礼法约束的集权君主，他们怀中最有效的利器就是因果逻辑。当然，因果逻辑可以用于说服也可以用于教导，教导本身也包含说服的因素，关键在于这种因果逻辑不以提高言说对象的德性为指向，而以迎合言说对象的功利欲求为指向。这种指向不仅促使奏议书写者注重因果逻辑，也推动了修辞的发展。春秋贵族固然已经注重修辞，但春秋辞令讲究的是语言的雅化与合礼，即所谓"辞顺"。战国奏议修辞则是为了配合

---

① 高亨：《商君书注译》，清华大学出版社，2011 年，第 73 页。

因果说理，增强说服的效果。这要求书写者必须细心揣摩君主的心理，投其所好，因此，尽管极尽营构之能事，却并没有一定的标准，修辞好与不好，不在于修辞本身，而在于特定言说对象的个人好恶。《韩非子·难言》中韩非子感慨进言之难的根本原因就在这里。无论怎样修辞，都有可能不合君主的心意，不喜欢的理由总是有的，所谓"度量虽正，未必听也；义理虽全，未必用也"。①当然，对文辞技巧的追求客观上极大地推动了修辞的发展。战国奏议文书中排比、对仗、设问、对比、用韵、譬喻、夸张等修辞手段的运用都更加频繁，也更加精致。②这背后有士阶层（尤其是纵横策士们）个人书写及言说训练的社会大环境的支撑。

4. 战国"上书"制度的过渡性

虽然上书进言制度是战国时期确立的，但还不能说战国时的"上书"已经具有严格的奏议公文性质，更不能说战国列国已经建立了比较成熟的政务公文书运作系统。实际上，战国时的"上书"仍然带有从贵族政治下个人交往模式向集权政治下政务交往模式的过渡性质，只是在春秋时期大体偏前者，到战国时期大体偏后者而已。

战国时的"上书"还没有被当作一种独立的文体，"上书"实际上是一个动宾短语，而不是一种文体之名。有学者说："'上书'作为文体，在战国时期是最高级别的上行公文的通称。"③这是值得商榷的。严格地讲，《文心雕龙·章表》所谓"言事于王，皆称'上书'"④也并不完全正确，因为"上书"在很多情况下也作"献书"。如果要定文体之名的话，那只能说是以"书"为名，所以褚斌杰先生指出："从历史文献上看，奏议文字至战国时代则始称'书'。"⑤但问题是"书"也并非奏议文字的专称，一国国君或其臣属写给他国国君的带有外交文书性质的文件也称"书"，如《韩非子·存韩》中李斯上韩王的"书"，其他具有个人或私人书写性质的信件同样称"书"，如吴讷《文

---

① 高华平、王齐洲、张三夕译注：《韩非子》，前揭，第25页。
② 随意举一例，如《商君书·垦令》很可能也是一篇奏议，在该文中，商鞅提出了二十条督促民众开垦荒地的措施，每一条建议都以"则草必垦矣"收尾，整整重复了二十次。如此修辞，显然是为了增强语势和说服力。
③ 李乃龙：《"上书"的文体特征与〈文选〉"上书"的劝谏模式——兼论上书体兴衰的政治土壤》，《湖南文理学院》（社会科学版）2006年第6期。所谓最高级别，是说受文对象通常为国君（当然也包括周天子）。
④ 黄叔琳注、李详补注、杨明照校注拾遗：《增订文心雕龙校注》，前揭，第306页。
⑤ 褚斌杰：《中国古代文体概论》，前揭，第439页。

章辨体序说》所言："昔臣僚敷奏，朋旧往复，皆总称曰'书'。"①上文已述，私人书牍是相对晚出的，在春秋时期尚不流行，因此，"书"文体内涵的所谓混淆其实恰恰反映了过渡阶段的一种界限模糊，即政务书写与个人书写的界限模糊，而由于私人书写就其发生机制而言与个人书写有着天然的交叉，这就导致有些战国"上书"兼具政务性、个人性和私人性。《乐毅报燕王书》就是一篇比较典型的文本。几乎所有的历代奏议汇编都会毫不迟疑地收录该文，如明代杨士奇、黄维等应诏编纂的《历代名臣奏议》，今人丁守和主编的《中国历代奏议大典》等，刘振娅选注的《历代奏议选》先秦部分仅选三篇，该文就是其中之一。之所以将该文定性为奏议，主要原因大抵是该文受文对象为国君，作者为该国君旧臣，且文中有一定的劝谏内容，如说"臣闻贤明之君，功立而不废，故着于春秋。蚤知之士，名成而不毁，故称于后世"②等。但从整体来看，乐毅的实际意图并非议政，而是就自己捐燕归赵之举向燕惠王辩白，以回应其指责，如文中所述："今王使使者数之罪，臣恐侍御者之不察先王之所以蓄幸臣之理，而又不白于臣之所以事先王之心，故敢以书对。"③该文的主体内容，包括大篇幅地自彰军功，其实都是围绕他个人与两代燕王的关系展开的。况且，乐毅此时已非燕国之臣，不受燕王节制，（尽管他仍自称"臣"），他的所谓"上书"应该说并不符合通常所理解的奏议文书的性质。因此，即便把这篇"上书"看作是一封私人书牍亦不为过，或者说它比较接近后世某些注重"昭明心曲"（《文心雕龙·章表》）的章表类奏议。不过，尽管该文的实际写作意图具有私人性，但我们注意到，与一般的私人书牍不同，在该文中这种私人性意图并不主要以表达私人情感或叙述私人事务的方式呈现，相反地，作者有意将私人性上升到非私人的政教伦理层面，从而带有劝谏的意味，即通过阐述先王之所以"蓄幸臣之理"来劝谏，而私人情感其实是处处隐藏在这种说"理"的框架之下的。换句话说，这篇书牍其实比较典型地体现了私人性依附于"崇高个人性"的书写惯则。它与前战国时代以贵族政治下的个人交往模式为基础的书写形态尚无实质区别。

　　战国列国奏议制度的不成熟还表现在以下诸多方面：一者，奏议文书写还没有很高的规范性，虽然要求表现出谦恭的态度，但尚无书写套式和格式上的硬性要求。比较常见的用语有"臣敢言之""愿大王有以虑之""愿大王幸察愚臣之计""唯君之留意焉"等，但这些至多只是约定俗成的套话，并不

① 〔明〕吴讷、徐师曾：《文章辨体序说·文体明辨序说》，前揭，第41页。
② 刘向集录，范雍祥笺证：《战国策笺证》，前揭，第1749页。
③ 刘向集录，范雍祥笺证：《战国策笺证》，前揭，第1747页。

属于行政公文的写作规范。秦始皇兼并六国之后，奏议文书的书写规范就比较严格了，如蔡邕《独断》曰："汉承秦法，群臣上书皆言'昧死言'。"①刘勰《文心雕龙·章表》曰："秦初定制，改书为奏。"②到了汉代，规矩更是日趋繁杂，涉及奏议文的分类、各类奏议的特定用语、书写格式、避讳等诸多方面。秦汉以来奏议文的书写规范实际上是朝廷礼仪体系的组成部分，所谓"汉定礼仪，则有四品：一曰章，二曰奏，三曰表，四曰议"。③这种礼仪主要是为突显集权君主制下至高无上的皇帝权威服务的，与周礼有所不同。战国时之所以还没有严格的奏议书写规范，直接的原因可能是列国忙于争战，国君们尚无暇顾及礼仪的系统化建设（并非无制礼之事），当然，根本原因还在于列国的集权君主制尚处于初构阶段。二者，上书虽然可以视为一种行政行为，但往往是无法当面进言时不得已的替代形式，与云梦秦简《内史杂》提到的"有事请也，必以书，毋口请，毋羁请"④的规范程度相比尚有一定距离。无法当面进言也有不同情况。有的是臣子在国外，《战国纵横家书》中苏秦自赵、自齐、自梁献燕王书，苏秦和韩晵自赵献齐王书等均属此类，这种献书通常必须委托心腹使者。⑤有的是由于某种原因（如上书者尚未被授予官职，地位卑微），上书者没有得到觐见国君的许可。三者，重要文件的保密措施看来并不严格，虽然文献记载春秋时已有以印封书以保密的玺书之制（如《左传·襄公二十九年》所记公冶送玺书之事），但从文献记载来看，春秋战国时的玺书几乎都是委托使者传递的信牍，一般情况下的上书却似乎没有类似制度，所以范雎给昭王的上书中会说："语之至者，臣不敢载之于书。"四者，战国时列国可能还没有设立专门接收并转呈吏民上书的官署机构，这种机构最早见于文献记载的是西汉时的"公车"，直接负责接收吏民上书的职官为公车司马。⑥由于没有专门机构，战国一般游士想要上书进言并非易事，大抵需

---

① 蔡邕：《独断》，中华书局，1985年，第5页。"昧死"一词在《韩非子·初见秦》中已经出现，不过那只是该文作者的个人用语，并非写作规范，因为作者在文中确是以身家性命来担保，而且该词没有出现在文首或文末，似乎亦未见于其他现存战国奏议文中。

② 黄叔琳注、李详补注、杨明照校注拾遗：《增订文心雕龙校注》，前揭，第306页。

③ 黄叔琳注、李详补注、杨明照校注拾遗：《增订文心雕龙校注》，前揭，第306页。

④ 睡虎地秦墓竹简整理小组：《睡虎地秦墓竹简》，文物出版社，1978年，第105页。

⑤ 《战国纵横家书》中提到的送信使者有韩山和盛庆。

⑥ 《汉书·百官公卿表》"卫尉"条颜师古注引《汉官仪》曰："公车司马掌殿司马门，夜徼宫中，天下上事及阙下凡所征召皆总领之，令秩六百石。"（班固：《汉书》，中华书局，2012年，第672页）《后汉书·百官志》"公车司马令"条司马彪注说得更清楚："（公车司马令）掌宫南阙门，凡吏民上章，四方贡献，及征诣公车者。"（范晔：《后汉书》，中华书局，2007年，第1023页）

要打点关系，所以苏秦"说秦王书十上而说不行"，以致"黑貂之裘敝，黄金百斤尽，资用乏绝"（《战国策·秦策一》）。

总的说，上书进言作为一种行政制度，主要是在战国时期初步确立起来的，但战国时期的"上书"仍然带有从贵族政治下个人交往模式向集权政治下政务交往模式的过渡性质。战国游士为得到君主重视，在"上书"中常常采用大胆担保、书不尽言以及贬低他人的话语策略。从前战国时代到战国时期，向君主的进言在言说模式上经历了从教导到说服的重要转变。

（二）战国法令书写

就法令书写而言，与前战国时代相比，战国堪称一个作法的新时期，在书写活动的各个层面呈现出了与以往不同的特征。

1. 为王制法

先看书写者的变化。上文已经指出，西周时期，最早的刑法可能由周王亲自制定，到西周中后期，从《尚书·吕刑》《逸周书·尝麦》等文献来看，作修刑辟之事由大正之类贵族大臣具体负责，然后通过周王主持的正刑书仪式确认新刑书的合法性。春秋时期，尤其是春秋中后期各诸侯国的刑书，多由执掌国政的贵族权臣制定，如晋国的赵宣子新法、范宣子刑书以及荀寅、赵鞅所铸刑书，郑国子产所铸刑书等，国君在制刑书过程中的权力逐步弱化。战国时的情形，如晁福林先生所言："各国法令常由君主命令大臣制定，并由君主最后决策审定。……君主在法令的制定和实施中起着关键作用。"①这一点，魏、秦、楚等国均有例证。《吕氏春秋·审应览·淫辞》载："惠子（惠施）为魏王为法，为法已成，……献之惠王，惠王善之，以示翟翦，翟翦曰：'善也。'惠王曰：'可行邪？'翟翦曰：'不可。'"身为魏相的惠施虽然为魏王制作法律，但严格地说只是完成了一个草案，草案能否成为真正的法律，关键在于是否为魏王所认可。所谓"为魏王为法"，"为魏王"三字很能说明问题。《史记·屈原贾生列传》载："怀王使屈原造为宪令，屈平属草稿未定。上官大夫见而欲夺之，屈平不与，因谗之曰：'王使屈平为令，众莫不知，每一令出，平伐其功，以为"非我莫能为也"。'王怒而疏屈平。"②屈原能够"造为宪令"，主要是因为得到楚怀王的信任，一旦失去这种信任，他也就不会再

---

① 晁福林：《春秋战国的社会变迁》（下册），中国人民大学出版社，2010 年，第 799 页。

② 〔汉〕司马迁：《史记》，前揭，第 1900 页。

有机会"造为宪令"了。①

总的来说，法令文的书写有两个基本环节，一是文本的草拟，二是文本的审定，只有通过审定才能使这种文本的性质得以确立。因此，法令文书写者问题的核心在于文本的草拟人与审定者的权力关系。在礼法君主政制下，文本的草拟和审定都是在既有礼法的框架内进行，如大正负责修订刑书，这本身就有礼法的授权，君主并不能仅凭主观意愿加以干预，君主主持正刑书仪式虽然包含了君主对刑书文本的审定，但更加根本的是体现了礼法本身的权威。春秋时期权臣垄断作法现象则使文本的草拟人或制订者与审定者趋向合一。权臣负责实际政务，因而可能亲自制订刑书、法令，他们又拥有国君的权威，因此，他们制订的刑书、法令不需要经由国君的审定即可生效，至于仪式更成了可有可无的形式。但权臣毕竟不等于国君，而且权臣往往处于激烈的权力竞争之中，因此，权臣垄断作法权不仅终究名实不能相符，而且往往极不稳定，这也是春秋列国半耦合政制形态的一种表征。到战国时期，如上文所述，法令的草拟人与审定者的关系显得十分明晰，前者是国君委任的官员，后者则必须是国君。作为文本草拟人的官员与西周时的大正一类职官不可同日而语。国君实际上并没有将书写法令的权力授予该官员，该官员自然也并不真正拥有书写权。这种关系类似请托或雇佣关系，官员作为被请托人必须无条件为国君负责，完全以国君的意志为转移，而国君作为请托人可以随时随意取消请托行为。战国列国法令书写的这种关系模式无疑是集权君主制的一种典型体现。

2. 法典内容的扩展

再看文本内容类型的变化。我们知道，在前战国时代，政务性文本中的制度文书除了礼书之外，实际上主要就是刑书，甚至早期的刑法也在礼法的框架之内，到春秋中后期，罪刑合一且公之于众的刑法逐渐脱离礼的范围，成为新式的法典。直到战国初期，虽然新式法典可能已在列国普及，但刑法

---

① 屈原当时所任官职为"左徒"。该官职是楚国特有，关于其职掌和官阶的情况，文献记载极有限，学界争议很多。由于《史记·屈原贾生列传》提到屈原曾"造为宪令"，有学者据此认为草拟宪令是"左徒"的一项职责。笔者以为这是一种误解。实际上，在战国时期，尤其是在传统贵族势力比较大的楚国，特定官职所对应的职掌范围未必是十分明确、清晰的，官职（尤其是朝廷高级官职）仍与贵族身份有千丝万缕的联系。"左徒"之职虽与"议国事""出号令"有关，"造为宪令"在原则上也应该没有超出"左徒"的职务范围，但关键在于，"造为宪令"未必就是非"左徒"莫属的事情，此事交于屈原很可能是由于楚王的特别信任。也正因为这一点，上官大夫谮毁屈原时才会说"王使屈平为令"，而屈原自矜其能，"以为非我莫能为也"。如果"造为宪令"本来就是"左徒"的分内之事，如此谮毁反而显得有些不合情理了。

典应该仍是这种新式法典的主体。这一点可从李悝撰《法经》之事见出些许端倪。李悝《法经》被认为是我国古代第一部比较系统的成文法典，《晋书·刑法志》曰："悝撰次诸国法，著《法经》。以为王者之政，莫急于盗贼，故其律始于《盗贼》。盗贼须劾捕，故著《网捕》二篇。其轻狡、越城、博戏、借假不廉、淫侈、逾制以为《杂律》一篇，又以《具律》具其加减。是故所著六篇而已，然皆罪名之制也。商君受之以相秦。"①从以上记载来看，李悝的《法经》六篇首重盗贼处置，基本上还是比较单纯的刑法，而且，"撰次诸国法"一语说明《法经》并非李悝凭空杜撰，而是在整理和借鉴列国法律的基础上制定出来的，只是相对更加系统和完善一些罢了。这同时也表明在《法经》问世之前，列国法律文书的内容类型应该不会超出《法经》的范围。但我们从《睡虎地秦墓竹简》所记载的秦律（包括《秦律十八种》《效律》《秦律杂抄》等）可以看到，其范围已经大大扩展，不再以刑法为中心，而是涵盖对社会各阶层各方面生活的规范，其中公法所占比例明显超过私法。②各类法律对罪、刑的对应性规定都尽可能做到详尽、细致，总篇幅自然也变得十分可观，③以至于地方主管司法的官吏需要专门学习才能掌握。尽管《睡虎地秦墓竹简》大约是在秦兼并六国四年之后（前 217 年）入土的，其中部分秦律可能是在兼并完成之后新的政治背景下制定的，但大部分应该是在兼并完成之前就有的。④如果考虑到战国时秦国早先的新法与李悝《法经》有直接渊源，差别应该不大，那么，单以秦国来说，从战国初中期到晚期，其法律的发展演进就是相当惊人的。当然，秦国是战国时变法最全面、最彻底的国家，其深文峻法大抵为他国所不及，但变法运动毕竟是列国的共同趋向，因此，法典内容的扩展应该具有普遍性。

战国时期法典内容的迅速扩展突出反映了这一时期法律与礼俗的力量消

---

① 《历代刑法志》编委会：《历代刑法志》，群众出版社，1988 年，第 46 页。

② 从《睡虎地秦墓竹简》所载秦律来看，主要的法律类型一是与生产、营造、税收有关的法律，如"田律""仓律""关市""均工"等，二是行政法，如"司空""置吏律""内史杂""行书"等。

③ 《睡虎地秦墓竹简》所载秦律远非秦律的全部，但内容已经颇为丰富。

④ 从《睡虎地秦墓竹简·法律答问》中"公祠未阒，盗其具，当赀以下耐为隶臣"等条记载可知，秦称王之前（前 325 年秦惠文君始称王）制定的一些法律到秦统一六国之后仍在施行。如此处称"公祠"而不称"王室祠"很可能表明此律系秦称王前所制定。（参见睡虎地秦墓竹简整理小组：《睡虎地秦墓竹简》，前揭，第 161 页）学者们在比较睡虎地秦简和龙岗秦简之后也指出："睡虎地律书多系秦统一前颁布，龙岗简则系统一之后颁布。"（梁柱、刘信芳：《云梦龙岗秦简》，科学出版社，1997 年，第 48 页）

长和关系嬗变。如学者所指出的，在前战国时代（即便是春秋时期），"'礼'
对于社会各阶层人们的约束和影响远比刑法要大"①，刑法主要是"作为贵族
统治的手段"，"不是君主为对付民众而设立"，至于民间的诉讼，原先通常"在
宗族内部就可以得到解决"。②统治贵族之所以变得越来越需要刑法，是因为
集权君主制要取代礼法或半礼法君主制，首先会导致上层宗族组织的失序。
刑原本是礼的题中之义，是为了处置偶尔发生的违礼行为。当刑脱离礼的框
架而自成系统，即当罪行的认定不再以礼法为依据，这就意味着礼法本身的
衰落和贵族之贵族性的弱化。刑法的运用有一个自上而下（先贵族后平民）
的过程，春秋后期的铸刑鼎事件可以视为转捩点。这种自上而下过程的内在
渊源其实是宗族社会组织自上而下的失序。上层宗族组织的失序势必要波及
基层宗族组织，当基层宗族削弱到不足以解决民间诉讼的时候，当然就需要
由刑法代替礼俗来加以解决。这大抵是春秋后期到战国前期的情形。所以我
们看到，这一阶段法典的发展主要仍体现为刑法本身的发展，因为这个时候
的刑法开始面对下层民众越来越多的纠纷。到战国中后期，情况又有所不同。
随着列国集权君主制的逐步稳固和全民战争局势的日益激烈化，法律的首要
功能已经不在于处理民间纠纷，而是如何在新的编户齐民的社会组织构架下
推动整个社会更加有序、高效地为中央和君主的决策（其中心指向是为赢得
兼并或反兼并的国家战争）服务。在这种社会指令的引导下，公法（尤其是
规范生产活动、户籍管理以及行政事务等方面的公法）的重要性自然就超过
了私法，其中，行政法的迅速发展显然是与战国时期科层制官僚管理体系的
发展相配套的。此时，法律与礼俗的关系进入第三个阶段，即冲突阶段。因
为此时的法律不仅仅只是为了弥补礼俗（以及礼俗所维持的基层宗法组织）
的缺漏，或者说礼俗规范不仅仅是不足以解决矛盾纠纷，而且已经对国家和
君主试图通过法律实现的意图构成了妨碍。③这一点我们在《睡虎地秦墓竹简》
所载《语书》中可以看得很清楚。《语书》是战国末期秦国南郡郡守腾颁发给
辖区内各县、道的一篇文告，该文的核心意思是要求南郡的地方官吏依法办
事、依法治理，文中强调乡规礼俗的危害，反复指出推行法律所遇到的主要

① 晁福林：《春秋战国的社会变迁》（下册），前揭，第 778 页。
② 晁福林：《春秋战国的社会变迁》（下册），前揭，第 778-779 页。
③ 需要指出的是，这里的礼俗虽然并不能等同于传统礼法，但它毕竟包含了传统
　礼法的因素，或者说，它是传统礼法在社会基层宗族组织中的表现形式，当然，
　其中糅合了具有纯粹地方特殊性的风俗习惯。所以，"礼俗"可以视为"礼"与
　"俗"的结合体。当礼法在社会上层败坏，影响所及，也会使民间礼俗中"俗"
　的成分增加，"礼"的因素下降，但总的说，礼俗的生命力是十分持久的。

阻力正是各种乡规礼俗，如说"古者，民各有乡俗，其所利及好恶不同，或不便于民，害于邦"，"今法律令已具矣，而吏民莫用，乡俗淫失（泆）之民不止，是即法（废）主之明法殹（也）"等。①

　　为了适应日益激烈的战争需要，战国时期迅速成熟的另一类法是军法。现存战国时期的军法文献大抵有《尉缭子》中自《重刑令》至《踵军令》八篇以"令"为篇名结尾的文字②以及《商君书·境内》篇的部分文字等。从现存的这些材料来看，战国时期的军法文本在形式上多是简洁的条文，但为了做到足够明晰，避免误解，军法条文在表述上有时宁可重复，也尽量不省略，如《伍制令》："伍有干令犯禁者，揭之，免于罪；知而弗揭，全伍有诛。什有干令犯禁者，揭之，免于罪；知而弗揭，全什有诛。属有干令犯禁者，揭之，免于罪；知而弗揭，全属有诛。闾有干令犯禁者，揭之，免于罪；知而弗揭，全闾有诛。"战国军法文本的特点还表现在：一、不仅规定罪与罚，有的还规定功与赏，如《尉缭子·束伍令》："得伍而不亡，有赏；亡伍不得伍，身死家残。"二、对惩罚或奖赏的规定有的明确，有的模糊，如经常只规定"有赏""有诛（受惩罚）"，却没有详细规定如何赏、如何罚。这或许是因为部队里具体的赏罚标准一定程度上要交给将领去掌握。还有些内容属于军中基本制度，并没有特别规定赏罚，如《尉缭子·经卒令》："经卒者，以经令分之为三分焉：左军苍旗，卒戴苍羽；右军白旗，卒戴白羽；中军黄旗，卒戴黄羽。"这是讲左中右三军的基本标识。三、战国军法文本大体上已经与阐述治军用兵方略的兵法文本有一定分离，但分离并不彻底，两者混杂的情形仍常见，如《尉缭子·勒卒令》中的"鼓失次者有诛，谇哗者有诛，不听金、鼓、铃。旗而动者有诛"等内容是军法，而"若计不先定，虑不蚤决，则进退不定，疑生必败。故正兵贵先，奇兵贵后；或先或后，制敌者也"等显然属于

---

① 睡虎地秦墓竹简整理小组：《睡虎地秦墓竹简》，前揭，第 15 页。

② 郑良树先生指出，这八篇"极可能是相同的一批材料，所以才前后相随，自成一组"，"各篇都是简短条文式的法令，和议论文很不相类"，"应该是治兵行军的各种法令条文"。见刘春生译注：《尉缭子全译》，贵州人民出版社，1993 年，《〈尉缭子〉的内容和类属（代序）》第 5-6 页。此外，《尉缭子》卷五中的《兵令》上、下篇虽然也被冠以"令"之名，不过其内容主要是阐述作者的军事思想，显然并非军法，《兵令》下篇中的"臣闻"表明该文应是一篇上书。《兵教》下篇也是上书，《兵教》上篇的性质则尚不能遽定，《兵教》上篇的主要内容是部队训练条令，但如果《兵教》上、下篇本作一篇的话，那么上、下篇的性质无疑应是一致的，但《兵教》上、下篇的内容不太连贯，是否本为一篇颇可存疑，只是《兵教》下篇的文末说到兵教的意义："此之谓兵教，所以开封疆，守社稷，除患害，成武德也。"这显然不是军法应有的内容。

作战方略，"百人而教战，教成合之千人；千人教成，合之万人；万人教成，会之于三军"则是讲练兵之法，也不是严格意义上的军法。此类情形在今本《尉缭子》上述八篇中为数不少。总的说，战国军法文本的书写十分注重从战争的实际着眼，强调实用化，传统军礼的因素已不显著，这显然是与战国兴起的效率导向型文化相切合的。

3. 法令的书写载体、收藏及传播

战国法令书写的物质载体亦有变化，未见春秋后期那种用铁鼎铸刑书的事情，而是重新使用竹简以为典册。之所以不再采用铸刑书的方式，除了战国法典篇幅大大增加，不便刻铸之外，更根本的原因恐怕在于铁鼎铸刑书的本意是为宣示刑书的法典化和法典的公开化，而到战国时期，这种法典化和公开化已经成为共识，自然也就不必再采用如此麻烦的方式来书写。不过，战国时的法令文本仍然具有很高的权威。《商君书·定分》曰："有敢剟定法令、损益一字以上，罪死不赦。"

法令文书的收藏亦极为慎重。底本可能通常由太史"入籍于太府"(《管子·立政》)。太府是专门收藏重要典册的府库，"入籍于太府"本身就表明法令文书的权威性。此外，还要"置一副天子之殿中。为法令为禁室，有铤钥，为禁而封之，内藏法令一副禁室中，封以禁印，有擅发禁室印，及入禁室视法令，及禁剟一字以上，罪皆死不赦"。(《商君书·定分》)对典章收藏的重视大抵是延续了西周以来的传统。不过，与传统法典一般秘而不宣不同的是，战国时期准确、有效地由中央向地方，由官方向民间转达、颁行法令成为国家一项十分重要而慎重的政务。[1]这中间大量的转录、核对、编订工作是必不可少的。所谓"一岁受法令以禁令"(《商君书·定分》)，就是指"每年把禁室所藏的法令重写一次，颁发给官吏，以求法令的明确"。[2]这里的颁发对象应是"中央各级部门及郡县政府的主法令之官"，在地方上，则由"郡县属下的各级机构及中央驻地方的派出机构也都要定时到郡县主法令机构去抄录或核对法律"。《睡虎地秦墓竹简·内史杂》中的"县各告都官在其县者，写其官之用律"等记载可为证。所谓"写其官之用律"当指摘抄本职官、本部门可能用到的法律条文即可，而非全文照抄。摘抄之后自然要进行编订，这样就会形成众多各有门类倾向又在内容上有所交叉的法律条文集。[3]由此不难明

---

① 详参朱红林：《战国时期国家法律的传播——竹简秦汉律与〈周礼〉比较研究
（三）》，《法制与社会发展》2009 年第 3 期。
② 高亨：《商君书注译》，前揭，第 196 页。
③ 参朱红林：《战国时期国家法律的传播——竹简秦汉律与〈周礼〉比较研究（三）》，
《法制与社会发展》2009 年第 3 期。

白，新的集权君主制国家在很大程度上是通过转录、编订的书写活动来传播法律、贯彻君主意志，当然，这中间需要依赖国家整个行政管理体系的正常运转。

不过，在向更基层的官吏以及普通百姓传播法律时，口头的方式就占主导了。为了使口头传播准确、到位，避免主管法令官吏渎职，《商君书·定分》还专门设计了一套存档问责制度："诸官吏及民有问法令之所谓也于主法令之吏，皆各以其故所欲问之法令明告之。各为尺六寸之符，明书年、月、日、时，所问法令之名，以告吏民。主法令之吏不告，及之罪，而法令之所谓也，皆以吏民之所问法令之罪，各罪主法令之吏。即以左券予吏之问法令者，主法令之吏谨藏其右券木（押）〔柙〕，以室藏之，封以法令之长印。"这样的制度或制度建议是否得到了严格落实，我们尚不得而知，但国家想要普及法律，通过法律实施治理的意图是很明确的，可谓煞费苦心。还包括以制度形式组织司法培训，解释法律条文，如"诸侯郡县皆各为置一法官及吏，……郡县诸侯一受宾来之法令，学问并所谓"。(《商君书·定分》)《睡虎地秦墓竹简》中的《法律答问》有可能就是根据这种司法培训的听课笔记整理出来的文本，它属于由法律书写延伸出来的书写形态。由此也可以理解，秦的所谓"以吏为师"之制，并非要授予地方官吏多大的主观处置权，而只是要让官吏充当传达和解释法律之师，进而以法律观念取代可能由其他知识人传播的社会意识形态。

4. 律、令、命

这里所讨论的战国法令文，严格地说，包括律（法律文）与令（命令文）两种文体。律大体上就是公开化的成文法典意义上的法，故《尔雅·释诂》曰："律，常也，法也。"即律与法基本同义。"令"则是命令（政令、军令）、政策。目前出土文献中的战国之"令"主要见于岳麓书院藏秦简中的秦令。

律与令的主要区别在于：第一，律一般是指具有普遍、永久效力的法规，而"令"往往是因事而发亦因事而止，作为政策，有一定的时限性。《战国策·魏策四》载安陵君曰："吾先君成侯受诏襄王，以守此地也。手受大府之宪，宪之上篇曰：子弑父，臣弑君，有常不赦。国虽大赦，降城亡子不得与焉。今缩高谨解大位，以全父子之义，而君曰必生致之，是使我负襄王诏而废大府之宪也，虽死不敢行。"这里的"大府之宪"应该就是具有最高权威，同时也是具有普遍而永久效力的法典。而诸如秦孝公的《求贤令》（文见《史记·秦本纪》）、齐威王的《求刺过令》（文见《战国策·齐策一》）之类的"令"则显然属于有时效性的政令或政策。

第二，"律"由于源于刑法，其在形式上是比较严格、规范的条文体，一般是惩戒性的内容，即规定对行某类特定之事的人应如何惩罚。"令"由于源于政令、君命，并不限于约束、禁止性的内容，也可以是针对被鼓励行为的奖赏性规定，常有"一令多事"现象，如"毋夺田时令"。①有一类"令"的内容是复用前代颁布的法律、命令，这种"令"一般是先引述"作为'决事比'依据的所谓'故事'"，然后诏准复用。②此外，"令"的形制也比较多样，如岳麓秦简中的秦令简文可分为多种抄写形制。③

第三，"律"是由中央集中颁布的关于某一方面事务的法律条文集。"令"则是随时根据实际情况颁布的规定，经常是"对已经颁行的相关律令条文的修正和补充"。④"令"的应时性一定程度上使其比"律"更灵活，正因如此，"令"的文本数量可能远远超过"律"，例如，从岳麓秦简中秦令简文的干支和数字编号可知，当时秦令的数量是极大的。⑤

不过，战国时期的"律"和"令"之间也并不总有清晰的界限，特别是当有的作为政策的"令"没有明确时限设定时，"令"与"律"就很难分得清了，如秦孝公颁布的《垦草令》，又如岳麓秦简所见秦令常有"……令皆明焉，以为恒"（"……令文都要明确规定，恒久适用"）⑥之类表述。《汉书·杜周传》中有这样一个说法："前主所是著为律，后主所是疏为令。"意思是先王所定之法称为"律"，而"令"是由当世君主所定，而且似乎只限于对"律"的疏解，相当于今天的司法解释。这里突显了前主后主的权威差别，体现了尊先王的观念，但未必合于事实，结合《汉书·宣帝纪》文颖注所说"天子诏所增损，不在律上者为令"来看，"令"常常也是临时颁布的法规。在前战国时代，受"秉遗训"礼法观念的影响，先王之法的权威应该高于当世君主所发之令，到战国时期，随着法先王观念的弱化，当世君主所发之令也就更具有实际上的绝对效力，必要时可以改变"律"的规定，有时或许是以解释"律"的名义，或者，君主还可以重新制定与"律"直接相当的法，如屈原为楚怀

---

① 详参欧扬：《岳麓秦简"毋夺田时令"探析》，《湖南大学学报》（社会科学版）2015 年第 3 期。

② 参陈松长：《岳麓秦简中的两条秦二世时期令文》，《文物》（社会科学版）2015 年第 9 期。

③ 详参陈松长：《岳麓书院所藏秦简综述》，《文物》2009 年第 3 期。

④ 欧扬：《岳麓秦简"毋夺田时令"探析》，《湖南大学学报》（社会科学版）2015 年第 3 期。

⑤ 参见陈松长：《岳麓书院所藏秦简综述》，《湖南大学学报》（社会科学版）2009 年第 3 期。

⑥ 这可能是君主指示如何制定律令（即"立法指示"）的一类制书（命书）的文末格式语。[参欧扬：《岳麓秦简"毋夺田时令"探析》，《湖南大学学报》（社会科学版）2015 年第 3 期]

王草拟的"宪令"大抵就是具有普遍、永久效力的法律，而非一般政令。因此，战国时期，"律"和"令"有时联用，区分并不显著，如《睡虎地秦墓竹简·语书》中有"脩法律令""今法律令已布"之类的说法。这种用语现象的背后体现了集权君主政制条件下政令与法律作为规则的同一化。在民主政制中，政令与法律制定和发出的机构是不同的，就性质说，法律是社会基础规范，其权威高于政令，政令则主要是为了应对复杂多变的现实状况。政令体现的是行政权，而制定法律属于立法权。在集权君主政制中，行政权和立法权都高度集中在君主手中，政令和法律说到底都出自君主，自然不会有根本的区别。

　　《睡虎地秦墓竹简·为吏之道》中抄录的两条"魏律"（一条名为"魏户律"，另一条名为"魏奔命律"）亦值得注意。[①]这两条"律"与睡虎地秦墓竹简《秦律十八种》和《秦律杂抄》中收录的律文在形式上有很明显的不同，比如有详细的发布时间，还有引语"（王）告相邦"和"（王）告将军"。有学者认为，这说明魏国法律的特殊性，即"以王言为律令"，这种情况"是魏国君主专制的一个反映"。[②]本文以为，这两处材料与魏国君主专制的程度未必有什么关联，严格地说，它们更接近"命"或"令"，而非"律"，[③]只是由于

---

①　原文如下："廿五年闰再十二月丙午朔辛亥，〇告相邦：民或弃邑居壄（野），入人孤寡，徼人妇女，非邦之故也。自今以来，叚（假）门逆吕（旅），赘婿后父，勿令为户，勿鼠（予）田宇。三枼（世）之后，欲士（仕）士（仕）之。乃（仍）署其籍曰：故某虑赘壻某叟之乃（仍）孙。魏户律。"
　　"廿五年闰再十二月丙午朔辛亥，〇告将军：叚（假）门逆阎（旅），赘婿后父，或仒（率）民不作，不治室屋，寡人弗欲。且杀之，不忍其宗族昆弟。今遣从军，将军勿恤视。享（烹）牛食士，赐之参饭而勿鼠（予）殽。攻城用其不足，将军以埄豪（壕）。魏奔命律。"
　　睡虎地秦墓竹简整理小组注："'告'字上应为'王'字，可能是由于抄写者有所避忌而去掉"。（《睡虎地秦墓竹简》，前揭，第292-293页）
②　晁福林：《春秋战国的社会变迁》（下册），前揭，第793页。
③　除了有发布时间和引语外，另一个不同于"律"的明显特征是，两处材料中不仅叙述了针对对象和惩罚措施，还有表达魏王对要施予惩罚之对象的主观意见和态度的言辞，即《魏户律》中的"民或弃邑居壄（野），入人孤寡，徼人妇女，非邦之故也"（"有的百姓离开居邑，到野外居住，钻进孤寡的家庭，谋求人家的妇女，这不是国中旧有的现象。"译文据《睡虎地秦墓竹简》，前揭，第294页）和《魏奔命律》中的"叚（假）门逆阎（旅），……寡人弗欲"。前者带有一点议论的性质，后者主要表达了主观态度。此类文辞既是对臣属的一种训示，也具有说明发布该法令之缘由的功能。不妨比较《韩非子·内储说上》中记载的韩昭侯《禁牛马入人田令》："当苗时，禁牛马入人田中固有令，而吏不以为事，牛马甚多入人田中。亟举其数上之；不得，将重其罪。"该"令"前半段与这两处文辞在文体功能上是类似的。

上文所述的原因，加之又是"国外"文献，故而称之为"律"而已。即使没有采用"以王言为律"的称呼，也不代表王言没有法律功能的实质，更不能说明君主专制的程度就低一些。这两处材料的文体形态倒是与前战国时代的君命文显出文体传承上的某种关联。它们不是直接面向民众、士兵，而是面向文、武高级官僚（相邦和将军）发布的命令，因而具有下行公文的性质，而且除了"命令"之外，多少还包含了训诰的意味。这或许恰恰反映了魏国作为老牌中原诸侯国遗留下来的君命文书写传统。不过，礼法君主制时代的君命文一般只面向贵族官僚，即只规训特定贵族官僚的观念和行为，而这里虽然面向高级官僚言说，实际上却相当于直接发布了针对民众的相当具体的法令，相邦和将军只是充当法令操作者或执行人的角色。这一点确实体现了战国君主的集权和专制。但操作者或执行人的角色现在是必要的"中间环节"，这又与春秋时期那种直接面向国人言说的国君政令文（如《国语·越语上》所载越国勾践所发布的政令）有所不同。

事实上，战国时秦国也有与上述两条"魏律"类似的由国君发布的政令文书，只是文书中对接受对象不称"告"，而称"命"。此类文书在当时即称为"命书"，秦兼并六国后改称"制"。（《文心雕龙·诏策》曰："秦并天下，改命为制"）睡虎地秦墓竹简中多处提到"命书"，如《秦律杂抄》："为（伪）听命书，法（废）弗行，耐为侯（候）；不辟（避）席立，赀二甲，法（废）。"《秦律十八种·行书》："行命书及署急者，辄行之；不急者，日䟆（毕），勿敢留。留者以律论。"这些记载说明秦人对"命书"与"律"有一定的区别意识。1979 年在四川青川县出土的一片秦木牍应该就是此类"命书"的实物。[1] 其文如下：

> 二年十一月己酉溯溯日，王命丞相戊（茂）内史堰，□□更修
> 为田律：田广一步，袤八则为畛。亩二畛，一百（陌）道。百亩为
> 顷，一千（阡）道，道广三步。封，高四尺，大称其高捋（埒），高
> 尺，下厚二尺。以秋八月，修封捋（埒），正疆畔，及发千（阡）百
> （陌）之大草。九月，大除道及除（洫）。十月为桥，修陂堤，利津
> 口。鲜草，虽非除道之时，而有陷败不可行，相为口口。（正面）
> 四年十二月不除道者：
> 一日，一日，辛一田，

---

① 李均明、刘军的《简牍文书学》就将该简归为"命书"类。（见李均明、刘军：《简牍文书学》，广西教育出版社，1999 年，第 210 页）据考证，该文的发布时间为秦武王二年（公元前 309 年），为战国后期。（参见高敏：《简牍研究入门》，广西人民出版社，1989 年，第 61 页）

　　　　壬一日，亥一日，辰一田，

　　　　戌一田，□一日。(背面)①

　　该牍（正面）的内容是更修田律，实际上相当于颁布新的田律（对原有田律做了修改的部分），如李学勤先生所言："该文是以秦王诏令形式颁布的法律。"②这就说明，君主的政令至少在功能上与法律没有什么实质的区别。那么，秦人对二者的区别意识又从何而来呢？我们以为，区别可能主要源于书写方面。一者，"命书"的文体形式显然与一般"律"文不同。后者没有具体的发布时间（如"二年十一月己酉溯溯日"）、发文人（王）、受命人（如"丞相戊（茂）、内史匽"）以及命令语（"命"），也没有对发文缘由的具有训诂意味的说明。青川木牍正面文本"更修为田律"前有两个未识字，一般取李学勤先生的意见释作"民臂"，读为"民僻"，意为百姓不遵守法度。③准此，此二字即可视为对发文缘由的说明。这与上述两则"魏律"是一致的，尽管青川木牍中的这种说明已经极为简化。二者，"命书"是单独不定时发文的，这一点上引《行书律》和《秦律杂抄》可为证明。青川木牍本身也说明，"命书"虽有特定的受命人（如"丞相戊（茂）、内史匽"），但受命人应该是派人直接将"命书"的原文抄录后转发到地方。"律"文则如上文所述，是经过转录、编订等手段定时、批量地由中央颁发给地方。这样自然而然就形成了"律"与"命"的区别。三者，"律"一般是由大臣制定，然后君主批准颁行，并非君主亲自制定，而"命书"则是直接出自君主的，因而至少在该君主在位期间其权威性可能会比"律"更高。④

　　此外，需要提及"命"与"令"的区别。这个问题我们在上文已经有论述，此处略加补充。戴侗《六书故》曰："命者，令之物也。令出于口，成而不可易之谓命。秦始皇改令曰诏，命曰制，即诏与制，可以见命令之分。"⑤既然诏与制有分别，那么其各自的前身也自当有分别，这有一定道理。但"命"

---

① 隶定、释文采自黄家祥：《四川青川出土秦"为田律"木牍的重要价值》，《四川文物》2006年第2期。

② 李学勤：《青川郝家坪木牍研究》，《文物》1982年第10期。

③ 见李学勤：《青川郝家坪木牍研究》，《文物》1982年第10期。其他训释如豪亮释为"民愿"；李昭和、黄盛璋释为"取臂"；何琳仪释作"身臂"；徐中舒、伍仕谦释为"吏臂"。

④ "命书"的权威度极高，这一点从上引《行书律》和《秦律杂抄》所记对传递、领受以及执行"命书"的重视即可见出，《为吏之道》中也有"命书时会，事且不须"的说法。

⑤ 〔宋〕戴侗《六书故》，转自范文澜《范文澜全集》第4卷《文心雕龙注（上）》，河北教育出版社，1996年，第321页。

与"令"的主要区别恐怕不在于"令出于口，成而不可易之谓命"。事实上，"命"往往保留了记言的传统形式，如常见"命曰：……"，表明它是直接出自君主的（至少名义上如此），而"令"似乎不强调这一点，很多是直接条文化的，这或许说明"令"可以只是由相关官员以更标准或更格式化的书面文拟定，例如岳麓秦简"毋夺田时令"中提道："丞相其以制明告郡县，及毋令吏以苛繇夺黔首春夏时，令皆明焉，以为恒。"此处"以制明告郡县"应是指"以君主的'命'（'命书'或'制书'）为依据明确指令郡县官府"。换言之，这里的"命"并不是"毋夺田时令"，而只是后者的依据，"毋夺田时令"本身并不直接出自君主。徐师曾《文体明辨序说·命》引《字书》提出另一种区分，即所谓"大曰命，小曰令。"①那么何为"大"，何为"小"？我们大抵可从后代制书与诏书的区别见出此"大""小"之分。东汉蔡邕《独断》曰："制书，帝者制度之命也。"②徐师曾《文体明辨序说·制》引颜师古之言曰："天子之言，一曰制书，谓为制度之命也。"③可见，制书及其前身"命"在内容上应与制度、法规等大事有关，故可称为"大"。至于诏书，④《独断》曰："诏书者，诏，诰也。有三品，其文曰：'告某官某，如故事'。是为诏书。"有学者指出："诏书是皇室常用的命令文书，用于处理常规行政事务，用量最大，汉简屡见。"⑤从这个意义上说，诏书及其前身"令"相对而言确实是"小"的。以战国文献验之，《求贤令》《求刺过令》之类确实不是制度、法规性质的命令，而青川木牍之类"命书"则相当于法律。但也有反例，如《垦草令》的内容必定是关乎制度、法规的大事，但仍称为"令"。由此可见，战国时期的"命"与"令"虽然可能存在上述区别，但总体上应该是相通的，所谓"令者，命也"（《文心雕龙·书记》）、"命犹令也"（《徐师曾《文体明辨序说·命》引朱子云》）。

（三）计书

"计书"是官员的治政功状文书，也是考绩报告，属于上行公文。严格来说，"计书"早已有之，并非始于战国。"计书"即计簿（统计账册），《左传·昭公二十五年》载："郈鲂假使（臧会）为贾正焉。计于季氏。"这是说，郈鲂假让臧会担任管理市肆平价的官吏（贾正），有一次臧会到季平子那里送计簿。

①〔明〕吴讷、徐师曾：《文章辨体序说·文体明辨序说》，前揭，第111页。
②〔东汉〕蔡邕：《独断》，前揭，第4页。
③〔明〕吴讷、徐师曾：《文章辨体序说·文体明辨序说》，前揭，第114页。
④"诏书"有广义和狭义之分，广义的"诏书"可作为秦汉以来皇室文书的总称。这里指狭义的"诏书"。
⑤李均明、刘军：《简牍文书学》，广西教育出版社，1999年，第216页。

这里的送计薄似乎已有呈报工作情况的意味，但细究起来，与战国时期的岁终上计之制有较大区别。贾正报送计薄，可能是因为制作相关财务报表本身属于贾正的职责，而岁终上计是地方行政长官（可能也包括中央官员）就其掌管范围内的各种政务向上报核。关于此类"计书"或岁终上计的记载大抵始见于战国文献，如《商君书·禁使》曰："夫吏专制决事于千里之外，十二月而计书已定，事以一岁别计，而主以一听。"《韩非子·外储说右下》载："田婴相齐，人有说王者曰：'终岁之计，王不一以数日之间自听之，则无以知吏之奸邪得失也。'"《韩非子·外储说左下》载："西门豹为邺令，……居期年，上计，君收其玺。"《周礼》等文献中也有相关记载，如《周礼·大宰》曰："岁终，则令百官府各正其始，受其会，听其致事，而诏王废置。三岁则大计群吏之治而诛赏之。"贾公彦疏曰："令百官府各正其始，谓正处其所治文书，大宰乃受其计会也。……百官致其治政功状与冢宰，听断其所置之功状文书，而诏告于王。"杨宽先生认为这些记载反映了"战国时代的制度"，①并非西周时就有此制。

很显然，战国时的"计书"是与岁终上计的考绩制度②直接关联的，"计书"书写实际上被当作考绩的一种重要手段。为了有效地发挥考绩作用，"计书"书写要分为两次，采用类似商业上合券计数的办法。第一次书写相当于编写预算，书于木券之上，杨宽先生认为，此券剖分为二，国君或上级官吏执右券，臣下执左券。年终时，臣下报上实际的统计数据，即第二次"计书"书写，国君或上级官吏凭右券对臣下进行考核，故有"解扁为东封，上计而入三倍，有司请赏之"（《淮南子·人间训》）；"李克治中山，苦陉令上计而入多"（《韩非子·难二》）；"田婴相齐，……令官具押券斗石参升之计"之类的记载。从这些记载亦可知，"计书"上报的对象一般是国君，有时是国君亲自考核，有的则由作为百官之长的相负责或协助考核。③值得注意的是，《韩非子·难二》"李克治中山，苦陉令上计而入多"的记载似乎可以说明战国时上计已是逐级进行的。逐级上报是有可能的，但此例有其特殊性，因为中山当时是魏的封邑，李克作为朝廷委派的中山相，他的行政管理权应该比一般的郡县长官大得多。此外，战国时大抵是由地方行政长官亲自上报，④汉代则有专门的计吏负责此事。

① 杨宽：《战国史》，上海人民出版社，2003年，第201页。
② 也可能如《周礼》《尚书》等文献所记，除了岁终上计外，每三年还要进行"大计"。《尚书·尧典》曰："三载考绩；三考，黜陟幽明。"
③ 参杨宽：《战国史》，前揭，第201页。
④ 如《韩非子·外储说左下》载："期年，（西门豹）上计，文侯迎而拜之。"

　　再来看战国"计书"的内容和体例。"计书"的内容应该主要是经济、政治方面的各种统计数据。《商君书·去强》曰:"强国知十三数:竟内仓口之数、壮男壮女之数、老弱之数、官士之数、以言说取食者之数、利民之数、马牛刍藁之数。"杨宽先生认为:"这个十三数,就是'上计'所要统计的数字。"①不过,"计书"既然是治政功状文书,有些内容单纯用数字恐怕是不足以说明的,比如地方官员上计时可以向国君举荐本地人才,②这当然不能用数字来说。我们还可参照汉代的上计制度。《通典》卷三三郡太守条记曰:"汉制,岁尽,遣上计掾史各一人,条上郡内众事,谓之计偕薄。"③据日本学者研究:"'郡内众事'指由县、道向郡、国提交的上计簿中涵盖的户口数、垦田面积、钱谷收支、盗贼案件数目、漕运情况以及土地境界图、宗室名籍、戍卒的财物报告(作为边郡的话)、劝农成果、理讼情况、系囚狱死者数的报告[自地节四年(前66)起]。除此之外,依据尹湾汉简,上计内容还包括郡国面积、地方行政机构、吏员配置、长吏活动等,且需附上佐证户口数、钱谷收支统计情况的详细报告或簿籍。"④从"条上郡内众事"一语来看,"计书"的基本体例应是分项罗列。显然,这里涉及的项目,除了采用数据统计外,应该还包括文字叙述、名录、图谱等形式。不过,可以设想,战国"计书"中如有文字叙述,也应是十分简明扼要的说明性文字,力图用最清晰、最经济的语言报告相关情况,而不太可能讲究仪式性修辞。⑤从以上情况可以推知,"计书"的功能其实有两大方面,一是便于考核官吏,加强吏治,二是便于君主及时了解和掌握全国政务信息,从而使国家决策有比较可靠的依据。

　　"计书"书写制度的建立无疑是官僚管理体系和政务文书运作系统进一步发展的重要表现,也体现了战国时君主集权的加强。托克维尔在其名著《民主在美国》一书中曾提出"政治集权""政治分权"与"行政集权""行政分权"的区分。"政治集权"是指"整个国家就像一个单独的人在行动,它可以随意把广大的群众鼓动起来,将自己的全部权力集结和投放在国家想指向的任何目标","行政集权"即一切具体管理事务的权力都在中央政府的管理机构。⑥

① 杨宽:《战国史》,前揭,第201页。
② 参杨宽:《战国史》,前揭,第202页。
③〔唐〕杜佑著,颜品忠等校点:《通典》(上),岳麓书社,1995年,第477页。
④ [日]永田拓治:《上计制度与"耆旧传""先贤传"的编纂》,《武汉大学学报》(人文科学版)2012年第4期。
⑤ 至于战国"计书"是否有格式、套语方面的书写要求,由于缺少文本实物,我们暂不得而知。
⑥ 甘阳:《通三统》,三联书店,2007年,第32页。

按此说，所谓"君主集权"也可以有"政治集权"与"行政集权"之分。事实上，前战国时代的君主们并非完全没有"政治集权"的权威和号召力，但"行政集权"确乎是十分微弱的，或者可以说，前战国时代的国家属于典型的"行政分权"制。就前战国时代，尤其是西周国家而言，在"行政分权"的条件下，某种程度的"政治集权"之所以可能，主要是依赖礼法（宗法）意识形态的支撑作用。战国时期，原有的礼法意识形态沦落，新的统治意识形态尚未确立，这个时候要保证君主的"政治集权"就不得不依靠"行政集权"，即加强君主个人或中央官僚机构对全国行政事务的管控力，尽管这并不能确保统一政治意志的形成和稳定。官员考绩制度（包括"计书"书写制度）就是在这样的背景下确立起来的。通过这种制度，君主们显然可以加强对地方行政的导向控制和监督能力，从而促进"行政集权"。当然，这种"行政集权"也不应被过于强调。因为，一者，在战国时代，地方官吏管理具体行政事务的权力仍然是很大的，一年不过上计一次，所谓"吏专制决事于千里之外"（《商君书·禁使》），并不时时受制于中央和君主；[1]二者，这种考绩方式还不够完善，尤其是"计书"本身的真实性难以保证，存在弄虚作假的可能，如《商君书·禁使》所言："主以一听，见所疑焉，不可蔽，员不足。"也就是说，即便国君"看出可疑之点，也不能断定，因为物证不足"。[2]

"计书"这种公文体在战国列国的制度化应用，虽然很少为学界所关注，但其书写史意义其实是不可忽视的，因为它是纯粹用于行政管理的文体，以效用性为第一位，几乎没有政教和仪式色彩，而在前战国时代很少有这种书写形态。"计书"的普遍应用实际上突出反映了所谓"效率导向型的工具理性文化"[3]的兴起。[4]列国集权君主政制的确立是这种书写形态出现的基本条件，而全民战争大环境下富国强兵的社会指令则起到了催化剂的作用。

（四）爰　书

传世文献中关于爰书的记载很少，始见于司马迁《史记·酷吏列传》。爰

---

① 但值得注意的是，《韩非子·难二》批评李克免苦陉令的做法时已经指出："李子之奸弗蚤禁，使至于计，是遂过也。"这里的言外之意是应该加强对地方官吏日常行政的监督和干预，不必等到年终上计之时。

② 译文据高亨：《商君书注译》，前揭，第187页。

③ 赵鼎新：《东周战争与儒法国家的诞生》，前揭，第63页。

④ 可以对比西周后期，周宣王想要"料民"（统计全国人口数）就遭到大臣仲山父的强烈反对。（事见《国语·周语上》"仲山父谏宣王料民"）显然，在那种政制条件下不可能产生"计书"之类书写形态。

书的性质至三国时已不为学者所确知，以致众说纷纭。^①近世以来，随着居延汉简、云梦秦简等出土文献的问世及对这些文献所载爰书的研究，爰书的面目才逐渐清晰起来，虽然在一些细节上仍有争议，但大体已有公论，如刘海年先生所说的："'爰书'是战国的秦国和秦汉时司法机关通行的一种文书形式。其内容是关于诉讼案件的诉辞、口供、证辞、现场勘查、法医检验的记录以及其他有关诉讼的情况报告。"^②这里的时间界定是可取的。战国时秦国和秦代的爰书，今可见者即云梦秦简《封诊式》中的爰书。至于战国时其他国家是否也使用爰书，目前尚无材料可证，但可能性是完全存在的，即便不以"爰书"为名，也当有类似性质的文书，如包山楚简中的部分司法简。

从已有材料来看，秦国的爰书作为司法公文，^③在司法事务中使用极其频繁，一个案件从受理到结案，往往要多次书写爰书，这些爰书可具体分为诉状爰书、口供爰书、刑讯爰书、检验爰书、上报爰书等，^④有的属于上行文，有的直接作为档案。爰书反映了当时司法程序的发展状况，同时，爰书的书写本身也是一种被严格遵守的司法程序，如《封诊式·讯狱》说："凡讯狱，必先尽听其言而书之，……诘之有（又）尽听书其解辞。"这是说审讯时必须如何记录口供，即书写口供爰书。

作为公文，爰书的书写有一定的格式规范，"一般要写明当事人姓名、身份、籍贯、问题、时间、地点、人证、物证等"。^⑤当然，还有更具体的规范，如《封诊式·讯狱》说："治（笞）谅（掠）之必书曰：爰书：以某数更言，

---

① 详参高敏：《释"爰书"：读秦、汉简牍札记》，《益阳师专学报》（哲学社会科学版）1987 年第 2 期。

② 刘海年：《秦汉诉讼中的"爰书"》，《法学研究》1980 年第 1 期。

③ 胡留元、冯卓慧认为这种爰书可称为诉讼爰书，汉代始出现非诉讼爰书，不过究其实也具有军事司法文书的性质。（参见胡留元、冯卓慧：《爰书、传爰书考》，《烟台大学学报》1990 年第 1 期）刘海年指出："秦简和汉简中，有乡负责人对县丞，丞对县廷和县令，令史对令、丞，乡负责人对县廷等呈报的'爰书'，而在同类案件中，甚至同一案件中，凡上级对下级的行文，均称'书''文书''邮书'，从未见到称'爰书'的例子。"（刘海年：《秦汉诉讼中的"爰书"》，《法学研究》1980 年第 1 期）

④ 参见胡留元、冯卓慧：《爰书、传爰书考》，《烟台大学学报》1990 年第 1 期。这当然是今人的分类，在当时则统称爰书。而且除了这几种爰书之外，实际上还有整个案件的总的爰书，如《封诊式》的〈告子〉中有总爰书包含分爰书的情况，（参见高敏：《释"爰书"：读秦、汉简牍札记》，《益阳师专学报》（哲学社会科学版）1987 年第 2 期）刘海年先生称为"案情综合报告书"。（刘海年：《秦汉诉讼中的"爰书"》，《法学研究》1980 年第 1 期）

⑤ 刘海年：《秦汉诉讼中的"爰书"》，《法学研究》1980 年第 1 期。

毋（无）解辞，治（答）讯某。"这里的"以某数更言，毋（无）解辞，治（答）讯某"既是内容规定，也是格式性的套语，即要求书写者必须对特定司法措施（对嫌犯进行答讯）的合法性理由做出事实描述，而由于该理由是唯一性的，所以这种描述也就可以视为套语。又如呈报性的爰书一般要以"敢告某县主""敢告主"之类的套语开头或结尾，这也是秦汉时期文书的习用语，"主"是对负责官吏的尊称。再如爰书有"冠以名目"和"不冠名目"两种，"冠以名目者，其名目是由形成爰书的单位及其负责人的名称构成的"，如"乡某爰书""军戏某爰书"等。①这里显然透露出等级性的行政书写规范，即汇报者一般要自书其名，而对汇报对象（上级）则不可直书其名，应使用套语式尊称。

　　作为公文的爰书，其书写讲究格式，这在今天看来很平常，也很容易理解。但如果将这一现象放在书写史的长河中来考量，就会发现它并不平常。虽然，政务性书写早已出现，而且，前战国时代的多种文体形态都存在程式规范，但是，前战国时代的文体程式带有浓厚的仪式色彩，从根本上说都是仪式性的程式。爰书的格式规范则几乎完全脱离了仪式性，这些规范的制定纯粹是为了更好地实现爰书的政务功能，或者说是为保证行政司法系统有效运转服务的。因此，它和现代意义上的司法公文书写规范并没有太多实质的区别。比如上文提到的"以某数更言，毋（无）解辞，治（答）讯某"，为什么要规定这样一条套语呢？可以设想，即便嫌犯没有"数更言，毋（无）解辞"，也有可能遭到官吏的答讯，而这样的套语也会出现在爰书中，毕竟，书写的权力掌握在官吏手中，而不掌握在嫌犯手中。那么，写与不写区别何在，或者说写的意义何在呢？在这里，写的意义在于通过写的行为强调已经存在的防止刑讯逼供的程序性法规，表明对该法规的特别重视。这与是否可能出现违反该法规的现象是两回事情。它的功能原理在于使刑讯逼供的违法意识不得不处于一种突显的心理位置，也就是使违法者不得不强烈地意识到自己是在违法，因为他不仅已在事实上违法，而且还要写下与事实不相符的文字，这等于加重了违法的心理负担。由此，我们可以明白，这样一条套语与仪式没有任何干系，而纯粹是为减少刑讯逼供、维护司法效能服务的。当然，爰书最主要的政务功能是作为案件侦查、审理以及判决时的书面凭证，案件审结之后也继续发挥司法档案的功能。爰书制度是战国时期法治进一步发展的重要体现，尽管这种法治不是现代意义上的法治，而是集权君主政制背景下

---

① 高敏：《释"爰书"：读秦、汉简牍札记》，《益阳师专学报》（哲学社会科学版）1987 年第 2 期。有的冠以名目，有的不冠以名目，这可能说明当时爰书的书写规范还不十分严格，但是否冠以名目，也可能有一些规则。

的法治。

　　战国爰书在书写史上的意义还体现在其文本体式方面。《封诊式》所记载的爰书有一个突出的特点，就是描述相当到位。记叙一个事件能够简明扼要地交代事件的时间、地点、人物、起因、经过、结果等，如爰书《出子》记录原告"某里士五（伍）妻甲"的诉词："甲怀子六月矣，自昼与同里大女子丙斗，甲与丙相捽，丙偾庰甲。里人公士丁救，别丙、甲。甲到室即病复（腹）痛，自宵子变出。今甲裹把子来诣自告，告丙。"这里除了没有说明甲和丙斗殴的原因外，其他叙事要素都已齐备，而斗殴起因没有交代，很可能是因为这个起因不影响案件审断。

　　更令人印象深刻的是《封诊式》中记载的几份现场勘验爰书，如《贼死》《经死》《穴盗》等，其中对现场勘查或法医检验情况的记录和描述十分细致、客观、准确，几乎与现代的司法勘验文书没有太大的差异。学者指出，这些材料"早于久已闻名世界的我国宋代的《洗冤录》一千多年，而其中某些内容较之《洗冤录》的记载还详尽"。①兹录《经死》中的勘验爰书如下："令史某爰书：与牢隶臣某即甲、丙妻、女诊丙。丙死（尸）县其室东内中北廦权，南乡（向），以枲索大如大指，旋通系颈，旋终在项。索上终权，再周结索，馀末衺二尺。头上去权二尺，足不傅地二寸，头北（背）傅廦，舌出齐唇吻，下遗矢弱（溺），污两卻（脚）。解索，其口鼻气出渭（喟）然。索迹椒（椒）郁，不周项二寸。它度毋（无）兵刃木索迹。权大一围，衺三尺，西去堪二尺，堪上可道终索。地坚，不可智（知）人迹。索衺丈。衣络禅襦、帬各一，践□。即令甲、女载丙死（尸）诣廷。"像这样对一个事物，一个现场作如此细致、冷静的描述，在前战国时代的书写史中几乎是见不到的。类似书写在前战国时代缺乏生成的动因。而在战国时期，由国家司法行政化管理趋势引起的对司法勘验的大量需求是此类书写出现的基本原因。客观、细致、准确，不带有感情的或审美的色彩，不会造成理解的误会，几乎没有多余的文字，这是此类文本的特点。那么，此类文本是如何写成的呢？其内容实际上是根据当时司法勘验的规则要求来写的。上引《经死》中"经死"现场勘验爰书之后引述的文字就是这种勘验的规则要求："诊必先谨审视其迹，当独抵死（尸）所，即视索终，终所党有通迹，乃视舌出不出，头足去终所及地各几可（何），遗矢弱（溺）不殹（也）？乃解索，视口鼻渭（喟）然不殹（也）？及视索迹郁之状。道索终所试脱头；能脱，乃□其衣，尽视其身、头发中及篡。舌不出，口鼻不渭（喟）然，索迹不郁，索终急不能脱，□死难审殹（也）。

---

　　① 刘海年：《秦汉诉讼中的"爰书"》，《法学研究》1980 年第 1 期。

节（即）死久，口鼻或不能渭（喟）然者。自杀者必先有故，问其同居，以合（答）其故。"这段文字应该摘自当时司法培训的教材或是司法培训的笔记。不难看出，司法勘验的方法和手段决定了勘验爰书的基本面貌和写法。这种细致的描述一定程度上也拓展了汉语书面语对生活世界的记述能力。此外，我们知道，爰书出自基层司法官吏之手，睡虎地秦墓竹简的主人"喜"也是秦国的一个基层官吏，由此可见书写能力和书写行为在战国时期的普及程度。这个问题下文将进一步论述。

（五）军情文书

战国时期战争频繁，战事瞬息万变，军事情报的传达变得尤为重要。战国邮驿系统的发展很大程度上是由战争的需要推动的。军事情报的传递不仅要求快，还要求高度的保密性，一般的封印措施已不能满足这种保密要求。战国人可能通过特殊的文书书写方式来达此目的，最著名的当属"阴书"。"阴书"之说见于战国人托名周吕望所撰《六韬·龙韬·阴书》：

武王问太公曰："引兵深入诸侯之地，主将欲合兵，行无穷之变，图不测之利，其事烦多，符不能明，相去辽远，言语不通，为之奈何？"太公曰："诸有阴事大虑，当用书不用符。主以书遗将，将以书问主。书皆一合而再离，三发而一知。再离者，分书为三部；三发而一知者，言三人人操一分，相参而不相知情也。此谓阴书。敌虽圣智，莫之能识。"

武王曰："善哉！"[1]

所谓"阴书"，是指把一封机密书信分成三份，分别发出，每份文字不连贯，必须把三次发出的文本合在一起才能读懂。这确实有些"类似于现代的密码信"。[2]当然，《六韬》所述"阴书"之制是否曾在战国施行，目前尚无考古证据，但既然已有此想法，想必是得到真实施行的。值得注意的是，战国政坛密谋之事远非往日可比，需要高度保密的事情很多，一旦泄密，事败命难保，因此，"阴书"并不仅限于军机文书，而是"诸有阴事大虑"皆可用之。

此外，与战争有关的文书还有交战时的劝降信、求和信等，常以箭射之，故称为"矢书"，如《墨子·号令》[3]所述军法曰："客射以书，无得誉，……禁无得举矢书若以书射寇。"敌方射上城的书信很可能是劝降信，私自以书射

---

① 盛冬玲译注：《六韬》，河北人民出版社，1992年，第93-94页。
② 赵彦昌：《中国古代档案管理制度研究》，人民出版社，2011年，第150页。
③ 一般认为，《墨子·号令》为战国后期秦国人或秦时人所作。

寇则有通敌之嫌。《墨子·号令》还提道：守城时，吏、卒、民如有"诸可以便事者，函（亟）以疏传言守"，意为"凡是对事情有利的想法，要赶快以'疏'的形式报告守将"。"疏"指"分条陈述的文书，奏疏"，有专门的传达官负责向守将传达这种文书。① 这大抵是秦国施行的战时文书制度。

（六）其他政务文书

战国时期政务文书的具体类别远不限于上文所述，此处根据出土简牍所见简要列举如下：

1. 司法公文

虽然爰书的使用范围甚广，但仅就秦国而言，爰书亦不等于司法公文的全部。《睡虎地秦墓竹简》中提及的司法公文尚有"告"书、恒书等。

《睡虎地秦墓竹简》中除爰书外，出现最多的是"告"书。② "告"书分两种。一种是县丞③发出的要求乡一级负责人调查或执行某项司法事务的命令公文。《睡虎地秦墓竹简·封诊式·封守》载："乡某爰书：以某县丞某书，封有鞫者某里士五（伍）甲家室、妻、子、臣妾、衣器、畜产。"此处的"某县丞某书"就县丞发出的要求乡负责人查封看守嫌犯（有鞫者某）家室财产的公文，具体文例如《封诊式·黥妾》中"丞某告某乡主"及以下，《封诊式·告臣》中"丞某告某乡主"及以下。此类公文一般明确要求乡负责人书面回复，所谓"到以书言"，或省称为"以书言"。《封诊式·封守》可能就是作为复函的爰书。另一种是请求某平行机构负责人协助办理有关司法事务的公文，《封诊式》中以"（敢）告某县主"起头，以"敢告主"结尾的公文多属此类，如《有鞫》《覆》以及《迁子》中的"告法（废）丘主"及以下等。此类平行公文也明确要求书面回复，只是习用措辞与上一种有异，称为"为报"。

"恒书"应该是与解送有关的司法文书。《封诊式·迁子》载："令吏徒将传及恒书一封诣令史，……成都上恒书太守处。"这里提到押解被判流放罪的罪犯丙的官府公差（吏、徒）要向沿途及流放地的地方官（废丘县令史和成都太守）提交"恒书"。有学者推测，"恒书"的内容或许是介绍案情和判决

---

① 辛玉凤、蒋玉斌等：《墨子译注》，黑龙江人民出版社，2003 年，第 528-529 页。
② 此类公文被省称为"书"，可见无专用名称，因习用"敢告××"或"××告××"等套语，故本文权称为"告"书。
③《后汉书·百官志》："（县）丞署文书，典知仓狱。"县丞主理司法文书事务，是重要的文吏。

情况。①

从包山楚简（以及江陵楚简）可以了解战国时楚国的多种司法文书。包山楚简出自楚国最高司法机构左尹官署，②其中的司法简大部分应该是由左尹官署制作，由左尹官署属吏书写的档案，也有部分简是地方官府呈报给左尹官署的文件，还有个别简可能是楚王廷下发给左尹官署的文件。

（1）疋狱文书。包山楚简中的疋狱文书是简要记录讼案的档案（或可视为受理登记书），与《睡虎地秦墓竹简》中的部分爰书有一定类似之处，但它不是出自基层官署，而是左尹官署制作的档案。疋狱文书一般有两种格式，即"××月××之日，××（人）讼××，谓……，××敚之，××为李"和"××月××之日，××（人/官）讼××，以……（之故），××敚之，××为李"，包含了诉讼受理时间、原告、被告、讼由、主审法官（即敚之者）签署、辅助人员（即为李者）签署等要素，有的还有受案后发文抓执被告人到案的简要记录。③如果与秦国类似爰书做简单比较的话，可以看出以下差异：第一，《睡虎地秦墓竹简》中的部分爰书也有抓执被告人的记录，如《封诊式·盗自告》中的"即令（令）史某往执丙"。第二，《睡虎地秦墓竹简》中的爰书都没有写出受理案件或记录爰书的时间。不过，这可能是由于《封诊式》中的爰书只是抄录下来的范文，抄录者有意略去了原文中的时间。第三，疋狱文书对讼由的记录比《封诊式》中的爰书更加简略，后者实际上是简明扼要地记录原告的口头讼辞，而前者意在概述讼由，故而更加简略。第四，《封诊式》中的爰书内容更复杂，往往要描述接案时的情形，如有一篇爰书写道："某里士五（伍）甲、乙缚诣男子丙、丁及新钱一十钱、容（镕）二合。"有的爰书还记录处理案件的经过和审讯所得供辞。疋狱文书只是受理案件的登记档案，故无此类内容。

（2）受期文书。包山楚简中的受期文书是对有关办案事务的登记档案。"所谓受期，就是授以期日"。④但受期简中通常有两个日期，这两个日期分别是

---

① 参陈治国：《从里耶秦简看秦的公文制度》，《中国历史文物》2007 年第 1 期。但值得注意的一点，如果恒书只是简要介绍案情和判决情况，那不就与《迁子》中的"告"书内容相重复了么？故"恒书"的内容不宜遽断，或可推定的是，"恒书"与完成解送公务有关，它应是比《迁子》中的"告"书更正式的公函。

② 出土包山楚简之墓的墓主即楚国左尹邵佗。

③ 参王捷：《包山楚司法简考论》，华东政法大学 2012 年博士论文，第 71-82 页。简 80、简 85 等有发文抓执被告人的记录，即"既发𢝫，执勿失"（简 80），"既发𢝫，将以廷"（简 85）等。

④ 葛英会：《包山楚简治狱文书研究》，《南方文物》1996 年第 2 期。

对何种事务授以期日，学界争议较大。①本文基本认同陈伟先生在《包山楚简初探》中提出的意见。第一个日期是左尹官署提出约定的日期（即文件签发日），内容是要求某地方官员执行某项与案件有关的公务（传唤、逮捕、调查等），第二个日期是要求该地方官员完成该事务的截止日期。②受期文书的标准格式是"××月××之日（第一个日期），××（地/机构）××（人/官）受期，××月××之日（第二个日期），××××（办理事项的内容，最常见的是'不将××（地/机构）之××（人）以廷/告，阠门又（有）败'③），XX（人/官）戠之（签发官员署名）"。由此来看，受期文书与左尹官署签发的某种下行命令文书关系密切。这种命令文书很可能即简80、简85（均属疋狱简）中提到的"孚"（有时作"子"，或为同字省写），受期文书要么是"孚"本身，要么这种"孚"的登记底本。考虑到包山楚简应是左尹官署留存的档案，而"孚"本身是发出去的公函，所以受期文书更可能是"孚"的登记底本。④

（3）诉状文书。包山楚简中"集箸言"简包含了多篇讼辞，这些讼辞多数可能是由原告（或其委托的书手）撰写并提交官府的诉状。⑤江陵楚简大抵亦属此类。⑥这些诉状基本上都按固定格式书写，比较规范，⑦从原告角度对案情经过的描述详细具体，言事结合，篇幅大多较长。⑧

（4）案情汇报文书、奏谳文书。"集箸言"简包含了多份地方官府呈送给左尹官署的案情汇报文书，如郑僕窃马杀人案相关简文（简120~123），内

---

① 关于受期性质的争议，可参王捷：《包山楚司法简考论》，华东政法大学2012年博士论文，第110-111页。

② 参见陈伟：《包山楚简初探》，武汉大学出版社，1996年，第52-53页。

③ 大意为"不将某人带到左尹官署接受审理，就是败坏法庭"。"不将……以廷/告""阠门又（有）败"都是固定表达式。

④ 参陈伟：《包山楚简初探》，前揭，第55页；王捷：《包山楚司法简考论》，华东政法大学2012年博士论文，第111-114页。

⑤ 当然，诉状在案件审理及过程中可能经过官府吏员抄录。也有一些讼辞应该是官府对口头讼辞的记录，如窃马杀人案相关简文（简120）中的讼辞。

⑥ 详参黄锡全、滕壬生：《江陵砖瓦厂M370楚墓竹简》，文见黄锡全《古文字与古货币文集》，文物出版社，2009年，426-429页。

⑦ 如向楚王廷直诉的诉状都以"XX（人/官）敢告视日"起头，以"不敢不告视日"结尾。

⑧ 如舒庆杀人案、宵官司败若告邵行大夫执其偣人案等案件的诉状都达到数百字。参见朱晓雪：《包山楚墓文书简、卜筮祭祷简集释及相关问题研究》，吉林大学2011年博士论文。

容包括原告讼辞、审理过程记录、嫌犯口供、抓捕命令记录、盟证记录等。①
此类文书比较接近《睡虎地秦墓竹简·封诊式》中的部分爰书，也比较接近
岳麓秦简中所谓"狭义的"奏谳文书。此类奏谳书"均系下级机关对上级机
关有关法律适用方面的请示"，②内容包含了对案情的详细汇报（也包括审讯
记录）。与上述楚简和睡虎地秦简类似简文不同的是，岳麓秦简此类奏谳书多
数附有简明的"吏议"，即地方司法官吏提出的判案建议，如"为伪私书"案
中的"吏议：耐学隶臣。或令赎耐"，这是提供了两种裁判意见。此类文书也
有比较规范的格式，如"每个案例前后称'敢谳之'，主文称'疑某人罪''疑
某人购'等"。③不过，这些奏谳书很可能并非真正的上行司法公文，因为其
中几个案例还附有上级机关批复性的简文，即"报"，如"为伪私书"案中的
"谳报：毋择已为卿，赀某、某各一盾。谨穷以法论之"。如果这些奏谳书的
性质是相同的，那么它们应该是副本，而且经过了文字处理（如用"某"替
代受罚金者的真名），这说明，这些简文的书写目的可能如劳武利先生所推测
的，是"为地方司法机关的负责官吏提供用于办案训练的先例或者模本"。④
《睡虎地秦墓竹简·封诊式》也是如此。

　　（5）命令和覆命文书。上述"穸"文书即属司法命令文书，此外，尚有
其他形式，如舒庆杀人案中左尹向汤公下发的督办命令（简 135 反是此命令
文书的底本），其基本形式为"左尹（以）王命告汤（唐）公：'……'"包山
楚简中还多见"壴"字，简 162 ~ 196 一组文书因由"所壴告""所壴于""告
所壴于"等文辞引起，被统称为"所豆"类文书。⑤据陈伟先生考证，"壴"
表示上级官长（也包括楚王）将讼狱交下级官员办理，⑥如简 16 反（"十月甲
申王豆"）是左尹官署的一份收件说明，意为"于十月甲申日收到君王嘱命办
理此案"。⑦也就是说楚王应该曾向左尹下达过办理此案的书面指令。这种指

---

① 详参王捷：《包山楚司法简考论》，华东政法大学 2012 年博士论文，第161-163 页。
② 朱汉民、陈松长：《岳麓书院藏秦简（三）》，上海辞书出版社，2013 年，序言。
③ 朱汉民、陈松长：《岳麓书院藏秦简（三）》，上海辞书出版社，2013 年，序言。
④ [德]劳武利著，李婧嵘译：《张家山汉简〈奏谳书〉与岳麓书院秦简〈为狱等状
　　四种〉的初步比较》，《湖南大学学报》（社会科学版）2013 年第 3 期。
⑤ 参见陈伟：《包山楚简初探》，前揭，第 33 页。至于"所壴"文书本身的性质，
　　王捷认为："应该是左尹极为简要地记录其下属官员具体负责案件而形成的工
　　作记录。"（王捷：《包山楚司法简考论》，华东政法大学 2012 年博士论文，第
　　156 页）。
⑥ 参见陈伟：《包山楚简初探》，前揭，第 30 页。
⑦ 参王捷：《包山楚司法简考论》，华东政法大学 2012 年博士论文，第125-126 页。

令可能只是十分简单的批示，^①也可能有具体的要求。^②岳麓秦简《为狱等状》四种中有两个案件相关简文中包含郡一级机关对县一级机关的司法命令，使用的命令词为"谓"，内容是命令县司法机关处理经过郡府复审过的案件。

有命令文书，自然也当有覆命文书，如简 137 反、简 131、简 136、简 137 就是舒庆杀人案中汤公回复左尹的文书。从简 137 反"以致命于子左尹。仆军造言之：……仆倚之以致命。"可知，覆命文书有一定的格式要求和套语。这组覆命文书由两部分构成，先简要汇报基本情况（简 137 反），这部分有明确的针对性，如向左尹表示"定将在期限内了断此案"（"将至时而断之"），再附上比较详细的案情介绍（简 131、简 136、简 137），这部分如案情汇报文书。

（6）案件调查记录、案情摘要。包山楚简集箸类简中的简 12～13 和简 126～127 系左尹官署制作的两份案件调查记录档案，其基本格式为："××之岁××之月××之日，子左尹命××（接受命令者）察××××（需要调查的事项），××××（覆命者的官职名、人名）言谓：××××（调查结果），××（负责办理的左尹属吏官职名）内（纳）氏（是）等（志）。"^③包山楚简中还有左尹官署记录的讼辞摘要，如简 15 反，"类于现代案卷中的案情摘要，故书于竹简的反面"。^④包山楚简中的案件调查记录、案情摘要也比较接近部分秦爰书。

2. 行政文书

虽然目前出土的战国秦、楚简牍中的文书简大多属于司法简，但从这些简牍可以查知当时不与司法事务直接相关的政务文书也是十分多样且被制度化使用的。

（1）用书。《睡虎地秦墓竹简·秦律十八种·厩苑律》载秦律"叚（假）铁器，销敝不胜而毁者，为用书，受勿责"。这里的"用书"应是报销损耗的文书。

---

① 陈伟推测："简 17 反仅书'左尹'二字，笔迹与简 15 反、简 16 反迥异，可能是楚王或其近臣在将诉状转送左尹官署时的批文。"（陈伟：《包山楚简初探》，前揭，第 30 页）

② 如简 139 反、138 反显示，在舒庆杀人案中，楚王甚至对该案再次举行盟证时的证人资格规定提出了具体要求。简 139 反、138 反实际上是左尹向汤公转达楚王的具体指令。

③ 有学者认为，这两份公文是左尹官署发出的调查文书，是下行文书（参王捷：《包山楚司法简考论》，华东政法大学 2012 年博士论文，第 43-44 页），恐误，因为下行文书不可能包含覆命内容。

④ 王捷：《包山楚司法简考论》，华东政法大学 2012 年博士论文，第 126 页。

（2）诊书。《睡虎地秦墓竹简·厩苑律》："小隶臣……其非疾死者，以其诊书告官论之。"这里的"诊书"应是官府对死者的检验文书，有些类似勘验爰书，但勘验爰书是司法机构出具的文书，此处的"诊书"似乎只是管理厩苑的官署出具的初步检验文书，故有"告官论之"的说法，这个"官"才是具备相应司法职能的官署。

（3）传。传是通行证，使用广泛，例如《睡虎地秦墓竹简·封诊式·迁子》："令吏徒将传及恒书一封诣令史。"这里的传是解送犯人沿途使用的通行证。晋崔豹《古今注》曰："凡传皆以木为之，长五寸，书符信于上，又以一板封之，皆封以御史印章，所以为信也，如今之过所也。"

（4）节。上文提到的"节"文书是执行某项司法命令时使用的凭证。还有一种节也具有凭证功能，如著名的鄂君启节。鄂君启节是楚怀王颁发给鄂君的通关免税凭证，分舟节和车节两种，皆用青铜制成，成竹节状，其中舟节每件有错金铭文 165 字，车节每件有错金铭文 150 字。铭文内容："详细规定了鄂君启水路、陆路运输的路线、车辆船只的大小与数量、运载量、运输货物的种类、禁止运输的货物和纳税及免税情况等。"①鄂君启节铭文的文体构成与前战国时代铭文有明显的渊源关系，但作为通关免税的授权凭证，它具有行政文书的功能。战国时使用的证件文书还有符（兵符）、致②等，此不详述。证件文书的基本特点是文本本身和文本的物质载体共同起到凭证作用。

（5）户籍登记文书。户籍登记是战国时期一项重要的政务活动。战国户籍登记簿册大抵可分为两类，一类用来登记贵族名籍，一类用来登记庶民名籍。出土的楚、秦战国简牍中可见多处与户籍登记文书有关的记载，如包山楚简的集箸类和集箸言类简中提到的"登玉府之典""纳溺典""在典""致典"等，③其具体含义尚有争议，但各家一致认为，这里的"典"都是指户籍登记文书。"玉府之典""溺典""在典"见于包山楚简简 2～6 和简 7～8，这两篇简文记载的是楚王和楚太子下令调查具体名籍事务的事件，可见楚国对名籍事务的重视。刘信芳认为这些简文反映了楚怀王时期大规模"料民"的举措，目的是为了补充兵员。④王捷则认为不可能是反映大规模的"料民"，因为"如

---

① 邓淑君主编：《书籍设计》，中国水利水电出版社，2011 年，第 5 页。

② "致"书大抵是公务接洽函一类文书，如岳麓秦简中有一条秦二世时的"令"引述秦庄襄王时期内史之言曰："令沮、南郑听西工室致。"意为沮县和南郑两县官府要按照西工室出具的接洽公函为其派出人员办理采伐事宜。参见陈松长：《岳麓秦简中的两条秦二世时期令文》，《文物》2015 年第 9 期。

③ 详参王捷：《包山楚司法简考论》，华东政法大学 2012 年博士论文，第 35-39 页。

④ 参见刘信芳：《包山楚简解诂》，（台北）艺文印书馆，2003 年，第 12 页。

果楚王作为一国之君亲自处理数以百万计的臣民名籍登记事务，实际上不太可行"。这里的登"典""应与王族有关"，目的是"查明并确认楚王族相关人员的情况，以用于分封授官等事务的根据"。①王捷的看法是有道理的。但从简文可知，当时楚国对普通人名籍的登记制度应该也是比较完备的，因为多处简文记载了左尹官署向地方官下达关于调查案件相关人员名籍的命令，如简 12～13、简 10～11、简 16 等，其中有些人员显然不是贵族，如简 16："子左尹詻之新佶（造）止尹丹，命为仆至典，皆至典，仆有典，邵行无典。"这是记载宵官司败若告邵行大夫执其佰人（工匠）案中左尹命令尹丹查找被执佰人名籍簿册的情况，结果查知宵官司败若有相关簿册登记，邵行大夫处则无。从该案例可知，楚国对庶民的名籍登记还是比较严格的，至少不能轻易伪造，而且庶民在官者其名籍一并带入所在官府。此外，包山楚简中指称名籍簿册有"陈豫之典"（见简 11）、"间御之典"（见简 13）的说法，一般认为，"陈豫""间御"是楚国纪年的省称，由此可知，楚国户籍是以年为类，分年编次保存于地方官府。②

　　户籍管理和人员信息登记是国家进行社会管控的最重要手段之一。商鞅变法之后的秦国是战国时期实施编户齐民政策最用力的国家，其相关制度的严格程度不会亚于楚国。《睡虎地秦墓竹简·封诊式》中多见"定名事里"的记载，都是要求嫌犯居住地的基层官吏确认嫌犯的姓名、身份、籍贯。不难推想，秦国地方必有相当完备的户籍登记档案。值得注意的是，秦国地方官府对本地人口所登记的信息不仅限于姓名、身份、籍贯，还包括犯罪及处理情况等的记录，如《封诊式·覆》在"定名事里"之后中还要求确认嫌犯："所坐论云可（何），可（何）罪赦，【或】覆问毋（无）有，几籍亡，亡及逋事各几可（何）日。"（语译：曾犯有何罪，判过什么刑罚或经赦免，再查问还有什么问题，有几次在簿籍上记录逃亡，逃亡和逋事各多少天。③）事实上，秦国在成年男子登记事务方面已经制定了专门法律，即所谓"傅律"。《汉书·高帝纪》注曰："傅，著也。言著名籍，给公家徭役也。"《睡虎地秦墓竹简·秦律杂抄》就转录了一条"傅律"，从该律文亦可略见秦国名籍制度的严格。④

　　附带指出，就秦简所见，当时地方官署在日常行政中经常要进行簿籍类文书的书写，类型有廥籍（即仓库登记册）、食者籍（领取口粮人员的名籍）、

---

① 王捷：《包山楚司法简考论》，华东政法大学 2012 年博士论文，第 46 页。
② 参见周凤五：《包山楚简〈集箸〉〈集著言〉析论》，载《中国文字》新 21 期，（台北）艺文印书馆，1996 年；陈伟：《包山楚简初探》，前揭，第 126-127 页。
③ 译文据睡虎地秦墓竹简整理小组：《睡虎地秦墓竹简》，前揭，第 251 页。
④ 参看睡虎地秦墓竹简整理小组：《睡虎地秦墓竹简》，前揭，第 143-144 页。

算簿、官吏政绩考核簿①等，此不详述。

（6）贷金文书。包山楚简简 103～119（可分为两组）与金钱借贷事务有关，一般被称为"贷金"文书（或"财约"文书）。"贷金"文书也有一定格式。②从简文内容来看，"贷金"文书应是贷金事务的档案记录，内容包括某中央官署官员向某地方官员下达的要求其为另一地方提供金钱借贷的命令记录，经办官员签署记录以及各地方官员为本地（及其属地）贷金的具体数额记录，有的还包括限定还贷日期和逾期未还贷记录。有学者认为，此类文书"事关金钱借贷，书之于竹册，当系民约之属"。③但简文明确显示贷金是楚国中央官员的指令，故而此类贷金事务应属公务，而非民约。左尹官署之所以存有这种"贷金"文书，而且其格式与足狱文书类似，很可能是因为左尹官署也是此类公务的经办官署。

（7）举荐函。岳麓秦简中整理者称为"为狱等状四种"（原命名"奏谳书"）的司法文书中有两篇（案例 9 和 10）是以县级长官名义写的举荐公函，有"××敢言"的格式，内容是希望郡级长官将破案有功的官吏（狱史或令史）提拔为卒史，以勉励其他官吏，同时使盗贼不敢犯案。（如"××谒以补卒史，劝它吏，卑〔俾〕盗贼不发"）此类文书亦见于《张家山汉简·奏谳书》（案例 22）。④从后者可知，这种举荐不是私人举荐，而是有制度依据的，⑤因此，此类举荐书属上行的行政公文或其副本，而非私信。同时需要注意的是，这几份举荐书是与所涉案件的案情汇报编排在一起的，也就是说，举荐书可能是案情汇报书的附件，或者相反。案情汇报书在此可以起到介绍"破案立功

---

① 《睡虎地秦墓竹简·语书》："令、丞以为不直，志千里使有籍书之，以为恶吏。"这里说郡官要将办事不公正的地方官吏的行为记录在专门簿籍中，以为惩戒凭据。

② 详参王捷：《包山楚司法简考论》，华东政法大学 2012 年博士论文，第 89-90 页；葛英会：《包山楚简治狱文书研究》，《南方文物》1996 年第 2 期。

③ 葛英会：《包山楚简治狱文书研究》，《南方文物》1996 年第 2 期。

④ 《张家山汉简·奏谳书》案例 22 的发生时间是秦王政六年（公元前 242 年），岳麓秦简这两篇简文的编写时间可能"正好跨过秦王政至秦始皇的时代分界"。（参见张伯元：《岳麓简（三）的内容及法律史价值》，《华东政法大学学报》2014 年第 2 期；朱汉民、陈松长：《岳麓书院藏秦简（三）》，上海辞书出版社，2013 年，序言）

⑤ 《张家山汉简·奏谳书》案例 22 中提到一条秦以前的令"狱史能得微难狱，上"，这应该就是举荐官吏的法令依据。[参见[德]劳武利著，李婧嵘译：《张家山汉简〈奏谳书〉与岳麓书院秦简〈为狱等状四种〉的初步比较》，《湖南大学学报》（社会科学版）2013 年第 3 期]

的原委"①的作用，但它本身当属司法公文。这个现象说明："行政事务常常与司法案件的审断交错在一起。"②因此，行政公文与司法公文也没有严格的界限。

（8）语书。上文已多次提及《睡虎地秦墓竹简》中的《语书》。这篇《语书》是秦国南郡郡守下发给其所属县、道负责官吏的文告。③它显然具有下行行政文书的性质，但这种政务文书又有其特殊性，其内容并不是针对某项具体的政务，而是郡守对地方属吏的政治思想训诫，联系春秋时期的"语"类文献，其之所以被命名为"语"书，也正是因其训诫内容。因此，我们也可以将"语书"理解为政教文本，或者说，它是被纳入政务公文的政教文本。

进入战国以来，前战国时代史官政教书写的传统虽然整体上是由政治哲学性质的个人书写来继承的，但政治权力系统内部仍然需要政教书写。人是观念的存在物，单靠俸禄制度、选拔制度等制度改革并不能保证新的职业官僚系统按照君主意志进行高效运作。因此，自上而下的政治意识形态训教、归化仍然是战国时期政教书写的使命，"语书"书写即源于此。但从这篇《语书》也可看出这时期自上而下的政教书写的新特征。

第一，政教的内容类型有变化。《语书》的核心训教内容是可以分为两个部分：第一部分是要求地方官吏要通晓并严格遵守君主颁布的"法律令"，通过落实"法律令"来"佐上"，即为国家，为君主效力；第二部分要求地方官吏具备一定的性情品质和行为意识，例如要"廉絜敦愨（廉洁、老实）""有公心"，不"独治（独断专行）"，不"繖（偷）随（惰）疾事，易口舌，不羞辱，轻恶言而易病人，……阬閬　强肮（伉）以视（示）强"（语译：苟且偷懒，遇事推脱，容易搬弄是非，不知羞耻，轻率地口出恶言而侮辱别人，……自高自大，蛮横倔强，显示自己强干），等等。④第一部分内容属于法治训诫，强调了官僚系统的职业化、法治化，这不难理解，因为新的法治主义已经取代传统礼治主义成为主流政治意识形态。但这与第二部分内容看起来有些隔阂，因为对官僚人品修养的推重似乎"显示出官僚意识当中人性化的一面，而不仅仅是过度职业化的反映"。⑤其实两者不仅不矛盾，而且是相辅成、相

---

① 岳麓书院藏秦简整理小组：《岳麓书院藏秦简〈为狱等状四种〉概述》，《文物》2013 年第 5 期。

② 张伯元：《岳麓简（三）的内容及法律史价值》，《华东政法大学学报》2014 年第 2 期。

③ 需要注意，"语书"应是一类文书的名称，而不是这篇文告的专称。

④ 睡虎地秦墓竹简整理小组：《睡虎地秦墓竹简》，前揭，第 19-22 页。

⑤ 雷戈：《为吏之道——后战国时代官僚意识的思想史分析》，《首都师范大学学报》（社会科学版）2005 年第 1 期。

配套的关系。不少学者从《语书》的第二部分内容和《为吏之道》以及岳麓秦简中的《为吏治官及黔首》中分析出儒家思想、法家思想、道家思想，或者主张其具有综合诸家的性质。此类分析多有其理，因为官方政教训诫有意无意地吸收政治哲学思潮的某些流行观念以为己用，本是很自然的事情，但需要明确的是，这些有关性情品质和行为意识的规训本质上并不是为标榜儒家人格或道家人格，甚至也不是标榜法家人格，①而是集权君主制下法治化行政运作的题中之义。《语书》第二部分所描述的特定性情品质和行为意识既是这种行政运作塑造出来的，同时也是这种行政运作所需要的。集权君主政制需要找到合适的人来构建新的官僚行政系统，这种人有怎样的出身背景已经不重要，重要的是得具备或者可以被改造成具备这些特定性情品质和行为意识，既能无条件服从上级，又能一丝不苟地照章办事，从而使君主的专制与社会的法治看起来并行不悖。

第二，这种书写一定程度上是被纳入行政运作系统之内的，如《语书》的书写者（无论是郡守本人还是书佐一类文吏②）及言说对象（郡守下属各县、道官员）③都是职业官僚，其形制、格式及传达方式④等也都与一般政务文书相类。借助行政运作系统来施行对基层官吏的政教规训在当时应该是比较自然的事情，因为官僚机构日益庞大，基层官吏为数众多，这种方式无疑是最有效率的。但在职业官僚系统很不成熟的前战国时代，自上而下的政教基本上是在高级贵族与低级贵族的个人之间经由宗法系统的纽带来进行。要之，在前战国时代，政教的权力来自礼法等级，到了战国时期，这种权力的来源逐渐为科层等级所取代。当然，当时的政教书写及传播也并非都以直接的行政运作的方式进行，像《为吏之道》《为吏治官及黔首》之类官箴读本⑤虽然可能得到权力中心的认可和推广，但不会是以命令、文告形式下发，更可能是在各级官僚群体内部自由传抄，其本文的书写者则可能是有威望的高级官僚（不排除是致仕官僚）。

---

① 它在一定程度上反映了法家哲人所主张的理想官僚的性情品质，但这当然不等同于法家哲人的性情品质。

②《语书》文本有可能是由郡守官署内书佐人员起草。

③《语书》先要在南郡所属各县、道主官处传阅，进而由各县、道主官下发给所属各曹。

④ 这份《语书》中明确规定了传达方式："以次传；别书江陵布，以邮行""发书，移书曹"。

⑤ 一般认为，《为吏之道》的抄写年代在秦统一之前，《为吏治官及黔首》则在秦统一之后，但二者思想取向接近，具体内容亦多可相互参照。

（七）文书行政与文吏政治

战国时期，随着新的集权君主政制以及科层行政管理体系的日益成熟，政务性书写活动明显较前战国时代更为活跃，其制度化的程度也越来越高。①政务文书的书写基本上由文吏集团完成，制作和使用政务文书开始成为维系列国日常行政运作和社会治理的基本手段，可以说，战国时期的中国普遍建立了文书行政的模式，形成了由文吏集团维持国家机器运转的政治形态，即所谓文吏政治，尽管列国的完善程度不尽相同。

战国时期的政务书写活动大抵可分为行政书写和法律书写两大类，就文本类型而言则可分为行政文书和法律文书，后者包括规范性的法律文件和非规范性的法律文书（即司法文书）。不管是行政文书，还是法律文书，都可以细分为很多具体的文体，并对应于行政、司法等政务活动的各个环节。以包山楚简所见楚国左尹官署办理案件过程为例，其中涉及的司法文书就包括书面起诉状、王廷指令书、案件登记书、配合调查或执行的命令文书、受期文书、案情汇报书、书面断案报告等多种类型。②文书的制作和使用基本上伴随整个司法程序的所有环节，以至于借助这些文书我们就可以在很大程度上还原相应司法流程。政务书写文体的多样化，实际上反映了政务活动的细致化和覆盖范围的扩大。由于编户齐民式的社会管理方式日益普遍，国家权力逐渐向基层延伸，基层社会组织的重要性削弱，统一管理的分量加大，客观上造成了这种细致化和扩大化的需要。此外，由于集权君主政制下政令与法律、行政与司法的同一化倾向，战国时期行政文书和法律文书之间有时并没有明晰的界限，如有些政令、文告既是下行公文，又是具有普遍规范性的法律文件，有的司法文书（如爰书）实际上也可视为行政公文。③

---

① 除了文本书写的规范外，还包括一系列配套性的制度，如公文的邮驿制度、检署制度、副本制度、保管制度以及弃毁制度等。

② 左尹受理的案件有的来自原告直诉，有的是接受楚王命令，如果是原告直诉，一般有书面起诉状，如果是接受楚王命令，也有王廷发出的书面指令。左尹官署受理案件后首先要进行案件登记（即"疋狱文书"），案件审理过程中左尹官署经常要向地方官员发出要求配合调查或执行的命令文书（即"牼"文书）或其他督办文书，并留存底本（如"受期文书"），地方官府也要向左尹官署呈送相应的覆命书或案情汇报书。案件审理完成，主审法官要向左尹"致命"（提供书面断案报告），如果是楚王交办案件，则左尹可能也需要向楚王提交书面报告。（参王捷：《包山楚司法简考论》，华东政法大学 2012 年博士论文，第 142 页）

③ 战国时期，"在行政、司法、立法诸部门中，只有行政部门得到了最充分的发展，司法和立法是专制官僚行政的附属物"。（阎步克：《士大夫政治演生史稿》，北京大学出版社，2015 年，第 133 页）从这个角度说，此时行政、司法和立法三者以及相应书写活动其实是合一的。

1. 战国文吏及其培养机制

文吏政治始于战国，并不是说战国之前没有执掌文书书写和保藏的官僚。在前战国时代，这类官僚大多属于史官集团。战国文吏也与前战国史官保持着渊源关系，从《睡虎地秦墓竹简》的记载可知，战国时秦国的很多基层行政文官都称为史，墓主人"喜"本人也担任过多种史官，如安陆御史、安陆令史、鄢令史等。[①]不过，战国的文吏大多已是科层行政体系下的职业官僚，这是他们与前战国史官最大的区别。章学诚曾将西周之史与后世中国帝制中的职官相类比："府史之史，庶人在官供书役者，今之所谓书吏是也。五史，则卿、大夫、士为之，所掌图书、纪载、法式之事，今之所谓内阁六科、翰林中书之属是也。高下之隔、流别之判，如霄壤矣。"[②]就继承和延续的方面来看确实如此，但差别亦是明显的。在周王朝，作为低级史官的"府史"与作为高级史官的"五史"有庶人与贵族之别（卿大夫基本都是世袭贵族），前者整体上依附于后者。所以，在周王朝中充当政治生活主导力量的是包括高级史官在内的贵族官僚。战国以来的文吏虽然也有高级低级之分，但身份性质的差异已经大大弱化了，低级文吏和高级文吏都是职业官僚，他们之间基本上是上下级行政隶属关系。此外，与政务复杂化的需要相适应，文吏的数量也比过去掌管文书法典的史官多了许多。

所谓"文吏"或"文吏集团"可以有狭义和广义两种理解。狭义的"文吏"是指以书写为主要工作方式的职业行政官僚。战国时期，这一类官吏开始在行政系统运作中发挥主导作用。当然，并非所有官吏都是主书的，但比较宽泛或广义地看，在文吏政治这种政治形态中，绝大多数官僚的日常职司都涉及书写，或者至少经常性地与在行政系统中不断被制作出来的书面文本打交道，从而配合行政系统的运转。与书写有关的职司记载在出土的战国公文简牍中几乎随处可见。例如按照《睡虎地秦墓竹简·秦律十八种》中有关"仓律"的记载，秦国一个粮仓主管（仓啬夫）经常要处理公文书写事宜，如有粮食和饲料入仓、出仓，都要在簿籍上登记，并上报内史（"入禾稼、刍稾，辄为籍，上内史""其出入、增积及效如禾"）；入仓增积者的姓名和籍贯也要

---

① 阎步克指出："由秦简所见，'令史'一官在行政司法活动中十分活跃，其官名似与西周之史传达君主命令之责有关。秦御史主书主法，而'御史'原亦周官。"（阎步克：《士大夫政治演生史稿》，前揭，第 124 页）沈起炜、徐光烈编著的《简明中国历代职官词典》"令史"条说："'史'本为秦、汉时人对属吏的通称，故以县令之属吏为令史。"（沈起炜、徐光烈：《简明中国历代职官词典》，上海辞书出版社，2014 年，第 115 页）

② 〔清〕章学诚著，叶瑛校注：《文史通义校注》，中华书局，1985 年，第 230 页。

登记（"书入禾增积者之名事邑里于廥籍"）；一积谷物、刍稾出尽的时候，要上报多余或不足之数；计量谷、黍，要以文书形式报告产年，分别计数（"以书言年，别其数"）；用来酿酒的谷物要单独贮存，每年十月用牒写明数量，上报内史（"到十月牒书数，上内史"）等。

从书写者的角度看，文史集团自然是政务书写的主体。就狭义的文史而言，文史又被称为"文法吏"。"文"被等同于"文法"，这一方面是因为司法文书的书写成为司法官僚履行职务的一项日常工作，另一方面，其他官僚的政务书写实际上也"包含着基本的行政规程和技术"，换言之，包含着政令和法律同一化了的广义之法，或者保证了此种广义之法在政务运作中的有效贯彻。[①]

文史既然已经成为政务运作的主导力量，那么自然需要一套适应此需求的人才储备和培养机制。这也与书写活动直接相关，因为文史的培养首先是读写能力的培养。《汉书·艺文志》载："萧何草律，亦著其法，曰：'太史试学童，能讽书九千字以上，乃得为史。又以六体试之，课最者以为尚书御史史书令史。……'"[②]所言虽是汉初制度，但渊源甚早，故唐代封演《封氏闻见记·文字》曰："古者，十年入小学，学书计，十七能讽书九千字，乃得为史。"[③]在时间上以"古者"概而言之。这个"古者"无疑可以追溯到前战国时代，那么战国时的变化在哪里呢？首先是培养的对象有变化。在前战国时代，官方书写教育的对象（"学童"）是所谓"国子"，即贵族后代，包括有贵族身份的史官后代，而继承史职的一般是史官后代。战国时，随着贵族政治的解体和史职本身的泛化，官方书写教育的对象范围也有所扩大。《睡虎地秦墓竹简·内史杂》有一条记载说："非史子也，毋敢学学室，犯令者有罪。""学室"应是官办学校，而且只有"史子"有权利在其中学习。这条记载看起来是一个反证，说明即便是文吏化程度最高的秦国也完全继承了史职世代相传的传统。但问题是这时的"史"已经与前战国时代的"史"有了较大区别，它很可能是当时人对文吏（尤其是中低级文吏）的通称，即在政府任职的有处理文书职司的官僚皆可称为"史"，此类官僚的数量是相当多的，而且，按照新的科层制管理模式——尽管并不完善——他们的职司往往并不固定，许多

---

① 阎步克：《士大夫政治演生史稿》，前揭，第 125 页。

② 〔汉〕班固：《汉书》，中华书局，2012 年，第 1529 页。类似记载亦见《说文解字·叙》引汉《尉律》："学僮十七已上，始试讽籀书九千字，乃得为史。"（见郭丹主编：《先秦两汉文论全编》，上海远东出版社，2012 年，第 727 页）

③ 见尹德新主编：《历代教育笔记资料》第 1 册《魏晋南北朝隋唐五代部分》，中国劳动出版社，1990 年，第 361 页。

人的官宦生涯都是从基层文吏开始的，如李斯年少时是楚国"掌乡文书"的郡小吏。[①]一方面，"史"可以"改行"担任不以处理文书为主要职司的职务，另一方面，"史"的职务也可转由其他类型的官僚担任。《内史杂》还有一条记载说："下吏能书者，毋敢从史之事。"此条记载同样容易引起误会，以为在秦国只有史官才能"从史之事"。其实这里的"下吏"并非一般低级官吏，而是指由罪犯充任的官府杂役人员。[②]从这一律条反推，秦国的法律应该没有禁止具备书写能力的其他类型官吏"从史之事"。总之，战国时"史子"的范围应该已经扩大了，如阎步克先生所言，秦的"学室"，其实就是一种培养文吏的学校，这种学校在其他国家应该也是存在的，虽尚缺少文献记载。

第二，培养标准的规范化程度应该有所提高。上引《汉书·艺文志》中对史官入职资格的具体规定，如"能讽书九千字""六体""课最者"，应该确是始于汉代，但通过正式考试选拔一般文吏的方式则可能是从战国时期开始的。因为按照传统的礼法规则，成为史官虽然也需要得到读写方面的教育培养，但史官毕竟是世官，身为史官后代本身就拥有成为史官的基本资格。这就决定了不太可能为史官入职设置其他硬性门槛。战国时的文吏总体上已经是职业官僚，从制度设计的角度说，谁适合担任此类职务首先要考虑的是能力，尤其是读写的能力，这样自然就出现了或者至少强化了考察读写能力的量化标准。

当然，具备读写能力只是文吏培养的基本要求。文吏的工作是特定的行政事务，所以更进一步的要求是能够掌握特定政务书写的规则，将行政的规程与书写能力结合起来。例如《睡虎地秦墓竹简·法律答问》中的很多内容是关于法律条文所用词语的答问。任举二例，如"'誉适（敌）以恐众心者，戮（戮）。''戮（戮）'者可（何）如？生戮（戮），戮（戮）之已乃斩之之谓殹（也）。"这里问的是"戮（戮）"这个词语的含义，回答的内容表面上也只是单纯的词语解释，但实际上它解释的不止是一个词语，而是特定法条所设置的规则。又如"何谓'羊駆'？'羊駆'，草实可食殹（也）"，如果单独出来看，这一条只是在询问和解释一个植物名词的含义。但它既然是被放置在《法律答问》这样一个特定语境中的，我们就不难想见，一定是有某一条未在此处引用的律文使用了这个植物名词。了解"羊駆"这个能指的所指，

---

① 见《史记·李斯列传》。史职的迁移现象在春秋时期已经出现，如晋国的董安于先为赵氏家史，后被任命为上地守，同样出身晋国史官世家的籍秦担任的是上军司马，亦非史职。

② 参见睡虎地秦墓竹简整理小组：《睡虎地秦墓竹简》，文物出版社，1978年，第107页注释。

目的是为了了解包含这个能指的律文的所指。至于《睡虎地秦墓竹简·封诊式》"讯狱"条关于爰书书写规范的记载["治（笞）谅（掠）之必书曰：爰书：以某数更言，毋（无）解辞，治（笞）讯某"]，更是行政规则（这里是司法规则）与书写技能结合的显例。当然，此种进一步的教育未必能够在"学室"之类的学校中进行，而更可能是在文吏进入工作岗位之后，借助有计划的培训来实施。

值得注意的是，在一定范围内，作为书写者的文吏仍然可能存在书手与责任者的区分，如里耶秦简文书常见"某手"的形式，据学者研究，这是文书经手责任人的签署标记，但经手责任人多不是直接书手。学者推测这些书手"可能是专职文书工作的'书佐'之类人员"，他们"只是适逢业务而受命书写"，"并未留名"。①这个现象可以说明当时官僚行政系统运作的复杂性，也说明在基层公务员中书写能力的普及程度应该很高。

2. 书写方式与凭证意识

在行政运作日益规范化的背景下，战国时期的政务书写在书写方式上自然是以记、抄、编为主。这不是说没有创作的成分，战国时期具有一定政务书写性质的奏议书写以及草创宪令之类立法书写等当然都是"作"文。但政务书写中创作的方式主要集中在国家机器或官僚系统的中上层。就大量基层的政务工作而言，记录和抄写无疑是主导。为何会如此？原因在于，文书行政实际上可以理解为一种广义的档案行政。②政务文书书写的根本意义在于为行政权力的运行留下作为物质性凭证的文本。换言之，纯粹的政务书写说到底是一种凭证书写。一般而言，这种书写的直接目的就是为了提供对某种客观存在的书面证明，而不是要通过编织文本来意指书写者个人的思想、观念，这就决定了其书写的主要方式是记和抄。进一步说，物质性凭证是多种多样的，为何到了战国时期会开始出现特别依赖书面凭证的情形？根本原因是只有书面凭证能够适应由政务管理系统化、细致化所带来的所需证明内容的复杂性。一方面，政令和法律需要层层贯彻落实，只有通过大量的书面凭证，才能证明和反馈特定政令和法律在某个环节、层面的执行情况，保证行政权

---

① 林进忠：《里耶秦简"赀赎文书"的书手探析》，《湖南大学学报》（社会科学版）2010 年第 4 期。又参赵炳清：《秦代地方行政文书运作形态之考察——以里耶秦简为中心》，《史学月刊》2015 年第 4 期。

② 一般而言，档案是备查的，即虽然是出于提供凭证的目的，但其凭证的功能未必真的实现。这里说的广义档案则包括直接作为凭证或者说其凭证功能一般一定会实现的文本。

力链条的畅通；①另一方面，战国时期已经普遍形成君主集权政制条件下的法治主义社会治理模式，越来越多的民间纠纷被纳入法律的处理框架内，而法治本身是高度依赖凭证的。当然，这两方面是统一、互涉的，因为在君主集权的条件下，司法本质上是与行政合一的，比如爰书，有的内容主要是为了记录证据，有的则主要为了证明法律或政令本身已得到正确而完整地实施。总之，对凭证的依赖直接促成了档案制度的发展。既然是为了提供作为凭证的档案，所以在书写方式上主要是记和抄。制作副本的抄录行为在地方公文运作过程中十分常见，也是当时发展了的公文制度所要求的。《睡虎地秦墓竹简·语书》中有"别书江陵布"（"本文告另录一份，在江陵公布"）的明确记述。包山楚简中的受期文书可能是左尹官署所发出的"𡥆"类文书的底本。②里耶秦简亦可为佐证。③据日本学者藤田胜久的研究，里耶秦简大部分都不是传递过来的文书原件，而是抄录下来的副本。此外，行政档案需要分类编联以便保存和使用，因此，战国时期公文编订的观念和实践也得到进一步发展，例如岳麓秦简《为狱等状四种》有四种不同形制的竹木简，虽然"还没有像张家山汉简《奏谳书》那样构成一个整体，即一部书籍"，但编排、整理的意识已经比较成熟，"内容分类有条有理，第一类和第二类很明显拥有一个上下贯串的编辑原则"。④而且，多种标题指示同一卷册的现象⑤可能反映出编订工作经历了几个阶段，同时也说明当时公文文类观念正在演化定型的过程之中。

　　3. 文书行政与书体简化

　　大量的记、抄政务书写活动客观上推动了书体统一规范以及简化的进程，即所谓"书同文"。⑥一般认为，书同文是秦兼并六国之后才有的政策，但事

① 举例而言，李学勤先生指出，青川木牍背面文字是"当年某一地区内不依法修路的情况记录"。（李学勤：《青川郝家坪木牍研究》，《文物》1982 年第 10 期）此类书写应该是为了证明或反馈新订田律的执行情况。
② 参见王捷：《包山楚司法简考论》，前揭，第 113 页。
③ 里耶秦简虽然是秦统一后的公文简牍（其时间范围是从前 222 年至前 208 年），但它所反映出来的秦国公文制度至少在战国后期应该已经大体具备了。
④ 朱汉民、陈松长：《岳麓书院藏秦简（三）》，上海辞书出版社，2013 年，序言。
⑤ "编者对第二类竹木简先后使用三种不同的命名方式"，即"为狱讼状"（简 0137）、"为乞鞫奏状"（简 0139）、"为覆奏状"（简 0140）。参见岳麓书院藏秦简整理小组：《岳麓书院藏秦简〈为狱等状四种〉概述》，《文物》2013 年第 5 期。
⑥ 关于"书同文"的内涵，学界有一定分歧。一般认为，"书同文"是统一字形，后来又出现两种观点：一种观点认为，"书同文"不是正字形，而是正用字（参见张标：《"书同文"正形说质疑》，《河北师范大学学报》1986 年第 1 期）；还有一种观点认为"书同文"不限于统一字体，而是"统一法律制度、名物（下转）

实上，书同文的政策可能由来已久。据赵平安先生的看法，单就秦国而言，在秦始皇之前已经实施过两次书同文，其中第二次书同文是从战国中期开始的，指的是"秦国在兼吞他国诸侯的同时推行秦文，使得原来通用的他国古文在固有土地上逐渐失去其合法地位，到秦统一中国时，整个统一国家的通用文字渐渐成为秦文"。①这里要强调的是，战国时期实行书同文的政策首先是为了保证行政系统的高效运作，在秦国兼并完成之前，列国内部应该也是要书同文的。至于书体的简化问题，《汉书·艺文志》说："是时始造隶书矣，起于官狱多事，苟趋省易，施之于徒隶也。"许慎《说文解字·序》也说："是时……官狱职务繁，初有隶书，以趣约易，而古文由此绝矣。"②两处记载都认为隶书的产生起于秦始皇时的官狱多事。这种观点遭到现代以来学者的反驳，典型的理由是"隶书的形成是一个历史的过程，并非秦的'官狱职务繁'催生的结果，在战国末年已经广泛使用"。③这个反驳不无道理，事实上，秦始皇的书同文政策是用小篆而非隶书。但如果换一个角度看，不论是用小篆还是用隶书，都包含了简化字体的意图，更重要的是，"官狱职务繁"并不是秦兼并六国后才出现的新现象。在秦兼并六国之前，列国的官狱职务已经很繁杂了，只是秦国尤为突出而已。隶书的形成固然不是由统一的秦帝国"官狱职务繁"直接引起的，但简化字体的趋势，不管是体现为国家意志，还是体现为民间自发行为（包括地方行政的自发行为），恐怕都与长期以来的"官狱职务繁"脱不了干系。可以说，由"官狱职务繁"造成的大量政务书写需求应该是推动字体简化的主要动力之一，也是后来秦始皇试图用比籀书简单的小篆来推行书同文政策的重要原因。

（上接）称谓、专属用语的简称"（参见臧知非：《从里耶秦简看"书同文字"的历史内涵》，《史学集刊》2012 年第 3 期）。这个观点可追溯到 1980 年谭世保先生的：《秦始皇的"车同轨、书同文"新评》一文（《中山大学学报》1980 年第 4 期），只是后者只强调命令格式的统一。但这两种观点都是专指秦始皇的"书同文"而言。本文要关注的并不是《史记·秦始皇本纪》中"车同轨，书同文字"的记载到底指什么，而是要指出，如果不把"书同文"理解为一蹴而就的事情，而是理解为一个过程，那么，在秦兼并六国之前，不管是正字形、正用字的政策，抑或是统一法律制度、名物称谓、专属用语的政策，都很可能在一定范围和一定程度上出现过。退一步讲，大量政务书写的需要至少也是促成秦始皇时"书同文"政策颁行的重要驱动力，而这种需要是在战国时就长期积累起来的。当然，到了秦始皇时，书同文政策实际上是被纳入到全面统一国家礼制的框架之内。

① 赵平安：《试论秦国历史上的三次"书同文"》，《河北大学学报》1994 年第 3 期。
② 见董莲池：《说文解字考正》，作家出版社，2005 年，第 594 页。
③ 臧知非：《从里耶秦简看"书同文字"的历史内涵》，《史学集刊》2012 年第 3 期。

4. 书写材料的通用化

战国时期，政务书写所用物质材料的通用化程度应该已经很高。《睡虎地秦墓竹简·秦律十八种》有这样一条记载："令县及都官取柳及木楘（柔）可用书者，方之以书；毋（无）方者乃用版。其县山之多荩者，以荩缠书；毋（无）荩者以蒲、蔺以枲箭（麻）之。各以其檋〈获〉时多积之。"这是秦国关于官府所用书写材料之材质、制法的法律。不难看出，此项法律完全是从实用效率的角度来规定的。虽然提到了某些材质和制法的优先性，如用"方"似乎优于"版"，用营缠束文书似乎优于用蒲草、蔺草之类缠束文书，但细揣文意，这种次第关系并不表征物质载体的等级秩序，只是依实用程度的高低来排列。版和蒲、蔺之类实际上是方、营的替代品，它们其实都是通用性的物质载体。[①]由于政务书写的量已经很大，[②]所以这条法律真正关注的是如何确保书写材料的供应，而不是设定规格要求或区分其等级。也有学者提到不同形制简牍在使用上的差异，如"版的规格比较统一，做工也较为精细，多用来书写比较严肃、正式的公文，如里耶出土的大部分木牍就是这种情况。方的宽度较大，主要用于记载横长纵短的文句之用，如政府机构日常事务中的记事，也用于书写历谱、遣策等。牒的规格不一，可大可小，多作为登记数字、器物、人名等的簿籍"。[③]这些差异是存在的，但一者这些差异并不绝对，否则就不会有上述版可替代方的规定，二者这些差异基本上是从实用角度考量的，是按文本本身的重要性粗略区分等级，而不是将形制差异与文本之外的身份等级直接挂钩。还有的形制差异可能仅仅只是为了起到区分文书类型的作用，例如包山楚简中的受期简一般长 64.5 cm，集箸类简一般长 68.5 ~ 69.5 cm，这种差异并不表示集箸类简比受期简更重要、更高级，或者相反。

5. 战国政务书写的差异性和混杂性

战国时期列国政制演变虽然有着朝向君主集权的共同趋势，但毕竟存在不小的程度和具体形态上的差异。商鞅变法之后的秦国君主集权和职业官僚系统的发展程度最高，故而文书行政的体系亦最完备。其他诸侯国则由于较

---

① 方和版是两种不同形状的木制简牍，此外尚有"牒"。至于材质，是以木质为主，亦有竹质。之所以以木质为主，可能是由于官文书的字数通常较多，因而对简牍宽度有一定要求。可参陈治国：《从里耶秦简看秦的公文制度》，《中国历史文物》2007 年第 1 期。

② 按秦简，秦国地方都有专门收藏文书的府库，称为"书府"。（《睡虎地秦墓竹简·内史杂》）

③ 陈治国：《从里耶秦简看秦的公文制度》，《中国历史文物》2007 年第 1 期。

多地保留了传统礼法君主政制的因素，故而在政务书写方面必然呈现出一些带有混杂性的特征，其实质在于政务书写的贵族政治原则与文吏政治原则的并存。

以楚秦比较为例。从包山楚简可知，楚国司法文书虽已得到比较系统化、制度化的运用，但如果将秦、楚二国的文书做比较的话，就不难看出楚国文书的整体规范性还不算很高，如张伯元指出，"虽然在包山楚简中有受期、疋狱等文书标题，也在某种程度上表明了它的程序，但是是割裂的；即使是案卷类的简文也只是一些案件的案情与审理情况的记录，缺乏像岳麓简（三）这样的规范性"，而"秦王政时期的司法文书的规范制作是显而易见的"。①王捷也提出，包山楚简所见司法专用语的使用是比较粗疏的，其精确程度明显不如睡虎地秦简所见秦国司法文书，②尽管后者只是基层司法文书。这意味着楚法对普遍性的法律行为进行分类界定的程度不及秦法，而这种对普遍性法律行为的细致界定本身是战国以来新式法律文的基本取向。

又如出土的楚国鄂君启节铭文，尽管在内容上反映了一些新的时代特征，③但总体上仍是依照贵族政治原则书写的政务文书，其背景在于鄂君启并非职业官僚，而是楚国封君。④我们看舟节铭文的前两句："大司马昭阳败晋师于襄陵之岁，夏□之月，乙亥之日，王处于茂郢之游宫。大工尹□以王命命集尹□□、缄尹逆、缄令□为鄂君启之府□铸金节。"不难发现，这里几乎完全延续了传统锡命铭文的一般写法。这种写法渲染出一种贵族政治氛围中王权的程式化威严，受赐者的荣耀感亦从此威严中获得。但如果从效率导向的政务书写方式来看，重要的只是明确命令的细则、发布机构、发布时间及接受对象等信息，至于发布命令时王身处何处，他是对哪个高级官员下达命令，这个官员又如何指令别的官员为鄂君铸造了金节，诸如此类的内容就都显得有些多余了。

---

① 详参张伯元：《岳麓简（三）的内容及法律史价值》，《华东师范大学学报》（哲学社会科学版）2014 年第 2 期。

② 参王捷：《包山楚司法简考论》，前揭，第 184 页。

③ 鄂君启节虽然是通关免税凭证，但从其铭文内容可知，楚王对鄂君免税的特权进行了相当细致和严格的限定，如"在国内往来时'舟草'的数量有限，行期有限制，载物有限，不能私运武器或牲畜商品，而且要有通行证才能免税"。（参见董平均、李银：《从鄂君启金节看战国持节贸易》，《经济与管理》2009 年第 2 期）这多少体现了一种矛盾，即对楚王而言，一方面要维系传统的贵族政治模式，另一方面出于集权的时代指令，又要想方设法限制贵族集团的特权。

④ 事实上，战国时期的楚国一直是郡县制与封建制并用，封建制虽已弱化，但比例仍不低。

再如，包山楚简"集箸"类简中的简 2～6 和简 7～8 有一定特殊性，简文内容是记载楚王和楚太子下令处理贵族名籍事务的三个事例。王捷认为，简 9 作为标题的"廷志所以纳"可以说明简 2～8 的简文应是左尹官署从楚王廷档案中抄录下来的文本，抄录的目的是作为处理类似事务的依据。①那么，楚王廷的这种档案属于什么类型的文献呢？它有可能是作为国家重要法规范的楚"典"，其性质"为历代楚王成例"，"是楚王所定用于国家重要事务的事例性质的法规范"。②由于材料的限制，这种看法虽然不无猜测的成分，但至少是比较合理的猜测，因为如果不是这种文献具有法规范的性质，就难以解释左尹官署为何要将这些事例抄录下来，换言之，难以解释这些政务文本的书写机制。更何况文献中有"三代之辟，皆取前代故事，制以为法"（《左传·昭公六年》孔颖达正义）的说法，可见，以成例为法确实是前战国时代贵族政治的一种传统。这个例子不仅可以说明战国时楚法的书写可能在较大程度上延续了前代传统，也可约略见出这种传统对当时具体实务活动（包括文书书写）的影响。当然，也不能因此判断转型比较彻底的秦国完全没有类似书写传统。③

6. 关于"为伪书"

伪造文书之事早已有之，如西周末郑桓公伪造盟书离间邻国君臣（事见《韩非子·内储下》）。战国时期的"为伪书"大抵有两种情形，一种是伪造私信，一种是伪造公文。此处仅论后者。《睡虎地秦墓竹简·法律答问》就引述了"发伪书，弗智（知），赀二甲"的律条，并就一起伪造通行证（传）的案例进行了问答，这还只是针对开看伪造公文而未能察觉的情形，至于对伪造文书之人的处罚，秦律当另有专门规定。与伪造公文相配的是伪造官印，《法律答问》中亦有提及，此不赘述。此类伪造往往不是出自庶民，而是出自官

---

① 参王捷：《包山楚司法简考论》，前揭，第 43-46 页。

② 参王捷：《包山楚司法简考论》，前揭，第 51-53 页。

③ 如岳麓秦简中有这样一份秦令文："秦上皇时内史言：西工室司寇、隐官、践更多贫不能自给粮。议：令县遣司寇入禾其县，毋禾（0587）当赏者，告作所县偿及贷。西工室伐干沮、南郑山，令沮、南郑听西工室致。其入禾者及吏移西（0638）工室。二年曰：复用（0681）。""二年曰：复用"以上部分是引述秦庄襄王时期"所颁布的具体事项内容"，"从律令文本的角度来看，这并不是具体的律令条文，而是秦汉时期作为'决事比'依据的所谓'故事'"。（参见陈松长：《岳麓秦简中的两条秦二世时期令文》，《文物》2015 年第 9 期）这类"故事"（"比"）应是当年由史官记录和整理的朝廷重要档案，与上述包山楚简所谓"廷志"颇相似。此类档案的地位较高，某种意义上说接近判例法性质的法典，但也要注意到，在秦国这样君主集权政制转型比较彻底的国家，前代"故事"至多只是作为参考，或必要时复用，而不可能直接赋予其法典权威。

吏,故秦律规定"廷行事吏为诅伪,赀盾以上,行其论,有(又)废之"(《法律答问》)。看来当时官吏弄虚作假之事已不少见。这是集权体制下科层化官僚行政系统难以避免的缺陷,因为这种系统需要依赖其所生产的大量作为各种凭证的政务文书来维持运作,却没有也无法在根本上依赖官僚的德性品质。①伪造公文的实质是伪造凭证。在文书行政的体系中,国家的资源分配、秩序维护等很大程度上就是以这些文本凭证为依据的,因此,伪造公文自然就成为获得超出体制许可之外的个人利益的"捷径"。

三、政教性个人著述的勃兴以及理念的多元化

(一)战国礼学书写

战国时期礼学书写颇为复杂,需要做细致的分级类型梳理。就其发展而言,战国礼学可分为两大阶段,首先是对礼的还原,既包括对狭义礼仪的还原,也包括对广义礼法的还原。然后是对礼义的阐发,亦包含阐发狭义礼仪和广义礼制两类。阐发狭义礼仪一种是解释礼仪文本的字面含义,另一种是解释礼仪所包含的字面背后的义理。后者又可再分为解释缘由和综论礼义两种情形。载录广义礼制的主要文本带有书写意图的双重性。礼学故事是战国礼学书写的一种特殊类型。

1. 战国礼学书写的渊源

礼学书写渊源甚早。至迟到西周中后期,很可能已经出现由史官书写的礼书,此类文献属于政务文本,可能已用于贵族教育。春秋时期,此类书写继续存在,大体亦由周王室和诸侯国史官所执掌。《国语·楚语上》申叔时论傅太子有"教之礼,使知上下之则"的说法。这里的"礼"不一定指书面文献,毕竟礼的教育更注重实践操作,但也不能排除使用礼书作为教材的可能性,只是可靠文献中极少明确提及春秋时期的礼书,不过,战国礼书在形制上常常包含了古礼及旧传记的成分,如《礼记·杂记下》所引的《赞大行》,即属古礼书,又如《礼记·文王世子》有"《世子》之记曰"的内容,一般认为是"古《世子礼》篇后之《记》的遗文"。②这些成分并不能说明战国礼书

---

① 尽管也有德性品质方面的特定要求,但这种要求在很大程度上倒是为文书行政的顺畅服务的,而且,这种要求由于缺乏根本的信仰根基而难以真正落实,很多官吏可能说一套做一套,表里不一,《睡虎地秦墓竹简·语书》中就明显透露了这种现象。

② 杨天宇:《礼记译注》,上海古籍出版社,2004年,第264页。

中的其他礼制记载是新创的，更可能的情形是，这些成分恰恰是在前战国时代已经形诸书面的东西。①在前战国时代，礼的传承固然可能主要依赖史官口耳相传和实践训练，但考虑到春秋时期礼治衰微和礼教活跃并存，以及史官书写活动已较为多样和自由，除典章意义上的礼书之外，应该还存在出自史官之手的非正式的礼制载录，这种载录可能类似于史官"志"类文献。战国时期保存的古礼及旧传记或即主要来自此类载录。

周人以礼治国，礼作为制度和普遍性的行为准则，至少具有两个特点，一是稳定性（尽管不是没有变化），二是复杂性。第一个特点决定了战国时期礼书所记之礼很大程度上就是前战国时代通行的礼，或者至少可推断战国礼书书写很大程度上是以还原习传礼法为目的的。周礼的复杂性则是战国礼书书写发达的一个前提，因为复杂意味着还原的难度较大。

在前战国时代，礼包含广狭两个层面。狭义的礼是指在特定时间、场合举行的礼节仪式，所谓吉、凶、宾、军、嘉五礼，即是对狭义之礼的基本划分，这也是通常所说的礼。广义的礼则涵盖所有规范、制度，包括"封建、职官、禄田、赋税、田租、军制、军赋、历法、封禅、明堂、学制、刑法、宗法等"②。所谓"制度在礼，文为在礼"（《礼记·仲尼燕居》）。换句话说，礼与法在前战国时代是不能清晰分辨的。以礼治国，不只是以礼仪治国，更是以礼法治国。礼法具有习传、神圣的意义，却不是出于现实政务需要的形式性法律，后者严格地说是到春秋后期才出现的。

战国礼学，就其发展而言，可以分为两个大的方面或阶段，首先是对礼的还原，既包括对狭义礼仪的还原，也包括对广义礼法的还原。然后是对礼义的阐发，自然也包括对上述两个层面之礼义的阐发。当然，此二者并没有很明确的时间界限。战国时期礼学书写活动亦大体围绕这两大方面，但具体情况则较为复杂。

2. 载录礼仪的礼学书写

载录礼仪的战国文本，目前所知，《仪礼》最为集中，大小戴《礼记》亦

---

① 《大戴礼记·朝事》提道："其礼俗、政事、教治、刑禁之逆顺为一书。"虽未必可靠，或亦可作为礼俗载录渊源甚早的一个证据。不过，此处"礼俗"并非正式之礼，而是地方性、民间性、非正式的习俗仪规，大抵由贵族正式之礼衍化、变异而来。如孔广森所言："礼俗，谓昏姻丧纪，旧俗所行，虽有异者，因之不变。""小行人使适四方，察其美恶之俗，条别书之。"（方向东：《大戴礼记汇校集解》，中华书局，2008年，第1230页）此种载录属制度行为，但非为避免遗忘，而是为使天子"周知天下之政"（《大戴礼记·朝事》）。

② 陈桐生：《七十子后学散文研究》，暨南大学出版社，2011年，第87页。

为数不少，此外还有上博简中的《昔者君老》《内礼》等篇。①这些文本的文体构成颇为多样，并不一致。《仪礼》诸篇的结构相对简单、规整一些，主要有三种类型：第一种是单纯记礼仪，有《大射》《少牢馈食》和《有司彻》三篇；第二种包含了经、传、记三种成分，经、记各分章，传附于经、记各章之下，这种类型只见于《丧服》；其他十三篇都属于经加记模式。大小戴《礼记》中专记礼仪的有《投壶》（大小戴《礼记》均有）、《礼记·奔丧》《礼记·丧大记》《礼记·丧服小记》，其他涉及礼仪的文本则较为零散，多与其他成分混杂。

单纯记礼仪的文本又可分为两大类，《仪礼》以及大小戴《礼记》中的《投壶》等可归为一类，其他为另一类。第一类文本的特点在于它是对某项专门礼仪之行礼过程的记述，实际上是以文辞为媒介对仪式动作的模仿。兹取《仪礼·士冠礼》中一段为例：

> 厥明夕，为期于庙门之外。主人立于门东，兄弟在其南，少退，西面，北上。有司皆如宿服，立于西方，东面，北上。摈者请期，宰告曰："质明行事。"告兄弟及有司，告事毕。摈者告期于宾之家。②

这里没有任何解说、概括，不涉及任何观念性的成分，其语言以单纯呈现规范的仪式过程为目的，既细致又简明，绝无多余的枝蔓。此类文本在礼学中渊源最古，也最具权威性，属于礼学文本中的"礼经"。不过，从书写的角度看，此类文本倒不一定是最早被书写下来的。理由在于，此类载录的作用只是为了避免遗忘，而当周礼尚具有很高现实有效性，并在官学中顺利传承的历史时期，这些东西其实是不大需要形诸书面的，除非有制度上的规定。春秋中后期以降，礼崩乐坏，官学流散，各种礼仪规程开始面临被遗忘的危险，而由于习俗的惯性作用，各种礼仪活动仍然是人们现实生活的重要组成部分，是社会生活获得准则和规范的来源，在这样的背景下，礼仪载录的需要才出现。《礼记·杂记下》记载："恤由之丧，哀公使孺悲之孔子学士丧礼，士丧礼于是乎书。"这正可以说明礼仪载录的上述背景。

不过，《仪礼》等所载录的尚属于最基本、最重要的仪式程序，但礼仪作为当时普遍性的准则，它不仅对仪式行为有着极为精细的规定，而且早已渗透到一般生活的方方面面。《礼记·礼器》曰："礼有大，有小，有显，有微。……故经礼三百，曲礼三千。"因此，还原礼仪，当然不仅要还原基本的仪式程序，也要还原大量的小而微之礼。后者大体包含两大方面，一是对《仪礼》等所载基本礼仪作进一步细化和补充，也包括记礼仪之变异或某些相关传闻、杂

---

① 林素清、梁静等认为，上博简《昔者君老》和《内礼》本为一篇。

② 李学勤主编：《十三经注疏·仪礼注疏》，北京大学出版社，1999 年，第 17 页。

考等，二是还原一般日常生活中的行为规范。这些构成了礼学传记文本的重要内容。上述第二类比较单纯记礼仪的文本，以及与其他成分相混杂的礼仪文本，在内容类型上大体都是如此。例如《仪礼·丧服》中的记文和经文的部分传文就是对经文所记之礼的细化和补充，如经文曰："女子子在室为父，布总，箭笄，髽，衰，三年。"传曰："总六升，长六寸，箭笄长尺，吉笄尺二寸。子嫁，反在父之室。公士、大夫之众臣，为其君布带、绳屦。"此处传文三句话，第一句主要是对经文的细化，即详细说明女子已许嫁而尚在父母之室为父亲服丧时所用以束发之布的规格（"总六升"）、束发之法（"长六寸"）以及斩衰用的竹笄长度。后两句则是补充，说明另外两种相关情形中服丧的要求。①不过，此种补充和细化在《仪礼》中是集中在各篇的记文之中，在《礼记》中则散见于多处，如《曲礼下》"大飨不问卜，不饶富"之类，还有一些以孔门师徒问答的文体形式呈现，如《礼记·曾子问》。记礼之变异和传闻的也不少，如《仪礼·士冠礼》的一条记文（亦见《礼记·郊特牲》）："太古冠布，齐则缁之。其緌也，孔子曰：'吾未之闻也，冠而敝之可也。'"杂考则如"庭燎之百，由齐桓公始也。大夫之奏《肆夏》也，由赵文子始也"（《礼记·郊特牲》）之类。至于一般日常礼则、行为规范，在《礼记》中颇多见，如《玉藻》杂记各级贵族着装穿戴、日常举止交接的礼则。又如《内则》，主要是记述家庭成员在各自伦理关系中如何处理饮食起居方面的礼则，甚至还有对烹调方法的说明，看起来只是在介绍日常生活知识，但这些"自然"知识进入礼的范畴，也就意味着它们被赋予了某种不能轻易更改的礼法权威，如"牛夜鸣则庮"之类，实际隐含了行为规定，即牛如果夜鸣，其肉就不可食用。此类记述同时也说明礼的规范已经渗透到日常生活的极细微处，可谓无所不至。再如上博简《昔者君老》第三简："君子曰：'子省，盖喜于内，不见于外；喜于外，不见于内。愠于外，不见于内。内言不以出，外言不以入。举美废恶。'"此简采用"君子曰"格言体，"论述别男女之职，严内外之限"。②与《昔者君老》另三简记叙行礼过程明显有别，类似内容亦见上博简《内礼》《礼记·曲礼》《礼记·内则》等。值得注意的是，此类文本介于叙述行为规范与阐述理论之间，其所叙述的规范更抽象、更内在，如"内言""外言""美""恶"等都是概念，而非直接、具体的行为。"喜于内，不见于外；喜于外，不见于内"等，则更多属于心性修养层面的规范。由此可见出从礼仪载录到礼义阐释的一种过渡特征。

①　值得注意的是，此处下文还有一条传文，是对此条传文的解说。
②　彭浩：《昔者君老与"世子法"》，《文物》2004 年第 5 期。

　　3. 阐释礼义的礼学书写

　　对狭义之礼的礼义阐释可以视为上述细化和补充的自然延伸，有时很难将两者截然分开。就其在文本中的呈现而言，阐释又可以分为两个层面，一是解释礼仪文本的字面含义，二是解释礼仪所包含的字面背后的义理。二者同样常常杂糅在一起。前者如《仪礼·丧服》的一条传文："大夫者，其男子之为大夫者也。命妇者，其妇人之为大夫妻者也。无主者，命妇之无祭主者也。"这是解释礼经中提到的"大夫""命妇""无主者"三个词的含义。解释义理同样包含两个层面，第一个层面是解说某条具体礼仪如此规定的缘由，第二个层面是义理的综论。解说缘由的情形以上述传文的下文为例："何以言'唯子不报'也？女子子适人者为其父母期，故言不报也，言其余皆报也。何以期也？父之所不降，子亦不敢降也。大夫曷为不降命妇也？夫尊于朝，妻贵于室矣。"这是解释礼经为何规定唯子不报。值得注意的是，对缘由的解释常常进入自我蔓延的模式，如此处的"何以期"不是对礼经的直接解说，而是对传文自身的解说，"大夫曷为不降命妇"又是对解说的再解说，由此形成经解体的一种书写惯则。很多学者推测这样的惯则与教师的口头解说有关，是对口头解说的记录。这当然是有道理的。其常用的自问自答形式也透露了这一点。对礼义的口头解说很可能在春秋时期的官学教育中已经存在，因为如上文所述，春秋时期已经产生解说礼义的强烈推动力，只是到了战国时期，教师从官学教师变换为私学教师。不过，就书写方式而言，并不能认为经解体只是对口头解说的单纯记录。理由在于，口头的解说言辞，无论是提问还是回答，从根本上说，都更活跃，更富有生命力，不会只有经解体那样单纯线性的理路进展。经解体虽然有口头解说的渊源，或者说模仿了口头解说，但无疑已是真正的书面制作，它比口头言辞更加清晰、简洁，看起来也更牢靠，因为它提供了一种权威性的智慧的外观。

　　综论礼义的情形可再分为两种，一种是针对具体礼仪的义理阐释，如《礼记·冠义》《昏义》《乡饮酒义》《射义》《燕义》《聘义》《问丧》《丧服四制》《祭义》《祭统》《三年问》《大传》等篇的主体内容，亦散见于《礼记》等的其他篇章中。另一种是综论礼本身之义理，如《礼记·礼运》《礼记·礼器》《大戴礼记·礼三本》等。两者在文本中亦常见杂糅，如《礼记·丧服四制》，首节（"凡礼之大体，体天地，法四时，则阴阳，顺人情，故谓之礼。訾之者，是不知礼之所由生也"）显然是综论礼本身。接下来一句（"夫礼，吉凶异道，不得相干，取之阴阳也"）亦属礼之综论，但就文本结构而言是作为进入丧服原则之议论的过渡。下文则从恩、理、节、权四个方面议论丧服原则，即所谓"丧服四制"。可以看到，作者在论述丧服原则时，也涉及一些具体礼则，如"三日而食，三月而沐，期而练……丧不过三年，苴衰不补，坟墓不培，祥之日，鼓素琴"，但这与前文所述礼仪载录的情形在内容类型和文脉逻辑上根本不同，它只是作为阐释丧服应有节制的例证，所以，在"期而练"之后紧接的是"毁不灭性，不以死伤生也"，在"鼓素琴"之后紧接的是"告民有终也"。事实上，先列仪规再解其义的论证模式在此二种文本类型中都十分常见，而且，通常在举例之前已先提出礼学观点，后面的解义多是深化、延伸或强调。如主体内容是综论礼本身义理的《礼记·礼器》，兹举其中一段为证："礼有以文为贵者。天子龙衮，诸侯黼，大夫黻，士玄衣𫄸裳。天子之冕，朱绿藻，十有二旒，诸侯九，上大夫七，下大夫五，士三。此以文为贵也。"[①]第一句提出礼"以文为贵"的特点，接下来是列举，最后以"此以文为贵也"加以重复式强调。

综论礼义（尤其是针对具体之礼仪的综论）与上述解释具体礼仪缘由的情形的主要区别在于，前者所说义理大体局限在礼学的形而下层面或者说操持的层面，而后者所说义理多少上升到礼学的形而上层面或者说哲学的层面。如《礼记·冠义》讲："礼义之始，在于正容体，齐颜色，顺辞令。……故冠而后服备，副备而后容体正，颜色齐，辞令顺。故曰'冠者礼之始也'，是故古者圣王重冠。"这是从哲学高度综论冠礼的意义，在以《仪礼·士冠礼》的记文中没有此类内容，尽管《礼记·冠义》与《仪礼·士冠礼》的记文也有部分重合之处。狭义的礼学书写一旦进入哲学层面，就与广义礼法的阐发没有实质分别了。

4. 还原广义礼制的礼学书写

还原广义礼制的礼学书写，最典型者如《周礼》《礼记·王制》《月令》。关于这些文献的著述成篇年代，历来聚讼纷纭，但学者们总体上还是倾向于认为它们初成于战国时期，只是《周礼》《王制》固属儒家，《礼记·月令》则可能属于阴阳家，或虽属儒家，但吸收、运用了阴阳家思想。一个基本的问题是，就书写的意图和动机而言，这些文献到底是在还原广义礼制，还是在设计理想的政制？如《王制》，俞樾、廖平、皮锡瑞等都认为是孔子"遗书"，是孔子经世之学，"前人皆不知《王制》是孔子新制，与《孟子》言周室旧制不必尽同"（皮锡瑞《王制笺》）。当然，是否确为孔子所作，其实难以考证，所以，郑玄、康有为等都认为《王制》是孔门之后大贤所为或"七十子之说"，

---

① 李学勤主编：《十三经注疏·礼记正义》，北京大学出版社，1999 年，第 731 页。

并没有指明确切的作者。其实，"无论是否孔子所作，总归是个了不起的大圣人（西洋说法称'大立法者'）所作"。①我们以为，还原与设计并不必然矛盾，或非此即彼。或许可以说，还原是显白的意图，而设计乃隐微的意图。从这个意义上看，这些文本的书写方式也是介于记与作之间。因此，学者们从还原的视角考索《周礼》《王制》等文献的各种努力并不会无所得，但又不能尽得其意。从这一视角出发，学者们发现，《周礼》《王制》包含了不同时代的制度渊源，这一事实本身就表明它们不是纯粹的还原。不过，还原广义礼制确实可能是战国时期知识人普遍关注的事情，这构成了广义礼制书写的基本动机，如《孟子·万章下》所记："北宫锜问曰：'周室班爵禄也，如之何？'孟子曰：'其详不可得闻也。诸侯恶其害己也，而皆去其籍；然而轲也尝闻其略也。'"北宫锜是卫国太宰，属于政治人。他关心"周室班爵禄"，是要参照周礼旧制以调整或改革现实中的卫国政制。如此想法显得有些逆潮流而动，却与儒家思想颇相合。也正由于逆潮流而动，所以他一开始便遭遇基本的困难：缺乏文献。这是因为"诸侯恶其害己也，而皆去其籍"。还原广义礼制的礼学文本的基本写法，则如《庄子·齐物论》所言，是"议而不辩"式的直陈，即"举其义而不辩于辞也"。②

至于对广义礼义的阐发，实际上成为一种政治哲学意义上的子学书写。③对此，我们不在本文中详述。

5. 礼学故事书写

战国礼学文本中出现的故事书写可视为一种特殊类型。此类故事以《礼记·檀弓》所记最多，多与丧礼有关，如高子皋为父服丧、孔子受祭肉、蟜固不说齐衰、曾子齐衰往哭子张、秦穆公使人吊重耳、子夏和子游吊卫司徒敬子、敬姜丧夫不夜哭、敬姜命彻亵衣、杜蒉劝谏晋平公、延陵季子葬子、叔仲皮教子柳学礼、季子皋犯人之禾的故事等等，此外还有《礼记·礼器》所记季氏祭的故事，以及上博简《昭王毁室》《昭王与龚之雎》所记楚昭王故事等，与《昭王毁室》类似的故事亦见于《晏子春秋》，这多少间接证明了战国礼学故事文本的真实性。与《国语》故事相比，此类故事多篇幅短小，虽亦多有记言成分，然整体在于叙事，言明显从属于事。一个有意思的问题是此类故事本身是否真实。《昭王毁室》与《晏子春秋》中的类似故事（即《晏

---

① 刘小枫：《〈王制〉与大立法者之"德"》，见皮鹿门笺注，王锦民校笺《〈王制〉笺校笺》，华夏出版社，2005 年，第 7 页。

② 钟泰：《庄子发微》，上海古籍出版社，2002 年，第 49 页。

③ 严格来说，狭义的礼义综论亦可作此理解。

子春秋·内篇谏下》"景公路寝台成逢于何愿合葬晏子谏而许第二十") 都是关于墓葬与宫室地点相冲突的,有学者据此推测它是一种可供"模拟套用"的故事类型,未必有其事实。①如此说不误,那么其他礼学故事也一样有可能多少出于虚构,或仅仅是传闻。重要的是,准此,战国礼学书写就可能与先秦虚构性文学叙事的起源存在关联。这些礼学故事的书写显然并非出于审美的目的,也不是一般性地传授礼仪,如上述狭义或广义的礼制书写。我们应该视之为哲理性礼义的诗性表达,故往往蕴意深远,如《檀弓上》孔子受祭肉的故事:"颜渊之丧,馈祥肉。孔子出受之,入弹琴而后食之。"受祭肉而食并非不合礼制,孔子却要先弹琴而后食。什么缘故呢?郑玄注曰:"弹琴以散哀也。"一句"入弹琴而后食之",意味深长地揭示了礼与乐的差别与一致,如《礼记·乐记》用论述性的文辞所说的:"乐者为同,礼者为异",但最终"礼乐之情同"。

　　上面对战国礼学文本的诸种内容类型作了分解说明,但在实际的文本中,上述类型很少单一、规整地出现。尤其是《礼记》,学者早已注意到,《礼记》内容驳杂,这种驳杂,"不仅表现在篇次的不伦上,更主要的还是表现在各篇所记内容的杂乱上。四十九篇中,除少数外,大部分很少有突出的中心内容,而且同一篇的前后节之间也很少有逻辑联系,往往自成段落,表达一个与上下文皆不相关的意思"。②如《礼记·檀弓下》虽记载了不少礼学故事,但也有其他类型的内容,包括礼仪细节、礼义阐释、礼仪变异等。文体形制亦多样,有礼学故事的叙事体(有纯叙事无记言的,也有言事相杂但言从事的),有对话记言体,有格言体,也有直陈记叙体。又如《文王世子》,从标题看是记文王为世子的礼学掌故,但真正记此掌故的只有第一段,第二段是与之有关的另一个掌故,尚可相承,第三段起则完全转移话题。这种结构上的驳杂、不严整,一定程度上可能与后人的增删、改动有关,如《礼记·缁衣》最后一段引孔子之言,而孔子之言亦皆由若干引述语组成,其中,引《尚书·兑命》的话和引《周易》的话("恒其德偵,妇人吉,夫子凶")与南人之言("人而无恒,不可以卜筮")义不相合,甚至部分相反。但在郭店简和上博简《缁衣》中均无此相矛盾的引述语,可见,《礼记·缁衣》的某些内容可能系后人所加。不过,这当然不会是礼学文本驳杂的主要原因,后人的改动总的来说应该是越改越规整而不是越混乱。主要原因恐怕还在于篇章结构意识尚不成

---

① 参见黄人二:《上博藏简〈昭王毁室〉试释》,《考古学报》2008 年第 4 期;董珊:
　《读上博藏战国楚竹书(四)杂记》,见简帛研究网。

② 杨天宇:《礼记译注》,前揭,前言第 19 页。

熟。但也不是全无章法，如《礼记·祭法》的结构大体是先陈述关于祭礼的若干基本制度，再做一些义理阐释和杂考证，有些篇虽全篇无一贯结构，但局部尚有章法，如《礼记·礼器》，前 18 章大体是较为完整的论述，局部多用的结构为先提出观点，再举特定礼仪为证，最后总结、强调观点。

战国礼学书写的书写者群体应该集中在孔门，尤其是七十子后学。因为战国时期最关注礼学的无疑是儒家，礼学文献基本上属于儒家文献，正如陈桐生教授所指出的，孔子思想的核心就是礼学，"在孔子心目中，礼学制度要比仁学重要得多。孔子的仁学是为礼学服务的，他不是为了教导弟子为仁而倡导克己复礼，恰恰相反，他是为了复礼才教育弟子为仁"。①至于礼学书写的对象，亦主要是孔门弟子。礼学书写主要是为孔门礼学教育服务的。不过，礼学文本也得到更大范围群体的关注和接受，尤其是还原狭义礼仪的文本多少满足了战国时期仍然普遍存在的社会各个阶层礼仪实践的需要，如哀公使孺悲之孔子学士丧礼，使士丧礼得到书写，此类书写显然是为了满足贵族礼仪实践的需要，而《礼记·内则》所记则是比较宽泛的适合各个阶层的礼则。

（二）战国政教论体文书写

1. 战国政教论体文的类型与演变概况

战国时期是中国古代政教论体文的第一个书写高峰期，诸子之书大多属此类，上述阐释礼义的礼学文本严格来说亦可归入此类。所谓"政教论体文"，乃兼形式与内容之类型而言之。关于"论体"文的性质，学界讨论颇多。②概而言之，"'论'字的含义有多种，以今语释之，有'言论''谈论''理论''推论''思虑''衡量''伦理'等义，而这些含义相互关联，均为人们进行有条理性地思考的过程或结果"。③而战国时期的论体文已经"是一种独特的说理议论文体，它关注抽象义理，与阐发经典大义的'传'与'记'较为接近，但主题更集中，其超越性的品格与务实和功利的'策'不同，在形式上，吸收了'辩'的因素，以形成辩证群言的反思性格局"。④就内容类型而言，论

---

① 陈桐生：《七十子后学散文研究》，前揭，第 87 页。
② 可参看柯镇昌：《战国散文文体研究》，上海大学 2011 年博士论文。该文第二章第一节对论体性质有专门的辨析和总结。
③ 刘宁：《"论"体文与中国思想的阐述形式》，《北京大学学报》（哲学社会科学版）2010 年第 1 期。
④ 刘宁：《"论"体文与中国思想的阐述形式》，《北京大学学报》（哲学社会科学版）2010 年第 1 期。

体文涵盖甚广。如刘勰《文心雕龙·论说篇》所言："详观论体，条流多品，陈政则与议说合契，释经则与传注参体，辨史则与赞评齐行，铨文则与叙引共纪。故议者宜言，说者说语，传者转师，注者主解，赞者明意，评者平理，序者次事，引者胤辞：八名区分，一揆宗论。论也者，弥纶群言，而研精一理者也。"①战国时期已经出现一些与政教无关的论体文，但大多数论体文属于政教文的范畴。政教文亦可分为狭义和广义两大类。狭义的政教文指以指导治政理国为内容的论体文，当然，治政的范围很广，凡议政、议战、议刑、议经济等等，抒己所见，陈其得失利病，皆为此类。广义的政教文则包含那些以君子心性修养为主要内容、今天通常称为人性论的文本（如七十子后学性情类著述），以及许多论道、气、名之类相对抽象概念的今天通常视为哲学本体论的文本。前者之所以可归入政教文，是因为这些文本的预设读者严格来说并非一般意义上的人，而主要是政治人或具有成为政治人潜质的人。后者之所以可归入政教文，是因为此类文本的内容往往不是单纯议论宇宙本体等抽象概念，而是将宇宙之道当作人间治政的根据，或者将人间治政当作宇宙之道的落实。此外，论心性的内容类型也常常与论宇宙本体的内容类型融合在同一个文本中，因为宇宙之道不仅是外在治政的根据，同时也是内在修为的根据。这种天人合一的思维模式在战国政论文中已有较为显著的体现，也使战国政论文具有了哲学的高度。

从文体学的角度说，战国政教论体文的具体文体形态及其演变与战国论体文的文体形态及其演变是一致的。按照柯镇昌《战国散文文体研究》的看法，战国论体文的文体形态可以分为语录体、对话体、寓论体、专论体和解注体五种。这五种之中，从语录到对话、再到专论有一个大致的演进过程。中国科学院文学研究所中国文学史编写组编写的《中国文学史》认为："先秦诸子散文约可分为三个阶段：第一阶段是《论语》和《墨子》，前者为纯语录体散文，后者则语录中杂有质朴的议论文。第二阶段是《孟子》和《庄子》，前者基本上还是语录体，但已有显著的发展，形成了对话式的论辩文；后者已由对话体向论点集中的专题论文过渡，除少数几篇外，几乎完全突破了语录的形式而发展成专题议论文。第三阶段是《荀子》和《韩非子》，在先秦散文中都已发展到议论文的最高阶段。"②不过，《论语》并非都是单纯语录，其中也有许多问答、叙事以及格言短章。叙事短章可以归入上文所述礼学故事

---

① 黄叔琳注、李详补注、杨明照校注拾遗：《增订文心雕龙校注》，前揭，第246页。

② 中国科学院文学研究所中国文学史编写组：《中国文学史》，人民文学出版社，1979年，第60页。

之中。就论体的演进而言，单纯语录、问答和格言都具有发生的意义，①事实上很难断言单纯语录体一定是最早出现的，如此断言也没有太大的意义。在格言之前加上"某某曰"便成了语录，反之，将有些语录的"某某曰"去掉就成了格言。问答体也可以看作是两人或多人的语录。从语录到专论的转变也未必是很复杂的过程。这一点从《墨子》就可以看得很清楚。《墨子》中有一组显然属于同一系列的文章，基本特点是同题不同文，但不同文又多有互文。②有时互文的方式不过是直接引述与转述的差别，如《墨子·天志上》云："子墨子言曰：'我有天志，譬若轮人之有规，匠人之有矩，轮匠执其规矩以度天下之方圆。'"这段话在《天志下》中被表述为："故子墨子置立天之以为仪法，若轮人之有规，匠人之有矩也。今轮人以规，匠人以矩，以此方圆之别矣。"经此转述，语录文本就成了专论文本。《墨子》也并非"语录中杂有质朴的议论文"。《墨子》中的"子墨子曰"有时仅仅领起全文开头，如《节用中》，有时引述之文只是作为整体论证的一个组成部分，如《兼爱中》等。这种组成部分有时构成论述的主体内容，如《兼爱下》，有时则不占主体，如《非攻下》。

2. 战国对话式论体文

战国对话式论体文，是指两个或多个对话者围绕某一个或几个问题展开议论的文体。柯镇昌认为可以按照对话者的不同身份细分为普通式、问答式、问对式和设问式四种："普通对话式论体文中的两位或多位发言者地位基本平等的对话式论体文；问答式论体文是指发言为问答之形式、问者地位要比答者低的论体文；问对式论体文是指发言为问对之形式、问者地位要比对答者高的论体文；设问式论体文是指发言为设问之形式、问者为不重要的虚设人物的论体文。"③这种分类有其合理性，但所谓设问式论体与前三种其实有根本区别，因为前三种不论其对话内容真实性大小，总还带有"记"的书写方式特性，而设问体中的问者既是虚设人物，其所发之辞便可以理解为出自文

---

① 需要注意的是，《论语》中的单纯语录和问答短章并非都属于议论，当然也就更非都属于政教性议论。此外，议论性的单纯语录和问答并不一定始于《论语》。《管子》《孙子兵法》等文献中一些成文较早的篇章已经有篇幅较长的语录和问答，虽然这些篇章成文时间尚无定论，但不排除早于《论语》的可能。

② 即《尚贤》三篇、《尚同》三篇、《兼爱》三篇、《非攻》三篇、《节用》二篇、《节葬》一篇、《天志》三篇、《明鬼》一篇、《非乐》一篇、《非命》三篇、《非儒》一篇。只有一篇或二篇的情形一般认为是文本佚失。胡适认为这些篇章"大抵皆墨者演墨子的学说所作的。其中也有许多后人加入的材料"。（胡适：《中国哲学史大纲》，崇文书局，2015年，第86页）

③ 柯镇昌：《战国散文文体研究》，上海大学2011年博士论文，第81页。

本作者的主观和主动的构拟,作者在整体上谋篇布局的自由度更高了。当然,仅就形制本身而言,将此类文本归入对话式论体文亦无不可。

至于寓论体,这里不将其视为战国政教论体文的一类,一者,《庄子》《列子》等常用讽喻或寓意故事的文本大多与政教意图无关或关联不大;二者,正如柯文所指出的:"战国时期的'寓言'少有单独成文者,它们不同于这些书籍中存在的成文,基本都是构成论体文或游说辞中的一个组成部分。"①因此,论体文中的讽喻更适合作为文本的一种体式,一种论述手段来理解。

3. 战国专论式论体文

战国时期的专论式论体文即便用今天所谓"议论文"写作的格式来衡量也已经较为成熟,如常可辨析出引论、总论、本论(分论)、结论、余论等诸种要素。不论此诸种要素的组合情况如何,专论式论体文的共同特征在于专题化,即一篇文章专论一个主题,不随意枝蔓。其中以政教为基本意图的文本多见于《墨子》《商君书》《荀子》《韩非子》《鹖冠子》《黄帝四经》《尸子》《鬼谷子》《慎子》《尉缭子》《尹文子》《吕氏春秋》以及"七十子后学"礼义论文等传世和出土文献中。关于战国专论式论体文的文本构成,刘宁《汉语思想的文体形式》有一个基本区分值得注意。该书比较了《荀子》中专论文章与《韩非子》《商君书》等法家专论文的行文格局,认为前者接续了"七十子后学散文"的传统,具有"集义"的松散格局,常常"备述众理",但缺少"递进推演"的内在逻辑思辨,而后者则条理更明晰,论辩更深入。②这种区别用刘师培的话说就是:"法家之文,发泄无余,乏言外之意,说理固其所长,但古质而无渊懿之光;儒家之文说理虽不能尽,而朴厚中自有渊懿之光。"③何以有如此区别?刘宁似乎认为,造成对《荀子》之文思辨限制的关键在于其对经验式教诲的执着,但又说:"《韩非子》与《荀子》的文风虽然差异很大,但就其论述说理的体制来看,两者有很多联系,它们都以务实而经验化的社会政治思考为主,注重'正名'逻辑的运用。"只是《韩非子》"以对'矛盾'的关注,使'正名'逻辑增加了强烈的辨析色彩"。④《韩非子》专论文中大量对世道人心的精辟分析无疑也是经验式的。看来经验化教诲本身并非区别的真正关键。关于此问题,该书的另一段表述可能更重要,即:《荀子》之文,是'师道'教化之文,其说理格局,通过'七十子后学散文'的中介,

---

① 柯镇昌:《战国散文文体研究》,上海大学 2011 年博士论文,第 93 页。
② 刘宁:《汉语思想的文体形式》,前揭,第 3-35 页。
③ 刘师培:《中国中古文学史讲义》,凤凰出版社,2011 年,第 176 页。
④ 刘宁:《汉语思想的文体形式》,前揭,第 35 页。

继承了《尚书》的君臣训诫以及《国语》的贤人教诲传统，侧重的是教化之道的直接表达。"①这段话暗示出关键之处其实在于战国智识人两种不同的身份认同和政教书写意识。一种以贤者、师者自居，有"上不臣天子，下不事诸侯"（《礼记·儒效》）的气度；一种则以臣属自认，甘为君主驱策走马。与现实政治领域的张力关系是衡量这两种书写的基本尺度。师道教化之文，虽有当世政教之意，但毕竟与现实政治保持着距离，而更属意学派的内部传承，以此方式接续前战国时代"教万世"的诗教传统。所谓直标其说，论理不尽，一方面乃为启发式教诲，另一方面亦暗含对隐指读者的选择，可启者自能悟其理。执意现实政治的政教书写则不同，它有一个限制性的前提，即无法在根本上选择言说对象，所以不能不于说理处"发泄无余"。也正因此，《商君书》《韩非子》与不以具体时政为主题的奏议类政务之文关系密切，其中不少篇章就是写给特定君主的书奏，还有些篇章虽可归为政教论体文，但与上书之文在内容类型方面常常并无太大差异，有时只能从一些上书的特定用语来做区分，以《商君书》为例：《商君书·算地》中有"臣请语其过""此臣之所谓过也"等语，《错法》以"臣闻"开篇，故可证其为书奏，而诸如《农战》《说民》《开塞》《一言》等没有此类用语的篇章，则可归入政教文。上书用语的使用实际上将文本的隐指读者转换为显指读者。此外，战国时的师道教化类专论文并不限于儒家学派，管仲学派、黄老学派之文亦多如此，如《管子》中的《经言》诸篇、《鹖冠子》中的部分篇章（如《博选》《著希》《天则》等）、《黄帝四经》中的《经法》诸篇等。当然，与《荀子》之文比起来，这些篇章常有论道的玄远抽象内容，超越了"经验"教诲的范围，但不意味着说理发泄无余。属意现实政治的政教文也不限法家，如《墨子》中的不少篇章多用古今政治对比，常以"当今之主""今王公大人"为论，亦与法家之文略相接近，虽然风格上有差异。另外需要指出，上述区分只是就大体倾向而言，并不能也没有必要对每个作者或每篇政教专论文都做此种划分，毕竟在书写的意图和实践方面，矛盾、复杂的情形总是存在的，如《墨子·鲁问》对隐指读者和效果期待的自述："王公大人用吾言，国必治；匹夫徒步之士用吾言，行必修。"

4. 战国解注式论体文

解注式论体文，是指"阐述或解释某篇文章或某段文字的具体含义的论体文"。②先秦时以"解""传""说"等命名的论体文多属此类，如《易传》《韩

---

① 刘宁：《汉语思想的文体形式》，前揭，第22页。

② 柯镇昌：《战国散文文体研究》，上海大学2011年博士论文，第117页。

非子·解老》《管子》中的《管子解》诸篇，也有一些文本虽不以"解""传""说"命名，但实质上可视为解注式论文，如《管子·宙合》《文子》等。还有一些解注式文本不属于论体文或与政教意图无明显关涉，如《左传》《墨子·经说》等。①当然，如果不考虑文体形态的因素，单从解释的意向来说，解注体文也可以做更宽泛的理解，如章学诚《文史通义·传记》说："传记之书，其流已久，盖与六艺先后杂出。……经《礼》二戴之记，各传其说，附经而行，虽谓之传可也。"②一般而言，按照柯镇昌的看法，解注式论体文可分为另文作注和同文自注两类，前者多有"……。故曰'……'"的格式及该格式的累加，如《管子》中的《管子解》诸篇；或者采用设问与答语轮番前进的行文方式，而问句中总赖"何"字构成：问什么时，常用"何也"；问为什么时，常用"何以"，如《仪礼》中的一些传文③；后者一般先于文首进行一番论述，然后对这些论述之辞分别进行细致阐释，如《礼记·大学》《吕氏春秋·有始篇》等。④《管子·宙合》的情形比较特殊，先完整叙录了待解"经"文，又逐句再录其文，并在每句之后直接阐释，没有使用"故曰"之语。《宙合》应当也属于另文作注体，因为如果是同文自注的话，没有必要重复书写"经"文。《文子》亦是每段先录《老子》原文，再直接阐释。

另文作注体和同文自注体虽然同属解注文，但两种有实质差别。另文作注体之文包含了两个层级，"'经'为第一序的文献，而'传'是第二序的文本"。⑤经与传原本出自不同的作者，传文中的"经"是二次书写。而同文自注体中的经文与传文之分仅仅具有结构形式的意义，只是这样的谋篇布局之法可能受到了另文作注体的潜在影响。

就另文作注体之文而言，经与传原本出处有别，虽然传文通常都是依经而起，但两者之间的关系存在多种情况。传文"有些是附经解义、斟字酌句、不离经文，有些则相对独立，只是选择性地解释原文，或者串讲大意，而有些则与'经'本文没有直接的关系，仅仅是在思想义理上接续原意，或作新

① 《左传》属史传文，《墨子·经说》所涉内容范围甚广，多为逻辑学、数学、物理学方面，实以释名为统摄。《经说》中对"说"概念本身有一个解释，即"方不㢓，说也"（意为：不显明的东西推究出来了，是为说）。（辛志凤、蒋玉斌：《墨子译注》，黑龙江人民出版社，2003年，第270页）
② 〔清〕章学诚著，叶瑛校注：《文史通义校注》，前揭，第248页。
③ 《春秋公羊传》《春秋谷梁传》亦多用此形制，但此二传一般认为成书在秦汉以后，但战国时已口头流传。
④ 参柯镇昌：《战国散文文体研究》，上海大学2011年博士论文，第121-129页。
⑤ 景海峰：《论"以传解经"与"以经解经"——现代诠释学视域下的儒家解经方法》，《学术月刊》2016年第6期。

的阐发"。①如《易》之《传》与《经》的关系就颇为复杂,依章太炎之说:"《易》之'十翼',为传尚矣。《文言》《彖》《象》《系辞》《说卦》《序卦》《杂卦》之伦,体各有异,是故有通论,有驸经,有序录,有略例,《周易》则然。"②这里无疑有着进行文本考察的很大空间。一般而言,解注体政教书写是一种学派性很强的类型,传文作者所阐释的通常是本学派的权威经典文本。因此,解注体的流行与战国时期私学的兴盛有着内在关联,其中最主要的中介性观念因素当是思想文本的权威化意识乃至师法观念的初步萌发。解注文的书写与这些观念因素彼此强化。也有某种例外,如韩非子解《老子》,也正因此,《韩非子·解老》有更多"六经注我"的色彩。不过,这恰恰也从另一个角度说明战国时期的思想性文本权威化意识和师法观念远为达至汉代时那种强烈而固化的程度,其深层原因则在于,战国时期的经学书写活动尚未融入大一统的政治格局之中而被赋予某种叙述范式,尽管这种叙述范式与政务性或仪式性书写所要求的那种硬性规则有所不同。当然,从更一般的意义上说,在解注式文本中,"尽管注释会与原典之间存在着意义上的一致,但是几乎所有的注释又都会基于一种假设而介入到对经典的读解中,为此也就必然会造成其与经典含义之间的某种驳离"。③因此,《韩非子·解老》也可视为由于特定假设而导致的驳离程度的加大。

5. 战国政教论体文的体式

战国政教论体文的体式大抵有宣辨、辩难、解说、讽喻等。宣辨主要是指正面宣讲式的论说,此种体式最常见。且以《管子·乘马》中的一段为例:

> 地者政之本也,是故地可以正政也。地不平均和调,则政不正也,政不正则事不可理也。春秋冬夏,阴阳之推移也;时之短长,阴阳之利用也;日夜之易,阴阳之化也。然则阴阳正矣,虽不正,有余不可损,不足不可益也,天地,莫之能损益也。然则可以正政者地也,故不可不正也。正地者,其实必正。长亦正,短亦正,小亦正,大亦正,长短大小尽正。正不正则官不理,官不理则事不治,事不治则货不多。是故何以知货之多也?曰事治;何以知事之治也?

---

① 景海峰:《论"以传解经"与"以经解经"——现代诠释学视域下的儒家解经方法》,《学术月刊》2016 年第 6 期。

② 章太炎:《国故论衡》,上海古籍出版社,2003 年,第 70 页。

③ 黄卓越:《"书写"之维:美国当代汉学的泛文论趋势》,《北京大学学报》(哲学社会科学版) 2016 年第 5 期。

曰货多。货多事治，则所求于天下者寡矣，为之有道。①

这是一段分论，以论证"地者政之本也，是故地可以正政也"这一论点为中心。始以反面论述，指出土地分配不合理、管理不完善的后果。然后进行正面论述，首先将整治土地与自然的阴阳作用做对比，认为自然阴阳作用"莫之能损益"，而土地却是可以人为整治的国政。进而宣讲整治土地的基本方法，其间又结合正反论述，并以设问方式进行推论，即整治土地可使物资增多，物资增多意味着生产发展，生产发展了就可以"所求于天下者寡矣"，最后以"为之有道"作为总结。

辩难是指以批驳的方式展开议论。战国时期的辩难书写多见于《墨子》《荀子》《韩非子》等著作中。从指向上说，战国辩难文大体可以分为三类：一类是批驳观点，一类是批驳现象，还有一类是批驳事件（包括言论事件）。辩难之文大多并非通篇批驳，而是有破有立，以破为立。②批驳观点的文本多带有学术论争的性质，以《墨子》中的一些篇章最为典型，如《墨子·兼爱下》《明鬼下》《非命中》《非攻中》《非攻下》《节葬下》《非儒下》等，《韩非子·难势》亦属此类。批驳现象是指批判不良的社会现象或流行观念，此类文本有时也带有学术论争的性质，但不以针对某个具体论点为中心，比较有代表性的有《墨子·非乐上》《荀子·非相》《荀子·非十二子》等。批驳事件的文本以《韩非子》中的"难体"文（《难一》《难二》《难三》《难四》）最为典型。这些文章有史论性质，因为被批驳的事件多是有影响的历史传说故事，也包括著名人物的言论，但这些言论一般不是单纯、抽象的观点，而是具体事件中的言论或是对事件的评论。③《韩非子》"难体"的文体结构有两种情形：一种是先述故事，再以"或曰"形式对故事中人物的言行加以论辩批驳，此种结构见于《难一》《难二》和《难三》；另一种则是在反驳之后对第一次反驳加以再反驳。所谓"先立一义以难古人，又立一义以难前说，其文皆出于韩子"。④这种特殊形式"通过对同一问题的两次辩驳，形成一个'否定之否定'的过程，层层剥离，步步进逼，使得问题愈益深入，最终得出一个辩证的结论"。⑤

---

① 谢浩范、朱迎平译注：《管子全译》，贵州人民出版社，1996年，第55页。
② 需要指出的是，这里讨论的只是辩难的体式，而非现代文体学意义上的驳论文。
③ 《难三》中的最后两则以及《难势》属于批驳观点的文本，可视为例外。《难三》最后两则是直接批驳管子言论，《难势》则是驳慎子言论，但其文体结构与《难四》相似，即反驳之后又再反驳。
④ 〔清〕王先慎集解，钟哲点校：《韩非子集解》，中华书局，1998年，第382页。
⑤ 柯镇昌：《战国散文文体研究》，上海大学2011年博士论文，第115页。

　　解说即解释说明。解说多见于解注式论体文，但作为一种议论体式广泛存在于各种论体文，有时也与宣辨、辩难等融合在一起，没有明确界限，但解说的基本特点在于总是不离作为解释对象的特定字句。战国论体文中的解说大抵有三种：一种是解释字词含义，一种是解说缘由，还有一种是延伸性阐释。此三者常常灵活组合，如《管子·形势解》曰："山者，物之高也；惠者，主之高行也；慈者，父母之高行也；忠者，臣之高行也；孝者，子妇之高行也。……故曰'山高而不崩，则祈羊至矣'。"这段话围绕《管子·形势》中的第一句话"山高而不崩，则祈羊至矣"展开解说。"山者，物之高也"可以视为对"山"本身的解释。接着便作延伸性阐发，通过把山类比为惠、慈、忠、孝，将主题引向伦理政治领域。如此解说看似有过度阐释的嫌疑，但从《管子·形势》原文来看，"山高而不崩，则祈羊至矣"等语确有起兴式的寄寓之意。《形势解》只是将此寄寓之意提前揭示出来。解释字词含义与解说缘由的组合可以《仪礼》中的传记为例，如《仪礼·丧服》曰："女子子嫁者、未嫁者为曾祖父母（服齐衰三月）。"传曰："嫁者，其嫁于大夫者也。未嫁者，其成人而未嫁者也。何以服齐衰三月？不敢降其祖也。"先解释原文中"嫁者"和"未嫁者"的含义，然后解释原文说这两类人要为曾祖父母服齐衰三月之丧的缘由。

　　讽喻在此是指以寄寓的方式组织议论。讽喻与寓言关系密切，寓言可以理解为讽喻的一种形式，但讽喻并不限于寓言，也并不一定要讲故事。凡"意在此而言寄于彼"[1]的表达都可以视为寄寓之言。仍以《管子·形势》为例：

　　　　日月不明，天不易也；山高而不见，地不易也。言而不可复者，君不言也；行而不可再者，君不行也。凡言而不可复、行而不可再者，有国者之大禁也。

　　这段话的手法类似诗歌中的比兴，但在此处成为一种议论方法。"日月不明，天不易也；山高而不见，地不易也"与上文中的"山高而不崩，则祈羊至矣"一样属于起兴式的寄寓之言。以寓言故事为主体内容的文章常常具有含义的模糊性，因为寓言所寄寓之义一般有着较大的阐释空间，《庄子》中许多篇章之所以深邃隽永、变幻莫测，很大程度上便根源于此。[2]但这种情形往往不太适用于政教论体文。政教论体文一般要求有比较确定的论说意图指向。

---

① 〔清〕王先谦撰，刘武撰，沈啸寰点校：《庄子集解 庄子集解内篇补正》，中华书局，1987年，第245页。

② 《庄子》中的寓意之文有时虽然似乎也有显示结论的言说，但由于寓言的意义空间明显超出了结论所能指涉的范围，因而寓言本身与结论的关系就显得若即若离。更何况，所谓结论之语本身也常常是意义含混的。

《管子·形势》这段话的后半部分实际上就将第一句寄寓之言的含混意向明确化了，有效排除了其他阐释的可能性。当然，即便如此，讽喻本质上是一种类比推理，它并不具有严格的逻辑有效性。

（三）战国史传书写

战国史传文献，今存者主要有《左传》《国语》《晏子春秋》《战国策》《战国纵横家书》、①《竹书纪年》《春秋事语》、②睡虎地秦简《编年记》等，此外还包括一些散见的传记故事（如《墨子·公输》《穆天子传》等），这些文本的性质和书写情况各有不同。

在文本形态方面，如果按照后世史传文的分类，上述各书中有列传体，纪事本末体，国别体，编年体。大体而言，睡虎地秦简《编年记》和《竹书纪年》属编年体，③《国语》《战国策》属国别体，《左传》原系纪事本末体，至战国末被改为编年体，④《春秋事语》属纪事本末体，但与《国语》篇章文体结构相似。就体式而言，基本都是言事相兼，只是有的以记言为主，有的以叙事为主。

关于上述文本的思想内容的研究已有很多，而从书写史的角度说，对上述文献编纂过程、条件、动机以及流传的研究更切合本文主题。但此类研究由于材料限制，往往难以形成定论，我们只能结合已有成果，围绕书写特点做一些整体上的分析。

战国史传书写最显著的一个特点是编纂、整理活动盛行，尤其是出现了大篇幅的包含多国史事的史传文献。这无疑是史无前例的。《左传》《国语》《战国策》等当然最为典型，此外还有《铎氏微》《虞氏春秋》《春秋事语》等。可见，史传文献的编纂在战国时代确是一种文化潮流。为何会出现这种潮流，可能主要有以下两个原因：

第一，各国史官记事文本的流散以及政事传闻的增多为史传文献的编纂提供了史料条件。上文已述，史官记事文献主要有两类，一类是作为国家档

---

① 《战国纵横家书》是马王堆出土帛书。书中涉及战国末年之事，故该书编成年代当不早于战国末年，更可能是在汉初。

② 《春秋事语》是马王堆出土帛书。按照张政烺先生的论证，《春秋事语》当是作于战国时期的作品。见张政烺：《〈春秋事语〉解题》，《文物》1977 年第 1 期。

③ 《竹书纪年》早已亡佚，今所见今本和古本《竹书纪年》都是后人辑佚而成，原书体式难以确知，但"记事简略，有如《春秋》"的判断应是没有问题的。（参见褚斌杰、谭家健主编：《先秦文学史》，人民文学出版社，1998 年，第 238 页）

④ 参王和：《〈左传〉的成书年代与编纂过程》，《中国史》2003 年第 4 期。

案的正策，如鲁《春秋》，另一类是非正式的"私人记事笔记"。这两类文献原本都不会轻易外流，一般人难以得见，连孔子也只能说"吾犹及史之阙文"（《论语·卫灵公》）。到了战国时期，情况就有所不同，各诸侯国内乱外战较春秋时期明显更为剧烈，国家灭亡或公室失权之事增多，此类变故自然容易导致史官文献失去原有秘藏地位，如一国灭亡之后，其秘藏史籍就被他国占有或流散民间，又如内乱可能导致史官携史籍外逃或公室史官转为卿大夫家史，从而使史籍得到不同程度的公开。此外，诸侯国内乱客观上增加了各国贵族之间的人员流动，一国高层政事就有了除正常赴告之外的更多机会为他国所知，这不仅丰富了他国史官载录的内容，也增加了各种政事传闻的流播，如《左传》的材料来源，不仅有成文史料，也有许多当时的传闻故事。①

第二，随着史传文献接受群体的扩大，史传文献编纂的现实需求度提高了。一方面，由于战国时期政治斗争趋向复杂化，各国从政的贵族包括君主自然有更高的热情来更详尽地了解各国兴衰成败的历史，以获取更多的政治经验。如司马迁说："铎椒为楚威王傅，为王不能尽观《春秋》，采取成败，卒四十章，为《铎氏微》。赵孝成王时，其相虞卿上采《春秋》，下观近势，亦著八篇，为《虞氏春秋》。吕不韦者，秦庄襄王相，亦上观尚古，删拾《春秋》，集六国时事，以为八览、六论、十二纪，为《吕氏春秋》。"（《史记·十二诸侯年表》序）②另一方面，在集权君主政制初步成型的背景下，士阶层崛起并壮大，"战国时期的士已经被制度化的保障体系所抛弃，他们需要通过谋求自身能力的提升，来获得生存机会"，③士人知识分子想获得生存的机会当然是进入政坛，为各国君主卿大夫所用，对他们而言，学习历史知识无疑是必修的功课，如纵横策士习游说之术，"本为实用之学，自不能离开事实，而凭空为学理之研究。未来事实，亦无从预想而预定权变之方；故惟据以往权变之事，举隅反三，为随时灵机应变之所本。神而明之，存乎其人，故战国时各游说士所经过之事及其言辞设策，皆为最宝贵之资料也。集聚之，斯成为权变术，而为教者与学者之所用矣"。④从战国诸子文献常常引征或议论史事来看，几乎没有哪个学派不关注历史。战国好议论历史政治的社会风气实与此关系密切。

战国史传书写的第二个显著特点是书写者的身份呈现多样化，一定程度上突破了史官集团的范围。春秋时期，史官在书写上的话语权力地位已经有

---

① 参王和：《〈左传〉的成书年代与编纂过程》，《中国史》2003 年第 4 期。
② 〔汉〕司马迁：《史记》，前揭，第 358 页。
③ 方铭：《战国文学史》，商务印书馆，2008 年，第 54 页。
④ 张心澂：《伪书通考》（"《战国策》"条），商务印书馆，1939 年，第 543 页。

所下降，但史传书写大体仍限于史官集团。到了战国时期，情况进一步变化，史官很可能不再是史传文献编纂的唯一群体，例如《战国策》的主要编纂者是纵横游士（大抵包括纵横家及其门徒，以及一般的游说辩士等），而非史官，编订《铎氏微》的铎椒、编订《虞氏春秋》的虞卿都是高级官僚，也不是史官。这在当时恐怕是一种必然趋势，一方面是由于史官的史传书写不可能面向扩大了的读者群体，另一方面也是由于在战国政制条件下作为职业官僚的史官的话语地位进一步下降。

此外，战国时期大篇幅的史传文献的编纂，有的可能具有官方背景，如徐中舒、卫聚贤等学者提出《左传》系子夏所作，或编成于子夏门下，①这不仅因为子夏可能传习《春秋》，也是因为子夏曾"居西河教授，为魏文侯师"（《史记·仲尼弟子列传》），②以他为中心形成了一个有官方背景的著作集团。此说当然未为定论，但具有启发的一点恰恰在于，像《左传》《国语》这样大部头史传文献的编纂者如果没有官方支持，那至少在史料搜集上会存在较大困难。

战国史传的书写还具有一定的学派性质。尽管战国时期文献的传播已较前战国时代更广泛，但很多文献实际上还是在学派内部传承并加工的，只是保密程度不会像史官正策文本那么严格而已。如《汉书·艺文志》讲《左传》的成书缘起时说："丘明恐弟子各安其意，以失其真，故论本事而作传，明夫子不以空言说经也。春秋所贬损大人当世君臣，有威权势力，其事实皆形于传，是以隐其书而不宣，所以免时难也。""隐其书而不宣"恐怕不是完全不宣，而是在学派内部传承，刘向《别录》云："左丘明授曾申；申授吴起；起授其子期；期授楚人铎椒；铎椒作《钞撮》八卷，授虞卿；虞卿作《钞撮》九卷，授荀卿；荀卿授张苍。"（见孔颖达《春秋左氏传序正义》）在这个传授的过程中，《左传》的内容可能不断增加，按清人姚鼐的说法，"盖后人屡有附益。其为丘明说经之旧，及为后所益者，今不知孰为多寡矣"。③铎椒的《钞撮》、虞卿的《钞撮》大抵就是《铎氏微》《虞氏春秋》，如《别录》所言可信，那么《铎氏微》《虞氏春秋》应是《左传》的选编本。当然，《别录》所言亦不必尽信，因为越到后来，"免时难"的顾虑就越少，也就没有必要如此单线传承，但仍具有学派性质。《左传》从原初的纪事体转为编年体也间接说明了

---

① 详参徐中舒：《左传的作者及其成书年代》，见《徐中舒历史论文选辑》，中华书局，1998年，第1138-1166页；卫聚贤：《左传之研究》，《国学论丛》1927年（1卷1期）。

② 〔汉〕司马迁：《史记》，前揭，第1706页。

③ 〔清〕姚鼐：《左传补注序》，见氏著《姚鼐文选》，黄山书社，1986年，第21页。

这一点，[①]因为改为编年体很可能是出于儒家经师讲解《春秋》的方便。

需要指出，战国史传文献的书写者群体虽然突破了史官集团的范围，但史传书写仍大多与史官有或直接或间接的关联。第一，春秋时期那种史官书写在战国时期仍然延续，如西晋时出土的汲冢编年史书《竹书纪年》很可能就是魏国史官根据记录编写的魏史正策。从传世文献所反映的职官建制来看，战国时各诸侯国应该仍有负责记录君举的史官，如秦、赵皆有御史。《史记·廉颇蔺相如列传》载："（秦、赵渑池之会，）秦王饮酒酣曰：'寡人窃闻赵王好音，请奏瑟。'赵王鼓瑟。秦御史前书曰：'某年月日，秦王与赵王会饮，令赵王鼓瑟。'……相如顾召赵御史书曰：'某年月日，秦王为赵王击缶。'"杜佑《通典·职官六》曰："秦、赵渑池之会，命（御史）各书其事，……则皆记事之职也。至秦、汉为纠察之任。"[②]田齐的御史、掌书也有类似职责，《史记·滑稽列传》载："（齐威王）置酒后宫，召髡（淳于髡）赐之酒。问曰：'先生能饮几何而醉？'……髡曰：'赐酒大王之前，执法在傍，御史在后，髡恐惧俯伏而饮，不过一斗径醉矣。'"[③]又《吕氏春秋·骄恣》记，春居谏齐宣王为大室，"宣王召掌书曰'书之'"。"掌书为主管文书之官"。[④]

此外，其他一些战国史传文献的作者也可能是史官或者是担任过史官的人。许多学者推测《左传》《国语》最初的编纂者可能是史官，这是有道理的，毕竟史官最有条件接触到第一手资料，也最有史传书写的自觉意识。

第二，战国时期一定程度上延续了春秋以来的大夫家史书写。蒙文通先生在《周代学术发展论略》一文中，将两周学术分为以《诗》为代表的文学时代，以《春秋》为代表的史学时代和以诸子为代表的哲学时代三个阶段，"春秋晚期，《春秋》由诸侯国史发展为大夫家史"。到战国之时《春秋》由大夫家史发展为诸子哲学。[⑤]这里三阶段的划分是否恰当另当别论，但大夫家史书写确是春秋和战国史传书写的一种重要类型。家史系卿大夫私家所置史官，家史所记主要当为卿大夫个人的言行。文献所载春秋时期家史记事的案例甚多，《史通·史官建置》曰："赵鞅，晋之一大夫尔，有直臣书过，操简笔于

---

① 《左传》原先是纪事体，大抵在战国末期以前，被儒家经师改编为解经体，并附益了一些解经语、解传语。参见王和：《〈左传〉的成书年代与编纂过程》，《中国史》2003 年第 4 期。

② 〔唐〕杜佑：《通典》，中华书局，1984 年，第 141 页。

③ 〔汉〕司马迁：《史记》，前揭，第 2411 页。

④ 缪文远：《战国制度通考》，巴蜀书社，1998 年，第 16 页。

⑤ 参蒙文通：《周代学术发展论略》，《学术月刊》1962 年第 10 期。

门下。田文，齐之一公子尔，每坐对宾客，侍史记于屏风。"①大夫家史书写"本是春秋晚期国史下移所致"，②从政治背景来说，则如蒙文通先生所言："家史之兴，应当是和'礼乐征伐自大夫出'的政治形势的发展密切相关的。国家政治活动中心既由国君转移到大夫手中，记载国家活动的国史也就很自然地变化为记载大夫活动的家史。"③到了战国时期，文献中关于家史的记载又很少见，这大概跟战国君主集权政制初步形成有关，记载国家活动的国史书写又盖过了大夫家史书写。因此，战国时期家史书写，主要是指战国史家对春秋家史文本的编订、整理。通过这种编订、整理，一部分家史可能进入战国时期的国史，尤其是那些获得政权的家族的家史，如春秋时期的陈氏家族、魏氏家族等。④《晏子春秋》的形成是一个比较典型的家史书写案例。《晏子春秋》一般认为成书于战国，撰者为齐人。⑤关于《晏子春秋》的性质历来争议甚多，大抵有诸子散文、人物传记、小说以及多种性质复合诸说。⑥实际上，《晏子春秋》的文本性质当如蒙文通先生所言，"应当就是晏婴家史的遗存者"。⑦不过，世传《晏子春秋》可能不是晏婴家史的原貌，而是经过一些出于其他书写意图的编订。世传《晏子春秋》以记载晏子的谏辞辩对为主，所记之事基本没有明确纪年，这大概是造成后人难以判定其性质的主要原因。一个合理的推测是："历史上的晏子以善谏著称，那么记述其言行的《晏子春秋》中有关其谏辞的部分被人们分类摘出以供阅读揣摩。"在这个过程中，一些篇章可能得到了"增删省易的加工"。⑧从这个角度说，刘向、刘歆、班固将《晏子春秋》（《汉书·艺文志》名之为"晏子"）视为子书，也不是全无道理，一定程度上反映了春秋家史向战国子书的转化，这种转化是通过编订、转抄的方式完成的。

---

① 〔唐〕刘知几著，〔清〕浦起龙通释，王煦华整理，《史通通释》，前揭，第 282 页。

② 胡宁：《从春秋人物传说看〈左传〉取材于家史》，《廊坊师范学院学报》（社会科学版）2013 年第 5 期。

③ 蒙文通：《周代学术发展论略》，《学术月刊》1962 年第 10 期。

④ 参见胡宁：《从春秋人物传说看〈左传〉取材于家史》，《廊坊师范学院学报》（社会科学版）2013 年第 5 期。

⑤ 《晏子春秋》曾被认为是六朝伪作，1972 年临沂一号汉墓有竹简《晏子》出土，证明《晏子春秋》确为先秦文献。

⑥ 参见许峰、尹玉珊：《〈晏子春秋〉文体辨正》，《广西师范学院学报》（哲学社会科学版）2013 年第 2 期。

⑦ 蒙文通：《周代学术发展论略》，《学术月刊》1962 年第 10 期。

⑧ 周云钊、赵东栓：《从〈晏子春秋〉书名含义看其文体性质》，《兰州学刊》2014 年第 2 期。

　　第三，史官文献是其他史传文本最重要的资料来源之一。《左传》《国语》皆是如此，这已是学界共识。纵横家文献也可能与史官有关。我们知道，纵横家文献以记战国策士说辞为主，其记事主要是作为框架，为记言服务。刘向《战国策叙录》说："所校中《战国策》书，中书余卷，错乱相糅莒。又有国别者八篇，少不足。臣向因国别者，略以时次之，分别不以序者以相补，除复重，得三十三篇。……中书本号，或曰《国策》，或曰《国事》，或曰《短长》，或曰《事语》，或曰《长书》，或曰《修书》。"①这里提到作为《战国策》文本前身的《国策》《国事》《短长》《事语》《长书》《修书》当是战国时已流行的各种策士游说故事的结集。《汉书·艺文志》所列战国纵横家文献有苏子三十一篇、张子十篇、庞煖二篇、阙子一篇、国筮子十七篇。此外，长沙马王堆出土的《战国纵横家书》虽可能是汉初结集，但它本身也是从三种早已结集的策士游说故事册子辑录而成。②从今本《战国策》以及《战国纵横家书》来看，其中说辞就文本性质而言实际上有两种，一种是书奏说辞，一种是面陈说辞。③"书奏说辞的作者应是策士本人，或加上他们的秘书班子。"④书奏说辞可能有两种方式保存下来：一是进奏之后为主管文书的史官收藏归档，另一种方式是通过策士本人所留底本。面陈说辞被书面记录下来亦大抵有两种方式：一是"职掌'君举必书'的诸侯国史官们，在策士向君王进言、与君王论争或应对君王垂问时，将策士们的言辞记录下来"，二是随行的门客、弟子所记，"这些门客、门人在随从主人外出游说时，对主人之说辞悉心录记，以便学习揣摩"。⑤这当然是两种不同性质的书写。有学者推测，"刘向在整理时曾碰到过不少内容重复的史料，或许便是由于诸侯的史官或策士的门客弟子各有所记之故"。⑥

　　战国史传书写的第三个特点是书写的理念依据和动机与以往有所不同，这也使得史传书写对真实性的追求呈现多样化状况。如上文所述，春秋时期，史官的编年国史书写在书法上已从常书法发展出了褒贬书法。从书写动机上说，褒贬书法不过是史官集团以变通的方式捍卫自身的话语权。从理念依据来说，无论是常书法还是褒贬书法，都是以西周以来以德性天命观为根基并

---

①〔西汉〕刘向集录，范雍祥笺证：《战国策笺证》，前揭，《刘向书录》第 1 页。

② 参见杨宽：《马王堆帛书〈战国纵横家书〉的史料价值》，见马王堆汉墓帛书整理小组编《战国纵横家书》，文物出版社，1976 年，第 172 页。

③ 参郑杰文：《战国策文新论》，山东人民出版社，1998 年，第 87 页。

④ 邵毅平：《〈战国策〉的作者与时代》，《图书馆杂志》2004 年第 7 期。

⑤ 郑杰文：《战国策文新论》，前揭，第 88-90 页。

⑥ 邵毅平：《〈战国策〉的作者与时代》，《图书馆杂志》2004 年第 7 期。

结合宗法制度构建起来的礼乐秩序传统。孔子修《春秋》使褒贬书法更加深切著明，其意义不仅是延续了史官书法，更在于暗中赋予"为万世立法"的用心。春秋史官的记事和记言笔记，由于其非仪式性，可以设想，其书写当更加灵活、自由一些，不必太受正策书写那些取事用辞规则的约束。就真实性而言，春秋时期的史传书写在规则上虽然要求一些讳饰，但应是以不偏离基本事实为限度的。史官做笔记不免依据"传闻行言"，但其可靠性也应是比较高的，因而仍可称为"当时的史官实录"。①

战国时期，诸侯国史正策书写的具体情形我们找不到很多文献来判断，不过可以设想，以西周礼乐传统为依据的书写规则（尤其是褒贬书法）可能进一步淡化。②从上引《史记》关于秦、赵渑池之会中御史的表现，以及《吕氏春秋·骄恣》中齐宣王召掌书之事至少可以看出，有些事记与不记是由君主或主政官僚决定的，载记者独立于君主的话语地位似乎已十分微弱。当然，即便如此，这种载录的真实性还是相当高的。

与诸侯国史较为客观真实的载录相比，战国时的很多史传书写其实往往好采用传闻传说，而且看起来不大追究这些传闻传说的真实性。如王和先生认为《左传》的一部分主要来源就是"流行于战国前期的、关于春秋史事的各种传闻传说。一般来讲，《左传》里凡是长篇大论的对话，多属于取自战国传说（但并非全部）。这一部分文字的史料价值不高，有些事情虽有一点史影，但已大大失真；还有一些则面目全非，根本不可凭信"。③不可靠的传闻传说不仅见载于《左传》，也大量见载于《晏子春秋》《战国策》等战国文献。如《晏子春秋·内篇杂下》"晏子使吴"的故事就明显是虚构的，因为夫差立为吴王时晏子早已去世，根本不可能使吴。又如《战国策·秦策二》有"医扁鹊见秦武王"的故事，但扁鹊和秦武王是相距百年的人物。类似的例子不胜枚举，很多都大大超出了今天人们观念中史传书写所允许的主观想象的限度，几乎近于小说了。值得注意的是，有些传闻传说及其载录还可能形成"模拟套用"的故事类型，如上文提到的上博简《昭王毁室》与《晏子春秋》中的类似故事（即《晏子春秋·内篇谏下》"景公路寝台成逢于何愿合葬晏子谏而

---

① 参王和：《〈左传〉材料来源考》，《中国史研究》1993 年第 2 期。

② 这种淡化的情形其实在春秋时期已经出现，并不是所有的春秋史官都有捍卫话语权的信念和热情，如南宋吕祖谦《东莱博议》曰："管仲之戒齐桓也，曰作而不记，非盛德也。管仲之所言虽是，而已开作而不记之端也。又其后，周王之私犒晋使也，曰，非礼也，勿籍。周王之所举非是，而且显然戒史官以勿籍矣。"（吕祖谦：《东莱博议》，北京市中国书店，1986 年，第 115 页）

③ 王和：《〈左传〉的成书年代与编纂过程》，《中国史研究》2003 年第 4 期。

许第二十"）都是关于墓葬与宫室地点相冲突的。

为什么看起来明显不真实的传说会被杜撰和载录？这是一个值得思考的问题。其实很难设想杜撰和载录者明知这些故事的虚构性能够轻易被甄别出来，即便是写历史小说也不得不考虑基本事实框架的真实性，否则势必影响接受效果。更可能的情形或许只是当时人们获取真实历史知识的渠道十分有限，因而仍然倾向于相信这些故事的真实性，尤其是当传闻传说被言之凿凿地书之于简策之后。这里可以《墨子·明鬼下》为例。《墨子·明鬼下》提到的周之《春秋》、燕之《春秋》、宋之《春秋》、齐之《春秋》，一般认为是和《春秋》所本的鲁史旧策同属一类的文献。实际上这是十分可疑的。因为从《明鬼下》所引述的内容来看，此类《春秋》文本记述颇详，与本于鲁史旧策的《春秋》那种极其简略的载录根本不一致。《明鬼下》有"子墨子言曰"之语，显然不是墨子自著，而是"墨者演墨子的学说所作的"，①其成文年代也未必在战国早期。我们没必要假设《明鬼下》所引述多涉神怪之事的诸国《春秋》是《明鬼下》作者自己的杜撰，但此类文本或许就属于战国人根据传闻传说而载录的。有意思的是，《明鬼下》作者完全无意考察这些文本的真实性，倒显得仅仅因其被载录而确信其真实性，所以反复说"以若书之说观之，则鬼神之有，岂可疑哉？"《明鬼下》一口气列举了四种《春秋》，一再强调"非惟若书之说为然"，这典型地印证了传闻载录多了人们就可能信其为真的道理。

吸纳传闻传说之言对于史传书写来说本是十分平常的事情，不惟先秦时期如此，中国后世和西方亦如此。尽管传闻传说的真实性常常难以判定，但是当史家对还原客观历史真实有了更自觉的意识之后，他们在吸纳传闻传说时也就有了更多的谨慎，例如在西方，修昔底德《伯罗奔尼撒战争史》所用史料就比希罗多德《历史》所用史料可信度更高，后者吸纳了很多不可靠的传闻传说。不管怎样，吸纳大量传闻传说乃至杜撰虚构故事②的书写事实表明这些书写者没有把叙述事实当作首要的书写目的，或者说其他书写动机盖过或弱化了叙述事实这个前提性的动机。这些其他的书写动机虽然大概可以政教二字来归纳，但具体而言又是多种多样。从根本上说，史料的选择、历史故事的叙述是与不同书写者各自的思想观念紧密相连的，后者决定了前者。如《左传》的编纂者有重礼重民的儒家思想，自然就倾向于选择记述与礼法治政高度相关的史实和故事，并在其中寄寓褒贬评判，而《战国策》崇尚智

① 胡适：《中国哲学史大纲》，前揭，第86页。
② 一般来说，我们很难分清哪些虚构的故事是史传书写者载录流行的传闻传说，哪些是自己杜撰出来的，除非在载录传闻时有所说明。

谋，意在提供政治游说的范本，自然就专注于记述策士游说的史实和故事，且不忌讳对说辞、游说的效果乃至人物肖像、心理等加以夸饰。

值得注意的还有一些散见的传记故事文本如《墨子·公输》《穆天子传》等。《墨子》中的《公输》《耕柱》《贵义》《公孟》《鲁问》五篇可视为一组类似的篇章，其内容主要是墨子的处世言行故事，与《论语》以及《礼记·檀弓》等文本中的故事略可比拟。《墨子》这组篇章中最突出的当属《公输》。《公输》是一篇完整的故事，可能是因为篇幅较长，故单独成篇。其文几乎可以当作短篇小说来读，参与情节的人物有墨子、公输盘、楚王以及守闾者，情节的复杂程度与该组其他故事相比是最高的。文中记言的篇幅虽然仍大于记事，但事并非只作为言的框架，而是和言一样具有推动情节，塑造人物形象，表达墨家思想信念的功能。

《穆天子传》是汲冢古书，其成书时间和文本性质都有多种说法。成书时间目前多数学者认为是在战国，①文本性质问题有起居注、实录、传记、别史、史官所记、小说或小说之滥觞、方术家作品等说法。②大多数学者已不认同其为实录，而多认为它是虚构的史传故事，③视为历史小说亦无不可。明人胡应麟就认为，《穆天子传》"文极赡缛，有法可观，三代前叙事之详，无若此者，然颇为小说滥觞矣"。④有学者进一步指出："《穆传》以历史线索为基础的艺术加工，以夸张和增饰为具体手段的人物刻画、情节描写以及环境构设等，最终形成了有别于琐屑之言、残丛小语和街谈巷语的小说境界。"⑤《穆天子传》的叙事动机也有多种可能性，或如顾颉刚先生所言，它是以"赵武灵王的西北略地"为背景的，其作者"或者希望武灵王以穆王为轨范而走到西北的尽头，或者要把武灵王的工作理想化而托之于穆王，或者要使赵人谅解武灵王的举动而'托古改制'地表示穆王的前型"。⑥当然也不排除该书只是方

---

① 详参顾晔锋：《〈穆天子传〉成书时间综述》，《长春理工大学学报》（社会科学版）2007 年第 2 期。
② 详参王洪涛：《〈穆天子传〉性质研究综述》，《社科纵横》2002 年第 4 期。
③ 如顾颉刚先生认为《穆天子传》作者的构思来源是"《山海经》和《山海经图》的书本知识"，以及"商队所目睹的事实和传闻的神话"。（顾颉刚：《穆天子传及其著作时代》，见钱小柏编《顾颉刚民俗学论集》，上海文艺出版社，1998 年，第 21 页）
④ 〔明〕胡应麟：《少室山房笔丛》，中华书局，1958 年，第 456 页。
⑤ 阳清：《穆天子传小说性质辨析》，《中南大学学报》（社会科学版）2013 年第 4 期。
⑥ 顾颉刚：《穆天子传及其著作时代》，见钱小柏编《顾颉刚民俗学论集》，前揭，第 16 页。

术家为了向诸侯显贵鼓吹长生不老而编造的"接遇仙人终致长寿的故事"。①

最后附带谈一下《睡虎地秦墓竹简》的《编年记》。《编年记》的内容是逐年记述秦昭王元年至秦始皇三十年秦国的大事（其中绝大多数大事都是战争之事），同时记载了墓主人喜的基本生平和重要家事。据李零先生研究，《编年记》一类谱牒年表文本在古代称为"叶书"。②表面看起来，《编年记》可以喜出生之年（即昭王四十五年）为界，分为前后两部分，前半部分是国家大事记，后半部分类似年谱。不过，从书写的字体来判断，"从昭王元年到秦王政（始皇）十一年的大事，大约是一次写成的；这一段内关于喜及其家事的记载，和秦王政（始皇）十二年以后的简文，字迹较粗，可能是后来续补的结果"。③这至少说明，《编年记》的后半部分与后来的年谱还是很不一样的，其中生平家事的记载，除了十分简略之外，似乎是附着在国家大事记上面的，所以有的年份只有国家大事，如始皇十七年记"攻韩"，二十二年记"攻魏梁"，而有的年份国事家事兼记，如始皇十八年记"攻赵。正月，恢生"。

《编年记》无疑是私家编订的文本，可能出自喜的家人之手，也有可能部分出自喜本人。此文本的书写或许与喜的身份有一定关联。从《编年记》内容可知，喜担任过秦国的安陆御史、安陆令史、鄢令史等职，应该是一个中下级的地方官吏。从其墓中有许多法律文书来看，这些职务大抵和法律事务有关，或许亦涉书记之事，如果是这样的话，那么喜的职务与此《编年记》的书写可能存在某种关联。不过基本可以推断这种关联不会是直接的，因为《编年记》并没有载录地方性史事。以编年体式载录国家大事，将家事国事同置，并将简文随葬的现象，或许从侧面体现了初步成熟的科层制官僚体制下一个中下层官僚的家国情怀。这种书写现象某种程度上可以和贵族式铭功旌纪的书写联系起来，可以视为以另一种书写的方式满足和后者有些类似的心理需求。

(四)战国兵、农之学的书写

战国时期，诸侯争霸、生死存亡之争日益白热化，以耕战为务逐渐成为各国主导性国策。秦国最终能够兼并六国，很大程度就在于其将耕战政策实行得最为彻底。施行耕战政策最直接的目的是富国强兵。富国强兵进可兼并

---

① 参见常金仓：《穆天子传的时代和文献性质》，《社会科学战线》2006 年第 6 期。

② 参见李零：《视日、日书、叶书——三种简帛文献的区别和定名》，《文献》2008 年第 12 期。

③ 睡虎地秦墓竹简整理小组编：《睡虎地秦墓竹简》，前揭，第 1 页。

他国，退可自保，因而逐渐成为一种共识，成为强势的国家意志和社会指令。这是兵农之学在战国时期兴起的基本背景。

战国兵、农之学就其为私学而言都属于诸子之学。《汉书·艺文志》中农家本就列为诸子之一，而"六艺略"虽将兵书略与诸子略并列，但诚如吕思勉先生所言："兵书与诸子，实堪并列。……所以别为一略，盖以校书者异其人。"[1]战国兵、农之学不仅本身属于诸子之学，也与其他诸子之学关系密切。这体现在以下几个方面：① 在指导理念上与其他诸子多有渊源关系，如学界分析战国兵书的基础思想，不外归之于儒、法。农家中许行之说似较有独特性，"几于无政府主义"，[2]而农家的轻重之论则是"管仲学派"思想的一部分。② 在文本著述上，战国兵、农之学既有独立成书的文献，[3]也见诸其他诸子之书。[4]这种情况的出现，一则是因为兵、农之学实为各家所共同关注的内容，二则也是因为汉世以来对诸子百家的整齐划分（如刘向、刘歆的"九流十家"之说）本质上是一种学术整合和总结的结果，并不完全吻合战国诸子的实际情形，或者一定程度上忽视了战国诸子之间的思想融合和彼此渗透。因此，战国兵、农之学虽属诸子，但本文并非是在传统诸子的框架内将其单列出来，而是考虑到兵、农之学在书写类型上的相对特殊性。

在内容类型方面，与一般的政教性私家著述相比，战国兵、农之学的书写总体上更加务实，较少坐而论道式的治国理念之争。战国兵学之文，按照《汉书·艺文志》的分类，有权谋、形势、阴阳、技巧四家。从现存的战国兵学文本来看，实际的内容类型大体可分为论原理、论实战和述制度三类。论原理之文多见于诸子之书，如《荀子·议兵》《吕氏春秋·荡兵》《禁塞》《振乱》等，此类文本一般结合治国理念、军事哲学、社会伦理等议论兵事，所谓"先生议兵，常以仁义为本"（《荀子·议兵》），因而仍有坐而论道的倾向。而论实战和述制度多见于专门兵书。当然，这只是相对而言，如《墨子》中从《备城门》至《杂守》都是讲具体的守城之法，又如《司马法》的大部分内容是讲述古军礼，而专门兵书也多以治国理念为基本框架，如《吴子·图国》讲"凡制国治军，必教之以礼，励之以义"，《六韬·国务》讲"国之大

---

① 吕思勉：《先秦学术概论》，岳麓书社，2010 年，第 14 页。

② 吕思勉：《先秦学术概论》，前揭，第 125 页。

③ 如兵家有《司马法》《吴子》《孙膑兵法》《尉缭子》《六韬》等。这些兵书在编订成书之前，许多篇章也可能单独流行。农家则有一般认为许行所著的《神农》等。

④ 如《老子》《墨子》《荀子》《韩非子》《商君书》《鹖冠子》《管子》《吕氏春秋》等都有不少论兵的篇章。（详参解文超：《先秦兵书研究》，上海古籍出版社，2007 年，第 265-266 页）

务""爱民而已",再如《尉缭子》中的《原官》《治本》两篇讨论官制和治国之本,更是与兵事无直接关联。不过,总的来看,专门兵书中论实战技巧和军事制度的分量多于论原理。战国农学之文,吕思勉先生认为可分为两派:"一言种树之事。如《管子·地员》《吕览·任地》《辨土》《审时》诸篇是也。一则关涉政治。"①关涉政治的一派吕思勉所举的是《管子》"轻重诸篇"以及许行、计然之说。"种树之事"实即农事,所谓不关涉政治,只是就文本主体内容而言,实际上讲农事亦在言政治的总体框架之内,如《管子·地员》首句即曰:"夫管仲之匡天下也,其施七尺。"《吕氏春秋·上农》首句曰:"古先圣王之所以导其民者,先务于农。"而农家之学其实也不仅限于讲农事,严格来说应是讲社会经济之事。吕思勉说:"《管子·轻重》诸篇,所言不外三事:(一)制民之产,(二)盐铁山泽,(三)蓄藏敛散。"②这些论述无疑都是以富国为目的导向的。从现存文献来看,农家之文与兵家之文的一个基本的共同之处在于,虽有理念的框架,但主要内容已不是论辩理念,而是论述实务性的方略,如《管子·山国轨》中桓公问如何实行统计之法,管子对曰:"某乡田若干?人事之准若干?谷重若干?曰:某县之人若干?田若干?币若干而中用?谷重若干而中币?终岁度人食,其余若干?曰:某乡女胜事者终岁绩,其功业若干?以功业直时而椓之,终岁,人已衣被之后,余衣若干?别群轨,相壤宜。"从这个角度看,战国兵、农之学实际上代表了一种新的学术类型,它关注的核心内容是军政事务的具体操持和运作,这是与战国时期新的国家形态、政治体制、社会格局以及由此决定的国家意志和社会指令相适应的。《韩非子·五蠹》说:"境内皆言兵,藏孙吴书者家有之。"正是这种情况的一种反映。

战国兵、农之文的文体形态主要有语录体、问答体、著述体和律令体四种。语录体如《孙膑兵法》中的《篡卒》《月战》《八阵》《地葆》《势备》《兵情》《行篡》《杀士》《延气》《官一》诸篇。问答体基本上都是以二人对话(多为君臣对话,也有些是臣僚之间的对话,如《孙膑兵法》中的《陈忌问垒》等)的形式展开论说,与问答体政教论说文并无二致,如《管子》"轻重诸篇"、《尉缭子·天官》《吴子》《孙膑兵法》等。著述体可分为两类,一类是专论,与上述政教性专论文类似,如《司马法》《尉缭子·兵谈》《制谈》《战威》《攻权》《吕氏春秋·辨土》《审时》等,还有一种是说明文,如《管子·地员》,实际上是讲述土壤种类和物产的博物学文献。此类文体多见于数术、方技、

---

① 吕思勉:《先秦学术概论》,前揭,第 123 页。

② 吕思勉:《先秦学术概论》,前揭,第 124 页。

工艺类实用技艺文本，如《山海经》《考工记》等，尤其与《山海经》中的《山经》颇有些相类，似值得注意。律令体主要见于兵学文本，比较典型的是今本《尉缭子》中从《重刑令》至《踵军令》八篇。此八篇一般被认为是军队法令稿本，类似于《商君书·垦令》。①不过，仔细分辨的话，《尉缭子》中的这八篇大多与《商君书·垦令》一样带有议论成分，因而并不是纯粹的法令稿本，如《重刑令》中说："使民内畏重刑，则外轻敌。故先王明制度于前，重威刑于后。刑重则内畏，内畏则外坚矣。"《分塞令》中也有"故内无干令犯禁，则外无不获之奸"的议论语句。《尉缭子》这八篇中属于纯粹法令稿本的大概只有《束伍令》一篇。《墨子》中从《备城门》到《杂守》十一篇讲守城之法，也具有律令体的性质，不过其中多篇带有问答的框架，也有些议论的内容。因此，这里说的律令体兵学文本并非指作为政务之文的真实律令，而是说这些文本主要以设计律令的方式讲述兵学。此外，《尉缭子》中《兵教下》和《兵令下》皆有"臣闻"之语，可见是上书之文。

从书写者的角度说，战国兵、农之文的书写与其他诸子之文并无多少区别，许多今日所见的文献都不是一人一时所著。值得一提的是，战国兵学著述有些是由军事将领自著并由其门人弟子补著，如《吴子》《孙膑兵法》等，因而多少带有专家技艺著述的性质。还有一种情形是在君主或重臣的授意下由官养学者或门客著述，再由君主或重臣编订或审定，如《史记·司马穰苴列传》称"齐威王使大夫追论古者《司马兵法》"②，这里的"大夫"不是一般的大夫，而很可能是齐国稷下学者的尊号。③又如《史记·信陵君列传》讲《魏公子兵法》的撰述背景："魏安釐王三十年，公子使使遍告诸侯。诸侯闻公子将，各遣将将兵救魏。公子率五国之兵破秦军于河外，走蒙骜。遂乘胜逐秦军至函谷关，抑秦兵，秦兵不敢出。当是时，公子威振天下，诸侯之客进兵法，公子皆名之，故世俗称《魏公子兵法》。"④可以推测，"诸侯之客进兵法"之前当有信陵君的征集，"进兵法"之后可能由信陵君筛选、审定。这种书写过程与吕不韦主持编订《吕氏春秋》相类似。

① 参郑良树：《〈尉缭子〉的内容和类属》，见刘春生译注《尉缭子全译》，贵州人民出版社，1993年，代序第6页。
② 〔汉〕司马迁：《史记》，前揭，第1676页。
③《史记·孟子荀卿列传》记载：齐稷下先生"自如淳于髡以下，皆命曰列大夫"（〔汉〕司马迁：《史记》，前揭，第1804页）
④ 〔汉〕司马迁：《史记》，前揭，第1831页。

四、其他类型的私家书写及其生成条件

（一）出离政治领域的诸子书写

战国诸子书写，无论有没有介入现实政治的指向，总体上是以社会政治为核心思考场域的，但这不意味着没有出离政治领域的思想类型出现。这种出离大体上有两种学术进路，一是人生哲学，一是名辨之学。

战国儒道墨法诸家文本皆有思考人性、人生伦理、个体生命价值方面的内容，其中遗留文本最多的是儒、道二家。儒家有以漆雕开、宓子贱、公孙尼子、世硕等为代表的性情派，出土文献中七十子后学散文有不少就属于性情论著作，如郭店楚简《性自命出》《成之闻之》《尊德义》《语丛一》《语丛二》《语丛三》、上博简《性情论》等。①传世文献如《大戴礼记》中的《曾子立事》《本命》《荀子》中的《修身》《不苟》《性恶》等。在儒家那里，对宇宙自然、人之心性以及人际伦理的论说，最终都指向社会政治，从这个意义上看，儒家的人生哲学说到底是其政治哲学的一种延伸。墨、法家乃至黄老道家等大抵亦是如此，唯有庄子一派道家（主要包括庄子和列子，以及作为其一种源头的杨朱思想）有所不同。庄子道家也有其政治哲学和对社会理想状况的构想，如《庄子·应帝王》讲帝王应以无为为治政之根本指归，但运思的重心却是在人生哲学。

上文说过，在前战国时代，文本体制的一个特征是义例合一、体用不二。到了战国时期，这一局面在一定程度上被打破，尤其是在诸子著述中，各派编订成书的文献几乎没有采用单一文体，只能以思想内容归类。《庄子》一书更是在文体的运用上达到了一个高峰，其行文汪洋恣肆、潇洒自如、意象丰赡，虽然我们可以用寓言式论说文来概括其文体，但仔细辨别，却可从中发现"论说、问对、语、寓言、诗、赋、隐、成相、小说、谍文、连珠"等十多种文体。②《庄子·寓言》曰："寓言十九，重言十七，卮言日出，和以天倪。寓言十九，藉外论之。"《庄子·天下》曰："以卮言为曼衍，以重言为真，以寓言为广。"尽管"三言"的内涵及其关系，古今学者有各种理解，③但至少可说明，《庄子》作者对文体的运用有着相当自觉的意识，同时也说明《庄子》作者自觉寻求言与意以及与接受效果的最大限度的一致，如有学者认为，"三言"中的"卮言"是指"俳优在酒席上的语言表演"，即"优语"，它因为

---

① 参陈桐生：《七十子后学散文研究》，前揭，第 53 页。
② 参石龙岩：《〈庄子〉文体研究》，西北师范大学 2011 年硕士学位论文。
③ 详参张洪兴：《〈庄子〉"三言"研究综述》，《天中学刊》2007 年第 3 期。

"似有似无的姿态和充满了隐喻性的表达方式",而符合《庄子》的表意需求。[1]值得一提的是,《逍遥游》中提道:"齐谐者,志怪也。"成玄英疏曰:"姓齐,名谐,人姓名也。亦言书名也,齐国有此(徘)〔俳〕谐之书也。……齐谐所著之书,多记怪异之事,庄子引以为证,明己说不虚。"[2]"齐谐"若是人名,有可能只是一种国籍加职业的称呼,若其同时为书名,则可以证明"庄子时代存在着优语类著作,也可以说明'优语'中包括有言辞诡诞的神异故事"。[3]

从形成条件来说,战国时期人生哲学书写的出现主要可归因于两大方面。一方面它是政制变迁、社会结构转型、战乱频仍所带来的个体意识觉醒以及追求自由、安宁的普通社会心理需求在文化思潮和书写活动上的一种反映。这种情形多少类似于欧洲希腊化时期以伦理学和人生哲学为核心和归宿的思想倾向与城邦制度瓦解、社会动荡所引起的人们对和谐幸福生活的普遍渴望之间的关联。只不过,在希腊化时期,这种思想倾向占据了整个哲学思潮的主流地位,伊壁鸠鲁学派、斯多葛学派、犬儒学派、怀疑学派等都着眼于个体人生的幸福问题,而不再仅仅将认识真理本身看作思想的旨归,但在中国的战国时期,庄子一派道家毕竟只代表一种思想倾向,诸子哲学的主体论域依然是在政治方面,基本讨论人生哲学、伦理学也大多以政治思想为底色。另一方面,战国人生哲学书写不是孤立出现的现象,而是在诸子争鸣的背景和格局中生成、发展的,并因而始终都处于比照、争辩以及借鉴之中。

诸子书写中偏离政治领域的另一种形态是名辨之学。[4]《汉书·艺文志》曰:"名家者流,盖出于礼官。古者名位不同,礼亦异数。孔子曰:'必也正名乎!名不正则言不顺,言不顺则事不成。'此其所长也。及警者为之,则苟

---

① 参过常宝、侯文华:《论〈庄子〉"卮言"即"优语"》,《北京师范大学学报》(社会科学版)2007年第4期。

②〔清〕郭庆藩撰,王孝鱼点校:《庄子集释》,前揭,第5页。

③ 参过常宝、侯文华:《论〈庄子〉"卮言"即"优语"》,《北京师范大学学报》(社会科学版)2007年第4期。

④ 这里所谓"名辩之学"是将名学与辩学合而论之。事实上,二者既有区别也有联系。区别主要在于,先秦名学主要思考名实关系或者正名问题,而辩学的要旨在于研究谈辩之术及其目的、功用等。关联在于,名实关系问题是先秦辩学时常牵扯的一个核心和基础性论题,而对名实关系的研究本身又是谈辩之术的一种运用。此外,"名学"和"辩学"都不是先秦已有的称谓,"名家"概念始见于司马谈《论六家要旨》。这是汉世总结先秦学术的结果。"辩学"概念的出现更晚。"'名学''辩学'较为普遍地被学术界使用,则是近代的事情。"(崔清田主编:《名学与辩学》,山西教育出版社,1997年,第2页)

钩（铷）〔鍦〕析乱而已。"①如果去除褒贬倾向，这段话实际上归纳了战国名辩之学的两种向度。一种是以孔子为代表的"正名以正政"的向度，另一种虽仍以"正名"为核心关切，但本质上重在对语言本身的分析，不大关心政治伦理问题。②与人生哲学的情形类似，战国诸子，儒、道、墨、法、名家，几乎都有名辩方面的思想文本，但是除了名家之外，其他诸家对名辩的探究都以各自的伦理、政治思想为旨归，如《韩非子》的名辩思想强调"核综名实"，重视进说之术，要求"息淫辞"，这些主张都是与《韩非子》注重法、术、势相结合以及倡导君主集权政制的政治思想内在相关的，又如《庄子》的名辩思想讲"无名""无辩"，同样是与《庄子》强调绝圣弃智、自然无为的处世哲学和社会理想相一致的。只有名家始终执着于对名实关系问题的探讨，虽然不能说名家是完全价值中立的，但"看似巧智的言辩毕竟淹贯了切实而确凿的价值取向"。③

　　战国名家最重要的代表文本应是《公孙龙子》。④《公孙龙子》一书的结构和文体值得注意。今本《公孙龙子》由六篇文章组成，即《迹府》《白马论》《坚白论》《通变论》《指物论》《名实论》。其中首篇《迹府》主要记述公孙龙子言辩事迹，显然并非公孙龙子自著，其作者"或为《公孙龙子》诸篇的编录者，当是秦之后而西汉刘向校勘群籍之前时人"。⑤其余五篇中，除《名实论》是专论体之外，都采用一致文体，即主客问答式的论体文。问答体各篇中主客双方都没有具体的人名，显然是拟设的。《名实篇》排在最后，应该是全书的绪论。⑥这种文体形式和结构安排虽然不复杂，但在已知先秦诸子文本中是仅见的。进一步说，问答体各篇的设问和答难均围绕与正名有关的特定命题、概念递进演绎，《名实篇》则"给一些基本范畴都下了定义，提出了'正名'的原则，同其他几篇共同构成了一个学说体系"。⑦这些都说明《公孙龙子》的作者有着明确的排篇布局、统筹全书的著述意识。

---

① 〔汉〕班固：《汉书》，前揭，第 1540 页。

② 参王左立：《先秦名家辨析》，《河南社会科学》2004 年第 5 期。

③ 参黄克剑：《先秦名家琦辞辨微》，《东南学术》2001 年第 1 期。

④ 有学者甚至认为："在《汉书·艺文志》列出的'名家'中，除了无据可查者，无可置疑的名家惟有公孙龙。"（王左立：《先秦名家辨析》，《河南社会科学》2004 年第 5 期）

⑤ 黄克剑译注：《公孙龙子》，中华书局，2012 年，第 27 页。

⑥ 如此编次很可能是秦汉时的事情。

⑦ 庞朴著，刘贻群编：《庞朴文集》第 3 卷《忧乐圆融》，山东大学出版社，2005 年，第 550-551 页。

战国名辩之学的产生无疑也是以诸子争鸣、论辩之风兴盛的学术场域为背景的，它在很大程度上可以说是对论辩本身的反思，如论者所指出的：辩论引发了学者们"对与辩论有关的一系列问题的思考，一部分人通过对诡辩命题的研究，把注意力集中到名实关系问题上，并提出了自己的名学理论，这些人就成了名家"。①

（二）战国术数方技等实用技艺书写的兴起

春秋以降，官守流散的另一个直接后果是数术、方技在民间社会的逐步流行，与之相应的是此类书写活动的兴起。数术、方术作为文献分类的两个名目出自刘歆《七略》《汉书·艺文志》亦有数术略和方术略。数术的含义，按照李零先生的解释："大概与'象术'的概念有关，'象'是形于外者，指表象或象征；'数'是涵于内者，指数理关系和逻辑关系。"②至于"方术"，据《汉书·艺文志》所云："方技者，……盖论病以及国，原诊以知政。汉兴有仓公。今其技晻昧，故论其书，以序方技为四种。"③《汉志》所序方技四种为：医经、医方、房中、神仙。数术之学的核心是"天文、历算和各种占卜"，方技之学则以"医药养生为中心"。④数术、方技之学就其基底而言与亚里士多德意义上的静观学问有相似之处，如数术以天文、算术为本，关乎"天道"，方技中的医经属于人的"生命"之学，此外，方技还涉及对植物、动物、矿物等自然之物的认识，有博物学的色彩。不过，无论是数术还是方技，除了作为对自然和数理的静观层面之外，还包含显著的实用技艺层面，而且前者以后者为旨归。⑤如数术指向吉凶宜忌预测，方技则指向治病养生。与数术方技之学相似的是工艺、器械一类知识，此类知识其实也包含这两个层面，如注重器械营造的墨家有物理、数理、几何方面的书写，见于《墨子·经说》。

一般认为，数术方技之学源自世官畴人。数术源于祝宗卜史一类职官，《汉书·艺文志》曰："数术者，皆明堂羲和史卜之职也。"⑥方技可能与《周礼》中的"医师""食医""疾医""疡医"一类职官有关，《汉书·艺文志》曰："方

---

① 参王左立：《先秦名家辨析》，《河南社会科学》2004 年第 5 期。
② 李零：《中国方术考》，东方出版社，2001 年，第 35 页。
③ 〔汉〕班固：《汉书》，前揭，第 1569 页。
④ 李零：《中国方术考》，前揭，第 14 页。
⑤ 这两个层面类似理论与实践的关系，但并非如同现代科学与技术的关系，理论层面虽有指导意义，但不是标准严密的原则，实用层面更多依赖习传经验。
⑥ 〔汉〕班固：《汉书》，前揭，第 1565 页。

技者，皆生生之具，王官之一守也。"①工艺之学则与《周礼·大宰》等处所载百工之职有关。②学术下移之后，这一类的知识多由特定的社会职业者所掌握，实际上构成了社会知识系统中的一大类，影响深远。③可以推测，数术方技之学的下移和流传与书写活动有关联。与此类学术有关的书面文本大抵原先亦由官守典藏。《汉志》曰："史官之废久矣，其书既不能具，虽有其书而无其人。"④官学下移之初，文献和人才的流散影响了此类知识的流传和增益，不过，"书"的残存毕竟起到了重要的媒介作用。

李零先生曾指出，数术方技类的实用书籍，与诸子六艺之类的文献在传承上有一个重要差异，即后者有相当严格的师说和家法，而前者"往往都'授受不明，学无家法'，属于古人所说的'依托'。……古代的实用知识是学科而不是学派，……这些技术发明起源都相当古老，要远远超出文字所能覆盖的历史范围，所以古人总是把这些技术发明推源于某个传说人物，把他当作技术传统所出的'宗师'"。⑤此说甚是，亦是中西皆同的。如《史记·扁鹊仓公列传》说，仓公从乘阳庆所受之医书是"古先道遗传黄帝、扁鹊之脉书"，⑥而扁鹊所受之禁方书干脆来自神人。诸子之书总体上属于意识形态文本，难免信念偏见，实用知识则有明确可证的实践效果导向，故难以形成宗派。这并不意味着官学下移之后数术方技类文献的书写流播不受制约，它很可能受职业性师徒传承规矩的制约。此外，诸子所代表的观念之学在战国时代已经离不开文字表达，而对于实用技艺而言，文字表达只是实践制作的一种参考和辅助。

《汉书·艺文志》所记数术方技之文献均无叙录，均无作者和时代，其中留存至今可知作于或部分作于先秦时期者，数术类唯有被归入"形法"的《山海经》和被归入"著龟"的《周易》，方技类则唯有《黄帝内经》。属于工艺类的战国文献则有《考工记》《礼记·内则》中有烹饪知识文本，只是被纳入了礼学的范畴。简帛文献方面，放马滩秦简、里耶秦简、睡虎地秦简以及九

---

① 〔汉〕班固：《汉书》，前揭，第 1569 页。
② 当然，这并不意味着春秋战国以前民间社会完全没有此类知识，也不表示春秋以降的官学完全失去此类知识。
③ 如李零先生认为，诸子之学可分为两大类："一类是以诗书礼乐等贵族教育为背景或围绕这一背景而争论的儒墨两家，一类是以数术方技等实用技术为背景的阴阳、道两家以及从道家派生的法、名两家。"（李零：《中国方术考》，前揭，第 14 页）
④ 〔汉〕班固：《汉书》，前揭，第 1565 页。
⑤ 李零：《中国方术考》，前揭，第 28 页。
⑥ 〔汉〕司马迁：《史记》，前揭，第 2122 页。

店楚简中均有数术类的日书，周家台秦简、里耶秦简有少量"病方"简。有学者将上博楚简中的《彭祖》一篇亦归入方技类，考之文本，《彭祖》应属黄老之学的作品，①其内容主要关涉人生哲学，而非养生。九店楚简中也有记烹饪内容的竹简。

中国古代数术方技之学种类庞杂，很难确定其中哪些种类以及哪些书面文本是产生于战国时期。这里只能就大致可以确定属于战国时期的文本做一些讨论。

先说日书。日书起源于何时，现在尚不可确知。有学者认为，商代已有日书，因为甲骨文本中有一类择日的卜辞。②不过，择日卜辞在文本性质上与出土的战国日书其实是不同的。择日卜辞和大多数卜辞一样都是占卜的记录，只是占卜的内容可算自成一类，而战国日书并非占卜记录，它呈现的是一种固定的符号化体系，有强烈的实用功能指向，即为人们提供判断时日吉凶宜忌的参照模型。日书文本的基本结构是以天文历法为纲，以生活事件为目，采用表格编排式的书写形制。日书其实与《大戴礼记·夏小正》《礼记·月令》一类文本有更密切的关联。它们都以天人合一的思维方式以时序事，将天时与人事直接对应起来，用规律性的天时规定人事行为的选择，既有神秘色彩，同时本质上也是经验性的。所不同者主要有两个方面：第一，日书对天时的符号化处理更加精细和系统，月令文本都是以月为基准，日书则将基准延伸到日，如睡虎地秦简《日书》甲种"以'除表'开篇，意味深长地将'建除十二直'与二十八宿星及一年十二个月经纬相织，组成一个十分清晰的表格。表内的日子由十二地支表示，……一目了然，很有规律"。③第二，先秦月令文本所列举和规范的是王官生活事件，因此被归为礼制文献，④而日书所列举和规范的则是私人生活事件，如生老病死、衣食居行等，因此反映了更广泛的社会生活。从出土情况来看，日书既出现在官员之家（如睡虎地秦简），也出现在庶民之家（如九店楚简），这是战国以来书写活动社会化的一种体现。

《山海经》的性质古今学者争议甚多，议题主要围绕《山海经》是否"巫书"。本文基本认同朱沛霖先生的观点，《山海经》中的《山经》与《海经》

---

① 参赵炳清：《上博楚简〈彭祖〉性质探析》，《西华师范大学学报》（哲学社会科学版）2010 年第 1 期。

② 参连邵名：《商代的日书与卜日》，《故宫博物院院刊》2001 年第 3 期。

③ 吴小强：《秦简日书集释》，岳麓书社，2000 年，第 26-27 页。

④ 后世的月令文本也脱离了礼制框架，如东汉时期崔寔的《四民月令》，是当时官宦家庭一年例行农事家务活动的专书。

一定程度上应区别对待，"《山经》是祭祀一般山川的记录，是民间的'封禅'书；《海经》是夹杂有大量神话成分的氏族志"，其共同特征则在于"它们都有浓重的宗教神话色彩"。①我们以为，理解《山海经》的性质，仍需要从上述数术方技之学所包含的静观和实用两个层面着手。《山经》罗列大量山川地理知识，《海经》罗列诸多氏族国家知识，不能否认这样的书写有满足当时人们认识的目的，不管这种认识在后世看来有多少虚诞想象乃至猎奇的成分。从这个意义上讲，说《山海经》是地理志和氏族志都没有太大的问题。关键在于如何理解其中的实用功能指向。如果朱说不误，那么《山经》的实际用途是比较明确的，即用于士民百姓祭祀山川时的备查参考。如此来看，《山经》与日书倒有根本上的相似之处，只不过前者处理空间关系，后者处理时间关系，两者都暗含数理次序性的编排思维和书写策略。《海经》的编排性同样明显，所记述的国家氏族"都是按其位置由近及远，分别向南西北东四个方向延伸。……海外四方极远处的四位天神之间构成了一个广大的空间"。② 不过，与《山经》相比，《海经》的数术之用似乎更难解。朱说没有提供解释。袁珂先生有一个说法，认为"《山海经》尤其是以图画为主的《海经》部分所记的各种神怪异人，大约就是古代巫师招魂之时所述的内容"。③虽属猜测之词，但亦有一定合理性。《山经》与《海经》在书写动机上也可能存在差异。袁珂注意到，《海经》配图说文的性质更明显。"起初或者只是一些图画，图画的解说全靠巫师在作法时根据祖师传授，自己也临时编凑一些歌词。歌词自然难免半杂土语方言，而且繁琐，记录为难。"④其实不仅记录为难，而且，既然是祖师传授，也就没有非记录不可的必要，所以，袁珂推测是"好事的文人根据巫师歌词的大意将这些图画作了简单的解说"。⑤如果认同这样的推测，那么，作为书面文本的《海经》，其功能指向可能就发生了变化，即可能不再为了巫事，而一定程度上是为了满足猎奇性的认识。

　　一个与此相关的问题是先秦神话的书写。我们通常说，与古希腊神话相比，中国上古神话是零星散乱的。这种零星散乱未必是中国上古神话原生态的面目，而很可能是与早期书写有关。所谓零星散乱，其实是散见于各种书

---

① 参朱沛霖：《先秦神话思想史论》，学苑出版社，2002 年，第 275-276 页。
② 朱沛霖：《先秦神话思想史论》，前揭，第 275 页。
③ 袁珂：《〈山海经〉"盖古之巫书"试探》，见《袁珂神话论集》，四川大学出版社，1996 年，第 15 页。
④ 袁珂：《〈山海经〉"盖古之巫书"试探》，见《袁珂神话论集》，前揭，第 15 页。
⑤ 袁珂：《〈山海经〉"盖古之巫书"试探》，见《袁珂神话论集》，前揭，第 15 页。

面文本，不像古希腊神话那样靠着一批古典诗人和哲人系统地整理和加工，从而获得了比较完满的文学审美形式。在中国先秦，对神话进行较高程度文学化的主要只有《诗经》和《楚辞》（尤其是后者），而另一些书写形态则对原生神话进行了其他方向的吸纳和规定，虽然其中仍或多或少包含了今人所说的审美因素。主要有三种方向，一是历史化，二是哲学化，三是巫术化。当然，历史化、哲学化和巫术化三个方向也有一些交叉。神话历史化主要见于史传文献，哲学化主要呈现为寓言形态，如《庄子》中的寓言故事，至于巫术化，在《山海经》《易经》等文本中应该是比较典型的，它本质上是一种实用功利性的取向，其中最突出的是"把神话演变为预知未来的术数——物占"。[①]这在《山海经·山经》中尤为多见，如"有鸟焉，其状如凫。而一翼一目，相得乃飞。名曰蛮蛮"（《西山经》）、"有兽焉，其状如狐而鱼翼，其名曰朱獳，其鸣曰叫，见则其国有恐"（《东山经》）之类，就是"以物象作为善恶、吉凶的征兆，推究神的意志的术数"。[②]因此，我们看到，在《山海经》中，神话的表述不仅在总体上附属于"民间封禅书"和氏族志的框架，即便是在局部也受制于实用功利取向的改造。

《黄帝内经》由《素问》和《灵枢》两部分组成，每部分各有文章 81 篇，共 18 卷，是中国最早的医学著作。今本《黄帝内经》的成书过程很长，且颇为复杂，如论者所言，该书"取材于先秦、成编于西汉、补亡于东汉、增补于魏晋、补遗于唐宋"。[③]至于如何取材于先秦，哪些内容取材于先秦，难以确知。大体有两种意见，一种是零星取材，另一种是战国时期已有成书的蓝本或骨架。本文以为后者的可能性较大。李今庸先生根据对《黄帝内经》中用语和思想的考证指出：在《素问·脉解篇》《素问》"运气七篇"以及《灵枢·阴阳系日月》等篇还未补上去以前，"《黄帝内经》已经是以一部《黄帝内经》的形式而存在，它一出世就具备了它的基本内容和基本形式，而并不是补充上去了这些内容才成书的，也不是各个不同时代的各个医学小册子被人一天把它合在一起成书的"。[④]《黄帝内经》的文体形态采用黄帝与岐伯设问对答的形式。有论者认为这是"受枚乘、司马相如'辞赋'格式的影响"，[⑤]这种说法并不能成立，如上文所述，对话式论体文在战国已经不鲜见。此外，

---

① 朱沛霖：《先秦神话思想史论》，前揭，第 73 页。

② 朱沛霖：《先秦神话思想史论》，前揭，第 91 页。

③ 董法尧：《〈黄帝内经〉成书研究》，山东师范大学 2012 年硕士论文。

④ 参李今庸：《读古医书随笔》，人民卫生出版社，1984 年，第 1-5 页。

⑤ 方健、马碲生：《〈黄帝内经〉成书背景考辨》，《中医文献杂志》1996 年第 1 期。

也有一些间接的文献证据可证明先秦时期已有医药图书，如《史记·秦始皇本纪》讲秦始皇焚书坑儒时提到"所不去者，医药卜筮种树之书"，①又如《史记·扁鹊仓公列传》载公乘阳庆对淳于意说："庆有古先道遗传黄帝、扁鹊之脉书，五色诊病，知人生死，决嫌疑，定可治，及药论书，甚精。……欲尽以我禁方书悉教公。"②这些医药之书当为先秦旧籍。再如长沙马王堆出土的古医书，如《阴阳十一脉灸经》《臂十一脉灸经》甲本、《脉法》甲本、《阴阳脉死候》甲本、《五十二》病方等，据学者考证，其字体采用秦代通行的小篆体，其抄写年代不晚于秦汉之际，而著作时间当更早于此。③不过，与《黄帝内经》的对话体式不同，这些出土简帛医药文本一般都采用直接说明的体式，叙述简明扼要，很少阴阳五行哲学的理论表达。

《周礼·考工记》本为独立作品，一般认为撰作于战国时期（主要有战国初期和后期两说），是先秦文献中关于百工技艺最重要的文献。全篇结构为先总叙，再分叙三十种匠人工艺。《考工记》的内容具有总结性，总叙部分又有明显的理论色彩，应该是由学者所作。一个值得考量的问题是，《考工记》是在怎样的条件或背景下撰作出来的？有学者认为，《考工记》是"在魏文侯主持下，由子夏为首的西河学派编写的"。④其理由主要是"战国初期有动机、有能力、有条件修成《考工记》及《周礼》其他'五官'者，是文侯主导下的魏国"。⑤这一论断尚难为定论，可备一说，但具有启发性的一点是，不论《考工记》是否出自魏文侯时期的魏国，它与《墨子》中的工艺知识有所不同，不大可能出自私家，而更可能是由某个诸侯国组织编写，具有国家属性或者说国家权力的背景，服务于国家实际需要。这一方面是由于《考工记》对百工技艺记叙的系统性，另一方面也是由于它所反映出来的对战争装备的重视，如特重车舆制造，将其列为首位，且记叙最详尽，而"《考工记》中言造车之事，主要就是战车"，⑥对冶金铸造的叙述也多与兵器有关。还有一些工种虽然与战争没有直接关联，但多涉及重要礼器的制造，宫室、庙堂营造以及城市和乡村的公共基础设施，这些都显然不具有民间性。

---

① 〔汉〕司马迁：《史记》，第 173 页。
② 〔汉〕司马迁：《史记》，前揭，第 2122-2123 页。
③ 详参马继兴：《马王堆古医书考释》，湖南科学技术出版社，1992 年，第 8-21 页。
④ 郭伟川：《〈周礼〉制度渊源与成书年代考》，国家图书馆出版社，2016 年，第 406 页。
⑤ 郭伟川：《〈周礼〉制度渊源与成书年代考》，前揭，第 404 页。
⑥ 郭伟川：《〈周礼〉制度渊源与成书年代考》，前揭，第 411 页。

（三）关于"楚辞"的书写

众所周知，先秦中国诗歌有两大高峰，一是前战国时代的《诗经》，一是战国时期的楚辞。然而，就地域范围而论，《诗经》所涉之诗遍及华夏诸国，楚辞却仅限于楚地。有学者指出："从现存的历史文献资料来看，在战国时代，中国的诗歌留下来的的确不多，除了楚臣屈原和宋玉的作品之外，其他六国所存之诗极少，而且艺术成就也远远不如屈宋。"①这是什么缘故？孟子所言"王者之迹熄而《诗》亡，《诗》亡然后《春秋》作"（《孟子·离娄下》）似乎可作为一种历史逻辑的解释。不过，孟子所说的实际上只是《诗经》之诗何以不再延续，而《诗经》作为诗是有其特殊性的，它承载的是以西周礼乐体制为背景的诗教。在义神礼法君主政制的框架内，王者依靠诗乐行礼义政治教化，春秋以降，此种政制逐步崩解，王者的性质变化，诗教失去起作用的依托，故而《诗》亡。《诗》亡之后，继续发挥政教功能的书写形态在春秋时期是史官纪事（以《春秋》为代表），到战国时期则是诸子政教文书写。②但是，《诗》之亡并不意味着歌诗之亡。《诗经》之诗很多原本出自民间，可以想见民间活跃的抒情歌诗传统当然不会因《诗》之亡而亡。因此，战国诗歌留存的不多，的确只是留存的不多，而非本身不多。而留存不多，实质上是与书写相关的问题。《诗经》之诗和屈宋之诗之所以能进入书面文本必与其背后的书写机制有内在关联。当然，其他歌诗（不论是纯粹的民间歌诗还是士人、贵族所歌之诗）也偶有被载录的，但这种载录大多并非为了记歌诗而记歌诗，往往是因其与特定历史人物和历史故事相牵扯而被顺带载录，③因而很大程度上得益于战国时期兴起的私家史传书写，尤其是传闻故事书写，例如《战国策·燕策三》所载荆轲所歌之"风萧萧兮易水寒，壮士一去兮不复还"，乃因刺秦故事而得记，《齐策六》所载齐人之歌"松邪！柏邪！住建共者者，客耶。"则是因齐王建的故事，再如《说苑·善说》所记越人之歌（经转译）的歌辞："今夕何夕兮搴舟中洲流，今日何日兮得与王子同舟？蒙羞被好兮不訾诟耻，心几顽而不绝兮得知王子。山有木兮木有枝，心悦君兮君不知。"乃因庄辛与襄成君的传闻故事而得载录。

---

① 赵敏俐：《楚辞的文体区分与屈宋的文体意识》，《长江学术》2007 年第 4 期。
② 当然，这并不排除诸子政教书写也偶有采用歌诗的形式，最有代表性的是《荀子·成相》。但必须指出，在这种情况中，歌诗之体实际上只是作为一种被自由利用的文化资源，已不存在任何机制性规范要求必须采用歌诗形式来实现教化功能。
③ 值得注意的是，这些被载录的歌诗大多是在历史传说事件中即时创作出来的。

　　《诗经》的书写机制上文已述，这里简单探讨一下楚辞的书写问题。一般所说"楚辞"，是指刘向所辑今本《楚辞》，其中属于先秦楚地的诗篇除《九辩》的作者为宋玉之外，多为屈原所作，当然有一些篇章的作者有争议。①此外，上博简中的《李颂》《兰赋》《凡物流形》《有皇将起》《鹠鹝》五篇一般亦被视为楚辞类作品。②这些出土文献的发现，至少可说明在楚地，屈宋的诗歌创作并非个例，屈宋之作乃是在一片文学土壤中生长出来的精华。有学者指出，上博简中除《凡物流形》之外的四篇文献的作者可能是楚国上层贵族，进而认为，"它们和屈原作品间的差异，也可看作是官方文艺形式与个体文艺形式间的差异"。③这个意见显然有误，因为单凭作者身份并不足以区分"官方文艺"和"个体文艺"，屈宋难道不是上层贵族？更重要的是，人们通常把屈原诗作（包括争议之作）单纯视为个体抒情作品，这其中也存在误识。《楚辞》中屈原之作其实可以分为两大类，一类是个人性作品，包括《离骚》《天问》《九章》《远游》《卜居》《渔夫》，另一类则很可能是职务性文本，包括《九歌》《招魂》《大招》。

　　《九歌》《招魂》《大招》之所以是职务性文本，与它们是仪式乐歌有直接关系。关于《九歌》的性质，大体有三种说法。一种说法强调其为民间祭歌，如胡适说："《九歌》与屈原的传说绝无关系，细看内容，这九篇大概是最古之作，是当时湘江民族的宗教舞歌。"④第二种说法虽认为《九歌》的基础是民间祭歌，但强调屈原在吸收、改造中寄托了个人情怀。王逸《楚辞章句》

---

① 《九歌》中的《惜往日》《悲回风》以及《远游》《卜居》《渔夫》《招魂》《大招》等篇的作者历来有争议，但一般意见仍归之于屈原。

② 这五篇中，除《凡物流形》之外，大体皆为托物言志之作，其中《李颂》与《楚辞》中的《橘颂》在结构、句式、修辞、思想等方面皆有近似之处。（参万德良、陈民镇：《上博简〈李颂〉与〈楚辞·橘颂〉比较研究》，《邯郸学院学报》2013年第3期）《凡物流形》前三章的形式和内容虽与《楚辞》中的《天问》有相似性，但后六章和整体思想与屈骚差异很大，大体属于黄老学派文本。（参张世磊：《上博简类楚辞作品与屈骚比较探析》，《船山学刊》2014年第2期）《有皇将起》和《鹠鹝》则残简严重，尚难判断其整体文意，其中，《有皇将起》一文，整理者曹锦炎先生认为"诗人系楚国上层知识分子，因担任教育贵族子弟的保傅之职，有感而作"。（见马承源：《上海博物馆藏战国楚竹书》（八），上海古籍出版社，2011年，第271页）

③ 张世磊：《上博简类楚辞作品与屈骚比较探析》，《船山学刊》2014年第2期。

④ 胡适：《读〈楚辞〉》，见氏著《胡适文存》（第2集），首都经济贸易大学出版社，2013年，第62页。

最早持此说，①后朱熹、戴震等亦主此，影响深远。第三种说法认为《九歌》乃楚国祀典乐歌。清人吴景旭、马其昶等主此，②现当代学者如闻一多、孙常叙、褚斌杰等呼应此说。③本文认同第三种说法，至于具体理由，持此说各家均已详细论述，此不赘言，只是有必要指出，认为《九歌》是楚国祀典乐歌并不需要否认它吸收了楚地民间文化包括民间祭歌的成分，"正因为有了广泛的民族基础，有了各地不同的祭祀歌曲的存在，才会有国家祭祀典礼乐歌的产生"，④甚至也不必否认它寄寓了作者的个人情怀，只是这种个人情怀的抒发与祀典乐歌书写所要表达的思想感情相一致而已。

至于《招魂》和《大招》，无疑是招魂的仪式乐歌，其性质之争议主要在于招魂的对象，主要有两种说法，一种认为是招屈原之魂，另一种说法认为是招怀王之魂。本文比较认同第二种说法，因为，从此二篇所描写的盛大场景和丰繁的名物制度来看，"所招之魂的身份当非帝王诸侯莫属"。⑤不过，《招魂》和《大招》之所以没有明确点出所招对象的身份，有可能恰恰说明它们原本不是一次性使用的仪式文本，而是通用于特定身份对象的范本。但不管怎样，可以确定的是，《招魂》《大招》与《九歌》一样都是楚国的国家祀典乐歌，只是具体的仪式功能有别。

《九歌》《招魂》《大招》的书写很可能与楚国的乐官制度和机构有关。这一点从这些文本本身所描写的盛大的宫廷祭祀和乐舞场面就多少能见出，如

---

① 王逸《楚辞章句·九歌》曰："《九歌》者，屈原之所作也。昔楚国南郢之邑，沅、湘之间，其俗信鬼而好祠。其祠，必作歌乐鼓舞以乐诸神。屈原放逐，窜伏其域，怀忧苦毒，愁思怫郁。出见俗人祭祀之礼，歌舞之乐，其词鄙陋。因为作《九歌》之曲。上陈事神之敬，下以见己之冤结，托之以风谏。故其文意不同，章句杂错，而广异义焉。"见〔宋〕洪兴祖撰：《楚辞补注》，中华书局，2015年，第43-44页。

② 如吴景旭指出："（九歌）详其旨趣，直是楚国祀典，如汉人乐府之类，而原更定之也。"（见蔡守湘主编：《历代诗话论诗经楚辞》，武汉出版社，1991年，第266页）马其昶《屈赋微》（卷上）则进一步推断《九歌》乃诗人屈原"承怀王命而作"，目的是"事神欲以助却秦军"。（见罗建新、梁奇编撰：《〈楚辞〉文献研读》，广西师范大学出版社，2011年，第95页）

③ 如褚斌杰先生认同马其昶的说法，并强调《九歌》中《国殇》的地位，认为《九歌》"最要目的是为祭死于国事的将士亡魂而作，诗中颂其英灵不死，精神长存，并祈其报仇雪恨，保卫国家"。（参见褚斌杰：《论〈九歌〉的性质和作意》，《云梦学刊》1995年第1期）

④ 赵敏俐等：《中国古代歌诗研究——从〈诗经〉到元曲的艺术生产史》，北京大学出版社，2005年，第143页。

⑤ 林家骊译注：《楚辞》，中华书局，2010年，第227页。

学者所指出的，"正是这种朝廷的音乐歌舞机构的建设，为以屈原为代表的楚歌的生产奠定了另一个良好基础"。^①从这些文本的描写来看，楚国的乐官机构虽规模庞大，制度复杂，但与《诗经》的生产所依托的周王朝乐官机构可能存在一个根本的功能性区别，即没有"周王朝所赋予音乐的教育职能、讽谏职能"，而是"保留了更多的上古文化因素，……以歌舞娱神、娱人"。^②乐舞歌诗政教职能的式微在战国时期应是一个普遍状况，魏文侯所言"吾端冕而听古乐，则唯恐卧。听郑卫之音，则不知倦"（《礼记·乐记》）即是明证，只是由于文化传统的关系在楚国尤为显著而已，其根本原因仍在于政制的演化。虽然《九歌》《招魂》《大招》的文本本身并没有透露出它们如何被制作出来的信息，但可以推测，楚国的乐官制度包含着乐歌整理、制作的制度。如果这些作品确为屈原所作，那么它们就不可能是在他遭放逐之后而作。如学者已指出的，"屈原在楚国的官职一为三闾大夫，一为左徒，这两个职务都与楚国的宗族事务有关，也与国家的祭祀典礼活动有关"。^③因此，这些作品最大可能是他在朝廷任职时的职务性作品（具体说是职务性文本中的仪式性文本），即或不是屈原所作，那也一定是有着类似职司的楚国宫廷艺术家所作。

《楚辞》中的《离骚》《天问》《九章》《远游》《卜居》《渔夫》诸篇以及宋玉的《九辩》，无疑是个人性诗作。所谓个人性诗作，是指它们的制作不是本于职官身份，这是它们与《九歌》《招魂》以及《大招》的基本区别。这些歌诗是表个人之志，抒个人之情，完全是诗人个体自由的艺术创作。这些辞采华美、感情沉郁的歌诗的问世同时意味着中国古代"近乎专业化的个体诗人的出现"，"确立了中国文人诗的传统，开启了自汉代以后发愤抒情的骚人哀怨诗风"。^④值得注意的是，屈原的个人性诗作如果确是作于被流放之后，那么就意味着他的个人性文学创作与他的职务性书写（包括政务性书写^⑤和仪式性书写）就不仅基于他的不同身份，而且比较鲜明地对应于不同的生活时段。这与后代文人官僚的书写活动还是有差异的。

---

① 赵敏俐等：《中国古代歌诗研究——从〈诗经〉到元曲的艺术生产史》，前揭，第136页。

② 赵敏俐等：《中国古代歌诗研究——从〈诗经〉到元曲的艺术生产史》，前揭，第135页。

③ 赵敏俐等：《中国古代歌诗研究——从〈诗经〉到元曲的艺术生产史》，前揭，第145页。

④ 赵敏俐等：《中国古代歌诗研究——从〈诗经〉到元曲的艺术生产史》，前揭，第149、154页。

⑤ 《史记·屈原贾生列传》载："（屈原）为楚怀王左徒。博闻强志，明于治乱，娴于辞令。入则与王图议国事，以出号令。出则接遇宾客，应对诸侯。"（司马迁：《史记》，前揭，第1900页）由此可知，屈原在担任左徒职务时经常从事政务书写活动。

至于这些作品产生的缘由和背景，学界也有很多论述，总的来说不外两大方面，一方面是诗人个体遭际的偶然性，如屈原本是有很高文化修养的贵族官员，曾参与甚至可能执掌国家歌舞祭祀典礼，熟悉歌诗创作（包括可能熟悉《诗经》），后来受谮遭流放，种种机缘触发了他的创作激情。另一方面是时代和文化背景，这又大体可分为两个层面，一个层面是楚国地方文化传统的影响，主要是巫风盛行，民间歌诗文化发达，另一个层面则是时代背景，主要是战国的士文化背景，如陈桐生先生所指出的："《离骚》的灵魂即为战国士文化精神。屈原接受了战国士文化以思想学说平治天下的主体精神，他把觉醒了的主体意识与国家观念结合起来，把实现个人生命价值与关注楚国的前途命运结合起来，在作品中表现了对楚国的宗教承担精神与深沉的历史责任感。"①因此，以《离骚》为代表的楚辞个体诗人创作可以说是"南楚巫文化与战国士文化的融合"。②

今本《楚辞》中被归于屈宋的诗作在先秦时应该都是单篇流传的，所以司马迁《史记·屈原贾生列传》说："余读《离骚》《天问》《招魂》《哀郢》，悲其志。"③先秦文献单篇流传本不足怪，值得注意的是，《九歌》《招魂》《大招》等既然是乐官制度规范下的职务性作品，为何没有像《诗经》那样在当时就有官方编订的文本？或许可以设想，这种编订的文本可能是存在的，而且应该不止今本《楚辞》中的这三篇，只是没有流传下来而已。与此相关的另一个问题是，《楚辞》先秦文本是一开始就有书面文本，还是先口头流传再形诸书面？学界的意见是倾向于后者，如熊良智先生通过比较《怀沙》异文，发现"《怀沙》总共 80 句诗，异文现象就达 43 句"，而且不少异文"保持着一种声音上的联系，也就是说凭借着这种声音在联系着文本"，如《史记·屈原贾生列传》所载《怀沙》中"陶陶孟夏""孔静幽墨"，在《楚辞章句》的《怀沙》中作"滔滔孟夏""孔静幽默"，还有些异文是语序不同、个别文字不同，或者文意相近而文字不同。④这些异文现象是仅仅由于传抄舛误所致，还是在口耳传播时就存在不同版本？宇文所安先生也指出："到底有没有证据向我们证明《怀沙》是'书面'创作的？有一个可能性是《怀沙》最初只是口

---

① 陈桐生：《楚辞文化发展的两个阶段》，《东南大学学报》（社会科学版）1999 年第 3 期。

② 陈桐生：《楚辞文化发展的两个阶段》，《东南大学学报》（社会科学版）1999 年第 3 期。

③〔汉〕司马迁：《史记》，前揭，第 1914 页。

④ 参熊良智：《从文本形态看〈楚辞〉的早期传播》，上海古籍出版社，2011 年《四川师范大学学报》（社会科学版）2013 年第 1 期。

头创作、在口头流传、后来才被写下来的。在'写'一个文本和'写下来'一个口头流传的文本之间，存在着非常重要的差别。"①本文的意见是，《怀沙》《渔夫》等异文的存在固然可视为这些文本先口耳相传再被书写的证据，但仍不能排除传抄舛误所致的可能性，而且，即便《怀沙》《渔夫》是先口耳相传再被书写的，也无法轻易据此推及《楚辞》中的其他作品，尤其是无法推及《九歌》《招魂》《大招》等职务性作品和个人性作品中篇幅较长的诗篇，如《离骚》《天问》《九辩》等。《楚辞》屈宋作品虽然可称为歌诗，但未必都适合用来歌唱，赵敏俐先生就指出："《离骚》《九章》《九辩》等作品是不可歌的，而是用一种特殊的方式来诵读的。"主要理由是这些诗篇的篇幅较长，"没有明显的章节划分"，诗中句式也过长，"有比较明显的散体化"倾向。②可以推想，如果不可歌的话，这些诗篇以口耳相传方式传播的可能性其实并不大。口耳相传的传播方式也是有条件的，对于《楚辞》中的个人性政治抒情作品来说，既没有官方传诵制度的保证，也不像《荷马史诗》之类可用于表演性吟诵的叙事作品那样有着广泛的接受市场，口耳相传的难度很大，很难想象诗人随口吟出即有许多人争相传诵。更何况，像《离骚》《天问》这样的诗篇明显是诗人精心营构之作，几乎不可能是随口吟出。王逸曾言及《天问》的创作机缘，说屈原"见楚有先王之庙及公卿祠堂，图画天地山川神灵，瑰玮谲诡。及古贤圣怪物行事。周流罢倦。休息其下，仰见图画，因书其壁，呵而问之，以渫愤懑，舒泻愁思。楚人哀惜屈原，因共论述，故其文义不次序云尔"。③此说肯定《天问》乃屈原即兴写成，人们的传播是以书于壁上的原文为本。即便如此仍未完全得到后代学者认同，如王夫之就认为，《天问》"篇内事虽杂举，而自天地山川，次及人事，追述往古，终之以楚先，未尝无次序存焉，固原自所合缀以成章者。逸谓书壁而问，非其实矣"。④再说，与西周时期相比，战国时人们的书写意识已经大大增强了，单从方便记忆的角度说，为什么不在创作之初就记下来呢？至于异文较多的现象，另一种可能的

---

① 宇文所安还进一步提问和推想道："如果《怀沙》是屈原的口头创作，那么是谁把它一字不差地背诵下来带回文明世界的呢？……在公元前三世纪，也存在这样的背诵技巧？什么样的人才会掌握这样的技巧（当然身属下层阶级的仆人是没有机会受到这种训练的）？有没有证据告诉我们在这一时期，人们除了背诵像《诗》《书》这样权威性的古文本之外，还能记诵其他文本？"（宇文所安：《他山的石头记：宇文所安自选集》，田晓菲译，江苏人民出版社，2003年，第14页）
② 赵敏俐：《楚辞的文体区分与屈宋的文体意识》，《长江学术》2007年第4期。
③〔宋〕洪兴祖撰：《楚辞补注》，前揭，第67页。
④〔清〕王夫之：《楚辞通释》，上海人民出版社，1975年，第46页。

原因是，当时社会上的抄手尚未职业化，传抄者往往就是接受者，传抄只是出于个人兴趣，个人性作品的传抄尤其没有规范意识，比较随意。

关于《楚辞》中屈宋作品的具体诗体类型，学界也有多种说法。黄震云先生认为，《楚辞》"一共有诗体 11 种，其中出自传统的主要有九（歌）、颂、诵、辞、章、赋，屈原自己创造的诗体有哀、骚、问、游、怀等 5 种"。[①]这种划分未免有过细之嫌。本文比较认同赵敏俐先生的说法，即《九歌》体（含《九歌》十一篇）、《离骚》体（含《离骚》《九章》、[②]《九辩》）、《招魂》体（含《招魂》和《大招》）、《天问》体、对问体（含《渔夫》和《卜居》）。[③]至于这些诗篇所用体式，虽然总的来说各篇都有浓郁的抒情性，但并不只是直抒胸臆式的抒情，也有叙事、描写，乃至议论等，这些体式的使用在上述不同诗体之间差异较大，如《离骚》的抒情是与故事情节的叙述相结合的，《招魂》体两篇着重铺排性的描写，《九歌》体诸篇则重在仪式叙述，《招魂》和《九歌》中的《湘君》《湘夫人》等篇有祭祀歌舞剧本的意味，[④]对问体两篇、《天问》乃至《九章》都包含了议论、言理的成分。

（四）战国私人书牍

可以把非政务性的书信统归为个人/私人书牍。上文已述，春秋时期的书牍，"多用于列国大夫之间的通问或交涉，实具有公牍文的性质"，[⑤]不过，有些书牍主要是依个人态度而不是站在国君和国家的立场上来谈论国事，因而更接近个人书牍。这体现了春秋时期政务性书写与贵族的个人性书写之间界限的不清晰。到了战国时期，主要的变化在于，书牍的私人性增强。这种变化即便在具有政务性质的"上书"中也有所体现，于其他书牍就更为明显了。史传文献所见战国书牍都是列国国君、贵族官僚之间的通信，与春秋时期一样，所谈之事虽仍大体不离政治领域，但对私人意愿、私人利益的关切更为突出了，从这个意义上可以说，从战国时期开始，书牍真正成为交流私人思

① 黄震云：《楚辞的诗体类型与流变》，《徐州工程学院学报》（社会科学版）2015 年第 5 期。
② 《橘颂》一篇从形式上看为四言体，从内容上说为咏物比德诗，在《九章》中是个例外。
③ 赵敏俐：《楚辞的文体区分与屈宋的文体意识》，《长江学术》2007 年第 4 期。
④ 闻一多先生就曾将《九歌》解读为"歌舞剧"。《招魂》一诗的歌舞剧性质更为突出。详参戴伟华：《楚辞音乐性文体特征及其相关问题——从阜阳出土楚辞汉简说起》，《华南师范大学学报》（社会科学版）2014 年第 5 期。
⑤ 褚斌杰：《中国古代文体概论》，前揭，第 390 页。

想感情的工具。兹举数例如下：

《史记·商君列传》载秦魏两国交战，两军相距，秦军主帅商鞅给魏军主帅公子卬写了封信，曰："吾始与公子欢，今俱为两国将，不忍相攻，可与公子面相见，盟，乐饮而罢兵，以安秦、魏。"①抛开商鞅使诈的意图，单就信本身的内容来看，其实际主旨无疑是军务和政治，所谓"盟""罢兵""以安秦、魏"，但信的基调却是谈商鞅与公子卬的私交。

《史记·范雎蔡泽列传》载秦昭王为了杀魏齐替范雎报仇而佯为好书遗平原君，曰："寡人闻君之高义，愿与君为布衣之友，君幸过寡人，寡人愿与君为十日之饮。"②同样，抛开秦昭王的实际意图，这封信实际上就是一封私人之间的邀请信。同文记载，平原君赴约之后，秦昭王又给赵惠文王写了封信，曰："王之弟在秦，范君之仇魏齐在平原君之家。王使人疾持其头来；不然，吾举兵而伐赵，又不出王之弟于关。"③这是国君之间的通信。顾炎武曾说："春秋时尤有赴告策书，而七国则无有矣。"④赴告策书是国与国之间的邦交国书，它是以西周春秋时期聘问赴告礼制为基础的。到了战国时期，聘问赴告礼制式微，诸侯国之间的信息沟通、意图传达在很大程度上就由国君之间的自由通信取代了。⑤至于这种通信在形式上是否有正式的国书性质已经变得不重要。秦昭王此信透露出的一个重要信息是，国家的意志实际上完全等同于国君私人的意志，秦国对赵国的威胁与秦昭王对赵惠文王的个人威胁没有什么实质区别。如果说在前战国时代，国君代表国家，那么，在战国时期，国君就是国家。这当然是集权君主政制的必然结果。

《战国策·赵策四》载魏国被罢免的相国范座写给信陵君的信，曰："夫赵、魏敌战之国也。赵王以咫尺之书来，而魏王轻为之杀无罪之座。座虽不肖，故魏之免相望也，尝以魏之故，得罪于赵。夫国内无用臣，外虽得地，势不能守。然今能守魏者，莫如君矣。王听赵杀座之后，强秦袭赵之欲，倍赵之割，则君将何以止之？此君之累也。"⑥范座此信的真实用意是想让信陵君为其向魏王说情，不过他大概知道直接求情未必管用，因而采取以利害关系加以说服的办法，而所述利害关系既与魏国国运有关，也与信陵君本人的

---

① 〔汉〕司马迁：《史记》，前揭，第1724页。

② 〔汉〕司马迁：《史记》，前揭，第1853页。

③ 〔汉〕司马迁：《史记》，前揭，第1853页。

④ 〔清〕顾炎武著，〔清〕黄汝成集释，秦克诚点校：《日知录集释》，前揭，第467页。

⑤ 战国国君之间的通信很频繁，史载还有不少，如《史记·楚世家》所载齐潘王写给楚怀王的信、秦昭王写给楚怀王的信等。

⑥ 刘向集录，范雍祥笺证：《战国策笺证》，前揭，第1204页。

政治前途有关。战国游说辞多用此种言说策略，此信被收入《战国策》也正因为它相当于书信体的游说辞。其他如《史记·孟尝君列传》所载孟尝君遗秦相穰侯魏冉书等亦与此相类。

有学者认为："春秋书信体文章主要用于交际，是一种交际工具。但到了战国，书信体文章的功能发生了变化，除了是一种交际工具之外，还是一种欺诈手段，一种谋利工具。"[1]从史传文献所载春秋和战国时期的书牍来看，这个说法有一定道理。春秋时人之所以"在书信中表达的都是自己的真实想法，真实感受，无矫揉造作，无虚情假意"，[2]根本原因在于贵族礼法的人格规训。不过，说私人书牍在战国成为欺诈手段，则未免有言之过甚之嫌。实际上，诚实与否、谋利与否都不是书信交际功能之外的"功能"，这些都是交际功能的题中之义。当义神礼法观念不再是社会的主导意识形态，人与人之间交流沟通的诚实度自然就全凭个人的人品修养而定，我们只能说春秋时期贵族的人品修养总体上高于战国士人，这反映了社会风气的变化。再者，必须考虑到，任何历史书写都不可能不基于对史料的主观选择，虽然史传文献所载战国书信确实多有欺诈之辞，但这并不意味着所有的战国书信都是如此，可以设想，假如战国时人通信都是为了欺诈、谋私利，那就没有人会写信了，因为没有人会相信信的内容。

还需要指出的是，战国私人书牍书写的兴起与两个因素有密切关系，一是社会流动性的提高，二是邮驿制度和设施的完善。先说第一个因素。战国社会当然仍是农业社会，农耕生活总体上是安土重迁的，但战国时代的某些特殊性决定了战国社会较高的社会流动性。第一，战争的需要导致兵役、徭役的大量征发，战乱又进一步加重了百姓的流离失所。第二，商业的发展自然使流动的商人增加。第三，游士之风的兴起促使大量读书人到异地求学、谋职、充当门客。第四，随着科层制官僚体制的发展，地方官吏常常迁调，例如《睡虎地秦墓竹简》的《编年记》记载墓主人喜在秦始皇六年四月被任命为安陆令史，第二年正月甲寅就调任鄢令史，后又数次从军。[3]第五，战国时各国之间政务交往日益密切，各国高层贵族官僚、史臣常常四处奔走。战国私人书牍的书写很大程度上应该是在上述群体（士卒、商人、游士、地方官吏、高级贵族官僚）与其关系群体（如亲友、同窗、同行、同僚等）之间进行。

---

[1] 韦丹:《战国书信体文章的新变化及其原因探究》,《长春大学学报》2010 年第 3 期。

[2] 韦丹:《战国书信体文章的新变化及其原因探究》,《长春大学学报》2010 年第 3 期。

[3] 参见睡虎地秦墓竹简整理小组:《睡虎地秦墓竹简》,前揭,第 6-7 页。

　　再说第二个因素。书牍是最依赖传播手段的，缺少传达的手段就不会有书牍的书写。战国时期，各国官方邮驿制度和机构有较大的完善，形成了一定规模的邮驿网络，但官方邮驿是用来传递政务军务文书的，没有证据表明官方邮驿也开展一般的私人书牍传递业务。[①]值得注意的是，战国时期出现了一些贵族私有的邮驿传舍机构，这与战国名臣（如著名的战国四公子）养士之风的兴盛有直接关系。楼祖诒先生指出"（这些食客）上自决疑定计，下至鸡鸣狗盗，殆无不具备。而各地互通声气，藉力于邮驿交通者，较国君需要为尤亟"，并举《史记·孟尝君列传》所载冯驩归孟尝君时，孟尝君置之传舍、幸舍、代舍为例，[②]指出《孟尝君列传》中提到的传舍长"即系孟尝君私人邮驿之驿丞"。此外，《史记·信陵君列传》所载信陵君与魏王博事件中，信陵君说："臣之客有能探得赵王阴事者，赵王所为，客辄以报臣，臣以此知之。"[③]亦可为旁证，楼先生指出："魏王之传言系官方邮驿，而信陵君之客即其私人邮驿。"[④]贵族私人邮驿的出现为贵族私人书牍（也包括一些政务军务公务）的传递提供了方便。不过，这种情况毕竟是与君主集权政制发展的大背景不相协调的，难怪魏王得知信陵君有如此本事后，"畏公子之贤能，不敢任公子以国政"。[⑤]贵族私人可以兴办邮驿实际上是前战国时代贵族政治在战国时期的一种特殊延续，是以君主集权政制的不成熟为前提的，所以到了汉代中期以后，这种贵族私人邮驿就逐渐消失了。至于民间士人、士卒、百姓的通信，大抵只能靠亲友代为传递，《墨子·号令》曾提道："吏、卒、民……挟私书，行请谒及为行书者，释守事而治私家事，……皆断，无赦。"此处，"挟私书"即挟带私人信件，"为行书者"大抵指替别人送信的人。

---

① 郑国或许在一定程度上是个例外，"郑国商人由于享有较高的政治地位，可以直接使用国家邮驿传递信息"。（见姜越编：《鼎盛春秋》，群言出版社，2015 年，第 119 页）

② 这是因为当时邮驿除了通信交通外，还有宿舍的功能。

③〔汉〕司马迁：《史记》，前揭，第 1826 页。

④ 参见楼祖诒：《中国邮驿发达史》，中华书局，1940 年，第 86-87 页。

⑤〔汉〕司马迁：《史记》，前揭，第 1826 页。

结　论

一、先秦书写活动变迁的基本轨迹

本文的基本观点是：先秦书写活动大致可以分为仪式性、政务性、政教性以及个人/私人性等几大类型，而从殷商到战国时期，前后演替的四种君主政制，即族神宗法君主政制、义神礼法君主政制、半义神礼法君主政制以及春秋后期至战国时期的集权君主政制，从根本上调控了这些书写类型的变迁，变迁的轨迹大体可以归纳为以下几点：①

第一，政制对先秦书写活动的影响主要有两种密切相关的模式：一是政体演变必然引起制度变革，而某些制度的变革或直接或间接与书写相关，比如史官制度的变化直接导致书写者、文体规范、书写方式乃至书写载体的变迁。二是政体演变伴随政治意识形态的变更，新的政治意识形态要求书写活动做出调整。比如殷商王朝的族神宗法君主政制是一种治教不分且重心在于宗教的政制形态，这意味着殷商王朝的政治意识形态只能是朴素功利性的，这是殷商时期缺乏政教性书写的根本原因。商周鼎革，义神礼法观念取代了族神宗法观念，以德性天命观为中心的政治意识形态确立，这就为政教性书写的产生提供了前提，但由于西周的德性天命观直接落实为礼乐制度，书写的泛仪礼规范性也就限制了政教性书写的发展。这两种作用模式之所以密切相关，是因为政治制度和政治意识形态本身密切相关，二者都是"政制"的题中之义，都与特定的政体类型相搭配。

第二，相比于书写与政治意识形态的关系，书写与社会指令的关系更为复杂，在先秦也是如此。社会指令是受社会客观情势驱动的，因而社会指令的变迁往往是政制变革的先兆，比如春秋中后期至战国时期社会指令变迁的总体方向可以表述为用具有实用功利导向的效率驱动机制取代传统礼法机制，这种变迁引导了政制形态从半义神礼法君主政制向集权君主政制的转变。在社会指令的刺激下，书写活动往往发生分化，一部分书写活动呈现出保守性，即基于旧有的政治意识形态，试图抵制或延缓政制的演变，另一部分书

---

① 有些在正文中已明确表述的论点这里不再重复。

写活动则呈现出激进性，即基于新的社会指令，试图推动或加速政制的演变。这两方面书写活动的关系也是比较复杂的，既有对立、冲突，也有相互影响、交融。比如春秋时期史官的书写活动基本上属于保守性书写，而铸刑鼎、作《竹刑》一类书写活动则属于激进性书写，它们的对立是比较明显的，但也有交错、纠结，比如春秋时期的邦交文书反映了两种取向的交错，子产铸刑鼎则更多地体现了纠结。书写活动就是在这种矛盾辩证的关系中逐步演进的。

第三，在先秦时代，书写活动从产生伊始就预示着权力话语对政治共同体的整合从以诉诸听觉为主逐渐向以诉诸视觉为主的转变。尽管诉诸视觉的方式远不限于可见可触摸的文字书写，但书写活动的发展确实使诉诸视觉的权力表征方式变得越来越重要。以"记"为主要书写方式的仪式性书写的出现大抵是上述转变的第一步，因为仪式书写是比较直接地从仪式言说中分化出来的，它虽已有一定的独立意义，或者说已经对口头语言进行了重构，但在文体构成和使用的方式上都没有完全脱离对仪式言说的依附（如大多仍用于仪式上的口头宣读）。记言的政教性和政务性书写也在一定程度上依赖或渊源于口头政教言说，如西周时期的训诰文、锡命诏书，春秋时期的"语"类文献等，但依赖的程度已经有所降低，因为书写者"作"的因素越来越明显了，到战国时期则开始占据绝对主导的地位。从书写方式的角度说，大抵当典籍之书的"编订"流行起来，抄写活动日益普及，以诉诸视觉为主导的权力话语表征方式就开始定型了，当然，这不是说权力话语完全不再诉诸听觉。

第四，各种基本类型的书写活动有时可以并存，但从发生的历史逻辑来说，大体是先从仪式性书写发展出政务性书写和政教性书写，又从政教性书写发展出个人性书写，再从个人性书写发展出私人性书写（当然，这只是一个总体的演变趋势，由于多重复杂因素的影响，并不是所有的书写活动或每一种次级文类文体都严格符合这种变化路径）。这种演变必然导致过渡现象的广泛存在，如有些铭文介于仪式性文本与私人性文本之间，盟书介于仪式性文本与政务性文本之间，有些书牍介于政务性文本与个人性或私人性文本之间等。演变造成的归属变化和过渡现象往往尤其能反映出在书写体制变迁过程中外部规定性的作用。此外，文本性质的交叉现象虽然大多是文类之间的过渡造成的，但也有些是因为书写活动本身兼有双重或多重性质。

第五，先秦时代书写活动有三个大的分水岭，第一个出现在商周鼎革之际，第二个出现在两周交替之际，第三个出现在春秋战国之交。商周鼎革对于书写活动的最大影响是催生了政教书写，从而为此后中国数千年书写史铺设了底色。但是在春秋以前，尽管仪式性、政教性、政务性和私人性这四种书写类型都已经出现了，但几乎所有书写活动都具有仪式性的基本面相，纯粹的仪式书写自不用说，政教、政务乃至私人书写也都带有浓厚的仪式背景，因此我们认为，春秋以前的书写活动具有泛仪礼性。两周交替之后，情况发生了根本转变，泛仪礼性的面相逐渐消褪，取而代之的是泛政教性，除了纯粹的政教书写之外，仪式、政务和私人书写也都或多或少被涂上政教色彩。至于第三个分水岭，其意义在于使书写活动发生了重大分离。在春秋后期以前，几乎所有书写活动都集中在上层贵族社会或官府之中，春秋后期以后，社会中下层或民间的书写活动开始产生，这种变化促进了个人性书写的发展，而这也意味着书写类型的分流，一方面使政教书写脱离王官，确切地说是使之不再从属于王官的职务行为，而成为个人性的书写行为，另一方面也使政务书写的泛政教性逐渐淡化。当政教书写被纳入个人性书写，其内容价值取向和文体形式的多样化也就是势所必然的了。

第六，书写活动的变迁，就其实质而言，主要是书写惯则的变迁。书写惯则具体包括文类文体结构的惯则、书写者人选的惯则、书写方式的惯则以及书写载体的惯则等方面。书写体制的内在规定，从某种意义上可以视为这些惯则在特定权力结构中的排列组合。

第七，先秦时代的书写者变迁大抵可以总结为两个方面（同时也是两个阶段），第一个方面是从以巫官为主到以史官为主，第二个方面是从以专门职官（巫官、史官、乐官等）为主到扩展为各个知识群体（如贵族大夫、士阶层、一般官吏等）。

殷商时期的书写者以巫官（贞人、卜人等）为主，巫官因其特殊的通神知识而获得话语权威，同时也成为书写技术的拥有者。这是与殷商王朝的族神宗法君主制相搭配的。西周时期，随着义神礼法君主制的确立，巫官的话语权威有所下降，而史官由于更能适应礼乐政治模式，其话语权威明显上升，并逐渐取代了巫官的书写者地位，此外，行政体系的发展也强化了史官的书记职能。春秋以前，书写者以专门职官为主，这是因为专门职官垄断了书写技术。上文曾反复强调，在一定程度上，汉字在春秋以前已经得到广域传播，即便是在殷商时期，识字群体也不会仅仅局限于巫贞人员。但这并不是要否认特定职官集团（如巫官、史官）对书写技术的垄断。首先，识字与写字是两回事情，许多人可以略识文字，却未必能书写；[①]再者，特定职官对书写技

[①] 书写能力可以理解为比较高级或者比较全面的识字能力。李孟涛先生曾将"识字能力"（实际上是书写能力）归纳为以下四个方面："1. 书写时候掌握一定的正字法标准并有按照这个标准来选择正确的文字的能力；2. 掌握正确书写这些文字所需要的用笔技术；3. 阅读时候能认出文字能知道该写本的正字法标准，并且了解标识符号的用法和文字布局等现象的意义；4.能理解文本的内容。"（下转）

术的垄断是以一定的权力结构为保障的。只要权力结构没有改变，这种垄断就不会轻易改变。春秋时期，随着政制的演变，一者，史官所垄断的仪式书写技术的重要性逐渐下降了，二者，史官不再能完全适应政务书写活动的需要，三者，史官对礼义思想的传播也使得史官不再是政教知识的独占者。其结果自然是书写者群体的扩展。当然，这并不意味着史官退出了书写舞台。到战国时期，书写者群体进一步扩大，一方面，随着君主集权政制下科层制官僚体系的建构，政务性书写的书写者群体由高级官僚扩展到中下级官吏，另一方面，以诸子政教书写为代表的士阶层书写占据了战国书写活动中最显眼的位置。

第八，先秦时代书写活动的对象存在一定的下移和泛化趋势。在仪式书写方面，殷商时期，主要的书写对象是神灵，殷商以后，仪式书写既针对神灵，也针对贵族，而且以针对贵族为主的仪式书写逐渐增多。在政务书写方面，春秋中期以前，书写活动主要针对贵族集团，春秋中期以后针对庶民的书写开始活跃起来，如命令类文书原先以各种针对贵族官僚的"君命"为主，春秋中期以后则出现了直接面向庶民的政令文书。刑书书写越来越频繁，也说明面向庶民的书写需要正在增强。在政教书写方面，西周时期政教书写的对象以周天子和某些王室贵族重臣为主，春秋时期政教书写的对象开始下移和泛化为整体意义上的贵族社会，战国时期个人性的政教文本则首先用来教育无明显贵族身份特征的士阶层知识分子。

这些变化说到底也是以政制演变（以及社会结构变迁）为背景的权力话语整合对象的变化。从某种意义上说，殷商王朝和西周王朝一样，权力是以仪式政治的方式展开运作的。但在殷商王朝的族神宗法君主制下，直接功利性的族神神权话语是统合社会的主导意识形态，因而主要的仪式类型就是宗教祭祀仪式，配合这些仪式的书写活动自然以神灵为中心。到西周时期，由于神权话语自身的转变，仪式的类型趋向多样化，宗教祭祀仪式逐渐不再居于绝对主导地位，仪式的直接功能也从神人对话转变为规范人间等级秩序。配合这种礼乐仪式的书写活动自然以贵族为中心，神灵固然仍是对象，但重要性已悄然退居其次了。

春秋中期以前，礼法（宗法）君主政制尚未动摇，政治运作基本上是以贵族集团为主导的贵族政治，"庶民"作为一个重要的社会阶层尚未真正形成，

（上接）（参[美]李孟涛：《试探书写者的识字能力及其对流传文本的影响》，见《简帛》第四辑，上海古籍出版社，2009年，第396页）所谓略识文字，就是只要大抵具备上述第三和第四个方面就可以了。当然，在转录式书写的情况下，书写者（即抄手）在第四个方面的能力也会有差异。

而所谓"国人"，虽然大抵从西周后期开始已成为重要的政治力量，但实际上是以下层贵族为主体的身份相当含混的阶层，可以视为贵族社会的延伸和附属地带，并没有脱离贵族集团而独立出来。"国人"虽然参与政治活动，但不带有自己阶层的话语声音。在这种政制特征和社会结构状况下，整合了贵族，也就相当于整合了整个社会，因此，作为意识形态话语生产的书写活动的对象自然也就限于贵族社会。到春秋中期以后，随着礼法（宗法）君主制（或半君主制）向集权君主制的蜕变，贵族阶层作为政治主导力量的地位开始动摇，贵族阶层本身也趋于瓦解，原先的"国人"阶层不再能依附于贵族阶层，于是分化出相对于职业官僚阶层的庶民阶层，以及特殊的作为职业官僚后备的士阶层。庶民阶层既已成为独立的社会阶层，也就容易产生属于本阶层的权力诉求和话语声音。不过，只要没有知识人的引导或鼓动，庶民阶层自发的话语声音必然是十分微弱的，他们的权力诉求也不可能超越既定的社会模式。因此，以集权君主为中心的新兴统治阶层只是以一种比较单纯的行政管控方式将其纳入书写的对象范围之中。春秋后期的统治阶层甚至可能还没有意识到作为庶民阶层一部分的士这个知识人群体的重要性，也不可能想到用一套意识形态话语来整合士阶层，因为士阶层本身就是从原先权力系统中分化出来的意识形态话语生产者，他们是旧的话语生产者的继承者和替代者。由于新知识人的这种基因背景，在春秋后期，除了极少数例外（如邓析），他们不可能去引导或鼓动庶民阶层形成自己的话语声音。他们所要做的是在新的政制条件下改造旧有的意识形态话语，先进行自我教育，然后再用这种改造过的话语去重新整合统治阶层（同时返回权力系统），这在某种意义上也就意味着整合整个社会。当然，由于不是出自权力系统，士阶层对旧有意识形态话语的改造注定是多样化的，而统治阶层只需要一种也只能接受一种统一的政治意识形态，从某种意义上说，整个战国时期都处于重新整合的过程之中，大抵只有秦国充分意识并实现了用一套统一的意识形态话语整合知识阶层。

至于从西周到春秋，王官政教书写对象的下移和泛化，则是礼法君主制向半礼法君主制蜕变的结果。在礼法君主制下，贵族社会是通过礼乐仪式整合起来的，因此，具体到书写领域，主要也是依靠仪式性书写，而不太需要单纯的政教书写。只有权力最高层需要深刻掌握仪式政治的话语逻辑。到春秋时期，随着君主权的名实分离，仪式政治趋向崩溃，政教书写的对象就不能再局限于有名无实的周王室甚至一些诸侯公室，而必须面向整体的贵族社会，把原先被礼乐仪式遮蔽的礼义之理呈现出来。

第九，先秦书写活动的物质载体存在从神圣向世俗，从专用向通用的演变趋势。殷商时期，主要的书写载体是甲骨、青铜彝器、玉册之类"高端"

物品；西周时期，甲骨逐渐退出载体系列，竹木简牍已有一定的使用，但规格要求应该仍较高；春秋战国时期，青铜彝器的重要性下降，一般的竹木简牍得到推广。殷商时期，书写载体基本上是专门职官（巫贞）专用或贵族个人专属的物品；西周时期大体仍然如此，只是使用书写载体的专门职官从专司神事的巫官转向更具世俗政务职能的史官；到春秋战国时期，简牍则不再是史官专用的物品，书写载体进一步通用化。

先秦时代，尤其是前战国时期，书写载体的谱系总体上是与文体的谱系相搭配的，因此，书写载体的谱系同样是权力关系的表征，权力关系对书写载体选择惯例的调控实际上成为它调控文字符号秩序的一种方式。书写载体的神圣性是由仪式政治本身的神圣性决定的，当仪式活动趋向现实化，对书写载体的神圣性要求自然也就降低了，而当书写活动脱离泛仪礼的框架，且需要面向多数人的时候，书写者就只能选择世俗简易的书写载体。书写载体为某一类（或某几类）职官所专用，则是书写技术为这些职官所独占的结果。春秋时期书写载体一定程度的通用化，既是具有书写能力的知识群体扩展的结果，更是权力结构的改变所促成的。书写载体的世俗化和通用化，在某种意义上意味着文本符号已经不再依赖书写载体，或者说政治权力不再过多地借助书写载体来实现其对文字符号秩序的调控。至于彝铭的书写载体为贵族个人所专属，正是因为彝铭本身就是依附于其物质载体的文类，它需要借助贵族私属的青铜彝器来实现其展示荣宠的政治功能。

二、先秦书写活动的区域差异及其原因

在春秋以前，书写活动主要集中在中央朝廷，如商代的甲骨和彝铭书写主要在商王都殷，西周的书写活动主要在宗周和成周。这其中的原因不难理解。在商代，书写活动兴起不久，甲骨和彝铭这两种主要的书写形态基本上都是为殷人高级贵族尤其是商王服务的，而殷人高级贵族以及具备书写技术和资格的人员（如贞人）大多数都在王廷。有些铸铭彝器虽然是赏赐给方国首领的，但铸器作铭却很可能必须在王室的青铜器作坊完成，这实际上意味着彝铭书写"铭功旌纪"的功能是商王室实现政治控制的一种手段，而在王室完成铭文书写成为保证这种手段有效性的权力象征方式。西周时期，书写形态虽然发生了较大变化，但从性质上说无论是仪式性书写还是政务性书写抑或政教性书写都属于职务性书写，而受到西周礼制的规定，这些职务性书写大部分都在王廷完成。此外，由于相当一部分诸侯国是周人高级贵族的封国，这些诸侯国的礼乐活动也包含了一定的书写活动，尤其是仪式性和政务

性的书写。

　　春秋时期，周王室日益衰微，诸侯国之间联系频繁，各主要诸侯国尤其是礼乐文化较为发达的诸侯国（如鲁国、晋国、齐国等）书写活动更为活跃，如仪式乐歌、盟书、策祝文、诔文、君命文、政令文、军志、刑书、邦交文书、编年记事文等的书写主要在诸侯国的公室完成。当然，周王室虽然衰微，但其礼乐活动并未因此减少，因而周王室仍然是书写活动的一个重要中心。

　　战国时期书写活动的区域差异和功能区分出现了较大变化。一方面，各诸侯国的政务性书写活动大大增加，特别是随着国力较强的诸侯国（如战国七雄）科层制官僚体系的建构，政务性书写开始贯穿诸侯国的中央和地方。另一方面，以诸子书写为主的个人性书写兴起，其区域分布的情形较为复杂。先秦诸子大多具有学派性，著述的轨迹与学派活动的轨迹是相应的。各个学派以宗师为首，率其群徒，游走列国，著书立论，辩其谈说，往往没有固定的活动地点，许多文献都不是完成于一人一时一地。尽管如此，在战国时期，个人性书写活动仍然形成了几个著名的中心，即魏国的西河中心，齐国的稷下中心和楚国的兰台中心。这三个中心的著述情形有很大差别，但其形成都与特定的政治背景有关。

　　西河中心的著述，有学者认为，"从所辑得的佚文看，都是实用性的文字。或是公文书，或是法律条例，或是指导带兵打仗的书"。[1]这个说法可能不确切。《汉书·艺文志》收录有《魏文侯》六篇、《李克》七篇、《李子》三十二篇，《吴起》四十八篇。[2]其中《魏文侯》六篇和《李克》七篇都列为儒家，应该不是"实用性文字"，《李子》三十二篇列为法家，但与《法经》不同，其内容有关"富国强兵"，而非"法律条例"。《吴起》四十八篇虽是兵书，但其内容也并不仅仅只是如何带兵打仗。此外，上文已述，《考工记》也可能出自西河中心。

　　西河中心以魏文侯、魏武侯为中心，"实开战国养士之风"。[3]西河中心的士人有两种政治身份，一为君之师，如子夏、田子方、段干木，一为君之臣，如吴起、西门豹、乐羊、魏成子、翟璜、赵仓唐等。因此，西河中心的成员"被纳入了两种行政话语系统：给贤人话语权的师制和给贤才行政权的臣制"。[4]这

---

① 罗家湘：《先秦文学制度研究》，前揭，第251页。
② 李克为子夏弟子，后人多将李克混同为李悝，可能不确，《汉书·艺文志》说他"为魏文侯相"，亦不确，李克可能在魏武侯时期担任中山相。"李子"指李悝，曾相魏文侯，为法家早期代表人物。
③ 罗家湘：《先秦文学制度研究》，前揭，第250页。
④ 罗家湘：《先秦文学制度研究》，前揭，第251页。

样一来，西河中心成员的著述实际上介于个人性书写与职务性书写之间，不管其书写的内容是否是政务性的"实用性文字"，总的说都是直接为魏国或者说魏王的霸业服务的。

如果说西河中心某种程度上保存了"王官之学的传统""追求为学与为政的统一"，①那么，齐国稷下学宫"不治而议论"的模式就更具有开创性意义。《史记·田敬仲完世家》载："宣王喜文学游说之士，自如驺衍、淳于髡、田骈、接予、慎到、环渊之徒七十六人，皆赐列第，为上大夫，不治而议论。是以齐稷下学士复盛，且数百千人。"②稷下中心最具独特性的一点，正如白奚先生所言："稷下诸子虽'皆务于治'，但却不是出于政府的意志，他们保持着学术上的独立地位，政府对学宫的学术活动从不干预，亦不根据自己的好恶'独尊'或压制任何一派，而是任其独立思考，自由发展。"③关于稷下学宫，学界已有很多讨论，本文不再赘述，这里要强调的一点是，大量而集中的学术著述和传抄、交流行为既是特定体制的成果，其本身也促进了学术的勃兴。

西河中心和稷下中心的一个共同点在于都是基于强国国君的养士意识。从比较深层的背景来看，当时国君之所以重视养士，根本的原因是集权君主政制初步形成，尚未成熟，各诸侯国又处于争霸的格局之中，而当时"还没有一个统一的指导思想为其巩固统治服务，还不可能形成一种统一的、有权威的统治思想，因此，统治者把士集中，让他们争鸣。而统治者也就可以在这种争鸣中进行选择，选择最有利于自己统治的思想"。④

楚国兰台中心之说大体始于刘勰。《文心雕龙·时序》曰："唯齐楚两国，颇有文学。齐开庄衢之第，楚广兰台之宫，孟轲宾馆，荀卿宰邑，故稷下扇其清风，兰陵郁其茂俗；邹子以谈天飞誉，驺奭以雕龙驰响，屈平联藻于日月，宋玉交彩于风云。"⑤这里把稷下学宫与兰台之宫相提并论，赵逵夫先生据此认为，兰台之宫"应同齐之稷下一样，是聚集文人学士讲学论艺，读书作赋的地方"。⑥不过，兰台中心毕竟与稷下中心以及西河中心有很大区别，

①　罗家湘：《先秦文学制度研究》，前揭，第252页。
②　〔汉〕司马迁：《史记》，前揭，第1486页。
③　白奚：《稷下学研究——中国古代的百家争鸣与思想自由》，三联书店，1998年，第296-297页。
④　蔡德贵：《稷下学官盛衰原因论》，《辽宁师范大学学报》（社会科学版）1999年第4期。
⑤　黄叔琳注、李详补注、杨明照校注拾遗：《增订文心雕龙校注》，前揭，第539页。
⑥　赵逵夫：《屈原与他的时代》，人民文学出版社，2002年，第125页。

其成员（如屈原、宋玉、景差、唐勒）基本上都是辞赋作家，而稷下中心和西河中心成员多为学者，而且，除了屈原曾担任重要职务外，宋玉、景差、唐勒等都只是文学侍臣。因此，兰台中心可以说是第一个纯文学的中心，其创作的功能除了表达个人情怀之外，主要是"为君王娱心助兴"，①以及服务于国家礼乐祀典。

　　除了魏、齐、楚之外，战国时期其他诸侯国似乎都没有形成大规模的著述中心，②这一方面是由于很多诸侯国国力有限，不足以提供必要的物质支撑，另一方面也与国家政策的差异有关，所谓"方是时也，韩魏力政，燕赵任权，五蠹六虱，严于秦令"。③最显著的例子无疑是秦国。秦国自商鞅变法以来一直实施当时最彻底的耕战政策，要求"民不贵学问""国之大臣诸大夫，博闻、辩慧、游居之事，皆无得为，无得居游于百县"（《商君书·垦令》），在这样的政策下，秦国当然不可能形成个人性书写的中心。④当然，如此政策虽极不利于文化发展，却有效促成秦国一统天下，这倒是其他诸国未曾料想到的。这同时也说明，在君主集权政制下，一旦权威性的意识形态被选定之后，百家争鸣式的学术书写活动便不会受到鼓励。值得一提的是，秦统一前夕，吕不韦组织门客编撰《吕氏春秋》，其书虽以黄老道家为主导，实则融诸子百家学说于一炉。这在秦国可算一个特例，但吕不韦的基本意图也是以此为大一统的政治意识形态，而其终未被始皇采纳，从某种意义上也说明君主集权政制难以接纳这种内涵庞杂的意识形态。⑤

---

① 罗家湘：《先秦文学制度研究》，前揭，第 256 页。

② 这并不是说其他诸侯国都不重视养士，如《史记·燕召公世家》记载，燕昭王也曾"卑身厚币以召贤者"（司马迁：《史记》，前揭，第 1251 页）。

③ 黄叔琳注、李详补注、杨明照校注拾遗：《增订文心雕龙校注》，前揭，第 539 页。

④ 秦国可能较注重实用技艺方面的书写活动，如有学者认为，《黄帝内经》的成书地点在秦国，在秦国写成的《吕氏春秋》中记述的医学内容在诸子文献中也最多。（参见李今庸：《读古医书随笔》，前揭，第 5-8 页）

⑤ 至于战国时期一些贵族官僚的大量养士并未促成个人性书写中心的形成，则是因为这种养士行为主要是为贵族官僚个人政治前途服务的，而议论治国方略、探讨学术、抒写情怀等一般来说明显于此无益。

参考文献

一、著作（按书名首字拼音顺序排列）：

B

[1]《包山楚简初探》，陈伟著，武汉大学出版社，1996 年版。

[2]《包山楚简解诂》，刘信芳著，（台北）艺文印书馆，2003 年版。

C

[1]《出土文献与古书的反思》，梁涛、白立超编，漓江出版社，2012 年版。

[2]《船山遗书》（第二卷），〔清〕王夫之著，傅云龙、吴可主编，北京出版社，1999 年版。

[3]《春秋考》，〔宋〕叶梦得撰，《文渊阁四库全书·经部》第 149 册。

[4]《春秋属辞比事记》，〔清〕毛奇龄撰，中华书局，1991 年版。

[5]《春秋左氏传说》，〔南宋〕吕祖谦撰，《四库全书荟要·经部》第 31 册《春秋类》。

[6]《春秋三传义例研究》，晁岳佩著，线装书局，2011 年版。

[7]《春秋左传研究》，童书业著，上海人民出版社，1980 年版。

[8]《春秋左传注》，杨伯峻注，中华书局，1990 年版。

[9]《春秋史》，童书业著，上海古籍出版社，2010 年版。

[10]《春秋史》，顾德融、朱顺龙著，上海人民出版社，2003 年版。

[11]《春秋战国金文字体演变研究》，张晓明著，齐鲁书社，2006 年版。

[12]《春秋笔法与中国文论》，张金梅著，中国社会科学出版社，2012 年版。

[13]《春秋辞令研究》，陈彦辉著，中华书局，2006 年版。

[14]《春秋辞令文体研究》，董芬芬著，上海古籍出版社，2012 年版。

[15]《春秋时期盟誓研究：神灵崇拜下的社会秩序再建构》，吕静著，上海古籍出版社，2007 年版。

[16]《春秋战国的社会变迁》，晁福林著，中国人民大学出版社，2010 年版。

[17]《楚辞补注》，〔宋〕洪兴祖撰，中华书局，2015 年版。

[18]《〈楚辞〉文献研读》，罗建新、梁奇编撰，广西师范大学出版社，2011 年版。

[19]《楚辞》，林家骊译注，中华书局，2010 年版。

[20]《楚辞通释》，〔清〕王夫之撰，上海人民出版社，1975 年版。

D

[1]《大戴礼记今注今译》，高明注译，台湾商务印书馆，1977 年版。

[2]《大戴礼记汇校集解》，方向东撰，中华书局，2008 年版。

[3]《档案学概论》，冯惠玲、张辑哲主编，中国人民大学出版社，2001
年版。

[4]《帝王世纪 世本 逸周书 古本竹书纪年》，〔晋〕皇甫谧等撰，齐鲁
书社，2010 年版。

[5]《东周战争与儒法国家的诞生》，赵鼎新著，夏红旗译，华东师范大
学出版社，2011 年版。

[6]《独断》，〔东汉〕蔡邕撰，中华书局，1985 年版。

[7]《多维视域——商王朝与中国早期文明研究》，荆志淳、唐际根、高
嶋谦一编，科学出版社，2009 年版。

[8]《东莱博议》，〔南宋〕吕祖谦著，中国书店，1986 年版。

[9]《读古医书随笔》，李今庸著，人民卫生出版社，1984 年版。

[10]《鼎盛春秋》，姜越编，群言出版社，2015 年版。，

E

[1]《二十世纪古文献新证研究》，冯胜君著，齐鲁书社，2006 年版。

[2]《二十世纪中国文学史论文精粹·古代散文赋卷》，王钟陵主编，彭
黎明选编，河北教育出版社，2001 年版。

F

[1]《范畴论》，汪涌豪著，复旦大学出版社，1999 年版。

[2]《傅斯年全集》（第二卷），傅斯年著，欧阳哲生主编，湖南教育出版
社，2003 年版。

[3]《范文澜全集》第 4 卷《文心雕龙注（上）》，范文澜著，河北教育出
版社，1996 年版。

G

[1]《古本竹书纪年辑证》，方诗铭、王修龄撰，上海古籍出版社，1981
年版。

[2]《古代文史研究新探》，裘锡圭著，江苏古籍出版社，1992 年版。

[3]《古"语"有之：先秦思想的一种背景和资源》，俞志慧著，华东师
范大学出版社，2010 年版。

[4]《古文献丛论》，李学勤著，上海远东出版社，1996 年版。

［5］《古史续辨》，刘起釪著，中国社会科学出版社，1991 年版。

［6］《古史异观》，[美]夏含夷著，上海古籍出版社，2005 年版。

［7］《古今图书集成·中国学术类编·经籍典二（五）》，〔清〕陈梦雷编纂，杨家骆主编，鼎文书局，1977 年版。

［8］《古文字与古货币文集》，黄锡全著，文物出版社，2009 年版。

［9］《国故论衡》，章太炎著，上海古籍出版社，2003 年版。

［10］《国语集解》，徐元诰撰，中华书局，2002 年版。

［11］《国语全译》，黄永堂译注，贵州人民出版社，1995 年版。

［12］《郭沫若全集·考古编》（第二卷），郭沫若著，科学出版社，1982 年版。

［13］《郭沫若全集·历史编》（第一卷），郭沫若著，人民出版社，1982 年版。

［14］《龟之谜——商代神话、祭祀、艺术和宇宙观研究》，[美]艾兰著，汪涛译，商务印书馆，2010 年版。

［15］《顾颉刚民俗学论集》，钱小柏编，上海文艺出版社，1998 年版。

［16］《公孙龙子》，黄克剑译注，中华书局，2012 年版。

［17］《管子全译》，谢浩范、朱迎平译注，贵州人民出版社，1996 年版。

H

［1］《韩非子校注》，《韩非子》校注组编写，周勋初修订，凤凰出版社，2009 年版。

［2］《韩非子》，高华平、王齐洲、张三夕译注，中华书局，2010 年版。

［3］《韩非子集解》，〔清〕王先慎集解，钟哲点校：中华书局，1998 年版。

［4］《汉书》，〔汉〕班固撰，〔唐〕颜师古注，中华书局，2012 年版。

［5］《汉语思想的文体形式》，刘宁著，华东师范大学出版社，2011 年版。

［6］《汉语大词典》（第 12 卷上），罗竹风主编，上海辞书出版社，2008 年版。

［7］《后汉书》，〔南朝宋〕范晔撰，中华书局，2012 年版。

［8］《侯马盟书》，山西省文物工作委员会编，文物出版社，1976 年版。

［9］《淮南子研究》，孙纪文著，学苑出版社，2005 年版。

［10］《淮南子译注》，赵宗乙译注，黑龙江人民出版社，2003 年版。

［11］《胡适文存》（第 2 集），胡适著，首都经济贸易大学出版社，2013 年版。

J

［1］《蓟门散思》，庞朴著，上海文艺出版社，1996 年版。

[2]《甲骨学殷商史研究》，宋镇豪、刘源著，福建人民出版社，2006 年版。

[3]《甲骨金文拓本精选释译》，马如森著，上海大学出版社，2010 年版。

[4]《甲骨卜辞语法研究》，张玉金著，广东高等教育出版社，2002 年版。

[5]《甲骨学基础讲义》，沈之瑜著，上海古籍出版社，2011 年版。

[6]《甲骨学通论》，王宇信著，中国社会科学出版社，1999 年版。

[7]《甲骨学导论》，王宇信、魏建震著，中国社会科学出版社，2010 年版。

[8]《简牍学综论》，郑有国著，华东师范大学出版社，2008 年版。

[9]《简帛佚籍与学术史》，李学勤著，江西教育出版社，2001 年版。

[10]《简牍学综论》，郑有国著，华东师范大学出版社，2008 年版。

[11]《简帛古书与学术源流》，李零著，三联书店，2008 年版。

[12]《简牍文书学》，李均明、刘军著，广西教育出版社，1999 年版。

[13]《简牍研究入门》，高敏著，广西人民出版社，1989 年版。

[14]《简明中国历代职官词典》，沈起炜、徐光烈编著，上海辞书出版社，
2014 年版。

[15]《金文今译类检》（殷商西周卷），本书编写组编写，广西教育出版社，
2003 年版。

[16]《经学通论》，〔清〕皮锡瑞撰，中华书局，1954 年版。

[17]《稷下学研究——中国古代的百家争鸣与思想自由》，白奚著，三联
书店，1998 年版。

K

[1]《凯若斯：古希腊语文教程》，刘小枫编修，华东师范大学出版社，
2005 年版。

L

[1]《老子校释》，朱谦之校释，中华书局，1984 年版。

[2]《老子注译及评介》，陈鼓应著，中华书局，2009 年版。

[3]《礼记训纂》，〔清〕朱彬撰，中华书局，1996 年版。

[4]《礼记集解》，〔清〕孙希旦撰，中华书局，1989 年版。

[5]《礼记译注》，杨天宇译注，上海古籍出版社，2004 年版。

[6]《〈礼记〉语言学与文化学阐释》，杨雅丽著，人民出版社，2011 年版。

[7]《两周诗史》，马银琴著，社会科学文献出版社，2006 年版。

[8]《两汉思想史》，徐复观著，华东师范大学出版社，2001 年版。

[9]《列子集释》，杨伯峻撰，中华书局，2012 年版。

[10]《刘师培经典文存》，刘师培著，洪治纲主编，上海大学出版社，2004
年版。

[11]《论语正义》,〔清〕刘宝楠撰,岳麓书社,1996年版。

[12]《论语义疏叙》,〔南朝梁〕皇侃撰,四川人民出版社,1998年版。

[13]《论法的精神》,[法]孟德斯鸠著,许明龙译,商务印书馆,2010年版。

[14]《吕氏春秋校释》,陈奇猷校释,学林出版社,1984年版。

[15]《吕氏春秋集释》,许维遹撰,中华书局,2009年版。

[16]《吕思勉读史札记》,吕思勉著,上海古籍出版社,1982年版。

[17]《历代刑法志》,《历代刑法志》编委会编,群众出版社,1988年版。

[18]《历代诗话论诗经楚辞》,蔡守湘主编,武汉出版社,1991年版。

[19]《六韬》,盛冬玲译注,河北人民出版社,1992年版。

M

[1]《名哲言行录》,[古希腊]第欧根尼·拉尔修著,马永翔、赵玉兰、祝和军、张志华译,吉林人民出版社,2011年版。

[2]《墨子译注》,辛志凤、蔡玉斌等译注,黑龙江人民出版社,2003年版。

[3]《木简竹简述说的古代中国——书写材料的文化史》,[日]富谷至著,刘恒武译,黄留珠校,人民出版社,2007年版。

[4]《目录学发微 外一种:古书通例》,余嘉锡著,岳麓书社,2010年版。

[5]《名学与辩学》,崔清田主编,山西教育出版社,1997年版。

[6]《马王堆古医书考释》,马继兴著,湖南科学技术出版社,1992年版。

N

[1]《奴隶制时代》,郭沫若著,人民出版社,1973年版。

P

[1]《篇章修辞学》,王凤英著,黑龙江人民出版社2007年版。

[2]《庞朴文集》第3卷《忧乐圆融》,庞朴著,刘贻群编,山东大学出版社,2005年版。

Q

[1]《潜夫论校注》,〔东汉〕王符撰,张觉校注,岳麓书社,2008年版。

[2]《青铜时代》,郭沫若著,科学出版社,1957年版。

[3]《全三国文》,〔清〕严可均辑,马志伟校,商务印书馆,1999年版。

[4]《七十子后学散文研究》,陈桐生著,暨南大学出版社,2011年版。

[5]《秦简日书集释》,吴小强撰,岳麓书社,2000年版。

[6]《屈原与他的时代》,赵逵夫著,人民文学出版社,2002年版。

R

[1]《日知录集释》,〔清〕顾炎武著,〔清〕黄汝成集释,秦克诚点校,

岳麓书社，1994 年版。

[2]《儒家法思想通论》，俞荣根著，广西人民出版社，1992 年版。

S

[1]《商代宗教祭祀》，常玉芝著，中国社会科学出版社，2010 年版。

[2]《商周青铜器铭文选》（第三卷），上海博物馆商周青铜器铭文选编写
　　　组，文物出版社，1988 年版。

[3]《商代宗教祭祀》，常玉芝著，中国社会科学出版社，2010 年版。

[4]《商代社会生活与礼俗》，宋镇豪著，中国社会科学出版社，2010 年版。

[5]《商代国家与社会》，黄怀信、徐义华著，中国社会科学出版社，2011
　　　年版。

[6]《商承祚教授百年诞辰纪念文集》，中国文物学会等编，文物出版社，
　　　2003 年版。

[7]《商代分封制度研究》，李雪山著，中国社会科学出版社，2004 年版。

[8]《商代经济史》，杨升南著，贵州人民出版社，1992 年版。

[9]《商君书注译》，高亨著，清华大学出版社，2011 年版。

[10]《尚书诠译》，金兆梓撰，中华书局，2010 年版。

[11]《尚书今注今译》，屈万里注译，新世界出版社，2011 年版。

[12]《尚书校释译论》，顾颉刚、刘起釪撰，中华书局，2005 年版。

[13]《尚书通论》，陈梦家著，中华书局，2005 年版。

[14]《尚书今译今注》，杨任之译注，北京广播学院出版社，1993 年版。

[15]《尚书正读》，曾运乾撰，黄曙辉点校，华东师范大学出版社，2011
　　　年版。

[16]《尚书研究要论》，刘起釪著，齐鲁书社，2007 年版。

[17]《〈尚书·虞夏书〉新解》，金景芳、吕绍纲著，辽宁古籍出版社，1996
　　　年版。

[18]《尚书译注》，王世舜译注，四川人民出版社，1982 年版。

[19]《〈尚书〉周初八诰研究》，杜勇著，中国社会科学出版社，1998 年版。

[20]《上古"颂类"文学精神及其文体特征》，段立超著，吉林大学出版
　　　社，2012 年版。

[21]《世袭社会及其解体：中国历史上的春秋时代》，何怀宏著，三联书
　　　店，1996 年版。

[22]《十三经注疏》（标点本），李学勤主编，北京大学出版社，1999 年版。

[23]《士与中国文化》，余英时著，上海人民出版社，2003 年版。

[24]《士大夫政治演生史稿》，阎步克著，北京大学出版社，2015 年版。

[25]《诗与意识形态：西周至两汉诗歌功能的演变与中国诗学观念的生成》，李春青著，北京大学出版社，2005 年版。

[26]《诗经与周代社会研究》，孙作云著，中华书局，1966 年版。

[27]《诗经二十讲》，郭万金选编，华夏出版社，2009 年版。

[28]《诗经风雅颂研究论稿新编》，张启成、付星星著，学苑出版社，2011 年版。

[29]《诗经译注》，姚小鸥译注，当代世界出版社，2009 年版。

[30]《诗经直解》，陈子展著，复旦大学出版社，1983 年版。

[31]《诗经的文化精神》，李山著，东方出版社，1997 年版。

[32]《诗经今论》，何定生著，台湾商务印书馆，1968 年版。

[33]《诗经三颂与先秦礼乐文化》，姚小鸥著，北京广播学院出版社，2000 年版。

[34]《诗集传》，〔南宋〕朱熹注，中华书局，2011 年版。

[35]《诗毛氏传疏》，〔清〕陈奂著，中国书店，1984 年版。

[36]《魏源全集》（第一册），〔清〕魏源撰，岳麓书社，2011 年版。

[37]《史通通释》，〔唐〕刘知几著，〔清〕浦起龙通释，王煦华整理，上海古籍出版社，2009 年版。

[38]《史记》，〔汉〕司马迁撰，中华书局，2011 年版。

[39]《石鼓文研究·诅楚文考释》，郭沫若著，科学出版社，1982 年版。

[40]《四库提要辨证》，余嘉锡著，中华书局，1985 年版。

[41]《述学补遗》，〔清〕汪中撰，《四部备要》本。

[42]《书集传》，〔南宋〕蔡沈撰，凤凰出版社，2010 年版。

[43]《书史导论》，[英]戴维·芬克尔斯坦、阿利斯泰尔·麦克利里著，何朝晖译，商务印书馆，2012 年版。

[44]《书于竹帛：中国古代的文字记录》，钱存训著，上海书店出版社，2004 年版。

[45]《书籍设计》，邓淑君主编，中国水利水电出版社，2011 年版。

[46]《双剑誃殷契骈枝 双剑誃殷契骈枝续编 双剑誃殷契骈枝三编》，于省吾著，中华书局，2009 年版。

[47]《说文解字注》，〔东汉〕许慎撰，〔清〕段玉裁注：上海古籍出版社，1981 年版。

[48]《说文解字考正》，董莲池著，作家出版社，2005 年版。

[49]《说苑校证》，〔汉〕刘向撰，向宗鲁校证，中华书局，1987 年版。

[50]《睡虎地秦墓竹简》，睡虎地秦墓竹简整理小组，文物出版社，1978

年版。

[51]《少室山房笔丛》,〔明〕胡应麟著,中华书局,1958 年版。

[52]《上海博物馆藏战国楚竹书》(八),马承源主编,上海古籍出版社,
2011 年版。

T

[1]《谭史斋论稿续编》,葛志毅著,黑龙江人民出版社,2004 年版。

[2]《通志》,〔南宋〕郑樵撰,中华书局,1987 年版。

[3]《通典》,〔唐〕杜佑撰,中华书局,1984 年版。

[4]《通三统》,甘阳著,三联书店,2007 年版。

[5]《他山的石头记:宇文所安自选集》,[美]宇文所安著,田晓菲译,
江苏人民出版社,2003 年版。

W

[1]《王国维遗书》(第六册),王国维著,上海古籍书店,1983 年版。

[2]《〈王制〉笺校笺》,皮鹿门笺注,王锦民校笺,华夏出版社,2005
年版。

[3]《文章辨体序说·文体明辨序说》,〔明〕吴讷、徐师曾撰,人民文学
出版社,1962 年版。

[4]《文心雕龙文体论今疏》,林杉著,内蒙古教育出版社,2000 年版。

[5]《文体与文体创造》,童庆炳著,云南人民出版社,1994 年版。

[6]《文史通义校注》,章学诚著,叶瑛校注,中华书局,1985 年版。

[7]《增订文心雕龙校注》,黄叔琳注、李详补注、杨明照校注拾遗,中
华书局,2000 年版。

[8]《文则注译》,〔南宋〕陈骙著,刘彦成注译,书目文献出版社,1988
年版。

[9]《伪书通考》,张心澂著,商务印书馆,1939 年版。

X

[1]《西周甲骨探论》,王宇信著,中国社会科学出版社,1984 年版。

[2]《西周金文官制研究》,张亚初、刘雨著,中华书局,1986 年版。

[3]《西周册命制度研究》,陈汉平著,学林出版社,1986 年版。

[4]《西周的灭亡:中国早期国家的地理和政治危机》,李峰著,徐峰译,
汤惠生校,上海古籍出版社,2007 年版。

[5]《西周的政体:中国早期的官僚制度和国家》,李峰著,吴敏娜、胡
晓军、许景昭、侯昱文译,三联书店,2010 年版。

[6]《西周锡命铭文新研》,何树环著,文津出版社,2007 年版。

[7]《西周年代考》，陈梦家著，商务印书馆，1945 年版。

[8]《西周礼治文化探论》，王瑞杰著，花木兰文化出版社，2009 年版。

[9]《西周史》，杨宽著，上海人民出版社，1999 年版。

[10]《西周史》，许倬云著，三联书店，2012 年版。

[11]《夏商西周的社会变迁》，晁福林著，中国人民大学出版社， 2010
年版。

[12]《夏小正考注》，〔清〕毕沅撰，《丛书集成初编》第 1335 册，上海商
务印书馆，1937 年版。

[13]《夏小正经文校释》，夏纬瑛校释，农业出版社，1981 年版。

[14]《先秦政治体制史稿》，肖宁灿著，四川人民出版社，2007 年版。

[15]《先秦文学发生研究》，赵辉著，人民出版社，2012 年版。

[16]《先秦散文研究——早期文体及话语方式的生成》，过常宝著，人民
出版社，2009 年版。

[17]《先秦兵书佚文辑解》，徐勇主编，天津人民出版社，2003 年版。

[18]《先秦兵书研究》，解文超著，上海古籍出版社，2007 年版。

[19]《先秦辞令文体研究》，董芬芬著，上海古籍出版社，2012 年版。

[20]《先秦史》，吕思勉著，上海古籍出版社，2005 年版。

[21]《先秦史十讲》，杨宽著，复旦大学出版社，2006 年版。

[22]《先秦社会形态研究》，晁福林著，北京师范大学出版社，2003 年版。

[23]《先秦两汉文体研究》，于雪棠著，北京师范大学出版社，2012 年版。

[24]《先秦知识分子的历史述论》，谢昆恭著，花木兰文化出版社，2010
年版。

[25]《先秦文化史讲义》，李山著，中华书局，2008 年版。

[26]《先秦语言活动之形态观念及其文学意义》，沈立岩著，人民出版社，
2005 年版。

[27]《先秦史官的制度与文化》，许兆昌著，黑龙江人民出版社，2006 年版。

[28]《先秦文章史稿》，贺汪泽著，河南大学出版社，1995 年版。

[29]《先秦叙事研究——关于中国叙事传统的形成》，傅修延著，东方出
版社，1999 年版。

[30]《先秦文学制度研究》，罗家湘著，上海古籍出版社，2011 年版。

[31]《先秦文学史》，褚斌杰、谭家健主编，人民文学出版社，1998 年版。

[32]《先秦学术概论》，吕思勉著，岳麓书社，2010 年版。

[33]《先秦神话思想史论》，朱沛霖著，学苑出版社，2002 年版。

[34]《先秦两汉文论全编》，郭丹主编，上海远东出版社，2012 年版。

[35]《新序校释》,〔汉〕刘向撰,石光瑛校释,陈新整理,中华书局,2001年版。

[36]《叙事与解释——〈左传〉经解研究》,张素卿著,花木兰文化出版社,2008年版。

[37]《荀子译注》,张觉撰,上海古籍出版社,2012年版。

[38]《徐中舒历史论文选辑》,徐中舒著,中华书局,1998年版。

Y

[1]《"言""语""论""说"与先秦论说文体》,邱渊著,云南人民出版社,2009年版。

[2]《言语意味着什么——语言交换的经济》,[法]皮埃尔·布尔迪厄著,褚思真、刘晖译,商务印书馆,2005年版。

[3]《晏子春秋译注》,卢守助撰,上海古籍出版社,2011年版。

[4]《〈逸周书〉研究》,王连龙著,社会科学文献出版社,2010年版。

[5]《逸周书源流考辨》,黄怀信著,西北大学出版社,1992年版。

[6]《逸周书校补注译》,黄怀信著,三秦出版社,2006年版。

[7]《逸周书汇校集注》,黄怀信、张懋镕、田旭东撰,上海古籍出版社,2007年版。

[8]《〈逸周书〉研究》,罗家湘著,上海古籍出版社,2006年版。

[9]《易学史丛论》,潘雨廷著,上海古籍出版社,2007年版。

[10]《殷墟甲骨文五种记事刻辞研究》,方稚松著,线装书局,2009年版。

[11]《殷商甲骨文研究》,王蕴智著,科学出版社,2010年版。

[12]《殷遗与殷鉴》,宫长为、徐义华著,中国社会科学出版社,2011年版。

[13]《殷虚卜辞综述》,陈梦家著,中华书局,1988年版。

[14]《原史文化及文献研究》,过常宝著,北京大学出版社,2008年版。

[15]《越绝书全译》,俞纪东译注,贵州人民出版社,1996年版。

[16]《乐师与史官:传统政治文化与政治制度论集》,阎步克著,三联书店,2001年版。

[17]《颜氏家训译注》,庄辉明、章义和撰,上海古籍出版社,2012年版。

[18]《云梦龙岗秦简》,梁柱、刘信芳编著,科学出版社,1997年版。

[19]《尉缭子全译》,刘春生译注,贵州人民出版社,1993年版。

[20]《岳麓书院藏秦简(三)》朱汉民、陈松长编,上海辞书出版社,2013年版。

[21]《姚鼐文选》,〔清〕姚鼐著,黄山书社,1986年版。

[22]《袁珂神话论集》,袁珂著,四川大学出版社,1996年版。

Z

[1]《早期中国文化意识的嬗变——先秦散文发展线索探寻》(第一卷)，程水金著，武汉大学出版社，2003 年版。

[2]《早期中国文化意识的嬗变——先秦散文发展线索探寻》(第二卷)，程水金著，武汉大学出版社，2004 年版。

[3]《战国策笺证》，〔西汉〕刘向集录，范雍祥笺证，上海古籍出版社，2006 年版。

[4]《战国纵横家书》，马王堆汉墓帛书整理小组编：文物出版社，1976 年版。

[5]《战国文学史》，方铭著，商务印书馆，2008 年版。

[6]《战国制度通考》，缪文远著，巴蜀书社，1998 年版。

[7]《战国策文新论》，郑杰文著，山东人民出版社，1998 年版。

[8]《战国史》，杨宽著，上海人民出版社，2003 年版。

[9]《政治学》，[古希腊]亚里士多德著，吴寿彭译，商务印书馆，1965 年版。

[10]《政体学说史》，徐祥民、刘惠荣等著，北京大学出版社，2002 年版。

[11]《中国古史的传说时代》，徐旭生著，文物出版社，1985 年版。

[12]《中国古代社会史》，李宗侗著，中华文化事业出版社，1963 年版。

[13]《中国古代文体论思辨》，姚爱斌著，北京大学出版社，2012 年版。

[14]《中国史学史》，[日]内藤湖南著，马彪译，上海古籍出版社，2008 年版。

[15]《中国史学史》，李宗侗著，中华书局，2010 年版。

[16]《中国书法全集·商周编·春秋战国金文卷》，刘正成主编，荣宝斋出版社，1997 年版。

[17]《中国哲学史》(上册)，冯友兰著，商务印书馆，2011 年版。

[18]《中国现代学术经典·章太炎卷》，章太炎著，陈平原编校，河北教育出版社，1996 年版。

[19]《中国古代文体概论》，褚斌杰著，北京大学出版社，1990 年版。

[20]《中国文学》，杨公骥著，吉林人民出版社，1980 年版。

[21]《中国文学史》，钱基博著，中华书局，1993 年版。

[22]《中国中古文学史讲义》，刘师培著，凤凰出版社，2011 年版。

[23]《中国早期艺术与宗教》，王昆吾著，东方出版中心，1998 年版。

[24]《中国教育通史》(第一卷)，毛礼锐、沈灌群著，山东教育出版社，1985 年版。

[25]《中国教育制度通史》（第一卷），俞启定、施克灿著，山东教育出版社，2000 年版。

[26]《中国学术思想史论丛》（第一卷），钱穆著，东大图书公司，1976 年版。

[27]《中国古代政治思想史》，刘泽华、葛荃主编，南开大学出版社，2001 年版。

[28]《中国人性论史》，徐复观著，三联书店，2001 年版。

[29]《中国青铜时代》，张光直著，三联书店，1999 年版。

[30]《中国小说源流论》，石昌渝著，三联书店，1994 年版

[31]《中国方术考》，李零著，东方出版社，2001 年版。

[32]《中国方术续考》，李零著，中华书局，2006 年版。

[33]《中国现代学术经典·董作宾卷》，裘锡圭、胡振宇编校，河北教育出版社，1996 年版。

[34]《中国史学史》，刘节著，中州书画社，1982 年版。

[35]《中国修辞学》，杨树达著，上海古籍出版社，2006 年版。

[36]《中国古代文体学论稿》，郭英德著，北京大学出版社，2005 年版。

[37]《中国古代文人集团与文学风貌》，郭英德著，中国人民大学出版社，2012 年版。

[38]《中国春秋战国军事史》，陈恩林著，人民出版社，1994 年版。

[39]《中国简帛书籍史》，耿相新著，三联书店，2011 年版。

[40]《中国古籍编撰史》，曹之著，武汉大学出版社，2006 年版。

[41]《中国古代档案管理制度研究》，赵彦昌著，人民出版社，2011 年版。

[42]《中国文学史》，中国科学院文学研究所中国文学史编写组编，人民文学出版社，1979 年版。

[43]《中国哲学史大纲》，胡适著，崇文书局，2015 年版。

[44]《中国古代歌诗研究——从〈诗经〉到元曲的艺术生产史》，赵敏俐等著，北京大学出版社，2005 年版。

[45]《中国邮驿发达史》，楼祖诒著，中华书局，1940 年版。

[46]《中华传世文选·清朝文征》（下册），任继愈主编，〔清〕吴翌凤编，吉林人民出版社，1998 年版。

[47]《周原甲骨研究》，朱歧祥著，台湾学生书局，1997 年版。

[48]《周代史官文化——前轴心期核心文化形态研究》，许兆昌著，吉林大学出版社，2001 年版。

[49]《周礼今注今译》，林尹译注，书目文献出版社，1985 年版。

[50]《周易古经今注》，高亨撰，中华书局，1984 年版。

[51]《周易古歌考释》，黄玉顺著，巴蜀书社，1995 年版。

[52]《周易探源》，李镜池著，中华书局，1978 年版。

[53]《周易通义》，李镜池著，中华书局，1981 年版。

[54]《周礼正义》，〔清〕孙诒让撰，中华书局，1987 年版。

[55]《周代祝官研究》，席涵静著，励志出版社，1979 年版。

[56]《〈周礼〉制度渊源与成书年代考》，郭伟川著，国家图书馆出版社，
2016 年版。

[57]《朱子全书》（第 23 册），〔南宋〕朱熹撰，朱杰人、严佐之、刘永翔
主编，上海古籍出版社、安徽教育出版社，2002 年版。

[58]《朱子语类》，〔南宋〕黎靖德编，中华书局，1994 年版。

[59]《庄子集释》，〔清〕郭庆藩撰，中华书局，2006 年版。

[60]《庄子发微》，钟泰著，上海古籍出版社，2002 年版。

[61]《庄子集解 庄子集解内篇补正》，〔清〕王先谦撰，刘武撰，沈啸寰
点校，中华书局，1987 年版。

[62]《左传译注》，李梦生译注，上海古籍出版社，2004 年版。

二、论文（含期刊、集刊、报纸、网站论文以及硕博学位
论文，以发表年份为序）：

1927 年

[1] 卫聚贤：《左传之研究》，《国学论丛》1927 年（1 卷 1 期）。

1933 年

[1] 范耕研：《吕氏春秋补注》，《江苏国学图书馆年刊》1933 年第 6 期。

1936 年

[1] 高亨：《史籀篇作者考》，《文哲月刊》1936 年 1 月。

1962 年

[1] 蒙文通：《周代学术发展论略》，《学术月刊》1962 年第 10 期。

1963 年

[1] 顾颉刚：《〈逸周书·世俘篇〉校注、写定与评论》，见《文史》第二
辑，中华书局，1963 年版。

[2] 沈文倬：《对扬补释》，《考古》1963 年第 5 期。

1966 年

[1] 郭沫若:《侯马盟书试探》,《文物》1966 年第 2 期。

1974 年

[1] 唐兰、裘锡圭等:《座谈长沙马王堆汉墓帛书》,《文物》1974 年第 9 期。

1976 年

[1] 云梦秦简整理小组:《云梦秦简释文(二)》,《文物》1976 年第 7 期。

1977 年

[1] 张政烺:《〈春秋事语〉解题》,《文物》1977 年第 1 期。

1979 年

[1] 高亨:《关于老子的几个问题》,《社会科学战线》1979 年第 1 期。

[2] 许廷桂:《〈诗经〉结集平王初年考》,《西南师院学报》1979 年第 4 期。

1980 年

[1] 祝尚书:《诗经·鸤鸠臆说》,《南通师院学报》(哲学社会科学版)
1980 年第 1 期。

[2] 刘海年:《秦汉诉讼中的"爰书"》,《法学研究》1980 年第 1 期。

[3] 于省吾:《甲骨文"家谱刻辞"真伪辨》,见《古文字研究》第四辑,
中华书局,1980 年版。

[4] 谭世保:《秦始皇的"车同轨、书同文"新评》,《中山大学学报》1980
年第 4 期。

1981 年

[1] 王礼卿:《诗序辨》,见孔孟学会主编《诗经研究论集》,台湾黎明文
化事业股份有限公司,1981 年版。

1982 年

[1] 顾颉刚:《论诗经所录全为乐歌》,见《古史辨》(第三册),上海古
籍出版社,1982 年版。

[2] 金启华:《国风的时代和史实》,《甘肃社会科学》1982 年第 4 期。

[3] 冯友兰:《孔子在中国历史上之地位》,见《古史辨》(第二册),上
海古籍出版社,1982 年版。

[4] 顾颉刚:《从〈吕氏春秋〉推测〈老子〉之成书时代》,见《古史辨》
(第四册),上海古籍出版社,1982 年版。

[5] 李学勤:《青川郝家坪木牍研究》,《文物》1982 年第 10 期。

1983 年

[1] 常教:《〈鲁颂〉考辨》,《文献》1983 年第 1 期。

[2] 王树民:《瞽史》,见《文史》第二十一辑,中华书局,1983 年版。

1984 年

[1] 晁福林：《殷代神权和王权》，《社会科学战线》1984 年第 4 期。

1985 年

[1] 范祥雍：《关于〈古本竹书纪年〉的亡佚年代》，见《文史》第二十五辑，中华书局，1985 年版。

[2] 徐中舒、唐嘉弘：《关于夏代文字的问题》，见中国先秦史学会编《夏史论丛》，齐鲁书社，1985 年版。

[3] 胡厚宣：《殷代的史为武官说》，见胡厚宣主编《全国商史学术讨论会论文集》，殷都学刊编辑部，1985 年版。

[4] 庆明：《"铸刑鼎"辨正》，《法学研究》1985 年第 3 期。

[5] 李学勤：《史惠鼎与史学渊源》，《文博》1985 年第 6 期。

1986 年

[1] 李学勤：《续论西周甲骨》，《人文杂志》1986 年第 1 期。

[2] 辛土成：《论阖闾的社会改革和吴国的兴亡》，《华侨大学学报》（哲学社会科学版）1986 年第 1 期。

[3] 徐俊：《释"鸡次之典"》，《江汉论坛》1986 年第 3 期。

[4] [美]吉德炜：《中国正史之渊源：商王占卜是否一贯正确？》，见《古文字研究》第 13 辑，中华书局，1986 年版。

[5] 朱桢：《贞人非卜辞契刻者》，《殷都学刊》1986 年第 4 期。

1987 年

[1] 刘学顺：《关于卜辞贞人的再认识》，见《甲骨学研究》第 1 辑，1987 年版。

[2] 高敏：《释"爰书"：读秦、汉简牍札记》，《益阳师专学报》（哲学社会科学版）1987 年第 2 期。

[3] 李学勤：《小盂鼎与西周制度》，《历史研究》1987 年第 5 期。

1988 年

[1] 李学勤：《〈世俘篇〉研究》，《史学月刊》1988 年第 2 期。

[2] 傅道彬：《〈周易〉爻辞的诗体结构分析》，《江汉论坛》1988 年第 10 期。

1989 年

[1] 宋新潮：《骊山之役及平王东迁历史考述》，《人文杂志》1989 年第 4 期。

1990 年

[1] 晏鸿鸣：《文字与汉字起源新探》，《江汉大学学报》1990 年第 1 期。

[2] 王树民：《释"志"》，见《文史》第三十二辑，中华书局，1990 年版。

1993 年

[1] 王和：《孔子不修春秋辨》，《史学理论研究》1993 年第 2 期。

[2] 王和：《〈左传〉材料来源考》，《中国史研究》1993 年第 2 期。

[3] 李炳海：《从少皞的天地相通到楚辞的人神杂糅》，《苏州大学学报》（哲学社会科学版）1993 年第 2 期。

[4] 刘桓：《殷代史官及其相关问题》，《殷都学刊》1993 年第 3 期。

[5] 邓国光：《〈周礼〉六辞初探》，见《中华文史论丛》第 51 辑，上海古籍出版社，1993 年版。

1994 年

[1] 何清谷：《〈史籀篇〉初探》，《陕西师大学报》（哲学社会科学版）1994 年第 1 期。

[2] 吴汝祚、牟永抗：《玉器时代说》，《中华文化论坛》1994 年第 3 期。

[3] 赵平安：《试论秦国历史上的三次“书同文”》，《河北大学学报》1994 年第 3 期。

[4] 王蕴智：《“典”“册”考源》，《殷都学刊》1994 年第 4 期。

[5] 仝晰纲：《汉代的上书拜官制度》，《齐鲁学刊》1994 年第 4 期。

[6] 李朝远：《青铜器上所见西周中期的社会变迁》，《学术月刊》1994 年第 11 期。

1995 年

[1] 褚斌杰：《论〈九歌〉的性质和作意》，《云梦学刊》1995 年第 1 期。

[2] 黄天树：《关于“非王卜辞”的一些问题》，《陕西师大学报》（哲学社会科学版）1995 年第 4 期。

[3] 晁福林：《春秋时期的“诅”及其社会影响》，《史学月刊》1995 年第 5 期。

1996 年

[1] 方健、马碚生：《〈黄帝内经〉成书背景考辨》，《中医文献杂志》1996 年第 1 期。

[2] 葛英会：《包山楚简治狱文书研究》，《南方文物》1996 年第 2 期。

[3] 裘锡圭：《说殷墟卜辞的“奠”——试论商人处置服属者的一种方法》，《“中央研究院”历史语言研究所集刊》，1996 年第 3 期。

[4] 周凤五：《包山楚简〈集箸〉〈集著言〉析论》，载《中国文字》新 21 期，（台北）艺文印书馆，1996 年版。

1997 年

[1] 濮茅左：《商代的骨符》，见《第三届国际中国古文字学研讨会论文

集》，香港中文大学，1997 年。

[2] 许廷桂：《〈诗经〉编者新说》，《重庆师院学报》（哲学社会科学版）
1997 年第 4 期。

[3] 李模：《试论先秦盟誓之制的演化》，《殷都学刊》1997 年第 4 期。

[4] 杨朝明：《〈今本竹书纪年〉并非伪书说》，《齐鲁学刊》1997 年第 6 期。

[5] 张应斌：《〈七月〉：周族的农业史诗》，《首都师范大学学报》1997
年第 6 期。

1998 年

[1] 张国硕：《试论商代的会盟誓诅制度》，《殷都学刊》1998 年第 4 期。

[2] 王龙正、姜涛、娄金山：《匍鸭铜盉与頫聘礼》，《文物》1998 年第 4 期。

[3] 赵逵夫：《西周诗人芮良夫与他的〈桑柔〉》，见中国诗经学会编《第
三届诗经国际学术研讨会论文集》，香港天马图书有限公司，1998
年版。

[4] 程水金：《早期史官散文产生的文化背景述略》，《中国典籍与文化》
1998 年第 2 期。

1999 年

[1] 曹锦炎，《中甲刻辞——武丁时代的另一种记事刻辞》，《东南文化》
1999 年第 5 期。

[2] 李水海：《老子非为老阳子考辨》，《无锡教育学院学报》1999 年第 1 期。

[3] 李学勤：《论应国墓地出土的铜盉》，《平顶山师专学报》1999 年第 1 期。

[4] 池水涌、赵宗来：《孔子之前的"君子"内涵》，《延边大学学报》1999
年第 1 期。

[5] 陈智勇：《试析商代巫、史以及贞卜机构的政治意向》，《史学月刊》
1999 年第 2 期。

[6] 陈桐生：《楚辞文化发展的两个阶段》，《东南大学学报》（社会科学
版）1999 年第 3 期。

[7] 蔡德贵：《稷下学宫盛衰原因论》，《辽宁师范大学学报》（社会科学
版）1999 年第 4 期。

2000 年

[1] 李学勤：《秦玉牍索隐》，《故宫博物院院刊》2000 年第 2 期

[2] 李万福：《突变论——关于汉字起源方式的探索》，《古汉语研究》2000
年第 4 期。

[3] 饶宗颐：《册祝考、册伐与地理——论工典及有关问题（殷礼提纲之
一）》，见《华学》第四辑，紫禁城出版社，2000 年版。

2001 年

[1] 吴承学：《先秦盟誓及其文化意蕴》，《文学评论》2001 年第 1 期。

[2] 黄克剑：《先秦名家琦辞辨微》，《东南学术》2001 年第 1 期。

[3] 何泽恒：《孔子与〈周易〉相关问题覆议》，《周易研究》2001 年第 1 期。

[4] 何泽恒：《孔子与〈周易〉相关问题覆议》（续），《周易研究》2001 年第 2 期。

[5] 许兆昌：《重、黎绝地天通考辨二则》，《吉林大学社会科学学报》2001 年第 3 期。

[6] 李家祥：《远古巫文化与汉字起源》，《贵州民族学院学报》（哲学社会科学版）2001 年第 3 期。

[7] 连邵名：《商代的日书与卜日》，《故宫博物院院刊》2001 年第 3 期。

[8] 周志强、邝波：《书写：作为文学理论范畴》，《新疆大学学报》（社会科学版）2001 年第 4 期。

2002 年

[1] 潘玉坤：《〈史籀篇〉年代考》，《杭州师范学院学报》2002 年第 2 期。

[2] 蔡先金：《从"宣王伐鲁"看嫡长子继承制》，《人文杂志》2002 年第 4 期。

[3] 刘后滨：《从蔡邕〈独断〉看汉代公文形态与政治体制的变迁》，《广东社会科学》2002 年第 4 期。

[4] 王洪涛：《〈穆天子传〉性质研究综述》，《社科纵横》2002 年第 4 期。

[5] 李零：《论 公盨发现的意义》，《中国历史文物》2002 年第 6 期。

[6] 李士彪：《魏晋南北朝文体学》，山东大学 2002 年博士论文。

2003 年

[1] 林沄：《说"书契"》，《吉林师范大学学报》（人文社会科学版）2003 年第 1 期。

[2] 王和：《关于理论更新对于先秦史研究意义的思考——从解读〈利簋〉的启示谈起》，《史学月刊》2003 年第 4 期。

[3] 王和：《〈左传〉的成书年代与编纂过程》，《中国史研究》2003 年第 4 期。

[4] 饶龙隼：《前诸子用象制度变迁》，见《中国诗学》第 8 辑，人民文学出版社，2003 年版。

[5] 黄金明：《从溢谏到谏文：论古代谏文体式的形成》，《漳州师范学院学报》（哲学社会科学版），2003 年第 4 期。

2004 年

[1] 陈恩维:《先唐诔文写哀内容的变迁及其文学化进程》,《贵州文史丛刊》2004 年第 1 期。

[2] 孔刃非:《汉字起源观念的文化审思》,《乌鲁木齐职业大学学报》2004 年第 1 期。

[3] 徐正英:《西周铜器铭文中的文学功能观》,《甘肃社会科学》2004 年第 2 期。

[4] 张岩:《〈国〉〈左〉文体与王官之学》,见《新原道》第二辑,大象出版社,2004 年版。

[5] 丁波:《商代的巫与史官》,《中国社会科学院研究生院学报》2004 年第 3 期。

[6] 张懋镕:《周公庙发掘前的遐思》,《上海文博论丛》2004 年第 4 期。

[7] 彭浩:《昔者君老与"世子法"》,《文物》2004 年第 5 期。

[8] 王左立:《先秦名家辨析》,《河南社会科学》2004 年第 5 期。

[9] 邵毅平:《〈战国策〉的作者与时代》,《图书馆杂志》2004 年第 7 期。

[10] 王安安:《〈夏小正〉经文时代考》,西北大学 2004 年硕士学位论文。

2005 年

[1] 陈恩维:《先唐诔文述德内容的变迁及其文学化进程》,《广西师范大学学报》(哲学社会科学版)2005 年第 1 期。

[2] 雷戈:《为吏之道——后战国时代官僚意识的思想史分析》,《首都师范大学学报》(社会科学版)2005 年第 1 期。

[3] 吴荣政:《从六经看孔子的六经编纂》,《档案学通讯》2005 年第 5 期。

[4] 郝铁川:《从多元立法权和司法权到一元立法权和司法权的转折——春秋时期"铸刑书""铸刑鼎"辨析》,《华东政法学院学报》2005 年第 5 期。

[5] 刘小枫:《〈斐德若〉义疏与解释学意识的克服》,见刘小枫、陈少明主编:《赫尔墨斯的计谋》,华夏出版社,2005 年版。

[6] 廖宗麟:《如何看待春秋期间郑铸刑书、晋铸刑鼎的法律意义》,《河池学院学报》2005 年第 6 期。

[7] 吴进:《论雅言的形成》,《东南大学学报》(哲学社会科学版)2005 年第 6 期。

2006 年

[1] 严志斌:《商代金文句法研究》,《殷都学刊》2006 年第 1 期。

[2] 吴淑玲:《"左史记言,右史记事"考辨》,《沈阳师范大学学报》(社

会科学版）2006 年第 2 期。

[3] 黄家祥：《四川青川出土秦"为田律"木牍的重要价值》，《四川文物》2006 年第 2 期。

[4] 温慧辉：《"悬灋象魏"考辨——兼论"铸刑书"与"铸刑鼎"问题》，《河南省政法管理干部学院学报》2006 年第 3 期。

[5] 叶舒宪：《经典的误读与知识考古：以〈诗经·鸱鸮〉为例》，《陕西师范大学学报》（哲学社会科学版），2006 年第 4 期。

[6] 陈洪波：《商王权政治基础的人类学观察——另一视角下的商代青铜器》，《东南文化》2006 年第 6 期。

[7] 王启才：《奏议渊源略论》，《文学遗产》2006 年第 6 期。

[8] 李乃龙：《"上书"的文体特征与〈文选〉"上书"的劝谏模式——兼论上书体兴衰的政治土壤》，《湖南文理学院》（社会科学版）2006 年第 6 期。

[9] 常金仓：《穆天子传的时代和文献性质》，《社会科学战线》2006 年第 6 期。

2007 年

[1] 李玉洁：《春秋时期郑国的成文法与"悬书"》，《中州学刊》2007 年第 1 期。

[2] 陈治国：《从里耶秦简看秦的公文制度》，《中国历史文物》2007 年第 1 期。

[3] 顾晔锋：《〈穆天子传〉成书时间综述》，《长春理工大学学报》（社会科学版）2007 年第 2 期。

[4] 张洪兴：《〈庄子〉"三言"研究综述》，《天中学刊》2007 年第 3 期。

[5] 董芬芬：《春秋时代的誓师辞》，《甘肃广播电视大学学报》2007 年第 4 期。

[6] 过常宝、侯文华：《论〈庄子〉"卮言"即"优语"》，《北京师范大学学报》（社会科学版）2007 年第 4 期。

[7] 赵敏俐：《楚辞的文体区分与屈宋的文体意识》，《长江学术》2007 年第 4 期。

[8] 于薇：《周代祝官考辨》，《兰州学刊》2007 年第 5 期。

[9] 李学勤：《从柞伯鼎铭谈〈世俘〉文例》，《江海学刊》2007 年第 5 期。

[10] 傅道彬：《春秋时代的"文言"变革与文学繁荣》，《中国社会科学》2007 年第 6 期。

[11] 来国龙:《论战国秦汉写本文化中文本的流动与固定》,见《简帛》第二辑,上海古籍出版社,2007年版。

2008 年

[1] 张剑:《疑〈鲁颂〉〈商颂〉非〈颂〉诗》,《陇东学院学报》2008年第1期。

[2] 董芬芬:《春秋会盟文化与盟书的文体结构》,《西北师大学报》(社会科学版)2008年第2期。

[3] 叶修成:《论上古礼制与文体的生成及〈尚书〉的性质》,《中国文化研究》2008年春之卷。

[4] 黄卓越:《博客写作与公共空间的私人化问题》,《文学评论》2008年第3期。

[5] 何景成:《论师询簋的年代和史实》,《南方文物》2008年第4期。

[6] 刘信芳:《帛书〈称〉之文体及其流变》,《文献》2008年第4期。

[7] 程水金:《从鉴古思潮看〈国语〉之编纂目的及其叙述方式——兼论〈国语〉与〈左传〉之关系》,《武汉大学学报》(人文科学版)2008年第4期。

[8] 黄人二:《上博藏简〈昭王毁室〉试释》,《考古学报》2008年第4期。

[9] 徐义华:《商代的天命思想》,见《古文字研究》第27辑,中华书局,2008年版。

[10] 巫称喜:《甲骨占卜制度与商代信息传播》,《华南师范大学学报》(社会科学版)2008年第5期。

[11] 叶舒宪:《本土文化自觉与"文学""文学史"观反思——西方知识范式对中国本土的创新与误导》,《文学评论》2008年第6期。

[12] 王公山、马玉红:《先秦盟誓的契约属性及其文化意蕴》,《学术界》2008年第6期。

[13] 李零:《视日、日书、叶书——三种简帛文献的区别和定名》,《文献》2008年第12期。

2009 年

[1] 章启群:《〈月令〉思想纵议——兼议中国古代天文学向占星学的转折》,《哲学研究》2009年第1期。

[2] 王恒余:《说祝》,见中华书局编辑部编《中研院历史语言研究所集刊论文类编》(语言文字编文字卷二),中华书局,2009年版。

[3] 董平均、李银:《从鄂君启金节看战国持节贸易》,《经济与管理》2009年第2期。

[4] 朱红林:《战国时期国家法律的传播——竹简秦汉律与〈周礼〉比较研究（三）》,《法制与社会发展》2009 年第 3 期。

[5] 陈松长:《岳麓书院所藏秦简综述》,《湖南大学学报》(社会科学版) 2009 年第 3 期。

[6] 喻中:《孔子为什么反对 "铸刑鼎"》,《法制日报》2009.8.26。

[7] [美]李孟涛:《试探书写者的识字能力及其对流传文本的影响》, 见《简帛》第四辑, 上海古籍出版社, 2009 年版。

[8] 冯胜君:《从出土文献看抄手在先秦文献传布过程中所产生的影响》, 见《简帛》第四辑, 上海古籍出版社, 2009 年版。

[9] 李学勤:《论清华简〈保训〉的几个问题》,《文物》2009 年第 6 期。

2010 年

[1] 刘宁:《"论" 体文与中国思想的阐述形式》,《北京大学学报》(哲学社会科学版), 2010 年第 1 期。

[2] 赵炳清:《上博楚简〈彭祖〉性质探析》,《西华师范大学学报》(哲学社会科学版) 2010 年第 1 期。

[3] 黄卓越:《书写、体式与社会指令》,《北京大学学报》(哲学社会科学版) 2010 年第 2 期。

[4] 巫称喜:《商代占卜权与信息传播研究》,《韩山师范学院学报》2010 年第 2 期。

[5] 孙世洋:《雅言、乐语与〈诗经〉——试论周代诗乐体系传习雅言的职能与机制》,《古籍整理研究学刊》2010 年第 2 期。

[6] 查屏球:《西周金文与修辞立其诚的原始意义》,《学术探索》2010 年第 3 期。

[7] 韦丹:《战国书信体文章的新变化及其原因探究》,《长春大学学报》2010 年第 3 期。

[8] 祝秀权:《〈诗经·鲁颂〉作者、作时考论》,《运城学院学报》2010 年第 4 期。

[9] 林进忠:《里耶秦简 "赀赎文书" 的书手探析》,《湖南大学学报》(社会科学版) 2010 年第 4 期。

2011 年

[1] 罗家湘:《论先秦时期的采诗与采乐制度》,《中州学刊》2011 年第 1 期。

[2] 李振峰:《殷商瞽矇与卜辞的诗体结构》,《文艺评论》2011 年第 2 期。

[3] 巫称喜:《甲骨卜辞的命辞》,《汉语学报》, 2011 年第 3 期。

[4] 刘红:《安徽省寿县蔡侯墓出土重要青铜器铭文的文化意义》,《殷都

学刊》2011 年第 3 期。

[5] 聂长建、李国强:《孔子反对"铸刑鼎"的法哲学解读》,《浙江社会科学》2011 年第 3 期。

[6] 董芬芬:《春秋时代的国书文体》,《兰州大学学报》(社会科学版)2011 年第 4 期。

[7] 宁登国:《"左史记言,右史记事"考辨》,《古籍整理研究学刊》2011 年第 5 期。

[8] 陈光宇:《兒氏家谱刻辞综述及其确为真品的证据》,"商代与上古中国文明国际学术研讨会"会议论文,2011 年 11 月 21 日。

[9] 陈彦辉:《周代铭文祝嘏辞的文体特征》,《学术交流》2011 年第 12 期。

[10] 冯胜君:《出土材料所见先秦古书的载体以及构成和传布方式》,见刘钊主编《出土文献与古文字研究》第四辑,上海古籍出版社,2011 年版。

[11] 朱晓雪:《包山楚墓文书简、卜筮祭祷简集释及相关问题研究》,吉林大学 2011 年博士论文。

[12] 柯镇昌:《战国散文文体研究》,上海大学 2011 年博士论文。

[13] 石龙岩:《〈庄子〉文体研究》,西北师范大学 2011 年硕士学位论文。

2012 年

[1] 许兆昌、齐丹丹:《试论清华简〈系年〉的编纂特点》,《古代文明》2012 年第 2 期。

[2] 陈民镇:《〈系年〉"故志"说——清华简〈系年〉性质及撰作背景刍议》,《邯郸学院学报》2012 年第 2 期。

[3] 尤韶华:《〈吕刑〉的穆吕之争:〈尚书·吕刑〉性质辨析》,《江苏警官学院学报》2012 年第 2 期。

[4] 葛志毅:《释"中"——读清华简〈保训〉》,《邯郸学院学报》2012 年第 3 期。

[5] 臧知非:《从里耶秦简看"书同文字"的历史内涵》,《史学集刊》2012 年第 3 期。

[6] [日]永田拓治:《上计制度与"耆旧传""先贤传"的编纂》,《武汉大学学报》(人文科学版)2012 年第 4 期。

[7] 董常保:《春秋谥制探析》,《文艺评论》2012 年第 5 期。

[8] 姚苏杰:《商代青铜器铭文的文本结构及其功能》,《文学遗产》(网络版)2012 年第 5 期。

[9] 蔡先金:《九鼎制多始末略考》,《安顺学院学报》2012 年第 6 期。

[10] 赵平安:《〈芮良夫 䛶 〉初读》,《文物》2012 年第 8 期。

[11] 王捷:《包山楚司法简考论》,华东政法大学 2012 年博士论文。

[12] 董法尧:《〈黄帝内经〉成书研究》,山东师范大学 2012 年硕士论文。

2013 年

[1] 熊良智:《从文本形态看〈楚辞〉的早期传播》,《四川师范大学学报》
（社会科学版）2013 年第 1 期。

[2] 许峰、尹玉珊:《〈晏子春秋〉文体辨正》,《广西师范学院学报》(哲
学社会科学版) 2013 年第 2 期。

[3] [德]劳武利著,李婧嵘译:《张家山汉简〈奏谳书〉与岳麓书院秦简
〈为狱等状四种〉的初步比较》,《湖南大学学报》(社会科学版) 2013
年第 3 期。

[4] 万德良、陈民镇:《上博简〈李颂〉与〈楚辞·橘颂〉比较研究》,
《邯郸学院学报》2013 年第 3 期。

[5] 王青:《"命"与"语":上博简〈吴命〉补释——兼论"命"的文体
问题》,《史学集刊》2013 年第 4 期。

[6] 阳清:《穆天子传小说性质辨析》,《中南大学学报》(社会科学版）
2013 年第 4 期。

[7] 岳麓书院藏秦简整理小组:《岳麓书院藏秦简〈为狱等状四种〉概述》,
《文物》2013 年第 5 期。

[8] 胡宁:《从春秋人物传说看〈左传〉取材于家史》,《廊坊师范学院学
报》(社会科学版) 2013 年第 5 期。

2014 年

[1] 黄卓越:《文类,文体及在"话语"中书写》,《社会科学家》2014
年第 1 期。

[2] 张伯元:《岳麓简(三)的内容及法律史价值》,《华东政法大学学报》
2014 年第 2 期。

[3] 周云钊、赵东栓:《从〈晏子春秋〉书名含义看其文体性质》,《兰州
学刊》2014 年第 2 期。

[4] 张世磊:《上博简类楚辞作品与屈骚比较探析》,《船山学刊》2014
年第 2 期。

[5] 戴伟华:《楚辞音乐性文体特征及其相关问题——从阜阳出土楚辞汉
简说起》,《华南师范大学学报》(社会科学版) 2014 年第 5 期。

2015 年

[1] 欧扬:《岳麓秦简"毋夺田时令"探析》,《湖南大学学报》(社会科

学版）2015 年第 3 期。

[2] 赵炳清:《秦代地方行政文书运作形态之考察——以里耶秦简为中心》,《史学月刊》2015 年第 4 期。

[3] 黄震云:《楚辞的诗体类型与流变》,《徐州工程学院学报》(社会科学版) 2015 年第 5 期。

[4] 陈松长:《岳麓秦简中的两条秦二世时期令文》,《文物》(社会科学版) 2015 年第 9 期。

2016 年

[1] 黄卓越:《"书写"之维:美国当代汉学的泛文论趋势》,《北京大学学报》(哲学社会科学版) 2016 年第 5 期。

[2] 景海峰:《论"以传解经"与"以经解经"——现代诠释学视域下的儒家解经方法》,《学术月刊》2016 年第 6 期。

后　记

本书是在本人博士后出站报告的基础上扩展、修改而成的。因此，要说本书的缘起，得追溯到七年多以前的负笈北游。2012 年年初，我先在中国人民大学文学院刘小枫先生处进修一学期，6 月底转入北京语言大学，跟着黄卓越先生做博士后。黄老师是一位在多个研究领域（如明清文学、英美文学、思想史、文化研究、海外汉学等）均有重要建树的学者，为人极其谦和。在申请进站之前，我并不认识黄老师，当时大概是从北语网站上看到他的联系邮箱，便试着给他发邮件，提交了一份初步的研究设想，没想到他很快就回复了，并约我到他办公室长谈。第一次见到黄老师，他的谦和就给我留下深刻印象，因为这种谦和是从眼神中流露出来的，是真正的谦和。于是我就把黄老师当成至交一样，在他面前从不掩饰真实的想法，而老师以极其谦和的口吻说出的妙论，总能令我在事后幡然有所悟。黄老师又是非常严格的。在北语人文学院，几乎人人都知道，在黄教授门下读博士，能在三年内毕业，那绝对是一件值得自豪的事情。说起来，老师对我已经是网开一面了。黄老师的严格不仅是结果把关严格，更重要的是指导过程严格，例如要求研究生定期向他做读书汇报，这种读书汇报我旁听过几次，那是来不得一点马虎，走不得一点过场的。如果说黄老师的谦和消除了学生的畏难情绪，那么黄老师的严格就让学生不敢有丝毫懈怠，看似矛盾，其实统一，一张一弛间尽显良师风范。至于我自己，自知樗栎之材，难堪重任，能忝列师门，已是三生有幸之事，对于黄老师的厚爱和期望，辜负几乎是难免的了，唯有勉力而为，争取少辜负一些吧。读黄老师的文章，对我来说是一种费神的享受，因为他对问题的分析和把握往往十分精细而周到，不留死角又不落窠臼，追求稳健的突破，常常能使人豁然开朗，而且适合反复咀嚼。本书的前身，也就是我的出站报告，从选题、撰写、修改到定稿，每个环节都与黄老师的细心指导分不开。我现在还清楚记得，在当年提交给他的论文初稿上，他密密麻麻地手写了大量修改意见，我的电脑里至今还保存着很多与黄老师的学术问答记录。当然，黄老师传授给我的不仅有具体的知识，而且有治学的方法以及一个纯粹学者的人生态度，我想这些都是可以受益终身的，很多东西我虽不能达到，然心向往之。所以，如果说后记的文体惯例应该致谢的话，那首先要感谢的自然是黄老师。

在此一并要感谢当年参加本人博士后出站答辩的李春青教授、党圣元教授、张海明教授、尚学峰教授、彭亚非教授，他们对我的出站报告提出了很多建设性意见，这些意见影响了后来的拓展和修订。还要感谢参加本课题初评的张放教授、支宇教授、贾雯鹤教授，他们的中肯评价也令我受益。还有对课题进行最终评定的我不知其名姓的先生们，没有他们，课题就不能结项，本书也就难以顺利出版。

本书能够顺利出版，还需要感谢西南交通大学出版社的黄庆斌分社长。今年年初，我正在为书稿"落户"哪里而发愁。当时交大出版社刚刚出版了沈伯俊先生的遗著《沈伯俊论三国》，沈先生是我的同事和老师，我供职的四川省社科院文艺所正在与交大出版社商谈联合主办新书发布会的事宜，由于工作关系，我便遇到了黄社长。黄社长很干练，又热心肠，知道学术著述的不易，能够为作者周全考虑，于是我们有了这一次愉快的合作。

最后想说的是，这本书的写作虽然历时较长，前后大约六年，"牺牲"了不少脑细胞，但由于本人学识浅薄、能力不足以及研究方向调整等诸多原因，书稿不尽如人意之处甚多，各种疏漏在所难免，前辈师长们提出的不少宝贵意见也没能完全落实。这些都令我感到遗憾和自责，但转念一想，精益求精固然可贵，无限拖延却也会影响下一步的工作。毕竟凡是书写下来的东西原本就几乎不可能尽善尽美，因为没法应对未来不可预知的变化，圣贤之书尚且如此，何况我辈粗陋之文。一念及此，也就感到释然了。其实最令我怀念的也许是在北京撰写博士后出站报告的日子，那是一种几乎将学习与生活直接等同的生活方式：每天早上从北语宿舍出发，坐地铁或公交到人民大学，除了在人大图书馆对面的食堂吃饭外，就在图书馆一直待到晚上关门，再坐公交回到北语宿舍，早出晚归、两点一线，一方面简单枯燥到极致，另一方面也丰富充实到极致。这样完全心无旁骛的生活可能没有多少机会再重来了，但不管怎样，作为一名研究者，这种方式多少意味着某种切近理想的状况。由此来说，这本书就不仅仅是一项研究工作的总结，同时也是一段生命历程的总结，故而敝帚可自珍矣！

孔许友

2019 年 11 月 20 日于成都寓所